JURIDICIDADE *CONTRA LEGEM* NO PROCESSO ADMINISTRATIVO

Limites e possibilidades à luz dos postulados da razoabilidade e da proporcionalidade

A345j   Albuquerque Júnior, Raimundo Parente
        Juridicidade *contra legem* no processo administrativo: limites e possibilidades à luz dos postulados da razoabilidade e da proporcionalidade / Raimundo Parente de Albuquerque Júnior. – Porto Alegre: Livraria do Advogado Editora, 2010.
        349 p.; 17,5x25 cm.
        ISBN 978-85-7348-669-8

        1. Administração pública. 2. Direito administrativo. 3. Processo administrativo. 4. Princípio constitucional. I. Título.

                                CDU – 35.077.3

        Índices para catálogo sistemático:
        Direito administrativo   35
        Processo administrativo   35.077.3
        Administração pública   351

        (Bibliotecária responsável: Marta Roberto, CRB-10/652)

Raimundo Parente de Albuquerque Júnior

JURIDICIDADE *CONTRA LEGEM* NO PROCESSO ADMINISTRATIVO

Limites e possibilidades à luz dos postulados da razoabilidade e da proporcionalidade

livraria
DO AD*V*OGADO
editora

Porto Alegre, 2010

© Raimundo Parente de Albuquerque Júnior, 2010

Capa, projeto gráfico e diagramação
Livraria do Advogado Editora

Revisão
Rosane Marques Borba

Direitos desta edição reservados por
Livraria do Advogado Editora Ltda.
Rua Riachuelo, 1338
90010-273 Porto Alegre RS
Fone/fax: 0800-51-7522
editora@livrariadoadvogado.com.br
www.doadvogado.com.br

Impresso no Brasil / Printed in Brazil

Aqui, com a graça de Deus.
Aos meus pais Raimundo Parente e Maria José.
Para a minha querida esposa Kelly,
e para os nossos filhos Yasmin e João Gabriel,
sustentáculos de minha vida.
Aos meus irmãos Antônio Édson e José Lincoln.
Aos meus segundos pais Grigorio e Maria de Jesus.
À professora Maria Célia Felismino e ao colega
João Nazareno, pelo auxílio na revisão
gramatical do texto.

Lista de abreviaturas

ADI	Ação Direta de Inconstitucionalidade
ADC	Ação Declaratória de Constitucionalidade
AFRB	Auditor-Fiscal da Receita Federal do Brasil
AGU	Advocacia-Geral da União
CC	Conselho de Contribuintes
CND	Certidão Negativa de Débito
Coger	Corregedoria-Geral da Receita Federal do Brasil
CPC	Código de Processo Civil
CARF	Conselho Administrativo de Recursos Fiscais
CSRF	Câmara Superior de Recursos Fiscais
CTN	Código Tributário Nacional
DJU	Diário da Justiça da União
DOE	Diário Oficial do Estado
DOU	Diário Oficial da União
DRJ	Delegacia da Receita Federal do Brasil de Julgamento
EC	Emenda Constitucional
GQ	Geraldo Quintão
IR	Imposto sobre a Renda
j.	Julgado em...
MF	Ministério da Fazenda
Min.	Ministro
MS	Mandado de Segurança
RE	Recurso Extraordinário
Rel.	Relator
Rep.	Representação
REsp.	Recurso Especial
RFB	Secretaria da Receita Federal do Brasil
SF	Senado Federal
SFE	Secretaria da Fazenda do Estado
Simples	Sistema Integrado de Pagamento de Impostos e Contribuições das Microempresas e das Empresas de Pequeno Porte
STF	Supremo Tribunal Federal
STJ	Superior Tribunal de Justiça
TIT/SP	Tribunal de Impostos e Taxas do Estado de São Paulo
UFC	Universidade Federal do Ceará
UFPR	Universidade Federal do Paraná
(§)	Início de parágrafo

Prefácio

É difícil encontrar uma dissertação de mestrado com as qualidades desta que, agora transformada em livro, é em boa hora divulgada para a comunidade jurídica brasileira. A primeira delas diz respeito à própria escolha do tema – atual, importante e complexo. Quem atua no processo administrativo sabe bem que um dos assuntos mais tormentosos do ponto de vista prático, e ao mesmo tempo mais desafiantes do ponto de vista intelectual, é o referente à aplicação da legislação ao caso concreto. Quantas não são as situações em que o julgador, sem declarar a inconstitucionalidade da norma infraconstitucional, é chamado – e raramente atende a esse chamado – a prudencialmente ajustar a sua generalidade às particularidades do caso individual, seja mediante seu afastamento diante do caso concreto, por considerações de equidade, seja por meio da exclusão de sentidos normativos incompatíveis com a Constituição. Pois é precisamente esse desafio que o jovem autor corajosamente assume, para a alegria de todos aqueles que lidam diariamente com o processo administrativo, muitas vezes sem as bases teóricas adequadas para fundamentar os seus pedidos ou as suas decisões.

A segunda qualidade deste trabalho refere-se ao tratamento do tema por meio da incorporação dos variados avanços que a Teoria do Direito sofreu nas últimas décadas. A distinção entre princípios e regras, os critérios de ponderação, como a proporcionalidade e a razoabilidade, os princípios atinentes ao processo e a própria redefinição da atividade judicante no âmbito administrativo, entre tantos outros temas, são tratados com extensão e profundidade raros para uma dissertação de mestrado. O resultado disso salta aos olhos: ao invés de colocar de lado as questões mais difíceis, o autor as enfrenta com coragem e consistência capazes de fornecer fundamentos suficientes para uma efetiva melhoria da administração judicante em nosso País.

A terceira qualidade, para abruptamente terminar uma longa lista de virtudes da presente obra, diz respeito ao modo mesmo como o autor tratou o tema: depois de uma abrangente e profunda fundamentação dos avanços teóricos da Teoria do Direito nas últimas décadas, no direito brasileiro e no direito comparado, e após examinar, detidamente, o sentido da vinculação da administração judicante à juridicidade, o autor investiga aquilo que é o mais importante – o controle administrativo com base nos postulados normativos da proporcionalidade e da razoabilidade, não apenas com vagas assertivas, mas com critérios intersubjetivamente controláveis capazes de melhor compreender o que significam os controles de adequação, necessidade, proporcionalidade, congruência, equivalência, equidade, entre tantos outros.

Não por outro motivo que o presente livro chega a conclusões pontuais, objetivas e verificáveis. O autor não se limitou a problematizar o assunto; ele se esforçou mesmo foi para solucioná-lo, fazendo-o exitosamente.

Com essas palavras, breves para não privar o leitor da proveitosa experiência da sua leitura, desejo a esta obra os sucessos, editorial e intelectual, aos quais merecidamente faz jus.

Porto Alegre, novembro de 2009.

Prof. Dr. Humberto Ávila
Livre-Docente em Direito Tributário pela USP.
Ex-Pesquisador Visitante das Universidades de Harvard, EUA, e Heidelberg e Bonn, Alemanha.
Doutor em Direito pela Universidade de Munique – Alemanha.
Professor da Graduação e Pós-Graduação da Faculdade de Direito da UFRGS.
Advogado e Parecerista.

Sumário

Introdução 15

1. Um novo sistema jurídico-administrativo: novo repertório, nova estrutura 21

  1.1. Um novo sistema jurídico-administrativo: uma ordem axiológico-teleológica de regras, princípios e postulados aplicativos voltada para a concretização dos objetivos inerentes ao Estado Democrático de Direito proclamado na Constituição 21

    1.1.1. Novos paradigmas assentam o Direito Administrativo 21

    1.1.2. Ordenamento, sistema e ordem jurídico-administrativa 26

    1.1.3. Novo repertório, nova estrutura: unidade, ordenação e quebra no ordenamento (sistema) jurídico-administrativo 32

  1.2. Princípios, regras e valores: conceitos e distinções 42

    1.2.1. Princípios e regras jurídicas 42

    1.2.2. Valores e princípios jurídicos 52

    1.2.3. Eficácia dos princípios 55

        1.2.3.1. As contribuições doutrinárias 55

        1.2.3.2. Eficácia *intra legem* 57

        1.2.3.3. Eficácia *praeter legem* 58

        1.2.3.4. Eficácia *contra legem* 58

2. Os postulados normativos da razoabilidade e da proporcionalidade 61

  2.1. A ponderação de princípios como metódica da aplicação do Direito 61

    2.1.1. A atividade da ponderação na aplicação do Direito 61

    2.1.2. O objeto da ponderação 65

    2.1.3. As fases da ponderação 67

    2.1.4. Ponderação constituinte, legislativa, judicial e administrativa 72

    2.1.5. Falso problema de ponderação 75

  2.2. Postulados normativos aplicativos: uma terceira espécie do gênero norma jurídico-administrativa 80

  2.3. A base epistemológica da racionalidade material e discursiva da atuação administrativa: sintática e semântica do conteúdo normativo da racionalidade jurídico-administrativa em sentido amplo 86

  2.4. O postulado normativo da proporcionalidade 92

    2.4.1. Considerações iniciais 92

    2.4.2. A proporcionalidade segundo a matriz histórica do Direito alemão 93

    2.4.3. Fundamento lógico e normativo 99

    2.4.4. As máximas parciais ou elementos do postulado da proporcionalidade 100

        2.4.4.1. A base epistemológica do postulado da proporcionalidade 100

        2.4.4.2. Exigência de adequação, conformidade ou idoneidade do meio em relação ao fim 101

    2.4.4.3. Exigência de necessidade, exigibilidade, indispensabilidade ou do meio mais suave 105
    2.4.4.4. Proporcionalidade em sentido estrito, ponderação ou sopesamento de princípios 107
 2.5. O postulado normativo da razoabilidade 112
  2.5.1. A razoabilidade segundo a matriz histórica 112
   2.5.1.1. Direito inglês 112
   2.5.1.2. Direito norte-americano 116
  2.5.2. Proposta de um conteúdo autônomo do postulado normativo da razoabilidade 121
   2.5.2.1. Considerações iniciais 121
   2.5.2.2. Fundamento lógico e normativo 124
   2.5.2.3. Razoável e racional 125
   2.5.2.4. Razoabilidade externa ou legitimidade constitucional da medida legal: falsa hipótese de postulado normativo? 129
   2.5.2.5. Razoabilidade-igualdade 131
   2.5.2.6. Razoabilidade-congruência 135
   2.5.2.7. Razoabilidade-equivalência 137
   2.5.2.8. Razoabilidade-equidade 141
   2.5.2.9. Falsas hipóteses de irrazoabilidade 143
 2.6. A proporcionalidade e a razoabilidade no Direito Administrativo e Constitucional brasileiro .. 145
 2.7. As semelhanças e a incompatibilidade metodológica entre os postulados da razoabilidade e da proporcionalidade 153
 2.8. Separação conceitual entre postulados normativos e outros institutos jurídico-administrativos de controle da legitimidade da atuação administrativa 161

3. O sentido da vinculação da Administração Judicante à juridicidade 169
 3.1. A Administração Pública Judicante brasileira 169
  3.1.1. A função jurisdicional 169
  3.1.2. Administração Pública Ativa *versus* Administração Pública Judicante 176
  3.1.3. O processo administrativo: instrumento de atuação da Administração Pública Judicante . 177
 3.2. A constitucionalização do Direito Administrativo e a adequação da técnica principial a esse ramo do Direito 185
  3.2.1. A constitucionalização do Direito Administrativo: uma tendência metodológica atual .. 185
  3.2.2. A adequação da técnica principial ao Direito Administrativo 192
 3.3. Do princípio da vinculação positiva à lei ao princípio da vinculação à juridicidade 198
  3.3.1. Da vinculação positiva à lei à vinculação à juridicidade 198
  3.3.2. Atividade vinculada da Administração 207
 3.4. Fases do processo de aplicação do Direito Administrativo: fase interpretativa e fase crítico-justificativa 210
  3.4.1. Casos fáceis e casos difíceis 210
  3.4.2. A pré-compreensão da irrazoabilidade e da desproporcionalidade do resultado da interpretação levada a sério 212
  3.4.3. A estrutura bifásica do processo de aplicação do Direito: uma necessidade lógica e de legitimação 215

4. O controle administrativo judicante da atividade vinculada exercido com base nos postulados aplicativos 223
 4.1. Afastamento em abstrato de norma legal: inconstitucionalidade de lei em tese 223
  4.1.1. Considerações iniciais 223
  4.1.2. Posição da doutrina e da jurisprudência judicial sobre a possibilidade de o Chefe do Poder Executivo negar execução à lei que entenda inconstitucional 224

4.1.3. Posição da doutrina, da legislação federal e da jurisprudência administrativa sobre o poder de o julgador administrativo recusar a aplicação de lei que repute inconstitucional 228
4.1.4. Os diferentes "princípios" implicados com a possibilidade de um controle administrativo sobre a atividade vinculada 232
    4.1.4.1. Princípio da ampla defesa 232
    4.1.4.2. Princípio da separação dos poderes 234
    4.1.4.3. Princípio democrático e processo administrativo 239
    4.1.4.4. Princípio da segurança jurídica 242
    4.1.4.5. Coisa julgada material administrativa! 249
    4.1.4.6. Princípio da competência 258
4.1.5. Fundamentos, condições e limites da atuação judicante *contra legem* 261
    4.1.5.1. Posicionamento da questão 261
    4.1.5.2. Fundamentos para uma atuação judicante *contra legem* com base nos postulados aplicativos 262
        4.1.5.2.1. Fundamentos de ordem objetiva 262
        4.1.5.2.2. Fundamentos de ordem subjetiva 264
        4.1.5.2.3. Fundamentos de ordem processual 273
    4.1.5.3. Condições e limites para uma atuação judicante *contra legem* com base nos postulados aplicativos 277
        4.1.5.3.1. Requisitos de evidência material e discursiva 277
        4.1.5.3.2. Indícios e hipóteses dos critérios negativos e positivos que conectam os elementos da base epistemológica 280
        4.1.5.3.3. Providências a serem adotadas pelo órgão judicante que recusar a aplicação de lei em tese 294
4.2. Afastamento casuístico de lei: atuação judicante *contra legem* 299
   4.2.1. A superabilidade prática das normas jurídicas 299
   4.2.2. As regras têm preferência sobre os princípios 303
   4.2.3. Condições de superabilidade das regras pelos princípios 304
   4.2.4. Recusa à aplicação de lei ou norma infralegal inconstitucional só *in concreto* 306
   4.2.5. O exemplo do erro escusável em matéria disciplinar 310
      4.2.5.1. Considerações iniciais 310
      4.2.5.2. A nota técnica: Teoria do Erro Escusável 311
         4.2.5.2.1. Dos fundamentos fáticos e jurídicos do erro escusável 311
         4.2.5.2.2. Da definição e importância do erro escusável para o Direito Administrativo Disciplinar 312
         4.2.5.2.3. Da operacionalização da definição de erro escusável mediante estabelecimento dos pressupostos para a sua incidência 313
         4.2.5.2.4. Natureza jurídica do erro escusável 314
      4.2.5.3. A prática da Teoria do Erro Escusável 314
4.3. Afastamento de norma infralegal abstratamente considerada 316

Conclusões 321

Referências 335

Introdução

É notório que muito se discutiu e se escreveu sobre as implicações dos princípios da razoabilidade e da proporcionalidade no âmbito da atividade administrativa não vinculada, aí compreendida a atuação fundada na competência discricionária e na aplicação de conceitos jurídicos indeterminados. Isso normalmente tem sido empreendido sob a ótica da sindicabilidade judicial do ato administrativo.

Alicerçada nas transformações dos paradigmas conceitual e interpretativo do Direito Administrativo, ocasionadas pelo advento do ideário político-jurídico do Estado Democrático de Direito, a doutrina voltou-se para a determinação do novo campo da justiciabilidade da atuação administrativa não vinculada. Em vista do reconhecimento da força normativa dos princípios jurídicos, da superioridade formal e ascendência axiológica da Constituição e da centralidade constitucional dos direitos e garantias fundamentais, foram redefinidos os limites e as consequências do controle jurisdicional da discricionariedade e da valoração administrativa dos conceitos indeterminados.

O mesmo não se pode dizer quanto ao exame da questão na seara da atuação conhecida como vinculada à lei e, ainda, no âmbito do controle interno da própria Administração; no caso em estudo, do controle da Administração Pública Judicante sobre os atos administrativos produzidos pela Administração Pública Ativa ou Executiva. Eis de onde considerar certa originalidade no tema objeto de investigação.

A concepção de um Direito por princípios provocou uma patente revolução na forma de entender o Direito (perspectiva metodológica) e no conceito de Direito (perspectiva ontológica), que, inegavelmente, também se fez sentir no sentido da vinculação administrativa à lei. O Direito, que já não se compõe exclusivamente de regras, mas também de princípios jurídicos, passou a demandar princípios de natureza mista (normativa e metódica), com a funcionalidade de estruturar a aplicação e a interpretação dos princípios e regras jurídicas. Esses princípios são denominados por Humberto Ávila *postulados normativos aplicativos*, aqui considerados uma terceira espécie do gênero norma jurídica.

Além da reformulação da ideia de sistema jurídico, tanto ao nível do seu repertório quanto da sua estrutura, contribuíram especialmente para a modificação do sentido da vinculação administrativa o fenômeno da proliferação das fontes jurídico-positivas da legalidade administrativa e o fenômeno da constitucionalização formal e material do Direito Administrativo. Ambos passaram a exigir um ativismo hermenêutico na busca do padrão normativo de vinculação, que já não pode ser apreendido de forma imediata e mecânica. Nessa tarefa, os postulados normativos prestam relevante papel na determinação do conteúdo da juridicidade que serve de fundamento à atuação do julgador administrativo, sendo capazes de incutir no padrão obtido os valores fundamentais do ordenamento jurídico-constitucional, mas sem descuidar da observância dos princípios da legalidade democrática e da segurança jurídica.

Esse poder de "autotutela declarativa da normatividade" expõe a "existência de uma implícita competência administrativa genérica de fiscalização ou exame genérico da validade da normatividade a aplicar" e, com isso, da legalidade formal.[1]

Nesse contexto, o presente trabalho tem por objeto estudar os limites e as possibilidades do controle realizado pela Administração Pública Judicante brasileira no campo da atuação concreta vinculada à lei e aos atos normativos infralegais, tomando-se por instrumento de controle da legitimidade dos atos administrativos os postulados da razoabilidade e da proporcionalidade. Em outras palavras, o trabalho busca explicitar as condições e os limites para o afastamento casuístico e para o afastamento em tese da legalidade vinculante, ou seja, para a aplicação *contra legem* dos princípios jurídicos.

A investigação do tema foi motivada, sobretudo, pelo fato de as transformações do Direito Administrativo não haverem ainda repercutido com todo vigor na práxis de atuação do Direito. Verifica-se certa contenção do julgador administrativo em aplicar os princípios jurídicos, negando-lhes qualquer tipo de eficácia, seja *intra, praeter* e, muito mais, *contra legem*. Tal postura parece ser fruto do apego extremado à interpretação literal dos textos legais e infralegais e da falta de uma consciência jurídica voltada para a aplicação dos princípios jurídicos.

A isto equivale dizer que, mesmo que o julgador administrativo surpreenda-se com os efeitos da norma individual produzida pela Administração Ativa, ele consola-se com o fato de essa norma decorrer de determinação explícita contida numa regra legal ou infralegal. Nesses casos, em que os efeitos da norma fogem do aceitável, do bom-senso ou do senso comum, é que geralmente se está diante de situação que exige a aplicação dos postulados normativos, exatamente para que não se malfiram princípios jurídicos, como os da igualdade e da justiça, os direitos e garantias fundamentais.

O desenvolvimento dessa investigação se guiou pelo enfoque analítico e sistemático. Para tanto, foi utilizada, como principal fonte, a pesquisa bibliográfica e jurisprudencial.

A perspectiva analítica se nota na tarefa de identificar a base epistemológica dos postulados normativos, que consiste no binômio sobre o qual opera a estruturação dos postulados e a partir do qual é dado conhecer essa estruturação. A relação bipolar é formada por dois dos seguintes elementos: princípio constitucional, realidade social de aplicação da norma, motivo, objeto e finalidade da norma objeto de aplicação.

A perspectiva sistemática, por sua vez, é sentida notadamente na busca de uma concepção de sistema jurídico que seja compatível com o ordenamento jurídico democrático, e no esforço de estabelecer a coerência intrassistêmica da norma que

---

[1] OTERO, Paulo. *Legalidade e Administração Pública*: o sentido da vinculação administrativa à juridicidade. Lisboa: Almedina, 2003, p. 703-704.

habilita o julgador administrativo a recusar lei que repute irrazoável ou desproporcional.

Definida a metodologia de investigação, fez-se a leitura dos principais textos nacionais e estrangeiros referentes aos postulados normativos, com base nos quais foram identificadas e sistematizadas as diversas posições a respeito de sua caracterização. Foram analizadas a razoabilidade e a proporcionalidade nas respectivas matrizes históricas, procurando-se identificar a natureza desses parâmetros (interpretativa ou metódica), a sua base epistemológica e o seu critério axiológico fundante da racionalidade material (negativo ou positivo, fraco ou forte). Semelhante enfoque foi adotado na pesquisa da razoabilidade e da proporcionalidade no Direito Administrativo brasileiro, sobretudo com base na doutrina nacional e na jurisprudência constitucional do Supremo Tribunal Federal. Ao final, o enfoque analítico permitiu concluir-se pela incompatibilidade metodológica entre razoabilidade e proporcionalidade.

Com base na doutrina nacional, avançou-se no estudo da temática relativa ao poder de recusa administrativa de lei considerada inconstitucional, para verificar se o ordenamento pátrio alberga, ainda que implicitamente, norma de competência que autorize o julgador administrativo a recusar a aplicação de lei irrazoável ou desproporcional, tomando-se por parâmetro de avaliação o nível de coerência intrassistêmica dessa norma. Valeu-se, notadamente neste estudo, das contribuições doutrinárias de juristas e tributaristas nacionais, que têm discutido bastante a respeito da existência dessa competência em relação ao julgador administrativo com atuação no âmbito do processo administrativo tributário. Verificou-se ainda como têm atuado os órgãos judicantes federais quando se deparam com lei manifestamente inconstitucional.

O estudo do presente tema está estruturado em quatro capítulos, segundo o plano de trabalho que se segue. O capítulo inicial traz as premissas fundamentais para o desenvolvimento do tema, tais como os novos paradigmas sobre os quais se erige o Direito Administrativo pós-moderno; as transformações no repertório e na estrutura do sistema jurídico-administrativo; a distinção entre ordenamento, sistema e ordem jurídica; a distinção entre regras e princípios, destacando-se a eficácia *contra legem* destes.

A preocupação inicial está voltada para a descrição do ordenamento jurídico administrativo, na pretensão de expor a sua composição elementar tripartite (regras jurídicas, princípios jurídicos e postulados aplicativos) e a sua estrutura interna de vinculação conteudística entre normas (relacionamento de índole axiológico-teleológica entre os diferentes tipos de normas). Busca-se explicitar uma configuração de sistema jurídico capaz de viabilizar uma inserção da legalidade administrativa nos quadros de uma unidade do ordenamento jurídico, daí exsurgindo o princípio da juridicidade como legítimo parâmetro de conformação da atuação concreta da Administração, sem, todavia, negar-se utilidade conceitual e metodológica ao princípio da legalidade.

O segundo capítulo ocupa-se de estabelecer os conteúdos normativos da *técnica da ponderação* e dos postulados normativos da *razoabilidade* e da *proporcionalidade*, tanto na matriz histórica quanto no Direito brasileiro. Aqui também se procura identificar a base epistemológica da racionalidade material da atuação administrativa, bem como o tipo de racionalidade que a aplicação dos postulados normativos é capaz de patrocinar. Trata-se das semelhanças entre os postulados. Identifica-se um conteúdo autônomo da razoabilidade em relação ao da proporcionalidade, para, em seguida, afirmar a incompatibilidade metodológica entre eles. Afirma-se a característica da subsidiariedade dos postulados normativos, o que exige discorrer sobre a distinção conceitual entre os postulados normativos e outros instrumentos jurídicos afins, igualmente de aferição da legitimidade da atuação administrativa, tais como desvio de poder, excesso de poder, proibição do arbítrio, proibição de excesso, razoabilidade externa, falta ou insuficiência de motivação.

O terceiro capítulo versa sobre o sentido da vinculação à juridicidade a que se deve submeter a Administração Judicante. Discorre-se sobre a função jurisdicional, identificando-a no âmbito do processo administrativo contencioso. Distingue-se a Administração Ativa da Administração Judicante. Descreve-se o fenômeno da processualização e da constitucionalização formal e material do Direito Administrativo brasileiro. Traça-se a evolução do sentido da vinculação administrativa ao ordenamento positivo, ou seja, da vinculação positiva à lei à vinculação à juridicidade. Trata-se de explicitar um sentido para a expressão "atividade vinculada à lei" que reflita o estágio atual da práxis jurídico-administrativa. Reconhecendo-se a utilidade conceitual e metodológica do princípio da legalidade, sustenta-se a estruturação em duas etapas do processo de aplicação do Direito: uma interpretativa, em que prepondera o aspecto lógico-conceitual de apreensão do sentido do direito legislado; outra crítico-justificativa, em que se avalia, por meio dos postulados normativos, a compatibilidade da solução legal com a principiologia constitucional. Nesse contexto, evidencia-se a importância da pré-compreensão da injustiça do direito concretizado com base na lei, enquanto fator que impulsiona o intérprete administrativo a adentrar a segunda fase da aplicação do Direito.

O último capítulo cuida da temática central: os limites e possibilidades da atuação judicante, com base nos postulados normativos, contrária ao sentido vinculante da legalidade. A abordagem do tema comporta três subdivisões: (i) afastamento de lei em tese, (ii) afastamento casuístico da legalidade vinculante e, por fim, (iii) afastamento de atos normativos infralegais abstratamente considerados, todos motivados por razões de irrazoabilidade ou desproporcionalidade.

O primeiro subtema requer a análise da questão relativa ao poder de o julgador administrativo examinar e recusar a aplicação de lei que repute inconstitucional antes mesmo de qualquer decisão judicial a respeito. Apresenta-se, primeiro, a posição da doutrina e da jurisprudência judicial sobre a possibilidade de o Chefe do Poder Executivo negar execução à lei que entenda inconstitucional, distinguido-se essa matéria da temática objeto de investigação. Em seguida, enuncia-se a posição da doutrina, da legislação federal e da jurisprudência administrativa sobre o poder de o julgador administrativo recusar a aplicação de lei que considere inconstitucional. Analisa-se a coerência intrassistêmica da *tese afirmativa da competência*, abordando-se as implicações que ela mantém com os diversos princípios do ordenamento positivo, tais como o princípio da ampla defesa, da segurança jurídica, da separação dos poderes etc. Essa avaliação requer previamente que se empreenda uma releitura ou um redimensionamento dos princípios envolvidos à luz dos fenômenos da principialização, constitucionalização e processualização do Direito Administrativo. Na sequência, o trabalho detém-se em determinar a *existência* da competência, o seu *alcance* (que ofensas constitucionais legitimam o exercício da competência), e a sua *intensidade* (qual a intensidade da ofensa que autoriza o exercício da competência), o que exige a enunciação de diversos fundamentos – objetivo, subjetivo e processual – que legitimam a recusa aplicativa da lei por parte do julgador administrativo. No passo seguinte, estabelecem-se os requisitos (material e discursivo) para aferição do caráter manifesto da irrazoabilidade ou da desproporcionalidade que autoriza o julgador administrativo a rejeitar a aplicação de lei assim qualificada. A proposição teórica está ilustrada com exemplos extraídos da jurisprudência judicial e administrativa.

No segundo momento, estuda-se a recusa casuística da legalidade vinculante. Reconhece-se a superabilidade prática da regra jurídica, embora esta prefira inicialmente ao princípio jurídico. Enunciam-se as condições de superabilidade das regras jurídicas (requisitos de ordem material e procedimental). Ilustra-se o tópico com dois exemplos. Um deles consiste na *Teoria do Erro Escusável* em matéria administrativo-disciplinar.

Na última parte do capítulo final, analisa-se a competência para o afastamento de ato normativo infralegal abstratamente considerado. Nesse tópico, cuidou-se de responder a indagação segundo a qual a recusa aplicativa dos atos infralegais comporta ou não um controle mais exigente do que o controle requerido para a rejeição da lei formal, ou seja, um controle menos flexível do que o débil (moderado ou forte), uma vez que aqui já não interfeririam os princípios da separação dos poderes e o princípio democrático.

Em desfecho, a presente pesquisa postula, como forma de amenizar ou superar o dogmatismo exegético ainda reinante na práxis administrativa atual, a utilização dos postulados normativos como instrumentos metodológicos de perquirição e consideração dos fundamentos axiológicos do ordenamento positivo na concretização do Direito Administrativo. Mantém-se a acepção estrita do princípio da legalidade, tal como previsto no art. 37 da Constituição, mas submete-se a solução legal à estruturação aplicativa e discursiva baseada nos instrumentos da razoabilidade e da proporcionalidade. Enfim, busca-se com este estudo contribuir para o aperfeiçoamento da Administração Judicante, despertando nos julgadores administrativos uma consciência jurídica voltada para a utilização dos postulados aplicativos.

1. Um novo sistema jurídico-administrativo: novo repertório, nova estrutura

1.1. Um novo sistema jurídico-administrativo: uma ordem axiológico-teleológica de regras, princípios e postulados aplicativos voltada para a concretização dos objetivos inerentes ao Estado Democrático de Direito proclamado na Constituição

1.1.1. NOVOS PARADIGMAS ASSENTAM O DIREITO ADMINISTRATIVO

Vivem-se novos tempos herdados dos rescaldos das atrocidades cometidas no Holocausto. O positivismo jurídico do século XIX e do início do século XX, pela sua indiferença ética fundada na leitura formalista e normativista da experiência jurídica, serviu a finalidades que contrastaram com um sistema de valores centrados na pessoa humana. As conquistas civilizatórias traduzidas nas Declarações de Direitos Humanos dos Estados Unidos e da França não bastaram para que o Direito não culminasse em tão obscuro período. Em grande parte por essa razão, o Direito viveu no século XX a sua grande crise ontológica e metodológica,[2] na qual prefiguravam horizontes de libertação de um passado atroz e de alimentação de esperanças renovadas no futuro, em cuja concretização o Direito cumpriu, e ainda cumpre, destacada tarefa.

Com efeito, já não respondia adequadamente às necessidades do homem e da sociedade um Direito só composto por regras – soluções jurídicas fechadas e exclusivas para hipóteses fáticas previamente estabelecidas pelo legislador – para cuja interpretação e aplicação se mostravam suficientes as técnicas lógico-jurídicas centradas na subsunção do conceito de fato ao conceito de direito. Para que o Direito desse conta das novas exigências, teve de abrir-se para a realidade social, e assim o fez, encartando em seu seio uma nova espécie de norma: os princípios jurídicos,

---

[2] Lenio Luiz Streck costuma afirmar que o Direito vive atualmente uma crise de três ordens: crise da norma, crise da fonte do Direito, crise da hermenêutica jurídica.

para cuja interpretação e aplicação já não serviam os métodos da subsunção da norma ao fato e da dedução da norma individual da norma geral. Fazia-se necessária uma metodologia que perfizesse uma dialética entre norma e fato orientada por valores,[3] e uma ponderação de bens, princípios e valores no plano de aplicação da norma ao caso concreto. Daí a necessidade de ampliação do repertório de normas do novo sistema jurídico, com a inclusão nele não só dos princípios, mas também dos postulados da razoabilidade e da proporcionalidade.

A perspectiva sistemática, que prezava unicamente pela coerência e unidade em abstrato do ordenamento jurídico, deu lugar à perspectiva tópica da interpretação/aplicação do Direito, que reclama, como exigência de racionalidade, a harmonização do ordenamento positivo no plano de concreção da norma (interpretação tópico-sistemática), respondendo topicamente o Direito com sua integralidade, como propõe Dworkin[4] – donde a natureza tópico-sistemática do sistema jurídico. Mas, para que essa racionalidade não ficasse restrita ao momento de aplicação da norma, o modelo de ordenamento jurídico foi reformulado. De sistema lógico-conceitual, passou a ser concebido como sistema teleológico-axiológico, ou seja, um ordenamento jurídico fundado em fins e valores, os quais devem orientar o juiz e o administrador na interpretação e aplicação das normas.[5]

Delineou-se, então, como a literatura jurídica costuma referir, o contexto do pós-positivismo, ou do neoconstitucionalismo no cenário europeu continental, derivado para a experiência jurídica, nos seus mais diferentes quadrantes.[6] Nessa nova fase, algumas viradas na relação do conhecimento jurídico ocorreram.[7] Com efeito, a mais importante das leis passou a ser a Constituição, o princípio da legalidade deu lugar ao princípio da juridicidade ou ao princípio da legitimidade, os princípios tomaram o lugar de destaque das regras no ordenamento jurídico – sendo aqueles responsáveis diretos pelo imbricamento entre o Direito e a Moral;[8] o papel dos aplicadores do Direito (juiz e administrador) assumiu lapidar importância na concretização dos direitos fundamentais e dos valores democráticos, ficando em segundo plano o papel do legislador, manifestado no controle constitucional das leis restritivas de direitos fundamentais pelo Poder Judiciário.

---

[3] REALE, Miguel. *Teoria tridimensional do direito*. São Paulo: Saraiva, 1986, p. 59.

[4] DWORKIN, Ronald. *O império do direito*. Trad.: Jefferson Luiz Camargo. São Paulo: Martins Fontes, 2003, p. 264. Diz o autor a respeito que "a integridade exige que as normas públicas da comunidade sejam criadas e vistas, na medida do possível, de modo a expressar um sistema único e coerente de justiça e eqüidade na correta proporção".

[5] LARENZ, Karl. *Metodologia da ciência do direito*. Trad.: José Lamego. 2ª ed. Lisboa: Fundação Calouste Gulbenkian, 1989, p. 146. Nesse sentido também, FREITAS, Juarez. *A interpretação sistemática do direito*. 3ª ed. São Paulo: Malheiros, 2002, p. 25-56.

[6] BARROSO, Luís Roberto. *Interpretação e aplicação da Constituição*: fundamentos de uma dogmática constitucional transformadora. 6ª ed. São Paulo: Saraiva, 2004, p. 385. Segundo esse autor, o "pós-positivismo é a designação provisória e genérica de um ideário difuso, no qual se incluem o resgate dos valores, a distinção qualitativa entre princípios e regras, a centralidade dos direitos fundamentais e a reaproximação entre o Direito e a Ética".

[7] ALEXY, Robert. *El concepto y la validez del derecho*. Trad.: Jorge M. Seña. Barcelona: Gedisa, 1994, p. 160.

[8] Neste contexto é que se dá a principialização das Constituições.

Foi com a integração dessa nova espécie normativa (princípio jurídico) ao ordenamento jurídico que surgiu a necessidade da ponderação de bens, princípios e valores no momento aplicativo da norma. Dessa tarefa se ocupou a nova hermenêutica, cunhando princípios de interpretação especificamente constitucionais.[9] Alguns desses princípios, todos de ordem hermenêutica, ou são projeção de princípios jurídico-positivos, como é o caso do princípio da conformidade funcional, considerado projeção do princípio da separação dos poderes, ou foram erigidos a princípio jurídico, como é o caso do princípio da concordância prática, que se incorporou ao plano jurídico, assumindo o rótulo de princípio da proporcionalidade. A partir desse momento, o princípio puramente interpretativo tornou-se vinculativo não só para o juiz ou administrador, mas também para o legislador, quando do papel de conformação legislativa da Constituição.

Apresentados esses lineamentos que caracterizam o constitucionalismo pós-moderno (normativo-principiológico), do qual o Estado brasileiro é signatário a partir da promulgação da Constituição de 1988, há de convir-se que eles se aplicam a todos os subsistemas do ordenamento jurídico e à práxis interpretativa relacionada a tais subsistemas, uma vez que, enquanto norma de hierarquia superior a todas as demais, a Constituição infunde sua principiologia humanística e democrática nos sentidos normativos que se possam extrair dos enunciados de estatura infraconstitucional.[10] O Direito Administrativo, portanto, não escapa desse contexto de transição e viragem paradigmáticas.

Nada obstante, a doutrina nacional parece não haver dado conta da dimensão das transformações por que vem passando o arcabouço jurídico-dogmático do Direito Administrativo no contexto atual de um Estado Democrático de Direito.[11]

Odete Medauar, em que pese referir as linhas de transformações das matrizes clássicas do Direito Administrativo, ensejadas pelas mutações ocorridas no quadro

---

[9] STEINMETZ, Wilson Antônio. *Colisão de direitos fundamentais e o princípio da proporcionalidade*. Porto Alegre: Livraria do Advogado, 2001, p. 94-100. Esse autor registra que, segundo a doutrina dominante, os princípios de interpretação especificamente constitucionais são: princípio da unidade da Constituição, princípio da concordância prática, princípio do efeito integrador, princípio da força normativa da Constituição, princípio da conformidade funcional, princípio da efetividade e princípio da interpretação conforme a Constituição.

[10] BARROSO, Luis Roberto. *Op. cit.*, p. 340. Ao falar da ascensão científica e política do Direito Constitucional no Brasil, esse autor escreve que "a Constituição passa a ser, assim, não apenas um sistema em si – com a sua ordem, unidade e harmonia – mas também um modo de olhar e interpretar todos os demais ramos do Direito. Esse fenômeno, identificado por alguns autores como *filtragem constitucional*, consiste em que toda a ordem jurídica deve ser lida e apreendida sob a lente da Constituição, de modo a realizar os valores nela consagrados. A constitucionalização do direito infraconstitucional não identifica apenas a inclusão na Lei Maior de normas próprias de outros domínios, mas, sobretudo, a reinterpretação de seus institutos sob uma ótica constitucional".

[11] Como consequência disso, as modificações que seriam decorrentes da consagração constitucional de um regime político-jurídico fundado em princípios e valores democráticos não ingressaram integralmente no Direito Administrativo. Nesse sentido, JUSTEN FILHO, Marçal. *Curso de direito administrativo*. São Paulo: Saraiva, 2005, p. 13. O administrativista observa que "o conteúdo e as interpretações do direito administrativo permanecem vinculados e referidos a uma realidade sociopolítica que há muito deixou de existir. O instrumental do direito administrativo é, na sua essência, o mesmo de um século atrás. Talvez se possa encontrar aí uma das causas das dificuldades do próprio direito constitucional brasileiro, cujo ritmo de evolução não é acompanhado pelo direito administrativo. É necessário constitucionalizar o direito administrativo, o que significa, então, atualizar o direito administrativo e elevá-lo ao nível das instituições constitucionais".

político-institucional e científico do século XIX para cá, reconhece que as repercussões dessas mutações "ainda não chegaram ao ponto mais profundo de alterar noções contidas nos manuais e tratados. Assim, pode-se falar de tendências ou de processo de fermentação de mudanças que recaem sobre várias matrizes conceituais".[12]

De outra parte, um dos primeiros estudos a tratar de forma sistemática e atual do assunto foi o do professor da Faculdade do Estado do Rio de Janeiro Gustavo Binenbojm.[13] Assentado na dualidade estruturante do Estado Democrático de Direito, característica traduzida pelos vetores axiológicos dos direitos fundamentais e da democracia, o autor expõe o que denomina "a crise dos paradigmas do direito administrativo brasileiro", francamente manifestada pelo "descompasso entre as velhas categorias e as reais necessidades e expectativas das sociedades contemporâneas em relação à Administração Pública".[14]

Esse autor identifica quatro paradigmas conceituais clássicos do Direito Administrativo que vigeram sob o signo do autoritarismo pré-Constituição de 1988, os quais, no entanto, ainda projetam suas influências sobre a estrutura e dinâmica do Direito Administrativo brasileiro, mesmo com a emergência constitucional do

---

[12] MEDAUAR, Odete. *O direito administrativo em evolução*. São Paulo: Revista dos Tribunais, 1992, p. 175-203. A autora detém-se no exame das linhas de transformações dos seguintes conceitos jurídico-dogmáticos: interesse público, discricionariedade administrativa, ato administrativo e contrato administrativo. De forma muito breve: o interesse público já não se deixa definir *a priori*, pois que passa a incorporar interesses antes tidos como particulares, exigindo-se, com isso, que ele seja ponderado pela Administração Pública com outros interesses concorrentes; a discricionariedade administrativa passa a não mais ser concebida como liberdade de decisão conferida pelo legislador, mas como espaço de atuação administrativa que deverá observar, além da lei, as regras e os princípios constitucionais, de tal modo que se verifica uma ampliação do controle jurisdicional sobre o poder discricionário; o ato administrativo, antes tido como uma manifestação unilateral e legalmente legitimada de vontade, passa assumir conotações defluentes do princípio democrático, com base nas quais a sociedade é habilitada a participar na identificação e conciliação de interesses; o contrato administrativo – uma vez vencidas as teses anti-contratualistas mediante a concepção de um contrato diferenciado de direito privado, em que a posição de comando da Administração era manifestada nas chamadas cláusulas exorbitantes – passou a privilegiar os mecanismos de obtenção de soluções compartilhadas e negociadas, com a atenuação do poder de modificação unilateral dos contratos, já que o particular passa a ser olhado como parceiro e colaborador.

[13] Nessa ordem de ideias: JUSTEN FILHO, Marçal. *Op. cit.*, p. 1, para quem, em definição que revela bem o apreço atual pelos direitos fundamentais, "o direito administrativo é o conjunto das normas jurídicas de direito público que disciplinam as atividades administrativas necessárias à realização dos direitos fundamentais e a organização e o funcionamento das estruturas estatais e não estatais encarregadas de seu desempenho"; OHLWEILER, Leonel, *Direito administrativo em perspectiva*: os termos indeterminados à luz da hermenêutica. Porto Alegre: Livraria do Advogado, 2000, p. 11-14. Assumindo premissas metodológicas próprias da pós-modernidade (constitucionalismo, juridicidade, social-democracia, racionalidade linguístico-pragmática), o autor examina o controle jurisdicional da atuação administrativa fundada nos chamados conceitos jurídicos indeterminados, depois de questionar o dogmatismo ou o sentido comum teórico dos juristas que impera no Direito Administrativo, propugnando, ao final, pela abertura semântica dos conceitos indeterminados e pela geração de sentidos democráticos. De outra banda, erigiram seus estudos sob o estatuto epistemológico das formulações tradicionais os seguintes administrativistas, entre outros: MELLO, Celso Antônio Bandeira de. *Curso de direito administrativo*. 12ª ed. São Paulo: Malheiros Editores, 2000, p. 57-70, defensor do princípio da supremacia do interesse público sobre o interesse privado; MEIRELLES, Hely Lopes. *Direito administrativo brasileiro*. 21ª ed. São Paulo: Malheiros Editores, 1996, p. 82-83, defensor de uma legalidade positiva exclusivamente atrelada ao que previamente autorizado pela lei.

[14] BINENBOJM, Gustavo. *Uma teoria do direito administrativo:* direitos fundamentais, democracia e constitucionalização. Rio de Janeiro: Renovar, 2006, p. 23.

Estado Democrático de Direito, que já conta com duas décadas. Refere, portanto, (i) a crise do princípio da supremacia do interesse público sobre o interesse privado, "que serviria de fundamento e fator de legitimação para todo o conjunto de privilégios de natureza material e processual que constituem o cerne do regime jurídico-administrativo"; (ii) o princípio da legalidade administrativa como vinculação positiva à lei, "traduzida numa suposta submissão total do agir administrativo à vontade previamente manifestada pelo Poder Legislativo..."; (iii) a intangibilidade do mérito administrativo, consistente na insindicabilidade judicial e popular; e, por fim, (iv) a ideia de Poder Executivo unitário, "fundada em relações de subordinação hierárquica (formal ou política) entre a burocracia e os órgãos de cúpula do governo (como os Ministérios e a Presidência da República)".[15]

Nesse quadro de reformulação conceitual das clássicas categorias e instituições do Direito Administrativo, presta especial relevância à investigação do objeto em estudo (limites e condições da aplicação pela Administração Judicante dos postulados normativos da proporcionalidade e razoabilidade) a superação da legalidade como vinculação positiva à lei, que dá lugar ao (ou é englobado pelo) princípio da juridicidade, na qualidade de parâmetro de conformação da atividade administrativa.[16] Esse fenômeno dimana logicamente de outros, notadamente o da principialização e da constitucionalização do Direito, próprios das sociedades políticas que ascenderam a regimes constitucionais democráticos comprometidos com a transformação das velhas estruturas sociais de reprodução da exploração, da exclusão e das desigualdades sociais e econômicas, e com a concretização da dignidade da pessoa humana em concreto, como é caso do modelo constitucional brasileiro.

Além do paradigma conceitual ou categorial fundado em concepção liberal, autoritária e dissimuladora da realidade, cuja superação é tarefa que compete aos cientistas e filósofos do Direito, outro paradigma se apresenta como obstáculo à implementação de um Estado Democrático de Direito no círculo da Administração Pública brasileira. Trata-se do paradigma hermenêutico, interpretativo ou metodológico, ainda fundado na filosofia da consciência,[17] no legicentrismo, no formalismo,[18] no "fatalismo da regra" (aplicação da regra independentemente da irrazoabilidade

---

[15] BINENBOJM, Gustavo. *Op. cit.*, p. 23-25.

[16] Sobre os paradigmas emergentes relativos às demais categorias e concepções em declínio, remete-se a BINENBOJM, Gustavo. *Op. cit.* É bastante referir, no entanto, quais as transições administrativo-paradigmáticas propugnadas pelo autor: o princípio da supremacia do interesse público é substituído por um dever de proporcionalidade a ser exercido pelo intérprete na harmonização dos direitos e interesses em jogo; a distinção qualitativa entre ato vinculado e ato discricionário dá lugar a uma concepção gradualista no padrão de vinculação administrativa à juridicidade; a estrutura de um Executivo unitário cede espaço para uma Administração policêntrica.

[17] STRECK, Lenio Luiz. *Op. cit.*, p. 65-66. O jurista gaúcho observa que "a mudança de paradigma (da filosofia da consciência para a filosofia da linguagem) *não teve a devida recepção no campo da filosofia jurídica e da hermenêutica no cotidiano das práticas judiciárias e doutrinárias brasileiras*".

[18] OHLWEILER, Leonel. Administração Pública e democracia: perspectivas em um mundo globalizado. *Revista de Informação Legislativa*. Brasília, ano 36, nº 143, p. 38, jul.-set./1999. Contrapondo-se ao formalismo no Direito Administrativo, o autor alerta para a necessidade de "ultrapassar o dogmatismo calcado em categorias jurídicas abstratas, o que pode ensejar uma estruturação jurídica não-condicionada a uma estrita legalidade, passando a pensar as situações jurídicas dentro de uma perspectiva mais concreta, sem um a priori formal, em que as condutas são orientadas por um sistema promocional".

da solução jurídica por ela ditada),[19] na não vinculatividade dos princípios, na eficácia da Constituição apenas enquanto mediada pela lei e na subordinação a atos infralegais emanados da autoridade hierarquicamente mais próxima ao intérprete administrativo, em que pese existir evidente contrariedade desses atos em face de lei ou da Constituição.

Na questão metodológica, propugnar-se-á pela superação dos paradigmas acima arrolados mediante a atuação dos postulados normativos da razoabilidade e proporcionalidade, sem, no entanto, ingressar na problemática hermenêutica geral, por não ser esse o objetivo aqui mantido.

1.1.2. ORDENAMENTO, SISTEMA E ORDEM JURÍDICO-ADMINISTRATIVA

O Direito não constitui um mero agregado de normas. É mais do que isso.[20] É ordenamento, ou seja, um conjunto coordenado de normas jurídicas assim dispostas para servir de instrumento de organização de uma sociedade, visando à implantação de determinada ordem – uma ordem jurídica.[21] Assim, o Direito Administrativo é o ordenamento que mais de perto se ocupa da organização da Administração Pública, notadamente da sua estrutura e atividade.

Como mecanismo formal de organização que visa a imprimir certa racionalidade às relações sociais, o ordenamento jurídico deve logicamente encartar certa ordem entre os elementos que o integram, i. e., uma articulação de normas jurídicas que seja capaz de perfazer relações de coerência e de unidade. Ao forcejar para que o ordenamento apresente tais atributos, a jurisprudência, prática ou teórica, aproxima o ordenamento jurídico da ideia de sistema, tal como formulada por Canaris.

---

[19] O fatalismo na aplicação das regras jurídicas que definem sanções disciplinares se constata no entendimento proclamado no Parecer AGU nº GQ – 183, de 28.12.1998, DOU 31.12.1998, que está assim ementado: "É compulsória a aplicação da penalidade expulsiva, se caracterizada infração disciplinar antevista no art. 132 da Lei nº 8.112, de 1990". Em determinada passagem do parecer, resta explícito o fatalismo: "7. Apurada a falta a que a Lei nº 8.112, de 1990, arts. 129, 130, 132, 134 e 135, comina a aplicação de penalidade, esta medida passa a constituir dever indeclinável, em decorrência do caráter de norma imperativa de que se revestem esses dispositivos. Impõe-se a apenação sem qualquer margem de discricionariedade de que possa valer-se a autoridade administrativa para omitir-se nesse mister. (...) 8. Esse poder é obrigatoriamente desempenhado pela autoridade julgadora do processo disciplinar (...)".

[20] FERRAZ JÚNIOR, Tércio Sampaio. *Introdução ao estudo do direito*: técnica, decisão, dominação. 2ª ed. São Paulo: Atlas, 1994, p. 175. Esse autor apresenta uma ilustração instrutiva e reveladora desse caráter mais que meramente composicional do ordenamento jurídico: "uma sala de aula é um conjunto de elementos, as cadeiras, a mesa do professor, o quadro-negro, o giz, o apagador, a porta etc.; mas estes elementos, todos juntos, não formam uma sala de aula, pois pode tratar-se de um depósito da escola; é a disposição deles, uns em relação aos outros, que nos permite identificar a sala de aula; esta disposição depende de regras de relacionamento;". Assim, conclui-se que uma sala de aula é mais do que um agregado daqueles elementos, da mesma forma que um ordenamento é mais do que um agregado de normas jurídicas.

[21] BOBBIO, Norberto. *Teoria do Ordenamento Jurídico*. Trad.: Maria Celeste C. L. dos Santos. Brasília: Editora Universidade de Brasília, 1999, p. 21. Segundo o jusfilósofo italiano, foram os teóricos da instituição, notadamente Santi Romano, que tiveram o mérito de pôr em relevo que o Direito não é norma, mas um conjunto coordenado de normas que visa organizar e ordenar determinado grupo social.

Antes, porém, de adentrar o exame da caracterização e das limitações do sistema a que o ordenamento jurídico possa adequadamente amoldar-se, fazem-se algumas distinções elementares, quais sejam: ordenamento, sistema e ordem jurídica.

Com a consagração normativo-constitucional dos valores democráticos e humanísticos, a concepção positivista de um Direito composto unicamente por regras cede espaço a um modelo jurídico diferente do monotípico, ao incorporar também os princípios jurídicos, que são fórmulas abertas a hipóteses fáticas indeterminadas, e que contribuem de modo apenas complementar para a construção da solução jurídica a ser atribuída a um caso concreto.

A concepção de um Direito por princípios provocou uma revolução na forma de entender o direito (perspectiva metodológica) e no conceito do direito (perspectiva ontológica) propugnado pelo positivismo normativista. Nesse contexto, o modelo principiológico também contribuiu para marcar ou, ao menos, avivar as notas diferenciais entre o que seja ordenamento, sistema e ordem jurídica, ao revelar a importância de tais conceitos.

Busca-se, inicialmente, conceituar ordenamento e sistema jurídico. Nesse intento, segundo Gregorio Robles, o ordenamento jurídico constitui o material jurídico proporcionado pelos *órgãos de decisão do direito*, tais como constituição, leis, normas da administração, jurisprudência ou conjunto de decisões judiciais e usos jurídicos.[22]

A seu turno, o autor apresenta o conceito de sistema jurídico como o "próprio ordenamento ou material de normas criadas pelos órgãos de decisão (especialmente o legislador), conscientemente construído e elaborado como um todo harmonioso, de tal maneira que uma parte do direito se integre a outras sem fissuras, ou ao menos com a consciência de que tais fissuras ou rachaduras existem".[23]

Enquanto o ordenamento é tarefa dos órgãos de criação do Direito, com a pretensão – o que geralmente não se perfaz – de ser ordenado e completo, o sistema jurídico é tarefa da ciência jurídica, prática ou teórica, de modo que o ordenamento tenda a uma totalidade ordenada dotada de sentido unitário.[24] O sistema jurídico se apresenta, assim, como uma *forma-limite* à qual deve tender o ordenamento positivo.[25]

Nota-se que o critério utilizado pelo autor espanhol para estremar o conceito de ordenamento e de sistema jurídico leva em conta o tipo de linguagem com que tais conceitos se manifestam. Com efeito, o sistema consiste numa linguagem do jurista (metalinguagem) a respeito da linguagem do legislador, que constitui o ordenamento jurídico (linguagem-objeto).

A separação conceitual em testilha pode ser vislumbrada também na concepção tridimensional do sistema jurídico postulada por Paulo de Barros Carvalho. Segundo o tributarista, o intérprete passa por três subsistemas jurídicos ao longo do "percurso gerativo de sentido", iniciado no texto jurídico-positivo e concluído na produção da

---

[22] ROBLES, Gregorio. *O direito como texto*: quatro estudos de teoria comunicacional do direito. Trad.: Roberto Barbosa Alves. São Paulo: Manole, 2005, p. 58.

[23] *Ibidem*, p. 58-59.

[24] *Ibidem*, p. 59.

[25] VILANOVA, Lourival. *As estruturas lógicas e o sistema do direito positivo*. São Paulo: Max Limonad, 1997, p. 175.

norma jurídica em sentido estrito, quais sejam: (i) conjunto de enunciados tomados no plano de expressão, que é o plano da literalidade ou das estruturas morfológicas e gramaticais do direito positivo; (ii) conjunto dos conteúdos de significação dos enunciados prescritivos isoladamente considerados (regras e princípios jurídicos), que é o plano em que se atribuem sentidos aos enunciados do texto positivo, sem se ocupar da tarefa de inserção contextual e de ordenação dos sentidos atribuídos; (iii) domínio articulado de significações normativas, plano em que o intérprete realiza o "esforço de contextualização" dos conteúdos significativos do plano antecedente, visando à obtenção da norma jurídica, enquanto "estrutura lógico-sintática de significação" que traduza a unidade semântica da totalidade sistêmica. Nesse terceiro momento da atividade hermenêutica, o intérprete incorpora ao sentido normativo os valores constitucionais e o integra, segundo os eixos de subordinação e coordenação, na totalidade sistêmica. Convém reportar que o percurso de construção de sentidos normativos não se processa de forma linear e unidirecional, mas, bem ao contrário, são inescapáveis as idas e vindas aos diversos estratos do sistema jurídico global.[26]

Com arrimo nessa construção teórica, é possível afirmar que o conceito de ordenamento jurídico instala-se nas duas primeiras dimensões, ao passo que o de sistema jurídico, na terceira dimensão. O sistema não é objeto da atividade interpretativa do aplicador do Direito, mas resultado dela, haurido dialeticamente com base no ordenamento jurídico (este sim, objeto). Assim, o que o intérprete diretamente aplica na solução de um caso é o sistema jurídico. Apenas indiretamente o faz com respeito ao ordenamento. Vinca-se, portanto, a diferença conceitual e funcional entre os termos examinados, no intuito de desvencilhar-se da concepção tradicional, já superada, de completude, correção e coerência do ordenamento jurídico, ante a qual o trabalho do intérprete não passaria de algo mecânico ou quase automático.

Por fim, quanto à distinção entre ordenamento e sistema jurídico, assentam-se algumas proposições sobre o "dever de coerência" do intérprete aplicador do Direito. Embora Gregorio Robles não faça expressamente referência a esse respeito, questiona-se aqui a possibilidade de o aplicador do Direito (juiz ou administrador) estar igualmente imbuído da tarefa de harmonizar, sempre que possível, normas jurídicas incompatíveis entre si. A Teoria do Direito diverge sobre a questão.

Enfrentando-a, Norberto Bobbio indaga se o dever de eliminar antinomias constitui um dever jurídico imposto ao aplicador do Direito e se a coerência do ato ou decisão jurídica com as outras normas do ordenamento é condição de validade desses mesmos atos. Para responder a esses questionamentos, volta-se para três situações em que se podem verificar antinomias entre normas jurídicas: (i) o de normas de diferentes níveis, dispostas hierarquicamente, em relação às quais há o dever jurídico de aplicar a norma superior que esteja em confronto com norma inferior (critério da *lex superior derogat inferiori*); (ii) o de normas do mesmo nível, sucessivas no tempo, em relação às quais, à semelhança do anterior, há o dever jurídico de aplicar a norma posterior que esteja em confronto com a anterior, sob pena de ter o ato por inválido (critério da *lex posterior derogat priori*); (iii) o

---

[26] CARVALHO, Paulo de Barros. *Direito tributário*: fundamentos jurídicos da incidência. São Paulo: Saraiva, 1999, p. 57-76.

de normas de mesmo nível hierárquico, igualmente gerais e coevas, em relação às quais não se verifica qualquer dever para o aplicador no sentido de harmonizar as normas jurídicas no caso concreto. Não há, portanto, segundo o autor italiano, uma regra jurídica implícita no ordenamento que imponha ao aplicador a eliminação da incompatibilidade entre normas jurídicas nessa terceira situação. Ambas continuam válidas, mas não simultaneamente eficazes. O aplicador pode valer-se de qualquer uma delas para decidir.[27]

De outra banda, situam-se Paulo Otero[28] e Juarez Freitas.[29] Convém colher a precisa lição do primeiro sobre a natureza do dever de superar as antinomias normativas no momento aplicativo do Direito:

> O dever de coerência no âmbito da unidade do ordenamento jurídico, determinando a prevenção e a resolução de antinomias jurídicas, segundo os postulados do princípio da igualdade, determina que a Administração Pública não possa desempenhar um papel neutro: os órgãos administrativos encontram-se vinculados ao dever de coerência ao nível da produção normativa e também ao nível da aplicação das normas, prevenindo e resolvendo as antinomias.

Perfilha-se este último entendimento para dizer que, naquela tarefa, igualmente se inclui o aplicador do Direito (juiz e administrador). Eis aqui um caso de como a distinção entre ordenamento e sistema jurídico repercute, em tempos de Direito pós-moderno, no labor hermenêutico e argumentativo do aplicador do Direito, ao incumbir-lhe a tarefa de construir uma solução para o caso defrontado que se harmonize com o Todo jurídico, para o qual há de valer-se da argumentação jurídica na busca de uma racionalidade granjeada no referimento da solução normativa ao ordenamento jurídico e na capacidade de fundamentação da escolha por uma ou outra norma incompatível.[30] Essa incumbência, que se diga árdua em casos difíceis,[31] não seria atribuída ao intérprete-aplicador numa concepção formalista e normativista do Direito, uma vez que se pressupunha erigir-se um sistema jurídico fechado e completo de regras jurídicas, com pretensão de abranger o conjunto da vida social. A solução jurídica era sacada dedutivamente a partir de soluções previamente estabelecidas pelo legislador na forma de norma-regra, segundo o esquema subsuntivo de adequação da norma ao fato e o raciocínio silogístico da premissa normativa à conclusão da norma individual e concreta. Destarte, a justificação do ato ou decisão jurídica se satisfazia com a enunciação da norma geral, a descrição da situação fática e a enunciação da consequência jurídica. Se tal solução não se harmonizasse em ter-

---

[27] BOBBIO, Norberto. *Op. cit.*, p. 110-114.
[28] OTERO, Paulo. *Legalidade e Administração Pública*: o sentido da vinculação administrativa à juridicidade. Lisboa: Almedina, 2003, p. 727.
[29] FREITAS, Juarez. *A interpretação sistemática do direito*. 3ª ed. São Paulo: Malheiros, 2002, p. 259.
[30] NEVES, A. Castanheira. *Metodologia jurídica*: problemas fundamentais. Coimbra: Coimbra Editora, 1993, p. 35. O autor português reporta-se a Max Weber para colher os elementos caracterizadores de uma racionalidade discursiva (capaz de granjear certa validade objetiva), quais sejam: a capacidade de fundamentação e a criticibilidade do discurso que pretender fundar determinadas posições ou conclusões.
[31] A temática dos casos difíceis no âmbito do Direito Administrativo será abordada no terceiro capítulo.

mos conteudísticos com outras normas jurídicas, mesmo com as de hierarquia superior, não seria essa uma inquietação jurídica relevante para o aplicador do Direito.[32]

De volta ao eixo central desse tópico, busca-se o conceito de ordem jurídica e o seu posicionamento na dinâmica aplicativa do Direito, no seio da qual se relaciona com os outros dois conceitos já estudados.

Um ordenamento jurídico definido pela Constituição de 1988 (art. 1º) como sendo o de um "Estado Democrático de Direito" tem infundido vários conceitos na nossa vida política, jurídica e social. Dentre eles, alguns já assaz referidos pelos estudiosos do Direito, tais como pluralismo político e ideológico, Constituição como processo aberto ao futuro, ponderação e proporcionalidade, participação política e exercício permanente da cidadania,[33] respeito aos direitos fundamentais, centralidade jurídica da Constituição,[34] normatividade dos princípios, epicentro axiológico da dignidade da pessoa humana.[35]

A *Lex Mater*, em seu pórtico, estabelece os princípios fundamentais da República, programas de ação dirigidos aos Poderes estatais e objetivos a serem perseguidos pelo Estado brasileiro, de modo que o ordenamento constitucional revela caráter compromissório e programático de realização dos objetivos constitucionais de integração do homem na plenitude da vida em sociedade e de proteção e promoção dos direitos e garantias fundamentais.

Ante o acervo axiológico e finalístico a demandar efetivação no momento existencial da vida em sociedade, a aplicação do Direito deixou de consagrar-se a um fazer em si e por si, que se contentava com a racionalidade lógico-conceitual da subsunção, para prosseguir uma ordem de fins constitucionais, cuja efetividade é fator precípuo de legitimação do Direito concretizado. O Direito em nenhum outro momento da vigência da concepção político-jurídica fundada no Estado de Direito revelou-se tão instrumental, tão serviente aos fins e valores que ao Estado incumbe, por intermédio de seus delegados, concretizar na realidade social.[36] Para que o ordenamento cumpra esse papel, a vitalidade dessa concepção há de manifestar-se inarredavelmente no momento aplicativo do Direito, como pontifica Juarez Freitas:

> [...] a interpretação jurídica, em geral, e também a constitucional, em particular, têm esta função precípua de adequar a norma à realidade, de modo funcional; todavia, além disso, a despeito do enfraquecimento da idéia mesma de Constituição, como assinalou Loewenstein, o certo é que o intérprete jurídico deve ver o Direito e a Constituição como instrumentos, dentre outros, de revitalização dos princípios éticos superiores capazes de estimular uma convivência humana respeitosa dos ideais garantidores da vida, no seu mais amplo e digno sentido.[37]

---

[32] Esta é a posição defendida por Kelsen, ao descrever o Direito como sistema dinâmico, como observa COELHO, Fábio Ulhoa. *Roteiro de lógica jurídica*. 5ª ed. São Paulo: Saraiva, 2004, p. 65.

[33] GUERRA FILHO, Willis Santiago. *Teoria da ciência jurídica*. São Paulo: Saraiva, 2001, p. 154-165.

[34] BINENBOJM, Gustavo. *Op. cit.*, p. 61-69.

[35] SARMENTO, Daniel. *A ponderação de interesses na Constituição Federal*. Rio de Janeiro: Lumen Juris, 2002, p. 59-60.

[36] Não se trata, pois, de um instrumento no sentido de algo que possa ser manipulado pelos órgãos estatais para assegurar qualquer resultado na ordem jurídica ou o resultado que atenda os interesses da maioria governante.

[37] FREITAS, Juarez. *A substancial inconstitucionalidade da lei injusta*. Petrópolis: Vozes, 1989, p. 63.

É nesse contexto que se assoma oportuno o conceito de ordem jurídica e o seu discrímen em face da categoria ordenamento jurídico.

Atento à índole instrumental do Direito, Raimundo Bezerra Falcão fala em ordem jurídica como "realidade ordenada, concatenada e tranquila dentro da qual efetivamente funciona o conteúdo, a matéria a que se volta o ordenamento jurídico".[38] Destarte, a ordem jurídica possui uma acepção de cunho material, envolta em conteúdos marcadamente axiológico-teleológicos, enquanto o ordenamento jurídico carreia sentido formal, lógico-instrumental.[39]

De posse desses conceitos, adverte o professor da Universidade Federal do Ceará que "nem sempre o ordenamento jurídico ou a ordem jurídica formal consegue implantar a ordem jurídica material (ordem jurídica em sentido estrito)", hipótese em que ele "incorre em falhas tais de persecução de valores legítimos que, ao invés de conciliar as relações sociais, termina é servindo de incentivo às divergências e dissensões, tumultuando mais do que pacificando, rebelando mais do que acalmando".[40] Quando o ordenamento jurídico democrático não responde adequadamente à expectativa de materializar os valores fundamentais do homem, como condição inarredável para o desenvolvimento ascendente de suas potencialidades intelectuais e morais, falha diretamente o sistema jurídico, enquanto elaborado hermenêutico cuja matéria-prima é o ordenamento positivo, e só indiretamente falha este.[41] O sistema é, antes de tudo, *um construído* a partir do *dado* em que consiste o ordenamento jurídico.[42] Daí a tentativa de apresentar ferramentas – no caso, os postulados normativos – que possibilitem uma construção sistêmica do ordenamento jurídico que seja mais propícia à implementação dos bens e valores constitucionalmente assegurados (ordem jurídica).

Vale dizer que o sistema jurídico consubstancia mediação racional-discursiva entre o ordenamento jurídico e a ordem jurídica, donde a natureza tópico-sistemática do próprio sistema jurídico. Nesse contexto, assumem destacado papel o intérprete, a sua atividade interpretativa e o ferramental hermenêutico por ele utilizado. Aqui, no entanto, o "senso comum teórico dos juristas",[43] impregnado nas velhas cate-

---

[38] FALCÃO, Raimundo Bezerra. *Hermenêutica*. São Paulo: Malheiros, 1997, p. 221. Para esse autor, o Direito é "instrumento de justiça na convivência".

[39] *Ibidem*, p. 220-224.

[40] *Ibidem*, p. 221.

[41] Ao longo deste estudo serão expostos e analisados alguns exemplos de atuação administrativa dissociada de padrões mínimos de justiça – representados nos núcleos conceituais de valores proclamados na Constituição –, o que torna motivo de insatisfação, tumulto e dissensão do administrado.

[42] FERRAZ JÚNIOR, Tércio Sampaio. *Conceito de sistema no direito*. São Paulo: Revista dos Tribunais, 1976, p. 9. Ao descrever a evolução semântica do vocábulo *sistema*, o autor observa a propósito que "na sua significação mais extensa, o conceito aludia, de modo geral, à idéia de uma totalidade construída, composta de várias partes. Conservando a conotação originária de *conglomerado*, a ela agregou-se o sentido específico de *ordem*, de *organização*. Aliada à idéia de *cosmos*, conceito fundamental da filosofia grega, ela aparece por exemplo entre os estóicos para descrever e esclarecer a idéia de 'totalidade bem ordenada'. Os estóicos atribuíram-lhe, além disso, uma conotação ainda mais marcante, ao ligá-la ao conceito de *techne*, por eles definida como *sistema* de conceitos, configurando-a como *suma*"

[43] A expressão "senso comum teórico dos juristas" deve-se a WARAT, Luiz Alberto. *Introdução geral ao direito I*. Porto Alegre: Sergio Antonio Fabris Editor, 1994, p. 13-14. O jurista argentino assim define essa expressão: "as condições implícitas de produção, circulação e consumo das verdades nas diferentes práticas de enunciação e escritura do Direito [...]. Uma constelação de representações, ima-

gorias dogmatizadas do Direito Administrativo e na práxis jurídico-administrativa, exerce papel de obstáculo a uma adequada interpretação e aplicação do ordenamento jurídico, que possa implementar uma ordem jurídica mais justa e que, ao mesmo tempo, garanta e promova os direitos fundamentais da pessoa humana.

Ao imobilismo dogmático e esterilizante das significações normativas emancipadoras da condição humana em sociedade, Falcão faz-lhe frente, preconizando o pressuposto hermenêutico da *inesgotabilidade do sentido*, como estratégia para a obtenção de um sentido normativo justo mediante a consideração da totalidade das relações do homem na sociedade e na natureza. Essa difícil tarefa estaria a cargo do que o autor denomina "interpretação integradora", assim entendida: "aquela por cujo intermédio procuramos dar à linguagem sob que se estampa o ordenamento jurídico condições plenas de responder às inquietudes e necessidades do homem em cada tempo".[44]

Mas nada disso se viabiliza se o intérprete – no caso, o administrativo – "não estiver atualizado com as novas e mais assinaladas conquistas do saber científico e filosófico, inclusive e principalmente as conquistas da Ciência Jurídica e da Filosofia do Direito, pelo menos em seus ramos e desdobramentos mais relevantes".[45] Infelizmente, esse não é o perfil intelectual comum do intérprete da Administração Pública brasileira em geral, na qual, bem ao contrário, vicejam a arbitrariedade do poder burocrático e o desrespeito incombatível à cidadania.[46] É nesse contexto que um estudo orientado para a aplicação dos postulados normativos no âmbito da atuação vinculada à lei tem a contribuir – é o que se espera.

1.1.3. NOVO REPERTÓRIO, NOVA ESTRUTURA: UNIDADE, ORDENAÇÃO E QUEBRA NO ORDENAMENTO (SISTEMA) JURÍDICO-ADMINISTRATIVO

Enquanto mediação racional-discursiva entre o plano abstrato do ordenamento jurídico e a ordem jurídica concreta, o modelo teórico adequado à concepção de um Direito principiológico contribui para a compreensão do processo de interpretação normativa orientado pelos postulados aplicativos. Recortando a temática, no entanto, cabe perquirir sobre o lugar dos postulados normativos nesse sistema jurí-

---

gens, pré-conceitos, crenças, ficções, hábitos de censura enunciativa, metáforas, estereótipos e normas éticas que governam e disciplinam anonimamente seus [dos juristas] atos de decisão e enunciação [...]. A expressão serve para chamar a atenção sobre o fato de que, nas atividades efetuadas pelos diversos juristas de ofício, existe também uma relação imaginária com as mesmas, que determina um campo de significado (um eco de representações e idéias), através do qual determina-se a aceitabilidade do real".

[44] FALCÃO, Raimundo Bezerra. *Op. cit.*, p. 224. Reporta-se aqui a lições do professor Falcão com o único objetivo de demarcar os conceitos das expressões ordenamento jurídico, sistema jurídico e ordem jurídica, e de mostrar o imbricamento conceitual e operacional entre tais realidades. Para um maior aprofundamento sobre inesgotabilidade de sentido, hermenêutica total e interpretação integradora, remete-se o leitor à obra citada.

[45] *Ibidem*, p. 227.

[46] Na sequência dessa exposição, serão apresentados exemplos de atuações administrativas que bem revelam esse distanciamento do administrador, agente executor e julgador, em relação a um perfil ideal de intérprete administrativo.

dico. Trata-se de um padrão jurídico-positivo (no mesmo patamar vinculativo das normas jurídicas) ou lógico-jurídico (como a norma fundamental kelseniana)? Caso se trate de elemento jurídico-positivo, tal qual as regras e os princípios jurídicos, os postulados normativos seriam classificados como uma ou outra dessas espécies normativas?[47]

Primeiro, buscar-se-á a concepção de sistema jurídico compatível com o ordenamento jurídico democrático. Nesse mister, cumpre, de início, assentar a renovação do repertório do ordenamento jurídico defluente da sagração normativa dos princípios gerais de Direito. Esse é o primeiro e grande passo para uma metodologia jurídica mais conectada com a realidade de aplicação do Direito. Onde antes havia apenas formalismo, determinismo conceitual-abstrato, os princípios trouxeram a realidade para dentro do Direito.[48] Os valores fundamentais ao homem foram juridicizados. Desde então, a Teoria e a Epistemologia do Direito buscam uma nova racionalidade na aplicação e na resposta do Direito, ao mesmo tempo que procuram estabelecer mecanismos que possam assegurá-la.[49] Nessa seara, põe-se em discussão a questão central da eficácia dos princípios em face das regras jurídicas e da aplicabilidade direta da Constituição em detrimento do preceito legal com ela incompatível, debate esse um tanto mais requerido no âmbito do Direito Administrativo, em virtude de nele estarem implicados princípios, tais como o da separação dos poderes e o da legalidade democrática.

O ordenamento jurídico se apresenta ao trabalho laborioso do intérprete, consistente em captar um significado adequado de determinado dispositivo legal para solucionar um caso concreto, como um sistema composto de normas que se relacionam entre si segundo determinados critérios ou regras. Quais normas? Quais critérios?

Segundo Tércio Sampaio Ferraz Júnior, o conjunto de elementos normativos (normas) e não normativos[50] constitui o repertório do ordenamento jurídico, enquanto o conjunto de regras que determinam as relações entre os elementos define a sua estrutura.[51] Fala-se também que os elementos normativos podem relacionar-se de natureza formal e/ou material, a depender da concepção de sistema jurídico adotada.

Esse autor registra ainda que a Filosofia do Direito e a Teoria Geral do Direito divergem sobre o repertório e sobre a estrutura do ordenamento jurídico. Há posições estreitas tanto acerca do repertório quanto da estrutura.

Deveras, caso emblemático de ordenamento e sistema jurídico articulados em termos estritamente formais é apresentado pela Teoria Pura do Direito, que recolhe

---

[47] As respostas a tais questionamentos serão intentadas neste e no capítulo seguinte. Por ora, ocupa-se de estabelecer as premissas básicas que orientarão o exame dessas questões.

[48] Nesse sentido, FREITAS, Juarez. *Op. cit.*, p. 157.

[49] GUERRA FILHO, Willis Santiago. *Op. cit.*, p. 67-90. O autor relaciona algumas contribuições recentes à epistemologia jurídica, entre as quais se destacam a de Robert Alexy e Ralf Dreier, com o "modelo Dreier-Alexy" de perspectiva tridimensional da dogmática jurídica (dimensão analítica, empírica e crítico-normativa), e a de Miguel Reale, com a proposta de uma tridimensionalidade específica, concreta e dialética da experiência jurídica (fato, valor e norma).

[50] FERRAZ JÚNIOR, Tércio Sampaio. *Op. cit.*, p. 174-175. Segundo o autor, são elementos não normativos do sistema jurídico: classificações legais sem força vinculante, definições, preâmbulo, exposição de motivos etc.

[51] *Ibidem*, p. 175.

a regra como único elemento do sistema jurídico e reconhece as relações formais de produção de uma norma com fundamento em outra como o único dado estrutural do ordenamento jurídico.[52]

Numa concepção mais ampliada, Ferraz Júnior cita Reale, que reconhece na experiência jurídica a presença inelutável de três elementos no repertório jurídico: fato, valor e norma.[53] E, quanto à estrutura do ordenamento, Reale vislumbra relações de natureza dialética e conteudística entre esses elementos, caracterizadas pelos momentos de implicação e polaridade.

Reconhecendo a irrenunciabilidade dos princípios para uma concepção adequada de um sistema jurídico de assento constitucional, e tendo em conta o fato de tanto as regras quanto os princípios não regularem por si mesmos a sua aplicação, Alexy propõe um *modelo de três níveis* para o sistema jurídico: regras, princípios e procedimentos. Por procedimento entenda-se o conjunto de regras e condições (institucionalizadas ou não) que regulam o processo de aplicação do Direito, as quais são pensadas e formuladas pelas *teorias morais procedimentais*. Uma dessas teorias, a do discurso prático racional, é formulada pelo autor no livro *Teoria da Argumentação Jurídica*. Segundo o jusfilósofo alemão, o modelo de três níveis assegura o máximo de racionalidade no Direito e, por essa razão, é preferível a todos os outros.[54]

Por sua vez, Juarez Freitas defende um sistema jurídico composto por três elementos: princípios fundamentais, normas estritas (regras) e valores jurídicos.[55]

Não consentindo em definir os postulados normativos aplicativos como regra ou princípio, seja pelos diferentes objetos que regulam ou pelo funcionamento peculiar na aplicação de cada qual (regras e princípios regulam direta ou indiretamente comportamentos, enquanto os postulados estruturam a aplicação das regras e princípios), Ávila sugere uma compostura ternária para o ordenamento jurídico: regras, princípios e postulados aplicativos.[56]

---

[52] KELSEN, Hans. *Teoria pura do direito*. Trad.: João Baptista Machado. São Paulo: Martins Fontes, 2003, p. 335, 228 e 258. O autor define o Direito como uma ordem coativa formada por regras do tipo hipotético-sancionatório, as quais integram o Direito positivo como o único objeto da Ciência do Direito, daí o repertório purista de Kelsen ser monotípico. Tais normas se relacionariam umas com as outras segundo uma estrutura hierarquizada e escalonada de normas de produção.

[53] Na verdade, fato, valor e norma não seriam propriamente elementos normativos integrantes do sistema jurídico. Segundo o próprio MIGUEL, Reale. *Teoria tridimensional do direito*, p. 48, são eles momentos ou fatores da experiência jurídica, que se relacionam dialeticamente segundo uma unidade integrante.

[54] ALEXY, Robert. *El concepto y la validez del derecho*, p. 172-174. Nesse mesmo sentido, ou seja, concebendo a ordem jurídica como um conjunto de regras, princípios e procedimentos, GUERRA FILHO, Willis Santiago. Uma nova perspectiva constitucional: processo e constituição. *Revista da Faculdade de Direito da Universidade Federal do Paraná*. Curitiba, ano 30, nº 30, p. 285-291, 1998. O jurista cearense ressalta o procedimento institucionalizado pelas constituições e a necessidade dele na realização das normas constitucionais, sobretudo em virtude da aplicação de normas que constituam princípios ou valores. Daí sustentar a natureza processual da Constituição.

[55] JUAREZ, Freitas. *A interpretação sistemática do direito*, p. 54. O autor conceitua sistema jurídico como "uma rede axiológica e hierarquizada topicamente de princípios fundamentais, de normas estritas (ou regras) e de valores jurídicos cuja função é a de, evitando ou superando antinomias em sentido lato, dar cumprimento aos objetivos justificadores do Estado Democrático, assim como se encontram consubstanciados, expressa ou implicitamente, na Constituição".

[56] ÁVILA, Humberto. *Teoria dos princípios*: da definição à aplicação dos princípios. 5ª ed. São Paulo: Malheiros, 2006, p. 122-123.

Exceto Kelsen, os demais autores citados rechaçam a tese de que as relações entre os elementos normativos sejam exclusivamente formais, lógico-dedutivas, e alheias a qualquer conexão de ordem material, social e axiológica. De fato, já não responde a uma concepção axiológica e teleológica do Direito um modelo sistêmico lógico-formal ou axiomático-dedutivo, uma vez que a conexão de sentido própria do Direito não é de natureza lógico-formal, mas de caráter teleológico.[57] Num modelo de sistema dedutivo, um enunciado particular é obtido de outro mais geral por acréscimo de um predicado, fazendo daquele uma espécie deste. Mas, sendo o Direito uma ordem de fins a ser concretizada na realidade social, as relações entre as normas jurídicas hão de guardar entre si nexos de concretização ou densificação,[58] de modo que a efetividade de uma norma venha a resultar na realização de outra. Para operar esse mecanismo, um princípio funciona como uma *ideia diretiva* que conecta seu sentido a outro princípio, segundo uma relação de instrumentalidade. Em síntese lapidar: "o princípio esclarece-se pelas suas concretizações e estas pela sua união perfeita com o princípio".[59-60]

Não basta, porém, para a caracterização de um sistema jurídico, a existência de elementos normativos que se relacionem teleologicamente. Segundo Canaris, essas relações hão de perfazer uma *ordenação interior* e uma *unidade de sentido*, características essas que dão fundamento à ideia de sistema jurídico. Com efeito, depois de examinar a função da ideia de sistema na Ciência do Direito e de perscrutar o conceito geral ou filosófico de sistema, esse autor conclui que "há duas características que emergiram em todas as definições" por ele defrontadas: a da *ordenação* e a da *unidade*. O primeiro elemento pretende "exprimir um estado de coisas intrínseco racionalmente apreensível, isto é, fundado na realidade".[61] Ou seja: conexões sem hiatos e compatibilidade lógica (*coerência*) entre normas jurídicas. O segundo "exige a superação dos numerosos aspectos possivelmente relevantes no caso concreto, a favor de uns poucos princípios, abstratos e gerais", de modo que as diversas normas jurídicas possam ser reconduzidas a alguns princípios gerais de Direito (ou princípios fundamentais).[62] Essas características decorrem da própria ideia de Direito, traduzida nos princípios da justiça e da igualdade.[63]

---

[57] Nesse sentido, LARENZ, Karl. *Metodologia da ciência do direito*, p. 202.

[58] CANOTILHO, J. J. Gomes. *Direito constitucional e teoria da constituição*. Coimbra: Almedina, 1999, p. 1127: "Densificar uma norma significa preencher, complementar e precisar o espaço normativo de um preceito constitucional, especialmente carecido de concretização, a fim de tornar possível a solução, por esse preceito, dos problemas concretos".

[59] LARENZ, Karl. *Op. cit.*, p. 579.

[60] CANOTILHO, J. J. Gomes. *Op. cit.*, p. 1099-1102, ilustra a relação entre princípios e subprincípios e entre estes e as regras mediante a seguinte cadeia de densificação ou concretização: princípios estruturantes (*v.g.*, princípio do Estado de Direito) – princípios constitucionais gerais (*v.g.*, princípio da legalidade administrativa) – princípios constitucionais especiais (*v.g.*, princípio da prevalência da lei) – regras constitucionais (proibição de regulamentos *contra legem*).

[61] CANARIS, Claus-Wilhelm. *Pensamento sistemático e conceito de sistema na ciência do direito*. Trad.: A. Menezes Cordeiro. 3ª ed. Lisboa: Fundação Calouste Gulbenkian, 2002, p. 12.

[62] *Ibidem*, p. 20-21.

[63] *Ibidem*, p. 18-23. Em sentido diverso, Tércio Sampaio Ferraz Júnior e Maria Helena Diniz não veem a sistematicidade como uma qualidade essencial do Direito, mas como método de análise. É o que retrata BULOS, Uadi Lammêgo. *Manual de interpretação constitucional*. São Paulo: Saraiva, 1997, p. 41. Para clarificar essa concepção *instrumentalista* negadora da *essencialista*, transcreve-se a seguinte passagem: "...o direito não é um sistema, porém uma realidade que pode ser estudada sistematicamente

A conformação sistemática do ordenamento jurídico-administrativo é particularmente problemática quando comparada a outros ramos do ordenamento jurídico. Essa dificuldade encontra explicação, de um lado, na multiplicidade e variedade das normas escritas que integram o Direito Administrativo, exigidas para solucionar as mais variadas situações e problemas (leis-medida, normas ocasionais) e para fazer face ao notável incremento das atribuições que experimentou a função administrativa com o advento do Estado Social e Democrático de Direito (função prestacional e regulatória, além da tradicional função ordenadora); e, de outro lado, na falta de racionalidade sistêmica dessas normas, que se entrecruzam, produzindo contradições normativas e axiológicas.[64]-[65] A superação desse obstáculo há de encaminhar-se pela via metodológica, partindo do reconhecimento da adequação da técnica dos princípios ao Direito Administrativo. Essa peculiaridade do ordenamento jurídico-administrativo já se fazia notar antes mesmo do reconhecimento da normatividade dos princípios no ordenamento constitucional, ao tempo do Estado de Direito Liberal, quando o Conselho de Estado francês passara a admitir o recurso por *excés de pouvoir*.[66]

Retomando-se a abordagem conceitual do sistema jurídico, pode-se resumir que o Direito como sistema objetivo consiste numa "totalidade ordenada segundo uma unidade de sentido".[67] A fórmula expõe o conceito geral, mas a concepção de um sistema jurídico específico somente se define quando igualmente se estabelecem o tipo de ordem (*v.g.*, lógico-axiomático ou axiológico-teleológico) e o fator que lhe confere a unidade de sentido (*v.g.*, axiomas ou princípios fundamentais).

Firme no conceito de sistema em geral e na natureza axiológica do Direito, Canaris assim define o sistema jurídico: "uma ordem axiológica ou teleológica de princípios gerais de Direito".[68] Quais seriam esses princípios, considerados constitutivos de toda a ordem jurídica e garantidores da sua unidade, o autor não os

---

pela ciência jurídica, a fim de facilitar seu conhecimento e manejo. Numa palavra, sistema é instrumento de análise, um aparelho teórico por meio do qual vemos, logicamente, a realidade que, por sua vez, não é sistemática". Karl Engish, apud LARENZ. *Metodologia da ciência do direito*, p. 196-197, identifica tanto um papel metodológico quanto ontológico na noção de sistema: "a unidade interna de uma ordem jurídica positiva...não só é o resultado da actividade sistematizadora da ciência jurídica, como, por outro lado, é predeterminada 'pelas relações normativas e teleológicas previamente dadas dentro da ordem jurídica que, como produto do espírito humano, não é nenhum caos informe'".

[64] ENTERRÍA, Eduardo García de; FERNÁNDEZ, Tomás-Ramón. *Curso de derecho administrativo*. V. I, Madrid: Civitas, 1993, p. 72-73.

[65] Bem revela a profusão normativa da Administração Pública a Instrução Normativa SRF nº 79, de 1º de agosto de 2000, que declarou revogados mais de dois mil atos normativos editados pela Secretaria da Receita Federal e pelo extinto Departamento da Receita Federal, no período de setembro de 1969 a dezembro de 1999.

[66] ENTERRÍA, Eduardo García de; FERNÁNDEZ, Tomás-Ramón. *Op. cit.*, p. 76-77.

[67] TURA, Marco Antônio Ribeiro. O lugar dos princípios em uma concepção do direito como sistema. *Revista de Informação Legislativa*. Brasília, ano 41, nº 163, p. 217, jul.-set./2004.

[68] Antes de formular tal conceito, CANARIS (*op. cit.*, p. 28-66) considerou inadequados para exprimir determinada ordem jurídica positiva os seguintes sistemas: o sistema da jurisprudência dos conceitos, o sistema axiomático-dedutivo, o sistema como conexão de problemas e o sistema da jurisprudência dos interesses. No entanto, o conceito de Canaris não está indene às críticas negativas. Cf. a crítica de FREITAS, Juarez. *A interpretação sistemática do direito*, p. 53-54. Em síntese, este autor verifica que faltam ao conceito de Canaris: (i) aludir à distinção entre princípios, regras e valores; (ii) incorporar a vinculação aos objetivos do Estado democrático proclamados na Constituição; (iii) introduzir o elemento de hierarquização material, a ser produzida topicamente.

menciona, por entender que "não se pode determinar, de antemão, quando deva um princípio valer como 'geral'".[69]

A doutrina diverge bastante a respeito de quais seriam esses princípios. Os princípios fundantes do sistema jurídico a que remontariam as demais normas jurídicas do sistema, como corolário do requisito da unidade de sentido, são denominados princípios fundamentais (Juarez Freitas), normas fundamentais (José Afonso),[70] sobreprincípios (Humberto Ávila) ou princípios estruturantes (Canotilho).[71]-[72] Cabe aqui o alerta de Ávila no sentido de que não se confundam os princípios fundamentais com os postulados normativos.[73] Com efeito, enquanto os princípios estruturantes são constitutivos das demais normas do sistema jurídico,[74] os postulados normativos estruturam a aplicação desses princípios e normas. Para esse autor, os postulados são instrumentos de realização e observância dos princípios estruturantes e não lhes são semanticamente inferidos.

No âmbito do ordenamento jurídico-administrativo, a doutrina mais tradicional erige o princípio da supremacia do interesse público sobre o interesse privado e o princípio da indisponibilidade do interesse público pela Administração como verdadeiros "axiomas" do regime jurídico-administrativo, responsáveis pela sua unidade sistêmica. Nas palavras de Celso Antonio Bandeira de Mello: "todo o sistema de Direito Administrativo, a nosso ver, se constrói sobre os mencionados princípios...".[75] Por outro lado, a doutrina mais atual, consentânea com os novos paradigmas que emergiram do contexto da Constituição de 1988, aponta outros princípios: direitos fundamentais e democracia são alçados a "fundamentos de legitimidade e elementos estruturantes do Estado democrático de direito".[76]

Apresentado o conceito de Direito como sistema, o qual cumpre a relevante função de "traduzir e realizar a adequação valorativa e a unidade interior da ordem

---

[69] CANARIS, Claus-Wilhelm. *Op. cit.*, p. 79.

[70] SILVA, José Afonso da. *Aplicabilidade das normas constitucionais*. São Paulo: Malheiros, 2007, p. 119. Para o constitucionalista pátrio, as normas fundamentais são aquelas de que "as normas particulares são mero desdobramento analítico".

[71] CANOTILHO, J. J. Gomes. *Op. cit.*, p. 1099.

[72] Cabe aqui um paralelo com os princípios ou elementos estruturantes da geometria, que são o *espaço*, o *ponto* e o *movimento desse ponto no espaço*, por traduzirem exatamente o papel que os princípios estruturantes exercem no Direito. De fato, da mesma forma que se pode construir qualquer figura geométrica a partir dos três elementos da geometria, qualquer norma ou direito poderia ser reconduzida ao teor material de um ou mais princípios jurídicos estruturantes. A noção de princípio estruturante na geometria e na lógica aristotélica é encontrada em ALVES, Alaôr Caffé. *Lógica*: pensamento formal e argumentação. São Paulo: Quartier Latin, 2003, p. 213.

[73] ÁVILA, Humberto. *Op. cit.*, p. 122-123.

[74] O qualificativo estruturante pode ser entendido em dois sentidos. O primeiro considera estruturantes somente os princípios que se estruturam como normas imediatamente finalísticas, ou seja, como mandados de otimização, tais como a justiça e a segurança jurídica. O segundo, por sua vez, reputa estruturante determinada norma em função do seu alto grau de fundamentalidade dentro do ordenamento jurídico, como é o caso do princípio do Estado de Direito e do princípio da legalidade. Aqueles são otimizáveis porque consubstanciam valores jurídicos, enquanto esses não o são, mas nem por isso deixam de ser chamados de princípio, exatamente pelo seu elevado grau de fundamentalidade.

[75] MELLO, Celso Antônio Bandeira de. *Curso de direito administrativo*, p. 25-47.

[76] BINENBOJM, Gustavo. *Op. cit.*, p. 49-61. Cf. SARMENTO, Daniel (Org.). *Interesses públicos versus interesses privados*: desconstruindo o princípio da supremacia do interesse público. Rio de Janeiro: Lumen Juris, 2007.

jurídica",[77] o próximo passo consiste em expor as limitações do ordenamento jurídico à caracterização como sistema. São elas de três espécies, todas perturbadoras da unidade e da coerência do sistema: (i) antinomias ou quebras sistêmicas; (ii) normas estranhas ao sistema e (iii) lacunas do sistema.[78] Interessa mais de perto ao tema estudado somente a abordagem das antinomias jurídicas.[79]

Para situar a questão em face dos conceitos já formulados, é mister referir que a potencialidade sistêmica do ordenamento jurídico não elide a constatação das antinomias jurídicas. Se o sistema jurídico define-se pela unidade e ordenação, a noção de ordenamento jurídico se estrutura na permanente tensão entre regras e princípios jurídicos, e não numa harmonia preposta entre as normas que o integram. Fala-se, assim, em inconsistência entre princípios jurídicos e entre estes e as regras jurídicas.

Nesse quadro, unidade e coerência constituem antes ideias regulativas da atividade interpretativa e aplicadora do Direito do que qualidades intrinsecamente presentes no ordenamento jurídico. Vale dizer que a unidade sistêmica só se perfaz em ato, mediante atuação do intérprete sistemático; sendo, portanto, fugaz e circunstancial.[80] Ao passo que, na perspectiva abstrata, a sistematicidade do ordenamento jurídico apresenta-se como virtualidade ou potência, sendo algo sempre por realizar, em razão da diversidade axiológica nele representada, reflexo de uma sociedade aberta, pluralista e fragmentária.[81] Com efeito, a unidade axiológica do Direito é constituída tanto pelo intérprete produtor (legislador) quanto pelo intérprete aplicador (juiz e administrador) das normas. Em relação a ambos, o encargo se traduz no dever jurídico de coerência (como anteriormente demonstrado), em cujo cumprimento desempenha supino papel a motivação do ato (no caso, de atuação judicial e administrativa), enquanto momento argumentativo superador das antinomias, ou mesmo justificador da ponderação axiológica que implica o não atendimento de

---

[77] CANARIS. *Op. cit.*, p. 23.

[78] Cf. detalhamento em CANARIS. *Op. cit.*, p. 196-197.

[79] Segundo BOBBIO, Norberto. *Teoria do ordenamento jurídico*, p. 137, a lacuna jurídica pode ser reconduzida a uma antinomia jurídica: um conflito entre a norma geral exclusiva e a norma geral inclusiva.

[80] Nesse sentido, LARENZ (*op. cit.*, p. 197), quando afirma, com base em ENGISH, que a sistematização não é realizada por completo em qualquer momento, porquanto vão existir sempre "incongruências, resíduos não elaborados ou mesmo hiatos intencionais da cadeia". A unidade axiológica do Direito é constituída, primeiro, pelo constituinte originário, ao resolver abstratamente, na própria Constituição, a colisão entre os princípios fundamentais por ele assumidos originariamente como valores básicos da nova ordem jurídico-política (ponderação constituinte). Num segundo momento, a unidade é realizada pelo legislador (ponderação legislativa). Por último, a sistematização do ordenamento jurídico fica a cargo do aplicador do direito, juiz ou administrador (ponderação judicial ou administrativa). A circunstancialidade das duas primeiras instâncias implica a fugacidade das ponderações, traduzida na possibilidade de uma ponderação previamente estabelecida não ser aplicada a determinado caso concreto, conquanto se subsuma no suposto de fato da regra constitucional ou legal. Com efeito, isso ocorre com (i) a ponderação constituinte (*v.g.*, a regra da inadmissibilidade processual de provas obtidas por meios ilícitos, do art. 5º, inciso LVI, da Constituição, afastada na hipótese em que a prova ilícita se constituir o único meio de provar a inocência de alguém acusado penalmente) e, com mais razão, com a ponderação legislativa. Cf. esse tema na segunda parte deste trabalho.

[81] Daí o ordenamento jurídico ser considerado incompleto, aberto e móvel, mas completável e ordenável à guisa do pensamento sistêmico.

determinados princípios ou regras em prol do atendimento de outros circunstancialmente prevalentes.[82]

Sob o paradigma principiológico do Direito, o conceito de antinomia jurídica já não se deixa captar como forma puramente lógica, consistente na incompatibilidade entre duas regras que regulam um mesmo comportamento, de modo que uma obriga e a outra proíbe, ou uma obriga e a outra permite, ou uma proíbe e a outra permite (*antinomias normativas*[83]). Com base nesse conceito formalista é que as antinomias entre princípios são classificadas como "antinomias impróprias"[84] (*v.g.*, a oposição entre os valores liberdade e segurança).[85] Essa classificação, no entanto, já não se presta no momento jurídico atual, em que os princípios alçaram à normatividade e à vinculatividade direta, independentemente de mediação legislativa, para que possam ter eficácia jurídica (como é caso dos direitos e garantias fundamentais, por força do § 1º do art. 5º da Constituição de 1988).

Enquanto norma jurídica prescritiva de um dado comportamento como consequência da realização de uma hipótese fática legalmente prevista, as regras incidem na hipótese de o fato previsto ocorrer.[86] De modo diverso, um princípio incide não em virtude do acontecimento de um fato abstratamente descrito, pois que ele é portador de hipótese fática a princípio indeterminada (e não desprovido de hipótese fática),[87] mas da operação de concretização realizada pelo intérprete diante de uma dada situação que, porventura, se insira no âmbito de aplicação do princípio. Em

---

[82] Em sentido concordante: LARENZ. *Op. cit.*, p. 404, afirma que se trata tanto de uma exigência do legislador quanto do intérprete evitar contradições de valoração; CANARIS. *Op. cit.*, p. 207. Em sentido discordante, BOBBIO. *Op. cit.*, p. 112, para quem, no caso de normas de mesmo nível e contemporâneas, não há nenhuma obrigação juridicamente qualificada do legislador ou do aplicador destinada a eliminar antinomias ou realizar a coerência do sistema.

[83] ENGISH, Karl. *Introdução ao pensamento jurídico*. Trad.: J. Baptista Machado. Lisboa: Fundação Calouste Gulbenkian, 1988, p. 313-315.

[84] DINIZ, Maria Helena. *Conflito de normas*. 5ª ed. São Paulo: Saraiva, 2003, p. 26-27. Com base em Karl Engish, a autora consigna que as antinomias quanto ao conteúdo podem ser classificadas como própria ou imprópria: (i) antinomia própria, "se se der por razão formal, independentemente de seu conteúdo material"; (ii) antinomia imprópria, "se ocorrer em virtude do conteúdo material das normas". GRAU, Eros Roberto. *Ensaio e discurso sobre a interpretação/aplicação do direito*. São Paulo: Malheiros, 2003, p. 182, situa igualmente a antinomia de princípio na modalidade de antinomia imprópria, uma vez que o conflito entre princípios não conduz à necessidade de uma das normas ser eliminada do sistema, ao contrário do que ocorre com a antinomia própria, associada ao conflito de regras. Esse entendimento, no entanto, revela-se paradoxal. Deveras, o conflito entre regras pode somente manifestar-se *in concreto*, sem a necessidade, nessa hipótese, de que uma das normas seja eliminada do sistema, convivendo ambas abstratamente no ordenamento jurídico. Por exemplo, na seguinte hipótese: uma regra que determinasse que "é proibido passear com cachorro no pátio do condomínio residencial no período da manhã" e outra que estabelecesse que "é permitido passear aos domingos com animais domésticos no pátio do condomínio". Nesse caso, o conflito só se daria em determinada circunstância, ou seja, na hipótese de passeio com cachorro no domingo pela manhã. Excluída essa hipótese, as duas regras têm âmbitos de incidência diversos, convivendo harmonicamente. Do exposto, verifica-se que as qualificações de antinomia própria para o conflito entre regras e de antinomia imprópria para a colisão entre princípios devem ser revistas.

[85] BOBBIO, Norberto. *Op. cit.*, p. 90.

[86] Concepção da incidência normativa de Pontes de Miranda. De modo diverso, a concepção proclamada por Paulo de Barros Carvalho, segundo o qual a incidência resulta sempre de um ato de autoridade consistente em aplicar uma norma jurídica a um evento descrito em linguagem apropriada (fato jurídico).

[87] GRAU, Eros Roberto. *Op. cit.*, p. 169: "o princípio comporta uma séria indefinida de aplicações".

sendo assim, um princípio pode conflitar ou com uma regra preestabelecida para regular determinado caso ou com outro princípio cujo âmbito de aplicação esteja também implicado na situação.

Nesse quadro, cabe esboçar a seguinte classificação das antinomias jurídicas, a qual servirá de referência conceitual na abordagem do tema central em estudo: (a) quanto às espécies normativas envolvidas no conflito: (a1) regra jurídica – regra jurídica,[88] (a2) princípio jurídico – regra jurídica e (a3) princípio jurídico – princípio jurídico; (b) quanto à caracterização da verdadeira incompatibilidade:[89] (b1) *antinomias falsas*, as que só aparentemente constituem antinomias, sendo tal impressão inicial desfeita numa análise mais aprofundada da oposição entre as normas (*v.g.*, os falsos problemas de ponderação); (b2) *antinomias verdadeiras*, as quais constituem verdadeiras contrariedades principiológicas, cabendo ao aplicador realizar uma ponderação axiológica capaz de otimizar a implementação das normas conflitantes; (c) quanto à competência do aplicador para evitá-la ou eliminá-la: (c1) *antinomias suprimíveis*, aquelas que o aplicador tem competência e meios para suprimir, uma vez constatada a quebra do sistema jurídico;[90] (c2) *antinomias insuprimíveis*, aquelas que, apesar de configurada a quebra, o intérprete não tem legitimidade para eliminá-las.

A respeito da primeira classificação, verifica-se que a possibilidade de se cogitar de quebra sistêmica na oposição entre regra e princípio constitui um dos corolários de um Direito composto por princípios cuja eficácia se apresenta de forma direta e imediata, ou seja, que não carece de mediação legislativa para tal. Não há como ocultar a verdade que contém essa afirmação, muito menos as repercussões no âmbito da atividade de aplicação do Direito por parte dos administradores e juízes, que passaram a exercer um certo protagonismo hermenêutico estribado na centralidade e vinculatividade normativa da Constituição.

Quando um princípio se contrapõe a uma regra, na verdade, verifica-se uma colisão de dois valores: um traduzido expresso e imediatamente pelo princípio; outro implícito na regra jurídica e contido na sua *ratio*. A relação entre a regra e o princípio a ela subjacente é de concretização ou densificação, como anteriormente assinalado. Uma regra não é outra coisa senão a aplicação ou concreção de um princípio para uma determinada hipótese fática antecipadamente prevista pelo legislador.[91] Saber se, e em que condições deve prevalecer, num caso concreto, a disciplina ditada pela regra ou pelo princípio jurídico exige estudos da ponderação de princípios e valores e dos postulados normativos, uma vez que tais mecanismos constituem instrumentos de aferição da superabilidade de uma regra por um princípio. Quando as quebras sistemáticas consubstanciarem também uma violação aos postulados normativos, caberá ao intérprete aplicar o princípio em vez da regra.[92]

---

[88] Esse tipo de conflito já foi abundantemente estudado pela doutrina tradicional.

[89] Segundo CANARIS. *Op. cit.*, p. 201-206, a contradição entre princípios ou valores pode ser apenas aparente. Isso se constata na hipótese em que a colisão de princípios é elidida mediante a consideração dos limites imanentes relativos ao âmbito de aplicação dos princípios envolvidos. O tema dos limites imanentes será retomado por ocasião do tópico relativo ao estudo do 'falso problema de ponderação'.

[90] Segundo CANARIS. *Op. cit.*, p. 207-212, há contradições de princípios que podem ser evitadas mediante uma interpretação criativa e sistemática do Direito.

[91] GRAU, Eros Roberto. *Op. cit.*, p. 185-186.

[92] Este assunto será abordado nos capítulos seguintes.

Sobre a terceira classificação, a sua utilidade se revela na identificação de barreiras de contenção do ativismo hermenêutico-constitucional dos poderes constituídos e dos órgãos que os integram, na medida em que evidencia as *limitações ao poder de eliminar quebras sistemáticas*. O ordenamento constitucional contém normas que estabelecem a organização, as competências e o funcionamento dos órgãos políticos (no plano da divisão horizontal e vertical do poder político) e mesmo de alguns órgãos administrativos, ainda que em linhas gerais (Procuradoria da Fazenda Nacional, órgãos de Segurança Pública).

Imbuído de promover a índole garantística do Direito, o Poder Constituinte parece haver tolerado, numa manifesta ponderação de valores, a quebra no sistema normativo-axiológico e, com isso, a violação ao princípio da igualdade, em prol do respeito a outro princípio, o da separação dos poderes, e, assim, da mantença do sistema estrutural das competências. A fidelidade ao esquema constitucional atributivo de competência é, portanto, ancilar do propósito garantístico do Direito. Esse propósito é perseguido pela Constituição mediante o estabelecimento de reservas de competência para os poderes tratarem de determinadas matérias, tais como reserva de lei formal,[93] reserva absoluta de lei,[94] monopólio da última palavra ou reserva relativa de jurisdição,[95] monopólio da primeira palavra ou reserva absoluta de jurisdição.[96]

Em virtude disso, a formação plena do sistema fica comprometida, sem, contudo, abalar a ideia de sistema na Ciência do Direito, uma vez que aqui se tem como adequada a concepção axiológica ou teleológica do sistema jurídico, e não a concepção lógico-axiomática, hipótese em que a quebra representaria a ruína desta ideia de sistema.[97] Há, portanto, sempre um resíduo de déficit de sistematicidade num modelo axiológico de sistema jurídico, com o qual se deve conviver e tolerar.[98]

---

[93] Ocorre a *reserva de lei formal* quando a Constituição estabelece que certa matéria só poderá ser regulada por ato normativo emanado do Poder Legislativo e segundo o procedimento ordinário ou complementar nela previsto. Por exemplo: instituição e majoração de tributo, como regra geral (art. 150, inciso I, da Constituição).

[94] A *reserva absoluta de lei* se dá nas hipóteses em que a Constituição atribui ao Poder Legislativo o poder normativo sobre todo o espaço de regulação de determinada matéria, em virtude da importância que lhe foi atribuída pelo constituinte originário, a reclamar o esgotamento da disciplina jurídica pelo Legislativo. Dá-se a hipótese no caso de instituição de tributo, em que incumbe ao legislador ordinário ou complementar estabelecer todos os aspectos da norma de incidência tributária (material, temporal, espacial, pessoal e quantitativo), de modo que tão somente à vista da disciplina legislativa seja possível ao cidadão conhecer o quanto e a quem deva pagar a título de tributo.

[95] Há *monopólio da última palavra* quando a Constituição atribui competência a determinado órgão consistente no poder de manifestar-se por último e com exclusividade sobre determinada matéria. É o caso da competência do Poder Judiciário em matéria de lesão ou ameaça de lesão a direitos (art. 5º, inciso XXXV, da Constituição).

[96] Há *monopólio da primeira palavra* quando a Constituição atribui competência a determinado órgão consistente no poder de manifestar-se, com exclusividade sobre determinada matéria, não só por último mas também por primeiro. É o caso do monopólio conferido ao Poder Judiciário em matéria de "quebra" do sigilo das comunicações telefônicas para fins de investigação criminal ou instrução processual penal (art. 5º, inciso XII, da Constituição).

[97] CANARIS. *Op. cit.*, p. 234-235.

[98] Há quem, como FREITAS. *A interpretação sistemática do direito*, p. 151 e 158, que, ao contrário, pugna pelo combate hermenêutico ao déficit de sistematicidade, acreditando sempre ser possível obter a coerência em ordens democráticas, mediante o que denomina de interpretação tópico-sistemática.

1.2. Princípios, regras e valores: conceitos e distinções

1.2.1. PRINCÍPIOS E REGRAS JURÍDICAS

Compulsando a doutrina constitucional nacional e alienígena, verifica-se que ela já não se ocupa mais em fundamentar que os princípios jurídicos são, ao lado das regras jurídicas, espécie do gênero norma jurídica.[99] Ocupa-se, no entanto, ou ao menos com maior detença, em estabelecer critérios distintivos entre regras e princípios.

O exame da distinção entre regra e princípio não pode ser tratado à margem das considerações relativas à relevância do discrímen para um maior esclarecimento do papel que cabe ao legislador e ao intérprete-aplicador no processo de positivação do Direito e, assim, para a compreensão do conteúdo significativo do princípio da separação dos poderes, bem como para a definição do teor e da carga argumentativa e justificadora a ser desenvolvida no momento aplicativo do Direito.

Nessa pressuposição, tem cabimento evidenciar a diferença específica entre regra e princípio jurídico e o momento do processo interpretativo em que irrompe a característica diferencial. Nesse passo, convém assentar, de início, que norma é sentido, e não texto.[100] É sentido que se instaura a partir da pré-compreensão do texto normativo e evolui numa circularidade entre texto e projetos de sentido renovados dialogicamente pelo intérprete à vista do caso de aplicação.[101] O termo final desse processo é a norma de decisão, cuja estrutura lógica é naturalmente hipotético-condicional. Nesse contexto, a linguagem constitui, no entanto, o mecanismo essencial da comunicação da mensagem normativa.[102]

A distinção, portanto, entre regra e princípio se manifesta no plano dos conteúdos significativos elaborados com base nos enunciados jurídicos (logo, no momen-

---

[99] BONAVIDES, Paulo. *Curso de Direito Constitucional*. 16ª ed. São Paulo: Malheiros, 2005, p. 264-274. Na afirmação da normatividade dos princípios, Paulo Bonavides menciona as contribuições pioneiras de Boulanger (1950) e Crisanfulli (1952) e os importantes contributos de Dworkin (1978) e Alexy (1986).
[100] Nesse sentido: ÁVILA, Humberto. *Op. cit.*, p. 30-31; GRAU, Eros. *Op. cit.*, p. 79-80. Em sentido contrário, entendendo que a norma é também um enunciado (ou seja, texto), o qual constitui o sentido ou significado atribuído a uma disposição legal, GUASTINI, Riccardo. *Das fontes às normas*. Trad.: Edson Bini. São Paulo: Quartier Latin, 2005, p. 25-26.
[101] PEREIRA, Rodolfo Viana. *Hermenêutica filosófica e constitucional*. Belo Horizonte: Del Rey, 2006, p. 35.
[102] A linguisticidade [que é mais do que texto (língua escrita)] é a forma natural de ser do Direito, segundo ROBLES, Gregorio. *Op. cit.*, p. 2.

to da interpretação-aplicação), e não no próprio plano da expressão do Direito.[103] Igualmente, não se mostra, por óbvio, no momento final do processo hermenêutico, quando já formulada a norma de decisão. À vista dessas afirmações e raciocinando por exclusão, ela revela-se no (per)curso do círculo hermenêutico.

A norma enquanto sentido é dado que existe na consciência dos diversos integrantes da comunidade jurídica (administrador, juiz, consciência jurídica geral), de modo que, para fazer parte do fluxo da comunicação normativa, carece revestir-se da roupagem linguística. É certo que várias normas podem ser obtidas a partir de um mesmo enunciado jurídico ou de um conjunto deles, a depender tal hipótese das potencialidades significativas do texto e das circunstâncias do caso submetido à norma. Independentemente disso, é no tipo de razão extraída do texto normativo – razão essa que serve de fundamento material à decisão no caso concreto – que a distinção entre regra e princípio vem à tona. Nada obstante, a distinção que se revela inicialmente sob o ponto de vista funcional é reflexo de um dado de ordem estrutural: uma estrutura protonormativa que conecta hipótese de incidência a consequência jurídica. Assim, de um mesmo enunciado jurídico pode-se obter um tipo ou outro de razão, que são entidades semânticas que fundamentam a decisão jurídica e cuja causa final consiste num sentido normativo adequado para uma determinada situação. A espécie de razão que se decide extrair do plano da expressão do Direito vai depender da confrontação entre conteúdos elementares do texto normativo e os elementos circunstanciais do caso, de modo que a mais adequada razão para decidir um caso será, inicialmente, aquela que maximize a correlação entre os elementos textuais e factuais, como critério de uma "intencionalidade jurídica hipotética" para o caso defrontado.[104] Nesse perscrutar, assume relevante papel constitutivo o intérprete, apanhando significados lexicais ou incorporados ao uso linguístico da comunidade jurídica e conectando-os segundo pautas axiológicas que não estão embutidas necessariamente no plano da expressão do Direito.

Um exemplo ajudará a esclarecer a assertiva. Ao invalidar retroativamente contrato administrativo eivado de vício de legalidade, a Administração poderá ser judicialmente instada a validar os efeitos já produzidos do contrato, para que a empresa contratada não seja obrigada a devolver os pagamentos recebidos por serviços já prestados, em deferência aos princípios da segurança jurídica e de proteção da confiança. Do enunciado constitucional que veda à lei prejudicar direito adquirido, ato jurídico perfeito e coisa julgada, podem-se extrair não somente as regras da intangibilidade do direito adquirido, do ato jurídico perfeito e da coisa julgada, mas

---

[103] SANCHÍS, Luis Prieto. *Ley, principio, derecho*. Madrid: Dykinson, 1998, p. 51-52 e 61. Sobre a distinção entre regra e princípio, o autor observa que "la diferencia cualitativa no tendrá su origen en el Derecho, sino en el razonamiento o, como prefiere decir Alexy, en el lado activo y no en el lado pasivo del Derecho; reglas y principios no aludirán a dos clases de enunciados normativos, sino a dos tipos de estrategias interpretativas". Mas, como se verá na sequência, não se trata de uma estratégia de todo livre.

[104] NEVES, A. Castanheira. *Metodologia jurídica*: problemas fundamentais. Coimbra: Coimbra Editora, 1993, p. 173. A regra assim obtida pode não lograr regular o caso, ante a possibilidade de superação do padrão normativo inicial provocada pela concorrência conflitiva de outras normas (geralmente princípios), suscitadas a partir de elementos circunstanciais não previstos na hipótese de incidência da regra, mas que adquirem relevância jurídica no caso. Essa superação se realiza, segundo Castanheira Neves, mediante uma "autónoma ponderação jurídico-normativa do caso" (*ibidem*, p. 172). De acordo com a metódica jurídica observada nesta pesquisa, é preferível dizer que a superação das regras, nesses casos, estrutura-se mediante os postulados normativos aplicativos (razoabilidade e proporcionalidade).

também o princípio da segurança jurídica e o princípio de proteção da confiança (art. 5º, inc. XXXVI).[105] Todavia, a situação não guarda correspondência com as hipóteses de incidência das regras contidas no enunciado constitucional. Donde concluir que saber se um determinado dispositivo fornece uma regra ou um princípio é tarefa que se realiza além do significado *prima facie* do enunciado objeto de interpretação, o qual é alcançado abstraindo-se do contexto normativo e fático.[106]

Mas qual o padrão de comparação considerado adequado para se qualificar determinada razão como regra ou princípio? Uma dissociação que leve em conta a estrutura do enunciado normativo parece contribuir nesse sentido.

Partindo-se da distinção entre *interpretação* (atividade de captação de sentidos dos textos normativos e dos fatos) e *ponderação* (atividade que procura equilibrar ou ordenar bens e valores em colisão),[107] parece esclarecedora uma dissociação entre regra e princípio, com base na estrutura do enunciado normativo construído pelo aplicador do Direito no curso do círculo hermenêutico. Nesse mister, avalia-se a contribuição para o discrímen de cada um dos elementos que compõe a estrutura hipotético-condicional de um preceito normativo, qual seja:

Dada a *Hipótese*, DEVE-SER a *Consequência*

Com se vê, três são os elementos contidos nesse enunciado: duas variáveis proposicionais, hipótese e consequente, e um operador deôntico que as interliga, o dever-ser. Postas assim as coisas, indaga-se qual desses elementos dá o tom da dissociação entre regras e princípios. Há três posicionamentos básicos na doutrina, situando a distinção em um e/ou outro elemento.

Para Atienza e Manero, a distinção entre regras e princípios instala-se estruturalmente no antecedente da norma jurídica, ou seja, na sua hipótese de incidência, sendo irrelevante a natureza do consequente, tenha este por objeto uma conduta (regras de ação) ou uma finalidade (regras de fim). Como de sabença, a hipótese estabelece as condições de incidência da norma jurídica e, conforme a previsão dessas condições seja feita de forma aberta ou fechada, tem-se, correspectivamente, a caracterização de um princípio ou de uma regra jurídica. Segundo esse critério – exemplifica –, o preceito seguinte consubstancia uma regra jurídica: "o empresário está obrigado a pagar pela prestação de um trabalho igual o mesmo salário, tanto por salário base como por complementos salariais, sem discriminação de sexo"; ao passo que o dispositivo a seguir constitui um princípio jurídico: "os espanhóis são iguais perante a lei, sem que possa prevalecer discriminação alguma em razão de nascimento, raça, sexo, religião, opinião ou qualquer outra condição ou circunstância pessoal ou social". No primeiro, as condições de aplicação da norma constituem

---

[105] BINENBOJM, Gustavo. *Op. cit.*, p. 178-179.
[106] Nesse sentido, ÁVILA, Humberto. *Op. cit.*, p. 34. Em sentido contrário, GÓES, Guilherme Sandoval. Neoconstitucionalismo e dogmática pós-positivista. BARROSO, Luís Roberto (Org.). *A reconstrução democrática do direito público no Brasil*. Rio de Janeiro: Renovar, 2007, p. 147, para quem "as diferenças conceituais e estruturais entre regras e princípios só fazem sentido quando vislumbradas no plano preliminar de significação".
[107] Nesse sentido, Canotilho e outros. Em sentido contrário, Ávila, que assimila interpretação e ponderação. Tendo por pressuposto a distinção entre dispositivo e norma, Ávila sustenta que a qualificação de uma norma jurídica como princípio ou regra não é própria dos enunciados jurídicos, mas do resultado final do processo de interpretação. Segundo ele, "essa qualificação normativa depende de conexões axiológicas que não estão incorporadas ao texto nem a ele [ao dispositivo] pertencem, mas são, antes, construídas pelo próprio intérprete" (*op. cit.*, p. 34-35).

um conjunto fechado, ainda que sua formulação possa suscitar problemas de indeterminação semântica, enquanto que, no segundo, as condições de aplicação não estão previamente estabelecidas.[108]

Por sua vez, há os que, como Ávila, situam o discrímen das espécies normativas no consequente da norma, ou seja, no seu conteúdo proposicional, afirmando que, quando esse conteúdo é descritivo de uma conduta devida, se está diante de uma regra, ao passo que, quando tal conteúdo indicar valores a serem efetivados, se está diante de um princípio.

Uma terceira posição sobre a questão pode ser atribuída a Alexy, tomando por base a sua clássica afirmação de que as regras são mandados definitivos (tudo ou nada) e os princípios são mandados de otimização (mais ou menos).[109] Assim, na aplicação das regras, cabe ao intérprete realizar exatamente o que elas exigem, enquanto, na aplicação dos princípios, cabe ao intérprete concretizá-los na maior medida possível.[110] Daí, obtém-se uma distinção com base no tipo de operador deôntico. No caso das regras, a definitividade do mandado reverbera um operador dito não flexível ou duro, enquanto, no caso dos princípios, o caráter otimizante do mandado remete contrariamente a um operador deôntico flexível ou mole.[111]

Importa registrar que a distinção com base no grau de flexibilidade do operador não é autônoma, mas decorrente da natureza mesma do conteúdo proposicional da norma, já que nele se contém a prescrição de efetivação de fins e valores, cujas características são a realizabilidade e a inexauribilidade. Ou seja, um valor jamais se realiza completa e definitivamente numa dada realidade,[112] de modo que ele não pode ser ordenado taxativamente segundo o esquema "tudo ou nada".[113]

---

[108] ATIENZA, Manuel; MANERO, Juan Ruiz. *Las piezas del Derecho*: teoría de los enunciados jurídicos. Barcelona: Editora Ariel S.A., 1996, p. 6-11. Para os autores espanhóis, sob o ponto de vista funcional, as regras consubstanciam *razões peremptórias*, enquanto os princípios constituem *razões prima facie*. Aleksander Peczenik formula objeções aos critérios estrutural e funcional apresentados. Do ponto de vista funcional, e divergindo de Alexy, sustenta que tanto uma quanto outra espécie normativa constituem *razões prima facie* no âmbito do raciocínio jurídico, em razão do que ambas requerem que sejam ponderadas. Já do ponto de vista estrutural, o autor sueco junta-se a Alexy ao firmar que os princípios são mandados de otimização, sendo a sua característica essencial o cumprimento gradual, ao contrário do que defendem Atienza e Manero, para quem os princípios em sentido estrito exigem cumprimento pleno. Para mais detalhes sobre essa discussão, cf.: PECZENIK, Aleksander. Los principios jurídicos según Manuel Atienza y Juan Ruiz Manero. *Doxa*. Alicante, nº 12, p. 327-331, 1992; ATIENZA, Manuel; MANERO, Juan Ruiz. Objeciones de principio. Respuesta a Aleksander Peczenik y Luis Prieto Sanchís. *Doxa*. Alicante, nº 12, p. 327-331, 1992.

[109] Segundo Robert Alexy, os princípios, enquanto objeto da ponderação, contêm um "dever-ser" ideal que deve ser otimizado segundo as possibilidades fáticas e jurídicas, de modo a ser transformado num "dever-ser" real (ALEXY, Robert. Sobre a estrutura dos princípios jurídicos. *Revista Internacional de Direito Tributário*. Belo Horizonte, v. 3, p. 163, jan.-jun./2005).

[110] ALEXY, Robert. *Teoría de los derechos fundamentales*. Madrid: Centro de Estudios Constitucionales, 1993, p. 98-101.

[111] Essa classificação dos operadores deônticos foi obtida a partir das aulas ministradas pelo professor Marcelo Lima Guerra no Curso de Mestrado da UFC.

[112] REALE, Miguel. *Filosofia do Direito*. 19. ed. São Paulo: Saraiva, 1999, p. 191. Consoante Reale, "...todo valor pressupõe um fato como condição de sua realizabilidade, embora sempre o transcenda".

[113] Em sentido contrário, AARNIO, Aulis. Las reglas en serio. *In:* AARNIO, Aulis. VALDÉS, Ernesto Garzón. UUSITALO, Jyrki (Comps.). *La normatividad del derecho*. Barcelona: Gedisa, 1997, p. 27. Segundo esse autor, regras e princípios têm "natureza *normativa* (deôntica) similar". Analisando a diferenciação entre as espécies normativas ao nível da estrutura das normas, o jusfilósofo finlandês afirma que: "Os princípios jurídicos têm sido caracterizados como *mandados de otimização*. Um man-

Entende-se também incorreta a posição que situa no antecedente da norma o fator distintivo das espécies normativas. De fato, a coincidência estrutural entre princípios e valores e a aptidão destes para determinar a conduta humana (característica da referibilidade dos valores) exigem que se situe a distinção na variável relacional e prescritiva (consequente), e não na variável descritiva (antecedente).

O fato de as condições de aplicação de um dado enunciado principiológico estarem *a priori* definidas não lhe retira a natureza de norma-princípio. É possível que o legislador preveja uma hipótese de incidência fechada e uma consequência jurídica de natureza axiológica – aberta, portanto. Ou seja, em situação tal, o juiz deve decidir segundo determinado princípio jurídico. No entanto, não é isso que ordinariamente ocorre, assim como menos provável, ou mesmo ilógica, é a previsão legislativa para uma situação fática indeterminada de uma consequência traduzida numa conduta específica qualificada como obrigatória, proibida ou permitida. Na penúltima hipótese, o teor e a carga argumentativa da fundamentação de uma decisão ficam reduzidos em relação à situação de hipótese de incidência aberta ou indeterminada, pois que o intérprete não precisa concretizar a hipótese de incidência nos moldes como o faz em relação aos princípios jurídicos em geral, uma vez que as condições de aplicação já estão previamente delineadas pelo legislador. No entanto, carece de concretização o princípio, o que se dá mediante a definição da conduta, cujos efeitos sejam havidos como necessários à promoção do princípio. E isso continua sendo tarefa do intérprete.[114] A sua principal tarefa: traduzir valores em fins e fins em condutas. Daí a característica distintiva das espécies normativas encentrar no consequente da norma jurídica.

Pode-se, então, sintetizar a diferença lógico-estrutural entre regra e princípio jurídico: (a) as regras estabelecem obrigações, proibições e permissões mediante uma conduta específica a ser cumprida; (b) os princípios estabelecem um estado de coisas (valores e fins) a ser promovido na máxima medida pelo postulado da proporcionalidade, mediante a adoção de um comportamento a ser concretizado pelo

---

dado, de acordo com o conceito, é como uma regra: ou se segue ou não se segue. Deste modo, o mandado de otimização é também uma *regra* que não pode ser aplicada 'mais ou menos'. Ou se otimiza ou não se otimiza. Por exemplo, no caso de conflito entre dois princípios valorativos, os princípios devem ser harmonizados de maneira ótima e só desta maneira".

[114] Não parece adequado dizer que os princípios jurídicos são desprovidos de hipótese normativa, como o faz BRAGA, Valeschka e Silva. *Princípios da proporcionalidade e da razoabilidade*. Curitiba: Juruá, 2006, p. 30, uma vez que essa não é uma característica essencial dessa espécie normativa. A estrutura bimembre do enunciado normativo sempre se faz presente no processo de interpretação e aplicação do Direito. Pode não estar pronta no plano da expressão da lei, como sucede às vezes com os princípios (*v.g.*, liberdade, igualdade). Com efeito, a sua hipótese de incidência evidenciar-se-á à medida que cogitamos a intervenção normativa de um princípio na solução de um caso concreto; a conduta por ele comandada há de ser extraída tendo em vista a realização do fim ou valor nele contido. Dessa forma, duas são as motivações exigidas quando se aplica um princípio jurídico: uma para justificar a incidência do princípio numa dada situação, o que envolve uma atividade de delimitação dogmática das fronteiras do âmbito de proteção do princípio; outra para justificar a adequação da conduta à defesa ou promoção do fim principiológico. A carga argumentativa nessas duas instâncias é geralmente menor com respeito à aplicação das regras, sem, contudo, dispensar a fundamentação, uma vez que, na concretização dos ordenamentos democráticos, já não basta explicar determinada decisão, é preciso, sobretudo, justificar, como imperativo de legitimação do exercício do poder. Para maiores esclarecimentos do papel da argumentação na legitimação democrática do exercício do poder estatal, cf. ANDRÉS IBÁÑEZ, Perfecto; ALEXY, Robert. *Jueces y ponderación argumentativa*. México: Universidad Nacional Autónoma de México, 2006, p. 12-18.

intérprete.[115] A propósito dessa definição de princípios, não se deve confundir o plano dos objetos submetidos à otimização (princípios) com o plano da metanorma, em que se situa o postulado da proporcionalidade, que constitui o comando otimizador dos princípios.[116]

A problemática das matizações de natureza distintiva desloca-se para o plano das significações normativas que dos enunciados jurídicos se possam obter, tendo por pauta de comparação as definições de regra e princípio acima expostas.[117] Assim, o significado normativo de um determinado dispositivo pode aproximar-se de uma ou outra espécie normativa ou mesmo apresentar características de ambas, a depender do nível de concretização em relação às normas-princípio. Aulis Aarnio afirma que, do ponto de vista linguístico, ou seja, ao nível do significado *prima facie* dos enunciados prescritivos, há *princípios que parecem regras* e *regras que parecem princípios*, uma vez que a indeterminação e a imprecisão podem ser predicadas tanto aos princípios como às regras.[118] Nessa mesma ordem de ideias, Larenz assere que os princípios carecem de concretização mais do que as regras, mas distingue naqueles haver diferentes graus de concretização, tanto do ponto de vista do *pressuposto de fato* quanto da *consequência jurídica*. Situa no patamar mais elevado, ou seja,

---

[115] Na ilustrativa visão de GAMBOGI, Luís Carlos Balbino. *Direito*: razão e sensibilidade. Belo Horizonte: Del Rey, 2005, p.268: "Enquanto os princípios, iluminados pelos valores, nos dão o rumo, a direção, o caminho; as regras, o jeito de caminhar".

[116] Robert Alexy fez essa distinção para escapar das críticas à sua definição de princípio como mandado de otimização. Segundo esse autor, os "princípios [...], como conteúdo da ponderação, não são comandos de otimização mas, ao contrário, comandos para serem otimizados" (ALEXY, Robert. Sobre a estrutura dos princípios jurídicos. *Revista Internacional de Direito Tributário*. Belo Horizonte, v. 3, p. 162-163, jan.-jun./2005).

[117] BARCELLOS, Ana Paula de. *Ponderação, racionalidade e atividade jurisdicional*. Rio de Janeiro: Renovar, 2005, p. 170-184. A autora engenhou interessante formulação teórica para explicar essas diferentes matizações de um ponto de vista interno, diferentemente, portanto, do que aqui se propõe. Com efeito, a professora da Universidade do Estado do Rio de Janeiro aponta uma distinção forte entre regras e princípios, baseada na determinação dos efeitos das normas e/ou na multiplicidade de condutas para atingi-los (critério efeito/conduta), somado a um critério material (juízo jurídico ou não na determinação dos efeitos e das condutas). Segundo a autora: as *regras* enunciam, desde logo, efeitos determinados e específicos, e o caminho que os liga às condutas é único; os *princípios*, todavia, funcionam de modo diferente, já que possuem uma indefinição, ou nos efeitos (*v.g.*, princípio da livre iniciativa) ou nas condutas por eles exigidas (*v.g.*, princípio do pleno emprego) – *critério estrutural* –, sendo que a determinação dos efeitos e/ou das condutas depende de decisões não especificamente jurídicas, mas de natureza política, ideológica ou valorativa – *critério material*.

[118] AARNIO, Aulis. Las reglas en serio. *In*: AARNIO, Aulis. VALDÉS, Ernesto Garzón. UUSITALO, Jyrki (Comps.). *La normatividad del derecho*. Barcelona: Gedisa, 1997, p. 23: "As regras e os princípios formam, de alguma maneira, uma *escala* que pode dividir-se em quatro partes para fins de clareza. Há *regras* (R) características como, por exemplo, a proibição de roubar no direito penal. Além disso, o ordenamento jurídico reconhece *princípios que são como regras* (PR) como, por exemplo, o princípio da liberdade de expressão e o princípio, utilizado por Dworkin, que estabelece que ninguém pode beneficiar-se de seu próprio delito. Estes podem considerar-se princípios mas, como normas, pertencentes, indubitavelmente, em aspectos importantes, à categoria de regras. Ou se seguem ou não se seguem. Por sua vez, algumas normas são *regras que são como princípios* (RP). Exemplos são aquelas regras jurídicas flexíveis que têm um âmbito de aplicação cognitiva ou axiologicamente aberto, da mesma forma como o é o âmbito dos princípios valorativos. Finalmente, há *princípios* (P) característicos, tais como o princípio da igualdade e liberdade ou outros princípios valorativos ou de finalidade. [...] *não há limites simples* [portanto] entre os subgrupos destas quatro categorias (R, PR, RP e P). Pelo contrário, podemos falar de uma gradação de um a outro. Uma norma pode ser mais como-uma-regra que como-um-princípio, e vice-versa.".

quando o princípio não contém ainda nenhuma especificação de previsão ou consequência jurídica, princípios tais como o do Estado de Direito, da dignidade da pessoa humana (princípios abertos). Posiciona num patamar inferior, ou seja, em que o princípio já contém indícios de uma especificação de previsão e consequência jurídica, os princípios tais como o da confiança e do igual tratamento em situações de fato idênticas (subprincípios). Afirma ainda que essas formulações principiológicas estão longe de representar regras de que pudesse resultar diretamente a resolução de um caso concreto. Por último, num grau superior de concretização, mas ainda abaixo daquele das regras, posta o que denomina "princípios com forma de proposição jurídica", tais como o princípio da liberdade contratual, o princípio da *nulla poena sine lege*, o princípio da independência do juiz etc.[119]

A título ilustrativo, colhe-se um exemplo de cadeia de concretização crescente na ordem constitucional brasileira relacionada à matéria tributária: princípio da isonomia (princípio aberto), princípio da capacidade contributiva (subprincípio), princípio da progressividade do imposto sobre a renda (princípio com forma de proposição jurídica) e regra matriz do imposto de renda (regra).

Disso resulta que há diferentes graus de concretização das diversas normas que se situam entre o nível da regra, como grau máximo de positivação abstrata realizada pelo legislador, e o nível do princípio, como grau mínimo de positivação abstrata. Entre esses limites, há diferentes graus de positivação concretizadora a cargo do aplicador do Direito; logo, de ativismo hermenêutico. É nesse ponto que a distinção entre regras e princípios tem a contribuir, qual seja, a delimitação do papel criativo e construtivo do intérprete-aplicador na concretização do Direito.[120] Não há, como se vê, uma fronteira nítida na caracterização de uma norma jurídica como regra ou como princípio.

Expõem-se os modelos teóricos que servem de suporte para a verificação da espécie normativa, dada a importância que tal definição desempenha no estabelecimento do ônus argumentativo do intérprete. Se a distinção é de natureza ou de grau, tal discussão perde um pouco a relevância, na medida em que os modelos propostos constituem padrão ideal de comparação, em face dos quais são confrontadas as normas que, no âmbito da fundamentação jurídica, são sacadas de enunciados normativos pelo intérprete. Melhor dizendo, no modelo idealizado, puro, não totalmente descritivo, há uma diferença qualitativa por definição (regras são normas-conduta e princípios são normas-valor), enquanto essa diferença geralmente não se apresenta de forma tão nítida entre normas que postulam contribuir para a solução jurídica de um determinado caso, dado o grau de concretização que elas podem apresentar em relação ao modelo principiológico puro (princípios abertos, em Larenz). Exemplo disso são as diferenças que se verificam entre valores e princípios e entre diretrizes (normas-fim) e princípios (normas-valor).

Os modelos, os quais pretendem ser descritivos do que realmente ocorre nos fenômenos envolvendo as espécies normativas, agrupam-se em duas correntes fundamentais. Uma que afirma existir uma distinção forte, qualitativa ou de natureza entre regras e princípios, enquanto a outra assevera que tal distinção se assenta numa

---

[119] LARENZ, Karl. *Op. cit.*, p. 577-586.
[120] Segundo CIANCIARDO, Juan. Principios y reglas: una aproximación desde los criterios de distinción. *Boletín Mexicano del Derecho Comparado*. México, año XXXVI, nº 108, p. 892, sep.-dic./2003: Luis Prieto Sanchís nega qualquer relevância à distinção entre regras e princípios.

base fraca, quantitativa ou de grau. O critério qualitativo é adotado por alguns autores, tais como Dworkin, Canotilho,[121] Alexy, Willis Guerra[122] e Virgílio Afonso.[123] Recolhem-se aqui os critérios apontados por Alexy.

Após rejeitar alguns critérios tradicionais (generalidade, determinação dos casos de aplicação, conteúdo valorativo, referência à ideia de direito etc.), o jusfilósofo alemão assevera que os princípios são *mandados de otimização*, vale dizer, são normas que ordenam que algo seja realizado na maior medida possível,[124] ou seja, realizam-se de forma gradual ou ao modo *mais ou menos*, possuindo ao mesmo tempo um caráter *prima facie*, na medida em que um princípio pode ser superado por outro de maior peso numa determinada situação fática. Por sua vez, as regras são *mandados de definição*, vale dizer, são normas que, sendo válidas, devem ser aplicadas para fazer exatamente o que elas exigem;[125] nem mais nem menos, ou seja, aplicam-se ao modo *tudo ou nada*, como já afirmava Dworkin.[126]

---

[121] CANOTILHO, J. J. Gomes. *Direito Constitucional*. 5ª ed. Coimbra: Almedina, 1992, p. 172-173. Aqui, o autor aponta as diferenças qualitativas entre regra e princípio jurídico.

[122] GUERRA FILHO, Willis Santiago. *Ensaios de teoria constitucional*. Fortaleza: Editora UFC, 1989, p. 47. Em trabalho pioneiro no Brasil tratando dos princípios em moldes contemporâneos, o autor distingue as regras dos princípios segundo dois critérios: "a) quanto à sua estrutura lógica e deontológica, pela circunstância de as primeiras vincularem a fatos hipotéticos (*tatbestande*) específicos, um determinado funtor ou operador normativo ('proibido', 'obrigatório', 'permitido'), enquanto aqueles outros – os princípios – não se reportam a qualquer fato particular, e transmitem uma prescrição programática genérica, para ser realizada na medida do jurídico e faticamente possível"; "b) quanto à técnica de aplicação, já que princípios normalmente colidem entre si, diante de casos concretos, o que leva ao chamado sopesamento (*Abwägung*), para aplicar o mais adequado, ao passo que regras, uma vez aceita a subsunção a elas de certos fatos, inevitavelmente decorrem as consequências jurídicas nelas previstas, a não ser que elas não sejam válidas, por conflitarem com outras de um grau superior, quando então, ao contrário do que se dá com princípios, que apesar de contraditórios não deixam de integrar a ordem jurídica, a regra de grau inferior é derrogada".

[123] SILVA, Virgilio Afonso da. Princípios e regras: mitos e equívocos acerca de uma distinção. *Revista Latino-Americana de Estudos Constitucionais*. Belo Horizonte, nº I, p. 619, jan.-jun./2003. No mesmo sentido de Alexy, o autor assere que as "regras expressam deveres definitivos, enquanto princípios expressam deveres *prima facie*".

[124] Oportuno registrar a recente oposição doutrinária alemã ao conceito de princípio como normas que ordenam que algo seja realizado na maior medida possível. Essa definição induz logicamente à afirmação de que o ponto ótimo de realização de normas principiológicas conflitantes só pode ser alcançado no caso concreto, mediante a atividade interpretativa e concretizadora do julgador (administrativo, judicial ou constitucional), o que acaba por excluir o legislador da tomada das decisões políticas, e por esvaziar a sua competência conformadora da Constituição. Por esse motivo, entendem os opositores melhor definir os princípios como normas que ordenam que algo seja realizado numa medida mínima ou suficiente, respeitando-se, com isso, a decisão ponderativa do legislador que alcance uma otimização mínima ou suficiente. Isso não retira a natureza própria dos princípios que os faz diferentes das regras, qual seja, a de ser realizado na forma mais ou menos ou gradualmente, seja na medida ótima, seja na medida suficiente. Para maiores detalhes sobre o assunto, cf. PULIDO, Carlos Bernal. *El principio de proporcionalidad y los derechos fundamentales*. Madrid: Centro de Estudios Políticos e Constitucionales, 2005, p. 583-585. Esse reparo também é feito pelo próprio Alexy (ALEXY, Robert. Epílogo de la teoría de los derechos fundamentales. *Revista Española de Derecho Constitucional*. Madrid, año 22, núm. 66, p. 27-31, sep.-dic./2002).

[125] ALEXY, Robert. *Teoría de los derechos fundamentales*, p. 86-87.

[126] DWORKIN, Ronald. *Levando os direitos a sério*. Trad.: Nelson Boeira. São Paulo: Martins Fontes, 2002, p. 39. Esse autor estabelece dois critérios para distinguir as regras dos princípios sob o ponto de vista lógico. Segundo o primeiro, as regras são aplicadas por completo e em termos absolutos, ao modo tudo ou nada, ou seja, sem qualquer exceção, salvo se inválidas, enquanto os princípios, diferentemente, não impõem exclusiva e automaticamente sua consequência jurídica na resolução do caso. Com

Mas é na colisão entre princípios e no conflito entre regras que a distinção estudada se mostra, no dizer de Alexy, de forma mais nítida. Afirma, quanto ao modo de solução do conflito ou colisão, que o conflito entre regras só pode ser solucionado de duas maneiras: ou se introduz em uma das regras uma cláusula de exceção capaz de eliminar o conflito ou declara-se nula pelo menos uma das regras. Já a colisão entre princípios deve ser solucionada sem que o princípio preterido na solução de um caso particular tenha de ser declarado inválido, pois apenas se restringe a eficácia do princípio preterido para conferir eficácia maior ao princípio considerado prevalente, assim identificado por meio da técnica da ponderação ou sopesamento. Com base nessas considerações, aqui retratadas sucintamente, conclui o autor que o conflito de regra se instaura na dimensão da validade, ao passo que a colisão entre princípios tem lugar numa dimensão de peso ou importância.[127]

Como se nota, Alexy e Dworkin construíram categorias próprias (mandado definitivo para as regras, mandado de otimização para os princípios; incidência tudo ou nada para as regras, dimensão de peso para os princípios), a fim de demarcar a distinção entre regras e princípios. Ocorre que essas construções não são capazes de dar respostas adequadas a casos paradigmáticos, em relação aos quais a intuição suscita fortemente outro tipo de solução, quando comparada com a solução engendrada pela formulação de Alexy. É que o seu modelo teórico, por não ser totalmente descritivo do fenômeno jurídico, não se ajusta a muitas situações em que as regras não são aplicadas a determinados casos (*v.g.*, por ser irrazoável ou desproporcional a solução que ela encaminha), embora suas condições de aplicação tenham sido verificadas. Ou seja, a regra incide, mas não é aplicada. Isso ocorre porque a *superabilidade* não é nota essencial que estrema as regras dos princípios.[128] É isso mesmo. Essa nota, antecipe-se, é a da *ponderabilidade*,[129] ferramenta metodológica a ser balizada pelo princípio da proporcionalidade.

Por outro lado, uma distinção funcional que não sugere a insuperabilidade absoluta das regras é fornecida por Peczenik e Hage, segundo os quais os princípios são *razões contributivas* que não determinam as consequências jurídicas por si sós, apenas indicam condutas que possam contribuir para a promoção de um fim na sua

---

base no segundo critério, o conflito entre regras situa-se no plano da exclusão ou da validade, enquanto a colisão entre princípios se resolve na dimensão do peso ou importância. Alexy diverge de Dworkin, ao admitir que o intérprete supere a contrariedade entre regras não só considerando nula uma delas, mas, alternativamente, introduzindo uma cláusula de exceção numa das regras (ALEXY, Robert. *Op. cit.*, p. 88 e 99). Daí não haver escapado de Alexy que as regras também têm certo caráter *prima facie*, por estarem sujeitas a exceções casuísticas não escritas em lei. Cabe, no entanto, notar que a nominação da regra como mandado definitivo ou de definição pode sugerir equivocadamente a insuperabilidade absoluta das regras como particularidade deste tipo de norma.

[127] ALEXY, Robert. *Op. cit.*, p. 88-89.

[128] Nesse sentido, ÁVILA, Humberto. *Op. cit.*, p. 112-120. O autor defende a eficácia aplicativa das regras, mas enuncia determinadas condições nas quais elas podem ser superadas, ou seja, de não serem aplicadas as suas consequências jurídicas. Esse tema será objeto de análise na última parte deste livro. É útil notar que a posição contrária (absolutismo das regras) é a mais comum e, por isso, conservadora, principalmente nos círculos da Administração Pública brasileira, onde os princípios da legalidade e da separação dos poderes são considerados obstáculos normativos a um maior ativismo hermenêutico por parte do administrador.

[129] CANOTILHO, J. J. Gomes. *Direito constitucional e teoria da constituição*, p. 1165. Em sentido diverso, ÁVILA, Humberto. *Teoria dos princípios*, p. 88, para quem também a ponderabilidade não é a nota distintiva entre regras e princípios jurídicos.

maior medida possível. Ao passo que as regras são *razões decisivas*, no sentido de que contêm uma decisão acerca da conduta específica a ser adotada no caso de realizar-se a sua hipótese de incidência. Decisivo não quer dizer definitivo, pois que as regras se mostram superáveis quando excepcionadas pelo intérprete no caso concreto.[130]

Por fim, vale referir, por ser uma das principais vozes em prol de uma gradualidade distintiva entre regras e princípios, o trabalho realizado por Humberto Ávila, que se detém na crítica aos mais variados critérios diferenciadores apontados pela doutrina, ao mesmo tempo que formula sua própria pauta discriminadora.[131]

Fazendo a distinção já tão debatida entre norma e texto, e considerando não existir uma relação biunívoca entre esses elementos, Ávila sustenta que a distinção se põe menos em termos de uma diferença qualitativa entre as espécies normativas do que em termos de uma estratégia interpretativa ou argumentativa utilizada pelo aplicador do Direito, que pode sacar mais de um tipo de norma de um mesmo dispositivo legal.[132] Ademais, tanto as regras quanto os princípios extraídos dos enunciados legais estabelecem tão somente deveres *prima facie*, dado que "qualquer norma possui um caráter provisório que poderá ser ultrapassado por razões havidas como mais relevantes pelo aplicador diante do caso concreto". Para esse autor, ambas as normas possuem dimensão de peso ou importância e podem, assim, ser objeto de ponderação. Observa, todavia, que a ponderação das regras é diferente da operada pelos princípios.[133]

Sua proposta de dissociação assenta-se em três pautas ou critérios, os quais bem traduzem a gradualidade distintiva:

i) *Quanto ao modo como prescrevem o comportamento*, as regras são normas imediatamente descritivas da conduta devida (obrigada, permitida ou proibida), enquanto os princípios são normas imediatamente finalísticas;

ii) *Quanto à justificação que exige*, a aplicação das regras exige uma avaliação da correspondência entre conceito de fato e conceito de direito, ao passo que a aplicação dos princípios demanda uma avaliação da correlação entre o fim prescrito e os efeitos da conduta havida como necessária à sua realização;

---

[130] HAGE, Jaap; PECZENIK, Aleksander. *Law, morals and defeasibility*, p. 2-4. Disponível em: <www.rechten.unimaas.nl/metajuridica/hage/publications>. Acesso em: 21 jan. 2008. Publicado originalmente em HAGE, Jaap; PECZENIK, Aleksander. Law, morals and defeasibility. *Ratio Juris*. V. 13, nº 3, setp. 2000. Oxford: Blackwell Publishers.

[131] ÁVILA, Humberto. *Op. cit.*, p. 40-52. Ávila identifica na doutrina os seguintes critérios distintivos entre regras e princípios: a) *caráter hipotético-condicional*, segundo o qual as regras são juízo condicional que relaciona hipótese e consequência, ao passo que os princípios atuam apenas como fundamento para uma regra de decisão (Esser e Larenz); b) *modo final de aplicação*, segundo o qual as regras instituem deveres definitivos e são aplicadas ao modo tudo ou nada, enquanto os princípios instituem deveres *prima facie* e são aplicados ao modo mais ou menos (Alexy, Dworkin); c) *relacionamento normativo*, segundo o qual o conflito entre regras ocorre no plano da validade, sendo a antinomia resolvida por uma regra de exceção ou de invalidação, ao passo que a colisão entre princípios situa-se no plano da eficácia, sendo a tensão solucionada mediante uma regra de precedência de um princípio sobre o outro (Alexy); d) *fundamento axiológico*, segundo o qual somente os princípios apresentam base axiológica.

[132] ÁVILA, Humberto. *Op. cit.*, p. 69.

[133] *Ibidem*, p. 58-59.

iii) *Quanto ao modo como contribuem para a decisão*, as regras têm a pretensão de decidir por si sós o caso, enquanto os princípios o fazem de modo apenas em parte e complementarmente.[134]

1.2.2. VALORES E PRINCÍPIOS JURÍDICOS

A discussão acerca do papel do valor no Direito remonta ao complexo problema concernente às relações entre moral e Direito, sobre o que se ocuparam, em posições antagônicas, as velhas correntes jusnaturalistas e positivistas.[135] Não cumpre, no entanto, neste espaço, tecer maiores considerações teóricas a respeito da inextrincável relação entre valores e Direito, até porque esse antagonismo tem-se arrefecido ao longo do tempo a partir da superveniência histórica, na segunda metade do século XX, de Constituições estatais positivadoras da dignidade da pessoa humana e de um catálogo de direitos e garantias fundamentais, a ponto de majoritariamente proclamar-se a "superação dialética da antítese entre o positivismo e o jusnaturalismo",[136] a partir do que se instaurou uma nova fase na história do moderno constitucionalismo.

Passa-se a falar em pós-positivismo jurídico, em "Direito por princípios" e em "Estado da ponderação". Nesse quadro, é que Peces-Barba Martinez insiste, nas palavras de Ricardo Lobo Torres, que "as relações entre moral e Direito deixam de oferecer interesse, pois o direito já positivou os princípios morais e aos juristas basta cuidar de tais princípios positivados".[137]

O foco aqui, portanto, é outro. Com efeito, uma abordagem sistemática do ordenamento jurídico há de referir o modo pelo qual o valor marca presença no seio do sistema jurídico.[138] Com base no que foi dito a seu respeito, pode-se afirmar

---

[134] ÁVILA, Humberto. *Op. cit.*, p. 68-78.

[135] PEREIRA, Jane Reis Gonçalves. *Interpretação constitucional e direitos fundamentais*: uma contribuição ao estudo das restrições aos direitos fundamentais na perspectiva da teoria dos princípios. Rio de Janeiro: Renovar, 2006, p. 115-116. A autora aponta três formas fundamentais de relacionar valores e Direito: "i) um modelo que pressupõe a equivalência entre valores e Direito, entendendo que a questão da validade deve ser resolvida no plano da legitimidade e da justiça (jusnaturalismo); ii) um modelo que parte da total separação entre valores e Direito, entendendo que o problema da justiça e da legitimidade deve ser resolvido no plano da validade (positivismo) e iii) o modelo que, ao buscar uma conciliação entre as concepções extremas dos modelos precedentes, entende valores e Direito como realidades diferentes mas interligadas, reconhecendo que a moral é positivada por meio de normas jurídicas, operando-se uma mistura inextrincável entre o problema da justiça e o da validade (pós-positivista)".

[136] GUERRA FILHO, Willis Santiago. Notas em torno ao Princípio da Proporcionalidade. *In:* MIRANDA, Jorge (Org.). *Perspectivas Constitucionais – Nos 20 anos da Constituição de 1976.* Vol. I, Coimbra, 1996, p. 249.

[137] MARTINEZ, Peces-Barba. *Apud* TORRES, Ricardo Lobo. A legitimação dos direitos humanos e os princípios da ponderação e da razoabilidade. *In:* TORRES, Ricardo Lobo (Org.). *Legitimação dos direitos humanos.* Rio de Janeiro: Renovar, 2007, p. 474.

[138] Não se olvida igualmente o papel dos princípios ou valores positivados no âmbito da hermenêutica e da argumentação jurídica. Cf. LIMA, Francisco Meton Marques de. *O resgate dos valores na interpretação constitucional*: por uma hermenêutica reabilitadora do homem como "ser-moralmente-melhor". Fortaleza: ABC Editora, 2001, p. 147-154. Por sua vez, GUERRA FILHO, Willis Santiago. Uma nova perspectiva constitucional: processo e constituição. *Revista da Faculdade de Direito da UFPR.* Curitiba, ano 30, p. 287, 1998, reconhece a presença do valor na atividade de aplicação do Direito como

que a carga axiológica e teleológica impregna o sistema interno do Direito em dois momentos: (i) no seu repertório, o que se deve à consagração dos princípios como elemento normativo ombreado pelas regras;[139] e (ii) na sua estrutura, o que, por sua vez, se deve ao arredamento pelos modelos constitucionais democráticos dos nexos normativos de índole axiomático-dedutiva e a assunção dos de natureza axiológico-teleológica. Essa constatação não induz à afirmação de que os valores jurídicos consistiriam em categorias normativas autônomas para o Direito.

Deveras, a partir de uma perspectiva instrumentalista do Direito,[140] os princípios, enquanto elementos normativos do ordenamento jurídico, cumprem o papel de tutelar bens e valores constitucionalmente assegurados. Dessa forma, o princípio não é valor sob o aspecto formal, mas o é sob o aspecto conteudístico, pois ambos possuem substrato axiológico e teleológico. O princípio é o valor sob vestes deontológicas,[141] enquanto mecanismo jurídico apto a exigir do aplicador do Direito o dever de otimizar a concretização de um bem ou valor dentro das possibilidades fáticas e jurídicas que se apresentam, o que se dá mediante a adoção de uma conduta necessária à sua concretização. O valor ou bem jurídico concretizado situa-se na ordem jurídica, enquanto o valor ou bem jurídico idealizado situa-se no ordenamento positivo, sob a forma de princípio jurídico. Assim, não parece adequado falar em valor positivado que não se revista da forma deontológica dos princípios,[142] sob pena de aventar-se, como outrora, que alguns dispositivos constitucionais inçados de densidade axiológica careceriam de força normativa por se tratarem de meras diretrizes éticas ou ideológicas, as quais seriam impotentes para obrigar o legislador e o aplicador do Direito. Não se vê, todavia, a coisa dessa maneira. Afinal de contas, nenhum intérprete razoável afirmaria que os valores previstos no Título I da nossa atual Constituição deixam de se qualificar como princípio jurídico só porque o Constituinte não os enunciou sob a forma prescritiva.[143]

---

objeto de apuração processual, para daí concluir que a necessidade do processo é bem mais aguda no "Direito por princípios", em que a discussão gira, sobretudo, em torno de valores, do que no "Direito por regras", em que a questão é sobre a ocorrência ou não de fatos. Cf. também, sobre o papel do valor na composição das premissas da argumentação em geral, PERELMAN, Chaïm. OLBRECHTS-TYTECA, Lucie. *Tratado da argumentação*: a nova retórica. Trad.: Maria Ermantina Galvão. São Paulo: Martins Fontes, 2005, p. 83-90.

[139] A compreensão da ponderação como núcleo estrutural e genético das regras vem desmistificar a afirmação corrente na doutrina de que os princípios são superiores às regras. Na verdade, estas descrevem condutas que pretendem realizar determinados fins.

[140] Com Dworkin, o Direito possui não só caráter instrumental, mas também uma dimensão moral, propiciada pela qualificação dos princípios como normas jurídicas.

[141] ALEXY, Robert. *El concepto y la validez del Derecho*, p. 164: "... principios y valores son lo mismo, una vez con ropaje deontológico y otra con ropaje axiológico".

[142] FREITAS, Juarez. *A interpretação sistemática do Direito*, p. 54-58. Divergindo do entendimento majoritário, o autor atribui aos valores o *status* de categoria jurídica autônoma, ao lado dos princípios e das regras, ao conceituar sistema jurídico como "uma rede axiológica e hierarquizada topicamente de princípios fundamentais, de normas estritas (ou regras) e de valores jurídicos [...]". Em seguida, verbaliza a sua concepção distintiva entre valores e princípios, que se traduz no fato de estes terem a forma concentrada de diretriz, que falta àqueles, ao menos em grau ou intensidade.

[143] SILVA, José Afonso da. *Curso de direito constitucional positivo*. 17ª ed. São Paulo: Malheiros, 2000, p. 97. O autor denomina de princípios fundamentais a matéria dos arts. 1º a 4º do Título I da Constituição. Acerca da juridicidade dos princípios fundamentais, fala LEAL, Rogério. Considerações preliminares sobre o direito administrativo brasileiro contemporâneo e seus pressupostos informativos. *A & C Revista de Direito Administrativo e Constitucional*. Belo Horizonte, ano 3, nº 11, p. 51-53, jan.-mar./2003.

No nosso constitucionalismo, portanto, o valor não se erige como categoria jurídica autônoma, ao lado das regras e dos princípios.[144] Em verdade, tanto os princípios quanto as regras expressam valores,[145] na medida em que se traduzem em meio de concretização de bens jurídicos que o constituinte pretendeu realizar na convivência social e política.[146] Apenas cada qual encaminha essa tarefa de um modo específico: as regras promovem determinado princípio (valor ou fim) mediante uma conduta concreta previamente estabelecida pelo legislador, determinação essa a que o intérprete deve submeter-se por ocasião da aplicação do Direito, salvo se a conduta prevista, no caso sob apreciação, não lograr fomentar o princípio subjacente à regra ou contrariar princípio superior; por sua vez, os princípios, cujo conteúdo é de valores ou de fins, carecem de concretizar-se em uma conduta cujos efeitos sejam aptos a promovê-los, tarefa essa – de traduzir fins em condutas, eis aí o sentido deontológico – que incumbe ao intérprete aplicador do Direito. Esse dado, com respeito às regras, afirma-se como premissa basilar no exame da colisão e da ponderação entre princípios e regras, na medida em que, como já anotado, toda regra opera a concreção de um princípio. Assim, encontrar o princípio jurídico cuja realização num caso concreto se deva a determinada regra jurídica, para o fim de confrontá-lo, num esquema ponderativo, com outro princípio com o qual seja colidente, é tarefa que pressupõe um sistema de natureza teleológica. Da temática da ponderação e da superação da regra jurídica por um princípio contrário, ocupar-se-á este estudo nos capítulos subsequentes.

Sobre o papel que os valores desempenham no Direito, cabe referir a sua importância na formação do horizonte histórico do intérprete do Direito, ao contribuir para que este, já tendo encarnado os paradigmas do ordenamento jurídico e do consenso estimativo da sociedade em que vive, desperte, por ocasião da aplicação do Direito, o senso do que seja irrazoável, arbitrário, injusto, desproporcional, percepção essa muitas vezes obnubilada e sobrepujada pelo sentido formal da letra fria da lei. É nessas situações que a sensibilidade do intérprete remete-o à invocação dos postulados normativos da razoabilidade e da proporcionalidade, como instrumentos de crítica e correção do direito definido pela lei.[147]

Após discorrer sobre o papel dos valores, trata-se agora de pôr um acento no conceito de princípio, sobretudo diante da afirmação de que essa espécie normativa representa nada mais do que valor positivado. Eis o aparente paradoxo semântico: a noção jurídica de princípio está ligada à de fim, objetivo, bem, estado ideal de coisas,[148] enquanto a de valor não se confunde com a de bem, porquanto aquele é um *prius* em relação a este, na medida em que está no homem e o impulsiona a estimar e

---

[144] Nesse mesmo sentido, PEREIRA, Jane Reis Gonçalves. *Op. cit.*, p. 121

[145] PAUPERIO, Artur Machado. *Introdução axiológica ao direito*: apêndice à introdução à ciência do direito. Rio de Janeiro: Forense, 1977, p. 163.

[146] PEREIRA, Jane Reis Gonçalves. *Op. cit.*, p. 121.

[147] LIMA, Francisco Meton Marques de. *Op. cit.*, p. 145-153, fornece alguns exemplos em que prevaleceram na Justiça, ao menos provisoriamente, certos entendimentos que, por privilegiarem o sentido formal da lei, acabaram por produzir injustiça. Para ilustrar, narra o caso do rapaz solteiro que, após casar com uma moça que já tinha um filho não reconhecido pelo pai, registrou, numa atitude magnânima, a criança como sendo seu filho. O rapaz foi acusado de ilícito penal por um promotor que tomou a iniciativa de denunciá-lo, com base no que foi condenado pelo juiz. Ora, se no âmbito da Justiça judiciária se esgrima essa modalidade de interpretação da lei, o que se dirá a respeito da "justiça administrativa", sempre apegada ao estreito sentido formal e imediato da lei.

[148] ÁVILA, Humberto. *Teoria dos princípios*, p. 78-79.

a buscar determinado bem.[149] A contradição esvanece, no entanto, ao ter-se em conta que princípio, enquanto possuidor de um conteúdo valorativo (*v.g.*, princípios da igualdade, da liberdade), jamais se efetiva completamente na realidade social, dada a sua característica da inexauribilidade. Com isso, portanto, dela se distingue; mas, ao mesmo tempo, nela encontra realizabilidade, mediante a conduta humana, a qual é determinada pelos próprios valores.

Deveras, os valores são "entidades vetoriais", ou seja, apontam sempre para um sentido reconhecível como fim, que, por sua vez, determina a conduta a ser adotada numa determinada situação, real ou hipotética.[150] É por isso que "o fim é valor enquanto racionalmente pode ser captado e reconhecido como motivo de agir".[151] Assim, esse fim ou objetivo é também valor, apenas com certo grau de densificação em relação ao valor de que decorreu. É nesse sentido que se diz que o princípio apresenta um nível de concretização maior em relação ao valor de que derivou.[152]

1.2.3. EFICÁCIA DOS PRINCÍPIOS

1.2.3.1. As contribuições doutrinárias

Passando em revista as doutrinas dos princípios gerais de Direito, Bonavides observa que a juridicidade dos princípios passou por três fases distintas: a jusnaturalista, a positivista e a pós-positivista.[153]

Na fase jusnaturalista, que dominou a dogmática dos princípios desde a Antiguidade até o advento da Escola Histórica do Direito, os princípios têm fundamentação metafísica e abstrata, e sua normatividade apresenta-se nula ou duvidosa, confinando-se o reconhecimento dos princípios a uma dimensão ético-valorativa inspiradora dos princípios de justiça. Essa doutrina "concebe os princípios gerais de Direito, segundo assinala Flórez-Valdés, em forma de 'axiomas jurídicos' ou normas estabelecidas pela reta razão. São, assim, normas universais de bem obrar. São os princípios de justiça, constitutivos de um Direito ideal, em definitivo, 'um conjunto de verdades objetivas derivadas da lei divina e humana'".[154]

Na sequência, a fase positivista, deflagrada com o movimento da codificação do Direito privado nacional, é marcada pelo ingresso dos princípios nos Códigos como fonte normativa subsidiária, com estatuto de "válvula de segurança" que, mais do que afirmar a positividade dos princípios, proclama, na verdade, o império absoluto da lei. Prova disso se vê na forma como essa corrente interpreta a menção a princípios nas diversas cláusulas de norma inclusiva presentes nos Códigos. De fato,

---

[149] FALCÃO, Raimundo Bezerra. *Op. cit.*, p. 20-21. A propósito, vale referir que a associação semântica entre princípio e valor revela-se adequada sob o ponto de vista do léxico, já que princípio significa origem, começo, causa primária (Dicionário Aurélio). Para os neokantistas, o valor é um *a priori* que se pretende ver realizado na ação, segundo CAMARGO, Margarida Maria Lacombe. *Hermenêutica e argumentação*: uma contribuição ao Estudo do Direito. Rio de Janeiro Renovar, 2003, p. 122.
[150] REALE, Miguel. *Filosofia do Direito*, p. 190
[151] *Ibidem*, p. 380.
[152] CANARIS, Claus-Wilhelm. *Op. cit.*, p. 86-87.
[153] BONAVIDES, Paulo. *Curso de direito constitucional*, p. 258-266.
[154] *Ibidem*, p. 259-262.

sustenta-se que "os princípios gerais de Direito equivalem aos princípios que informam o Direito Positivo e lhe servem de fundamento".[155] Diversamente, Giorgio Del Vecchio, expressão maior do jusnaturalismo na Itália, sustentava, à luz do Código Albertino de 1865, que, na locução *princípios gerais de Direito*, incluem-se também os de Direito Natural, embora não valham contra as normas positivadas nem possam infringi-las em hipótese alguma. Valem apenas acima e dentro dessas normas, ao consistirem na mais alta razão e espírito que as animam.[156]

No Brasil, concepções as mais variadas possíveis foram sustentadas à luz da Lei de Introdução ao Código Civil, de 1942. Desde negar expressamente à categoria dos princípios gerais de Direito a qualidade de fonte de Direito (Orlando Gomes), passando por reconhecê-los como fonte subsidiária de expressão do Direito, consubstanciada, no entanto, apenas em máximas inferidas do ordenamento positivo (Campos Batalha, Oscar Tenório), até entender que no seu conteúdo estariam incluídas não só as máximas do Direito positivo, mas também os princípios do Direito Natural, os princípios do Direito Comparado e as regras do Direito Científico (Limongi França).[157]

Por último, a terceira fase da teorização dos princípios é a do pós-positivismo, correspondente aos movimentos constituintes ocorridos a partir da segunda metade do século XX, a que se seguiram, num impulso renovador de caráter ontológico e metodológico do Direito, a crítica antipositivista de Dworkin, a elaboração juscientífica de Alexy e os julgamentos das Cortes Constitucionais europeias, notadamente do Tribunal Constitucional da Alemanha. A reviravolta principiológica no Direito guindou os princípios gerais de Direito dos Códigos (âmbito jusprivatista) para os princípios jurídicos positivados nas Constituições (âmbito juspublicista), de modo que, de fonte subsidiária à lei, os princípios foram alçados à categoria jurídica autônoma, ao lado das normas com estrutura de regra jurídica. Passou-se, então, a reconhecer a normatividade e a vinculatividade dos princípios jurídicos, na medida em que eles, tal como ocorre com relação às regras, podem impor diretamente, num caso concreto, uma obrigação jurídica.[158]

No Brasil, essa fase tardiamente veio encetar com a democratização constitucional propiciada pela Carta de 1988. Nela os princípios assumem papel central na definição do conteúdo de juridicidade a que devem se subordinar o legislador e o aplicador do Direito. Isso se justifica tanto de uma visão qualitativa, pela supremacia axiológica dos princípios jurídicos, uma vez que fundante de todo o edifício jurídico, quanto sob o aspecto quantitativo, uma vez que dispositivos contendo normas com estrutura frontal de princípio se espraiam por todo o ordenamento constitucional.[159]

Na contemporaneidade, portanto, é amplamente reconhecida a normatividade dos princípios jurídicos, mesmo daqueles que veiculam normas programáticas.[160] Se é assim, e se os princípios compartilham com as regras o mesmo espaço social de

---

[155] BONAVIDES, Paulo. *Op. cit.*, p. 262-264.
[156] DEL VECCHIO, Giorgio. *Princípios gerais do direito*. Belo Horizonte: Líder, 2003, p. 75.
[157] FRANÇA, Limongi R. *Teoria e prática dos princípios gerais de direito*. Editora Revista dos Tribunais, [s.d.], [s.l.], p. 136-148.
[158] FRANÇA, Limongi R. *Op. cit.*, p. 264-266.
[159] Nossa Constituição expressamente consagra princípios fundamentais (arts. 1º e 2º), objetivos fundamentais (art. 3º), normas programáticas (sobretudo nos Títulos VII e VIII), um elenco de direitos e garantias fundamentais (art. 5º, principalmente), e os princípios da Administração Pública (art. 37).
[160] FRANÇA, Limongi R. *Op. cit.*, p. 264-265.

regulação, faz-se mister explicitar as diversas maneiras pelas quais a juridicidade dos princípios se manifesta.[161] Eis o tema da eficácia dos princípios jurídicos.

Segundo Bonavides, o jurista espanhol F. de Castro foi o que precursoramente tratou do assunto, assinalando que os princípios preenchem três funções ou possuem três dimensões fundamentais: (i) a função de ser fundamento da ordem jurídica, com eficácia derrogatória e diretiva; (ii) a função interpretativa, que permite orientar o trabalho de interpretação, e (iii) a função integrativa, que se manifesta no caso de insuficiência da lei e do costume. Observa ainda aquele constitucionalista que a primeira e a terceira funções são as mais tradicionais, remontando-as, sobretudo a terceira, à época em que se negava aos princípios gerais a condição de fonte do Direito ou em que se lhes atribuía apenas em caráter subsidiário à lei.[162]

Larenz, por sua vez, agrupa as funções dos princípios sob o aspecto positivo, "que consiste no influxo que exercem em relação às decisões jurídicas e, assim, no conteúdo de regulação que tais decisões instalam", e sob o aspecto negativo, que, a seu turno, "consiste na exclusão de valores contrapostos e das normas que repousem sobre esses valores".[163] Confrontando as duas classificações, é possível afirmar que as funções diretiva, interpretativa e supletória têm índole positiva, enquanto a função derrogatória tem natureza negativa.

Para os fins do presente estudo, agrupam-se as funções acima relacionadas, de modo que restem evidenciadas a relação e a conflituosidade entre regras legais e princípios constitucionais, tendo por pressuposto, de um lado, a hegemonia axiológica dos princípios, cujos sentidos tendem a impregnar-se na norma jurídica concreta, exatamente pela sua "idoneidade normativa irradiante" e pela "presencialidade normativa",[164] e, de outro, a necessidade de observar os princípios da legalidade, da separação dos poderes, da segurança jurídica, e o princípio democrático, os quais seriam, de alguma forma, vulnerados pelo intérprete na hipótese de uma colisão entre uma regra legal e um princípio constitucional resolver-se em prol deste.

Nesse desiderato, propõe-se a seguinte classificação das funções eficaciais dos princípios: eficácia *intra legem*, eficácia *praeter legem* e eficácia *contra legem*.

1.2.3.2. Eficácia intra legem

A eficácia *intra legem* é eficácia através do sentido da lei, ou seja, é aquela em que os princípios infundem seu sentido axiológico na construção do conteúdo significativo da regra a ser aplicada, observadas as possibilidades semânticas da lei interpretanda.[165] Ela cumpre o papel de prosseguir a unidade axiológica do ordenamento

---

[161] FRANÇA, Limongi R. *Op. cit.*, p. 283-284. GUASTINI, Ricardo. *Das fontes às normas*, p. 199-203. ÁVILA, Humberto. *Teoria dos princípios*, p. 97-102. Tratando especificamente da eficácia das normas constitucionais programáticas: BARROSO, Luis Roberto. *O direito constitucional e a efetividade de suas normas*: limites e possibilidades da Constituição brasileira. Rio de Janeiro: Renovar, 1996, p. 113-118. SILVA, José Afonso da. *Aplicabilidade das normas constitucionais*, p. 152-164.

[162] BONAVIDES, Paulo. *Curso de direito constitucional*, p. 283.

[163] LARENZ, Karl. *Derecho justo*: fundamentos de ética jurídica. Madrid: Civitas, 1985, p. 33.

[164] CANOTILHO, J. J. Gomes. *Op. cit.*, p. 1089.

[165] Esmiuçando a função interpretativa dos princípios, SUNDFELD, Carlos Ari. *Fundamentos de direito público*. 3ª ed. São Paulo: Malheiros, 1998, p.137, em precisa formulação: "Na aplicação do direito – isto é, na edição das leis, na produção de atos administrativos, na solução judicial dos litígios etc. – os princípios cumprem duas funções: determinam a adequada interpretação das regras e permitem a

jurídico-administrativo, expungindo da lei sentidos normativos contrastantes com a diretriz axiológica do princípio, de modo que se produza o sentido o mais conforme possível à pauta principiológica cuja eficácia é reclamada no caso defrontado, salvo se o contrário resultar da lei interpretada, quando poderá se tratar da hipótese de eficácia *contra legem* do princípio.

O tipo de eficácia em exame exerce notório papel na interpretação do direito infraconstitucional pela jurisdição constitucional, ao viabilizar a técnica de constitucionalização do Direito consistente na interpretação conforme a Constituição, cuja utilização não está vedada ao juiz infraconstitucional, no controle incidental, e à Administração – notadamente a judicante –, em virtude da eficácia expansiva e da supremacia material que experimentam os princípios constitucionais.[166]

1.2.3.3. Eficácia praeter legem

A eficácia *praeter legem* é eficácia que ultrapassa o sentido da lei, ou seja, é aquela em que o princípio disciplina determinado caso em virtude de o direito legislado não o ter regulado expressamente, exercendo o intérprete um juízo prévio de lacunosidade a respeito do Direito positivo. Essa eficácia cumpre o papel de conferir plenitude ao ordenamento jurídico-administrativo, na medida em que, diante do pluralismo político e ideológico insculpido na Constituição, é pouco provável que determinado caso não legislado não se deixe colher pelo sentido axiológico de algum princípio positivado.[167]

1.2.3.4. Eficácia contra legem

Recolhidas as diferentes classificações das funções ou eficácias dos princípios, compete, neste momento, relacioná-las, observando-se que as funções fundamenta-

---

colmatação de suas lacunas (integração). Quanto à função dos princípios na interpretação das regras, pode-se dizer que: é incorreta a interpretação da regra, quando dela derivar contradição, explícita ou velada, com os princípios; quando a regra admitir logicamente mais de uma interpretação, prevalece a que melhor se afinar com os princípios; quando a regra tiver sido redigida de modo tal que resulte mais extensa ou mais restrita que o princípio, justifica-se a interpretação extensiva ou restritiva, respectivamente, para calibrar o alcance da regra e do princípio".

[166] Nesse sentido, BARROSO, Luis Roberto. Neoconstitucionalismo e constitucionalização do direito (o triunfo tardio do direito constitucional no Brasil). *Revista de Direito Administrativo*. Rio de Janeiro, nº 240, p. 12-13, 2005.

[167] Entende-se, contrariamente a SUNDFELD. *Op. cit.*, p. 138, ser expletiva a invocação do art. 4º da Lei de Introdução ao Código Civil ("Quando a lei for omissa, o juiz decidirá o caso de acordo como a analogia, os costumes e os princípios gerais de direito") com o fim de legitimar a eficácia *praeter legem* dos princípios. Isso por três razões básicas: a) primeiro, o texto da lei introdutória foi produzido num contexto jurídico-epistemológico positivista de um Direito composto exclusivamente por regras, quando se atribuía plenitude e unidade ao Direito legislado e, por conseguinte, reconhecia-se a hegemonia da lei como mecanismo abarcante e exclusivo de regulação social, relegando aos princípios gerais a qualidade de fonte subsidiária do Direito de terceiro grau; b) segundo, os tempos atuais são outros para o Direito; num contexto pós-positivista, a vez está com os princípios, cuja supremacia axiológica em relação às regras reclama, sempre que possível, que se embuta sua diretriz estimativa no Direito aplicado, como imperativo decorrente da unidade axiológica do sistema jurídico e de realização do princípio da igualdade; c) por último, se regras e princípios são espécies de normas jurídicas que se posicionam também uma ao lado da outra, nada mais lógico concluir que, no caso de lacuna do Direito legislado, o intérprete aplique o princípio, cabendo, todavia, avaliar previamente o cabimento da fonte costumeira.

dora, diretiva ou limitadora revelam possuir eficácia *intra legem*, enquanto a função integrativa ou supletiva corresponde à eficácia *praeter legem*. Como se vê – não obstante enunciar-se frequentemente que os princípios são axiologicamente superiores às regras e que a Constituição, ambiência natural dos princípios, é norma superior a que deve subordinar-se o sentido normativo da lei –, a doutrina não cogita amplamente (apenas timidamente) a possibilidade de uma função principial suplantadora da regra legal. Talvez isso se deva à prematura democracia constitucional brasileira, ao arraigado pensamento positivista de culto à lei e à sua literalidade, à concepção estreita e desatualizada do princípio da separação dos poderes. Essa cultura jurídica tradicional está presente de forma mais intensa no âmbito da Administração Pública brasileira, em que abusos interpretativos são cometidos sob o pretexto de cumprir a lei, nada obstante valores constitucionais serem conspurcados de roldão.

A eficácia *contra legem*[168] é eficácia contra o sentido da lei, ou seja, em que pese existir uma regra legislativa regulando determinado caso, seja com base num juízo estrito, seja com base num juízo amplo acerca da hipótese de incidência, as consequências da regra não devem ser aplicadas ao caso na hipótese de ela não realizar a finalidade subjacente à sua estatuição ou contrariar princípio materialmente superior normalmente não violado com a aplicação da regra.

Essa função cumpre também o papel de promover a unidade axiológica do ordenamento jurídico com o mínimo de quebra no sistema, observadas as devidas reservas de competências atribuídas a cada Poder. A função *contra legem* é, na verdade, a contraface da "função eficacial de trincheira" das regras de que fala Humberto Ávila, denotando com essa expressão que as regras somente podem ser superadas "se houver razões suficientemente fortes para tanto, quer na própria finalidade subjacente à regra, quer nos princípios superiores a ela".[169]

Para ilustrar a utilidade do tema eficácia principial *contra legem*, registra-se aqui o caso que bem poderia ser analisado sob a ótica dessa eficácia, para daí ter-se um desfecho mais consentâneo com a principiologia constitucional.[170] Um pai residente nos Estados Unidos da América remeteu, por encomenda postal, à sua filha, que mora no Brasil, uma máquina filmadora declarada como usada e destinada ao uso pessoal desta. Com base na Portaria Interministerial MF/MICT nº 3, publicada no Diário Oficial de 14 de setembro de 1995, que veda a importação do exterior de bens usados,[171] a autoridade aduaneira lavrou termo de apreensão

---

[168] BARCELLOS, Ana Paula de. *Op. cit.*, p. 185-201. A autora correlaciona a eficácia dos princípios à sua estrutura semântica: "quando a regra infraconstitucional viola o núcleo essencial do princípio constitucional haverá simples inconstitucionalidade da regra, e não ponderação [...] quando a oposição se passa entre a regra e a área não nuclear de um princípio, em geral a regra permanecerá sendo considerada válida, na qualidade de opção legítima do legislador democrático" (p. 201). Assim, o sentido mínimo contido num princípio constitucional, que corresponde à sua área nuclear, possui eficácia derrogatória de regras legais, enquanto toda a extensão semântica do princípio (áreas nuclear e periférica) carreia eficácia interpretativa.

[169] ÁVILA, Humberto. *Op. cit.*, p. 103.

[170] Exemplo sem documentação disponível.

[171] "Artigo 1º. Não será autorizada a importação de bens de consumo usados, exceto as importações de bens de consumo doados a hospitais, casas de saúde e outras entidades assistenciais e de caridade, sem fins lucrativos, para uso próprio ou para atender as suas finalidades institucionais, previstas em seus respectivos estatutos ou atos constitutivos, vedada a sua comercialização ou transferência para terceiros com objetivo de comercialização."

e posteriormente aplicou a pena de perdimento em relação à filmadora. Postos os elementos do caso e a solução administrativa correspondente, suscita-se, à primeira vista, que a consequência jurídica da norma não deveria colher o caso para o ensejo de o Estado apropriar-se indevidamente do bem particular. De fato, faltou aqui ao intérprete seja operar uma redução teleológica, caso entendesse que a *ratio* da regra não fundamentaria o ato praticado, em razão do que a hipótese de incidência sequer abarcaria a situação (concepção estrita do suposto de fato da norma); seja excluir a consequência jurídica da regra, em que pese entendesse haver incidência normativa na situação (concepção ampla do suposto de fato da norma). Em qualquer caso, ter-se-ia um exemplo de eficácia do princípio da propriedade contra o sentido da lei que sanciona a importação de bem usado com a apreensão e o perdimento. A prevalência do princípio sobre a regra não se perfaz sem a mediação e o atendimento de certos parâmetros. Deveras, a superação da regra pelo princípio é estruturada pelos postulados normativos (no caso o da razoabilidade-equidade) e requer ainda o preenchimento de certas condições de superabilidade, de natureza formal e material, que serão apresentadas no último capítulo.

Sem pretender incorrer em exotismo, afirma-se aqui a hipótese de eficácia *contra legem* dos princípios no âmbito da Administração Pública – notadamente na Administração Judicante, haja vista as garantias processuais nas quais sua atuação se vê envolta –, como forma de impedir que interpretações distorcidas da lei deem azo à violação de direitos fundamentais, como sucedera, na hipótese, em relação ao direito de propriedade.

Registra-se, todavia, haver situações em que, sem o devido aporte crítico de ordem basilar, a própria Administração tem negado eficácia jurídica à lei, mesmo na hipótese de induvidosa incidência normativa. É o exemplo que se colhe da Administração Pública Federal envolvida com matéria disciplinar. Segundo a Lei nº 8.112, de 11 de dezembro de 1990, será considerado revel o indiciado que não apresentar defesa escrita no prazo de dez (ou vinte) dias contados a partir da sua ciência da acusatória disciplinar, devendo a autoridade competente designar um servidor como defensor dativo para defender o indiciado revel (arts. 161 e 164). Trata-se, segundo a dicção legal, de prazo próprio, ao término do qual ocorre a preclusão do ato que deveria ser praticado durante o regular elastério temporal. Nada obstante, a hipótese de que o indiciado apresente a defesa fora do prazo estabelecido não tem ensejado a aplicação da consequência da regra procedimental, admitindo-se a defesa como se tempestiva fosse. O exemplo extraído dentro do âmbito processual, em que vige o princípio da instrumentalidade das formas, visa inicialmente estampar que esse fenômeno não é estranho à atuação administrativa, para, em seguida, observar que tal também ocorre no âmbito do Direito Administrativo material, embora sob certos condicionamentos. Assim, tendo em conta que toda norma é serviente a um fim, a regra jurídica não deve ser aplicada a esmo, sem qualquer atenção à realização da finalidade pretendida pela norma. É nessa seara que os postulados normativos prestam relevante papel, isto é, na estruturação da aplicação tanto das regras como dos princípios.

2. Os postulados normativos da razoabilidade e da proporcionalidade

2.1. A ponderação de princípios como metódica da aplicação do Direito

2.1.1. A ATIVIDADE DA PONDERAÇÃO NA APLICAÇÃO DO DIREITO

O estudo da ponderação se justifica como tópico de abertura deste capítulo na medida em que esse conceito permitirá formular uma distinção entre os postulados normativos da razoabilidade e da proporcionalidade, no cerne de uma tentativa de descortinar o papel que à razoabilidade ainda cabe desempenhar ao lado da proporcionalidade, já que a doutrina e a jurisprudência propendem a identificá-los conceitualmente, o que tem acarretado uma retração na utilização da razoabilidade, de um lado, e uma expansão no uso da proporcionalidade, de outro.[172]

Além desse objetivo, pretendem-se investigar as possibilidades do emprego da ponderação no âmbito da atuação vinculada da Administração Judicante, campo de estudo esse que, se não inexplorado sob os pontos de vista teórico e prático, ao menos bem pouco estudado quando comparado à análise e aplicação da ponderação no campo dos direitos fundamentais (no Direito Constitucional) e do planejamento urbanístico, ambiental etc. (no Direito Administrativo).[173]

No último século da era moderna, a ponderação ou balanceamento de princípios é metódica jurídica que provém da *jurisprudência dos interesses*,[174] em contraposição ao formalismo da *jurisprudência dos conceitos*, partidária, por sua vez, do método subsuntivo de aplicação do Direito. É nesse contexto que a ponderação exsurge como método substitutivo, alternativo ou apenas complementar de inter-

---

[172] TORRES, Miriam Cavalcanti de Gusmão Sampaio. A proibição do excesso legislativo no Brasil. *Revista de Direito da Associação dos Procuradores do Novo Estado do Rio de Janeiro*. Rio de Janeiro, v. V, p. 191, 2000.

[173] Destacam a relevância que o método da ponderação tem demonstrado, nas últimas décadas, para o Direito Constitucional e o Direito do Planejamento Urbanístico: CANOTILHO. *Op. cit.*, p. 1161; SANTIAGO, José Maria Rodríguez de. *La ponderación de bienes e intereses en el derecho administrativo*. Barcelona: Marcial Pons, 2000, p. 21-39.

[174] WEICK, Günter. *Apud* BORNHOLDT, Rodrigo Meyer. *Métodos para resolução do conflito entre direitos fundamentais*. São Paulo: Revista dos Tribunais, 2005, p. 108.

pretação e aplicação do Direito, quando em vista o método subsuntivo. O papel da Ciência do Direito, que, na *jurisprudência dos conceitos*, consistia em verificar como duas proposições jurídicas encontravam-se conceitualmente condicionadas, passou a objetivar, na *jurisprudência dos interesses*, o equacionamento dos interesses intersubjetivos em conflito, à luz de critérios valorativos hauridos do sistema jurídico.[175] No entanto, a noção de ponderação no Direito remonta à filosofia prática da Grécia antiga, uma vez que ponderação significa equilíbrio, harmonia, prudência, os quais constituem o cerne e o objetivo da atividade de julgar.[176]

Mas foi com a *jurisprudência dos valores*, fruto do desenvolvimento teórico da *jurisprudência dos interesses*, que o tema da ponderação foi abordado sob uma nova perspectiva, sobretudo a partir da sua utilização na prática jurídica das Cortes Constitucionais alemã (jurisprudência dos valores) e norte-americana (realismo jurídico).

Nesse ponto, cumpre advertir que não se vai procurar expor a origem e o desenvolvimento histórico do método da ponderação nas jurisprudências alemã e norte-americana.[177] A preocupação deste trabalho se centra mais fortemente em outros objetivos relacionados à temática, dentre os quais, estabelecer um conceito de ponderação, expor os fundamentos da sua exigência prática na quadra da epistemologia jurídica atual, apresentar a sua estrutura de aplicação, definir o objeto da atividade ponderativa e chamar a atenção para os "falsos problemas de ponderação".

Na pesquisa conceitual, parte-se da premissa de que há necessariamente uma conexão entre o conceito de ponderação e a Teoria dos Princípios.[178] Ponderar significa atribuir peso a algo cuja importância para a definição de uma solução jurídica apresenta uma gradualidade em função das possibilidades fáticas e jurídicas do caso a ser solucionado. É nessa linha de raciocínio que os princípios e valores são referidos no discurso jurídico sob o nome de *bens jurídicos*.

Como já afirmado, o reconhecimento da normatividade de enunciados com hipótese de incidência em aberto e com consequência de conteúdo primariamente axiológico ou teleológico expandiu e intensificou a conflituosidade no seio dos ordenamentos jurídicos democráticos, o que se revela principalmente no momento da aplicação do Direito. Nesta oportunidade, o intérprete-aplicador depara-se, no caso

---

[175] CAMARGO, Maria Lacombe. *Op. cit.*, p. 84-85.

[176] Como de sabença, a ponderação está associada à imagem da balança segurada pela Deusa da Justiça, em cujos pratos são sopesadas as demandas contrapostas.

[177] Sobre esse assunto, cf.: SARMENTO, Daniel. *A ponderação de interesses na Constituição Federal*. Rio de Janeiro: Lumen Juris, 2002, p. 153-169; GONZÁLEZ, Santiago Sánchez. De la imponderable ponderación y otras artes del Tribunal Constitucional. *Revista Teoría y Realidad Constitucional*. Madrid, nº 12/13, p. 351-382, 2003.

[178] Essa ligação entre ponderação e Teoria dos Princípios é demonstrada por ALEXY, Robert. *Teoría de los derechos fundamentales*, p 81-98. Em sentido contrário, MEDINA, Marcelo Borges de Mattos. Esboço de uma teoria da ponderação independente da teoria dos princípios. *Revista de Direito Administrativo*. Rio de Janeiro, nº 238, p. 43-56, out.-dez./2004. Esse autor sustenta ser possível uma Teoria da Ponderação independente da Teoria dos Princípios, ao fundamento de que a identificação das espécies normativas envolvidas em uma antinomia (se regras ou princípios) seria irrelevante para definir o método a ser aplicado na solução do conflito normativo: se o hierárquico, o da especialidade ou o cronológico, ou se o da ponderação. No entanto, afirma que a identificação das espécies normativas em conflito revela-se útil para o "desfecho da ponderação". Ao admitir essa ressalva à tese defendida, o autor acaba por enfraquecê-la, uma vez que é sobretudo na dinâmica ponderativa que a definição entre regras e princípios tem a contribuir.

concreto, com uma tensão entre valores jurídicos contidos nas regras e nos princípios, já que cada qual pode postular uma solução jurídica incompatível com a outra, sem que a opção por uma determinada decisão implique a exclusão do sistema jurídico do princípio preterido. Considerando inexistente um critério abstrato que imponha a prevalência de um princípio sobre o outro e que os princípios não regulem por si mesmos sua aplicação, o intérprete-aplicador vê-se obrigado a encontrar o direito no caso concreto mediante um instrumento que seja apto a estabelecer racionalmente qual princípio ou valor deve prevalecer sobre o outro no norteamento da decisão jurídica.[179] Esse instrumento é a ponderação de princípios.[180]

A colisão entre princípios ou valores jurídicos passa a ser solucionada a partir da explicitação e valoração das condições nas quais um determinado princípio precede ao outro na regulação do caso concreto. Para isso, o juízo ponderativo deve hierarquizar princípios jurídicos numa determinada situação fática, ou seja, determinar o de maior peso ou importância e definir a intensidade de realização do princípio prevalente,[181] de modo a estabelecer uma "relação de precedência condicionada" entre eles. Essa relação se expressa no que Alexy denomina "lei de colisão", que, por sua vez, consiste numa regra cujo suposto de fato consigna as condições sob as quais um princípio precede ao outro e cuja consequência jurídica é determinada pelo princípio prevalente.[182]

A ponderação surgiu no Direito alemão como metódica tipicamente voltada para a solução das antinomias ou colisões entre princípios jurídicos (direitos fundamentais, bens coletivos constitucionais); tanto assim que Dworkin e Alexy, os principais autores da Teoria dos Princípios, a concebem como método de aplicação de princípios, dado que esses operam na dimensão de peso ou importância (Dworkin) ou constituem mandado de otimização (Alexy). Posteriormente, esse método foi pensado como alternativo aos critérios tradicionais de solução de antinomias (o hierárquico, o da especialidade e o cronológico), servindo à solução de qualquer conflito normativo, ou seja, não necessariamente envolvendo princípios, como no caso de antinomias entre regras e princípios de mesma hierarquia e antiguidade e quando

---

[179] Daí a natureza de postulado jurídico da ponderação, já que, "postulado, no sentido kantiano, significa uma condição de possibilidade do conhecimento de determinado objeto, de tal sorte que ele não pode ser apreendido sem que essa condição seja preenchida no próprio processo de conhecimento" (ÁVILA, Humberto. A distinção entre princípios e regras e a redefinição do dever de proporcionalidade. *Revista Diálogo Jurídico*. Salvador, v. I, nº 4, p. 18-19, jul./2001. Disponível em: <http://direitopublico.com.br>. Acesso em: 20 jul. 2006). No caso, condição de possibilidade não só de conhecimento da norma a ser aplicada a uma dada situação de fato, mas principalmente de concretização do Direito. Nesse mesmo sentido, MOREIRA NETO, Diogo de Figueiredo. *Curso de direito administrativo*. 14ª ed. Rio de Janeiro: Forense, 2006, p. 78, ao referir ao "princípio instrumental da ponderação".

[180] É a virada metodológica de que fala CANOTILHO, J. J. Gomes. *Op. cit.*, p. 1161. Sobre o assunto, afirma o constitucionalista que o método da ponderação ou do balanceamento "não é uma 'moda' ou um capricho dos cultores de direito constitucional". Aponta, então, as razões para essa virada metodológica: (i) inexistência de uma hierarquia prévia entre direitos e bens constitucionais; (ii) estrutura principial de muitas das normas constitucionais, sobretudo as que consagram direitos fundamentais; (iii) diversidade de bens e valores constitucionais que reclamam consideração na práxis jurídica constitucional.

[181] Vê-se com acerto a observação de Karl Larenz, segundo a qual a determinação do peso ou importância de um princípio é fruto de operação axiológica e não de uma operação lógica (LARENZ, Karl. *Metodologia da ciência do direito*, p. 491).

[182] ALEXY, Robert. *Teoría de los derechos fundamentales*, p. 94.

a extensão do conflito seja do tipo *parcial-parcial* ou *total-total*,[183] como formula Marcelo Borges de Mattos Medina, em texto já citado.

Este último significado da ponderação dá ensejo a duas vertentes, conforme se identifiquem ou não interpretação e ponderação, ou se admita ou não que tanto as regras quanto os princípios são passíveis de ponderação.

De um lado, a primeira posição defende que a ponderação tem por objeto apenas os princípios, uma vez que somente esses possuem dimensão de peso e importância e, portanto, caráter provisório ou *prima facie*, ao passo que as regras estabelecem deveres com caráter definitivo.[184] Nada obstante, a ponderação poderá também ser útil na solução de conflitos normativos envolvendo regras entre si (*v.g.*, regras que em abstrato convivem harmonicamente, mas que, num caso específico, entram em conflito) e entre regras e princípios, todos de mesma hierarquia e coevas. Nessas hipóteses, às quais são inservíveis os critérios tradicionais de solução de antinomias, a ponderação opera não propriamente sopesando regras entre si, mas sopesando os princípios que inspiram, no caso concreto, cada uma das regras conflitantes, uma vez que toda regra é aplicação ou concreção de um princípio.[185] De igual modo é que se apresenta a solução de um conflito entre regra e princípio.[186] É esse o entendimento aqui perfilhado, ressalvando, porém, que o fato de as regras possuírem caráter definitivo, em oposição ao caráter provisório dos princípios, não induz à conclusão da insuperabilidade das regras, uma vez que, como será retomado no capítulo III, a definitividade das regras se mantém apenas na fase interpretativa, mas não necessariamente na fase crítico-justificativa de aplicação do Direito, momento em que se avalia, mediante os postulados normativos da proporcionalidade e da razoabilidade, a correção da solução normativa obtida na fase antecedente (a interpretativa).

De outro lado, a segunda posição parte da suposição de que interpretação e ponderação se equiparam, para daí extrair um significado mais amplo de ponderação. A ponderação, então, seria inerente a qualquer atividade interpretativa e operaria dialeticamente com razões e argumentos jurídicos ou não. Em abono a essa tese, Ávila vislumbra que "a decisão a respeito da incidência das regras depende da avaliação das razões que sustentam e daquelas que afastam a inclusão do conceito do fato no conceito previsto na regra". E arremata: "se, ao final, pode-se afirmar que a decisão é de mera subsunção de conceitos, não se pode negar que o processo

---

[183] Essas categorias foram formuladas por ROSS, Alf. *Direito e justiça*. São Paulo: EDIPRO, 2003, p. 158.
[184] Nesse sentido BARCELLOS, *Op. cit.*, p. 183: "[...] tendo-se em conta a estrutura dos enunciados normativos, as regras não são concebidas para serem ponderadas, pois a ponderação significará no mais das vezes sua não aplicação, a negativa de sua vigência. Em geral, não é possível aplicar mais ou menos uma regra; ou seus efeitos determinados verificam-se ou não.". A autora reconhece, todavia, que a afirmação de que as regras não são passíveis de ponderação sofre algumas limitações. Particularmente em três hipóteses que menciona: "que (i) em qualquer caso, a regra deverá ser interpretada de acordo com a eqüidade; que (ii) a regra poderá deixar de ser aplicada na hipótese de ser possível caracterizar a imprevisão legislativa; e que (iii) uma determinada norma, produzida pela incidência da regra, poderá ser declarada inconstitucional, ainda que o enunciado da regra permaneça válido em tese." (BARCELLOS. *Op. cit.* 211-212). PECZENIK, Aleksander. *On Law and Reason*. Apud BARCELLOS. *Op. cit.*, p. 202, sustenta que a ponderação de regras é mecanismo de natureza excepcional, porquanto a ponderação aplica-se mais propriamente aos princípios.
[185] Nesse sentido, GRAU, Eros Roberto. *Ensaio e discurso sobre a interpretação/aplicação do direito*, p. 185-186.
[186] Nesse sentido, DWORKIN, Ronald. *Levando os direitos a sério*, p. 122.

mediante o qual esses conceitos foram preparados para o encaixe final é da ordem da ponderação de razões".[187]

Não se pode negar, contudo, que a reentrância da atividade interpretativa na atividade ponderativa se revela mais acentuada no âmbito da aplicação das normas principiológicas de Direito Constitucional (*v.g.*, a maioria dos direitos fundamentais) e dos conceitos jurídicos indeterminados do que na aplicação das normas e conceitos insertos no campo da atividade administrativa vinculada. Como o objeto deste estudo cinge-se à legalidade vinculante, mais nítida é a separação entre as atividades da interpretação e da ponderação aqui apregoadas, ponto que será analisado com mais vagar no capítulo III. Ademais, a distinção entre ponderação e interpretação se apresenta topograficamente distinta no processo de aplicação do Direito. Com efeito, a interpretação é fase lógico-dogmática de aplicação do Direito, antecedente e distinta da fase crítico-justificativa, sede da atividade ponderativa. Uma outra razão ainda se põe ao largo de sustentar-se um conceito mais amplo da ponderação. É que não cabe confundir *norma* com *razões da norma*. Estas fundamentam a atribuição de um determinado significado – a norma – a um enunciado jurídico, ou a um conjunto deles, pertencentes às fontes do Direito – *textos jurídicos*. Ponderam-se *normas* – no caso, princípios – e não *razões da norma*.[188]

2.1.2. O OBJETO DA PONDERAÇÃO

Sobre o objeto da ponderação, o dissenso doutrinário nessa matéria é amplo. Com efeito, há quem defenda que são os bens ou valores, ou os direitos, ou os argumentos, ou as regras, ou os interesses ou, por fim, os princípios. Não comporta aqui realizar um estudo detalhado de cada um desses conceitos, porquanto tal empreitada excederia os propósitos deste estudo.[189] Cabe, no entanto, relacionar cada uma das propostas com autores que a defendem, para, em seguida, posicionar-se a respeito, atentando-se para o enfoque metodológico deste trabalho.

Para Bornholdt, seguindo os passos de Müller, o objeto da ponderação são os direitos dogmaticamente delineados, já que operar com valores dá azo a subjetivismos e decisionismos. O teórico assinala, em seguida, que os direitos são categorias com âmbito de incidência delimitado conceitualmente pela doutrina e jurisprudência, por isso apresentam menor extensão material de aplicabilidade dos que os valores, cujas fronteiras conceituais abarcam "praticamente todos os casos

---

[187] ÁVILA, Humberto. *Op. cit.*, p. 55. Em sentido contrário: BARCELLOS. *Op. cit.*, p. 36-38; PEREIRA, Jane Reis. *Op. cit.*, p. 261-267. No constitucionalismo norte-americano, caracterizado pelo formalismo do *common law*, esse método é denominado de *definitional balancing*, ou ponderação definitória, em que a ponderação é utilizada para delimitar o alcance dos conceitos e categorias constitucionais de forma abstrata, as quais servirão de parâmetros para todos os casos em que tais conceitos estiverem presentes no conflito entre direitos e bens constitucionais. Segundo CANOTILHO. *Op. cit.*, p. 1164, "o *definitional balancing* não é, em rigor, um modelo de ponderação, pois localiza-se ainda no procedimento interpretativo destinado a determinar o âmbito de protecção de normas garantidoras de direitos e bens constitucionais. Define, por via geral e abstracta, os 'campos normativos'".
[188] Friedrich Müller insere a argumentação dentro da norma (teoria estruturante da norma), ao contrário de Alexy (teoria semântica da norma). Cf. mais detalhes sobre essa controvérsia em ALEXY. *Teoría de los derechos fundamentales*, p. 73-80.
[189] Cf. tais conceitos em ÁVILA. *Teoria dos princípios*, p. 131.

imagináveis", propiciando facilmente o conflito de valores. Por esse motivo, aquele autor, assumindo as premissas da metódica estruturante, tece críticas à opinião de Alexy, a quem imputa sustentar que o objeto da ponderação são os valores jurídicos, enquanto partidário de uma jurisprudência dos valores.[190] Entretanto, a crítica não parece de todo procedente, porquanto o que se verifica na obra de Alexy é a referência aos princípios, entidades normativas de natureza deontológica e axiológica, e não somente axiológica, como sucede com os valores.[191]

Não parece também adequado referir-se à ponderação de direitos (fundamentais), sejam definidos sob um suposto de fato amplo (Alexy) ou estrito (Müller), vez que a ideia de que alguém possui um direito revela-se desarmoniosa com o caráter *prima facie* que se lhe atribui no esquema ponderativo. Pode-se, todavia, falar em ponderação de direitos fundamentais, desde que se atente para o caráter não absoluto ou limitado dos direitos consagrados na Constituição, já que seu conteúdo há de compatibilizar com outros direitos e bens constitucionalmente protegidos.[192]

Já para Jane Reis, a ponderação recai sobre interesses jurídicos, embora entenda que, "quando se tratar de ponderação de direitos fundamentais, o discurso está situado no plano deontológico, de modo que o mais correto, do ponto de vista conceitual, é falar em conflito de princípios".[193]

Por fim, Ávila, adotando um sentido amplíssimo de ponderação, assevera, já observado, que o juízo ponderativo pode operar tanto com as razões da norma quanto com as regras e os princípios jurídicos.

Recolhidas as proposições sobre o objeto da ponderação, é preciso ter presente, antes de inclinar-se por uma ou outra posição, que a racionalidade jurídica no processo de aplicação do Direito impõe a vinculação do intérprete-aplicador ao plano deontológico das normas jurídicas, de modo que a premissa maior do raciocínio jurídico guarde adequada relação de conteúdo com o plano de significação das normas jurídicas. Daí a razão pela qual se deve, sob o ponto de vista lógico-conceitual, falar que se ponderam princípios, em vez de valores.[194] Por certo que, do ponto de vista prático, é irrelevante falar em princípios ou valores como objetos da ponderação, já que não há perda de conteúdo em utilizar um em vez do outro.[195]

O mesmo se diga com relação à ponderação de interesses. Para sustentar essa afirmação, calha antes apresentar a classificação dos conceitos práticos de von Wright, adotada por Alexy, para definir o objeto da ponderação e formular a distinção entre regras e princípios. Segundo aquele autor, os conceitos práticos são de três espécies: (i) *conceitos deontológicos*, situados na dimensão significativa do que é devido fazer ou não fazer, tais como os conceitos de obrigação, proibição e permissão, direito, dever; (ii) *conceitos axiológicos*, por sua vez, situados na dimensão do que é melhor ou bom, segundo determinados critérios de valoração, tais como os

---

[190] BORNHOLDT, Rodrigo Meyer. *Op. cit.*, p. 155-157.
[191] ALEXY, Robert. *Op. cit.*, p. 91.
[192] SANTIAGO, José Maria Rodríguez de. *Op. cit.*, p. 57.
[193] PEREIRA, Jane Reis Gonçalves. *Op. cit.*, p. 221, nota 19.
[194] ALEXY, Robert. *El concepto y la validez del derecho*, p. 187.
[195] *Idem*. *Teoría de los derechos fundamentales*, p. 147: "o que no modelo dos valores é prima facie o melhor é, no modelo dos princípios, prima facie o devido". Princípios e valores possuem também a característica da otimização, cf. LIMA, Francisco Meton Marques de. *O resgate dos valores na interpretação constitucional*, p. 58.

conceitos de belo, valente, seguro, econômico, social, confortável etc; (iii) *conceitos antropológicos*, diretamente referidos à pessoa, valendo-se normalmente de conceitos com conotação deontológica ou axiológica, tais como os conceitos de interesse, vontade, necessidade, desejo, ação, decisão etc.[196]

Naturalmente, o discurso prático pode envolver esses diversos tipos de conceitos, e a adequação da utilização de um ou de outro vai depender do contexto. No discurso jurídico, que se volta para a busca do que é devido segundo o Direito, o mais adequado é utilizar conceitos deontológicos hauridos das regras e princípios jurídicos. Nada obstante, cabe anotar que não há perda de conteúdo argumentativo quando se trata de ponderação de interesses ou de valores em vez de ponderação de princípios, desde que facilmente os conceitos antropológico e axiológico sejam reconduzíveis aos equivalentes deontológicos. Por exemplo, se alguém deseja ou tem interesse em retomar um bem próprio cuja posse foi esbulhada, é mais conveniente argumentar para o juiz que tem o direito de ser reintegrado na posse do bem com base numa norma que tutela a posse. A essa vantagem na utilização do princípio, Alexy ajunta outra, a de que "o conceito de princípio, em menor medida que os dos valores, dá lugar a menos falsas interpretações".[197]

Ademais, se se parte da premissa de que o objeto da ponderação há de ser aquele que, ao ser operado, seja capaz de propiciar, com transparência, a unidade axiológica do Direito, chega-se à conclusão de que só os princípios, tutelem eles direitos individuais ou bens coletivos, são capazes de proporcionar uma aplicação do Direito cujos resultados se apresentem conectados às bases principiológicas estruturais do sistema jurídico. É sob essa ótica que, tradicionalmente, se fundamenta o método jurídico da ponderação no princípio da unidade da Constituição.

2.1.3. AS FASES DA PONDERAÇÃO

Uma vez definido o objeto da ponderação e admitida a importância metodológica dessa atividade para a construção e cognição do Direito, ainda assim se constata haver controvérsias acerca da estrutura do procedimento de ponderação e da conexão conceitual desta com o postulado da proporcionalidade.

Como introdução ao tema, convém previamente apresentar a distinção entre a ponderação como procedimento (aspecto formal) e como resultado (aspecto substancial), formulada por José Maria Rodríguez de Santiago:

> A ponderação é, por uma parte, *procedimento*, uma forma ou método de argumentar ou fundamentar decisões no Direito, caracterizada [...] por seguir um esquema que pode estruturar-se em três fases, nas quais, primeiro, investigam-se e identificam-se os princípios (valores, direitos e interesse etc) em conflito; segundo, atribui-se-lhes o peso ou importância que lhes corresponda, conforme as circunstâncias do caso; e, terceiro, decide-se sobre a prevalência de um deles sobre o outro (ou os outros). Como *resultado*, refere-se a ponderação à decisão em si, a solução corretamente argumentada, conforme o critério quanto maior seja o grau de prejuízo

---

[196] ALEXY, Robert. *Teoría de los derechos fundamentales*, p. 140-141.
[197] *Ibidem*, p. 147.

do princípio que há de retroceder, maior há de ser a importância do cumprimento do princípio que prevalece.[198]

Enquanto procedimento ou atividade, há dois sentidos a considerar. Um concernente aos elementos com os quais a atividade ponderativa opera (perspectiva estática). Outro respeitante às fases pelas quais essa atividade se desenvolve (perspectiva dinâmica).

Os elementos envolvidos na atividade da ponderação são, no mínimo, três: dois ou mais direitos ou bens jurídicos tutelados por princípios jurídicos e a situação na qual entram eles em tensão, ao fixarem o que é devido de modo reciprocamente conflitante, ou seja, quando a concretização de um princípio implica restrição ao outro.[199] A recíproca limitação dos princípios numa dada situação é pressuposto mesmo da ponderação.

Já a estrutura interna do raciocínio ponderativo normalmente é apresentada como um processo de três etapas, seja por quem adota um suposto de fato amplo ou por quem segue um suposto de fato estrito com relação aos princípios envolvidos (direitos individuais ou bens coletivos). Há, contudo, variações na atividade enfocada por cada etapa, conforme se trate de uma ou de outra concepção. A primeira dá ênfase ao sopesamento e não se detém, previamente ao raciocínio ponderativo, na formulação de categorias e conceitos relacionados ao âmbito de incidência dos princípios. De forma contrária, a segunda concepção acerca do suposto de fato prepara ou evita a ponderação, realizando uma criteriosa determinação das fronteiras dogmáticas dos direitos e bens jurídicos, antes de enveredar pela ponderação em si, afastando, assim, com mais rigor, os denominados "falsos problemas de ponderação".[200]

De modo esquemático, as fases nas quais se desenvolve o raciocínio ponderativo são ou gravitam em torno das seguintes:[201]

---

[198] SANTIAGO, José Maria Rodríguez de. *Op. cit.*, p. 48-49.

[199] BRITTO, Carlos Ayres. *Teoria da Constituição*. Rio de Janeiro: Forense, 2003, p. 177. Segundo esse autor, as relações entre os princípios jurídicos podem ser de *complementação*, em que um princípio concretiza o outro e é, por isso, subprincípio deste (v.g., princípios da moralidade administrativa e da república), e de *oposição*, em que a concretização de um se choca com a concretização do outro (v.g., princípios da liberdade de imprensa e informação e do direito à honra). Na atividade da ponderação, estão implicados os princípios desta última espécie.

[200] BORNHOLDT adota uma teoria estreita do suposto de fato da norma de direito fundamental. Como decorrência, esses são os passos da ponderação: 1) Determinação do âmbito material de cada direito fundamental, ou seja, determinação das fronteiras dogmáticas dos direitos a partir da sua essência constitucional; 2) Verificação da existência de sobreposição entre os direitos; 3) Em caso positivo, deve ser aplicado na solução do conflito o princípio da concordância prática ou o princípio da proporcionalidade (*op. cit.*, p. 142-143).

[201] Cf. interessante artigo em que o Luís Roberto Barroso procura estabelecer as condições nas quais a colisão entre os princípios da liberdade de expressão e do direito à honra resolve-se em prol de um ou de outro princípio. Para isso, enuncia o modelo trifásico do raciocínio ponderativo (BARROSO, Luís Roberto. Colisão entre liberdade de expressão e direitos da personalidade. Critérios de ponderação. Interpretação constitucionalmente adequada do Código Civil e da Lei de Imprensa. *Revista de Direito Administrativo*. Rio de Janeiro, nº 235, p. 1-36, jan.-mar./2004). Segundo o autor, as etapas da ponderação são as seguintes: (i) identificar os enunciados normativos que aparentemente se encontram em conflito ou tensão e agrupá-los em função da solução normativa que sugerem para o caso concreto; (ii) apurar os aspectos factuais relevantes e avaliar a sua repercussão sobre as diferentes soluções indicadas pelos grupos formados na etapa anterior; (iii) definir a ponderação que irá solucionar o caso concreto. Percebe-se aqui uma aproximação estrutural entre raciocínio ponderativo e raciocínio subsuntivo, uma vez que ambos contêm, *grosso modo*, definidas as fases da identificação do enunciado normativo

– Identificação dos princípios em conflito

Nesta fase, o intérprete-aplicador formula um juízo de pertinência dos diversos princípios como parâmetro regulador de uma determinada situação real, concreta ou abstrata. Não se trata aqui de realizar uma subsunção do caso à norma principiológica, já que esta não prefixa as condições de aplicação de forma fechada, mas tão somente de, por um lado, afastar a incidência dos princípios em determinadas situações que lógica e razoavelmente não se contêm no seu âmbito de proteção e de, por outro, afirmar a incidência de outros princípios. É nessa oportunidade que se deve atentar para incorreções aplicativas do Direito relacionadas aos "falsos problemas de ponderação", a seguir estudados.

– Atribuição de peso ou importância a cada um dos princípios em jogo, em função das circunstâncias do caso

Consiste esta fase na atividade de formular argumentos a respeito do grau de importância na realização de um princípio e do grau de interferência no princípio em colisão, levando em conta as circunstâncias do caso.

A atividade de atribuir peso a determinados princípios jurídicos é substancialmente discursiva. Vale-se, para tanto, de argumentos fáticos e jurídicos. Mas tais elementos não chegam a permitir a quantificação (metrificação) da vantagem na promoção de um princípio e da desvantagem na afetação do outro, de modo que o juízo de precedência possa resumir-se a uma comparação de quantidades numéricas. A despeito disso, esforços teóricos têm sido expedidos no sentido de conferir certa racionalidade e controlabilidade intersubjetiva à ponderação, expurgando-a do campo do puro subjetivismo, do arbitrário e do decisionismo.

Um dos trabalhos que recentemente deu um passo no aperfeiçoamento teórico e prático da técnica da ponderação veio a lume no ano de 2002, num artigo de Robert Alexy. O jusfilósofo tedesco, imbuído do objetivo de rechaçar as críticas formuladas por Habermas à ponderação de princípios,[202] demonstra e exemplifica que o grau de importância no fomento de um princípio e o grau de interferência em outro podem ser, com certa segurança, mensurados por uma escala triádica, integrada pelos seguintes níveis: leve (ou baixa), médio, grave (ou alta).[203] Assim, a importância na promoção de um princípio numa dada situação pode ser considerada baixa, média, ou alta. Da mesma forma, a intensidade de restrição de um princípio pode ser reputada baixa, média ou alta. Uma vez classificadas as vantagens e desvantagens com auxílio dessa métrica, têm-se condições de avançar para a terceira fase da ponderação.

---

pertinente, da identificação dos fatos relevantes e, por fim, da formulação da decisão, que resulta da confrontação dos dados obtidos nas duas primeiras fases.

[202] Segundo Habermas, em uma das objeções que faz à ponderação, o ponderar leva a resultados que se situam fora do âmbito do válido e inválido, do correto e falso e do fundamentar. As objeções de Habermas à ponderação e à doutrina da ordem concreta dos valores podem ser consultadas na obra traduzida para a língua portuguesa, qual seja: HABERMAS, Jürgen. *Direito e democracia: entre facticidade e validade*. Vol. I. Rio de Janeiro: Tempo Brasileiro, 1997, p. 321-322. Em que pesem as objeções irrogadas à ponderação, há de se reconhecer o valor metodológico desse instrumento como forma de resolver a incompatibilidade circunstancial dos princípios. Isso não quer dizer que ela não possua limitações, como reconhece PULIDO, Carlos Bernal. Estructura y límites de la ponderación. *Doxa*. Alicante, nº 26, p. 225-238, 2003.

[203] ALEXY, Robert. *Constitucionalismo discursivo*. Trad.: Luís Afonso Heck. Porto Alegre: Livraria do Advogado Editora, 2007, p. 110-116 e 137-143.

– Formulação da regra de prevalência condicionada conforme a lei da ponderação

Nesta fase, realiza-se um juízo comparativo entre as medidas atribuídas aos graus de importância e de interferência em relação aos princípios envolvidos. Trata-se de estabelecer uma contabilização entre as vantagens (benefícios) na promoção de um princípio e as desvantagens (custos) na restrição do outro princípio em colisão, para, ao final, determinar o princípio prevalente no caso, aquele que irá nortear o conteúdo normativo da decisão jurídica. A fórmula qualitativa que orienta a decisão sobre qual princípio deve preceder ao outro na regulação jurídica do caso é dada pela *lei da ponderação* de Alexy, segundo a qual "quanto maior é o grau de não satisfação ou de afetação de um princípio, tanto maior tem de ser a importância da satisfação do outro".[204]

Em trabalho mais recente, de 2003, Alexy apresenta uma fórmula para precisar a primazia de um princípio sobre o outro. É a *fórmula peso*, que, na verdade, é uma quantificação da *lei da ponderação*. Na sua feição mais simples, a *fórmula peso*, que mede a primazia entre dois princípios, num dado caso concreto C, é a relação ou o quociente entre o grau de importância em satisfazer um princípio (Pi) e o grau de intensidade da interferência no outro (Pj). Viabiliza-se a operação de divisão atribuindo-se os valores numéricos 1, 2 e 4 aos níveis leve, médio e grave da escala triádica. Assim, de uma parte, caso o peso relativo entre dois princípios seja superior a 1, prevalece aquele cujo peso concreto figura no numerador do quociente da fórmula. Por outra parte, caso o peso relativo entre dois princípios seja inferior a 1, prevalece aquele cujo peso concreto figura no denominador da fórmula. No caso da igualdade, não se registra qualquer primazia de um ou de outro, implicando a constatação no respeito à ponderação preventiva do legislador, privilegiando, assim, o princípio democrático.[205]

Essa versão é apenas o núcleo de uma *fórmula peso* mais completa, que se compõe de três variáveis: (i) grau de afetação e satisfação dos princípios no caso concreto (IC); (ii) importância material ou peso abstrato dos princípios (GA); (iii) grau de segurança ou certeza nas premissas empíricas e normativas que fundamentam a intervenção aos princípios no caso concreto (SC).[206]

A segunda variável funda-se no reconhecimento de que nem sempre princípios que entram em colisão possuem igual hierarquia material, embora possuam a mesma hierarquia normativa. Isso ocorre, por exemplo, com os direitos fundamentais assegurados na Constituição. Em função da concepção dos valores prevalecentes numa sociedade e em determinada época, um direito fundamental pode ter maior importância abstrata do que outro. Por exemplo: o peso abstrato superior da liberdade de informação em face do direito à honra ou intimidade, dada a conexão daquele direito ao princípio democrático; ou o peso abstrato superior da intimidade ou integridade física e psicológica sobre outros princípios, por sua conexão com a dignidade humana.[207]

---

[204] ALEXY, Robert. *Teoría de los derechos fundamentales*, p. 161.
[205] ALEXY, Robert. *Constitucionalismo discursivo*, p. 144-153 e 158-161.
[206] Essa terceira variável é expressão da assim denominada por Alexy de 'lei da ponderação epistêmica' (*ibidem*, p. 150).
[207] PULIDO, Carlos Bernal. Estructura y límites de la ponderación. *Doxa*, Alicante, n° 26, p. 228, 2003.

Já a existência da terceira variável surge do reconhecimento de que as premissas relativas à restrição ou satisfação dos princípios em colisão podem ter diferentes graus de certeza, e, por isso, maior ou menor o peso que deverá ser atribuído ao respectivo princípio.[208]

As duas primeiras variáveis são dimensionadas por uma escala triádica, ou de três intensidades ou valores: leve (1), médio (2), grave (4). A seu turno, à última variável podem-se atribuir os seguintes valores: seguro (1), sustentável ou plausível (1/2), não evidentemente falso (1/4).[209]

A *fórmula peso completa* assume, com isso, a seguinte estrutura:

$$GP_{i,j}C = \frac{IP_iC \cdot GP_iA \cdot SP_iC}{IP_jC \cdot GP_jA \cdot SP_jC}$$

Da aplicação da *lei da ponderação* ou da *fórmula peso*, obtém-se não somente uma decisão para o caso examinado, mas também uma regra que estabelece as condições sob as quais um determinado princípio prevalece sobre o outro. A enunciação dessa regra, no fecho do raciocínio ponderativo, visa a assegurar o respeito ao princípio da igualdade, na medida em que a solução dada a um caso é capaz de transcendê-lo para alcançar a regulação de casos que porventura venham a ocorrer no futuro. A forja da solução jurídica de um caso mediante a técnica da ponderação há de infundir-se da perspectiva de que a decisão deve valer não só para aquele caso, mas também para outros que reúnam as mesmas condições do caso paradigma, salvo se, em virtude de circunstâncias não previstas na regra, recomendar-se uma nova ponderação.[210]

Por fim, é produtivo recolher algumas palavras a respeito da ponderação como resultado do procedimento de ponderação. A ponderação se encerra num juízo que se traduz numa "relação de precedência condicionada", tal como definida por Alexy. É a valoração global de uma situação à luz dos princípios envolvidos, para saber qual (ou quais) dentre eles deve(m) informar a decisão e a regra por ela criada. Sobre o resultado, incide um controle de correção material com base nos princípios e valores consagrados no ordenamento jurídico.[211] Diante dos obstáculos em encontrar critérios supralegais capazes de decidir acerca da adequação ótima do resultado ao ordenamento positivo, já que nele estão consagrados os mais diversos valores representativos dos segmentos de uma sociedade pluralista e fragmentária, ganha importância na verificação da correção material da ponderação a própria correção formal do raciocínio ponderativo. Se o procedimento da ponderação percorreu aquelas três etapas e valeu-se de argumentos considerados aceitáveis na sociedade como um todo e no sistema jurídico, presume-se correto o resultado da ponderação. Nesse

---

[208] ALEXY, Robert. *Op. cit.*, p. 229.
[209] ALEXY, Robert. *Constitucionalismo discursivo*, p. 150-151.
[210] A pretensão de universalidade dessa regra consubstancia uma exigência de racionalidade prática da decisão final, no sentido de que "ao formular como regra geral a solução apurada para um determinado caso, será mais fácil visualizar eventuais distorções ou vícios nela contidos"(BARCELLOS, Ana Paula de. *Ponderação, racionalidade e atividade jurisdicional*, p. 125-132).
[211] SANTIAGO, José Maria Rodríguez de. *Op. cit.*, p. 51.

contexto, assumem relevante papel a argumentação²¹², as regras da *racionalidade prática* e a pragmática.²¹³

Ainda que sobre a ponderação de princípios recaiam acerbas críticas,²¹⁴ reconhece-se que, em determinadas situações, a sua utilização na estruturação de raciocínios jurídicos envolvendo a aplicação de princípios jurídicos se mostra inevitável. Em situações dessa natureza, e devido à abertura do sistema para as mais diversas soluções dos casos que se apresentem, passa a ostentar importância, como dito, o controle formal da atividade da ponderação, a fim de verificar se está presente na argumentação o juízo ponderativo com todas as suas fases e elementos estruturais, sob pena de o ato ensejado implicar não só ofensa ao princípio processual da motivação das decisões judiciais e administrativas, mas também aos próprios princípios e bens jurídicos envolvidos.²¹⁵

Não raro, os julgadores administrativos ou judiciais não se desincumbem do dever de fundamentar e argumentar adequadamente ao aplicar a ferramenta da ponderação, aludindo parcamente, no corpo de suas decisões, a expressões do tipo: "ponderando os bens e direitos em conflito", "em virtude da ponderação dos interesses em conflito" etc. Quando isso ocorre, o ato administrativo ou a sentença padecem de vício de nulidade, que contamina o próprio resultado da ponderação.

2.1.4. PONDERAÇÃO CONSTITUINTE, LEGISLATIVA, JUDICIAL E ADMINISTRATIVA

Como visto, a ponderação é técnica de aplicação de princípios jurídicos que tutelam valores ou bens jurídicos consagrados na Constituição e que entre si conflitam ao regular determinada situação. A ponderação tem o mérito de viabilizar a articulação sistemática e otimizadora de todos os princípios jurídicos que se reputem pertinentes à regulação de um caso. Como resultado, aquele que pondera princípios jurídicos para obter uma disciplina otimizada de um caso concreto produz, ao cabo, uma regra jurídica – norma descritiva de uma conduta juridicamente qualificada – cuja tendência é ser aplicada a todas as situações que reúnam as condições em face das quais a ponderação original foi engendrada, salvo quando circunstâncias concretas específicas recomendarem uma reavaliação ou um revolvimento da regra de precedência condicionada.

A ponderação de princípios exerce fundamental papel no processo de concretização dos valores fundamentais e estruturantes do Estado Democrático de Direito, na condição de entidades primárias que, compartilhadas em diversos níveis e ex-

---

²¹² Nesse sentido, ALEXY, Robert. *Constitucionalismo discursivo*, p. 161.
²¹³ Nesse sentido, NEVES, Marcelo. *Entre Têmis e Leviatã*: uma relação difícil. São Paulo: Martins Fontes, 2006, p. 202-203.
²¹⁴ Excede ao escopo deste trabalho alinhar as diversas reservas que se fazem à ponderação, ligadas ao subjetivismo, ao decisionismo e à violação dos princípios democrático, da separação dos poderes e da segurança jurídica. Para maiores detalhes sobre o tema, cf. José Maria Rodríguez de Santiago (*op. cit.*, p. 143-167) e Ana Paula de Barcellos (*op. cit.*, p. 49-56).
²¹⁵ Trata-se de um princípio processual constitucional, segundo NERY JUNIOR, Nelson. *Princípios do processo civil na Constituição Federal*. 7ª ed. São Paulo: Revista dos Tribunais, 2002, p. 180-185.

tensões sociais,[216] conduzem os indivíduos humanos a realizar escolhas estimativas conducentes à promoção e ao aperfeiçoamento das potencialidades humanas em sociedade. Esse método de aplicação dos princípios se encontra desde o discurso jurídico da Constituição (*ponderação constituinte*[217]), passando pela ponderação a cargo do legislador, realizada nos espaços de liberdade de conformação deixados pelo constituinte (*ponderação legislativa*), e com observância da principiologia constitucional, até alcançar a instância da aplicação da ponderação prévia e abstrata do legislador ou do constituinte.

Essa tarefa está reservada a um terceiro nível de concretização dos princípios, em que, partindo de regras de precedências condicionadas formuladas previamente, se enunciam normas de conteúdo concreto e individual, voltadas para a solução de casos. A concretização final dos princípios que se imbricam é assim realizada pelo intérprete-aplicador, seja por parte do agente administrativo executivo ou judicante (*ponderação administrativa*), seja por parte da autoridade judiciária (*ponderação judicial*).

Visualizando o processo crescente de concretização e positivação do Direito, a ponderação pode também ser pensada como técnica intrínseca à formação e recriação do Direito numa sociedade complexa e fragmentária, em termos da diversidade de valores cultivados pelos diferentes grupos sociais que a integram.[218] Decerto, na definição do conteúdo das normas de uma Constituição, o Poder Constituinte procura articular, de forma otimizada, princípios do Direito Natural, valores consagrados em práticas sociais e no direito pressuposto. O legislador, por sua vez, parte da ordem constitucional já estabelecida para realizar a ponderação de princípios ou valores positivados no Texto Maior, nos espaços por este assegurado à conformação legislativa. Exemplos de ponderação abstrata que poderiam ser implementados pelo legislador são geralmente fornecidos pela doutrina ou pela jurisprudência.[219] Um bastante ilustrativo é apresentado por Luís Roberto Barroso, que empreende a tarefa de compatibilizar, de um lado, a liberdade de expressão e de informação e, de outro, os direitos à honra, à imagem e à vida privada, procurando enunciar as condições sob as

---

[216] Nesse contexto é que se encontram as temáticas ligadas à legitimidade e à eficácia social do Direito.

[217] Para citar um exemplo de ponderação abstrata do constituinte, o enunciado normativo do inciso XII do art. 5º da Constituição brasileira contém regra ponderativa que excepciona a inviolabilidade das comunicações nas hipóteses de investigação criminal ou instrução processual penal, desde que observada a forma prevista em lei, o que é resultado da ponderação dos princípios da intimidade e do interesse público ligado à repressão da criminalidade.

[218] Miguel Reale apresenta o processo genético do Direito como uma estrutura da nomogênese jurídica, segundo a qual as proposições normativas, que podem converter-se em norma jurídica, resultam da incidência dos sentidos vetoriais das exigências axiológicas sobre os fatos sociais, econômicos, técnicos, jurídicos já vigentes etc. (REALE, Miguel. *O direito como experiência*. São Paulo: Saraiva, 1992, p. 194-195). Com base nessa concepção, a formação do Direito pode também ser vislumbrada a partir da ponderação de princípios.

[219] A Teoria Estruturante da Norma de Müller rejeita a existência da ponderação abstrata, já que, sendo a norma formada pela conjugação do programa e âmbito normativos e sendo este componente delineado só no caso concreto, não haveria como estabelecer relações de precedência em abstrato de direitos. Ao contrário, afirma BARCELLOS que a ponderação de bens e valores não somente ocorre no momento da aplicação pelo juiz. Há também a ponderação em caráter preventivo, realizada pelo legislador, forjada mediante debates e discussões a respeito de situações passadas e casos hipotéticos (BARCELLOS, Ana Paula de. *Op. cit.*, p. 146-147).

quais um princípio prevalece sobre o outro.[220] Vale-se o autor, para tanto, de alguns parâmetros, cuja consideração e análise requerem-se para a apuração da legitimidade da divulgação de determinada informação na imprensa, sem que do ato advenham consequências juridicamente negativas para quem as divulgou (não tipificação do crime de difamação, ausência do dever de indenizar). Os parâmetros apontados são: a veracidade do fato, a licitude do meio empregado na obtenção da informação, o local e a natureza do fato, se personalidade pública ou estritamente privada, a existência de interesse público na divulgação da informação, entre outros.

No plano de concretização e individualização do Direito, a atividade ponderativa cabe ao julgador administrativo ou judicial, bem como ao agente executivo da Administração, tendo em vista o contexto fático de uma situação concreta (ponderação em concreto ou *ad hoc*). Segundo Daniel Sarmento, a ponderação nesse terceiro nível pode ser realizada basicamente em duas hipóteses: "(a) quando inexistir regra legislativa específica resolvendo determinado conflito entre princípios constitucionais surgido em um caso concreto, ou (b) quando a regra legislativa em questão tiver a sua constitucionalidade questionada, pela via incidental ou principal".

Na Administração Pública, a primeira hipótese se materializa no âmbito da atuação administrativa discricionária relacionada ao planejamento urbanístico, ambiental, econômico e social etc., implementado geralmente no exercício da competência normativa a cargo de autoridade administrativa superior (Ministros, Secretários), sem, contudo, excluir a hipótese da atuação concreta e individual.[221]

Já a segunda hipótese é própria da atuação vinculada à lei. O revolvimento ou reavaliação da ponderação legislativa ou constituinte abstrata (regra legal ou constitucional) pelo intérprete-aplicador encontra tenaz oposição aqui e lá fora.[222]

---

[220] BARROSO, Luís Roberto. Colisão entre liberdade de expressão e direitos da personalidade. Critérios de ponderação. Interpretação constitucionalmente adequada do Código Civil e da Lei de Imprensa. *Revista de Direito Administrativo*. Rio de Janeiro, nº 235, p. 1-36, jan.-mar./2004.

[221] Rodríguez de Santiago fornece um exemplo de ponderação entre o princípio da proteção do meio ambiente e a finalidade estatal de promover a segurança no trânsito de veículos, como instrumento utilizado pela autoridade administrativa para decidir, num caso concreto, entre construir uma estrada ao norte de uma região, onde existe uma floresta, ou ao sul, onde o terreno é montanhoso. Na espécie, o prejuízo que sofre o princípio da segurança no tráfego dos veículos está justificado pela importância em dar cumprimento ao princípio da proteção do meio ambiente, e não o contrário, implicando, assim, a decisão de que a estrada deve ser construída ao sul da região. Chegou-se a essa conclusão, atribuindo, de um lado, um peso alto à preservação da floresta, tendo em vista possuir ela uma vegetação única no país; e, de outro, um peso leve à afetação da segurança dos motoristas que transitarem pela estrada no terreno montanhoso, tendo em vista a pouca movimentação de veículo na região (*op. cit.*, p. 35-38).

[222] Em determinadas situações específicas de colisão entre direitos e garantias individuais, a flexibilização da ponderação abstrata tem alcançado inclusive a ponderação constituinte. Com efeito, a regra que proíbe a utilização no processo de provas obtidas por meios ilícitos bem revela a possibilidade de sua reavaliação pelo intérprete-aplicador. A regra constitucional é juízo ponderativo que preestabelece a prevalência, no âmbito do processo em geral, do princípio da intimidade, por exemplo, em detrimento do princípio da ampla defesa, na vertente do direito à prova. Ocorre que, quando está em jogo a liberdade de um inocente processado penalmente na qualidade de réu, a "prova ilícita" dessa inocência tem sido admitida pelo Supremo Tribunal Federal para esse exclusivo efeito. Trata-se da aplicação do princípio da proporcionalidade *pro reo*, admitido quase à unanimidade pela jurisprudência brasileira. De igual modo, "na jurisprudência e na doutrina estrangeiras, tem sido vista a conduta da pessoa que grava sub-repticiamente sua conversa com terceiro para demonstrar a própria inocência" (GRINOVER, Ada Pellegrini; FERNANDES, Antonio Scarance; GOMES FILHO, Antonio Magalhães. *As nulidades no processo penal*. São Paulo: Revista dos Tribunais, 2001, p. 136-137). O conhecimento da ferramenta da ponderação permite explicar a possibilidade de o intérprete-aplicador reavaliar e reconstruir a pon-

Obstáculos a uma atuação mais ativa do intérprete são hauridos nos princípios democrático, da separação dos poderes, da segurança jurídica, da igualdade jurídica, da legalidade administrativa etc.

Se ao Poder Judiciário tal faculdade é deferida com cautela, para que a ponderação legislativa possa geralmente ser observada pelo juiz, em prol das escolhas estimativas realizadas pelo legislador enquanto autoridade legitimada pelo voto popular,[223] o que dizer do exercício dessa faculdade pelos agentes administrativos do Poder Executivo?

Antes de se abordar esse tema, no último capítulo, divisam-se duas formas de o intérprete recusar a aplicação no caso concreto de uma regra legal: (i) uma recusa geral e em tese da ponderação legislativa, por ela não equilibrar adequadamente os bens constitucionais expressos ou inferidos a partir do enunciado normativo correspondente; (ii) uma recusa específica, em função de particularidades do caso concreto, que atraem a incidência de outros princípios de igual hierarquia aos sopesados na regra legal.

A existência de competências administrativas para recusar em tese ou em concreto uma regra legal, em virtude de ela não enunciar uma adequada ponderação de princípios em abstrato ou em concreto, encontra diferentes objeções, conforme se trata de uma ou outra forma. Como adiante se verá, registra-se na doutrina uma forte oposição em reconhecer a legitimidade da primeira competência, o que não se verifica quanto à segunda.

Diversamente, a aceitabilidade dessas competências no âmbito da práxis administrativa não mantém, todavia, a mesma gradação. É que se constata um nivelamento na sua compreensão, que nega taxativamente existir tanto uma quanto a outra competência. No que concerne à competência em concreto, sustenta-se que a incidência da regra é condição suficiente para sua eficácia aplicativa. Esse entendimento, antecipe-se, não guarda total conformidade com as premissas e conclusões aqui defendidas, como se verá adiante.

2.1.5. FALSO PROBLEMA DE PONDERAÇÃO

As diversas increpações feitas à ponderação, acoimada de procedimento irracional e incontrolável, impõem certa reserva na sua utilização como instrumento de

---

deração constituinte em função das circunstâncias específicas do caso, sopesando os princípios com os quais operou o constituinte com outros suscitados pelo caso.

De modo diverso, em situações em que o confronto normativo se dá entre direito individual e direito da coletividade, a jurisprudência e a doutrina nacional majoritariamente têm rechaçado qualquer flexibilidade da regra constitucional em detrimento dos direitos e liberdades do indivíduo. Sobre o tema, cf. LUCENA, Amanda Torres de. A adoção do princípio da proporcionalidade e da razoabilidade na admissão de provas ilícitas pelo ordenamento jurídico pátrio. *Revista do TRT 6ª Região 30/105-115*, 2002, que, contrariamente, defende a relativização do preceito fundamental em prol "do legítimo direito da coletividade de combate à criminalidade e à impunidade".

Nesse aspecto, e segundo VALESCHKA (*op. cit.*, p. 166-167), há quem afirme não ser cabível essa reavaliação porque a garantia constitucional é absoluta, como Luís Roberto Barroso e Virgílio Afonso da Silva. Este particularmente por entender que as normas jurídicas tipo regra não podem ser relativizadas.

[223] Cf. SARMENTO, Daniel. *A ponderação de interesses na Constituição Federal*, p. 113-117.

resolução de conflitos de normas. A depuração conceitual do raciocínio ponderativo é tarefa que atende a essa exigência. Daí a adequação de se identificarem as hipóteses que, só aparentemente, são solucionadas pelo método da ponderação, ou seja, que constituem *falsos problemas de ponderação*.

A ponderação tem por pressuposto um conflito entre princípios jurídicos cujos âmbitos de proteção[224] se interpenetram numa determinada situação. Assim, o falso problema de ponderação ocorrerá na hipótese de não se vislumbrar a intersecção entre os respectivos âmbitos de proteção das normas constitucionais que só aparentemente se opõem. Para identificar um falso problema de ponderação, é preciso, antes, identificar a esfera de incidência das normas principiológicas, o que se realiza logo na primeira etapa do procedimento da ponderação.

O tema da definição inicial do âmbito de incidência dos princípios em geral está intimamente ligado ao estudo das restrições aos direitos fundamentais. Em sendo assim, vale-se, neste trabalho, dos aportes teóricos sobre as restrições aos direitos fundamentais. Nesse passo, registram-se duas teorias básicas a respeito: a teoria interna ou teoria estreita do suposto de fato, e a teoria externa ou teoria ampla do suposto de fato.

Para avançar no assunto, cumpre delinear os traços fundamentais de cada uma dessas teorias.

A *teoria interna* das restrições aos direitos fundamentais, aceita apenas minoritariamente pela doutrina nacional e estrangeira, nega a hipótese de colisão entre direitos fundamentais e, por conseguinte, de restrições e de uso da ponderação ou da proporcionalidade como critério interpretativo de resolução da colisão, uma vez que supõe ser sempre possível a determinação do âmbito de proteção a partir do texto constitucional, de modo a evitar a colisão de direitos, o que se dá mediante a análise de seu conteúdo constitucionalmente estabelecido e de raciocínios semânticos, e métodos sistemáticos e teleológicos. Segundo essa concepção, os limites internos aos direitos fundamentais não são autênticos limites, mas elementos constitutivos de parte do suposto de fato. Exemplo: o direito de reunião (art. 5º, inc. XVI, da Constituição).

Já a *teoria externa* assevera que os direitos fundamentais são princípios veiculadores de comandos *prima facie*, restringíveis no caso de colisão entre os direitos entre si ou entre estes e bens coletivos constitucionais. Por sua vez, a legitimidade da colisão é examinada à luz dos princípios da ponderação e da proporcionalidade. Os direitos já não são delimitados textualmente, mas limitados extratextualmente. É a corrente majoritária, porque mais vantajosa do ponto de vista da controlabilidade e da transparência argumentativa, segundo Jane Reis,[225] além de viabilizar uma proteção mais efetiva dos direitos fundamentais na hipótese de dúvida na interpretação de cláusulas restritivas, na visão de Robert Alexy.[226]

---

[224] "O âmbito de proteção ou pressuposto de fato de um direito fundamental refere-se aos bens ou realidades (vida, liberdade, religião etc) assegurados pela disposição normativa que prevê o direito fundamental" (FARIAS, Edílson Pereira. *Liberdade de expressão e comunicação*. São Paulo: Revista dos Tribunais, 2004, p. 34).

[225] PEREIRA, Jane Reis Gonçalves. *Op. cit.*, p. 270 *et seq.*

[226] ALEXY, Robert. *Teoría de los derechos fundamentales*, p. 278-279.

Ínsito à sua teoria dos princípios e aos pressupostos de utilização do princípio da proporcionalidade, Alexy segue os postulados da teoria externa, ao desenvolver uma teoria ampla do suposto de fato de incidência dos direitos fundamentais.[227]

Há também *teorias mistas*, que combinam características de ambas as teorias, ao se admitir o papel dos limites internos (limites expressamente estatuídos pela Constituição[228]) e dos limites imanentes ao direito[229] (limites implicitamente autorizados pela Constituição) na conformação do *conteúdo inicial de proteção do direito*,[230] como defende a teoria interna,[231] mas que não exclui, como sustenta a teoria externa, a possibilidade de colisão entre os direitos assim delimitados e, por conseguinte, da utilização dos instrumentos da ponderação ou da proporcionalidade como fator de limitação dos direitos.

Sob essa vertente intermédia, o falso problema de ponderação adquire certa inteligibilidade temática que não seria possível caso se perfilhasse qualquer uma das teorias em sua pureza metódica. De um lado, a teoria interna, que nega utilidade à técnica da ponderação; de outro, a teoria externa, que sustenta um âmbito de incidência demasiado amplo, de ordem a quase esvaziar conceitualmente o tema da falsa ponderação e vulgarizar a metódica ponderativa, em detrimento da atividade interpretativa voltada para o recorte do âmbito de proteção das normas principiológicas asseguradoras de bens e direitos constitucionais. Com isso, a adoção dos limites internos e imanentes na conformação do conteúdo e alcance dos direitos e bens constitucionais possibilita, no mais das vezes, a eliminação da situação de colisão – o que poderia não ocorrer caso se pressupusesse a teoria externa.

Gustavo Binenbojm sustenta que, à míngua de lei e da Constituição, a autoridade administrativa competente poderá delinear, no caso concreto ou por meio de atos normativos, os limites imanentes, sem a necessidade de prévia interposição legislativa, uma vez que decorrentes do reconhecimento de âmbitos de aplicação de direitos fundamentais extraíveis da própria sistemática constitucional. Afirma,

---

[227] ALEXY, Robert. *Teoría de los derechos fundamentales*, p. 298-320.

[228] Essa classificação das restrições aos direitos fundamentais foi formulada por PEREIRA, Jane Reis Gonçalves. *Op. cit.*, p. 209 *et seq.*

[229] Os limites imanentes são limites não escritos ou implícitos que dimanam da própria sistemática constitucional e da finalidade do direito assegurado pela norma. A ideia que suscita a noção de limites imanentes é a de que a sua concretização não constitui propriamente uma restrição ao direito fundamental, que é um *a posteriori*, mas uma conformação do seu alcance e conteúdo, mediante a consideração de elementos que implicitamente se contêm no sistema dos direitos fundamentais e na Constituição como um todo. Assim, situam-se os limites imanentes na categoria dos limites internos, que são uma condição *a priori*. Com acerto, STEINMETZ. *Op. cit.*, p. 60-61, admite a serventia, em dois momentos, da noção de limites imanentes como forma de justificar a possibilidade de o legislador infraconstitucional restringir direitos fundamentais instituídos sem reserva de lei. Vale dizer que os limites imanentes podem ser invocados para justificar restrições a direitos fundamentais tanto no plano abstrato e prévio – restrição legal – quanto no plano concreto e posterior – restrição judicial e, acrescente-se, administrativa. No primeiro caso, a restrição de direitos fundamentais é operada pelo legislador ordinário, antecipando-se a futuros conflitos (conflitos em potencial). No segundo, a restrição é operada pelo juiz ou tribunal na hipótese de conflito real e presente de direitos fundamentais. Dessa forma, o autor concebe os limites imanentes como fenômeno distinto da colisão concreta de direitos fundamentais.

[230] PEREIRA, Jane Reis Gonçalves. *Op. cit.*, p. 192.

[231] Alexy trata os limites internos como cláusulas de restrição, não como partes integrantes do suposto de fato da norma de direito fundamental (*Teoría de los derechos fundamentales*, p. 277 *et seq.*). Por exemplo, o direito fundamental de reunião é restringido e não delimitado pela cláusula restritiva "pacificamente e sem armas". Em vista disso, tal postura propende a exacerbar o uso da ponderação.

ainda, que este seria o caso de um ato administrativo normativo que limitaria o nível de barulho em frente a hospitais e clínicas de saúde. Está em jogo o direito fundamental à liberdade de expressão, cuja esfera de proteção não alcançaria a hipótese de uma manifestação em um nível tal de decibéis capaz de colocar em risco a saúde e o bem-estar das demais pessoas.[232]

Ocorre que nem sempre se mostra trivial proceder ao recorte do âmbito de incidência de normas principiológicas asseguradoras de direitos e bens constitucionais, dado que essa espécie normativa é carente da enunciação de suas condições de aplicação. A respeito do âmbito de incidência ou proteção dos princípios asseguradores de direitos fundamentais, comenta Gilmar Ferreira Mendes que "nem sempre se pode afirmar, com segurança, que determinado bem, objeto ou conduta estão protegidos ou não por um dado direito (...). Tudo isso demonstra que a identificação precisa do âmbito de proteção de determinado direito fundamental exige um renovado e constante esforço hermenêutico".[233]

Todavia, "se um dos direitos envolvidos no conflito é atingido 'no seu conteúdo essencial, então, é porque estamos perante uma situação de limites imanentes'".[234]

Igualmente, na hipótese de o interesse público tutelado claramente se dissociar do interesse particular, os limites imanentes a determinados direitos fundamentais apresentam-se de ordem a eliminar a perspectiva do conflito entre bens e direitos e, com isso, o emprego da ponderação para solucioná-lo. Ilustra bem a hipótese a decisão do Supremo Tribunal Federal segundo a qual a esfera de proteção do direito ao sigilo das movimentações bancárias não contempla a movimentação de verbas públicas em conta bancária de ente público. No dizer do Ministro Sepúlveda Pertence: "em matéria de gestão de dinheiro público, não há sigilo privado, seja ele de status constitucional ou meramente legal, a opor-se ao princípio basilar da publicidade da administração republicana".[235] Como se nota, o interesse relacionado à correta gestão

---

[232] BINENBOJM, Gustavo. *Op. cit.*, p. 122-123.

[233] MENDES, Gilmar Ferreira. *Direitos fundamentais e controle de constitucionalidade*: estudos de direito constitucional. São Paulo: Saraiva, 2004, p. 15.

[234] STUMM, Raquel Denize. *Princípio da proporcionalidade no Direito Constitucional brasileiro*. Porto Alegre: Livraria do Advogado, 1995, p. 143.

[235] A decisão foi proferida por ocasião do julgamento em ação mandamental impetrada pelo Banco do Brasil contra ato do Ministério Público Federal, consistente na requisição de informações destinadas à instrução de procedimento administrativo para investigar a concessão de empréstimos de 1 bilhão e 100 milhões de dólares pelo Governo Federal, por intermédio do impetrante, a empresas do setor sucroalcooleiro devedoras para com a instituição bancária e a Previdência Social. Por sua vez, e com base no art. 38 da Lei nº 4.595, de 31 de dezembro de 1964, a instituição financeira sustentou estar compelida a guardar sigilo de suas operações ativas e passivas. Por fim, o plenário, por maioria, seguiu a orientação do Min. Nery da Silveira, contida no excerto do seu voto: "[...] se se trata de operação em que há dinheiro público, a publicidade deve ser a nota característica dessa operação. Não há razão, portanto, para o Banco não dizer quem são os beneficiados por esses empréstimos. Se o Governo Federal está atuando, por intermédio do Banco do Brasil, na execução de um plano de amparo a um setor de produção, compreendo que, acerca dessas operações do Banco, com recursos do Tesouro Nacional, não pode lograr procedência a negativa de informações, com a invocação do sigilo bancário. Com efeito, o sigilo bancário não pode englobar esse tipo de informação, em se cuidando da aplicação de recursos públicos. Pretender o Ministério Público Federal saber se já houve contratos, quem são os contratantes, a data de sua celebração, a edição do Diário Oficial em que estão publicados esses contratos, tudo isso não há de ficar sob o manto do sigilo bancário, se se cogita de transações subsidiadas com recursos do erário" (STF, MS nº 21.729-DF, Pleno, Rel. Min. Marco Aurélio, Rel. para o acórdão Min. Nery da Silveira, j. 5.10.1995, DJU 19.10.2001).

de verbas públicas por particulares visa à defesa do patrimônio público, sendo, por isso, eminentemente público, em vista do qual não subsiste a invocação de pretenso direito de particulares ao sigilo bancário das movimentações de verbas públicas.

Daniel Sarmento observa como a incorreta identificação do interesse público pode levar a apontar conflito inexistente entre interesses público e privado e daí a realizar uma falsa ponderação. No exemplo que fornece, interesses públicos e privados estão em linha de convergência. Uma manifestação realizada no centro de uma metrópole decerto é capaz de comprometer gravemente o trânsito em vias importantes e, por essa razão, esse seria um motivo para que a Administração a proibisse. Nada obstante, "uma leitura mais adequada do interesse público seria aquela que prestigiasse em primeiro lugar não as conveniências do trânsito de veículos, mas sim a relevância do exercício da liberdade de reunião para o bom funcionamento de uma sociedade democrática".[236] Quem assim não identificasse o interesse público certamente seria levado a operar uma aparente e falsa ponderação.

O mesmo se dá quando a jurisdição constitucional já houver definido abstratamente (*definitional balancing*) conceitos utilizados na enunciação de direitos fundamentais. Por exemplo, o conceito de domicílio, para o fim de demarcação do âmbito de proteção da norma fundamental que assegura a inviolabilidade do domicílio, abrange também "o local onde se exerce a profissão ou a atividade, desde que constitua um ambiente fechado ou de acesso restrito ao público".[237] Em vista disso, um lançamento tributário efetuado com base em documentos colhidos pela autoridade fiscal em escritório profissional de acesso restrito ao público, sem o consentimento do fiscalizado ou autorização judicial, padece de nulidade por ofender a garantia da inviolabilidade do domicílio. Não há espaço, portanto, para invocação de ponderação *ad hoc* pela autoridade fiscal, uma vez que o próprio constituinte já ponderou os valores contrapostos do interesse público ligado, no caso, ao combate à sonegação fiscal, de um lado, e da dignidade humana ligada à inviolabilidade do domicílio, de outro, tendo normativamente optado por este.

Com base no exposto, conclui-se que eventual ponderação *ad hoc* realizada pelo intérprete administrativo ou judicial há de pressupor: (i) um conflito entre princípios jurídicos cujos âmbitos de proteção se interpenetram numa determinada situação, mesmo após a consideração dos limites internos e imanentes; (ii) a inexistência de regra legal ou constitucional regulando a situação. Assim, qualquer ponderação empreendida sem a constatação desses pressupostos receberá a pecha de falso problema de ponderação.

Não se cogita, por ora, a hipótese de reavaliação da ponderação legislativa pelo intérprete no caso concreto, a qual poderá dar-se em situação excepcional e sob a estruturação metódica dos postulados normativos da razoabilidade e da proporcionalidade. Encerra-se aqui o presente tópico, com a certeza de que os lineamentos teóricos desenvolvidos servirão de parâmetro para estremar os postulados normativos da razoabilidade e da proporcionalidade.

---

[236] SARMENTO, Daniel. Interesses públicos vs. interesses privados na perspectiva da Teoria e da Filosofia Constitucional. *In*: SARMENTO, Daniel (Org.). *Interesses públicos versus interesses privados*: desconstruindo o princípio de supremacia do interesse público. Rio de Janeiro: Lumen Juris, 2007, p. 81-82.
[237] STF, Ação Penal nº 307-DF, Pleno, Rel. Min. Ilmar Galvão, j. 13.12.1994, DJU 13.10.1995 (p. 19 do voto do Min. Relator).

2.2. Postulados normativos aplicativos: uma terceira espécie do gênero norma jurídico-administrativa

Os parâmetros da razoabilidade e da proporcionalidade emergiram do ramo jurídico de gestação – o Direito Administrativo – para, em seguida, alcançarem o patamar normativo máximo na estrutura do Direito piramidal no pós-Segunda Guerra, donde passou a infundir e instilar todo o conteúdo dos mais diversos segmentos jurídicos, no contexto do fenômeno da constitucionalização do Direito, haurido, por sua vez, no dogma da supremacia da Constituição sobre as leis formuladas pelo Estado. Nesse trilhar, os parâmetros da razoabilidade e da proporcionalidade retornaram ao Direito Administrativo já não mais com a feição conceitual de origem. Com efeito, revelando fortalecimento normativo-eficacial,[238] porque embebido na matriz constitucional, e apresentando uma nova natureza dentro do sistema e da práxis jurídica. Em grande parte por essa generalização, o tema vem ingressando progressivamente no âmbito investigativo da Teoria Geral do Direito.[239]

Esse ciclo se deu no centro do Estado de Direito, cujas transformações paradigmáticas estão intimamente ligadas às fases desse ciclo: do liberal ao social, e deste ao democrático, em cujo horizonte se vê postular uma cidadania em plenitude, mas que, para tornar-se realidade, é preciso produzir e reproduzir um Direito que excede aquele conforme a lei: um Direito legítimo, justificado com base nos valores positivados na Constituição.

É sob o paradigma democrático que se vê proliferarem os textos sobre o tema, a ponto de hoje se vislumbrar uma reprodução quase servil do que já há algumas

---

[238] Exemplo disso se verifica no *caput* do art. 2º da Lei nº 9.784, de 29 de janeiro de 1999, que consagra a nível infraconstitucional os princípios da razoabilidade e da proporcionalidade como normas da Administração Pública. Poder-se-ia entender dispensável a atitude do legislador ordinário de trazer para a lei princípios já positivados, ainda que implicitamente, na Constituição; afinal de contas, o administrador deve não só obediência à lei, mas também à Constituição. Ocorre que a cultura do administrador público não é de aplicar diretamente os preceitos e princípios constitucionais, mas de aplicar atos menores, emanados de autoridade hierarquicamente mais próxima do administrador a quem cumpre aplicar e dizer o direito em determinada situação. Prefere-se, pois, observar normas de execução a instruções normativas, instruções normativas a decretos, decretos à lei e lei à Constituição. Por tudo isso, entende-se que a enunciação legal dos parâmetros da proporcionalidade e da razoabilidade visou a induzir ou ampliar a eficácia aplicativa de tais normas no âmbito da Administração Pública brasileira.

[239] Cf. o artigo de GUERRA FILHO, Willis Santiago. Princípio da proporcionalidade e Teoria do Direito. *In:* GUERRA FILHO, Willis Santiago; GRAU, Eros Roberto (Orgs.). *Direito constitucional*: Estudos em homenagem a Paulo Bonavides. Malheiros: São Paulo, 2003, p. 268-283.

décadas se vem discorrendo sobre o assunto. Cônscio disso, procurar-se-ão trazer alguns apontamentos sobre a matéria, principalmente para a seara do Direito Administrativo, onde o formalismo legal é ainda invocado como critério exclusivo de legitimação do Direito, em que pese produzirem-se, a tal pretexto, soluções jurídicas injustas, irrazoáveis ou desproporcionais.

É útil, a essa altura, explicitar o que teria mudado na natureza dos parâmetros da razoabilidade e da proporcionalidade, desde o seu aparecimento no Direito Administrativo até a sua constitucionalização, e qual o momento do processo de aplicação do Direito em que se fazem atuar.

É possível identificar nos parâmetros da razoabilidade e da proporcionalidade duas funções cardeais no processo de interpretação e aplicação do Direito: (i) uma *interpretativa*, a servir de critério de intelecção do enunciado normativo e de qualificação dos fatos, orientando a atividade do intérprete na atribuição ao texto legal de um sentido normativo considerado alinhado ao sentimento jurídico da coletividade, à finalidade dos direitos e à sistemática constitucional, respeitada, em qualquer caso, a moldura da lei, ou seja, o quadro das possibilidades semânticas do plano da expressão do Direito;[240] (ii) outra *metódica*, a servir de parâmetro de estruturação da aplicação de regras e princípios, segundo determinados critérios que visam a articular racionalmente os elementos constitutivos do ato administrativo previstos na lei (razoabilidade entre motivo e medida legislativa e proporcionalidade entre medida e fim legislativo), os princípios e preceitos constitucionais (legitimação constitucional da medida e do fim legislativo) e os dados da realidade social (equidade).[241]

Em outras palavras, enquanto na *função interpretativa* os parâmetros da razoabilidade e da proporcionalidade atuam excluindo ou revelando determinados significados normativos de modo não estruturado discursivamente, funcionando como mero *topos* interpretativo ou recurso retórico, na *função metódica*, por sua vez, eles operam estruturando discursivamente a aplicação de outras normas, funcionando como mecanismos de justificação moral da interpretação e aplicação do Direito e de controle intersubjetivo tanto do processo de justificação quanto do resultado da interpretação.

---

[240] Canotilho define a razoabilidade na acepção meramente interpretativa, que permite "descobrir o desvalor constitucional de alguns interesses pretensamente invocados como dignos de proteção e em conflito com outros", ou ainda, permite "excluir a existência de um verdadeiro conflito de bens pelo facto de um dos direitos invocados não estar ou não se poder considerar 'enquadrado' na esfera de protecção de uma norma constitucional" (*op. cit.*, p. 1163).

[241] Segundo ZANCANER, Weida. Razoabilidade e moralidade: princípios concretizadores do perfil constitucional do estado social e democrático de direito. *Revista Diálogo Jurídico*. Salvador, CAJ-Centro de Atualização Jurídica, ano I, nº 9, p. 6, dez./2001. Disponível em: <http://direitopublico.com.br>. Acesso em: 3 set. 2007: "o princípio da razoabilidade transcende sua utilização e compreensão como 'critério de aplicação' das normas jurídicas para a concreção do direito posto. Ele é mais do que mero critério para a verificação da correta aplicação das normas encartadas em um direito positivado. Ele deve ser alçado a 'critério de intelecção' de todo e qualquer sistema jurídico que pretende se perenizar. Não é perenização estática, mas aquela que implica em movimento, atualização e em aperfeiçoamento das instituições democráticas, acompanhando o incessante ritmo da vida, 'pois o direito é feito para vida e não a vida para o direito'.". A presente investigação pretende, ao contrário, chamar a atenção exatamente para o papel dessa função aplicativa ou metódica da razoabilidade, legando a segundo plano a função intelectiva ou interpretativa desse parâmetro, porquanto se reputa que aquela função tem mais a contribuir para o aperfeiçoamento democrático da Administração Pública brasileira.

A assunção da função metódica dos parâmetros na quadra de um Estado Democrático de Direito não implica a superação da função interpretativa. Ao contrário, podem as duas formas atuar em conjunto, a primeira a operar como filtro, selecionando os sentidos normativos mais adequados a partir da delimitação conceitual do direito e dos fatos; a segunda, por sua vez, atua quando o sentido adequado não é passível de ser propiciado pela função interpretativa.

Atinando para a primeira função, Cármen Lúcia Antunes Rocha afirma que razoabilidade e proporcionalidade atuam como parâmetros interpretativos. A diferença entre eles está em que a razoabilidade permite conhecer o espírito dos princípios e acertar sua interpretação e aplicação pelo conhecimento do princípio considerado em si mesmo, enquanto a proporcionalidade impede excessos na aplicação dos princípios constitucionais a partir do conhecimento destes em sua relação com outros princípios e regras que compõem o sistema constitucional.[242] Essa era a única função que cumpriam no seio de um Direito Administrativo nascente na Modernidade.

No Direito anglo-saxão, denomina-se *standard* de razoabilidade como critério geral e abstrato que infunde o sentido normativo no direito a ser aplicado;[243] por sua vez, no Direito francês, refere-se à proibição de excesso. Tais critérios têm grande valia no controle judicial do exercício da competência administrativa discricionária e da valoração administrativa de conceitos jurídicos indeterminados, ou seja, nas hipóteses em que o *halo de incerteza* da norma revelar-se amplo.[244]

Para saber qual função cumprem tais parâmetros na fundamentação de um dado ato ou decisão jurídica, é preciso observar o nível de estruturação do processo interno de justificação da decisão e a postura do intérprete-aplicador em face do texto legal. De um lado, quanto mais estruturado for esse processo, mais próximo da função metódica se revela o uso desses parâmetros. Por outro, quanto menos discursivo o for, mais relacionado à função interpretativa está o uso dos parâmetros. Por sua vez, quanto mais servil ao plano da expressão da lei for a atitude do intérprete

---

[242] ROCHA, Cármen Lúcia Antunes. *Princípios constitucionais da administração pública*. Belo Horizonte: Del Rey, 1994, p. 54.

[243] Segundo OLIVEIRA, José Roberto Pimenta. *Os princípios da razoabilidade e da proporcionalidade no direito administrativo brasileiro*. São Paulo: Malheiros, 2006, p. 151, "dentre todas as vertentes materiais, a explicação do conteúdo do dever de razoabilidade a partir da noção de *standard jurídico* é a que encontra fundamento mais remoto e mais difundido, justificada a partir da incorporação do *razoável* na literatura publicista [...] É por meio da razoabilidade das decisões tomadas que se poderá contrastar atos administrativos e verificar se estão dentro da moldura comportada pelo Direito".

[244] A concretização dos tipos (*v.g.*, "participar de gerência ou administração"), conceitos indeterminados (*v.g.*, zelo, dedicação, presteza), cláusulas gerais (*v.g.*, moralidade administrativa, boa-fé objetiva, função social) e princípios jurídicos, permite a aplicação desses parâmetros no desempenho apenas da função interpretativa, que é suficiente para proporcionar uma eficácia *intra legem* dos princípios jurídicos. Segundo Misabel Derzi, o tipo é uma abstração conceitual formada por um conjunto aberto de características (não limitadas e renunciáveis), pela gradação ou flexibilidade de suas notas (diferentes graus de intensidade, frequência e combinação das características) e por uma unidade estrutural de sentido (a interdependência e articulação dessas características são capazes de dar ao tipo uma unidade de sentido que o aproxima da realidade, no sentido de se mostrar uma abstração rica de conteúdo, pois contém bastantes dados referenciais do objeto). Por conceito aberto (conceitos indeterminados, cláusulas gerais e princípios jurídicos), entenda-se aquele cuja abertura ou indeterminação decorre da *vagueza*, da pobreza de conteúdo, dos parcos dados referenciais ao objeto, e não da renunciabilidade de suas notas (ou sua estrutura flexível), como ocorre com o tipo. São caracterizados pela sua vagueza, pelos casos-limite ou zona de penumbra. Cf. DERZI, Misabel de Abreu Machado. *Direito tributário, direito penal e tipo*. São Paulo: Revista dos Tribunais, 2007.

na busca do sentido normativo, ou seja, quanto mais lógico-dogmático for o seu enfoque, mais interpretativa é a função que desempenham aqueles parâmetros. Ao contrário, e por fim, quanto mais ativa for a postura do intérprete em face do texto legal, valendo-se dos parâmetros para obter um sentido normativo que melhor se harmonize com valores consagrados social e constitucionalmente, mais metódica se revela a função que eles exercem.

Na quadra atual de um Direito plural e aberto, já não se mostra suficiente manejar apenas a função eficacial interpretativa de tais parâmetros, porquanto a legitimação constitucional do ato ou decisão administrativa já não se obtém exclusividade por meio de *standards jurídicos*. É preciso algumas vezes, principalmente nos casos considerados difíceis, acionar a Constituição para avaliar se determinada emanação normativa estatal se coaduna com os seus princípios superiores. Instaura-se, nessa ocasião, a conflituosidade normativa, que passa a ser *discursivamente* enfrentada no raciocínio jurídico, o que não era viabilizado pela função interpretativa. Contrariamente a esta, a função metódica destina-se primordialmente às hipóteses em que o *núcleo de certeza* da norma mostrar-se amplo.[245] É nessa hipótese que se revela profícua a aplicação dos parâmetros no âmbito da atividade vinculada.

Na medida em que a função metódica passa a ser a principal função dos parâmetros aqui estudados, faz-se necessário referi-los por uma denominação que possa adequadamente traduzir o novo papel que passam a cumprir no Direito e para a Ciência do Direito.

Identificando a natureza metódica não contida nas regras e nos princípios, Humberto Ávila denomina os parâmetros da razoabilidade e da proporcionalidade de postulados normativos,[246] para exatamente distingui-los daquelas normas:[247]

> Com efeito, os princípios são definidos como normas imediatamente finalísticas, isto é, normas que impõem a promoção de um estado ideal de coisas por meio da prescrição indireta de comportamentos cujos efeitos são havidos como necessários àquela promoção. Diversamente, os postulados, de um lado, não impõem a promoção de um fim, mas, em vez disso, estruturam a aplicação do dever de promover um fim; de outro, não prescrevem indiretamente comportamentos, mas modos de raciocínio e de argumentação relativamente a normas que indiretamente prescrevem comportamentos. Rigorosamente, portanto, não se podem confundir princípios com postulados.[248]

---

[245] A aplicação dos conceitos classificatórios é que pode requerer o emprego desses parâmetros no desempenho da função metódica, a única capaz de viabilizar uma eficácia *contra legem* dos princípios jurídicos. A classe (ou conceito em sentido estrito) é uma abstração conceitual caracterizada por um conjunto fechado e inflexível de notas, dando origem a espécies mutuamente excludentes (*v.g.*: abandono de cargo, inassiduidade habitual, procurador ou intermediário).

[246] De acordo com Humberto Ávila, os postulados normativos são transcendentais no sentido kantiano, ou seja, no sentido de *estar antes* sob o ponto de vista lógico, enquanto condição de possibilidade de conhecimento e aplicação do ordenamento jurídico, e não de *estar acima* sob o ponto de vista ontológico, enquanto fonte ou origem superior de todo o ordenamento (princípios fundamentais). Não há, portanto, como confundir transcendente, ligado ao plano ontológico, com transcendental, ligado ao plano do conhecimento. KANT, Immanuel. *Crítica à razão pura*. 4ª ed.. Lisboa: Fundação Calouste Gulbenkian, 1997, p. 53, chama de transcendental "a todo conhecimento que em geral se ocupa menos dos objectos, que do nosso modo de os conhecer, na medida em que este deve ser possível *a priori*".

[247] Alexy denomina a proporcionalidade de máxima e seus subprincípios de máximas parciais, exatamente para diferençá-los dos princípios com *status* de mandados de otimização.

[248] ÁVILA, Humberto. *Op. cit.*, p. 123-124.

Para esse autor, os postulados situam-se em plano distinto das normas-princípio, sendo, por isso, metanormas ou normas de segundo grau.[249] Para demonstrar a sua tese, argumenta, referindo-se especificamente ao dever de proporcionalidade, que:

> O dever de proporcionalidade não é um princípio ou norma-princípio. Senão vejamos: sua descrição abstrata não permite uma concretização em princípio gradual, pois a sua estrutura trifásica consiste na única possibilidade de sua aplicação; a aplicação dessa estrutura independe das possibilidades fáticas e normativas, já que o seu conteúdo normativo é neutro relativamente ao contexto fático; sua abstrata explicação exclui, em princípio, a sua aptidão e necessidade de ponderação, pois o seu conteúdo não irá ser modificado no entrechoque com outros princípios. Não bastasse, a proporcionalidade não determina razões às quais a sua aplicação atribuirá um peso, mas apenas uma estrutura formal de aplicação de outros princípios.[250]

Tais diretrizes de ordem metodológica passaram a fazer parte do ordenamento jurídico como normas jurídico-positivas – pode-se dizer que é uma terceira espécie de norma no repertório do modelo pós-moderno de sistema jurídico de índole democrática – cujos variados fundamentos normativos conferem-lhe indiscutível juridicidade.[251]

Divergindo no ponto, Robert Alexy[252] e Virgílio Afonso[253] dividem as normas jurídicas em apenas duas categorias, regras e princípios jurídicos. Em face dessa classificação dual das normas jurídicas, negam às máximas parciais da proporcionalidade a natureza de princípio, enquadrando-as, portanto, na categoria de regra jurídica, já que são aplicadas ao modo "tudo ou nada" e mediante subsunção. Quanto à proporcionalidade em sentido estrito, Alexy observa ainda que essa pauta consubstancia um juízo de ponderação ou sopesamento que recai sobre princípios, razão por que não pode ser enquadrado nessa modalidade de norma. Não obstante reconheça que a denominação mais apropriada é "regra da proporcionalidade", Virgílio Afonso, ao contrário, não afasta a utilização da expressão "princípio da proporcionalidade", já que com ela se pretende conferir a devida importância à exigência de proporcionalidade. Aqui, o termo "princípio" decerto não possui o sentido que se contrapõe ao de regra jurídica, mas não há como negar que, na prática jurídica brasileira, igualmente se veem consagradas expressões do tipo "princípio da anterioridade" ou "princípio da legalidade", que, na verdade, têm a qualidade de regra jurídica.

Contabilizadas as divergências, o certo é que a emancipação dos postulados normativos à condição de norma jurídica é uma decorrência lógica e axiológica da

---

[249] No mesmo sentido, GRAU, Eros Roberto. *O direito posto e o direito pressuposto*. São Paulo: Malheiros, 2005, que assim se manifesta: "Nossa doutrina tem cometido inúmeros erros e pecados ao tratar desse tema. É que o chamado 'princípio' da proporcionalidade consubstancia não um princípio, mas um postulado normativo aplicativo".

[250] ÁVILA, Humberto. *A distinção entre princípios e regras e a redefinição do dever de proporcionalidade*, p. 23-24.

[251] Vários são os fundamentos normativos que a literatura jurídica suscita: princípio do Estado de Direito, conteúdo essencial dos direitos fundamentais, princípio do devido processo legal, princípio da dignidade humana, a natureza própria dos princípios. Não se tem, portanto, questionado a juridicidade de tais parâmetros na quadra atual das Constituições democráticas, ainda que estas não os tenham consagrado expressamente, como sucede com a Constituição brasileira de 1988.

[252] ALEXY, Robert. *Op. cit.*, p. 112, nota de rodapé 84.

[253] SILVA, Luís Virgílio Afonso da. O proporcional e o razoável. *Revista dos Tribunais*. São Paulo, ano 91, vol. 798, p. 26, abr./2002.

consagração da normatividade dos princípios. E isso se mostra de todo oportuno na medida em que uma atividade do intérprete desprovida de balizas juridicamente vinculantes poderá produzir instabilidade e insegurança na ordem jurídica. Com efeito, ante a possibilidade de o intérprete, diante de um determinado caso, sempre poder confrontar a solução ditada por uma regra e a solução suscitada por um princípio, e, sendo essas soluções incompatíveis, conferir eficácia imediata ao princípio em detrimento da regra – solução previamente estabelecida pelo legislador –, faz-se necessário e exigível que ele disponha de instrumentos capazes de conduzi-lo na atividade interpretativa, como imperativo decorrente da segurança e previsibilidade jurídica e do princípio da separação dos poderes, garantindo, assim, certa racionalidade intersubjetiva à aplicação do Direito.

A identificação das bases epistemológicas desde a compostura elementar do ato administrativo, sobre as quais operarão os postulados normativos com vistas a imprimir racionalidade à aplicação do Direito, constitui o objeto de investigação a seguir.

2.3. A base epistemológica da racionalidade material e discursiva da atuação administrativa: sintática e semântica do conteúdo normativo da racionalidade jurídico-administrativa em sentido amplo

A análise do significado da racionalidade no Direito pode ser apresentada em termos do problema da relação entre razão e Direito. Decifrando essa inextrincável relação, Norberto Bobbio discorre sobre os seus dois significados básicos, definidos segundo se considere principal o primeiro ou o segundo dos termos. [254]

Há uma razão em sentido forte, em que o elemento razão se sobrepõe ao elemento Direito, significando a capacidade do homem de captar a essência ou natureza das coisas para daí extrair as leis de conduta absolutamente vinculantes. É a razão substancial, legisladora, que cria, descobre ou revela as verdades éticas do Direito e é capaz de dizer o que é justo ou injusto. Nesse sentido, alude-se a "lei da razão" ou a "Direito racional", a denotar um tipo de lei que esteja em conformidade com os ditames da reta razão. É nesse campo que se encontra o já superado Direito natural (no seu sentido original), como expressão maior do racionalismo ético, cujo escopo era o de construir um sistema de normas de conduta absolutamente vinculantes.

Por outro lado, há uma razão, em sentido fraco, em que o elemento Direito assume a posição privilegiada na relação, significando a capacidade do homem de raciocinar em todos os sentidos em que se concebe raciocínio, como inferência, como cálculo, como argumentação etc. É a razão formal, julgadora, que se volta para os procedimentos e operações mentais de aplicação do Direito e é capaz de dizer o que é racional. Nesse sentido, refere-se a uma "razão jurídica", a exprimir um tipo de razão que estrutura e orienta o processo argumentativo de fundamentação na aplicação do Direito (razão formal interna). Nesse âmbito, também se localizam as teorias contemporâneas das decisões racionais, de que é notável exemplo o Código da Razão Prática de Robert Alexy, apresentado no seu livro Teoria da Argumentação Jurídica (razão formal exterior).

A razão formal externa consiste num conjunto de regras procedimentais que orientam ou dirigem a conduta dos partícipes de um discurso jurídico, de modo a proporcionar um máximo de racionalidade ao processo discursivo e, de conseguinte, uma maior correção à decisão jurídica obtida.[255] Já a razão formal interna estrutura a fundamentação jurídica, levando-se em conta as relações de congruências lógicas e axiológicas entre os elementos que compõem o ato ou decisão jurídica.

---

[254] BOBBIO, Norberto. La razón en el derecho (observaciones preliminares). *Doxa*. Alicante, nº 2, p. 17-26, 1985.
[255] Cf. Apêndice do livro *Teoria da Argumentação Jurídica*.

Cabe observar que tais aspectos da racionalidade no Direito não se excluem na avaliação da correção de determinada decisão jurídica; antes, se complementam.

À vista dos dois tipos fundamentais de racionalidades no Direito,[256] vale perquirir qual delas é alcançada ou viabilizada pela aplicação dos postulados normativos da razoabilidade e da proporcionalidade. Se se entendesse, com Alexy, que o procedimento de aplicação das regras e princípios constitui o terceiro elemento no repertório do sistema jurídico, como único modelo capaz de assegurar uma racionalidade aplicativa diante do grau de indeterminação dos princípios jurídicos,[257] estar-se-ia tratando do segundo tipo de razão no Direito, a razão formal considerada sob o aspecto exterior da argumentação jurídica. O modelo procedimentalista de Alexy é discursivo no sentido de exigir o atendimento das regras do discurso racional como forma de alcançar a racionalidade prática, e não no sentido de reclamar uma estruturação da argumentação jurídica voltada para a aplicação de regras e princípios jurídicos.

Não é dessa racionalidade prática que aqui se trata, mas de uma racionalidade que combina aspectos da razão substancial com aspectos da razão formal interna. Trata-se de uma racionalidade ao mesmo tempo semântica ou material e sintática ou formal. Com efeito, além de estruturar o raciocínio em torno da aplicação das regras e princípios, fornece critérios que conferem sentido à relação sintática, tais como: (i) *parâmetros materiais* objetivados pela jurisprudência administrativa ou judicial;[258] (ii) *critério axiológico negativo*, consistente no irrazoável, inaceitável, arbitrário ou caprichoso.

De acordo com Norberto Bobbio, no curso histórico da doutrina da lei racional, constatam-se pelo menos quatro significados distintos de razão substancial: (i) a razão como faculdade de captar as verdades evidentes e os primeiros princípios da boa conduta; (ii) a razão como faculdade calculadora, que deriva analiticamente de algumas premissas aceitas como certas proposições com o mesmo *status* de certeza das premissas; (iii) a razão como faculdade de conhecer a natureza das coisas e de extrair desta o conhecimento das leis gerais que a governam; (iv) a razão como faculdade que conhece e prescreve os meios adequados para obter um determinado fim. É neste último sentido que se utiliza a expressão "ação racional" (racional segundo um fim), bem diverso do sentido atribuído à expressão "discurso racional" (racional segundo um procedimento), a qual se refere à razão formal externa.[259]

Apenas a segunda e a quarta acepções da racionalidade material são passíveis de se perfazer por meio dos postulados normativos, constituindo, dessa forma, o aspecto semântico da sua racionalidade. Não se trata de uma racionalidade material no sentido forte, mas em sentido fraco, produzida mediante a utilização basicamente do critério axiológico negativo, a par de outros critérios obtidos, tendo em vista diretrizes estimativas assentadas pela doutrina e jurisprudência. Assim, o critério negativo é apto a informar quando determinado fim inegavelmente não integra o

---

[256] Em torno da questão, digladiam-se as perspectivas *procedimentalista* e *substancialista* de produção do Direito (cf. STRECK. Op. cit., p. 38-55).

[257] ALEXY, Robert. *El concepto y la validez del derecho*, p. 172-173.

[258] A título ilustrativo, eis alguns critérios afirmados pela jurisprudência: falta de equivalência da norma que institui penalidade tributária em valor superior ao da própria mercadoria cujo tributo foi sonegado; falta de proporcionalidade de leis que instituem sanções políticas em matéria tributária.

[259] BOBBIO, Norberto. *Op. cit.*, p. 23.

complexo representado pelo estado ideal de coisas prescrito por um princípio jurídico; ou quando certo meio definitivamente não fomenta ou promove a realização de um fim legal ou constitucional.

A racionalidade formal interna, por sua vez, também está presente na aplicação dos postulados normativos, na medida em que eles estruturam a aplicação das regras e princípios, operando sobre a base epistemológica haurida da compostura elementar do ato administrativo e das relações deste com a realidade social e os valores constitucionais. Essa estruturação tem reflexo no plano linguístico da fundamentação jurídica, e nisso consiste a sintaxe da racionalidade jurídica patrocinada pela aplicação dos postulados normativos.

Trata-se, portanto, de uma racionalidade, ao mesmo tempo, *material-teleológica*, dado que os postulados permitem ao intérprete avaliar a adequação da medida adotada à finalidade legal, e *discursivo-estrutural*, dado que os postulados potencializam a capacidade de fundamentação que pretende apoiar determinada posição ou conclusão e, com isso, oportunizam a sua criticibilidade. Assim, a cognição desenvolvida na aplicação do Direito é alcançada argumentativamente, razão por que a motivação da atuação administrativa passa a revestir-se de maior importância.

A racionalidade patrocinada pelos postulados normativos é também dialógica e interpessoal, uma vez que a criticibilidade da fundamentação de um ato ou decisão administrativa é assegurada ao administrado no âmbito do processo administrativo, tema que será objeto de estudo no próximo capítulo.

Evidenciado o tipo de racionalidade que permeia a aplicação dos postulados normativos, prossegue-se na tarefa de identificar a base epistemológica sobre a qual se assenta a natureza metódica dessa espécie normativa. A *base epistemológica* consiste nos dados sobre os quais opera a estruturação dos postulados normativos e a partir dos quais é dado conhecer essa estruturação. É, assim, categoria nuclear de inteligibilidade que preside a aplicação dos postulados normativos.

A qualidade essencial de metanorma ou norma de segundo grau atribuída à razoabilidade e à proporcionalidade significa que há sempre um raciocínio jurídico feito relativamente à aplicação de outras normas do ordenamento jurídico. Na aplicação da proporcionalidade, investiga-se a norma que institui intervenções estatais nos direitos e garantias fundamentais, para saber se tal ingerência se justifica, num grau estritamente necessário, pela promoção do interesse público.[260] Na aplicação da razoabilidade-igualdade, como se verá adiante, examina-se a norma que institui a desequiparação entre pessoas, coisas e situações, para ver se há congruência entre o fator de discrímen e o tratamento jurídico desigual.

Se os postulados normativos estruturam a aplicação de outras normas, dois questionamentos logo surgem: quais são os elementos das normas por eles operados (aspecto sintático ou formal)? Quais são os critérios que balizam a relação entre tais elementos (aspecto semântico ou substancial)?

Diogo de Figueiredo Moreira Neto, na busca de estabelecer os limites à discricionariedade administrativa, identifica a razoabilidade incidindo sobre o motivo, pressuposto de fato e de direito do ato, e sobre o seu objeto, resultado jurídico visado. De um lado, a razoabilidade exige que o motivo seja adequado, compatível e proporcional ao objeto visado pela lei, sob pena de se incorrer em vício de ilegali-

---

[260] ÁVILA, Humberto. *Op. cit.*, p. 125.

dade. De outro, a razoabilidade requer que o objeto do ato seja conforme e eficiente em relação à finalidade da lei, sob pena de igualmente incidir em ilegalidade.[261] No entanto, o autor distingue o princípio da razoabilidade do princípio da realidade, para afirmar que os critérios da existência e da suficiência do motivo, de um lado, e o critério da possibilidade do objeto, de outro, pertencem ao conteúdo do último princípio.

Anna Paola Zonari de Lorenzo também sustenta que o atendimento ao princípio da razoabilidade traduz-se numa relação de adequação entre motivo e conteúdo do ato, tendo em vista a realização da finalidade da lei.[262] Não obstante, enuncia os critérios que orientam a aplicação da razoabilidade tão somente no âmbito da relação entre a medida adotada (conteúdo do ato) e a finalidade pública, a saber, adequação, necessidade e proporcionalidade em sentido estrito, numa clara identificação do princípio da razoabilidade com o princípio da proporcionalidade.

Deve-se, todavia, a Luis Recaséns Siches a formulação completa da base epistemológica sobre a qual atuarão os postulados normativos, no sentido de se estabelecerem as relações entre os elementos que a compõem, caracterizadas pela congruência lógica, empírica e axiológica. O teórico fê-lo na busca de uma racionalidade ou de uma lógica própria do fenômeno jurídico que fosse capaz de orientar o intérprete-aplicador no momento da individualização judicial e administrativa do Direito.[263]

Essa lógica é material e teleológica, sendo denominada *lógica do humano* ou *do razoável*, em contraposição à lógica formal-dedutiva ou lógica do racional.

Siches demonstra a insuficiência da lógica subsuntiva no processo de concretização e de individualização de uma norma geral, ou seja, de sua aplicação ao caso particular.[264] Prova disso é que, muitas vezes, o processo regido por uma lógica formal-dedutiva, serviente aos princípios da lógica clássica, conduz a "resultado disparatado, irritante, injusto", e, daí, o intérprete sente e compreende que há, a despeito da solução encaminhada por essa lógica, razões decisivas (daí o termo razoável) para decidir o caso de outra maneira.[265] Prova também a insuficiência da lógica tradicional o fato de o processo de aplicação do Direito sempre encaminhar uma solução jurídica que contém algo de novo, algo que não está previamente contido na norma geral. Por essas razões, é apropriado que esse processo seja dirigido por uma

---

[261] MOREIRA NETO, Diogo de Figueiredo. *Legitimidade e discricionariedade*: novas reflexões sobre os limites e controle da discricionariedade. Rio de Janeiro: Forense, 1998, p. 59-77.

[262] LORENZO, Anna Paola Zonari de. A trilogia motivo/conteúdo/finalidade do ato administrativo em face do princípio da razoabilidade. *Revista Trimestral de Direito Público*. São Paulo, nº 22, p. 77-93, 1998.

[263] SICHES, Luis Recaséns. *Nueva filosofía de la interpretación del Derecho*. México: Fondo de Cultura Económica, 1956, p. 28-30.

[264] Isto se deve particularmente à natureza cultural do Direito, ou seja, ao fato de ser um produto humano historicamente referido a valores. "Los fenómenos de la naturaleza se conocen en la medida en que se los explica desde el ponto de vista de causas y efectos, y nada más. A todo lo que puede llegar la física es a averiguar las causas de un hecho y a registrar sus efectos. El hecho físico es explicable, pero no es inteligible. No es inteligible, no se le puede comprender, porque *no tiene un sentido*; [...] En contrate con los puros fenómenos de la naturaleza, los hechos y los productos humanos, aparte de las causas que los engendren y de los efectos que originen, tienen algo más, que no se encuentra en la física, tiene *sentido*" (*ibidem*, p. 135).

[265] SICHES, Luis Recaséns. *Op. cit.*, p. 129.

lógica que se situe além da formal, que é a lógica da ação humana referida a valores e voltada para a realização de fins.[266]

Cabe advertir, com Siches, que o fato de o processo de aplicação da norma geral a um caso concreto pertencer ao domínio da lógica do humano, e não da lógica físico-matemática, não conduz o processo à obtenção de resultados fortuitos ou arbitrários, uma vez que os casos são resolvidos sob o ponto de vista do que é razoável, ou seja, com base em razões que se possam esgrimir em prol de uma dada decisão.[267]

Para o jusfilósofo, razoável é aferido com base no *logos* do humano, da razão vital ou histórica. Para isso, o intérprete-aplicador vale-se dos mais diversos tipos de argumento, seja baseado em observações e experiências de diversas realidades, de realidades humanas e de realidades não humanas; seja com fundamento em juízos de valor, juízos estimativos sobre fins, juízos estimativos sobre a admissibilidade ética, adequação e eficácia dos meios.[268]

Com isso, não se prega a infidelidade do intérprete-aplicador ao Direito positivo – e aqui reside um ponto importante. Ao revés, reconhece que, "enquanto o legislador dispõe de um âmbito de liberdade relativamente amplo para eleger as finalidades ou os princípios, pelo contrário, o juiz [judicial e administrativo] deve ater-se aos critérios estimativos adotados pelo Direito positivo formalmente válido e vigente". Mas tanto um quanto o outro fazem uso da lógica do humano no momento da produção dos conteúdos do Direito, revistam-se eles da forma de normas gerais ou individuais. Com efeito, por ocasião da fase de produção de normas gerais, valeu-se o legislador de critérios estimativos para valorar situações reais ou hipotéticas em termos genéricos e relativamente abstratos. São esses critérios que devem ser buscados pelo juiz no momento de concretizar a norma geral, a fim de infundir na norma individual um sentido que esteja em consonância com os valores consagrados no ordenamento positivo.[269] O que se propugna, afinal, é que o intérprete-aplicador não se prenda tanto ao texto da lei, mas às valorações que se lhe subjazem e que traduzem a totalidade do ordenamento jurídico.

Na aplicação da lógica do razoável para definir o conteúdo do Direito, o legislador ou o juiz não se orientam unicamente pelos princípios da lógica clássica (identidade, não contradição, terceiro excluído), mas, sobretudo, pelos princípios de uma lógica especial, centrada na investigação de relações de congruência ou adequação entre:

i) *Realidade social* e *valores*, indagando-se quais são os valores apropriados para a ordenação de uma determinada realidade social;

ii) *Valores* e *fins*, indagando-se quais são os fins compatíveis com determinados valores;

iii) *Fins* e *realidade social*, indagando-se quais são os propósitos de possível e conveniente realização;

iv) *Meios* e *fins*, indagando-se quais os meios convenientes, eticamente admissíveis e eficazes para a realização dos fins.[270]

---

[266] SICHES, Luis Recaséns. *Op. cit.*, p. 206 *et seq.*
[267] *Ibidem*, p. 140.
[268] *Ibidem*, p. 158-159.
[269] SICHES, Luis Recaséns. *Introducción al estudio del Derecho*. Argentina: Porrúa, 1970, p. 259.
[270] SICHES, Luis Recaséns. *Introducción al estudio del Derecho*, p. 258-259. COELHO, Fábio Ulhoa. *Op. cit.*, p. 85.

Com base nesse aporte teórico, pode-se dizer que a base epistemológica sobre a qual se erige a racionalidade no Direito é formada pelos seguintes elementos: *realidade social, valores constitucionais, fins legais* e *constitucionais, meio* ou *medida legislativa* e, acrescenta-se, *a hipótese fática da norma legal* – que implicitamente a formulação de Siches contém. Esses elementos relacionam-se semanticamente entre si segundo critérios de congruência lógica, empírica e axiológica, estabelecidos pelo conteúdo normativo e estruturante dos postulados normativos, o qual será adiante apresentado. Vale dizer, enquanto em Siches as relações de adequação são construídas com base nos princípios da lógica do razoável, neste estudo, essas relações são firmadas mediante estruturação aplicativa dos postulados normativos.

Um exemplo de conexão semântica entre os elementos operados pela lógica do razoável, ou pelos postulados normativos, pode ser fornecido com respeito ao chamado *princípio da progressividade do imposto de renda*: (i) na realidade social, interagem três interesses básicos: o do Estado (arrecadação de recursos para o seu funcionamento), do contribuinte (patrimônio e renda afetados pela tributação do Estado) e da sociedade (utilidade da arrecadação de recursos para atender às necessidades coletivas); (ii) o valor que o princípio pretende concretizar nessa realidade é o da igualdade ou, mais especificamente, o da capacidade contributiva; (iii) um fim compatível com esse valor é o de arrecadar mais de quem ganha mais; (iv) um motivo legal que seja congruente com a realidade social e possa atuar como fator de promoção do fim principiológico é, por exemplo, a aquisição de renda, enquanto "signo presuntivo de riqueza" (Alfredo Augusto Becker); e (v) um meio adequado para a realização do fim é o de instituir alíquotas maiores para níveis crescentes de renda auferida pelas pessoas físicas ou jurídicas.

Caso se registre a falta de congruência semântica entre quaisquer desses elementos da base jurídico-epistemológica, os postulados normativos poderão acusar a inconstitucionalidade de norma que vier a concretizar o princípio da progressividade do imposto de renda.

Advirta-se, no entanto, que o julgador administrativo, assim como o judicial, não tem competência ou legitimidade para avaliar todas essas relações de congruência. É o caso da congruência entre realidade social e valores, cuja relação já vem estabelecida na Constituição, e entre valores e fins, fins e meios, quando estas relações são precisadas pelo próprio Texto Maior ou pelo legislador.[271] Sustenta-se, todavia, que, em certas hipóteses, as relações entre meios e fins (*v.g.*, meios desproporcionais), fins e realidade social (*v.g.*, equidade), e realidade social e objeto (*v.g.*, medidas discriminatórias) podem ser analisadas pelo julgador administrativo. É nesse âmbito que os postulados normativos podem ser aplicados pela Administração.

---

[271] Essa posição é sustentada por aqueles que seguem uma concepção da Constituição como ordem marco, com base na qual se reconhece uma margem de discricionariedade ao legislador, desde que não contrarie o marco, assim entendido aquilo que foi ordenado ou proibido pelo legislador constituinte. Assim, ao legislador é reconhecida, além de uma margem de ação epistêmica, uma margem de ação estrutural, que é de três tipos: (i) margem para fixação dos fins; (ii) margem para fixação dos meios; (iii) margem para ponderação. Cf. ALEXY, Robert. Epílogo de la teoría de los derechos fundamentales. *Revista Española de Derecho Constitucional*. Madrid, año 22, núm. 66, p. 21-25, sep.-dic./2002.

2.4. O postulado normativo da proporcionalidade

2.4.1. CONSIDERAÇÕES INICIAIS

Inspira um certo exotismo tratar dos postulados normativos aplicativos no âmbito de uma Teoria do Direito Administrativo na perspectiva de que eles possam servir à Administração Judicante como instrumentos de controle da atividade vinculada e concreta da Administração Ativa ou Executiva. Com efeito, o tema tem-se constituído, a partir do segundo pós-guerra, no objeto central de investigação da Teoria Constitucional e, nesse *locus* de pensamento, não logrou ainda pacificar as teses a respeito dos limites e condições a serem observados pelas Cortes Constitucionais no controle da constitucionalidade das leis restritivas a direitos fundamentais.

Por outro lado, o legislador ordinário pátrio preceituou que os princípios da razoabilidade e da proporcionalidade são de obediência obrigatória por parte da Administração Pública, assim como a sua atuação deve estar pautada não só pela lei, mas, sobretudo, pelo Direito.[272] Ora, o que o legislador pretendeu com isso e quais as repercussões jurídicas dessas determinações no âmbito de uma hermenêutica administrativa?

Antes de enfrentar o problema, há um dilema, de um lado, teórico – porque o tema ainda não ingressou numa Teoria do Direito Administrativo voltada para Administração Judicante, tendo sido, ao revés, tratado com profusão no âmbito da Teoria Constitucional e para as Cortes Constitucionais – e, de outro, prático – porque muitas vezes a Administração se encontra na contingência de impedir ou obstar violações manifestas a direitos e garantias fundamentais perpetradas por leis restritivas irrazoáveis ou desproporcionais, como no caso das sanções políticas em matéria tributária.

Nada obstante, principia-se a desafiante empreitada, buscando-se uma aproximação conceitual dos parâmetros razoabilidade e proporcionalidade, partindo-se do elemento histórico.

Nesse passo, para uma adequada análise do conteúdo normativo da razoabilidade e da proporcionalidade na quadra atual de um Estado Democrático de Direito, é mister que se delineiem a natureza, o conteúdo e o fundamento que tais mecanismos desempenharam ou têm desempenhado no Direito que lhes deu origem. A intenção é expor os lineamentos gerais de sua origem histórica, a fim de melhor avaliar a evo-

---

[272] Lei nº 9.784, de 29 de janeiro de 1999, art. 2º, *caput*: "A Administração Pública obedecerá, dentre outros, aos princípios da legalidade, finalidade, motivação, *razoabilidade, proporcionalidade*, moralidade, ampla defesa, contraditório, segurança jurídica, interesse público e eficiência" (grifo nosso).

lução do conceito e sua importância para o Direito Administrativo, confrontando-o com a configuração jurídica que tal parâmetro assume na atualidade.

Nessa diretriz, a explicitação do conteúdo normativo da razoabilidade e da proporcionalidade nas suas respectivas bases históricas guiar-se-á especialmente pelo objetivo de identificar a natureza desses parâmetros (interpretativa ou metódica), a sua base epistemológica (relação dicotômica entre princípio constitucional, a realidade social de aplicação da norma, o motivo, o objeto e a finalidade da norma objeto de aplicação) e o seu critério fundante da racionalidade material (negativo ou positivo, fraco ou forte).

2.4.2. A PROPORCIONALIDADE SEGUNDO A MATRIZ HISTÓRICA DO DIREITO ALEMÃO

O princípio da proporcionalidade, na sua configuração atual de juízo tripartite de assento constitucional, surge a partir do desenvolvimento da doutrina e jurisprudência alemã pós Lei Fundamental de 1949, e está originalmente ligado à específica tutela dos direitos fundamentais em face das intervenções dos poderes públicos, impondo o dever de ponderar e otimizar, numa determinada situação, a aplicação dos princípios enunciadores dos direitos e finalidades públicas.

Isso não significa que o princípio da proporcionalidade seja um conceito jurídico inventado pela doutrina e jurisprudência da segunda metade do século passado. Primeiro, cabe registrar que o princípio esteve presente no pensamento da filosofia prática da Grécia clássica, como ideia reitora do comportamento dos antigos gregos, expressando a ideia de equilíbrio harmônico nas noções de "*métron*, o padrão do justo, belo e bom, e de *hybris*, a extravagância dessa medida, fonte de sofrimento".[273] No famoso livro V de *Ética a Nicômaco*, Aristóteles conecta a ideia de proporção à noção de justiça, afirmando que o justo é uma das espécies do gênero proporcional e este é o meio-termo entre a "injustiça por falta" e a "injustiça por excesso".[274]

Tomando o caráter relacional da justiça, a "injustiça por falta" perpetrada a um sujeito tem como contraface uma "injustiça por excesso" com respeito a outro sujeito, de modo que toda injustiça o é por ser excessivo o agir humano ou estatal com respeito à distribuição de direitos, vantagens, ônus, deveres e desvantagens. É nesse contexto que Karl Larenz afirma que "o princípio de proporcionalidade, no seu sentido de proibição da excessividade, é um princípio do Direito justo que deriva imediatamente da ideia de justiça".[275]

O ideário grego no campo da moral introduziu na mentalidade jurídica romana a ideia de justiça na célebre máxima de Ulpiano, no sentido de dar a cada um aquilo que lhe é devido (*ius suum cuique tribuere*).[276] Sobre a extensão dessa regra, Joaquim Salgado assevera que o "*ius* de que fala Ulpiano, na sua definição de jus-

---

[273] GUERRA FILHO, Willis Santiago. *Ensaios de teoria constitucional*, p. 70.
[274] ARISTÓTELES. *Ética a Nicômaco*. São Paulo: Martin Claret, 2000, p. 107.
[275] LARENZ, Karl. *Derecho justo*, p. 145.
[276] GUERRA FILHO, Willis Santiago. *Op. cit.*, p. 70.

tiça, em consonância com o que pensam os demais juristas romanos, [...] tanto se refere à elaboração quanto à aplicação do direito".[277]

Depois de fazer uma breve reconstituição histórica no pensamento ocidental, Willis Santiago chega à conclusão de que a ideia de proporção "praticamente se confunde com a própria ideia de 'direito', o *aequum*, o *khanón*, materializada simbolicamente no *equilibrium* da balança que porta Thémis". Equivale a dizer que, de forma expressa ou latente, a essência do Direito consiste na ideia de proporcionalidade, tão bem captada na formulação do poeta florentino Dante Alighieri: "direito é proporção real e pessoal de homem para homem que, quando mantida, mantém a sociedade, e quando corrompida, corrompe-a".[278]

Em segundo lugar, proporcionalidade é uma ideia geral presente originalmente na matemática e em outras tantas áreas do conhecimento (ética, matemática, ciências sociais e econômicas). Nesse sentido, Xavier Philippe afirma que a proporcionalidade é uma noção transversal que afeta várias ciências. Com efeito, nos mais diversos ramos do conhecimento, é possível encontrar uma multiplicidade de definições (que colaciona), mas entre elas permeia uma característica comum: uma relação em torno de dois elementos: um fixo, constituído pela relação entre dois ou mais elementos; outro variável, traduzido no grau de ligação que os une. A proporcionalidade jurídica, por sua vez, traduz a exigência de uma relação lógica e coerente entre dois elementos (meio-fim), veiculando ideias que se relacionam com os conceitos de racionalidade, necessidade, normalidade, harmonia e equilíbrio.[279]

O núcleo conceitual comum é, na verdade, a base epistemológica da proporcionalidade no domínio jurídico, que ingressou no direito público, incorporando, na feição do Estado de Direito Constitucional, um sentido técnico caracterizadamente instrumental em relação ao ideário liberal, que é de respeito às liberdades individuais e de superação do absolutismo inerente ao predecessor Estado de Polícia. Vale dizer que o princípio passa a servir de instrumento de limitação do poder estatal em prol da preservação dos direitos, liberdades e garantias proclamados nas mais diversas cartas de direitos,[280] cuja inspiração filosófica advém das doutrinas contratualistas e jusnaturalistas de índole racional, apregoadoras da existência de liberdades inatas e inalienáveis oponíveis ao exercício abusivo do poder estatal e da igualdade entre as pessoas.

É nesse contexto que Carl Gotlieb Svares, em conferência realizada em 1791, perante o então (futuro) Rei da Prússia, Frederico Guilherme III, propõe, como princípio fundamental do direito público, "que o Estado só esteja autorizado a limitar a liberdade dos indivíduos na medida em que for necessário, para que se

---

[277] SALGADO, Joaquim Carlos. *A idéia de justiça no mundo contemporâneo*. Belo Horizonte: Del Rey, 2006, p. 184.
[278] GUERRA FILHO, Willis Santiago. *Op. cit.*, p. 71.
[279] PHILIPPE, Xavier. *Le contrôle de proportionnalité dans les jurisprudentes constitutionnelle et administrative françaises*. Paris: Economica, 1990, p. 8-9.
[280] Na *Inglaterra*: Magna Carta, de 1215, que estabelecia que "o homem livre não deve ser punido por um delito menor, senão na medida desse delito, e por um grave delito ele pode ser punido de acordo com a gravidade do delito"; Bill of Rights, de 1688, que assegurava aos senhores feudais e aos súditos em geral um rol de direitos frente à Coroa. Nos *Estados Unidos da América*: Declaração de Direitos da Virgínia, de 1776. E na *França*: Declaração dos Direitos do Homem e do Cidadão, 1789, cujo art. 8º proclamava que "a lei não deve estabelecer mais pena que as estritas e evidentemente necessárias".

mantenha a liberdade e segurança de todos".[281] O princípio traduzia a ideia de proibição de excesso, e esta, por sua vez, a de necessidade na atuação do poder estatal, vindo a consagrar-se como princípio fundamental do Direito de Polícia do Estado da Prússia, haja vista esse segmento do Direito Administrativo compor-se de normas cuja aplicação necessariamente implicava restrição às liberdades individuais (direitos liberais), ao mesmo tempo que a regra de competência conferia ao funcionário administrativo certa margem de liberdade de atuação para melhor prosseguir a finalidade pública.

Somente a partir da segunda metade do século XIX é que se dá a afirmação da noção de necessidade na jurisprudência e na doutrina alemã. Em 1882, o Tribunal Administrativo Superior Prussiano aplicou pela primeira vez o controle da necessidade de medidas de polícia (o caso Kreuzberg), para invalidar ato administrativo de interdição de certo estabelecimento que, sem licença administrativa, comercializava álcool. A Corte administrativa entendeu que a autoridade poderia ter adotado um ato menos oneroso para o particular.[282] Na doutrina, por sua vez, a obra de Otto Mayer, de 1895, constitui o primeiro registro da proporcionalidade (*Verhältnismässigkeit*) como limite ao poder de polícia, vindo, com isso, a instaurar uma controvérsia terminológica que se arrastaria por mais de meio século, uma vez que a proporcionalidade para ele significava tão somente a exigência de necessidade ou de indispensabilidade dos meios. Para Otto, a regra da proporcionalidade se configurava como a "medida natural" do poder de polícia, assumindo a qualidade de um limite jurídico. A seu turno, Walter Jellinek, com base em Svarez, inaugurou em 1913 o termo Übermass, aparentemente utilizado no sentido apenas de necessidade, como deflui de sua célebre frase de que "não se abatem pardais disparando canhões".[283]

Durante toda a República de Weimar, a proporcionalidade traduziu apenas o mandamento de necessidade aplicável ao controle da discricionariedade da atividade administrativa, sobretudo a de polícia. Os anos 50 e o início dos 60 do século passado representaram uma nova etapa de desenvolvimento do princípio, quando se passou a discutir a estrutura conceitual do princípio da proibição de excesso ou da proporcionalidade, a sua terminologia e campo de aplicação. A doutrina e a jurisprudência começaram a diferenciar os elementos parciais da proporcionalidade. Rupprecht von Krauss, em 1955, distinguiu o princípio da necessidade (e implicitamente a adequação) da proporcionalidade em sentido estrito, mas não incorporou esta à proporcionalidade, cujo conceito restringiu-se à ideia de necessidade. Mas foi apenas com Peter Lerche, em 1961, em obra considerada o ponto de ruptura literária entre a história e a pré-história do princípio,[284] que a distinção se consolidou. Assim, os princípios da necessidade e proporcionalidade passaram a ser tratados separadamente enquanto conceitos distintos, mas sob o denominador comum da proporcionalidade ou proibição de excesso (*Übermassverbot*).[285]

---

[281] GUERRA FILHO, Willis Santiago. *Op. cit.*, p. 72.

[282] OLIVEIRA, José Roberto Pimenta. *Op. cit.*, p. 43-44.

[283] CANAS, Vitalino. O princípio da proibição do excesso na Constituição: arqueologia e aplicações. *In:* MIRANDA, Jorge (Org.). *Perspectivas Constitucionais nos 20 anos da Constituição de 1976.* Coimbra. Vol. II, Editora Coimbra, p. 329-330, 1997.

[284] CANAS, Vitalino. *Op. cit.*, p. 332.

[285] BONAVIDES, Paulo. *Curso de direito constitucional*, p. 404-405.

Na jurisprudência, o Tribunal Constitucional Federal alemão distinguiu, no denominado "caso das farmácias" (*Apothekenurteil*), de 1958, os três elementos parciais da proporcionalidade ou "proibição de excesso", tal como a conhecemos hoje: adequação, necessidade e proporcionalidade em sentido estrito.

A questão constitucional surgiu em virtude de lei do Estado da Bavária, de 1952, que condicionava a concessão de instalação de novas farmácias no Estado ao atendimento do interesse público da garantia do fornecimento de remédio à população e à demonstração da viabilidade comercial do empreendimento (base econômica própria) e da ausência de danos concorrenciais aos competidores próximos (base econômica alheia). Com base na lei, o Estado da Bavária negou, em 1956, a licença a um homem que havia recentemente emigrado da Alemanha Oriental, onde era farmacêutico licenciado, fundamentando o indeferimento no fato de que "as farmácias já existentes na comunidade seriam plenamente suficientes para o atendimento da população, não podendo o estabelecimento de uma nova farmácia ser considerado como sendo de interesse público. No mais, a base econômica da nova farmácia não estava assegurada e a base econômica das já estabelecidas restariam ameaçadas com a vinda ao mercado de uma nova farmácia".[286]

Sentindo-se lesado, o requerente propôs Reclamação Constitucional contra a decisão administrativa e contra a lei que a fundamentou. No julgamento, discutiu-se a compatibilidade da lei com o direito fundamental da liberdade de escolha de profissão, garantido expressamente pelo art. 12, 1, da Lei Fundamental. Ao final, restaram assentadas as linhas básicas da concepção do princípio da proporcionalidade, com base nas quais a lei foi declarada inconstitucional:

> a) A liberdade do exercício profissional pode ser limitada se argumentos racionais em prol do bem comum mostrarem que tal limitação é, nesse sentido, adequada. [adequação]
>
> b) A liberdade da escolha profissional somente pode ser limitada se a proteção de bens jurídicos coletivos muito importantes o exigir inexoravelmente. Em sendo uma tal intervenção inevitável, o legislador sempre deverá escolher aquela forma de intervenção que limitar o mínimo possível o direito fundamental atingido. [exigibilidade]
>
> c) Em se intervindo na liberdade da escolha profissional por meio da fixação de determinados pressupostos para a admissão na profissão, deve-se distinguir entre pressupostos subjetivos e objetivos: para os pressupostos subjetivos (sobretudo preparação e formação) vale o princípio da proporcionalidade no sentido de que eles não podem ser desproporcionais em face do propósito perseguido, do cumprimento regular da atividade profissional. A prova da necessidade de pressupostos objetivos de admissão deve ser submetida a um exame especificamente rígido. Em geral, pode-se justificar tal medida estatal (fixação de critérios objetivos de ingresso em certas profissões, n. org.) somente com base na defesa de provados ou muito prováveis e graves perigos de perecimento de bens jurídicos coletivos muito importantes. [proporcionalidade em sentido estrito][287]

A partir desse julgado, passa-se a atribuir a qualidade de princípio constitucional ao princípio da proporcionalidade, ampliando seu campo de aplicação do Direito Administrativo para o Direito Constitucional,[288] na medida em que tal prin-

---

[286] BverfGE 7, 377 (1958), SCHWABE, Jünger. *Cinqüenta anos de jurisprudência do Tribunal Constitucional Federal Alemão*. MARTINS, Leonardo (Org.). Uruguay: Fundación Konrad-Adenauer, 2005, p. 594.

[287] *Ibidem*, p. 593-596.

[288] Heinrich Scholler aponta dois fatores para explicar a razão pela qual apenas com a Lei Fundamental de Bonn, de 1949, o princípio da proporcionalidade mudou sua sede do Direito Administrativo para a

cípio afirma-se como parâmetro de aferição da constitucionalidade de leis restritivas aos direitos fundamentais. De então, intensificou-se o uso pela jurisprudência constitucional do princípio da proporcionalidade na determinação da constitucionalidade das atividades em geral do Estado, quando, portanto, se firma a sua qualidade de princípio de todo direito público alemão.

No entanto, a primeira vez que a Corte Constitucional enunciou, de forma clara e precisa, o conteúdo estrutural do mandamento de proporcionalidade, também chamado "proibição de excesso",[289] foi na decisão sobre armazenagem de petróleo, de 16 de março de 1971, que sufragou o seguinte teor:

> O meio empregado pelo legislador deve ser adequado e necessário para alcançar o objetivo procurado. O meio é adequado quando com seu auxílio se pode alcançar o resultado desejado; ele é necessário, quando o legislador não poderia ter escolhido um outro meio, igualmente eficaz, mas que não limitasse ou limitasse da maneira menos sensível o direito fundamental.[290]

De princípio administrativo[291] a princípio constitucional, a evolução da máxima da proporcionalidade não cessou de ocorrer. De efeito, já se atribui à proporcionalidade o estatuto de princípio geral de Direito, o que conta com o reconhecimento de grande parte da doutrina. Paulo Bonavides menciona Robert Alexy, um clássico da teoria dos direitos fundamentais, que revelou a mútua implicação entre a teoria dos princípios e a regra da proporcionalidade.[292-293]

---

esfera jurídico-constitucional, onde o princípio implica uma vinculação do legislador. O primeiro embaraço a essa elevação normativa do princípio deveu-se à idéia liberal de soberania, segundo a qual o legislador era juridicamente ilimitado. Essa concepção tinha validade geral e encontrou sua expressão mais significativa no princípio britânico, segundo o qual o Parlamento pode fazer tudo, menos transformar um homem em mulher e uma mulher num homem. O segundo decorre da experiência histórica vivenciada pela Humanidade sob o signo dos regimes totalitários e da segunda guerra mundial, quando os juristas se deram conta de que existiam leis injustas, que o legislador podia ser arbitrário e perverso com seu povo (SCHOLLER, Heinrich. O princípio da proporcionalidade no Direito Constitucional e Administrativo da Alemanha. *Revista Ajuris*. Rio Grande do Sul, ano XXVI, nº 75, p. 269-270, set./1999).

[289] Tradicionalmente, na doutrina e jurisprudência alemã, tem-se estabelecido uma sinonímia entre o princípio da proporcionalidade em sentido amplo e o princípio da proibição de excesso. Luís Virgílio Afonso da Silva afirma, porém, que há razões para que tal identificação seja abandonada. A despeito de a regra da proporcionalidade ainda ser predominantemente entendida como mecanismo de controle contra o *excesso* dos poderes estatais, cada vez mais vem tomando corpo nas discussões a possibilidade de utilização da regra da proporcionalidade para atender à finalidade oposta, isto é, contra a *omissão* ou contra a *ação insuficiente* dos poderes estatais. Se antes só se falava em "proibição de excesso", hoje já se refere também a "proibição de insuficiência", enquanto manifestação específica da regra da proporcionalidade (SILVA, Luís Virgílio Afonso da. O proporcional e o razoável, p. 27)

[290] BONAVIDES, Paulo. *Op. cit.*, p. 409-410.

[291] Convém ressalvar que o ingresso do princípio da proporcionalidade no Direito público do moderno Estado de Direito deu-se pelo Direito Penal, com vistas à racionalização das penas e das medidas de segurança em face dos delitos. Para isso exigiu-se, além da proporcionalidade entre pena e culpa (Beccaria), que "a medida da proporcionalidade se estabelecesse com relação à importância social do fato, ao grau de nocividade social do ataque ao bem jurídico protegido (Mir Puig)" (GONZÁLEZ, José Ignacio López. *El principio general de proporcionalidad en derecho administrativo*. Universidad de Sevilla, nº 52, 1988, p. 15-16).

[292] BONAVIDES, Paulo. *Op. cit.*, p. 401.

[293] Esse estatuto também deflui do caráter intrínseco da proporcionalidade para o fenômeno jurídico na quadra de um Estado Democrático de Direito. Nessa perspectiva, calha mencionar a posição de Willis Santiago Guerra Filho acerca do princípio da proporcionalidade, na qual este é associado, com algumas especificidades, à "norma fundamental" kelseniana. Primeiro, o jurista cearense "concebe a

Na condição não só de princípio constitucional, mas também de princípio geral de Direito, a proporcionalidade retorna à origem, ao Direito Administrativo, fortalecida normativamente e aperfeiçoada tecnicamente para a empresa de controlar os excessos da atuação administrativa em face dos direitos fundamentais do indivíduo.

No plano legislativo alemão, esse retorno ocorreu na previsão legal expressa do art. 9º, inciso II, da Lei Federal sobre o Processo Administrativo de 1976. Por isso, Heinrich Scholler sugere uma fortificação jurídica do princípio, que se depreende das seguintes palavras:

> [...] o princípio da proporcionalidade não se aplica apenas na esfera dos atos discricionários, mas igualmente – no sentido de uma "interpretação das leis conforme a Constituição" – na interpretação de conceitos jurídicos, assim como no caso da avaliação da "necessidade" de uma determinada medida coercitiva no exercício do poder de polícia.[294]

Não chega, todavia, a sustentar o controle administrativo, com base na proporcionalidade, da legalidade vinculante. Contrariamente, entende-se aqui que a atuação vinculada também passou a ser examinada à luz desse instrumento, tanto no sentido de se buscar uma interpretação da lei que seja conforme a Constituição, como no sentido de recusar a sua aplicação se tal providência for necessária a que não se produzam decisões iníquas e inequitativas, com grave afetação aos direitos fundamentais.

Na doutrina alemã, o conteúdo tripartite da proporcionalidade passa a ser correntemente identificado, criando assim condições para um progressivo aprimoramento teórico e funcional da máxima. A propósito, depois de frisar que uma medida destinada à consecução de um determinado fim há obrigatoriamente de ser conforme a certa proporcionalidade em sentido amplo (*verhältnismässigkeit i. w. s.*), Hartmut Maurer fornece uma síntese das três exigências parciais do princípio da proporcionalidade: (i) a medida somente é adequada (*geeignet*) se apta à obtenção da finalidade perseguida; (ii) a medida adequada somente é necessária (*notwendig*) quando outras medidas adequadas consideradas menos prejudiciais ao indivíduo e à coletividade não estão à disposição da autoridade; por fim, (ii) a medida necessária somente é proporcional em sentido estrito (*verhältnismässigkeit i. e. s.*) quando ela não for desproporcional à finalidade perseguida.[295]

---

ordem jurídica como um sistema normativo, cuja necessária unidade e coerência é fornecida por uma norma fundamental, princípio constitutivo, positivado em uma Constituição que é, ela própria, expressão dele". O autor vislumbra, então, na máxima da proporcionalidade, a "norma fundamental" que se encaixa nessa premissa. Para ele, a máxima seria, ao mesmo tempo, uma condição transcendental de inteligibilidade e juízo de valor fundante do ordenamento jurídico, não teria um conteúdo vazio nem se poria apenas no ápice do ordenamento jurídico, porque passível de utilização na sua base, nas decisões das autoridades administrativas. Seu conteúdo não só determina que a Constituição deve ser observada, mas também como se deve fazê-lo. Além de "regra de reconhecimento" para as demais normas do ordenamento jurídico, respondendo, assim, pela unidade e coerência do sistema, é também o princípio mais alto entre os princípios, respondendo, por essa parte, pela consistência do sistema com os valores e as *policies* que animam a ordem jurídica (GUERRA FILHO, Willis Santiago. *Teoria da ciência jurídica*, p. 131-140).

[294] SCHOLLER, Heinrich. *Op. cit.*, p. 281.

[295] MAURER, Hartmut. *Allgemeines Verwaltungsrecht*. München: Beck, 1983, p. 185-186.

2.4.3. FUNDAMENTO LÓGICO E NORMATIVO

A falta de uma disposição constitucional expressa que consagre o princípio da proporcionalidade instaura o debate a respeito de sua positividade e fundamento jurídico.[296] Não há, por isso, um consenso a respeito. Autores diversos remetem o postulado a diferentes normas-origem: Gomes Canotilho, ao Estado de Direito;[297] Paulo Bonavides, ao princípio da isonomia;[298] Celso Antônio Bandeira de Mello, ao princípio da legalidade;[299] Siqueira Castro, ao devido processo legal.[300]

Talvez um caminho seguro para encontrar o fundamento jurídico da proporcionalidade pudesse partir da identificação de seu fundamento lógico, em que se levasse em conta a sua natureza metódica de postulado normativo.

O princípio da proporcionalidade tem seu fundamento lógico na estrutura das normas principiológicas positivadoras de direitos e garantias fundamentais e na exigência cognoscitiva e aplicativa dos diferentes princípios constitucionais, liberdades individuais e bens coletivos. Com efeito, Robert Alexy deduz as máximas parciais da adequação, necessidade e proporcionalidade em sentido estrito, a partir das normas jusfundamentais, na medida em que possuem caráter de princípios (fundamentação jusfundamental da máxima da proporcionalidade).[301]

---

[296] Diferentemente, a Constituição da República Portuguesa, de 2 de abril de 1976, em vários dispositivos seus consagra expressamente a proporcionalidade: (i) art. 18, item 2: "A lei só pode restringir os direitos, liberdades e garantias nos casos expressamente previstos na Constituição, devendo as restrições limitar-se ao necessário para salvaguardar outros direitos ou interesses constitucionalmente protegidos"; (ii) art. 266, item 2: "Os órgãos e agentes administrativos estão subordinados à Constituição e à lei e devem actuar, no exercício das suas funções, com respeito pelos princípios da igualdade, da proporcionalidade, da justiça, da imparcialidade e da boa-fé"; (iii) art. 272, item 2: "As medidas de polícia são as previstas na lei, não devendo ser utilizadas para além do estritamente necessário".

[297] Esse mesmo fundamento é adotado pela jurisprudência constitucional germânica.

[298] "No Brasil a proporcionalidade pode não existir enquanto norma geral do direito escrito, mas existe como norma esparsa no texto constitucional. A noção mesma se infere de outros princípios que lhe são afins, entre os quais avulta, em primeiro lugar, o princípio da igualdade, sobretudo em se atentando para a passagem da igualdade-identidade à igualdade-proporcional, tão característica da derradeira fase do Estado de direito [Estado Democrático de Direito]" (BONAVIDES, Paulo. *Op. cit.*, p. 434).

[299] MELLO, Celso Antônio Bandeira de. *Op. cit.*, p. 82: "Posto que se trata de um aspecto específico do princípio da razoabilidade, compreende-se que sua matriz constitucional seja a mesma. Isto é, assiste nos próprios dispositivos que consagram a submissão da Administração ao cânone da legalidade. O conteúdo substancial desta, como visto, não predica a mera coincidência da conduta administrativa com a letra da lei, mas reclama adesão ao espírito dela, à finalidade que a anima".

[300] CASTRO, Carlos Roberto Siqueira. *O devido processo legal e os princípios da razoabilidade e da proporcionalidade*. Rio de Janeiro: Forense, 2006, p. 416. Sem se ocupar de distinguir a proporcionalidade da razoabilidade, o Supremo Tribunal Federal tem também extraído ambos os postulados da cláusula do devido processo legal. Cf., a título exemplificativo, ADI nº 1407-DF, sob a relatoria do Ministro Celso de Mello, julgada na sessão do dia 7 de março de 1996.

[301] "La constelación más simple está caracterizada porque en ella están en juego sólo dos principios y dos sujetos jurídicos (Estado/ciudadano). Su caracterización es la siguiente: el Estado fundamenta la prosecución del fin F con el principio P1 o F es idéntico a P1. Existen, por lo menos, dos medios, M1 y M2, que son igualmente adecuados para lograr o promover F. M2 afecta menos intensamente que M1, o no afecta en absoluto, la realización de aquello que exige una norma iusfundamental con carácter de principio, P2. Bajo estos presupuestos, para P1 es igual que se elija M1 o M2. P1 no exige que elija M1 en lugar de M2 o M2 en lugar de M1. Para P2, no es igual el que se elija M1 o M2. En tanto principio, P2 impone una optimización tanto por lo que respecta a las posibilidades fácticas como jurídicas. Con respecto a las posibilidades fácticas, P2 puede ser realizado en una medida mayor si se elige M2 y no M1. Desde el punto de vista de la optimización con respecto a las posibilidades fácticas, bajo el presu-

O fundamento jurídico, por sua vez, pode ser buscado nessa premissa lógica, de modo que o postulado da proporcionalidade, enquanto garantia ou direito fundamental, decorre da sistemática principiológica tão característica de nossa Constituição, ao que a cláusula do § 2º do art. 5º vem emprestar positividade constitucional.

Nessa linha de entendimento, adverte Willis Santiago Guerra Filho:

> [...] não se mostra necessário, nem mesmo correto, procurar derivar o princípio da proporcionalidade de um outro qualquer, como o do Estado de Direito e aquele deste derivado, o da legalidade, ou de algum (n/as) dos direitos e garantias fundamentais, para lhe atribuir caráter constitucional. Aí haveria, na verdade, um enfoque distorcido da questão, pois a opção do legislador constituinte brasileiro por um "Estado Democrático de Direito" (Art. 1º), com objetivos que na prática se conflitam (Art. 3º), bem como pela consagração de um elenco extensíssimo de direitos fundamentais (Art. 5º), co-implica na adoção de um princípio regulador dos conflitos na aplicação dos demais e, ao mesmo tempo, voltado para a proteção daqueles direitos.[302]

2.4.4. AS MÁXIMAS PARCIAIS OU ELEMENTOS DO POSTULADO DA PROPORCIONALIDADE

2.4.4.1. A base epistemológica do postulado da proporcionalidade

Tal como desenvolvido na matriz germânica e importado pela maioria dos países de tradição romanística que contam com uma Constituição democrática, o postulado da proporcionalidade aplica-se sempre que houver uma medida estatal restritiva de direitos fundamentais cuja adoção se justifica pela realização de uma finalidade pública ou geral. Vale dizer que a aplicabilidade do postulado da proporcionalidade assenta-se sobre uma relação entre meio e fim. Não qualquer meio, fim ou relação (cf. figura no fim deste capítulo).

O meio há de consubstanciar um agir estatal, normativo ou concreto, capaz de interferir na esfera jurídica de proteção de direitos com *status* de fundamentalidade, ou seja, direitos constitucionalmente assegurados, expressa ou implicitamente. O fim, por sua vez, significa um objetivo específico ou um estado ideal de coisas cuja promoção fundamenta-se num interesse público reconduzível ao nível jurídico-constitucional. O fim há também de ser empiricamente determinável e observável,

---

puesto de la validez tanto P1 como de P2, sólo M2 está permitido y M1 está prohibido. Lo dicho vale para cualesquiera principios, fines y medios. Por lo tanto, la *máxima de la necesidad* que el Tribunal Constitucional Federal entre otros ha formulado como mandato afirmando que 'el fin no puede ser logrado de otra manera que afecte menos al indivíduo' se infiere del carácter de principio de las normas de derecho fundamental. [...] Sobre la base de lo hasta aquí dicho, ya no constituye problema alguno la deducción de la máxima de la *adecuación*. Si M1 no es adecuado para la promoción u obtención de fin F exigido por P1 o idéntico con P1, entonces M1 no es exigido por P1, es dicir, para P1 es igual si se utiliza M1 o no. Si, bajo estas circunstancias, M1 afecta la realización de P2, entonces, por lo que respecta al aspecto de optimización con relación a las posibilidades fácticas, M1 está prohibido por P2. [...] cuando también el medio más benigno afecta la realización de P2, a la máxima de la necesidad, hay que agregarle siempre la máxima de la *proporcionalidad en sentido estricto*, es decir, el mandato de ponderación" (ALEXY, Robert. *Teoria de los derechos fundamentales*, p. 111-115). Os três exames esgotam, assim, as possibilidades fáticas (adequação e necessidade) e jurídicas (proporcionalidade em sentido estrito) de otimização dos princípios em jogo.

[302] GUERRA FILHO, Willis Santiago. *Processo constitucional e direitos fundamentais*. 4ª ed. São Paulo: RCS Editora, 2005, p. 115.

ou seja, deve possuir uma dimensão extrajurídica, como os fins sociais, econômicos, ambientais etc. Ademais, não é relação de qualquer conteúdo que é estruturada pelo postulado; trata-se de uma relação de natureza empírica (não apenas analítica ou normativa) e do tipo causal (não apenas do tipo anterior-posterior), isto é, de uma relação entre causa (meio) e efeito (fim) – mais precisamente, uma relação de causalidade entre o efeito de uma ação estatal (meio) e a promoção de um estado de coisas (fim). Enfim, o meio utilizado deve acarretar a realização ou ao menos contribuir para a promoção gradual do fim.

Em resumo, a aplicação do postulado da proporcionalidade depende do "imbricamento entre bens jurídicos e da existência de uma relação meio/fim intersubjetivamente controlável. Se não houver uma relação meio/fim devidamente estruturada, então – nas palavras de Hartmut Maurer – cai o exame de proporcionalidade, pela falta de pontos de referência, no vazio".[303]

Definido o tipo de relação a ser estruturada, é recomendável retornar ao conteúdo específico do postulado normativo, que se traduz nas exigências de adequação, necessidade e proporcionalidade em sentido estrito, entre medida estatal e finalidade pública, enquanto imperativos de racionalização aplicativa do Direito relacionado à realização de princípios jurídicos que concretamente se imbricam.

2.4.4.2. Exigência de adequação, conformidade ou idoneidade do meio em relação ao fim

O conteúdo e alcance normativo dos elementos parciais da proporcionalidade têm sido desenvolvidos para servirem de instrumentos de controle de constitucionalidade, por parte do Poder Judiciário e das Cortes Constitucionais, da atuação do Poder Legislativo, no seu poder de livre conformação da Constituição, e do Poder Executivo, ao exercer a competência discricionária outorgada pelo legislador democrático. Nessa tarefa, entram em linha de conta princípios, tais como princípio da supremacia da Constituição, princípio da separação dos poderes e princípio democrático.

A perspectiva aqui é outra, pois se cuida de investigar as máximas parciais da proporcionalidade, tendo em vista o controle da atuação vinculada da Administração Pública Executiva exercido pela Administração Pública Judicante. É consabido que a vinculação normativa da atividade da Administração pode decorrer de disciplina legal (lei em sentido formal) ou de disciplina oriunda dos órgãos superiores da própria Administração (lei em sentido material).

No que concerne ao controle das leis pelo Poder Judiciário e pelas Cortes Constitucionais, a doutrina e a jurisprudência têm majoritariamente adotado uma postura de deferência às opções político-jurídicas do Poder Legislativo, privilegiando, com isso, o princípio democrático e o princípio da separação dos poderes. Considerando a concepção meramente executiva da Administração brasileira (Estado legislador), ou seja, de órgão serviente à lei, a legalidade heterovinculante se afigura para a Administração Judicante ao menos com o mesmo nível de acatamento que tem merecido dos órgãos constitucionalmente incumbidos do controle da legitimidade com base no postulado em comento. Nesse sentido, é adequado analisar o conteúdo e alcance de cada um dos elementos parciais do postulado.

---

[303] ÁVILA, Humberto. *Teoria dos princípios*, p. 150.

Na primeira fase do processo de aferição da proporcionalidade de uma medida restritiva a direitos fundamentais, deve-se examinar se esta atende à exigência da adequação. De acordo com esse subprincípio, *toda restrição a direitos fundamentais deve ser adequada para contribuir com a realização de um fim constitucionalmente legítimo*. De acordo com essa definição, dois são os requisitos de legitimação: (i) que tenha um fim constitucionalmente legítimo;[304] (ii) que seja apta a contribuir com a realização do objetivo perseguido.

O primeiro requisito exigirá do intérprete, em primeiro lugar, que identifique o fim buscado pela medida restritiva e, num segundo momento, que verifique a compatibilidade deste fim com o sistema constitucional. O objeto desses juízos consiste em verificar se a norma examinada não consubstancia uma decisão arbitrária, porque fundamentada numa razão legítima (*princípio da proibição do arbítrio*). Essa tarefa como um todo não está livre de dificuldades. Isso se deve à ambiguidade da expressão "fim constitucionalmente legítimo". Para uns, um fim é considerado legítimo se não está expresso ou implicitamente proibido pela Constituição (definição negativa). Para outros, um fim só é legítimo se decorrer de princípios que integram a Constituição (definição positiva).[305]

De acordo com a segunda concepção, o legislador é tido como mero executor dos projetos delineados na Constituição, não lhe incumbindo estabelecer finalidades sem base constitucional imediata. Confina-se a ação política do Legislativo à mera atividade de escolha dos meios que conduzam à realização dos fins previamente enumerados no texto constitucional. Tendo em conta que o princípio democrático traz ínsito o "princípio da liberdade de fins do legislador",[306] a perspectiva reducionista da atividade legislativa "implica forte deterioração do princípio democrático, na medida em que confere aos representantes do povo um papel puramente técnico-instru-

---

[304] Para alguns autores, o exame da legitimidade do fim da medida restritiva não integra o conteúdo significativo do subprincípio da adequação, mas consubstancia um teste prévio e exterior ao exame da proporcionalidade. Nesse sentido: STEINMETZ, Wilson Antônio. *Op. cit.*, p. 154. Em sentido contrário: PULIDO, Carlos Bernal. *El principio de proporcionalidad y los derechos fundamentales*, p. 689; PEREIRA, Jane Reis Gonçalves. *Op. cit.*, p. 325. Para a autora, a exigência de legitimidade constitucional dos fins é um componente lógico da própria ideia de idoneidade ou adequação.

[305] Importa registrar as lições de Pulido acerca da natureza da relação entre finalidade legal (fim imediato) e princípios constitucionais (fim mediato). O autor colombiano observa que, diversamente da relação empírico-causal entre meio e fim, o nexo semântico entre a finalidade legal e os princípios constitucionais (direitos fundamentais, bens coletivos, objetivos fundamentais e outros princípios) tem índole analítico-conceitual, ou seja, a finalidade legal é obtida por meio de uma derivação conceitual do âmbito normativo de proteção de princípios constitucionais, não mediante uma abstração causal de que a finalidade legal há de contribuir materialmente para a realização de princípios constitucionais. Exemplifica com base na Constituição espanhola: o Tribunal Constitucional espanhol relacionou os princípios que tutelam a vida, a integridade física e a segurança das pessoas, a paz social e a ordem constitucional democrática ao dever estatal de "evitar a colaboração com o terrorismo", na medida em que estes bens podem restar afetados por uma ação terrorista. A conexão de sentido entre esses bens jurídicos constitucionais e a finalidade legal consistente em evitar que pessoas colaborem com o terrorismo é de natureza analítica, porquanto tal finalidade decorre do âmbito de proteção que inspiram tais princípios ou bens constitucionais. Já as medidas legais que penalizam as ações terroristas e as ações de colaboração com o terrorismo estão baseadas em premissas empíricas, na medida em que a tipificação penal poderá contribuir para evitar que essas ações sejam perpetradas (*op. cit.*, p. 728-729).

[306] PULIDO, Carlos Bernal. *Op. cit.*, p. 694.

mental, limitado à tarefa de viabilizar a efetivação do que está previsto nos preceitos constitucionais".[307]

Por essas rápidas razões, pode-se afirmar, valendo-se das palavras de Pulido, que:

> [...] a legitimidade dos fins das intervenções legislativas nos direitos fundamentais não deve ser concebida de modo positivo, com respeito ao prescrito pela Constituição – isto é, mediante a fórmula: o legislador só pode perseguir legitimamente os fins estatuídos no texto constitucional –, mas de uma maneira negativa, ou seja: qualquer fim legislativo é legítimo, a menos que esteja proibido expressa ou implicitamente.[308]

Determinada a existência e a legitimidade do fim visado pela medida restritiva, prevista em lei ou em ordenação administrativa, o próximo passo do intérprete-aplicador é verificar se tal medida é apta para contribuir com a obtenção do fim colimado. A primeira dificuldade que aqui se apresenta consiste em saber quando uma medida é considerada adequada à realização do objetivo; se é suficiente que a medida fomente ou promova a realização da finalidade, contribuindo, ainda que minimamente, para a materialização do fim pretendido (concepção débil ou estrita de idoneidade);[309] ou se faz necessário que o meio seja eficaz para alcançar o fim pretendido (concepção forte ou ampla de idoneidade).[310]

Mais uma vez, a doutrina e a jurisprudência, nacionais e alienígenas, tendem a prestigiar os princípios democrático e da separação dos poderes,[311] acolhendo a concepção débil de idoneidade, segundo a qual é idônea a medida restritiva que seja capaz de contribuir, de alguma maneira, para a realização do fim almejado. Em sentido negativo, uma medida restritiva a direito fundamental não é idônea quando não contribui, de nenhum modo, para a obtenção do fim perseguido (*controle de evidência*).[312]

---

[307] PEREIRA, Jane Reis Gonçalves. *Op. cit.*, p. 326.

[308] PULIDO, Carlos Bernal. *Op. cit.*, p. 694.

[309] SILVA, Luís Virgílio Afonso da. *Op. cit.*, p. 36. Esse autor critica o difundido conceito de adequação na doutrina brasileira, segundo o qual um meio deve ser considerado adequado se for "apto para alcançar o resultado pretendido". Exemplifica com o conceito de Gilmar Ferreira Mendes, para quem "um meio é adequado se, com a sua utilização, o evento pretendido pode ser *alcançado* (...)". Credita o equívoco a uma tradução imprecisa do verbo *fördern*, utilizado numa decisão do Tribunal Constitucional da Alemanha, que é mais bem compreendido por *fomentar* e não por *alcançar*. Após tais considerações, Virgílio Afonso sustenta que adequado "não é somente o meio com cuja utilização um objetivo é alcançado, mas também o meio com cuja utilização a realização de um objetivo é fomentada, promovida, ainda que o objetivo não seja completamente realizado". Assim como Gilmar Mendes, outros autores brasileiros aproximam-se de uma concepção forte: BARROS, Suzana de Toledo. *Op. cit.*, p. 78, para quem "a adequação dos meios aos fins traduz-se em uma exigência de que qualquer medida restritiva deve ser idônea à consecução da finalidade perseguida"; SARMENTO, Daniel. *A ponderação de interesses na Constituição Federal*, p. 87: "O subprincípio da adequação preconiza que a medida administrativa emanada do Poder Público deve ser apta para o atingimento dos fins que a inspiram". Discrepando da posição majoritária no Direito Comparado, o Tribunal Constitucional espanhol, na sentença 55/1996, definiu o juízo de adequação como 'a idoneidade da medida para alcançar o fim proposto' (STEINMETZ, Wilson Antônio. *Op. cit.*, p. 150). O Tribunal tem confirmado essa tendência em sentenças mais recentes (PULIDO, Carlos Bernal. *Op. cit.*, p. 721).

[310] Sustentam essa posição alguns autores brasileiros: ÁVILA, Humberto. *Op. cit.*, p. 154, para quem um meio é adequado se promover minimamente um fim; BONAVIDES, Paulo. *Op. cit.*, p. 397, para quem a medida deve ser susceptível de atingir o objetivo escolhido.

[311] PEREIRA, Jane Reis Gonçalves. *Op. cit.*, p. 329-330.

[312] PULIDO, Carlos Bernal. *Op. cit.*, p. 720.

A diferença entre essas concepções se baseia na circunstância de que uma medida normativa pode ser considerada idônea sob vários aspectos ou maneiras. Em termos *quantitativos*, um meio pode promover menos, igualmente ou mais o fim do que outro meio. Em termos *qualitativos*, um meio pode promover pior, igualmente ou melhor o fim do que outro meio. Em termos *probabilísticos*, um meio pode promover com menos, igual ou mais certeza o fim do que outro meio.[313] E, em termos *temporais*, um meio pode promover com menos, igual ou mais rapidez que outro meio.[314]

Nessa ordem de ideias, e segundo a versão débil de idoneidade, o legislador não tem o dever de escolher o meio mais intenso, o melhor, o mais seguro e o mais rápido para atingir o fim; tem, todavia, o dever de escolher um meio que facilite a realização do fim sob qualquer um desses aspectos. Ávila aponta três razões para essa conclusão: (i) falta de conhecimentos acerca da capacidade empírica dos meios (disponíveis) para realizar o fim; (ii) respeito à vontade objetiva do legislador, como decorrência do princípio da separação dos poderes;[315] (iii) racionalidade inerente à aplicação das máximas da proporcionalidade, que impedem a exclusão *prima facie* de medida que apenas promova minimamente o fim, já que, no exame da proporcionalidade em sentido estrito, poderão ser levados em conta outros argumentos, suscitados pelas circunstâncias do caso concreto, os quais poderão justificar a escolha do legislador.

Outra questão importante na aplicação do subprincípio da adequação está em saber o momento em que se deve exigir a adequação da medida legal, isto é, se se levam em conta os conhecimentos e as convicções sociais existentes à época da elaboração da norma (*ex ante*) ou no momento da apreciação e julgamento de sua constitucionalidade (*ex post*). Na adoção da perspectiva *ex ante,* o teste de idoneidade consiste em aferir se, com base nos conhecimentos existentes no momento da aprovação da norma e nos meios então disponíveis, o legislador poderia ter previsto a inadequação da medida para obtenção dos objetivos visados. Já na perspectiva *ex post*, a idoneidade se examina à luz dos conhecimentos disponíveis no momento da apreciação da constitucionalidade da medida, inclusive dos efeitos até então produzidos pela norma.[316]

Igualmente aqui a doutrina e a jurisprudência têm prestigiado os princípios democrático e da separação dos poderes, orientando-se a favor da perspectiva *ex ante*.[317]

Jane Reis Gonçalves Pereira adverte, todavia, que essa posição parece desconsiderar o fenômeno da inconstitucionalidade superveniente, "que tem lugar precisamente quando, em virtude da modificação das circunstâncias de fato, uma norma que, ao ser editada, guardava correspondência com a Constituição, vem a revelar-se inconstitucional".[318] A perspectiva *ex ante* de fato compromete o princípio da su-

---

[313] ÁVILA, Humberto. *Op. cit.*, p. 153.
[314] PULIDO, Carlos Bernal. *Op. cit.*, p. 720.
[315] Bom é dizer que essa razão não se faz presente quando se verifica a possibilidade de o julgador administrativo examinar a idoneidade da medida normativa instituída pelas autoridades superiores da própria Administração.
[316] PULIDO, Carlos Bernal. *Op. cit.*, p. 731.
[317] É assim também na doutrina alemã e na jurisprudência do Tribunal Constitucional Federal (*ibidem*, p. 731). No Brasil, a tese é sustentada por ÁVILA, Humberto Ávila. *Op. cit.*, p. 155.
[318] PEREIRA, Jane Reis Gonçalves. *Op. cit.*, p. 334-335.

premacia da Constituição, que condiciona a restrição a direitos fundamentais a uma justificada necessidade de realização de finalidade pública, o que não se verifica quando conhecimentos atuais passam a revelar a inidoneidade da medida legislativa. Nessa hipótese, a medida já perdeu a sua utilidade prática e social, não havendo razão justificante para legitimarem-se restrições a direitos fundamentais.

Em conclusão, a análise da adequação ou idoneidade de uma medida restritiva de direitos fundamentais é integrada pelos seguintes exames: (i) verificação da existência e legitimidade constitucional da finalidade perseguida pela medida restritiva, ou seja, se essa finalidade não está proibida, expressa ou implicitamente, pela Constituição (definição negativa de legitimidade); (ii) verificação da aptidão da medida legal para contribuir, de alguma maneira, com a realização da finalidade legal (conceito débil de idoneidade).

Não se pode olvidar, por fim, que as considerações aqui expendidas acerca do teste da idoneidade de medidas legislativas não excluem a possibilidade de o intérprete-aplicador reavaliar a idoneidade da medida no caso concreto, à luz de suas particularidades e excepcionalidades (proporcionalidade-equidade), não previstas ou não conhecidas pelo legislador ou administrador, ao elaborar a norma. Prestam-se, todavia, tais considerações ao exame em abstrato da prognose legislativa ou administrativa.

2.4.4.3. Exigência de necessidade, exigibilidade, indispensabilidade ou do meio mais suave

Verificada a idoneidade de determinada medida para atingir a finalidade preconizada, e constatado que tal atingimento se dá com restrição a direitos fundamentais, mister se impõe perquirir se a medida normativa adotada pelo legislador ou administrador é a menos lesiva a esses direitos, entre aquelas igualmente aptas para atingir a finalidade perseguida. Esse exame constitui uma exigência do subprincípio da necessidade, que guarda semelhança com o princípio da proibição de excesso enquanto antigo princípio do Direito de Polícia alemão.

Partindo dessa definição, pode-se dizer que a aferição do atendimento ao requisito da necessidade realiza-se em duas etapas: na *primeira*, o intérprete examina se os meios aventados são igualmente idôneos ao adotado pelo legislador ou administrador; na *segunda*, examina se algum desses meios alternativos restringe em menor medida os direitos fundamentais.

Na primeira etapa do exame da necessidade, o intérprete realiza um juízo comparativo entre o meio adotado e o meio alternativo, sob o ponto de vista da eficácia de cada um para a consecução da finalidade. Nessa operação, é relevante saber se o meio alternativo era igualmente ou mais eficaz na promoção da finalidade do que o meio adotado. Sendo esse o caso, avança-se para a segunda etapa. Antes, porém, cabe observar que a análise conducente a essa conclusão pode revestir-se de grande complexidade, na medida em que, como se viu, a capacidade empírica dos meios em contribuir para a obtenção do fim pode ser aferida segundo vários aspectos. O ponto tem a explicação de Humberto Ávila:

> A dificuldade desse exame reside no fato de que os meios promovem os fins em vários aspectos (qualitativo, quantitativo, probabilístico). Um meio não é, de todos os pontos de vista, igual a outro. Em alguma medida, e sob algum ponto de vista, os meios diferem entre si na

promoção do fim. Uns promovem o fim mais rapidamente, outros mais vagarosamente; uns com menos dispêndios, outros com mais gastos; uns são certos, outros mais incertos; uns são mais simples, outros mais complexos; uns são mais fáceis, outros mais difíceis, e, assim, sucessivamente. Além disso, a distinção entre os meios será em alguns casos evidente; em outros, obscura. Por último, mas não por fim: alguns meios promovem mais o fim em exame, e também os outros com ele relacionados, enquanto outros meios promoverão em menor intensidade o fim em exame, mas com mais intensidade outros cuja promoção também é determinada pelo ordenamento jurídico.[319]

Diante disso, indaga-se sob que aspectos um meio alternativo deve ser considerado igual ou mais idôneo do que o meio adotado. Se em todos os aspectos ou em algum deles, o certo é que a resposta a essa questão não é encontrada à luz dos fundamentos até então expendidos, mas à luz dos princípios democrático e da separação dos poderes,[320] lembrando, todavia, que tais princípios são indiferentes à questão, quando se trata de medida estatal decorrente do exercício da competência normativa por parte dos órgãos superiores da Administração.

Ambos os princípios impõem o acatamento pela Administração do meio escolhido pelo legislador democrático, em que pese não ser ele o melhor em todos os aspectos. Nessa ordem de ideias, a doutrina e a jurisprudência tendem a prestigiar esses princípios, fixando a posição de que só no caso de idoneidade inferior manifesta do meio adotado em relação ao alternativo é que cabe invalidar a escolha legislativa (controle de evidência). Exige-se, portanto, que os meios alternativos sejam igualmente ou mais idôneos sob todos os aspectos, o que garante ao legislador uma margem de liberdade de escolha exigida pelo princípio da separação dos poderes.[321]

Na segunda etapa do exame da necessidade, cabe ao intérprete verificar se algum meio alternativo dotado de igual ou superior idoneidade em relação ao meio adotado restringe em menor intensidade os direitos fundamentais afetados. Assim como na primeira fase do teste da idoneidade, aqui também se empreende um juízo comparativo; não a respeito dos níveis de eficácias dos meios confrontados, mas do nível de onerosidade dos meios para os direitos fundamentais colateralmente afetados. De igual modo, este juízo pode se revestir de grande complexidade, uma vez que a onerosidade do meio também varia segundo o aspecto que se considere. Segundo Canotilho, a necessidade da medida deve ser avaliada sob os aspectos material, espacial, temporal e pessoal. De acordo com o critério material, o meio exigível é aquele que restringe em menor intensidade os direitos fundamentais afetados (*exigibilidade material*). De acordo com o critério espacial, o meio exigível é aquele que opera num menor âmbito de intervenção (*exigibilidade espacial*). De acordo com o critério temporal, é exigível o meio que restringe os direitos fundamentais por um menor tempo (*exigibilidade temporal*). E, de acordo com o critério pessoal, é exigível o meio que se limita a alcançar pessoas cujos interesses devem ser sacrificados (*exigibilidade pessoal*).[322]

---

[319] ÁVILA, Humberto. *Op. cit.*, p. 158

[320] Ibidem, p. 159.

[321] Têm esse entendimento: ÁVILA, Humberto. *Op. cit.*, p. 159; PULIDO, Carlos Bernal. *Op. cit.*, p. 743. Como adverte Pulido, devem ser excluídos da comparação os meios alternativos que, embora tenham idoneidade igual ou superior ao da medida legislativa, sejam eles de difícil implementação ou demandem custos exorbitantes para serem implementados. (*ibidem*, p. 743).

[322] CANOTILHO, J. J. Gomes. *Direito constitucional e teoria da constituição*, p. 264-265.

Diante dessas possibilidades, aqui também se faz indagação semelhante, tencionando saber sob quais aspectos um meio alternativo deve ser considerado menos oneroso do que o meio adotado. Se em todos os aspectos ou em alguns deles, é patente que a resposta a essa questão também só se obtém com o influxo dos princípios democrático e da separação dos poderes. Da mesma forma, a doutrina e a jurisprudência aqui se inclinam em adotar a posição que assegure uma margem de liberdade de escolha ao Poder Legislativo, sustentando, assim, que o respeito ao meio empregado pelo legislador há de ser a regra, cuja única exceção tem por hipótese a menor onerosidade, sob todos os critérios, do meio alternativo em relação ao meio adotado (*conceito débil de exigibilidade*).[323] Em qualquer outra hipótese, a medida legislativa deve ser considerada necessária. Sem embargo, a menor onerosidade do meio alternativo em algum aspecto deve ser levada em conta na análise da proporcionalidade em sentido estrito.[324]

Além das dificuldades decorrentes da multiplicidade de critérios de aferição da idoneidade e da onerosidade dos meios, o exame da necessidade pode tornar-se mais complexo ainda quando confrontado o grau de promoção dos fins com o grau de restrição aos direitos fundamentais. É o que sucede quando os meios alternativos são, ao mesmo tempo, mais eficazes em relação à finalidade perseguida e mais restritivos aos direitos fundamentais do que o meio adotado pelo legislador. Ou, ainda, quando os meios alternativos são menos eficazes, mas, em contrapartida, mais suaves. Nessas hipóteses, a ponderação entre o grau de onerosidade e o grau de idoneidade dos meios avulta-se imprescindível, o que se procederá na terceira fase de aferição da proporcionalidade da medida estatal, consistente na aplicação da proporcionalidade em sentido estrito.[325]

Por último, sobreleva saber se o exame da necessidade deve ser efetuado numa perspectiva *ex ante* – segundo a qual o meio adotado deve ser considerado necessário, levando-se em conta os dados e conhecimentos existentes à época da elaboração da lei, sugerindo tal perspectiva a invalidade da lei apenas na hipótese de erro legislativo – ou numa perspectiva *ex post* – segundo a qual o meio inicialmente considerado necessário pode vir a revelar-se desnecessário no momento da apreciação da constitucionalidade da medida, em virtude de modificação das premissas fáticas ou de novos conhecimentos (fenômeno da inconstitucionalidade superveniente). Com Jane Reis, é de aplicar-se a perspectiva *ex post*, valendo aqui as razões aduzidas no tópico anterior.[326]

2.4.4.4. Proporcionalidade em sentido estrito, ponderação ou sopesamento de princípios

Identificado o meio idôneo e menos restritivo nas duas primeiras etapas, nem sempre se tem por terminado o processo de aferição da proporcionalidade da medida estatal. Isso ocorre sempre que a promoção da finalidade perseguida se der, ainda

---

[323] Nesse sentido: PULIDO, Carlos Bernal. *Op. cit.*, p. 748. PEREIRA, Jane Reis Gonçalves. *Op. cit.*, p. 342.
[324] PULIDO, Carlos Bernal. *Op. cit.*, p. 748.
[325] ÁVILA, Humberto. *Op. cit.*, p. 160.
[326] Nesse sentido, PEREIRA, Jane Reis Gonçalves. *Op. cit.*, p. 344. Em sentido oposto, PULIDO, Carlos Bernal. *Op. cit.*, p. 754.

assim, com restrição a direitos fundamentais.[327] Nessa hipótese, impõe-se agregar uma terceira etapa às duas primeiras, a proporcionalidade em sentido estrito, a qual indicará se a importância na promoção de determinados princípios[328] justifica a intensidade de restrição a direitos fundamentais. Em outros termos, perquire-se se a relevância na implementação do fim colimado é de tal medida que justifica a restrição a direitos fundamentais. Busca-se, com isso, a "justa medida" da intervenção estatal,[329] evidenciando se a relação entre meio-fim está ou não equilibrada.

Tal operação é instrumentalizada pela técnica da ponderação, tema já versado no tópico 2.1, *supra*. Como referido, a aplicação do juízo ponderativo inerente à proporcionalidade em sentido estrito é feita em três etapas.

Na *primeira*, o intérprete-aplicador identifica os princípios em conflito, mediante um juízo de pertinência dos dados da realidade do problema jurídico ao âmbito de proteção *prima facie* de cada princípio cogitado. Cumpre assinalar que a tarefa reservada a essa primeira etapa em grande parte já foi executada nas fases da adequação e da necessidade. De fato, o resultado da aplicação do subprincípio da necessidade informa os princípios que fundamentam a restrição e os princípios antagônicos que tutelam direitos fundamentais. Ocorre que, geralmente, são levados em conta nessas duas primeiras fases apenas os principais princípios afetados, um positivamente e outro negativamente, com a medida legal interventiva. Na perspectiva de uma maior inteligibilidade na aplicação dos testes da adequação e da necessidade, não convém realizá-los levando em conta outros princípios porventura implicados com a medida interventiva. O momento mais apropriado para tanto é o da aplicação da proporcionalidade em sentido estrito, de modo que a identificação de outros princípios afetados, positiva ou negativamente, deve ser realizada pelo intérprete na primeira fase da ponderação.[330]

Na *segunda etapa* do procedimento ponderativo, o intérprete-aplicador atribui peso ou importância a cada um dos princípios afetados, positivo ou negativamente, pela medida interventiva. O peso dos princípios afetados positivamente é determinado pela importância da realização destes, que podem ser princípios constitucionais, interesses públicos ou direitos fundamentais; enquanto o peso dos princípios afetados negativamente é determinado pela intensidade da restrição a direitos fundamentais. Isso não significa que o processo de atribuição de peso promova uma quantificação (metrificação) da vantagem na promoção de um princípio ou da desvantagem na afetação do outro, de modo que o juízo de precedência venha a resumir-se a uma comparação de quantidades numéricas. Nada obstante, esforços teóricos têm sido expedidos no sentido de conferir certa racionalidade e controlabilidade intersubjetiva ao processo de atribuição de pesos, na pretensão de que, fazendo

---

[327] A diferença fundamental entre os subprincípios da necessidade e da proporcionalidade em sentido estrito está no fato de que o primeiro procura realizar uma otimização dos princípios envolvidos segundo as possibilidades fáticas, enquanto este cuida de realizar uma otimização levando em conta as possibilidades jurídicas (ALEXY, Robert. *Teoría de los derechos fundamentales*, p. 114)

[328] Pulido entende que os princípios que fundamentam a restrição a direitos fundamentais podem consubstanciar interesses públicos, objetivos ou valores constitucionais, ou mesmo direitos fundamentais.

[329] CANOTILHO, J. J. Gomes. *Op. cit.*, p. 265.

[330] Jane Reis (*op. cit.*, p. 346) e Bernal Pulido (*op. cit.*, p. 761) propõem procedimentos ponderativos nos quais não se vê contemplada a fase de "identificação dos princípios em conflito". A primeira fase deles já é de atribuição de pesos aos princípios envolvidos.

isso, a ponderação seja transferida do campo do puro subjetivismo, do arbitrário e do decisionismo. Nessa tarefa, destaca-se a técnica desenvolvida por Robert Alexy baseada na adoção de uma *escala triádica*, cujas divisões representam níveis de afetação dos princípios, enquanto estratégia para determinar o peso ou a importância dessas afetações (cf. tópico 2.1.3).

Por fim, na *terceira* fase do raciocínio ponderativo, o intérprete-aplicador formula a *regra de prevalência (ou precedência) condicionada*, com base na "lei da ponderação". Como se viu, nesta fase, realiza-se primeiramente um juízo comparativo entre as medidas atribuídas à satisfação dos princípios que fundamentam a intervenção e as medidas atribuídas à intensidade de restrição aos direitos fundamentais. Trata-se de estabelecer uma contabilização entre as vantagens (benefícios) na promoção de um princípio e as desvantagens (custos) na restrição do outro princípio em colisão, para, ao final, determinar o princípio que irá prevalecer no caso, ou seja, que informará o conteúdo normativo da regra de precedência condicionada.[331] Num segundo momento, e por último, desta terceira etapa da ponderação, formula-se a *regra de precedência condicionada*, composta de duas partes em relação de implicação deontológica: um *suposto de fato*, que constitui as condições sob as quais um princípio precede ao outro; e uma *consequência jurídica*, cujo teor é determinado analiticamente pelo princípio prevalente.[332]

Para concluir, é oportuno tecer algumas considerações acerca da relação entre a técnica da ponderação e o postulado da proporcionalidade. A princípio, é preciso ter presente que a maioria dos autores de filiação à teoria dos direitos fundamentais desenvolvida na doutrina e na jurisprudência alemãs tem afirmado que a ponderação constitui a terceira etapa de aplicação da proporcionalidade, denominada proporcionalidade em sentido estrito. Essa posição é amplamente majoritária na doutrina nacional e no Direito Comparado.[333]

Diante disso, alguns questionamentos são de inevitável formulação, dentre os quais se destacam: a ponderação possui a mesma estrutura conceitual e aplicativa do postulado da proporcionalidade? A ponderação constitui metódica com âmbito de aplicação distinto do campo de incidência do postulado da proporcionalidade?

Para tentar responder a essas questões, faz-se necessário relatar dois posicionamentos primários sobre o tema.

De um lado, perfilhando uma concepção liberal historicamente ligada ao princípio da proibição de excesso, a origem da proporcionalidade, José Maria Rodríguez de Santiago sustenta haver alguns pontos de conexão e uma relativa independência conceitual entre ponderação e proporcionalidade.[334]

---

[331] A fórmula qualitativa que orienta a decisão sobre qual princípio deve preceder ao outro na regulação jurídica do caso é dada pela "lei da ponderação" de Alexy. Uma operacionalização em termos quantitativos da "lei da ponderação" é dada pela "formula peso", criada também por Alexy.

[332] ALEXY, Robert. *Teoría de los derechos fundamentales*, p. 94.

[333] Essa posição é atualmente capitaneada por Robert Alexy e encontra adeptos nos mais diversos países que contam com uma Constituição democrática; entre eles, o Brasil, onde a adesão a ela é ampla. Essa posição encontra refutação nos críticos da ponderação como método de aplicação do Direito, representados principalmente por Böckenförde e Schlink, para quem a proporcionalidade constitui um juízo bidimensional, já que excluem o sopesamento que a análise da proporcionalidade em sentido estrito tem por objeto (SILVA, Luís Virgílio Afonso da. O proporcional e o razoável, p. 35).

[334] SANTIAGO, José Maria Rodríguez de. *Op. cit.*, p. 105-111.

Detém-se, primeiramente, em expor a base estrutural e o âmbito de aplicação do princípio da proporcionalidade. Para ele, o âmbito de aplicação do princípio da proporcionalidade é o das relações entre poder público e liberdade individual. Em seguida, consigna que a proporcionalidade se estrutura sobre uma relação de meio e fim, tratando "sempre de examinar se a utilização de um determinado meio (a limitação do âmbito de autodeterminação individual) é proporcional para a consecução de certo fim (o bem público a que aquela limitação se ordena)", o que exige um juízo de proporcionalidade em toda a sua amplitude (adequação, necessidade, proporcionalidade em sentido estrito).

Quanto ao âmbito de atuação da ponderação, o autor espanhol observa que

> [...] junto à ponderação como terceiro requisito do princípio da proporcionalidade aparecem supostos de aplicação do método da ponderação não incluídos no campo de projeção daquele princípio por faltar o elemento de intervenção do poder na liberdade do indivíduo. São, especialmente, os casos de conflito entre direitos individuais [...].

Vale dizer que, como terceiro requisito do princípio da proporcionalidade, a ponderação se realiza entre um direito individual e um bem coletivo, tais quais direito de reunião em face da ordem pública; integridade física e intimidade pessoal frente ao interesse público de investigação dos delitos etc. Já como metódica aplicável a âmbito distinto do campo de atuação da proporcionalidade, a ponderação se volta para conflitos entre direitos individuais, tais quais liberdade de informação verídica de um jornalista em face do direito à honra de outro cidadão; direito à própria imagem de um trabalhador frente ao ordenado desenvolvimento de uma atividade produtiva dirigida por um empresário; direito de executar as sentenças judiciais (credor) contra a dignidade da pessoa (devedor) que exige um mínimo econômico vital.

De outro lado, adotando uma concepção mais do ponto de vista lógico, Carlos Bernal Pulido diverge frontalmente de Rodríguez de Santiago, entendendo que a ponderação e a proporcionalidade são figuras coincidentes, aplicando-se os testes da adequação e da necessidade também aos conflitos entre direitos fundamentais, porque esse tipo de conflito ostenta a mesma estrutura das intervenções estatais nos direitos individuais.[335]

De fato, e aqui dissentindo de Rodríguez de Santiago, o simples fato de o conflito se dar entre direitos fundamentais não exclui de logo a aplicação dos subprincípios da adequação e da necessidade na solução de conflitos dessa natureza. Exemplo disso pode ser colhido na jurisprudência do nosso Supremo Tribunal Federal, quando apreciou o conflito entre o direito à inviolabilidade física e moral de uma pessoa e o direito da personalidade de outra ligado à determinação e conhecimento da filiação genética. O caso será relatado adiante, mas se registra, por ora, que o Tribunal considerou desnecessária a medida coativa requerida por uma pessoa, autor em ação de investigação de paternidade, visando a compelir o pai presumido de uma criança a fornecer material sanguíneo para a realização de exame de DNA. O autor da ação pretendia, com isso, excluir a paternidade presumida e ver-se reconhecido pai da criança. No entanto, a Corte considerou que o exame de DNA com material hemato-

---

[335] PULIDO, Carlos Bernal. *Op. cit.*, p. 568-569. Cf. o exemplo de aplicação do postulado da proporcionalidade ao conflito entre direitos fundamentais de particulares, mais especificamente entre autonomia privada de um contratante e direito fundamental de outro, em STEINMETZ, Wilson. Princípio da proporcionalidade e atos de autonomia privada restritivos de direitos fundamentais. *In:* SILVA, Virgílio Afonso da (Org.). *Interpretação constitucional*. São Paulo: Malheiros, 2007, p. 46-47.

lógico do próprio autor da ação seria menos restritivo a direitos do que o exame com o sangue do pai presumido, réu na ação de investigação de paternidade.

Cabe observar que, embora o entendimento de Pulido seja válido em tese, no caso concreto nem sempre o conflito entre direitos fundamentais de particulares se põe da mesma forma que o conflito entre direito fundamental e finalidade pública. É que o conflito entre direitos fundamentais pode não exigir aplicação dos testes de adequação e necessidade, sendo suficiente a aplicação da metódica da ponderação (v.g., liberdade de expressão e direito à informação em face do direito à honra). O que não significa, ao contrário do que defende Rodríguez de Santiago, que a técnica da ponderação seja vocacionada a âmbitos de aplicação outros que não o da intervenção do poder na esfera de liberdade do indivíduo.

Com efeito, a distinção estrutural entre as duas metódicas não se apresenta em termos do objeto tutelado pelo princípio ou do titular da posição jurídica tutelada. Vale dizer, é indiferente para estabelecer o discrímen lógico entre tais métodos se o princípio tutelado é um direito individual ou um bem coletivo, ou se, ainda, o titular da posição jurídica assegurada pelo princípio é o poder público ou o cidadão. A característica diferencial certamente não se põe nessas bases, mas em outras.

De fato, enquanto a aplicação da proporcionalidade em sentido amplo se estrutura sobre uma relação ternária, composta pelo princípio restringido, princípio fomentado e medida concreta, que causalmente se conecta aos dois primeiros elementos, a aplicação da ponderação articula apenas os dois primeiros, comparando as vantagens na implementação do princípio fomentado e as desvantagens na intervenção do princípio restringido. Ademais, enquanto na aplicação da proporcionalidade tenciona-se saber *se a restrição a um direito fundamental é proporcional à promoção de um princípio*, na aplicação da ponderação pretende-se responder *se as vantagens na realização de um princípio superam as desvantagens na restrição a um direito fundamental*.

Em termos simbólicos, no raciocínio ponderativo argumenta-se que, numa determinada situação S, o princípio X tem um peso ou importância maior do que o princípio Y, e não que determinada medida M realiza ou não o princípio X ou que, o realizando, é ou não o meio mais suave em relação ao princípio Y. Na ponderação, avalia-se se as vantagens na promoção do princípio X superam as desvantagens na restrição do princípio Y, dada a situação S, em que a medida M já é tida como adequada e exigível.

Em conclusão, as técnicas da ponderação e da proporcionalidade em sentido amplo têm distinta estrutura conceitual e operacional, mas compartilham o mesmo âmbito material de aplicação.

2.5. O postulado normativo da razoabilidade

2.5.1. A RAZOABILIDADE SEGUNDO A MATRIZ HISTÓRICA

É lição corrente na doutrina que a matriz histórica da razoabilidade são o Direito anglo-saxão e o Direito norte-americano, tendo neles se consagrado e evoluído no âmbito do controle judicial da discrição administrativa e, neste último caso, no controle da constitucionalidade das leis.

Ainda que o estudo da razoabilidade aqui tenha por objeto o controle interno (ou seja, da Administração Judicante sobre os atos da Administração Ativa) no âmbito da atividade vinculada, a busca do significado da razoabilidade na sua base histórica contribuirá para uma definição do significado atual desse parâmetro. Em linhas gerais, portanto, procurar-se-á expor o papel que a razoabilidade exerceu no Direito inglês, relembrando que essa leitura histórica guiar-se-á especialmente pelo objetivo de identificar a natureza desse parâmetro (interpretativa ou metódica), a sua base epistemológica (realidade social, valores constitucionais, motivo, objeto e finalidade do ato administrativo), e o seu critério axiológico fundante da racionalidade material (negativo ou positivo, fraco ou forte).

2.5.1.1. Direito inglês

Para saber o papel desempenhado pela razoabilidade no Direito inglês, é preciso compreender essencialmente o lugar que a ideia de razão[336] ocupa na produção e reprodução desse sistema jurídico. Sobre o assunto, discorre René David:

> A *common law* foi elaborada, originariamente, sobre a razão, dissimulada sob a ficção do costume geral imemorial do reino. Na medida em que regras mais precisas não foram estabelecidas, de modo a dar mais certeza às relações sociais, a razão continua a ser fonte inesgotável, à qual os tribunais recorrerão, tanto para preencher as lacunas do sistema de direito inglês como para guiar a evolução deste sistema.[337]

Diferentemente da concepção fechada dos sistemas jurídicos da família romano-germânica, o sistema inglês caracteriza-se por ser um sistema aberto, em que novas regras são elaboradas continuamente para atender às particularidades do caso concreto, mas com a preocupação fundamental de elaborar um sistema consisten-

---

[336] Entenda por razão – fonte do Direito inglês – aquela capaz de resultar numa decisão razoável; não uma razão metafísica, abstrata, conceitual, que tem por instrumento o raciocínio lógico-dedutivo, mas uma razão concreta, consensual.

[337] DAVID, René. *Os grandes sistemas do direito contemporâneo*. São Paulo: Martins Fontes, 2002, p. 439.

te de direito, baseando sua decisão ora num precedente judicial ou numa lei, ora operando neles uma distinção (*distinctions*) por força de circunstâncias do caso, na hipótese de a decisão preconizada revelar-se injusta ou absurda.[338]

A razão também é chamada a colmatar lacunas, revelando-se, assim, fonte subsidiária do direito, o que não raro acontece devido ao aspecto casuístico do sistema jurisprudencial inglês.[339]

Um direito fundado na razão se fazia necessário à contenção do arbítrio do poder real exercido inicialmente contra os direitos e liberdades do baronato inglês do século XIII, século a partir do qual os Tribunais Reais de Justiça encetaram, com exclusividade, a produção do direito comum a toda Inglaterra (*common law*).

Para atender a exigência de segurança jurídica que a razão impunha à reprodução de um sistema de feição casuística, o Direito inglês evoluiu e se desenvolveu mediante a formulação de *standards,* fórmula geral obtida do núcleo da *ratio decidendi* das decisões judiciárias, os quais eram incorporados ao sistema na qualidade de regra jurisprudencial (precedente) a ser observada nos casos futuros, servindo, todavia, ao juiz apenas de diretriz para que, diante dos elementos do caso, pudesse encontrar a *legal rule*.

Não obstante as dificuldades de uma definição operacional, a exigência de razoabilidade da decisão jurídica deixou, em algumas oportunidades, fixar-se na forma *standard* – *a rule of reasonbleness* –, que assumiu no sistema inglês diferentes formulações, de modo a infundir segurança e justiça às decisões dos Tribunais britânicos.

Dada a importância e ampla expansão do teste da *rule of reasonbleness*, a doutrina tem discutido a respeito dos critérios que devem ser utilizados em sua aplicação: se objetivos ou subjetivos. A despeito da impossibilidade ou mesmo inconveniência de atribuir-se uma significação precisa à regra, prevalece na doutrina o anseio por uma formulação objetiva, divorciada das tendências e afinidades pessoais do juiz. Segundo Gilbert Tixier, a regra assume um conteúdo objetivo ao traduzir as aspirações do meio social onde é aplicada e os sentimentos compartilhados pela maioria dos membros da comunidade nacional.[340]

Sob a feição objetiva, a razoabilidade passou a constituir uma categoria autônoma de controle judicial da discrição administrativa, cuja utilização para esse fim remonta ao final do século XVI, como demonstra Roberto Pimenta.[341]

No entanto, a regra da razoabilidade ganha notoriedade mesmo a partir do julgamento de Lord Greene na disputa Associated Provincial Picture House *versus* Wednesbury Corporation (1948).

A disputa judicial entre essas partes teve origem em ato da autoridade local que, outorgando permissão à empresa de cinema, condicionou o seu funcionamento aos domingos à inadmissão do entretenimento para menores de 15 anos, acompa-

---

[338] "A regra de direito inglesa [legal rule] é indissociável dos elementos da espécie, que são os únicos que permitem compreender o seu alcance. Ela não é colocada abstratamente em uma fórmula geral. Os fatos penetram na estrutura do direito inglês e eles próprios entram, muitas vezes, na classe de regra de direito" (DAVID, René. *Op. cit.*, p. 414).

[339] DAVID, René. *Op. cit.*, p. 439.

[340] TIXIER, Gilbert. Apud OLIVEIRA, José Roberto Pimenta. *Os princípios da razoabilidade e da proporcionalidade no direito administrativo brasileiro*, p. 68.

[341] OLIVEIRA, José Roberto Pimenta. *Op. cit.*, p. 70-72.

nhados ou não de adultos. De um lado, registra-se que o *Sunday Entertainments Act* de 1932 atribuía competência à autoridade local para autorizar o funcionamento de cinemas aos domingos, podendo estabelecer, a seu critério, condições julgadas corretas e adequadas. De outro, alegou-se a irrazoabilidade da condição, uma vez que os pais seriam obrigados a permanecer em casa aos domingos para tomar conta de seus filhos.

O provimento administrativo foi mantido na primeira e segunda instâncias da Justiça britânica. A despeito disso, o presidente do Tribunal de Apelação Lord Greene consignou em seu voto, a título de *obiter dictum*, os seguintes termos:

> O Tribunal pode controlar a ação de uma autoridade local para examinar se esta tomou em consideração os elementos que deveria ter em conta ou, ao contrário, se recusou ou omitiu algum que deveria ter considerado. Desde o momento em que a resposta a esta questão é favorável à autoridade local pode, sem embargo, ser possível dizer que, ainda que tenha permanecido dentro dos limites de sua competência, a autoridade local chegou a uma conclusão irrazoável que nenhuma autoridade razoável teria adotado. E penso que um Tribunal pode intervir num caso tal.[342]

Do julgamento infere-se haver duas formas para que ato administrativo seja considerado irrazoável em sentido amplo: a primeira ocorre quando a autoridade não considera em sua decisão as questões relevantes ou dá importância a assuntos irrelevantes para a solução do caso (teste de racionalidade); a segunda, por sua vez, ocorre quando a decisão tiver conteúdo tal que nenhuma autoridade razoável a tomaria (teste de irrazoabilidade).

O princípio que inspirou esse julgamento passou, então, a ser invocado diante de decisões consideradas irrazoáveis e a ser aplicado pelos tribunais britânicos, sob a denominação de *teste de razoabilidade*.

Como se observa, a regra da (ir)razoabilidade é aberta, flexível e carente de estruturação aplicativa, ou seja, de base epistemológica. A racionalidade material da atuação administrativa é tão somente aferida com base no *critério axiológico negativo*, à luz do qual se reputa ilegítimo o ato administrativo quando considerado absurdo ou inaceitável por uma pessoa razoável. Por essa razão, é capaz de abarcar uma multiplicidade de vícios na atuação administrativa, tornando pouco previsível a decisão que dela se valer. Daí a pouca utilização da regra, que funciona mais como teste residual.

Há, portanto, ao lado do Wednesbury test, outras hipóteses de irrazoabilidade, algumas das quais ensejam uma forma mais estruturada de aplicação do que a vislumbrada no célebre teste. A doutrina inglesa costuma referir um feixe de mecanismos de controle judicial da legitimidade de condutas administrativas. Segundo Scott e Felix, a irrazoabilidade em sentido amplo (*in a broad sense*) contempla os seguintes vícios: incompatibilidade do ato com os objetivos da lei, desvio de finalidade, consideração de elementos irrelevantes; intenções ambíguas; alegação de intenção punitiva; alegação de promessas eleitorais; filantropia irregular; má-fé; ofensa a direitos humanos; não cumprimento de deveres legais; e oposição à política do Parlamento.[343]

---

[342] MORAES, Germana de Oliveira. *Controle jurisdicional da administração pública*. São Paulo: Dialética, 2004, p. 86.

[343] SCOTT, David; FELIX, Alexandra. *Apud* OLIVEIRA, José Roberto Pimenta. *Op. cit.*, p. 77.

Devido à flexibilidade e à baixa intensidade e estruturação no controle da atuação administrativa com base na regra da irrazoabilidade, o que se faz sentir sobretudo quando estão em jogo restrições a direitos fundamentais, a doutrina e a jurisprudência inglesas têm debatido intensamente a respeito da incorporação ao direito inglês do princípio da proporcionalidade nos moldes tedesco e comunitário, com a perspectiva de erigi-lo à condição de critério autônomo de revisão judicial da atuação administrativa.

No entanto, a formulação e a práxis da jurisprudência inglesa relacionada ao *Wednesbury unreasonbleness*, caracterizado por ser um controle menos rígido e intensivo do que a proporcionalidade, uma vez que aquele acusa tão somente atuações administrativas reputadas absurdas e manifestamente irrazoáveis, refletem, na verdade, a rígida concepção que o *judicial review* inglês ainda mantém a respeito do princípio da separação dos poderes,[344] ao deferir à Administração e ao Executivo um núcleo político de atuação (mérito) mais dilargado e flexível, se comparado à esfera do mérito administrativo praticado na família jurídica romano-germânica.

Exemplo disso se verifica no *Brind Case* (1991), em que o Judiciário inglês, sob o ângulo da regra da irrazoabilidade, considerou válida "ordem emanada da Administração para que duas redes de televisão não transmitissem palavras de representantes de organizações proscritas com base no Prevent of Terrorism Act de 1978. Sustentou-se que as exigências eram desproporcionais à finalidade para qual foram previstas (ou seja, como meio de prevenção, intimidação ou mesmo de retirada de publicidade ou legitimidade das referidas organizações)".[345] Nesse julgamento, a restrição à liberdade de expressão não foi considerada irrazoável, porquanto seria pouco defensável assegurar que nenhuma autoridade razoável tomaria a decisão que a autoridade impugnada ditara. Na ocasião, recusou-se o exame do pedido à luz da proporcionalidade, já que se entendeu que o sistema inglês não estava preparado para incorporar essa técnica de controle do mérito da atuação administrativa.

Sem o escopo de uma discussão mais aprofundada sobre a questão, vale registrar apenas que, até o momento, prepondera a recusa em reconhecer a proporcionalidade como critério autônomo de controle da atividade administrativa.

Em linhas gerais, verifica-se que a prática judiciária envolvendo a aplicação da regra da irrazoabilidade forjou, ao longo de sua história, um conceito de irrazoabilidade que se aparta fortemente[346] da desproporcionalidade tedesca quanto aos

---

[344] THOMPSON, Brian Jones Katharine. Administrative Law in the United Kingdom. *In*: *Administrative Law of the European Union, its Member States and the United States*: a comparative analysis. Intersentia, 2002, p. 245.

[345] OLIVEIRA, José Roberto Pimenta. *Op. cit.*, p. 78.

[346] A professora Germana de Oliveira Moraes vislumbra, ao contrário, uma correspondência maior entre o teste de razoabilidade em sentido amplo e o postulado da proporcionalidade em sua tríplice manifestação. Em seu entender, o ponto comum consiste no dado de que a primeira acepção da razoabilidade, significando a referência à tomada em consideração de elementos impertinentes e a desconsideração de elementos pertinentes (teste de racionalidade). Ele traduz, na verdade, os exames da adequação e da necessidade. Por sua vez, o ponto de distanciamento conteudístico entre a razoabilidade e a proporcionalidade se verifica apenas na comparação entre as terceiras pautas de cada princípio, pois o teste da razoabilidade (em sentido estrito) traduz a regra do "consenso popular", que nem sempre está presente no exame da proporcionalidade, enquanto a proporcionalidade em sentido estrito configura um método de obtenção do equilíbrio entre interesses em conflito. Em suma, adequação e necessidade compõem o núcleo conceitual comum à razoabilidade anglo-saxônica e à proporcionalidade tedesca (*op. cit.*, p. 139).

seguintes critérios: (i) *natureza*, pois o primeiro desempenha, na condição de *standard*, uma função interpretativa, enquanto o segundo atua a função metódica; (ii) *conteúdo*, pois o primeiro traduz um critério axiológico negativo de índole social, enquanto o segundo se erige sobre uma base estrutural constituída da relação empírica entre meio e fim; (iii) *forma de aplicação*, pois o primeiro traduz um juízo monolítico de irrazoabilidade, enquanto o segundo constitui um juízo tridimensional em que as pautas estão subsidiariamente relacionadas por ocasião de sua aplicação; (iv) *eficácia*, pois o primeiro bloqueia qualquer atuação administrativa considerada socialmente irrazoável, ao passo que o segundo otimiza a concretização de bens coletivos constitucionalmente assegurados, quando estão em jogo restrições a direitos fundamentais.

2.5.1.2. Direito norte-americano

Assim como no Direito inglês, a razão constitui elemento fundamental no sistema de controle judicial da atuação administrativa no Direito norte-americano, pois ela incute-se nas duas características fundamentais do sistema *common law*: a doutrina dos precedentes judiciais e a doutrina da supremacia da lei ou do direito. Com efeito,

> Roscoe Pound chama a atenção para os dois traços marcantes do *common law*: a doutrina dos precedentes judiciais e a doutrina da supremacia da lei ou do direito, por trás das quais existe a razão, em oposição ao elemento vontade. "[...] A doutrina dos precedentes significa que as causas devem ser julgadas por princípios extraídos indutivamente da experiência judicial do passado, não por dedução de regras estabelecidas arbitrariamente pelo soberano. Em outras palavras, a razão, e não a vontade arbitrária, há de ser o último fundamento da decisão. A doutrina da supremacia do direito é redutível à mesma idéia. É uma doutrina segunda a qual o soberano e todos os seus representantes estão vinculados a agir conforme princípios, e não pela sua vontade arbitrária; são obrigados a seguir a razão, em vez de serem livres para seguir o capricho [...] A doutrina do *common law* é uma doutrina da razão aplicada à experiência".[347]

Por outro lado, diferentemente do sistema judicial inglês, a exigência da razoabilidade desenvolveu-se com maior profundidade no Direito norte-americano, haja vista este sistema admitir não só o controle de legalidade da atividade administrativa, mas também o controle de constitucionalidade dos atos administrativos e das leis do Parlamento.[348]

A ideia de razão foi incorporada ao sistema jurídico norte-americano com a cláusula *law of the land* ou *due process of law*,[349] trazida à América pelos colonos ingleses como instrumento de reclamação dos seus direitos na nova e distante mo-

---

[347] OLIVEIRA, Cybele. Devido processo legal. *Revista de Direito Constitucional e Internacional*. São Paulo, ano 8, nº 32, p. 178-179, jul.-set./2000.

[348] Dois fatores fundamentais relacionados entre si explicam esse distanciamento entre o sistema do *judicial review* norte-americano e o inglês. Primeiro, não havia uma Constituição inglesa lavrada num documento formal, que pudesse servir de regulação à vida social para além e acima das leis do Parlamento e dos precedentes judiciais. Um cenário oposto encontra-se no sistema jurídico norte-americano, o qual é encimado por uma Constituição escrita cuja supremacia na ordem jurídica interna foi afirmada no célebre caso Marbury vs. Madison (1803). Segundo, a supremacia do Parlamento inglês obstava à implantação de um sistema de controle de constitucionalidade dos *statute laws*, característica não recepcionada pelas colônias inglesas na América.

[349] O caminho percorrido pela cláusula *law of the land*, desde a sua proclamação na Magna Carta de 1215 até a sua transposição para o Direito norte-americano, pode ser encontrado em alentada disserta-

rada. A acepção original atribuída à cláusula compreendia tão somente garantias de ordem procedimental então incorporadas às instituições e ao sistema jurídico inglês, tais como o direito de ser citado para responder a uma demanda, o direito à ampla defesa, e o direito de não ser preso sem justa causa, as quais foram gradualmente aprimoradas e ampliadas, enfeixando desde 1855 o seguinte plexo garantístico: direito a um tribunal imparcial, direito de notificação da ação proposta e de seus respectivos fundamentos, direito de oportunamente apresentar as razões de improcedência na defesa de interesses, direito de produzir prova, incluindo o direito de ouvir testemunhas, direito de conhecer as provas desfavoráveis, direito de interrogar as testemunhas adversárias, direito de decisão motivada e baseada exclusivamente na prova apresentada, direito a advogado, direito de formalização em autos do conjunto probatório apresentado, e direito de conhecer por escrito as razões de fato e de direito da decisão.[350]

A garantia processual inicialmente ingressou nas constituições estaduais sob a fórmula *law of the land*[351] e, posteriormente, já revestida na expressão *due process of law*, foi incorporada à Constituição dos Estados Unidos por meio da 5ª (1791)[352] e da 14ª (1868)[353] Emendas. Ambas as fórmulas traduziam o mesmo conteúdo, a respeito do qual havia um consenso de que o Estado estava proibido de limitar os direitos individuais ou de propriedade, a não ser por meio do devido procedimento.[354]

O devido processo legal no Direito norte-americano não se deixou captar conceitualmente de maneira exaustiva e definitiva, exatamente pela sua baixa densidade semântica, vagueza e ambiguidade, tendo, por isso, se consagrado e evoluído na forma de *standards* jurisprudenciais, tanto de fundo procedimental como substancial. Sob a feição substantiva, o devido processo legal serviu de instrumento de investigação da racionalidade e razoabilidade dos atos dos Poderes Públicos, especialmente no controle, naquele país, da validade das leis restritivas a direitos e garantias fundamentais consagrados no *Bill of Rights*.

Em meados do século XIX, a dimensão processual era a única até então atribuída à cláusula. Mas mudanças socioeconômicas ocorridas nos Estados Unidos a

---

ção de LIMA, Maria Rosynete Oliveira. *Devido processo legal*. Porto Alegre: Sergio Antonio Fabris Editor, 1999.

[350] OLIVEIRA, José Roberto Pimenta. *Op. cit.*, p. 96.

[351] A cláusula *due process of law* não foi empregada em nenhuma das constituições estaduais existentes antes da Constituição Federal dos Estados Unidos. A expressão à época mais difundida era *law of the land* (LIMA, Maria Rosynete Oliveira. *Op. cit.*, p. 42-44).

[352] A 5ª Emenda, dentro do *Bill of Rights*, consagrou o *due process legal* de âmbito federal, impondo-se tão-somente como garantia de natureza processual. Assim está redigida: "Nenhuma pessoa será [...] privada da vida, liberdade ou propriedade sem processo legal regular".

[353] A 14ª Emenda estendeu a cláusula aos Estados-membros da federação americana, ao mesmo tempo que consagrou uma outra cláusula, a do *equal protection of law*, momento a partir do qual a apreensão e a aplicação do sentido substantivo foram sobremodo impulsionadas. Ela está assim redigida: "Nenhum Estado fará ou executará qualquer lei restringindo os privilégios ou imunidades dos cidadãos dos Estados Unidos; nem privará qualquer pessoa da vida, liberdade ou propriedade sem *processo legal regular*; nem negará a qualquer pessoa dentro de sua jurisdição a *igual proteção das leis*." (grifo nosso). Esta última cláusula só pôde ser inserida no texto constitucional após a abolição da escravatura, com a 13ª Emenda (1865). Ela constitui o princípio da igualdade subjetiva e foi utilizada inicialmente pela jurisprudência com o propósito de estender os direitos civis aos negros americanos recém-emancipados.

[354] LIMA, Maria Rosynete Oliveira. *Op. cit.*, p. 44.

partir da segunda metade desse século levaram a Suprema Corte dos Estados Unidos a conferir uma nova interpretação à fórmula, consistente na possibilidade de os juízes sindicarem a correção material dos atos estatais lesivos a direitos individuais, tais como a vida, a liberdade e a propriedade. Esta é a vertente substantiva do devido processo legal, que se encontra na base do denominado princípio da razoabilidade construído pela jurisprudência e doutrina norte-americanas.[355]

A conexão entre a razoabilidade e a dimensão substancial do devido processo legal no Direito norte-americano historicamente esteve impregnada pelo *equal protection of law* preconizado na 14ª Emenda à Constituição dos Estados Unidos. Para entender isso, é preciso notar que a concepção material daquela cláusula foi em grande medida alavancada pela consagração do princípio da igualdade como norma constitucional.[356] Com efeito, o devido processo legal passou a ser utilizado pelos juízes marcadamente como instrumento de controle da racionalidade e da razoabilidade das classificações legislativas, permitindo a invalidação de discriminações legais arbitrárias e caprichosas a respeito de pessoas, bens e interesses. Vale dizer que a compatibilidade entre medida e finalidade legal era analisada pelo prisma do princípio da igualdade. Nessa acepção, a cláusula substantiva consubstanciava "a exigência de lei isonômica, isto é, a necessidade de que a lei não estabeleça diferenciações arbitrárias".[357]

Siqueira Castro expõe a teoria da "igual proteção da lei", com base na doutrina e na jurisprudência norte-americanas, afirmando de início que a cláusula configura o direito de não ser tratado diferentemente em relação a outros indivíduos da comunidade – o que exige a edição de "leis gerais e abstratas" –, a menos, todavia, que a diferença de tratamento esteja fundada numa classificação razoável. A depender do dado tomado como relevante para o tratamento discriminatório, a classificação pode ser reputada inicialmente suspeita (*suspect classifications*) e, por conseguinte, presumir-se inválida a lei que a instituiu. Isso ocorre quando se adota como fator do tratamento diferenciado um dado da natureza independente e indeterminável pela vontade humana, tais como a raça, sexo, filiação, nacionalidade etc. Mas a suspeita inicial da classificação, que milita em prol da invalidade da lei respectiva, pode ser elidida desde que, além dos requisitos da razoabilidade e da racionalidade, exigidos das classificações legislativas em geral, a classificação questionada satisfaça a uma necessidade ou interesse público imperioso, inadiável e insuscetível de ser atendido de outro modo (*compelling state interest*).[358]

---

[355] A utilização do devido processo legal como instrumento do controle da justiça da atuação dos poderes estatais, executivo ou legislativo, encontra raízes filosóficas no pensamento de John Locke, que sustentou a existência e a supremacia de um Direito natural limitador da ação estatal, e de Sir Edward Coke, que defendeu a supremacia do *common law* contra o absolutismo monárquico e parlamentar (LIMA, Maria Rosynete Oliveira. *Op. cit.*, p. 40).

[356] San Tiago Dantas dá uma pista da razão capaz de explicar o impulso que o princípio da isonomia emprestou à utilização judicial do *substantive due process*: "[...] é certo que as duas cláusulas convizinham, e não raro se confundem. Uma lei que cria arbitràriamente para determinada pessoa ou grupo de pessoas tratamento mais rigoroso que o adotado para a comunidade não será 'due process of law' e também infringirá a cláusula da igualdade" (DANTAS, San Tiago. Igualdade perante a lei e "due process of law": contribuição ao estudo da limitação constitucional do Poder Legislativo. *Revista Forense*. Rio de Janeiro, ano 45, vol. 116, p. 361, mar./1948).

[357] PONTES, Helenilson Cunha. *Op. cit.*, p. 83.

[358] CASTRO, Carlos Roberto Siqueira. *Op. cit.*, 2006, p. 156-159. O mesmo autor observa que o *leading case* no assunto é Skinner v. Oklahoma (1942), no qual a Suprema Corte dos Estados Unidos

Analisando o parâmetro basilar dessa teoria, verifica-se que a *substantive due process*, enquanto critério de avaliação das classificações legislativas, se submete a uma aplicação estruturada com base em dois exames, os quais integram o *test of reasonbleness*: (i) legitimidade da finalidade pretendida e (ii) adequação entre o critério de classificação e a finalidade do tratamento diferenciado.[359]

Como se nota, a razoabilidade atua estabelecendo, em primeiro lugar, uma relação de congruência entre a finalidade da distinção e os princípios e normas constitucionais e, em segundo lugar, uma relação de adequação entre o critério de discrímen e a finalidade legal. Pode-se dizer que o critério axiológico que conecta a primeira relação é mais rigoroso na hipótese de classificações suspeitas, pois se requer, para legitimar a lei discriminatória, que a finalidade consubstancie um interesse público imperioso e inadiável. O mesmo sucede quanto ao liame axiológico da segunda relação, pois só se reputam inválidas as classificações em geral no caso de desequiparações consideradas absurdas ou caprichosas.

Note-se que a observância do princípio isonômico pelas classificações legislativas passou a ser aferida pelo teste da razoabilidade, o que rendeu à cláusula substantiva um campo específico de aplicação – mas não somente esse.

A crescente intervenção legislativa na vida econômica e social no final do século XIX e nas primeiras décadas do século XX, como forma de orientar, dirigir, reprimir ou estimular as efervescentes iniciativas econômicas à época, acabou por restringir as liberdades econômicas (liberdade de contratar, liberdade de profissão, liberdade de empresa etc.) e o direito de propriedade dos indivíduos, implicando, inevitavelmente, alguma limitação ao *substantive due process* e, por conseguinte, ao princípio da razoabilidade, assim delineados pela doutrina e jurisprudência para servir de reação à intervenção estatal em matéria econômica e social. Nessa tarefa, a Suprema Corte dos Estados Unidos exerceu papel fundamental no controle da razoabilidade de leis restritivas das liberdades econômicas, fazendo-se intérprete e defensora da política do *laissez faire* e do pensamento liberal no período que vai do final do século XIX até meados da década de 30 do século XX.[360]

---

invalidou lei estadual que impunha a esterilização compulsória de condenados reincidentes por crimes apenados com reclusão e que demonstrassem torpeza moral. Nesse julgamento, a Excelsa Corte americana entendeu que o direito de procriar configura uma liberdade individual insuprimível e que, portanto, qualquer interferência legislativa em seu domínio somente poderia justificar-se por motivos superiores e imperiosos, o que, à evidência, inocorria na espécie (*op. cit.*, p. 158, nota 31).

[359] Depois de analisar o emprego recente do princípio da razoabilidade nas Cortes norte-americanas (Tribunais Estaduais e Suprema Corte), Marcos Antonio Maselli Golvêa conclui, semelhantemente, que: "É corrente, nas decisões coligidas, a afirmação de que a legitimidade da classificação depende, fundamentalmente, de dois aspectos: a) da adequação das leis para com os fins a que o legislador visava, ou seja, de uma análise formal da compatibilidade dos meios com os fins objetivados; b) da 'ausência de caprichos' [ou da 'razoabilidade dos fins'] do legislador ou do administrador, ou seja, da análise substancial dos fins colimados". (GOLVÊA, Marcos Antonio Maselli de Pinheiro. O princípio da razoabilidade na jurisprudência contemporânea das Cortes norte-americanas. *In*: BARROSO, Luís Roberto (Coord.). *Revista de Direito da Associação dos Procuradores do Novo Estado do Rio de Janeiro*. Volume V: Direito Constitucional. Rio de Janeiro: Lumen Juris, 2000, p. 106).

[360] BARROSO, Luís Roberto. Os princípios da razoabilidade e da proporcionalidade no direito constitucional. *Revista Forense*. Rio de Janeiro, ano 92, vol. 336, p. 126-127, out.-dez./1996. A legislação interventiva se intensificou após a Crise de 29, como parte do plano de recuperação da economia norte-americana (*New Deal*) lançado pelo Presidente Franklin Roosevelt, eleito em 1932.

Já no final do século XIX, os *Justices* da Suprema Corte dos Estados Unidos compartilhavam a ideia de que uma lei razoável e adequada ao *substantive due process of law* é aquela que promove algum interesse público, como a saúde ou a segurança. Com base nesse pensamento, a maioria dos juízes da Suprema Corte invalidou, em 1905, uma lei do Estado de *New York* que limitava o número de horas de trabalho de um padeiro a sessenta horas por semana ou dez por dias. A decisão considerou irrazoável, arbitrária e desnecessária a interferência estatal na liberdade contratual, pois ela não promovia nenhum interesse público ligado à saúde ou segurança no trabalho do padeiro.[361] O caso ficou conhecido como doutrina *Lochner*, signo representativo do ativismo judicial da época, que ficou conhecida como "governo dos juízes".

Tem-se aí mais um campo para a aplicação da razoabilidade, fruto da ampliação do poder de polícia no campo da legislação interventiva de cunho social e econômico, em que são afetados direitos individuais constitucionalmente assegurados (*Bill of Rights*). Por buscar resultados no plano econômico e social, a chave de compreensão do campo de incidência da razoabilidade consiste na relação empírica entre medida e finalidade legal.

Segundo Luís Roberto Barroso, o teste de razoabilidade utilizado na jurisprudência norte-americana se perfaz mediante três exames: (i) legitimidade dos fins almejados (razoabilidade externa); (ii) compatibilidade ou adequação entre o meio empregado pelo legislador e os fins visados (razoabilidade interna); (iii) aceitabilidade social da medida legislativa, de acordo com o sentimento jurídico de uma determinada sociedade.[362]

Autores dissentem quanto à assimilação dessa configuração da razoabilidade pela proporcionalidade germânica.

Sem aportar o sentido da razoabilidade como "aceitabilidade social", Virgílio Afonso assevera, com base na exposição do próprio Barroso, que "o conceito de razoabilidade [...] corresponde apenas à primeira das três sub-regras da proporcionalidade, isto é, apenas à exigência de adequação". Prossegue, concluindo, que "a regra da proporcionalidade é [...] mais ampla do que a regra da razoabilidade, pois não se esgota no exame da compatibilidade entre meios e fins".[363]

Por seu turno, Cássio Cavalli sustenta, com base nas lições do jurista italiano Gino Scaccia, que por duas razões não se verifica uma absorção do teste da razoabilidade pelo princípio da proporcionalidade. Além de a proporcionalidade não necessariamente contemplar no seu conteúdo o critério de aceitabilidade social, a exigência de legitimidade dos fins não comporia a regra da adequação presente no princípio da proporcionalidade.[364] Contrapondo-se à posição de Virgílio Afonso da Silva, o teórico argumenta que:

> A absorção da razoabilidade [...] por fases da proporcionalidade somente poderia ser parcialmente aceita se a proporcionalidade fosse "dividida em quatro sub-regras, em vez de apenas três", caso em que "a análise da legitimidade dos fins que a medida questionada pretende atin-

---

[361] LIMA, Maria Rosynete Oliveira. *Op. cit.*, p. 114-115.
[362] BARROSO, Luís Roberto. *Op. cit.*, p. 126.
[363] SILVA, Luís Virgílio Afonso da. O proporcional e o razoável, p. 33.
[364] CAVALLI, Cássio Machado. A compreensão jurídica do dever de razoabilidade. *Revista Brasileira de Direito Público*. Belo Horizonte, ano 4, nº 13, p. 218-221, abr.-jun./2006.

gir" "precede à análise da adequação, necessidade e da proporcionalidade em sentido estrito". [...] No entanto, conforme afirma Silva, "a corrente *amplamente majoritária – e aqui seguida* – adota a divisão em três sub-regras: adequação, necessidade e proporcionalidade em sentido estrito". E, desse modo, não há como se associar a razoabilidade, entendida como legitimidade dos fins e adequação, à primeira fase da proporcionalidade, sem que a legitimidade dos fins fique a pairar no vazio argumentativo.[365]

Apresentados os dois entendimentos sobre a questão, cabe observar que, a depender do aspecto enfocado na análise, cada autor tem razão na sua proposição. De efeito, se a terceira pauta da razoabilidade ("aceitabilidade social") for considerada autônoma em relação às demais, a assimilação da razoabilidade pela proporcionalidade será apenas parcial, uma vez que essa pauta não integra conceitualmente os exames do postulado tedesco, no que parece ter razão Cássio Cavalli. Por outro lado, se a pauta em testilha não for considerada autônoma, ou seja, se ela não passar de um critério social na avaliação das exigências de legitimidade dos fins e adequação dos meios, a pauta não consistirá num obstáculo à absorção da razoabilidade norte-americana pela proporcionalidade germânica, no que parece justo Virgílio Afonso.

Entretanto, Luís Roberto Barroso registra a existência de certa autonomia da terceira pauta da razoabilidade em relação às demais, impondo concluir que há apenas correspondência parcial entre a razoabilidade norte-americana e a proporcionalidade germânica. De efeito, os dois primeiros exames integram a primeira das três sub-regras da proporcionalidade, ou seja, a exigência de adequação entre meio e fim; contudo, a "aceitabilidade social" é parte elementar apenas do conteúdo significativo da razoabilidade. Na há, portanto, uma absorção da razoabilidade pela proporcionalidade, mas há entre elas pontos em comum – razoabilidade dos fins e compatibilidade dos meios, do lado da razoabilidade; e adequação, do lado da proporcionalidade – e pontos específicos – "aceitabilidade social", do lado da razoabilidade; e necessidade e proporcionalidade em sentido estrito, do lado da proporcionalidade.[366]

2.5.2. PROPOSTA DE UM CONTEÚDO AUTÔNOMO DO POSTULADO NORMATIVO DA RAZOABILIDADE[367]

2.5.2.1. Considerações iniciais

Segundo o dicionário etimológico de Língua Portuguesa, a palavra razoável vem de *rationabilis*, cujo radical *ratio* deriva do verbo *reor*, que, por sua vez, significa contar, calcular, pensar, avaliar, julgar.[368]

Em nosso uso, encontramos diversos significados para o termo: conforme a razão, aceitável, comedido, ponderado, sensato, justo, legítimo[369]; logicamente plau-

---

[365] CAVALLI, Cássio Machado. *Op. cit.*, p. 219-220.
[366] Com já demonstrado, entende-se, divergindo de Cavalli, que a denominada "razoabilidade externa" (legitimidade dos fins) integra sim o conteúdo da primeira sub-regra da proporcionalidade, embora possa também atuar como exigência autônoma.
[367] Um conteúdo autônomo do postulado da razoabilidade é defendido por Ávila, Willis, entre outros.
[368] MACHADO, José Pedro. *Apud* OLIVEIRA, José Roberto Pimenta. *Op. cit.*, p. 116.
[369] Aurélio Buarque de Holanda, *Novo Dicionário Aurélio da Língua Portuguesa*, p. 1.455.

sível, aceitável pela razão, que age de forma razoável, que tem bom-senso, sensato, não excessivo, moderado.[370]

No discurso jurídico, o razoável passou a fazer parte do Direito como qualificador de uma norma posta, que se submete a pautas principiológicas próprias do Direito composto não só por regras, mas por valores e princípios.[371] Nessa acepção, a razoabilidade tem origem, como já assinalado, na acepção material do devido processo legal da tradição jurídica norte-americana, especialmente no controle da discrição administrativa e legislativa; no entanto, o conceito vem galgando na jurisprudência brasileira a autonomia de postulado normativo, para controlar a atuação vinculada da Administração Pública mediante a estruturação aplicativa das normas, em ordem a velar não só pela inviolabilidade da cláusula do devido processo legal, mas também de outros princípios constitucionais. Cumpre, então, buscar o sentido de razoabilidade que a torne apta a cumprir esse papel, certo de que nem todos os sentidos coletados atendem a esse objetivo.

Uma aproximação conceitual da ideia de razoabilidade no fenômeno jurídico revela, logo de início, uma dificuldade em precisar-lhe o significado, pelo seu caráter plurissignificativo e vago. Com efeito, colhem-se da doutrina diversos significados: (i) razoabilidade como vedação ao arbítrio, ao caprichoso (Direito norte-americano), ao inaceitável ou inadmissível (Perelman); (ii) razoabilidade como equidade (Ávila); (iii) razoabilidade como nexo de congruência entre elementos do ato administrativo fora da relação meio-fim (Valeschka Braga, Jane Reis); (iv) razoabilidade como exigência de adequação, necessidade e proporcionalidade em sentido estrito do meio em relação à finalidade (Gilmar Mendes); (v) razoabilidade como compatibilidade entre meio e fim (Direito norte-americano); (vi) razoabilidade como exigência de legitimidade dos fins (Canotilho, Ricardo Aziz, Gustavo Ferreira); (vii) razoabilidade como instrumento de aplicação do princípio da igualdade (Direito norte-americano); (viii) razoabilidade como mecanismo de estipulação da zona de certeza positiva e negativa dos conceitos jurídicos indeterminados (Fábio Corrêa); (ix) razoabilidade como observância da finalidade da lei (Caio Tácito); (x) razoabilidade como *standard* de justiça (Fábio Calcini).

Dentre esses sentidos, interessam mais de perto os que impõem uma estruturação aplicativa das regras e princípios (sintática) e aqueles que dão sentido aos nexos de congruência entre os elementos estruturados (semântica), excluindo, todavia, os que a identifiquem com o postulado da proporcionalidade ou com outros instrumentos jurídicos afins (*v.g.*, desvio de poder). Nessa diretriz, não se alinham às premissas teóricas deste estudo os sentidos retratados nos itens iv, v, vi, viii, ix e x.

Há, porém, quem nega a característica estruturante da razoabilidade. Nicholas Emiliou sustenta que a noção de razoabilidade não se assenta numa base epistemológica extraída da relação entre dois elementos quaisquer da estrutura elementar do ato administrativo. Embora pretenda rejeitar que o núcleo estrutural da razoabilidade seja uma relação entre dois elementos, afirma que o exame da razoabilidade do ato se submete a uma avaliação geral, levando em conta as circunstâncias particulares

---
[370] Antônio Houaiss e Mauro de Salles Villar, *Dicionário Houaiss da Língua Portuguesa*, p. 2.389.
[371] OLIVEIRA, José Roberto Pimenta. *Op. cit.*, p. 123.

da pessoa implicada em sua esfera jurídica na situação.[372] Ora, a noção de razoabilidade para esse autor não deixa de assentar-se sobre uma base relacional, apenas o faz conectando, de um lado, o objeto do ato administrativo e, de outro, a realidade social de aplicação do Direito.

A exclusão dos sentidos de razoabilidade (iv, v e vi) que a identificam total ou parcialmente com a proporcionalidade é uma decorrência do fenômeno da expansão e aprimoramento técnico na utilização do postulado da proporcionalidade. Tal fenômeno se apresenta sob duas dimensões: uma de *natureza jurídico-positiva*, ligada à positivação da proporcionalidade, ou ao menos ao reconhecimento judicial de sua positividade, nas Constituições dos países de perfil democrático, fato esse que se deve à natureza e à universalização dos direitos humanos, cuja titularidade decorre da própria condição de pessoa, na qualidade de "ente qualificado por sua pertinência ao gênero humano";[373] outra, de *natureza dogmático-jurídica*, ligada ao apuramento teórico da proporcionalidade encerrada no juízo tridimensional, como instrumento formal de controle dos atos estatais restritivos de direitos e garantias fundamentais.[374]

Como decorrência dessa expansão, registra-se uma absorção teórica e prática da pauta da *compatibilidade entre medida e finalidade*, notoriamente integrante da razoabilidade segundo a sua matriz histórica, pelo juízo tripartite da proporcionalidade. Com isso, não se está a esvaziar o conteúdo normativo da razoabilidade,[375] porquanto a proporcionalidade possui, no Direito Administrativo, campo de incidência específico e restrito, definido sobre a relação empírica entre medida estatal-finalidade pública, em que se verifica a afetação de direitos e garantias fundamentais.

Note-se bem que não se trata da absorção da razoabilidade pela proporcionalidade, mas tão somente do exame da compatibilidade entre meio e fim, pela exigência da adequação inerente ao exame da proporcionalidade.[376]

A razoabilidade passa a denotar outros juízos de ordem substantiva que transcendem a análise da relação meio-fim e a correlata verificação da adequação, necessidade e proporcionalidade em sentido estrito das restrições a direitos fundamentais.[377] A isso corresponde dizer que o postulado da razoabilidade não atua diretamente sobre os elementos operados no juízo de proporcionalidade, mas sobre elementos

---

[372] EMILIOU, Nicholas. *The principle of proportionality in european law*. London: Kluwer Law International, 1996, p. 39.

[373] BONAVIDES, Paulo. *Curso de direito constitucional*, p. 573-574.

[374] Exemplo disso está na crescente propensão dos tribunais ingleses em fazer uso da proporcionalidade para a correta aplicação do *Human Rights Act*.

[375] Tendo presente esse aspecto, não se justifica o temor de esvaziamento do conteúdo da razoabilidade revelado por CAVALLI, Cássio Machado. *Op. cit.*, p. 222.

[376] Em sentido contrário, ou seja, entendendo não ser possível a identificação da razoabilidade à primeira sub-regra da proporcionalidade, Cássio Cavalli. Observa esse autor que "a verificação da adequação meio-fim, para os norte-americanos, respeita à coerência entre os fins e o meio, ou seja, a restrição de um direito fundamental (meio) é justificada desde que o fim (estado das coisas buscado pelo Estado) seja um interesse estatal irresistível, como se os fins justificassem os meios; ao passo que na Alemanha a adequação meio-fim respeita à verificação de possibilidade fática de alcançar-se o fim através dos meios. [...] Ou seja, já não há, aqui, uma identidade entre a primeira fase da proporcionalidade e a adequação do *test of reasonableness*" (CAVALLI, Cássio Machado. *Op. cit.*, p. 219). No mesmo sentido aqui defendido, SILVA, Luís Virgílio Afonso da. *Op. cit.*, p. 32-33.

[377] PEREIRA, Jane Reis Gonçalves. *Op. cit.*, p. 318.

que tocam a racionalidade do ato ou decisão administrativa de outra maneira, estabelecendo nexos de congruência lógica, empírica e axiológica entre: motivo e objeto, motivo e realidade. Assim, nem toda irracionalidade jurídica decorre de um juízo de desproporcionalidade. Vale mencionar igualmente que nem toda irracionalidade jurídica envolve diretamente ofensa a direitos e garantias fundamentais.

Ao seccionar assim os postulados, verifica-se uma incompatibilidade metodológica entre eles, consistente no dado de que, enquanto ponderação e proporcionalidade são técnicas afins, ponderação e razoabilidade são, ao revés, técnicas incompatíveis, que se excluem mutuamente na hipótese de irrazoabilidade da medida legal. Isso restará esclarecido quando se examinar cada uma das pautas que integram o conteúdo operativo do postulado da razoabilidade.

2.5.2.2. Fundamento lógico e normativo

Não se registra também um consenso na doutrina a respeito do fundamento normativo ou norma-origem do postulado da razoabilidade. Há, todavia, um entendimento majoritário a respeito, que se inspira no Direito norte-americano, segundo o qual o postulado constitui uma emanação jurídica da cláusula do devido processo legal em seu aspecto substancial.[378]

Acredita-se que a definição do fundamento normativo da razoabilidade passa primeiro pela tarefa de encontrar o seu fundamento lógico-semântico, que, no caso, repousa no étimo da palavra *razão* e na própria ideia de Direito. Nessa esteira, calha examinar a conexão de sentido entre razão, radical do termo razoabilidade, e Direito.

Direito e razão não são noções estranhas entre si. Muito pelo contrário, compartilha-se uma percepção clara e imediata de que o Direito tem aversão a toda concepção irracionalista do fenômeno jurídico, donde a sempre presente aspiração humana por um "Direito racional", por um Direito que não se reduza à vontade do mais forte. Mas qual a raiz deste nexo constante entre razão e Direito?[379]

Bobbio procura responder a essa indagação, extraindo das várias definições de Direito uma que considera mínima ou comum a todas elas, a de que o "Direito é o conjunto de regras de conduta que induzem o homem a uma convivência ordenada". Para tanto, condição necessária é "a existência de leis gerais que estabeleçam de ma-

---

[378] PIETRO, Maria Sylvia Zanella di. *Discricionariedade administrativa na Constituição de 1988*. São Paulo: Atlas, 2007, p. 191, observa que, no Direito brasileiro, os autores nacionais associam o princípio da razoabilidade a outros princípios em função da tendência que lhes inspira os trabalhos. Os autores influenciados pela jurisprudência norte-americana ligam o princípio da razoabilidade ao *devido processo legal* e ao da *isonomia*, servindo o princípio mais como limite à discricionariedade na função legislativa. É o caso de San Tiago Dantas, Ada Pellegrini Grinover, Carlos Roberto Siqueira Castro, Suzana de Toledo Barros. Outros seguem mais a linha do Direito francês, espanhol e argentino, e identificam a razoabilidade com o princípio da *proporcionalidade entre os meios e os fins*, colocando-se aquela mais como limite à discricionariedade administrativa. É o caso de Diogo de Figueiredo Moreira Neto, Celso Antônio Bandeira de Mello e Lúcia Valle Figueiredo. É possível destacar deste último grupo uma tendência mais tradicional na tradição romanística, a que conecta o princípio da razoabilidade ao princípio da legalidade estrita, como ocorre com Caio Tácito e Celso Antônio Bandeira de Mello, para quem o desvio de finalidade é uma hipótese de violação ao princípio da razoabilidade. Importa atentar que adiante será rechaçada esta última asserção.

[379] BOBBIO, Norberto. La razón en el derecho (observaciones preliminares). *Doxa*. Alicante, nº. 2, p. 24, 1985.

neira certa o que se deve fazer ou o que se deve evitar". Na tarefa de elaborar essas leis e aplicá-las, a razão, no estatuto de "órgão das verdades evidentes, das conclusões certas, das essências das coisas ou da ordem teleológica do universo, assegura que a prática do Direito não seja arbitrária e possa alcançar o fim que lhe é próprio, o de guiar o homem para uma vida boa em sociedade".[380]

Assim, o fundamento lógico-semântico da razoabilidade assenta-se na ideia de razão, não uma razão exclusivamente lógico-dedutiva, mas uma razão consensual, concreta, baseada na congruência entre os elementos do ato administrativo e entre esses e a realidade social e constitucional.

Por sua vez, a norma que traduz a ideia de correção e adequação na atuação do poder público é a do "devido" processo legal. Com efeito, para que as restrições aos direitos fundamentais sejam consideradas devidas, é imperioso que sejam racionais ou aceitáveis por uma determinada comunidade jurídica.

Como referido, na ordem constitucional brasileira, o devido processo legal não possui a amplitude que assume no Direito norte-americano. De fato, diversos direitos que nesta ordem constitucional foram atribuídos criativamente à cláusula encontram expressa e específica positivação no nosso texto constitucional. Em virtude disso, não há de fato como invocar, sob o ponto de vista jurídico-positivo, a cláusula para fundamentar determinada decisão ou ato administrativo. Porém, há um sentido substancial de caráter residual que instaura o dever de razoabilidade no processo de positivação e concretização do Direito brasileiro, impondo ao legislador e ao intérprete-aplicador o dever de atuar, sempre que possível, de forma justa e aceitável (conteúdo positivo) e, ao mesmo tempo, de abster-se de comportamentos arbitrários, caprichosos e irracionais (conteúdo negativo).

Em razão do caráter sintético da Constituição norte-americana, ou seja, de documento caracterizado pela enunciação geral dos direitos, o adjutório qualificador de "processo legal" chegou a agregar à fórmula o sentido de adequação ao Direito natural de base racional, donde a jurisprudência norte-americana oitocentista extraiu direitos não formalmente previstos, como o direito à privacidade. No Brasil pós-Constituição de 1988, por sua vez, a cláusula traduz a "exigência de adequação da atuação estatal, consistente naquela que atenda às expectativas mínimas de um Estado Democrático de Direito".[381]

2.5.2.3. Razoável e racional

Segundo se depreende do Dicionário de Filosofia de Abbagnano, as palavras *razoável* e *racional* têm a mesma origem etimológica: o termo em latim *rationabilis*, qualificativo daquilo que está em conformidade com a razão. Anota, contudo, que este último vocábulo adquiriu na língua comum um sentido mais específico, a saber, o de que "ser razoável" significa "dar-se conta das circunstâncias e das limitações que elas comportam, renunciando-se a atitudes absolutas, sejam elas teóricas ou práticas".[382]

---

[380] BOBBIO, Norberto. *Op. cit.*, p. 24.
[381] MOREIRA, Egon Bockmann. *Processo administrativo*: princípios constitucionais e a Lei 9.784/99. São Paulo: Malheiros, 2003, p. 264-265.
[382] ABBAGNANO, Nicola. *Dicionário de filosofia*. São Paulo: Martins Fontes, 2000, p. 821 e 830.

No âmbito jurídico, as noções de razoável e racional progressivamente se separaram, a ponto de ostentarem entre si certa autonomia. A introdução do termo razoável na linguagem jurídica tem sua primeira manifestação no Direito anglo-saxão, a partir da consagração do *standard* judicial do *reasonable man*, especialmente utilizado no controle da discricionariedade administrativa e celebrizado no *standard* Wesdnesbury Corporation. Por outro lado, o termo tem escassa utilização e tradição histórica nos sistemas jurídicos romano-germânicos, sintoma do apego a uma razão positiva e abstrata e da visão mecano-dedutivista do processo de interpretação e aplicação da lei, atribuindo-se tal postura perante o Direito à supervalorização do componente racional no fenômeno de concretização do Direito.[383]

No entanto, com os movimentos constituintes da segunda metade do século passado, responsáveis pela principialização e constitucionalização do Direito, os princípios passaram a traduzir a hegemonia normativa nos sistemas jurídicos da *civil law*, o que implicou uma reaproximação entre ética e Direito e, por conseguinte, uma consagração neste da noção de razoável, em arrefecimento do racionalismo centrado no formalismo legal. Calha observar que o Brasil, como integrante da categoria desse sistema, se insere neste contexto de transformação de paradigmas, sobretudo a partir do processo de democratização encetado com a Constituição de 1988.

Na Ciência do Direito, a lógica do razoável foi desenvolvida por Recaséns Siches, na Espanha, e por Chaïm Perelman, na Bélgica. Para ambos, o razoável pertence à lógica material, diz respeito ao conteúdo do ato ou decisão jurídica, e transcende ao elemento puramente racional, uma vez que insuficiente para resolver os problemas humanos. De efeito, igualmente em ambos o termo razoável qualifica um ato ou decisão jurídica cujo conteúdo seja aceitável, à luz dos pontos de vista valorativos, por uma comunidade jurídica historicamente situada. Distanciam-se, todavia, na forma de entender o conteúdo da razoabilidade na concretização do Direito: se de forma estruturada (Siches), ou apenas como limite semântico negativo (Perelman). Enquanto o primeiro caracteriza a lógica do razoável como um conjunto de relações de congruência ou adequação entre realidade social, valores, meios e fins, o segundo considera "desarrazoado o que é inadmissível em uma comunidade em dado momento", constituindo "um limite para qualquer formalismo em matéria de direito".[384]

Para Manuel Atienza, o elemento estritamente racional se manifesta no campo jurídico de quatro maneiras: (i) observância das regras da lógica dedutiva, que vedam a adoção de premissas contraditórias e/ou de premissas sem implicação lógica com a conclusão; (ii) respeito aos princípios da racionalidade prática, tais como, com base em Alexy, princípios da consistência, eficiência, coerência, generalização e sinceridade; (iii) não exclusão da utilização, como premissa, de alguma fonte de direito de caráter vinculante; (iv) não adoção de critérios exclusivamente éticos ou políticos para fundamentar decisivamente o ato ou decisão.

A razoabilidade, por sua vez, se manifesta quando a aplicação dos critérios de racionalidade estrita resultar em: (i) inexistência de solução jurídica; (ii) uma única solução jurídica, mas considerada inaceitável; (iii) mais de uma solução jurídica

---

[383] OLIVEIRA, José Roberto Pimenta. *Op. cit.*, p. 120-121.
[384] PERELMAN, Chaïm. *Ética e direito*. Trad.: Maria Ermantina Galvão. São Paulo: Martins Fontes, 1996, p. 432 e 436.

(incompatíveis entre si). Com base nessa formulação, conclui o jurista espanhol que o racional se apresenta em relação aos casos rotineiros ou claros, enquanto o razoável está presente nos denominados casos difíceis.[385] Dessa lição, cabe enfatizar dois pontos.

Primeiro, que o elemento racional pode tanto dizer respeito ao procedimento quanto à definição do conteúdo da decisão ou ato jurídico. Nesta última hipótese, contribui decisivamente para a substância do ato, ao exigir correção do raciocínio subsuntivo, que possui caráter formal e dedutivo. O dado racional em sentido estrito decorre do núcleo de significação das expressões linguísticas do plano de expressão do Direito, que conota as zonas de certeza positiva e negativa dos termos da lei e do campo de incidência das normas jurídicas.[386] Assim configurada, a racionalidade da atuação administrativa não necessariamente assegura a sua legitimidade, como bem demonstrou Recaséns Siches no célebre exemplo da "estação ferroviária".

Segundo, que o elemento lógico ou racional se manifesta com maior nitidez nos casos considerados simples ou fáceis, para os quais basta externar o raciocínio subsuntivo que conecta a norma geral à norma individual. Não se pense, todavia, estar excluída dessa decisão a contribuição do elemento razoável, cuja função consiste ao menos em placitar a decisão encaminhada pelo elemento racional, o que se perfaz geralmente por meio de juízos implícitos de que a decisão obtida se mostra aceitável ou razoável. O juízo de adequação constitucional da solução haurida dedutivamente é sempre feito pelo intérprete-aplicador. O que nesses casos não costuma ocorrer é a verbalização desse juízo de justificação e, por conseguinte, a passagem para uma fase crítico-justificativa do processo de aplicação do Direito. Vale dizer que, em toda e qualquer aplicação do Direito, o critério razoável sempre se faz presente, ainda que de modo implícito, como sói ocorrer nos casos fáceis.

Nesse sentido, o razoável se revela efetivamente um *plus* ou complemento do elemento racional (casos fáceis). A razoabilidade funciona aqui como critério de aferição da legitimidade da atividade administrativa em face da principiologia constitucional, exatamente por serem insuficientes para assentar a sua validade jurídica os critérios da racionalidade estrita.

No entanto, nem sempre é isso que ocorre.[387] Quando se trata de determinação do conteúdo normativo do ato, o razoável não se revela apenas um complemento do elemento racional. De efeito, se a lógica do racional conduz a resultados substantivamente inaceitáveis, ela não é simplesmente complementada pela lógica do razoável, mas é deslocada por esta, sem, é claro, descurar da coerência interna do raciocínio jurídico. Assim, o razoável, ao invés de somar-se à quota de significação racional da norma objeto de interpretação, na verdade, contribui positiva e decisivamente para o teor da decisão. Isso sucede, principalmente, nos casos difíceis, quando a lógica do razoável tem primazia na determinação da decisão mais adequada à situação, sem se deixar ser a única, porque várias são possíveis. Em suma, o nexo de implicação

---

[385] ATIENZA, Manuel. Para una razonable definición de 'razonable'. *Doxa*. Alicante, nº 4, p. 193-195, 1987.
[386] HART, Herbert L. A. *O conceito de direito*. Lisboa: Fundação Calouste Gulbenkian, 2001, p. 139-143.
[387] OLIVEIRA, José Roberto Pimenta. *Op. cit.*, p. 180-181, assevera primeiramente que "a razoabilidade, indiscutivelmente, é um *plus* em face da racionalidade". Em seguida, no entanto, parece alinhar-se à ideia aqui defendida, ao afirmar que "a noção de razoável ultrapassa a do racional".

lógica é próprio do elemento racional, enquanto o nexo de congruência de sentidos é pertinente ao critério razoável.[388]

Convém, por fim, observar que o razoável não está contido nem é pensado no âmbito da legalidade ou normatividade estrita, como contrariamente o é o elemento racional, caracterizado por conferir racionalidade à atividade administrativa mediante operações de inferência lógico-dedutiva e subsunções relativamente seguras do conceito de fato ao conceito de Direito. Diferentemente, o juízo de razoabilidade acerca da atuação administrativa é a exteriorização de um sentimento jurídico lastreado diretamente em critérios axiológicos obtidos do ordenamento jurídico-administrativo. O critério do razoável é invocado nas hipóteses de incompatibilidade surgida entre esse sentimento e a solução jurídica obtida com base no critério da estrita racionalidade. Aquele critério opera, por sua vez, relacionando conceitos jurídicos num processo de densificação ou concretização, e equilibrando bens e valores jurídicos em tensão, mediante a técnica do sopesamento.[389]

No entanto, alguns administrativistas de escol fundamentam a razoabilidade nos preceitos constitucionais que tratam da legalidade administrativa e/ou na regra de observância da finalidade do ato,[390] situando, dessa forma, a razoabilidade na abrangência conceitual do tradicional princípio da legalidade.[391] Esse pensamento talvez não tenha dado a devida repercussão às diferenciações dicotômicas entre racional e razoável, entre legalidade e juridicidade e entre interpretação e argumentação, obscurecidas mediante o artifício de erigir a *causa do ato* como requisito (no caso, pressuposto) seu, ao lado dos tradicionais requisitos: competência, forma, objeto, motivo e finalidade. Segundo o insigne administrativista Celso Antônio Bandeira de Mello, causa do ato é a "correlação lógica entre o pressuposto (motivo) e o conteúdo do ato em função da finalidade tipológica do ato".[392] Como nexo lógico de pertinência entre motivo e conteúdo do ato, esse novel requisito efetivamente absorve todo o conteúdo normativo e o escopo operacional do postulado normativo

---

[388] PERELMAN, Chaïm. *Op. cit.*, p. 432.

[389] GUASTINI, Riccardo. *Das fontes às normas*, p. 70-71, distingue coerência lógica de congruência: "Enquanto a coerência é uma qualidade negativa (ausência de contradição), a congruência é qualidade positiva [...] enquanto a coerência é conceito de dois valores (um conjunto de proposições ou é coerente ou não é), a congruência é questão de grau (um conjunto de proposições pode ser menos congruente do que um outro, sem, no entanto, ser incongruente)".

[390] Nesse sentido: MELLO, Celso Antônio Bandeira de. *Curso de direito administrativo*, p. 80; TÁCITO, Caio. A razoabilidade das leis. *Revista de Direito Administrativo*. Rio de Janeiro, nº 242, p. 49, out.-dez./2005.

[391] Essa leitura tradicional do princípio da legalidade exige "atividade subalterna à lei; que se subjuga inteiramente a ela; que está completamente atrelada à lei; que sua função [da administração] é tão-só a de fazer cumprir lei preexistente [...]" (MELLO, Celso Antônio Bandeira de. *Op. cit.*, p. 74).

[392] MELLO, Celso Antônio Bandeira de. *Op. cit.*, p. 350. No que é acompanhado por CARVALHO FILHO, José dos Santos. *Manual de direito administrativo*. Rio de Janeiro: Lumen Juris, 2006, p. 29, que assim sustenta seu entendimento: "[...] alguns estudiosos indicam que *a razoabilidade vai se atrelar à congruência lógica entre as situações postas e as decisões administrativas*, parece-nos que a falta da referida congruência *viola, na verdade, o princípio da legalidade*, porque, no caso, ou há vício nas razões impulsionadoras da vontade, ou o vício estará no objeto desta. A falta de razoabilidade, na hipótese, é puro reflexo da inobservância de requisitos exigidos para a validade da conduta". Também vislumbra a *causa do ato* como elemento do ato administrativo, OLIVEIRA, Regis Fernandes de. *Ato administrativo*. São Paulo: Revista dos Tribunais, 2001, p. 70.

da razoabilidade,[393] que é transplantando, diga-se apenas formalmente, para o plano da legalidade. Esse mecanismo, contudo, não realiza a alquimia de converter todo o razoável – campo de aplicação dos postulados normativos e, portanto, da discursividade – no racional – campo de aplicação da legalidade conceitual e subsuntiva.

Afinal, quem acredita em poder extrair a razoabilidade, critério que opera diretamente com premissas axiológicas de assento constitucional, do plano da legalidade parece não atentar para o fato de que a legalidade administrativa infraconstitucional é escassa de normas-princípio e repleta de normas-regra, além de a sua racionalidade ser marcadamente conceitual, subsuntiva e silogística.

2.5.2.4. Razoabilidade externa ou legitimidade constitucional da medida legal: falsa hipótese de postulado normativo?

Humberto Quiroga Lavié notou haver duas dimensões no exame da razoabilidade das leis restritivas de direito: uma interna e outra externa em relação à estrutura elementar da medida estatal. A primeira, (i) *razoabilidade interna*, consiste (i.1) na "devida proporcionalidade técnica e social que deve haver entre os motivos determinantes da lei e o fim social que se propõe a alcançar" e (i.2) na exigência de "proporcionalidade entre a medida e o fim buscado". A segunda, (ii) *razoabilidade externa*, consiste, por sua vez, na "exigência de que a lei satisfaça o sentido comum jurídico da comunidade expresso nos valores adotados na Constituição".[394]

Embora essa formulação teórica tenha sido concebida para as leis estatais, ela igualmente se aplica ao exame da razoabilidade no âmbito da atuação administrativa, porquanto não há atuação estatal normativa que não se dê diante de determinados motivos ou circunstâncias concretas, que não vise à realização de determinados fins, a serem atingidos mediante a adoção de certos meios, e que não deva respeitar as regras e princípios constitucionais.

Interessa neste tópico esquadrinhar a razoabilidade externa, que reclama a congruência da medida legislativa aos fins e valores constitucionais.

A irrazoabilidade externa é hipótese de incompatibilidade direta da medida legal com a Constituição, ensejada pela vulneração do núcleo essencial de valores consagrados em princípios constitucionais.

Para Ana Paula de Barcellos, a área nuclear ou o núcleo essencial de um princípio jurídico tem natureza de regra, pois que predetermina os efeitos do princípio e as condutas necessárias ao seu atingimento. Essa natureza decorre da pretensão de inviolabilidade do núcleo essencial do princípio, que lhe confere a nota de definitividade caracterizadora das regras jurídicas.[395] Segundo esse entendimento, o conflito de normas assim delineado (regra legal e "regra constitucional") se resolve pelo critério hierárquico, dispensando a estruturação aplicativa das regras em conflito à base de normas metódicas, ou seja, de postulados normativos. Por essa razão, a exi-

---

[393] Acolhendo a "lógica do razoável" de Recaséns Siches, Lúcia Valle Figueiredo define o princípio da razoabilidade como "a congruência lógica entre o fato (o motivo) e a atuação concreta da Administração" (FIGUEIREDO, Lúcia Valle. *Curso de direito administrativo*. São Paulo: Malheiros, 2004, p. 50).

[394] LAVIÉ, Humberto Quiroga. *Curso de derecho constitucional*. Buenos Aires: Depalma, 1985, p. 40-43.

[395] Segundo BARCELLOS, Ana Paula de. *Ponderação, racionalidade e atividade jurisdicional*, p. 180.

gência de razoabilidade externa não tem a natureza de postulado normativo. A pauta informa tão somente o cotejo do conteúdo da regra legal em face dos fins e valores constitucionais, fazendo vergar aquela, norma de hierarquia inferior, em deferência a estes, normas de patamar superior.

Uma das hipóteses de razoabilidade externa pode ser identificada no mandamento da *proibição de excesso*, o qual proíbe a restrição excessiva de qualquer direito fundamental, ou seja, que lhe atinja o núcleo essencial a ponto de retirar-lhe o mínimo de eficácia.[396] Se é assim, a proibição de excesso não tem a natureza de postulado normativo, contrariamente ao que sustenta Humberto Ávila.[397-398]

O raciocínio jurídico que faz uso da razoabilidade externa apresenta o seguinte conteúdo: (i) delimitação do núcleo essencial de valores constitucionais possivelmente afetados com a medida legislativa; (ii) constatação argumentativa da afetação da área nuclear do princípio; (iii) em caso de afetação, declaração da irrazoabilidade externa da lei, por contrariar norma de hierarquia superior. Nota-se que o raciocínio jurídico aplicativo da razoabilidade externa abstrai-se tanto da legitimidade constitucional da finalidade da lei como da adequação da medida legal a esta finalidade.

Alguns exemplos ajudam a esclarecer a natureza da pauta da razoabilidade externa.

Diante da impossibilidade de conter a degradação acelerada da qualidade da vida urbana (motivo), a autoridade municipal passou a impedir o ingresso nos limites da cidade de qualquer não residente que não fosse capaz de provar estar apenas em trânsito (meio), com o que reduziria significativamente a demanda por moradia e infraestrutura urbana (fim).[399] A toda evidência, conclui Luís Roberto Barroso a respeito do exemplo, a lei com esse teor contraria os princípios federativos, da igualdade etc.

O Supremo Tribunal Federal já empregou o controle da razoabilidade externa. A Segunda Turma, por maioria de votos, considerou que a manifestação cultural catarinense conhecida como "farra do boi" ofendia os valores e princípios que informam o comando do art. 225, inciso VII, da Constituição,[400] sobretudo porque tal

---

[396] Essa definição foi elaborada por ÁVILA, Humberto. *Teoria dos princípios*, p. 133-137. Dessa forma, o jurista gaúcho distingue a proibição de excesso do postulado da proporcionalidade.

[397] Também em sentido discordante, MENKE, Cassiano. *A proibição aos efeitos de confisco no direito tributário*. São Paulo: Malheiros, 2008, p. 77. Segundo o autor, o postulado da proibição de excesso "estrutura a aplicação das regras e princípios que veiculam o interesse público – tributário – juntamente aos princípios pelos quais os direitos fundamentais se exteriorizam. Por isso, encontra-se num plano diverso do das regras e princípios, servindo de método a ser observado quando da sua aplicação".

[398] É oportuno, neste momento, fazer um esclarecimento a respeito da distinção entre o postulado da proporcionalidade e o denominado princípio da proibição de excesso quanto aos aspectos *discursivo* e *material*. Como já anotado, sob o ponto de vista da estruturação discursivo-aplicativa, não há como confundir esses instrumentos de busca da correção interpretativa do Direito. É que, ao contrário do postulado da proporcionalidade, a aplicação do princípio da proibição de excesso não põe em causa a legitimidade constitucional do fim perseguido nem a adequação da medida legislativa a este fim. Mas não se nega que, sob a perspectiva material, toda medida estatal que contrarie o mandamento da proibição de excesso fatalmente será considerada desnecessária ou desproporcional em sentido estrito.

[399] O exemplo é fornecido por BARROSO, Luís Roberto. Os princípios da razoabilidade e da proporcionalidade no direito constitucional. *Revista Forense*, ano 92, vol. 336, p. 130, out.-dez./1996.

[400] "Art. 225. Todos têm direito ao meio ambiente ecologicamente equilibrado, bem de uso comum do povo e essencial à sadia qualidade de vida, impondo-se ao Poder Público e à coletividade o dever de defendê-lo e preservá-lo para as futuras gerações. [...] VII - proteger a fauna e a flora, vedadas, na for-

prática submete os animais à crueldade.[401] O direito constitucional à manifestação cultural foi também suscitado na espécie, mas não chegou a ser ponderado com os princípios e valores ligados à proteção do meio ambiente, uma vez que a gravidade da ofensa a estas normas já bastava para decretar a irrazoabilidade externa da condenável prática.

2.5.2.5. Razoabilidade-igualdade

Parece haver uma simbiose conceitual e funcional entre razoabilidade e igualdade, em prol dos direitos fundamentais e do aprimoramento democrático do Estado brasileiro, sobretudo quando se destina a proibir classificações legislativas arbitrárias de pessoas, coisas e situações. Essa ligação, cultivada inicialmente na jurisprudência norte-americana, se manifesta no conteúdo e na operabilidade de ambas as normas, de modo que o razoável é parâmetro de aferição da legitimidade das discriminações legais, enquanto, por outra perspectiva, a igualdade é uma das vertentes do devido processo legal substantivo e, por conseguinte, da razoabilidade.[402]

Essa pauta se mostra fecundo instrumento de aplicação e de aferição da igualdade material, relativa ou proporcional,[403] na medida em que propugna estabelecer uma congruência entre o critério de diferenciação e a finalidade da distinção (tratamento jurídico diferenciado). O critério axiológico geralmente utilizado para conectar esses elementos é o senso comum de arbitrariedade, consubstanciando, dessa forma, um limite negativo às classificações legislativas. Daí já haverem identificado o princípio da igualdade ao princípio da proibição do arbítrio. Canotilho observa que, em vários acórdãos do Tribunal Constitucional Português, somente se considerou violado o princípio da igualdade quando a desigualdade de tratamento foi qualificada de arbitrária, significando que a disciplina jurídica diferenciada não se baseou em fundamento sério, ou não teve um sentido legítimo ou estabeleceu-se sem um fundamento razoável.[404]

Por certo, o conteúdo significativo da igualdade não se esgota na proibição do arbítrio.[405] Nesse sentido parece caminhar a recente evolução da jurisprudência do Tribunal Constitucional português, ao afirmar que "'a teoria da proibição do arbítrio' não é um critério definidor do conteúdo da igualdade, antes expressa e limita a

---

ma da lei, as práticas que coloquem em risco sua função ecológica, provoquem a extinção de espécies ou submetam os animais a crueldade."

[401] STF, RE nº 153531-SC, 2ª Turma, Rel. Francisco Rezek, Relator para o acórdão Marco Aurélio, j. 03.06.1997, DJU 13.03.1998.

[402] Em razão dessa íntima conexão entre razoabilidade e igualdade, procurar-se-á demonstrar que a razoabilidade constitui instrumento para aferir se o fundamento da diferenciação justifica o tratamento jurídico discrepante.

[403] O princípio da igualdade tem dupla significação: (i) uma formal (*igualdade perante a lei*), que se destina aos aplicadores da lei (judiciário e executivo), ordenando-lhes que confiram igual tratamento, segundo as consequências jurídicas da regra discriminadora, a todos aqueles que se encontrem na mesma situação descrita no suporte fático da regra; (ii) outra material (*igualdade na lei*), que se destina aos criadores da lei (legislativo, executivo), impedindo-lhes o estabelecimento de discriminações entre pessoas, coisas e situações que não se respaldem em um fundamento razoável.

[404] CANOTILHO, J. J. Gomes. *Op. cit.*, p. 401.

[405] Além do princípio da proibição do arbítrio, o princípio da igualdade tem outras duas vertentes significativas: princípio da proibição de discriminações e princípio da obrigação de diferenciações (*ibidem*, p. 1217).

competência do controlo judicial". Pelo seu caráter de critério essencialmente negativo, a operar apenas nos casos de flagrante e intolerável desigualdade, a proibição do arbítrio significa uma autolimitação do juiz em face da liberdade de conformação do legislador.

Sendo o arbítrio a forma mais extrema de injustiça, a atuação do princípio da igualdade que não atinja esse limite reclama novos critérios de valoração dos fundamentos e das finalidades justificadoras de soluções diferenciadas.[406] Um dos critérios utilizados para conferir racionalidade à desequiparação consiste em submetê-la ao juízo tridimensional da proporcionalidade tedesca, ou seja, o tratamento jurídico diferenciado é aferido à luz dos exames de adequação entre o critério diferenciador e a finalidade da distinção, e pelos testes de necessidade e proporcionalidade em sentido estrito.[407] Considerando que a base epistemológica de incidência do postulado da proporcionalidade consiste numa relação de causalidade empírica entre meios e fins concretos,[408] claro está que essa opção doutrinária de avaliação da congruência entre fator e finalidade do discrímen se faz à custa da desfiguração dos conteúdos das máximas parciais da proporcionalidade.

Com efeito, o fator de discriminação não causa, promove ou fomenta a finalidade da distinção. Ilustra-se a afirmação com um exemplo: duas pessoas podem ser consideradas diferentes segundo o critério da capacidade contributiva, desde que a distinção tenha por finalidade saber quem deve pagar impostos; cabe notar que seriam iguais se, à base desse mesmo critério, a finalidade fosse votar nalguma eleição ou ingressar no serviço público.[409] Assim, não se pretende examinar, de um lado, se a capacidade contributiva promove a finalidade de pagar imposto ou, de outro, se ela não fomenta a finalidade de votar nas eleições ou de ingressar no serviço público, mas se tenciona saber se entre esses elementos existe uma congruência lógica de sentido que consinta o tratamento diferenciado. Como se vê, não se nega haver uma relação de correspondência entre esses elementos, mas se objeta que ela possa ser estruturada pelas pautas da proporcionalidade alemã.[410]

---

[406] CANOTILHO, J. J. Gomes. *Op. cit.*, p. 401-402.

[407] Assim procedem: BARROSO, Luís Roberto. Interpretação e aplicação da Constituição, p. 244-246; BARROS, Suzana de Toledo. O princípio da proporcionalidade e o controle de constitucionalidade das leis restritivas de direitos fundamentais. Brasília: Brasília Jurídica, 2003, p. 189, 193-194. Esses juristas fundam igualmente o exame da desequiparação jurídica em base epistemológica inadequada e não veem incongruência alguma na utilização da proporcionalidade na verificação da legitimidade do tratamento jurídico diferenciado. Segundo a autora: "Para que algo tenha ou não tenha a propriedade de ser uma razão suficiente para uma distinção de tratamento, antes de mais nada deve propiciar a obtenção do fim eleito pelo legislador, o qual, por sua vez, deve agasalhar um valor ou bem tutelado pela Constituição. Isto quer dizer que o intérprete, depois de averiguar se o fim F realiza um valor constitucional, deve comprovar se a distinção de tratamento D é um meio para a obtenção do fim F, pois, do contrário, os efeitos da norma não realizarão F como pretendido pelo legislador". No mesmo sentido, STEINMETZ, Wilson Antônio. Colisão de direitos fundamentais e princípio da proporcionalidade, p. 181-182, para quem a proporcionalidade é o "modelo metódico de controle" da igualdade. Em sentido contrário, ou seja, acorde ao aqui defendido, ÁVILA, Humberto. *Op. cit.*, p. 137-138.

[408] ÁVILA, Humberto. *Op. cit.*, p. 149-150.

[409] *Ibidem*, p. 138.

[410] Não se está com isso a negar a íntima conexão entre igualdade e proporcionalidade, já evidenciada por Paulo Bonavides (*op. cit.*, p. 434) e San Tiago Dantas (*op. cit.*, p. 367). Apenas se sustenta que as máximas parciais da proporcionalidade não se mostram adequadas à aferição da legitimidade de lei que estabelece tratamento jurídico diferenciado em relação a pessoas, coisas e situações. Assim como Paulo Bonavides, Willis Santiago vislumbra a proporcionalidade como uma dimensão da igualdade,

As inconsistências na utilização da proporcionalidade, para o fim de constatar se tratamentos jurídicos diferenciados são ou não compatíveis com a igualdade, têm fundamento lógico-estrutural. É que o postulado da razoabilidade-igualdade tem sua base epistemológica centrada na relação motivo-objeto, e não na relação objeto-fim (cf. figura no fim deste capítulo), esta, própria do postulado da proporcionalidade. Com efeito, o motivo da lei ou ato administrativo é informado pelo critério que fundamentou a distinção, enquanto o tratamento diferenciado conferido em razão do critério distintivo constitui o próprio objeto da atuação estatal. Como se nota, a análise da razoabilidade da distinção centra-se na relação critério/tratamento, ou seja, na relação motivo/objeto. Esse nexo estrutural, no entanto, não deixa de ser *modulado* semanticamente pela finalidade última da medida estatal, que, tenha-se presente, é sempre a mesma: promover a realização do princípio da igualdade (aqui princípio jurídico, e não postulado normativo[411]).

Vislumbra-se também que o exame tripartite de dado tratamento jurídico discrepante não acresce racionalidade perceptível à análise. Afinal de contas, a congruência de sentido entre critério e finalidade não se deixa aferir de forma fragmentada à base dos testes parciais da proporcionalidade. É claro que, se a medida estatal desigualadora tiver uma finalidade exterior voltada para a concretização do princípio da igualdade, o problema pode ser analisado também com base no postulado da proporcionalidade.[412] Do quanto exposto, resta aqui perquirir qual parâmetro seria adequado ao controle das desequiparações jurídicas em face do princípio da igualdade.[413]

Nesse mister, é oportuno, inicialmente, fazer algumas incursões no Texto Constitucional pátrio. Se, por um lado, a Constituição estabelece o dever geral de

---

qual seja, a igualdade relativa, proporcional, geométrica, em contraposição à igualdade absoluta, formal, estrita (GUERRA FILHO, Willis Santiago. Sobre princípios constitucionais gerais: isonomia e proporcionalidade. *Revista dos Tribunais*, ano 84, vol. 719, p. 60, set./1995). Karl Larenz relaciona igualdade e proporcionalidade da seguinte forma: enquanto a igualdade formal rege a atribuição dos direitos civis e políticos, a igualdade proporcional dirige a distribuição de deveres e ônus correlatos (justiça distributiva). Observa esse autor, contudo, que há um sentido próprio da proporcionalidade que não se contém no campo significativo da igualdade, que é o da "proibição de excesso" (LARENZ, Karl. *Derecho justo*, p. 141, 144-145).

[411] Além de funcionar como postulado normativo, estruturando a aplicação do Direito em função de elementos e da relação entre eles, a igualdade funciona também como princípio, instituindo um estado igualitário como fim a ser promovido (ÁVILA, Humberto. *Op. cit.*, p. 137).

[412] A proposta conceitual do princípio da igualdade feita por Humberto Ávila contempla a finalidade da distinção como elemento exterior ao Direito, ou seja, perceptível fora do âmbito jurídico. Para ele, "a igualdade é uma relação entre dois ou mais sujeitos em razão de um critério que serve a uma finalidade" (ÁVILA, Humberto. *Teoria da igualdade tributária*. São Paulo: Malheiros, 2008, p. 40 e 64).

[413] Em sentido discordante, BARROS, Suzana de Toledo. *Op. cit.*, p. 189, entende que não há incongruência na utilização do princípio da proporcionalidade para o fim de constatar se as distinções de tratamento são ou não compatíveis com o princípio da igualdade, porquanto a proporcionalidade "constitui um parâmetro por excelência e não uma medida em si". A propósito, CANOTILHO, J. J. Gomes. *Op. cit.*, p. 1216-1217, observa que, "nos tempos mais recentes tende-se a reforçar a metódica de controle do princípio da igualdade através do princípio da proporcionalidade (em sentido amplo). Talvez seja mais correto dizer que se exige aqui um esquema de fundamentação e controle conducentes, em termos gerais, aos mesmos resultados obtidos pela utilização do princípio da proibição do excesso em sede de restrição de direitos. O controle metódico da desigualdade de tratamento terá de testar: (1) a legitimidade do fim do tratamento desigualitário; (2) a adequação e necessidade desse tratamento para a prossecução do fim; (3) a proporcionalidade do tratamento desigual relativamente aos fins obtidos (ou a obter)".

não discriminação (art. 5º, *caput,* e art. 3º, IV), apontando fatores de discriminação que especialmente reprova (origem, raça, sexo, cor, idade etc.); por outro, parecem legítimas algumas classificações legislativas fundadas assim mesmo em tais critérios. Para Celso Antônio Bandeira de Mello, o que determina a legitimidade de uma regra em face do preceito isonômico não é a impossibilidade jurídica de se erigirem como fator de discrímen determinadas características alojadas nas pessoas (*v.g.* origem, raça, sexo), coisas ou situações, mas sim se existe "um vínculo de correlação lógica entre a peculiaridade diferencial acolhida por residente no objeto e a desigualdade de tratamento em função dela conferida", e desde que "tal correlação não seja incompatível com os interesses prestigiados na Constituição".[414]

Essa correlação intrínseca ao ato (critério e finalidade da distinção presentes na lei) é balizada pelo postulado da razoabilidade, enquanto a correlação extrínseca (lei e Constituição) o é pela razoabilidade externa, já discutida.

É, portanto, a razoabilidade que servirá de instrumento metódico de controle da observância do princípio da igualdade. A razoabilidade erige-se, então, como parâmetro de aferição da legitimidade constitucional do tratamento jurídico diferenciado. Mas sob que condições poder-se-á afirmar que determinada lei desequiparadora é ou não razoável?

Não há dúvida de que o nexo de congruência entre critério de discrímen e finalidade da diferenciação traduz tanto um juízo de caráter lógico-causal (*v.g.*, na concretização do princípio da igualdade, é lógico que quem tem maior capacidade contributiva deva pagar mais imposto, e não o contrário), quanto um juízo do tipo estimativo (*v.g.*, quanto quem ganha mais deve pagar em relação ao que ganha menos).[415]

Tratando exclusivamente de saber quando determinada lei ou ato normativo desequiparador é discriminatório, o postulado da razoabilidade pode apenas estruturar a aplicação da norma discriminadora em face do princípio da igualdade e evidenciar o caráter lógico-causal da relação de congruência.[416] Ele não resolve o problema da valoração que leva a afirmar que determinado fator diferenciador, e não outro, é congruente para deferir um tratamento distintivo a pessoas, coisas ou situações, mas resolve a questão quando informa inexistir a congruência, porque socialmente

---

[414] MELLO, Celso Antônio Bandeira de. *Conteúdo jurídico do princípio da igualdade.* São Paulo: Malheiros, 2003, p. 17.

[415] É corrente a afirmação de que o princípio da progressividade é manifestação do princípio da igualdade no âmbito da tributação do imposto sobre a renda. Nesse passo, a observância do princípio da igualdade reclama, por imperativo lógico-causal, que exista um escalamento mínimo das alíquotas de tributação. Todavia, esse mesmo critério não chega a informar quantos níveis de renda devem compor esse escalonamento, decisão essa a cargo de um juízo valorativo.

[416] Dignos de registro os testes engendrados por Celso Antônio Bandeira de Mello, os quais também estruturam argumentativamente a aplicação do princípio: "Para que um discrímen legal seja conviviente com a isonomia [...] impende que concorram quatro elementos: a) que a desequiparação não atinja de modo atual e absoluto, um só indivíduo; b) que as situações ou pessoas desequiparadas pela regra de direito sejam efetivamente distintas entre si, vale dizer, possuam características, traços, *nelas residentes,* diferenciados; c) que exista, em abstrato, uma correlação lógica entre os fatores diferenciais existentes e a distinção de regime jurídico em função deles, estabelecida pela norma jurídica; d) que, in concreto, o vínculo de correlação supra-referido seja pertinente em função dos interesses constitucionalmente protegidos, isto é, resulte em diferenciação de tratamento jurídico fundada em razão valiosa – ao lume do texto constitucional – para o bem público." (MELLO, Celso Antônio Bandeira de. *Op. cit.*, p. 41).

inaceitável a medida discriminadora.[417] Por essa razão, sobressai ainda na aplicação do princípio da igualdade o critério axiológico negativo da arbitrariedade. Assim, uma discriminação é considerada irrazoável se for arbitrária. Mas não somente nessa hipótese. É que, sob certos pontos de vista valorativos, o que não parece arbitrário pode assim mesmo ser considerado irrazoável. A despeito disso, verifica-se, na atividade fundamentadora de nossos Tribunais, que a decisão que proclama irrazoável certa desequiparação desemboca quase sempre na mesma justificativa: a arbitrariedade. Ou trata-se de uma autolimitação do julgador. Ou cuida-se de recurso retórico para aparentar legítima a inobservância pelo juiz da decisão fundamental do legislador.

Volvendo-se, por fim, para a atuação da nossa Corte Suprema, verifica-se uma tendência da jurisprudência constitucional de aplicar o teste da razoabilidade na avaliação de distinções, inclusive as baseadas em fatores constitucionalmente suspeitos, para saber se elas se conformam ao princípio da isonomia. Sob a influência das formulações doutrinárias de Celso Antônio Bandeira de Mello, o Tribunal, no RMS nº 21.033-DF, entendeu que a utilização do fator etário como critério de admissão em cargo, emprego ou função não está *a priori* vedada pelo art. 7º, XXX,[418] da Constituição, uma vez que a existência de congruência entre critério e finalidade da distinção deve ser examinada, mesmo nessa hipótese, com base na razoabilidade. No ponto, divergiu o Ministro Marco Aurélio, assentando que, à vista da regra especial constante do dispositivo constitucional, não mais seria possível fixar critério de admissão com base no fator etário.[419]

Noutro julgamento, ADI nº 2.019-MS, o Supremo Tribunal Federal declarou a inconstitucionalidade de lei do Estado do Mato Grosso que estabelecera programa de pensão mensal a crianças geradas a partir de estupro. Afirmou-se, na ocasião, falta de razoabilidade na discriminação estabelecida na lei, por ter erigido, como pressuposto do benefício assistencial, não o estado de necessidade dos beneficiários, mas as circunstâncias em que foram eles gerados.[420]

2.5.2.6. Razoabilidade-congruência

Aqui, a razoabilidade exige, para qualquer medida, "a recorrência a um suporte empírico existente",[421] que se traduza em causa justificadora da estatuição legal. Essa causa, que deve integrar o motivo do ato normativo ou administrativo, sob pena

---

[417] ALEXY, Robert. *Teoría de los derechos fundamentales*, p. 398-401, afirma que é necessário que exista uma "razão suficiente" para a permissão ou obrigatoriedade de uma diferenciação, mas o que é "razão suficiente" depende de pontos de vista valorativos. LARENZ, Karl. *Derecho justo*, p. 142-143, fala em "causa objetiva", sem apontar parâmetros para a sua identificação.

[418] "Art. 7º São direitos dos trabalhadores urbanos e rurais, além de outros que visem à melhoria de sua condição social. [...] XXX – a proibição de diferença de salários, de exercício de funções e de critério de admissão por motivo de sexo, idade, cor ou estado civil;"

[419] STF, Recurso em MS nº 21.033-DF, Pleno, Rel. Min. Carlos Velloso, j. 01.03.1991, DJU 11.10.1991.

[420] STF, ADI nº 2019-MS, Pleno, Rel. Min. Ilmar Galvão, j. 02.08.2001, DJU 21.06.2002.

[421] ÁVILA, Humberto. *Op. cit.*, p. 143. Esse autor atribui um segundo sentido à razoabilidade-congruência, que exige uma congruidade entre o critério de diferenciação escolhido e a medida adotada. Na verdade, o sentido apontado integra o conteúdo significativo da razoabilidade-igualdade, como evidenciam os exemplos fornecidos pelo jurista gaúcho e a própria definição da razoabilidade como congruência.

de incongruência deste (cf. figura no fim deste capítulo), é haurida da sistemática ou definição legal de determinado instituto jurídico ou da natureza das coisas pertinentes à realidade física ou social.

Trata-se de hipótese de violação ao princípio da realidade no plano da legalidade vinculante, e não no exercício da competência discricionária, âmbito no qual o princípio foi originalmente pensado por Diogo de Figueiredo Moreira Neto.[422] É no âmbito da atuação vinculada da Administração que o dever de estruturação defluente dos postulados normativos se afigura de forma mais saliente e valiosa, porquanto não só os princípios jurídicos têm sua aplicação estruturada, como sucede na atuação discricionária, mas também a tem a regra legal vinculante.

Por essa conexão com o princípio da realidade, a razoabilidade-congruência revela-se fecundo instrumento no controle da legitimidade das ficções jurídicas e das presunções legais.[423]

Segue um exemplo de atuação do postulado normativo no âmbito da atividade vinculada, por meio do qual se evidencia presunção tributária carente de causa justificadora do primeiro tipo. Como sugere o critério de razoabilidade, não basta a previsibilidade legal da presunção para que se afirme a regularidade na aplicação da norma jurídica tributária no tocante à conduta que realiza o fato gerador do tributo. É preciso perquirir, focando a estrutura do argumento silogístico que governa a feitura da presunção,[424] se a lei da experiência fundante da presunção, a qual se erigiu à normatividade, tem incidência lógica em todos os casos contidos na generalidade da lei que fixou dada presunção tributária.

A presunção absoluta de distribuição automática aos sócios da receita considerada omitida, prevista no art. 739, *caput*,[425] do extinto Regulamento do Imposto de Renda, de 1994 (RIR/94), aprovado pelo Decreto nº 1.041, de 11.01.1994, não se aplica à hipótese de omissão de receita fundada em saldo credor de caixa, prevista, por sua vez, no art. 228 do mesmo regulamento.[426] Isso porque o que se presume distribuído aos sócios é exatamente o estouro de caixa, ou seja, o montante em que os desembolsos suplantaram os ingressos no caixa da empresa. Se os desembolsos se deram em razão da mantença da atividade produtiva do contribuinte, não poderiam ser distribuídos aos sócios, como contrariamente infere a lei (princípio da verdade

---

[422] MOREIRA NETO, Diogo de Figueiredo. *Legitimidade e discricionariedade*, p. 60.

[423] Para que seja constitucional a utilização das presunções na criação de obrigações, vários os princípios a serem observados, entre eles o da razoabilidade (FERRAGUT, Maria Rita. *Presunções no direito tributário*. São Paulo: Quartier Latin, 2005, p. 139, 178-179).

[424] BONILHA, Paulo Celso B. *Da prova no processo administrativo tributário*. São Paulo: Dialética, 1997, p. 92-93.

[425] "Art. 739. Está sujeita à incidência do imposto, exclusivamente na fonte, à alíquota de 25%, a receita omitida ou a diferença verificada na determinação dos resultados da pessoa jurídica por qualquer procedimento que implique redução indevida do lucro líquido, a qual será considerada automaticamente recebida pelos sócios, acionistas ou titular da empresa individual, sem prejuízo da incidência do imposto da pessoa jurídica (Lei nº 8.541/92, art. 44)."

[426] "Art. 228. O fato de a escrituração indicar saldo credor de caixa ou a manutenção, no passivo, de obrigações já pagas, autoriza presunção de omissão no registro de receita, ressalvada ao contribuinte a prova da improcedência da presunção (Decreto-lei nº 1.598/77, art. 12, § 2º)."

material).⁴²⁷ O exemplo fornecido chama a atenção para o perigo do automatismo irrefletido na interpretação e aplicação da letra fria da lei.⁴²⁸

Um segundo exemplo de lei destituída também do primeiro tipo de causa foi examinado no julgamento da Medida Cautelar na ADI nº 1.158-AM, quando o Supremo Tribunal Federal suspendeu os efeitos de lei do Estado do Amazonas que instituiu adicional de férias de um terço para inativos. Ora, faz *jus* a adicional de férias somente quem tem direito a férias. E os inativos não o têm. Por essa razão, a norma legal foi considerada ofensiva ao princípio da razoabilidade.⁴²⁹

Lei destituída do segundo tipo de causa também foi examinada pela Corte Suprema. No julgamento da Medida Cautelar na ADI nº 2.667-DF, o Supremo Tribunal Federal suspendeu os efeitos de lei do Distrito Federal que determinava ao estabelecimento de ensino a emissão de certificado de conclusão do Ensino Médio em favor de alunos da terceira série que, independentemente do número de aulas cursadas, comprovassem aprovação em vestibular para ingresso em curso de nível superior. O Relator Ministro Celso de Mello entendeu que a lei distrital [...] veiculou norma destituída de qualquer coeficiente de razoabilidade, pois, sem base legítima, inverteu, de modo inteiramente arbitrário, a *ordem natural de formação acadêmica* dos alunos, ao atribuir-lhes, independentemente da frequência, o direito à expedição do certificado de conclusão do curso de Ensino Médio, uma vez aprovados em vestibular.⁴³⁰

2.5.2.7. Razoabilidade-equivalência

No âmbito também da relação motivo/objeto que estrutura a atividade estatal (cf. figura no fim deste capítulo), a razoabilidade contém uma vertente significativa que tenciona conferir certa racionalidade à atuação estatal de caráter retributivo, punitivo ou não.⁴³¹

---

⁴²⁷ ALBUQUERQUE JÚNIOR, Raimundo Parente de. Nulidades no lançamento tributário. *Prêmio Schöntag da Receita Federal do Brasil*, 2006, 2º lugar, p. 86. Disponível em: <www.receita.fazenda.gov.br>. Acesso em: 30 abr. 2008.

⁴²⁸ Esse automatismo se vê em algumas decisões do Conselho de Contribuintes do Ministério da Fazenda (hoje, CARF), como se observa na seguinte ementa de acórdão: IRPJ E CONTRIBUIÇÃO SOCIAL SOBRE O LUCRO. OMISSÃO DE RECEITAS. SALDO CREDOR DE CAIXA. LUCRO PRESUMIDO. FORMA DE TRIBUTAÇÃO. A constatação da ocorrência de saldo credor na conta Caixa, sem que o sujeito passivo comprove erros na escrituração e na conciliação da conta, autoriza a presunção de omissão de receita. O valor da receita omitida não comporá a determinação do lucro presumido, nem a base de cálculo da contribuição social sobre o lucro, sendo tributado em separado. Tal regra não configura penalidade, sendo incabível a aplicação do disposto no art. 106, II, - c -, do CTN, em face da revogação posterior da norma. DECORRÊNCIA. *IRRF*, CSLL, COFINS E CONTRIBUIÇÃO PARA O PIS. Tratando-se de lançamentos reflexos, a decisão prolatada no lançamento matriz é aplicável, no que couber, aos decorrentes, em razão da íntima relação de causa e efeito que os vincula. (Primeiro Conselho de Contribuintes, processo nº 10935.000467/99-94, 5ª Câmara, sessão de 10.09.2000).

⁴²⁹ STF, MC na ADI 1.158-AM, Pleno, Rel. Min. Celso de Mello, j. 19.12.1994, DJU 26.05.1995.

⁴³⁰ STF, MC na ADI 2.667-DF, Pleno, Rel. Min. Celso de Mello, j. 19.06.2002, DJU 12.03.2004.

⁴³¹ A relação motivo/objeto se manifesta de várias maneiras, de acordo com o tipo de razoabilidade que se pretende alcançar. Como visto, objetivando a efetivação do princípio da igualdade, essa relação traduz-se no binômio qualificação (de pessoas, coisas ou situações) e tratamento diferenciado. Aqui, a qualificação recai sobre uma conduta, normalmente definida como ilícita para atender às finalidades da punição. Enquanto este tipo de qualificação gera apenas dois grupos categorizados (o dos que realizou e o dos que não realizou a conduta ilícita), aqueloutra gera diversos grupos não alcançados

Esse sentido da razoabilidade é o que exige do intérprete-aplicador o perfazimento de uma relação de equivalência entre a medida adotada na retribuição estatal e o critério que a dimensiona.[432] Assim, a taxa deve corresponder ao custo/utilidade da atividade estatal referida ao contribuinte;[433]-[434] a penalidade disciplinar infligida a um servidor público deve corresponder à culpa verificada;[435] a multa deve corresponder à infração à legislação tributária.

Na seara do Direito Administrativo Disciplinar, a Terceira Seção do Superior Tribunal de Justiça tem utilizado o postulado da razoabilidade (embora se refira à proporcionalidade) na avaliação da correspondência entre a culpa do servidor público e a penalidade disciplinar a ele aplicada, o que tem resultado na anulação de atos demissórios fundados em condutas infracionais consideradas insignificantes.

No caso julgado no Mandado de Segurança nº 10.827-DF, a Terceira Seção reintegrou ao cargo um policial rodoviário federal que havia sido demitido em face de irregularidades cometidas na comprovação de despesas realizadas com transporte coletivo, para fins de percebimento do auxílio-transporte, ocasionando um prejuízo ao erário no importe de R$ 36,80 (trinta e seis reais e oitenta centavos). A Comissão de Processo Administrativo Disciplinar concluiu que o "servidor valeu-se do cargo para lograr proveito pessoal, em detrimento da dignidade da função pública, ao ter apresentado bilhetes de passagens utilizadas por outros usuários, bilhetes contendo rasuras e outros tantos não correspondentes aos dias e horários efetivamente trabalhados". A Seção julgadora entendeu que a pena de demissão não se ajustava ao "princípio da proporcionalidade", porque na definição da pena não se verificava uma "devida correlação na qualidade e quantidade da sanção, com a grandeza da falta e o grau de responsabilidade do servidor".[436]

---

pelo tratamento diferenciado (v.g., o estabelecimento de uma idade máxima para ingresso no corpo de bombeiros exclui pessoas de diversas faixas de idade).

[432] ÁVILA, Humberto. Op. cit., p. 145.

[433] MACHADO, Hugo de Brito. As taxas no direito brasileiro. *Boletim da Faculdade de Direito da Universidade de Coimbra*. Vol. LXXVII [separata]. Coimbra: Universidade de Coimbra, 2001, p. 507-508, 2001. Segundo o tributarista cearense: "Considerando-se que o fato gerador da taxa é a atividade estatal consistente no exercício do poder de polícia ou na prestação estatal do serviço público específico e divisível, tem-se de concluir que o valor dessa espécie de tributo está necessariamente relacionado com o custo da atividade estatal que lhe constitui fato gerador. [...] A dificuldade prática na exata determinação do valor da taxa não pode ser alegada como pretexto para a fixação de valores cuja arrecadação ultrapasse o custo da atividade estatal a que corresponde". Conclui que "a não ser assim, a taxa poderia terminar sendo verdadeiro imposto [...]".

[434] A expansão verificada no emprego do juízo tridimensional da proporcionalidade acabou colhendo situações que, pensa-se, melhor seriam solucionadas à luz do postulado da razoabilidade-equivalência aplicável à definição do *quantum* das taxas. É o caso da situação examinada pelo Supremo Tribunal Federal na Representação nº 1.077, de 1984, em cuja decisão Gilmar Ferreira Mendes tem "um dos mais inequívocos exemplos de utilização do princípio da proporcionalidade entre nós, uma vez que do texto constitucional não resultava nenhuma limitação expressa do legislador" (MENDES, Gilmar Ferreira. *Direitos fundamentais e controle de constitucionalidade*, p. 56). Afinal de contas, um exame objetivo pode dizer se a taxa corresponde ou não ao custo do serviço prestado, ou ao menos se a majoração da taxa tem um fundamento razoável.

[435] A aplicação da razoabilidade-equivalência, ao lado da razoabilidade-equidade, inspirou a formulação de uma Teoria do Erro Escusável no Direito Administrativo Disciplinar Federal, que será apresentada no último capítulo.

[436] STJ, MS nº 10.287-DF, Terceira Seção, Rel. Min. Hélio Quaglia Barbosa, j. 14.12.2005, DJU 06.02.2006.

A análise da legitimidade do *quantum* das multas tributárias pode ser realizada sob a perspectiva de diferentes parâmetros: (i) proibição de excesso, quando se quer sustentar que a multa tem caráter confiscatório (atinge o núcleo essencial do direito de propriedade); (ii) postulado da proporcionalidade, quando se avalia a adequação do valor da multa à finalidade desta (efeito compensatório da impontualidade ou caráter inibidor do inadimplemento), bem como sua necessidade e proporcionalidade em sentido estrito;[437] (iii) postulado da razoabilidade, quando o valor da multa não corresponder à infração tributária, segundo um juízo abstrato de exorbitância.

Apreciando a questão sob a ótica da razoabilidade, tem-se que a multa tributária, moratória ou penal, deve corresponder à infração à legislação tributária. No entanto, tal formulação carece de critérios que permitam a sua aplicação de forma intersubjetivamente controlável. Assim, a aptidão da razoabilidade, para funcionar como critério limite ao poder punitivo do ente tributante, revela-se operacionalmente pouco vantajosa.[438] Tanto assim que os Tribunais e a doutrina preferem enfrentar a questão à luz do princípio da proibição do efeito de confisco – estendendo impropriamente às multas a garantia do art. 150, IV,[439] da Constituição, pois que aplicável somente aos tributos[440] – ou do postulado da proporcionalidade – mediante a explicitação dos fins externos da norma punitiva, quais sejam, o de compensar a impontualidade no pagamento de tributo vencido (multa moratória) e o de inibir o inadimplemento da obrigação tributária (multa punitiva).

O Supremo Tribunal Federal e parte da doutrina[441] têm, de há muito, invocado o princípio da vedação do confisco para coarctar a instituição de penas pecuniárias consideradas excessivas. No julgamento do RE nº 81.550-MG, em 1975, a Segunda Turma entendeu confiscatória a multa moratória no valor de 100% do imposto devido, cobrada com base em lei do Estado de Minas Gerais, reduzindo-a ao patamar de 30%.[442] No mesmo sentido decidiu a Corte no julgamento da ADI nº 1.075-DF, ao suspender os efeitos do art. 3º da Lei nº 8.846/94, cujo teor estipulava a aplicação da multa de 300% sobre o valor do bem objeto da operação – note-se que não era

---

[437] Examina a validade do sistema tributário sancionador da Lei nº 9.430/96 à luz do princípio da proporcionalidade, estabelecendo uma gradação das penalidades de acordo com a gravidade das infrações tributárias, MACHADO, Schubert de Farias. O princípio da proporcionalidade e as multas fiscais do art. 44 da Lei 9.430/96. *Revista Dialética de Direito Tributário*. São Paulo, nº 107, p. 67-77, ago./2004.

[438] Sustentando a aplicação da razoabilidade como parâmetro de aferição do valor das multas tributárias a partir da exploração da idéia de razão no Direito, DALLA, Ricardo Corrêa. *Multas tributárias*: natureza jurídica, sistematização e princípios aplicáveis. Belo Horizonte: Del Rey, 2002, p. 201-210.

[439] "Art. 150. Sem prejuízo de outras garantias asseguradas ao contribuinte, é vedado à União, aos Estados, ao Distrito Federal e aos Municípios: [...] IV – utilizar tributo com efeito de confisco;"

[440] Nesse sentido, LIMA, Alcides Saldanha. Penas pecuniárias, confisco e proporcionalidade. In: FALCÃO, Raimundo Bezerra; OLIVEIRA, Maria Alessandra Brasileiro de (Orgs.). *Direito tributário*: estudos em homenagem a Hugo de Brito Machado. Fortaleza: Imprensa Universitária, 2003, p. 38. Igualmente nesse sentido, mas entendendo que as multas, em virtude de seu caráter de penalidade, são passíveis também de qualificação confiscatória, QUEIROZ, Mary Elbe Gomes. *Imposto sobre a renda e proventos de qualquer natureza*: princípios, conceitos, regra-matriz de incidência, mínimo existencial, retenção na fonte, renda transnacional, lançamento, apreciações críticas. São Paulo: Manole, 2004, p. 46.

[441] Nesse sentido também SANTANA FILHO, José Henrique de. Aplicabilidade do princípio da vedação ao confisco às multas fiscais à luz da proporcionalidade tributária. *Jus Navegandi*. Teresina, ano 11, nº 1367, mar./2007. Disponível em: <http://jus2.uol.com.br/doutrina/texto.asp?id=9669>. Acesso em: 02 abr. 2007. Cf. LIMA, Alcides Saldanha. *Op. cit.*, p. 24.

[442] STF, RE nº 81.550-MG, Segunda Turma, Rel. Min. Xavier de Albuquerque, j. 20.05.1975, DJU 16.06.1975.

do imposto devido –, aplicada na hipótese de falta de emissão de nota fiscal relativa à venda de mercadoria, prestação de serviços e operações de alienação de bens móveis.[443]

Noutro julgamento, embora mencione a proporcionalidade, o Tribunal parece ter respaldado sua decisão no postulado da razoabilidade. Na ADI nº 551-RJ, o STF declarou a inconstitucionalidade dos dispositivos da Constituição do Estado do Rio de Janeiro que estabelecia limites mínimos para as multas decorrentes do não recolhimento dos impostos e taxas estaduais (200% do valor do tributo), e para as multas aplicáveis em caso de sonegação fiscal (500% do valor do tributo). O Ministro Relator Ilmar Galvão salientou que o valor das multas fiscais "não pode ser dissociado da proporcionalidade que deve existir entre a violação da norma jurídica tributária e sua consequência jurídica, a própria multa".[444]

A despeito da baixa operacionalidade do postulado da equivalência, é possível a aplicação da razoabilidade na avaliação da correspondência entre as hipóteses infracionais e as respectivas penalidades cominadas na lei por meio da técnica de comparar diferentes tipos sancionadores e situações sancionadas, o que dispensa a referência ao fim externo à norma sancionatória (inibir o comportamento irregular) e, com isso, afasta-se a aplicação do postulado da proporcionalidade.[445]

Esse exercício comparativo foi realizado por Schubert de Farias Machado sobre o sistema tributário penal instituído pela Lei 9.430/96. Uma primeira avaliação: "em razão de uma simples falta de pagamento a norma [...] prevê a multa de 75% do valor do tributo devido. Eleva a multa de mora de 20% para 75%, unicamente em decorrência de o lançamento ser efetuado de ofício". Uma segunda avaliação: a lei, ao determinar "a aplicação da mesma multa de 75% nos casos de infração mais grave, ou seja, quando a falta de pagamento vier acompanhada da falta de declaração ou esta for inexata, reforça a ideia de desproporção e consequente inconstitucionalidade da aplicação dessa mesma pena nos casos de simples inadimplência". Uma terceira e última avaliação: para o caso de pagamento após o vencimento do prazo previsto e sem o acréscimo da multa de mora, a lei prevê a incidência da multa de 75% sobre o valor do pagamento, e não da multa de mora de 20%. Em outras palavras, "deixar de pagar espontaneamente uma multa de 20%, (sic) implica em dever uma multa de 75%. Esse preceito está a ferir de morte os princípios da proporcionalidade e da razoabilidade".[446]

Por fim, quando a pena aplicada evidenciar desproporção flagrante em relação ao prejuízo decorrente da violação à legislação tributária, a razoabilidade tem sido aplicada com relativa segurança, mesmo em desprestígio do sentido imanente da lei. Vai firme a jurisprudência do Superior Tribunal de Justiça no sentido de desconstituir a apreensão e o perdimento de veículo apanhado transportando, em prática de

---

[443] STF, ADI nº 1.075-DF, Pleno, Rel. Min. Celso de Mello, j. 17.06.1998, DJU 24.11.2006.

[444] STF, ADI nº 551-RJ, Pleno, Rel. Min. Ilmar Galvão, j. 20.10.2002, DJU 14.02.2003.

[445] A técnica aplicada à definição de punições administrativas é versada por Fábio Medina Osório, para quem "o princípio da proporcionalidade [razoabilidade] permite embasamento à tese de que é possível comparar, abstratamente, tipos sancionadores, tendo em conta a necessária proporcionalidade estatal na proteção de bens jurídicos" (OSÓRIO, Fábio Medina. *Direito administrativo sancionador*. São Paulo: Editora Revista dos Tribunais, 2000, p. 177).

[446] MACHADO, Schubert de Farias. O princípio da proporcionalidade e as multas fiscais do art. 44 da Lei 9.430/96, p. 72-73.

contrabando ou descaminho, mercadoria sujeita à pena de perdimento, quando o valor do veículo não corresponder ao valor das mercadorias. Há de notar-se que esse entendimento contraria o sentido lógico-gramatical do art. 104, V, do Decreto-Lei nº 37, de 18.11.1966, segundo o qual *"aplica-se a pena de perda do veículo nos casos: [...] V - quando o veículo conduzir mercadoria sujeita à pena de perda, se pertencente ao responsável por infração punível com aquela sanção"*.[447] Trata-se, portanto, de típica situação de aplicação do postulado da razoabilidade no âmbito da atuação vinculada da Administração, tema central deste trabalho.

2.5.2.8. Razoabilidade-equidade

Em termos gerais, razoabilidade como equidade exige a harmonização da norma geral com o caso individual. Duas maneiras são apontadas por Humberto Ávila para que se cumpra essa harmonização.[448]

Uma impõe, na aplicação das normas jurídicas, "a consideração daquilo que normalmente acontece", pois se presume que a regra foi elaborada para regular fatos e comportamentos que normalmente ocorrem, e não para o extraordinário ou extravagante, salvo quando se evidenciar que a previsão legislativa tencionou mesmo disciplinar esta última hipótese. Aqui a razoabilidade atua como mecanismo para determinar as circunstâncias de fato que estão circunscritas à situação regulada e que lhe conferem *status* de normalidade. A desconsideração das circunstâncias de fato na aplicação da norma objeto de interpretação atenderia ao sentido literal do texto normativo, mas, por outro lado, isso poderia implicar ofensa a algum princípio constitucional, como os princípios da justiça, da dignidade da pessoa humana, da liberdade de profissão etc. É razoável, por exemplo, presumir que as pessoas dizem a verdade e agem de boa-fé, ao invés de mentirem ou agirem de má-fé. Também não é razoável impor a alguém a prova de fato negativo sem delimitação temporal ou especial.

Uma segunda exige "a consideração do aspecto individual do caso nas hipóteses em que ele é sobremodo desconsiderado pela generalização legal". Essa acepção corresponde ao princípio aristotélico da equidade,[449] assim entendida como a correção da lei onde esta falha por sua generalidade, autorizando, inclusive, a não aplicação da regra injusta ao caso particular.

Essa vertente significativa está a informar que a norma genérica e abstrata obtida do plano de expressão do Direito pode revelar-se inaplicável a determinadas situações, quando se levarem em conta aspectos individuais não contidos naquele plano. Embora se revista de validade enquanto sentido defluente do plano da linguagem normativa, poderá deixar de ser aplicada ao caso concreto, por não se verificar correlação lógica entre motivo e objeto do ato normativo ou administrativo (igualdade, congruência ou equivalência), ou proporcionalidade entre o objeto e a sua finalidade, ou seja, a medida legal prevista não realiza *in concreto* o valor substancial (finalidade pública) que justifica a sua adoção na generalidade dos casos (proporcionalidade).

Assim, uma medida que o legislador previu para alcançar determinado resultado pode não lograr, no caso concreto, esse intento. Imagine uma norma que prevê a

---

[447] STJ, REsp. nº 319.813-RS, Segunda Turma, Rel. Min. Eliana Calmon, j. 24.09.2002, DJU 17.03.2003.
[448] ÁVILA, Humberto. *Op. cit.*, p. 139-142.
[449] ARISTÓTELES. *Ética a Nicômaco*, p. 124-125.

exclusão de empresário do Simples aplicada a um contribuinte que, apenas uma vez, importou do estrangeiro quatro pés de sofá para atender a um pedido de um cliente ("caso dos quatro pés de sofá"). Nesse caso, a medida de exclusão do Simples – medida essa restritiva do direito ao tratamento tributário simplificado[450] – em nada promoveria o fim que justifica a regra (estímulo à produção nacional por pequenas empresas), revelando-se, portanto, inadequada e *desproporcional* ao fim preconizado, em virtude de circunstâncias específicas presentes só no caso concreto, ou seja, não contidas na generalidade da norma.[451]

Da mesma maneira, determinado suporte empírico ensejador de uma medida legal pode não ser encontrado numa situação concreta de aplicação da norma. É o caso da norma que presume distribuída aos sócios de empresa a receita por esta omitida quando a omissão fundar-se em saldo credor de caixa. Isso porque a tributação dos lucros supostamente distribuídos aos sócios carece de suporte empírico (receita a distribuir), revelando-se *incongruente* em face dessa específica hipótese de omissão de receita.

Do mesmo modo, determinado critério de diferenciação previsto abstratamente como adequado a um tratamento jurídico diferenciado pode revelar-se discriminatório na situação concreta de aplicação da norma. É o exemplo da norma que restrinja o atendimento em determinado hospital a integrantes de família com renda mensal inferior a R$ 1.000,00, quando aplicada a uma família com dez membros e renda mensal conjunta de R$ 1.050,00. Nesse caso, a negativa de atendimento a integrantes dessa família revela-se *discriminatória*, mas somente em vista das circunstâncias presentes no caso concreto.

Igualmente, e por fim, determinada medida legislativa foi pensada ser equivalente a um critério de dimensionamento, mas tal equivalência pode não se manter no caso concreto. Suponha a norma que pune servidor público por falta de zelo ou descumprimento de norma aplicada a administrador que emitiu indevidamente, mas sem intenção, uma única certidão negativa de débito (CND), no universo de muitas outras que diariamente emite, beneficiando contribuinte com débitos fiscais de pequeno valor. Nesse caso, a aplicação da norma punitiva acarretaria sanção disciplinar que *não guarda equivalência* com o grau de culpa do servidor, tendo em vista, igualmente, as especificidades do caso concreto.

Em qualquer dessas hipóteses em que se manifestar a irrazoabilidade em apreço, a regra legal chega a incidir no caso, mas sua consequência não deve ser aplica-

---

[450] Artigos 146, III, "d", e 179 da Constituição de 1988.

[451] O caso foi apreciado e decidido pelo Conselho de Contribuintes do Ministério da Fazenda e assim foi descrito e comentado por Humberto Ávila: "Uma pequena fábrica de sofás, enquadrada como empresa de pequeno porte para efeito de pagamento conjunto dos tributos federais, foi excluída desse mecanismo por ter infringido a condição legal de não efetuar a importação de produtos estrangeiros. A importação, porém, foi de quatro pés de sofás, para um só sofá, uma única vez. Recorrendo da decisão, a exclusão foi anulada, por violar a razoabilidade, na medida em que uma *interpretação dentro do razoável* indica que a interpretação deve ser feita 'em consonância com aquilo que, para o senso comum, seria aceitável perante a lei'. Nesse caso, a regra segundo a qual é proibida a importação para a permanência no regime tributário especial incidiu, mas a consequência de seu descumprimento não foi aplicada (exclusão do regime tributário especial), porque a falta de adoção do comportamento por ela previsto não comprometeria a promoção do fim que a justifica (estímulo da produção nacional por pequenas empresas). Dito de outro modo: segundo a decisão, o estímulo à produção nacional não deixaria de ser promovido pela mera importação de alguns pés de sofá" (ÁVILA, Humberto. *Op. cit.,* p. 142-143).

da, por desrespeitar o postulado da equidade, visto que a aplicabilidade de uma regra não tem por pressuposto suficiente a satisfação das suas condições de incidência, previstas no suposto fático da norma. Com efeito, para que uma regra seja aplicada a um caso concreto, além de satisfeitas as condições de incidência, a solução que ela encaminhar não deve ofender o postulado da equidade, em qualquer uma de suas manifestações: proporcionalidade-equidade, igualdade-equidade, congruência-equidade, equivalência-equidade.[452]

Como se pode notar, não se aplica que o exame da razoabilidade da norma objeto de aplicação tenha incidência tão somente diante do caso concreto (no plano da qualificação do caso particular), ou seja, que só exista a razoabilidade *in concreto*, enquanto a proporcionalidade, ao revés, atua apenas no plano de interpretação abstrata do texto legal (plano da interpretação do texto legal), ou seja, que só exista a proporcionalidade *in abstrato*.[453] Há exames da razoabilidade a respeito das normas em abstrato (igualdade, congruência e equivalência), como demonstram os diversos exemplos colhidos do controle jurisdicional em ADI e o exame da proporcionalidade de norma realizado no caso concreto (proporcionalidade-equidade).[454]

Por todo o exposto, verifica-se que a aplicação do postulado da equidade opera segundo um pensamento tópico-problemático, que, ao contrário do que possa parecer, deve encontrar no ordenamento democrático o respaldo jurídico necessário para viabilizar uma decisão adequada ao caso concreto. Para que isso se realize, o postulado atua trazendo para as razões da decisão a ser tomada elementos fáticos presentes no caso concreto que não estão, implícita ou explicitamente, referidos pela regra legal objeto de interpretação, mas que adquirem força jurídica ao incidirem sobre o acervo principiológico do ordenamento positivo, ganhando, assim, o colorido da juridicidade e a capacidade de interferir substancialmente na decisão. Uma vez juridicamente qualificados, os elementos fáticos são referidos pela expressão "fatos portadores de juridicidade".

Importa, por fim, notar que essa qualificação só se perfaz mediante um discurso axiológico-indutivo do Direito, bem ao oposto do paradigma axiomático-dedutivo que dominou a dogmática tradicional.[455]

2.5.2.9. Falsas hipóteses de irrazoabilidade

Segundo Agostín Gordillo:

A decisão "discricionária" do funcionário será ilegítima, apesar de não transgredir nenhuma norma concreta e expressa, se é "irrazoável", o que pode ocorrer, principalmente, quando: a)

---

[452] O tema será aprofundado no Capítulo IV, quando será analisada a existência de outros requisitos para recusar-se a aplicação de uma regra jurídica a um caso concreto.

[453] A distinção entre questões de interpretação dos textos e questões de qualificação dos casos particulares é apresentada por Riccardo Guastini (GUASTINI, Riccardo. *Das fontes às normas*, p. 73-74).

[454] E nesse sentido que Braibant, citado por Paulo Bonavides, integra a situação de fato à compostura da proporcionalidade, ao lado do fim e do meio, de modo a perfazer com estes uma "relação triangular" capaz de corrigir as insuficiências do modelo dual meio/fim (BONAVIDES, Paulo. O princípio constitucional da proporcionalidade e a proteção dos direitos fundamentais. *Revista da Faculdade de Direito da Universidade Federal de Minas Gerais*. Belo Horizonte, nº 34, p. 276, 1994).

[455] GÓES, Guilherme Sandoval. Neoconstitucionalismo e dogmática pós-positivista. BARROSO, Luís Roberto (Org.). *A reconstrução democrática do direito público no Brasil*. Rio de Janeiro: Renovar, 2007, p. 123.

não dê os fundamentos de fato ou de direito que a sustentam ou; b) não leve em conta os fatos constantes do expediente ou públicos e notórios; ou se funde em fatos ou provas inexistentes; [...]⁴⁵⁶

Tais hipóteses de irrazoabilidade, todavia, não têm a natureza de postulado normativo, tal como aqui sustentado, nem defluem do conteúdo normativo da razoabilidade. Os deveres de motivar as decisões administrativas e de considerar na decisão apenas os dados constantes do expediente decorrem da legalidade ou normatividade em sentido estrito ou da estrita racionalidade na atuação do Direito.

No Direito brasileiro, isso se mostra com evidência. De fato, a Constituição de 1988, no inciso X do art. 93,⁴⁵⁷ e a Lei nº 9.784/99, no inciso VII do parágrafo único do art. 2º,⁴⁵⁸ preveem o dever de os juízes e agentes administrativos enunciarem os pressupostos de fato e de direito que determinarem as suas decisões.⁴⁵⁹

Contrariando esse entendimento, o jurista argentino supracitado, referindo-se ao regramento previsto na Lei brasileira nº 4.717, de 1965, que admite a procedência da ação popular contra atos que padeçam de "inexistência de motivos", adverte que:

> [...] se também aparece agora este princípio de maneira expressa na lei, nem por isso faz parte da atividade regrada da Administração, mas permanece sendo limite jurídico à discricionariedade; isso se explica porque tais normas não predeterminam, segundo o conceito de faculdade regrada, uma conduta concreta que o administrador deve seguir, mas assinalam tão-só um critério elástico ou impreciso que será de aplicação conforme sejam os fatos e circunstâncias de cada caso concreto, de acordo com a apreciação do órgão de controle ou do juiz, posteriormente.⁴⁶⁰

A divergência está posta e radica no próprio conceito de razoabilidade amparado por esse autor. Enquanto define a exigência da razoabilidade como "uma proibição de atuar arbitrária e irracionalmente",⁴⁶¹ no que conceitualmente se enquadraria uma atuação administrativa que não explicitasse os fundamentos jurídico e fático que a motivaram; aqui se tem a razoabilidade como norma cujo conteúdo significativo situa-se além da mera legalidade ou normatividade estrita, dada a característica da subsidiariedade que acompanha a utilização desse postulado. Nessa concepção, a arbitrariedade ou irracionalidade constitui apenas o critério axiológico que conecta os elementos da base epistemológica da razoabilidade.

---

⁴⁵⁶ GORDILLO, Agustín. *Princípios gerais de direito público*. Trad.: Marco Aurélio Greco. São Paulo: Revista dos Tribunais, 1977, p. 183-184.
⁴⁵⁷ "Art. 93. [...] X – as decisões administrativas dos tribunais serão motivadas [...]"
⁴⁵⁸ "Art. 2º [...] Parágrafo único. Nos processos administrativos serão observados, entre outros, os critérios de: [...] VII – indicação dos pressupostos de fato e de direito que determinarem a decisão;"
⁴⁵⁹ Siqueira Castro não inclui a exigência de motivação na abrangência da razoabilidade, mas na da cláusula do devido processo legal, a qual, para ele, contempla também os princípios da razoabilidade e da proporcionalidade (CASTRO, Carlos Roberto Siqueira. *Op. cit.*, p. 410).
⁴⁶⁰ GORDILLO, Agostín. *Op. cit.*, p. 184-185.
⁴⁶¹ *Ibidem*, p. 183.

2.6. A proporcionalidade e a razoabilidade no Direito Administrativo e Constitucional brasileiro

O lugar dos princípios da razoabilidade e da proporcionalidade no sistema jurídico do Estado Democrático de Direito avulta-se diante da necessidade de se buscar uma racionalização humanística do exercício do poder político em prol das liberdades individuais e do aperfeiçoamento democrático da Administração Pública. A justiça e o equilíbrio geral entre autoridade e liberdade, como índices de racionalidade a serem buscados, nem sempre são alcançados à luz de uma interpretação formalista do Direito legislado. Muito ao contrário, a pretexto de se cumprir a letra da lei, muitos desatinos jurídicos e injustiças já foram e podem ainda ser perpetrados.

O Direito Administrativo brasileiro historicamente se ressente por não contar com mecanismos tais capazes de limitar o poder estatal *sub lex* em benefício de um Direito mais humano e justo. De fato, "a consagração do princípio da proporcionalidade [e também do princípio da razoabilidade] na jurisprudência brasileira ocorreu no domínio do Direito Constitucional, e não no Direito Administrativo, berço do princípio nos países europeus". Isso se deve, sobretudo, ao modelo de Estado de Direito adotado no Brasil, que é do "Estado legislador", "cujo postulado é o de que a actividade da Administração pressupõe normalmente uma lei formal".[462] Se a carência desses postulados se faz sentir no âmbito do Poder Judiciário, órgão precipuamente incumbido de salvaguardar os direitos e liberdades fundamentais, quanto mais na Administração Pública e, dentro desta, na Administração Judicante, cuja atividade materialmente não discrepa da atuação do juiz.

Por certo, a característica do "Estado legislador" não ensejou por si só o quadro atual de administradores ainda ferrenhamente presos à fórmula genérica e abstrata da lei como parâmetro único de solução dos problemas jurídico-administrativos. Com bem observa Siqueira Castro, "a ausência de contemplação explícita do *devido processo legal*, como também dos salutares princípios da *'razoabilidade'* e da *'proporcionalidade'* dos atos do Poder Público, no texto de nossas sucessivas Constituições, foi grandemente responsável pelo acanhamento da proteção dos direitos humanos e das liberdades públicas em nosso País".[463]

Até o advento da Constituição de 1988, o devido processo legal era tido como norma implícita ao sistema de Direito positivo brasileiro, o que não se traduziu numa maior adoção jurisprudencial dos referidos princípios como parâmetros de contenção e conformação do poder administrativo.

---

[462] MORAES, Germana de Oliveira. *Op. cit.*, p. 135.
[463] CASTRO, Carlos Roberto Siqueira. *Op. cit.*, p. 390-400. Grifos do autor.

A mesma fortuna não teve o princípio da razoabilidade dos atos da Administração Pública. Contemplado em todos os projetos, desde a fase das Comissões Temáticas até a fase da Comissão de Sistematização, não logrou, porém, sagrar-se na aprovação derradeira no Plenário da Assembleia Nacional Constituinte, acarretando a supressão da parte final do texto assim redigido até então:

> Art. 44. A Administração Pública, direta ou indireta, de qualquer dos Poderes obedecerá aos princípios da legalidade, impessoalidade, moralidade e publicidade, exigindo-se, como condição de validade dos atos administrativos, a motivação suficiente e, como requisito de sua legitimidade, a razoabilidade.[464]

Tentando minimizar a supressão do princípio da razoabilidade do texto ao final aprovado, Siqueira Castro assevera que tanto este como o princípio da proporcionalidade constituem "resultado inafastável da interpretação extensiva e sistemática [...] atinente à garantia do *devido processo legal*". Prossegue no intento, afirmando: "Ainda que assim não se entendesse, por excessivo apego ao método literal e sobremodo precário de interpretação das normas jurídicas, [...] o postulado da 'razoabilidade das leis' e, ainda, da proporcionalidade, promanam forçosamente da aplicação do caráter '*substantivo*' (*substantive due process*) da cláusula do *devido processo legal*" (grifos do autor).

O prenúncio de que somente alguém afeito ao método liberal – como a Administração Pública brasileira em geral – não assentiria na positividade de tais princípios revelou seu acerto com a consagração, no plano infraconstitucional, da razoabilidade e da proporcionalidade como princípios da Administração Pública brasileira. A Lei nº 9.784, de 29 de janeiro de 1999, que regula o processo administrativo no âmbito da Administração Pública Federal, traz, no art. 2º, o seguinte dispositivo: "A Administração Pública obedecerá, dentre outros, aos princípios da legalidade, finalidade, motivação, razoabilidade, proporcionalidade, moralidade, ampla defesa, contraditório, segurança jurídica, interesse público e eficiência".

Outros fatores contribuíram historicamente para uma desalinhada assimilação desses princípios no Direito brasileiro, desde a adoção acrítica pela jurisprudência e pela doutrina brasileiras, ora adotando aqui elementos do Direito pertencentes à família anglo-saxônica, ora incorporando outros elementos do Direito pertencentes à família romano-germânica, até a falta de uma distinção conceitual clara desses princípios.

É consabido que a Constituição Republicana brasileira de 1891 adotou o sistema difuso de controle da constitucionalidade das leis, seguindo em parte o modelo norte-americano (pois não se recepcionou a regra do precedente judicial). Mas isso não significou de imediato a importação também dos mecanismos jurisprudenciais de controle da constitucionalidade material das leis, tais como a regra da razoabilidade, a qual se reconduzia à vertente substantiva da cláusula *due process of law*, que, por sua vez, sequer era consagrada no Direito positivo brasileiro precedente à Constituição de 1988. Tanto assim que San Tiago Dantas, ao analisar, em 1948, o controle judicial da lei arbitrária, não reconheceu a existência do princípio do devido processo legal em nosso Direito positivo, afirmando que o princípio brasileiro da

---

[464] CASTRO, Carlos Roberto Siqueira. *Op. cit.*, p. 408-409.

"igualdade perante a lei"[465] fazia as vezes do *due process of law* americano, quando se tratasse de controle do mérito de leis instituidoras de classificações arbitrárias.[466]

Outros autores, como Lúcio Bittencourt, em 1949,[467] e José Frederico Marques, em 1968,[468] consideravam o devido processo legal um princípio implícito ao sistema jurídico, decorrente da cláusula insculpida em todas as Constituições republicanas, a qual previa a existência de outros direitos e garantias individuais decorrentes do regime e dos princípios adotados pela Constituição.

Devido ao perfil legalista (e não judicialista) do sistema jurídico brasileiro, esse alheamento na aplicação da cláusula como mecanismo de censura material da lei também se manifestou na jurisprudência constitucional em 1951, no julgamento do Recurso Extraordinário nº 18.331, em que se impugnou lei municipal de Santos que majorara o imposto sobre a licença de cabines de banho. A 2ª Turma do Supremo Tribunal Federal negou provimento ao recurso, não acolhendo o argumento basilar de violação à liberdade de profissão e acompanhando o voto do Ministro-Relator Orozimbo Nonato, em cuja fundamentação lança mão da doutrina francesa do *détournement de pouvoir*,[469] para avaliar a abusividade da majoração do tributo, concluindo que, apesar de imodesto o aumento, ele não causaria o aniquilamento da atividade do particular:

> O poder de taxar não pode chegar à desmedida do poder de destruir, uma vez que aquele somente pode ser exercido dentro dos limites que o tornem compatível com a liberdade de trabalho, comércio e de indústria e com o direito de propriedade. É um poder, em suma, cujo exercício não pode ir até o abuso, o excesso, o desvio, sendo aplicável, ainda aqui a doutrina fecunda do *détournement de pouvoir*. Não há que estranhar a invocação dessa doutrina ao propósito da inconstitucionalidade, quando os julgados têm proclamado que o conflito entre a norma comum e o preceito da Lei Maior pode se acender não somente considerando a letra do texto, como também e principalmente, o espírito do dispositivo invocado.[470]

Gilmar Ferreira Mendes observa que essa decisão consistiu na primeira referência ao princípio da proporcionalidade na jurisprudência do Supremo Tribunal

---

[465] Art. 141, § 1º, da Constituição de 1946.

[466] DANTAS, San Tiago. Igualdade perante a lei e "due process of law": contribuição ao estudo da limitação constitucional do Poder Legislativo. *Revista Forense*, ano 45, vol. 116, p. 366-367, mar./1948.

[467] Foi na primeira edição, de 1949, da obra de BITTENCOURT, Lúcio. *O controle jurisdicional da constitucionalidade das leis*. Rio de Janeiro: Forense, 1968, p. 90. Para ele: "Sendo o nosso regime baseado precipuamente no americano, é manifesto que tôdas aquelas garantias que o direito constitucional dos Estados Unidos reconhece aos cidadãos americanos se incluem, também, ex vi do art. 144 [§ 2º do art. 5º da atual Constituição] da nossa Constituição, entre os que assistem, necessàriamente, aos cidadãos brasileiros. Esta conclusão é tanto mais importante quanto certo é que, em virtude dela, deverá ter plena aplicabilidade entre nós a cláusula do 'due process of law', que o legislador constituinte não enumerou expressamente".

[468] MARQUES, José Frederico. A garantia do 'due process of law' no direito tributário. *Revista de Direito Público*. São Paulo, ano 2, vol. 5, p. 28, jul.-set./1968.

[469] A doutrina do desvio de poder desenvolveu-se no âmbito do Direito Administrativo francês e por obra do Conselho de Estado. Em vez de abeberar-se na cláusula do *substantive due process*, a jurisprudência constitucional brasileira acabou por recepcionar a doutrina francesa nesse julgamento, a qual foi transportada e adaptada para o Direito Constitucional pelo jurista Caio Tácito, sob o tema "desvio do poder legislativo".

[470] STF, RE nº 18.331, Pleno, Rel. Min. Orozimbo Nonato, j. 21.09.1951, DJU 08.11.1951, *Revista Forense*, vol. 145, p. 164, 1953.

Federal.[471] Por outro lado, Humberto Ávila vislumbra que foi aplicado à espécie o postulado da proibição de excesso, que veda a restrição ao núcleo essencial dos direitos fundamentais, e não o da proporcionalidade, que exige adequação, necessidade e proporcionalidade em sentido estrito de medidas legislativas em relação às finalidades públicas – juízos esses efetivamente não formulados na decisão.[472]

Noutro julgamento, a Suprema Corte brasileira fez uso do teste da razoabilidade do Direito Constitucional norte-americano (adequação meio-fim), aplicando, dessa forma, o devido processo legal substantivo. Segundo o teste da razoabilidade, uma determinada restrição a direito individual, para ser considerada legítima, há de justificar-se pelo interesse público visado e ser adequada a essa finalidade. Na ocasião, constatou-se especialmente a inadequação das restrições à liberdade de exercício profissional para atender ao interesse público supostamente visado pela norma impugnada (irrazoabilidade por inadequação da medida à finalidade legal).

Tratou-se do julgamento da Representação de Inconstitucionalidade nº 930-DF, na qual o Supremo Tribunal Federal declarou a inconstitucionalidade da Lei nº 4.116, de 27 de agosto de 1962, que, ao regulamentar a profissão de corretor de imóveis, estabelecera como condição do exercício da profissão que a pessoa possua capacidade intelectual, profissional e moral, além de estar registrada no Conselho Regional de Corretores de Imóveis. A impugnação insurgiu-se principalmente contra o art. 7º do diploma legal, que conferia somente aos corretores habilitados o direito de receber a remuneração pela mediação na venda, compra, permuta e locação de imóveis.[473]

Em voto-vista, o Ministro Rodrigues Alckmin estruturou basicamente a sua fundamentação no sentido de demonstrar que as restrições à liberdade de exercício da profissão não promovem o interesse público supostamente visado pela norma. Eis trecho do seu voto nesse sentido:

> Primeiro, porque essa atividade, mesmo exercida por inepto, não prejudicará diretamente direito de terceiro. Quem não consegue obter comprador para propriedades cuja venda promova, a ninguém prejudica, mais que a si próprio.
> Em segundo lugar, porque não há requisito algum de capacidade técnica, para exercê-la. Que diploma, que aprendizado, que prova de conhecimento se exigem para o exercício dessa profissão? Nenhum é necessário. Logo, à evidência não se justificaria a regulamentação, sob o aspecto de exigência, pelo bem comum, pelo interesse público, de *capacidade técnica*. Haverá acaso, ditado pelo mesmo interesse público, algum outro requisito de capacidade exigível [...]. Nenhum. [...] A comum honestidade dos indivíduos *não é requisito profissional* e sequer exige, a natureza da atividade, especial idoneidade moral para que possa ser exercida sem risco.[474]

A Corte Excelsa também deu aplicabilidade ao teste de razoabilidade relacionado à efetivação do princípio da igualdade no âmbito constitucional. Como já referido, esse princípio esteve historicamente associado, no Direito norte-americano, ao devido processo legal na vertente substantiva, revelando uma vera simbiose

---

[471] MENDES, Gilmar Ferreira. *Direitos Fundamentais e controle de constitucionalidade*, p. 51.
[472] ÁVILA, Humberto. *Op. cit.*, p. 133-135.
[473] O julgamento se revestiu de importância ímpar na história do Supremo Tribunal Federal, na medida em que é considerado o primeiro a empregar explicitamente o princípio da razoabilidade na seara do Direito Administrativo.
[474] STF, Representação nº 930-DF, Pleno, Rel. para o acórdão Min. Rodrigues Alckmin, j. 05.05.1976, DJU 02.09.1977. Grifos do Ministro.

conceitual recíproca em prol das liberdades individuais e do aperfeiçoamento democrático naquele país. No Brasil, essa relação tem-se mostrado fecunda na proteção dos direitos das minorias contra a dominação político-institucional da maioria, como sucedeu com os pequenos partidos no caso apresentado.

Dois partidos pequenos ajuizaram as Ações Diretas de Inconstitucionalidades nº 958-RJ e 966-DF para impugnar o art. 5º, seus incisos e parágrafos, da Lei 8.137, de 30 de setembro de 1993, os quais condicionavam a participação dos partidos políticos no certame eleitoral para cargos majoritários estaduais e federais nas eleições de 1994 à consecução de percentuais mínimos de votos obtidos pelo partido nas eleições de 1990. Alegaram-se ofensas aos direitos de votar e de ser votado, e ao princípio da igualdade.

O Tribunal acolheu parcialmente o pedido para declarar a inconstitucionalidade dos parágrafos primeiro e segundo e seus respectivos incisos, por violação ao princípio da igualdade.

No pequeno, mas expressivo voto, o Ministro Moreira Alves ressaltou a dupla dimensão do devido processo legal, ao afirmar que esse princípio constitucional "não é apenas o processo previsto em lei, mas abarca as hipóteses em que falta razoabilidade à lei". Inspirado na construção teórica de Celso Antônio Bandeira de Mello acerca do conteúdo jurídico da igualdade,[475] argumenta o Ministro:

> Ora, os dispositivos em causa partem de fatos passados, e portanto já conhecidos do legislador quando da elaboração desta lei, para criar impedimentos futuros em relação a eles, constituindo-se, assim, em verdadeiros preceitos *ad hoc*, por terem como destinatários não a generalidade dos partidos, mas apenas aqueles relacionados com esses fatos passados, e, por isso, lhes cerceiam a liberdade por esse procedimento legal que é de todo desarrazoado.[476]

Gilmar Ferreira Mendes creditou a essa decisão a consolidação do desenvolvimento do princípio da proporcionalidade como postulado autônomo, que tem a sua sede material no devido processo legal.[477]

No entanto, não se nota na fundamentação dessa decisão a enunciação estruturada dos juízos pertinentes ao exame de proporcionalidade: adequação, necessidade e proporcionalidade em sentido estrito do tratamento legal. O autor, para quem razoabilidade e proporcionalidade são conceitos indistintos sob a forma do juízo tridimensional, aduz apenas ao exame da adequação, não vencido pela norma impugnada.

Noutro caso, havia campo para desenvolver um juízo mais completo do postulado da proporcionalidade, como demonstram as análises de Humberto Ávila[478] e de Virgílio Afonso,[479] mas o Tribunal não estruturou a sua fundamentação com base nos

---

[475] MELLO, Celso Antônio Bandeira de. *Conteúdo jurídico do princípio da igualdade*, p. 20. Subjaz na fundamentação do Ministro a premissa apontada pelo administrativista, segundo a qual a norma que estiver referida a "sujeito único e atual, determinado ou determinável" transgride o princípio da isonomia. Aplicando essa noção ao caso, constata-se que a lei apanhou concreta e individualmente os partidos políticos de baixa representação nas Casas Legislativas, determináveis, já à data da edição da lei, para obstar a participação desses partidos no processo eleitoral subsequente, em evidente prejuízo para eles e favorecimento para os outros partidos não alcançados pela limitação.
[476] STF, ADIs nº 958-RJ e 966-DF, Pleno, Rel. Min. Marco Aurélio, j. 11.05.1994, DJU 25.08.1995.
[477] MENDES, Gilmar Ferreira. *Op. cit.*, p. 61.
[478] Cf. ÁVILA, Humberto. *Op. cit.*, p. 128, 160-161. Analisando a fundamentação do acórdão, o autor vislumbra a adequação, a desnecessidade e a desproporcionalidade em sentido estrito da medida legal.
[479] Cf. SILVA, Luís Virgílio Afonso da. *O proporcional e o razoável*, p. 36-44. Na perspectiva desse autor, a medida legal revela-se adequada, necessária e proporcional em sentido estrito.

elementos da proporcionalidade. No julgamento da ADI nº 855-PR, a Corte deferiu medida liminar para suspender a eficácia de lei do Paraná que determinava a utilização de balança especial para a pesagem de botijões de gás à vista do consumidor.[480] O voto condutor do acórdão acolheu a arguição de violação aos princípios da razoabilidade e da proporcionalidade, mas o fez remetendo sua fundamentação ao parecer do INMETRO – Instituto Nacional de Metrologia, Normatização e Qualidade Industrial, juntado com a petição inicial. Segundo se depreende do parecer do órgão integrante do Ministério da Fazenda: (i) as balanças não seriam totalmente adequadas à medição do conteúdo residual de gás no botijão, porque de fácil desgaste no transporte e, portanto, de provável desregulação; (ii) haveria meios alternativos menos restritivos à livre iniciativa (fiscalização por amostragem dos botijões e consideração do resíduo de gás na fixação do preço ao consumidor, selo, lacre); por fim, (iii) as desvantagens (custo com aquisição das balanças, repasse desse custo ao consumidor, perda de praticidade na venda, com a necessidade do deslocamento do consumidor até o local da pesagem) suplantariam as vantagens decorrentes da proteção do interesse do consumidor.

Como se verifica dessa amostra de casos, o Supremo Tribunal Federal tem recorrido ao teste de razoabilidade haurido da acepção material do devido processo legal tanto para aplicar o princípio da igualdade quanto para avaliar a compatibilidade entre medida e finalidade legal.

Semelhante percepção é externada por Germana de Oliveira Moraes. Após analisar os precedentes do Supremo Tribunal Federal, a autora ressalta que essa Corte aplicou a "noção de proporcionalidade, na maioria das vezes, sob a vertente da *adequação*, correspondente à ideia de razoabilidade, termo esse mais frequentemente empregado nos julgados do que propriamente o termo proporcionalidade".[481]

O fato constatado talvez possa explicar a razão pela qual a Suprema Corte brasileira não se tem ocupado de distinguir razoabilidade de proporcionalidade. De efeito, o exame da adequação entre meio e fim, núcleo conceitual comum da razoabilidade haurida no devido processo legal substantivo e da proporcionalidade enquanto juízo tridimensional, tem sido o único manejado pela Corte no controle de mérito dos atos legislativos, na medida em que a casuística não lhe exigiu ainda o estabelecimento de uma estrutura conceitual distinta de tais postulados. No entanto, casos futuros que porventura se apresentem ao Tribunal poderão demandar-lhe uma fundamentação que sinalize para uma diferenciação.

É o que provavelmente venha a ocorrer quando a Corte for chamada a decidir acerca da constitucionalidade de restrições legais a direitos fundamentais para cujo exame não se revelar suficiente a exigência da adequação do meio ao fim. Apenas duas décadas de constitucionalismo democrático, perfil conservador dos juízes da Corte Suprema – ingressos no Tribunal ainda no período marcado pelo vezo autori-

---

[480] STF, MC na ADI 855-PR, Pleno, Rel. Min. Sepúlveda Pertence, j. 01.07.1993, DJU 01.10.1993. Em 06.03.2008, o Tribunal julgou o mérito da ação, reputando-a procedente e, assim, declarando definitivamente a inconstitucionalidade da lei estadual. Restaram vencidos ainda, neste julgamento, os Ministros Marco Aurélio, Celso de Mello e Menezes Direito, por entenderem, ao contrário, que a medida legislativa não ofenderia o princípio da proporcionalidade (Informativo STF nº 497, de 3 a 7 de março de 2008).

[481] MORAES, Germana de Oliveira. *Op. cit.*, p. 140.

tário das instituições[482] –, e a visão ortodoxa do princípio da separação dos poderes são fatores que se vão dissipando no avançar de um tempo já sob os ares de uma Constituição democrática e asseguradora de um amplo rol de direitos e garantias fundamentais.[483] O aperfeiçoamento da tutela jurisdicional dos direitos fundamentais tem avançado e certamente impelirá a Corte a proceder em suas decisões a um raciocínio jurídico mais analítico e estruturado na aplicação do postulado da proporcionalidade, como imperativo de uma atuação decisória transparente e legitimadora.

O Tribunal ensaiou essa tendência no julgamento do *Habeas Corpus* nº 76.060-SC, ao laborar um juízo mais completo do postulado da proporcionalidade, ou seja, ao fundamentar sua decisão para além do exame da adequação entre meio e fim.[484]

A 1ª Turma do Supremo Tribunal Federal deferiu liminar para que o paciente não fosse constrangido ao fornecimento de sangue destinado à pesquisa do DNA em ação de investigação de paternidade e de alteração de registro civil. Esta ação teve por objeto a pretensão de terceiro de excluir a paternidade presumida do paciente e de ver-se pai da criança.

Situando a questão em termos da colisão entre direitos fundamentais – a dignidade do pai presumido, de um lado, e o direito ligado à determinação da filiação genética de terceiro, de outro –, o Ministro-Relator conclui pela desnecessidade de coagir o paciente a fornecer o material sanguíneo. Antes disso, registra haver certa adequação da medida pleiteada em relação à finalidade de identificação da paternidade da criança, tão somente no que concerne à aptidão para excluir a paternidade do pai presumido, para o que também se prestava o simples exame hematológico de outrora. Em seguida, assere a "prescindibilidade" da medida, pelo fato de o teste de DNA se prestar a muito mais do que isso, ou seja, a determinar a paternidade genética da criança com nível de probabilidade que tende à certeza, o que poderia ser feito mediante utilização do sangue do próprio terceiro interessado, sem a necessidade, portanto, de constranger o pai presumido a fornecer o seu material sanguíneo.

De tudo o que se expôs neste tópico, verifica-se que o Supremo Tribunal Federal tem preferido o termo razoabilidade ao termo proporcionalidade para designar a aplicação do devido processo legal na vertente substantiva, revelando explícita filiação da jurisprudência constitucional brasileira à doutrina norte-americana do *substantive due process of law*. O questionamento de outrora acerca da positividade jurídica da cláusula no ordenamento brasileiro perdeu sua razão de ser diante da sua expressa verbalização na Carta de 1988.[485] Discutem-se, todavia, o alcance tutelar da

---

[482] Francisco Gérson Marques de Lima assinala esse aspecto, ao afirmar que o constituinte cometeu uma falha ao manter "na composição do STF todos os Ministros que haviam sido investidos no Tribunal pelos governos anteriores. Embora reconhecendo as virtudes pessoal e intelectual daqueles integrantes, a Corte brasileira, encarregada de interpretar uma Constituição completamente diferente da anterior, permaneceu composta de juristas nomeados no crédito do regime militar. Na mesma linha do regime de antão, o STF continuou julgando sob os auspícios das ideologias autoritárias, centralizadoras, ofensoras de direitos e garantias fundamentais" (LIMA, Francisco Gérson Marques de. *O Supremo Tribunal Federal na crise institucional brasileira*. Fortaleza: ABC Fortaleza, 2001, p. 104).

[483] Por essas razões, não é de todo cabível a observação de SILVA, Luís Virgílio Afonso da. *O proporcional e o razoável*, p. 31, segundo o qual "o Tribunal não parece disposto a aplicá-la [a proporcionalidade] de forma estruturada, limitando-se a citá-la. [...] Não é feita nenhuma referência a algum processo racional e estruturado de controle da proporcionalidade do ato questionado".

[484] STF, HC 76.060-SC, Primeira Turma, Rel. Min. Sepúlveda Pertence, j. 31.03.1998, DJU 15.05.1998.

[485] "Art. 5º [...] LIV – ninguém será privado da liberdade ou de seus bens sem o devido processo legal;"

cláusula[486] e a possibilidade de o exame da razoabilidade encartar no seu conteúdo o juízo tridimensional inerente à proporcionalidade.

É proveitoso referir, por fim, a esse respeito que a filiação do Direito brasileiro à matriz norte-americana projeta, ainda, para o futuro, a restrição do juízo de razoabilidade ao exame da adequação entre medida e finalidade legal. Talvez, todavia, o Ministro Gilmar Ferreira Mendes, jurista com formação acadêmica na Alemanha e afeiçoamento científico ao Direito Constitucional germânico, possa influenciar o aperfeiçoamento do sistema de controle da legitimidade das leis com a incorporação na jurisprudência constitucional brasileira do postulado da proporcionalidade, na sua forma racionalmente estruturada.[487] Ainda que isso ocorra, não significará o esvaziamento conceitual e prático da razoabilidade, porquanto a exigência de racionalidade jurídica não se esgota na base epistemológica do postulado da proporcionalidade, como restou demonstrado.

---

[486] Segundo DANTAS, Rosalliny Pinheiro. *A razoabilidade e suas implicações com a discricionariedade administrativa*. 2004. Dissertação (Mestrado em Direito). Universidade Federal do Ceará, Fortaleza, p. 74-77, "não se nega a importância do devido processo legal na ordem constitucional brasileira, todavia esta garantia, entre nós, não possui a amplitude que assume no Direito norte-americano". Com efeito, "as diferenças entre as ordens constitucionais impedem que o *substantive due process* assuma no Direito brasileiro o mesmo sentido atribuído a esta garantia pela jurisprudência norte americana". Enquanto a "ordem constitucional americana constitui, a rigor, uma solene declaração genérica de direitos, o que exigiu da jurisprudência a criação de uma fórmula para controlar o processo de individualização daqueles direitos (o *teste of reasonableness* por meio do devido processo legal), a "ordem constitucional brasileira, ao contrário da americana, declara princípios, direitos fundamentais, estabelece normas-objetivo, assegura garantias institucionais e processuais, discrimina pormenorizadamente competências entre os entes da Federação e entre os Poderes estatais; enfim, não são poucas as diferenças entre a Constituição brasileira e a norte-americana". Assim, as significações normativas criativamente atribuídas pela jurisprudência norte-americana à cláusula do devido processo legal (a exigência de leis gerais e iguais, a garantia de instrução, de oitiva e de recurso ao Poder Judiciário) estão expressas e especificamente consagradas na Constituição brasileira. A saber: a exigência de leis gerais e iguais se encontra no princípio da isonomia (art. 5º, *caput*); a garantia de instrução e de oitiva tem expressão no direito ao contraditório e à ampla defesa (art. 5º, LV) e a garantia de recurso ao Judiciário está positivada nos direitos de petição e da inafastabilidade da jurisdição regular (art. 5º, XXXIV, XXXV e XXXVII). De fato, nessas hipóteses não carece apelar para o devido processo legal.

[487] Gilmar Ferreira Mendes é Mestre em Direito, com a dissertação "pressupostos de admissibilidade do controle abstrato de normas perante a Corte Constitucional Alemã" (1989), e Doutor em Direito, com a tese "controle abstrato de normas perante a Corte Constitucional Alemã e perante o Supremo Tribunal Federal" (1990). Ambos os títulos obtidos pela Universidade de Münster.
O Ministro aplicou a proporcionalidade na sua compostura ternária a uma situação envolvendo duas entidades públicas, *estranhas*, portanto, à relação Estado-cidadão, âmbito no qual a proporcionalidade tem sido tradicionalmente adotada. Na espécie, o Supremo Tribunal Federal indeferiu pedido de intervenção federal no Estado de São Paulo, motivado no inadimplemento de precatórios relativos a créditos alimentares. Nesse julgamento, o Ministro Gilmar Ferreira Mendes, relator para o acórdão, indagou-se se a medida extrema da intervenção federal atenderia às três máximas parciais da proporcionalidade, ao que respondeu negativamente. No seu entender, não seria *adequada* porque o eventual interventor estaria sujeito às mesmas limitações de caixa e às permanentes obrigações prestacionais constitucionalmente previstas, tais como saúde e educação. Também não seria *necessária*, porque a manutenção do governador democraticamente eleito, e que esteja atuando de boa-fé, é menos gravosa à autonomia do Estado do que a intervenção federal. Por fim, igualmente a medida não seria *proporcional em sentido estrito*, porquanto as vantagens normativas (respeito às decisões judiciais e ao direito de precedência dos créditos de natureza alimentícia) decorrentes da sua adoção não superam as desvantagens (preservação da autonomia do Estado, continuidade da prestação dos serviços públicos essenciais). STF, IF nº 164-SP, Pleno, Rel. para o acórdão Ministro Gilmar Ferreira Mendes, j. 03.02.2003, DJU 14.11.2003.

2.7. As semelhanças e a incompatibilidade metodológica entre os postulados da razoabilidade e da proporcionalidade

Não é pacífico o tipo de relação que travam entre si os postulados da razoabilidade e da proporcionalidade, sendo consenso, todavia, que ambos estão associados a ideias de racionalidade, moderação e de justiça material, e que ambos se prestam como parâmetros de aferição da legitimidade constitucional de leis, atos administrativos e decisões judiciais.[488]

Nessa seara, três são as teses que procuram explicar a relação entre os postulados da razoabilidade e da proporcionalidade, a saber:

i) *Identidade*, segundo a qual um princípio equivale ao outro; essa é a posição sustentada, entre outros, por Luís Roberto Barroso (relação de fungibilidade) e por Gilmar Ferreira Mendes (relação de intercambialidade);

ii) *Inclusão*, segundo a qual um princípio é deduzido do outro, ou seja, o conteúdo significativo de um contém o conteúdo significativo do outro; de um lado, Maria Sylvia Zanella di Pietro e Celso Antônio Bandeira de Mello afirmam que o princípio da proporcionalidade é apenas expressão ou faceta do princípio da razoabilidade; de outro, Eros Roberto Grau e Odete Medauar englobam o sentido da razoabilidade no princípio da proporcionalidade;

iii) *Autonomia*, segundo a qual os princípios estremam-se no conteúdo e no modo como operam na estruturação da aplicação do direito; Willis Santiago Guerra Filho e Humberto Ávila defendem a tese da diferenciação ou autonomia; o argumento que se revela mais elaborado em prol dessa vertente parece ser aquele fornecido por Ávila, consoante o qual o postulado da proporcionalidade tem por objeto a estruturação entre meio e fim empiricamente discerníveis, ao passo que o postulado da razoabilidade consubstancia um exame concreto-individual de bens jurídicos envolvidos, atentando tão somente para as particularidades e excepcionalidades do caso individual.[489]

Do quanto expendido, depreende-se que a tese aqui adotada é a da autonomia do postulado da razoabilidade em relação ao da proporcionalidade, segundo a qual o conteúdo normativo, a metódica aplicativa e o âmbito de atuação de cada qual se distinguem e se apartam, tendo tais diferenciações por fundamento a diversidade das respectivas *bases epistemológicas*.

Antes, porém, de enunciar e descrever cada uma dessas instâncias distintivas, calha mencionar os pontos de conexão entre razoabilidade e proporcionalidade, que as credenciam a pertencer à categoria de postulado normativo.

---

[488] PEREIRA, Jane Reis Gonçalves. *Op. cit.*, p. 312.
[489] STEINMETZ, Wilson Antônio. *Op. cit.*, p. 185-186.

A semelhança fundamental entre a proporcionalidade e a razoabilidade situa-se no aspecto funcional. Tais normas operam objetivando não somente repelir a consumação de decisões estatais socialmente inaceitáveis, injustas, arbitrárias, mas também servir de instrumento normativo de controle da legitimidade da atuação estatal, exigindo, para este fim, que se examine a atuação não apenas pela mera conformidade formal dos atos administrativos com os parâmetros da legalidade ou normatividade estrita. Operam, portanto, como "parâmetro de valoração dos atos do Poder Público para aferir se eles estão informados pelo valor superior inerente a todo ordenamento jurídico: a justiça".[490] A forma de alcançar esse objetivo é portando-se como princípio interpretativo,[491] isto é, como postulado normativo.

Além de buscarem impregnar a norma concretizada da axiologia constitucional, os postulados normativos consubstanciam instrumentos para tornar transparente o processo de interpretação e aplicação do Direito em situações nas quais se faz necessário transcender, de forma fundamentada, a legalidade ou normatividade estrita. Essa funcionalidade dos postulados se mostra particularmente útil na seara do Direito Administrativo, em que o apreço da Administração pelo princípio da legalidade repele qualquer flexibilização do dogma atinente a esse princípio. A transparência no processo de interpretação e aplicação do Direito obtém-se mediante uma estruturação da fundamentação do ato administrativo e a consideração de uma fase crítico-justificativa nesse processo, na qual preponderantemente atuam os postulados na aferição da legitimidade da solução jurídica fundada na legalidade ou normatividade estrita.

Ademais de qualificarem-se como postulado normativo, ambos revelam a característica de *topos* argumentativo, "ao expressar um pensamento aceito como justo e razoável de um modo geral, de comprovada utilidade no equacionamento de questões, não só do direito em seus diversos ramos, como também em outras disciplinas".[492]

Enquanto instrumento de crítica da solução jurídica fundada na legalidade formal, reconhece-se nos postulados normativos a característica da subsidiariedade ou da residualidade, que pode ser vista sob dois aspectos.

O primeiro decorre do fato de os postulados atuarem além da mera legalidade ou normatividade estrita, impondo saber primeiramente se a atuação administrativa não viola nenhuma regra legal específica, o que se faz mediante a utilização de outros instrumentos de aferição da conformidade jurídica do ato administrativo, tais como excesso de poder, motivos determinantes, desvio de poder, e vício de forma, o que poderia tornar dispensável a estruturação aplicativa à base dos postulados. Não raro, a jurisprudência judicial utiliza a razoabilidade e a proporcionalidade com o objetivo de examinar a validade de medida administrativa em casos em que bastaria a utilização dos parâmetros legais. Exemplo disso se vê na aplicação do postulado da proporcionalidade nos denominados "falsos problemas de ponderação", em que não se verifica nenhum conflito de interesses juridicamente protegidos, ou na aplicação do postulado da razoabilidade, quando a medida legal não viola a esfera de proteção

---

[490] BARROSO, Luís Roberto. Os princípios da razoabilidade e da proporcionalidade no direito constitucional, p. 128.
[491] É ampla a aceitação na doutrina nacional e estrangeira da qualificação da proporcionalidade e da razoabilidade como princípios interpretativos.
[492] GUERRA FILHO, Willis Santiago. *Ensaios de teoria constitucional*, p. 79.

prima facie de nenhum princípio jurídico. Cabe observar que, especificamente em relação ao postulado da razoabilidade, a característica da residualidade advém de seu próprio fundamento normativo, o devido processo legal, que também a possui.[493]

O segundo sentido da subsidiariedade advém do fato de a aplicação dos postulados normativos requerer uma boa dose de subjetividade do intérprete, implicar certa imprevisibilidade e incontrolabilidade do resultado interpretativo e importar em invasão da competência legislativa, em vista do que se passa a exigir, como forma de atalhar tais inconveniências, que a utilização dos postulados se dê apenas na hipótese de a solução legal ofender, de forma manifesta, valores constitucionais superiores (justiça, democracia, igualdade, dignidade humana etc.).[494]

Segundo Denise Lucena Cavalcante, os postulados têm também em comum o fundamento lógico, já que "inseridos dentro do próprio conceito de Direito". Exatamente por isso, a professora cearense entende não ser relevante a necessidade de vincular a proporcionalidade e a razoabilidade a determinado princípio jurídico.[495]

Enunciadas as características comuns dos postulados, passa-se agora a traçar as notas distintivas que separam razoabilidade e proporcionalidade tal como definidas anteriormente. Foi dito acima que, em virtude do fenômeno da expansão e do aprimoramento técnico na utilização do postulado da proporcionalidade, parte do conteúdo da razoabilidade, segundo a sua matriz histórica, acabou sendo absorvida pelo postulado da proporcionalidade de origem alemã, como sugerem as teses em prol da fungibilidade. Assim, pautas integrantes da razoabilidade, consistentes nas exigências de *legitimidade da finalidade perseguida*[496] e de *compatibilidade entre medida e finalidade,* passaram a ser examinadas ao ensejo da aplicação do subprincípio da adequação do postulado da proporcionalidade.[497]

O fenômeno citado não contempla todos os sentidos comportados pela razoabilidade segundo a matriz histórica, mas apenas aqueles que guardam proximidade conceitual com os subprincípios do postulado da proporcionalidade. O conteúdo remanescente da razoabilidade anglo-americana é encampado pelo postulado da razoabilidade, que, assim, (i) avoca a funcionalidade de fazer observar o princípio da isonomia (razoabilidade-igualdade), obstando tratamentos discriminatórios por parte dos Poderes Públicos, e (ii) incorpora o conteúdo traduzido pela regra do "consenso popular", nem sempre compreendido na noção de proporcionalidade.[498] Esse conteúdo passa a integrar a razoabilidade na condição de critério axiológico que co-

---

[493] Helenilson Cunha Pontes afirma o caráter subsidiário do devido processo legal no Direito brasileiro (PONTES, Helenilson Cunha. *Op. cit.*, p. 83).

[494] Enrique Alonso García alude a esse sentido quando fala do método da ponderação: "[...] o método deve ser residual. Só em casos limites, setorialmente determinados, deve aplicar-se este método: nesse ponto existe sim acordo tanto na doutrina como na jurisprudência" (GARCÍA, Enrique Alonso. *La interpretación de la Constitución*. Madrid: Centro de Estudios Constitucionales, 1984, p. 436)

[495] CAVALCANTE, Denise Lucena. A razoabilidade e a proporcionalidade na interpretação judicial das normas jurídicas. *In:* TORRES, Ricardo Lobo (Org.). *Temas de interpretação do direito tributário*. Rio de Janeiro: Renovar, 2003, p. 41.

[496] Gustavo Ferreira Santos diverge, sustentando que "a razoabilidade trata da legitimidade da escolha dos fins em nome dos quais agirá o Estado, enquanto a proporcionalidade averigua se os meios são necessários, adequados e proporcionais aos fins já escolhidos" (SANTOS, Gustavo Ferreira. *Op. cit.*, p. 128).

[497] SILVA, Luís Virgílio Afonso da. O proporcional e o razoável, p. 32-33.

[498] MORAES, Germana de Oliveira. *Op. cit.*, p. 139.

necta os elementos que compõem a base epistêmica sobre a qual se apoia a aplicação do postulado da razoabilidade.

Essa conformação do conteúdo da razoabilidade é compatível com a sua redefinição aqui postulada, segundo a qual esta norma passa a denotar outros juízos de ordem substantiva que transcendem a análise da relação meio-fim e a correlata verificação da adequação, necessidade e proporcionalidade em sentido estrito das restrições a direitos fundamentais.[499] Assim definido, o postulado da razoabilidade não atua diretamente sobre os elementos operados no juízo de proporcionalidade, mas sobre elementos outros que tocam a racionalidade do ato ou decisão administrativa de maneira diferente, isto é, estabelecendo nexos de congruência lógica e axiológica entre motivo e objeto e entre estes e a realidade social.[500] Isso ocorre porque nem toda irracionalidade jurídica manifesta-se por meio de um juízo de desproporcionalidade. Vale dizer, igualmente, que nem toda irracionalidade jurídica envolve diretamente ofensa a direitos e garantias fundamentais.

A proporcionalidade não se inclui, portanto, na abrangência do conteúdo jurídico da razoabilidade, como sustenta uma das vertentes da tese da inclusão.[501] Também não é uma medida ou definição operacional desta. Na verdade, cada qual possui um âmbito próprio de incidência e metódica específica de atuação, que se definem a partir das respectivas *bases epistemológicas*.

Quanto ao *âmbito de aplicação*, a razoabilidade estrutura a aplicação conjunta de *regras* e *princípios*, visando a harmonizar motivo e objeto do ato administrativo, fundados em estatuição geral, enquanto a proporcionalidade estrutura a relação entre

---

[499] Adotando uma perspectiva mais descritiva, mas chegando a conclusões bem próximas das aqui defendidas, Valeschka e Silva Braga distingue, em animoso estudo, a proporcionalidade e a razoabilidade sob os seguintes aspectos: (i) *origem*: a razoabilidade foi desenvolvida na jurisprudência constitucional norte-americana, enquanto a proporcionalidade foi e vem sendo aperfeiçoada pelo Tribunal Constitucional alemão; (ii) *fundamento:* a razoabilidade decorre do *substantive due process of law*, a proporcionalidade, por sua vez, do Estado de Direito; (iii) *conteúdo*: a razoabilidade avalia a congruência dos motivos (pressuposto de fato) com a finalidade da medida, objetivando excluir condutas contrárias ao bom-senso, enquanto a proporcionalidade envolve a compatibilidade dos meios com os fins, visando à otimização de direitos fundamentais; (iv) *elementos:* a racionalidade, como aspecto da razoabilidade, coincide com as exigências da adequação e necessidade da proporcionalidade, mas em dimensões diferentes, uma vez que a racionalidade da razoabilidade contempla as circunstâncias pessoais compreendidas no caso concreto, o que não ocorre com a proporcionalidade, onde a ponderação decorre muito mais de situações jurídicas abstratas envolvidas; além disso, a razoabilidade possibilita a verificação da adequação e necessidade existente entre os motivos e os fins; (v) *objetividade*: a razoabilidade possui um conteúdo mais subjetivo, ligado à idéia relativa e comunitária de bom-senso, enquanto a proporcionalidade determina critérios fixo de avaliação, desconectados da aprovação social; (vi) *funções*: a razoabilidade avalia se um interesse é ou não legítimo em face do bom-senso, repelindo medidas desarrazoadas (função negativa), mas sem realizar sopesamento de interesses, ao passo que a proporcionalidade atua ponderando interesses legítimos, mediante a análise procedimental do inerente juízo tridimensional (função positiva) (BRAGA, Valeschka e Silva. *Op cit.*, p. 124-127). Cf. também as diferenças apontadas por Helenilson Cunha Pontes. *Op. cit.*, p. 88-90, tendo por base de comparação os seguintes critérios: a motivação racional, o conteúdo, a natureza e a eficácia.

[500] Em termos aproximados, Lúcia Valle Figueiredo leciona que "a razoabilidade vai se atrelar à congruência lógica entre as situações postas e as decisões administrativas. Vai-se atrelar às necessidades da coletividade, à legitimidade, à economicidade, à eficiência. Traduz o princípio da razoabilidade a congruência lógica entre o fato (o motivo) e a atuação concreta da Administração" (FIGUEIREDO, Lúcia Valle. *Op. cit.*, p. 50).

[501] Em sentido concordante, BRAGA, Valeschka e Silva. *Op cit.*, p. 126. Em sentido oposto, MELLO, Celso Antônio Bandeira de. *Curso de direito administrativo*, p. 81-82.

princípios jurídicos posicionáveis numa relação meio-fim, em que pelo menos um deles tutela direito fundamental. Quanto à *forma ou metódica de aplicação*, a razoabilidade não opera equilibrando e otimizando bens jurídicos, mas estabelecendo nexos conceituais e axiológicos entre elementos empíricos ou normativos envolvidos na aplicação do Direito que possam fecundar soluções jurídicas inaceitáveis.

Por sua vez, a tensão entre princípios jurídicos não articulados numa relação empírica e teleológica resolve-se mediante a técnica da ponderação, em que não são levados em conta critérios empíricos, mas critérios jurídico-axiológicos. Em virtude disso, não se verifica a existência de relação de classe entre ponderação e proporcionalidade, nem a proporcionalidade é uma medida operacional da ponderação. A relação entre juízo de ponderação e juízo de proporcionalidade[502] está em que aquele integra o conteúdo normativo deste, sob a denominação de proporcionalidade em sentido estrito. Por essa razão, compartilham o mesmo âmbito de atuação, solvendo colisão de princípios jurídicos afetados por determinada medida.[503]

Do exposto, pode-se afirmar que a estruturação normativa realizada pelo postulado da proporcionalidade possui *natureza ponderativa*[504] – embora com a ponderação não se confunda –, uma vez que tanto a proporcionalidade quanto a ponderação objetivam equilibrar e otimizar bens jurídicos numa determinada situação, seja com base em critérios empírico-jurídicos ou jurídico-axiológicos (postulado da proporcionalidade), seja apenas com base em critérios jurídico-axiológicos (técnica da ponderação), de modo que a ponderação é o *eixo metodológico* do postulado da proporcionalidade.[505]

Nada obstante, nem toda estruturação aplicativa das normas possui essa natureza. Com efeito, o postulado da razoabilidade não atua diretamente sobre os elementos articulados no juízo ponderativo (situação, bens jurídicos), mas com elementos outros – motivo e objeto do ato administrativo –, que promovem a racionalidade jurídica de outra maneira. A desarmonia entre esses elementos é que vem indiretamente implicar ofensa a princípios jurídicos, tais como: a liberdade de iniciativa, a moralidade administrativa, o direito de propriedade e princípios de alta fundamentalidade (justiça, segurança jurídica, igualdade, devido processo legal). Embora indiretamente afetados, esses princípios são estruturados pelo postulado da razoabilidade, juntamente com a regra legal.

Afirmar que o postulado da razoabilidade não possui uma natureza ponderativa implica sustentar que as diferentes manifestações desse postulado não atuam oti-

---

[502] Para mais detalhes sobre essa relação, cf. PULIDO, Carlos Bernal. *Op. cit.*, p. 565 *et seq.*

[503] Nesse sentido, Carlos Bernal Pulido assinala que "dado que la ponderación es uno de los subprincipios de la proporcionalidad, el ámbito de aplicación de estas dos figuras jurídicas resulta coincidente. Donde se aplica el principio de proporcionalidad en sentido amplio, se aplica la ponderación, y donde se aplica la ponderación, se aplica el principio da proporcionalidad en sentido amplio" (*op. cit.*, p. 566-567). Em sentido contrário, Rodríguez de Santiago sustenta que a ponderação tem um âmbito de aplicação mais amplo do que a proporcionalidade, que se limita aos casos de intervenção do poder sobre a liberdade do indivíduo (*op. cit.*, p. 109-111), não cuidando do conflito entre liberdades individuais.

[504] Importa notar que apenas ao se tomar um sentido amplo do vocábulo ponderação se poderia afirmar que a razoabilidade também possui natureza ponderativa. Esse sentido é de equilíbrio, justa medida, prudência, noções que não conferem ao conceito de ponderação a tecnicidade aqui requerida.

[505] Sobre o sentido da proporcionalidade como ponderabilidade, cf. em BROCHADO, Mariá. O princípio da proporcionalidade e o devido processo legal. *Revista de Informação Legislativa*. Brasília, ano 39, nº 155, p. 135-136, jul.-set./2002.

mizando ou equilibrando princípios jurídicos em conflito. Isso ocorre com todos os parâmetros da razoabilidade: as exigências de igualdade, congruência, equivalência e equidade. Algumas dessas vertentes chegam até mesmo a operar em situação de inexistência de conflito entre interesses jurídicos, ou seja, em que não se vislumbra a intersecção entre as respectivas esferas de proteção de normas constitucionais que se opõem, colisão essa que é pressuposto da atividade de ponderar.

Procura-se demonstrar essa assertiva com alguns exemplos: (i) na situação de aplicação da *razoabilidade-congruência*, o Estado não comparece com o interesse de instituir benefício remuneratório sem um substrato fático, como no caso do adicional de um terço de férias sobre a remuneração dos inativos, ao mesmo tempo que ao cidadão não lhe cabe o direito de usufruí-lo; (ii) na situação de aplicação da *razoabilidade-equidade*, como no "caso dos quatro pés de sofá", o interesse do empresário de menor porte de submeter-se a um regime tributário simplificado (Simples) não se choca com o interesse do Estado de incentivar a indústria nacional por meio desse tipo de empresário, estabelecendo, para alcançar esse fim, a sua exclusão do Simples na hipótese de vir a importar produtos do estrangeiro; (iii) na situação de aplicação da *razoabilidade-equivalência*, não se pondera, de um lado, o direito à liberdade ou ao patrimônio do cidadão e, de outro, o direito estatal de reprimir os delitos cometidos, mas se verifica apenas se a pena aplicada corresponde à culpa do infrator, não havendo interesse da Administração em punir além do ponto de equivalência; (iv) na situação de aplicação da *razoabilidade-igualdade*, não se pondera o interesse estatal de promover a igualdade material com o interesse do indivíduo a um tratamento jurídico que afete, na menor medida possível, a sua esfera jurídica de liberdade e patrimonial, mas se verifica apenas se o tratamento diferenciado se harmoniza com o critério de desequiparação, tendo em vista a concretização do princípio da igualdade. Por conseguinte, a ponderação não é efetivamente o *eixo metodológico* do postulado da razoabilidade.

De outra parte, a noção de razão é o eixo metodológico do postulado da razoabilidade, não uma razão lógico-dedutiva, mas uma razão consensual, concreta, baseada na congruência entre elementos estranhos à relação meio-fim do ato administrativo.[506]

Apenas a título de referência, é mister mencionar que essa distinção lógica entre os postulados pode ser, *grosso modo*, reconduzida aos dois pensamentos fundamentais entre os quais transita a metodologia jurídica: o pensamento sistemático, de um lado, e o pensamento tópico, de outro. Com efeito, por operarem diretamente com as vigas mestras do sistema jurídico – os princípios jurídicos –, a ponderação e a proporcionalidade[507] desempenham, na interpretação e na aplicação do Direito, uma função sistematizante de forma mais manifesta e direta do que a razoabilidade, que, por outro lado, se volta primeiramente para o contexto fático de incidência da

---

[506] Em linhas gerais sustenta esse sentido, CRETTON, Ricardo Aziz. *Os princípios da proporcionalidade e da razoabilidade e sua aplicação no direito tributário*. Rio de Janeiro: Lumen Juris, 2001, p. 75.

[507] A vocação sistematizante da proporcionalidade foi notada por Carlos Bernal Pulido, na sua 38ª tese: "O princípio da proporcionalidade desenvolve as exigências dos princípios da unidade da Constituição e da concordância prática. Esta circunstância se deriva de que na estrutura de dito princípio são levados em conta todos os enunciados constitucionais relevantes para a decisão do caso, assim como a própria lei que interfere no direito fundamental atingido" (*op. cit.*, p. 608).

norma, levando em conta na decisão jurídica as circunstâncias individuais da pessoa e da situação alcançada pela norma.[508]

Ambos os postulados visam à promoção de uma unidade axiológica do Direito, mas cada um a seu modo.[509] Vale dizer: a proporcionalidade de forma mais direta e evidente do que a razoabilidade. Com efeito, enquanto a proporcionalidade se baseia numa razão sistêmica, abstrata, formal,[510] globalizante e dedutiva, e constitui a base do pensamento jurídico de tradição romano-germânica, a razoabilidade se lastreia numa razão tópica, concreta, material, situacional[511] e indutiva, cerne, por sua vez, do pensamento jurídico anglo-americano.[512]

Bem por essas razões, costuma-se associar a razoabilidade à noção de equidade e ao momento aplicativo ou jurisdicional de positivação do Direito, sem olvidar, todavia, que a razoabilidade também se manifesta no momento produtivo ou legislativo do Direito, como evidenciam os diversos exemplos de leis declaradas irrazoáveis pelo STF no controle abstrato das normas. Igualmente, como se viu, a equidade não é a única manifestação da razoabilidade.

Além da *diferença metodológica inconciliável* entre os postulados, outra diz respeito ao *conteúdo normativo* de cada um e à maneira como os elementos que o compõem relacionam-se entre si. Como já evidenciado, o exame da proporcionalidade de uma medida administrativa requer a aplicação dos subprincípios da adequação, necessidade e proporcionalidade em sentido estrito, enquanto a razoabilidade se manifesta como exigência de igualdade, congruência, equivalência e equidade. Além da diferença de conteúdo, cabe observar a forma como os respectivos elementos parciais relacionam-se entre si. Na proporcionalidade, as máximas parciais são sucessivamente ordenadas – ou seja, o exame da máxima subsequente pressupõe o atendimento da máxima antecedente – e possuem o mesmo campo de atuação (os princípios jurídicos em conflito). Já na razoabilidade, as pautas são sequencialmente independentes entre si e possuem campos de atuação distintos (*v.g.*, a razoabilidade-equivalência aplica-se ao dimensionamento das sanções punitivas, a

---

[508] Sobre a recíproca promoção entre o "método sistemático" e o "método do caso", cf. GUERRA FILHO, Willis Santiago. *Teoria da ciência jurídica*, p. 47.

[509] O papel sistematizante dos postulados normativos é reconhecido por CAVALCANTE, Denise Lucena. *Op. cit.*, p. 38-39, sem o qual "a interpretação judicial das normas tributárias estaria deveras comprometida".

[510] Nesse sentido, a doutrina majoritária sustenta o caráter formal do postulado da proporcionalidade (Alexy, Ávila, Steinmetz), em contraposição ao caráter material do postulado da razoabilidade (Diogo de Figueiredo). Larenz defende, todavia, que a proporcionalidade tem natureza material ou substancial. Para este autor, a proporcionalidade é um princípio jurídico-material porque deriva da noção de justiça ou de justa medida (LARENZ, Karl. *Derecho justo*, p. 145).

[511] Daí a razoabilidade voltar-se principalmente para o controle de legitimidade das regras jurídicas, que são normas primariamente situacionais ou circunstanciais.

[512] Como a razoabilidade leva mais em conta o motivo, a fattispecie e, portanto, os dados do caso, essa metódica se desenvolveu mais nos chamados sistemas jurídicos jurisprudenciais (*case law*) – que se caracterizam por serem problemáticos, principiais, abertos e estandardizados – do que nos sistemas jurídicos legislativos (*statute law*) – que, ao revés, revelam-se sistemáticos, regrados e fechados. O reverso se diga com relação ao pensamento abstrato em torno da relação de causalidade entre meio e fim, que se desenvolveu com maior profundidade nos países do *civil law*. Arriscando uma síntese: a razoabilidade tem sua chave de compreensão ou sua centralidade epistêmica no antecedente da norma jurídica (o motivo), enquanto a proporcionalidade tem-na no consequente ou na estatuição da norma (o objeto).

razoabilidade-igualdade aplica-se às medidas que instituem tratamento diferenciado entre pessoas, coisas ou situações).

Não obstante os postulados da razoabilidade e da proporcionalidade se estremarem segundo os diversos aspectos mencionados, os resultados da aferição de uma medida estatal com base em cada postulado pode revelar mútua implicação entre as noções de razoável e proporcional, segundo a concepção que se lhes atribua. Uma forma fácil de visualizar essa relação consiste em representar cada uma dessas noções por um círculo, ao modo dos diagramas lógicos de Venn, e examinar se um círculo inclui-se no outro ou secciona o outro. Grande parte da doutrina considera o círculo representativo dos atos proporcionais como localizado no círculo representativo dos atos razoáveis, tendo por razoável o racionalmente aceitável e o não arbitrário (limite negativo), e, por proporcional, a medida otimizadora de bens jurídicos em colisão (fundamento positivo). Assim, uma medida desproporcional não necessariamente seria irrazoável, mas toda proporcionalidade implicaria em razoabilidade.[513] Há quem sustente o contrário, ou seja, que uma medida ou decisão proporcional possa resultar arbitrária e irracional e, portanto, irrazoável, bastando, para que isso se dê, que o intérprete-aplicador não pondere todas as circunstâncias concorrentes.[514]

Essa análise, contudo, não é aqui comportada em virtude da própria autonomia de conteúdo que se emprestou às noções de razoável e proporcional. Cada postulado tem âmbito específico e próprio de atuação, de modo que uma medida estatal geralmente não é passível de aferição simultânea com base em ambos os postulados. Há, todavia, um momento em que razoabilidade e proporcionalidade compartilham os mesmos elementos a serem estruturados, o da aplicação da razoabilidade-equidade. Com efeito, uma lei proporcional em tese pode revelar-se irrazoável ao ser aplicada ao caso concreto, porque a medida prevista abstratamente pelo legislador não realiza no caso específico o valor substancial que anima a sua vigência e aplicabilidade (inidoneidade da medida), ou, mesmo que realize, interfere em princípio que, no caso concreto, precede à finalidade legal (ponderação de princípios). Isso ocorre em virtude de particularidades pessoais e circunstanciais, não previstas na ponderação legislativa, as quais adquirem, no momento aplicativo do Direito, relevância jurídica a ponto de justificar até mesmo a não aplicação da regra legal ao caso (fatos portadores de juridicidade).

---

[513] Nesse sentido, Helenilson Cunha Pontes assevera que "o ato estatal que atende às exigências do princípio da proporcionalidade apresenta-se razoável e racional, todavia nem sempre um ato razoável (racionalmente aceitável) atende aos deveres impostos pelo princípio constitucional da proporcionalidade" (*op. cit.*, p. 90).

[514] GONZÁLEZ, Santiago Sánchez. De la imponderable ponderación y otras artes del Tribunal Constitucional. *Revista Teoría y Realidad Constitucional*, Madrid, nº 12/13, p. 371-372, 2003.

2.8. Separação conceitual entre postulados normativos e outros institutos jurídico-administrativos de controle da legitimidade da atuação administrativa

A depuração conceitual dos postulados normativos em relação a outros instrumentos jurídico-administrativos de controle da legitimidade da atuação administrativa impõe seja feita em virtude da característica da subsidiariedade dos postulados normativos, enquanto normas que estruturam a aplicação de outras diretamente referidas à conduta social regulada. É preciso, portanto, distinguir entre o plano da legalidade ou normatividade estrita e vinculante e o plano da juridicidade, em cujo exame se fazem presentes princípios jurídicos, constitucionais ou não.

Diogo de Figueiredo Moreira Neto posiciona fora do controle baseado na razoabilidade os exames da existência e suficiência do motivo e da possibilidade fática e jurídica do objeto, remetendo tais critérios à aplicação do princípio da realidade e, de conseguinte, ao plano da legalidade ou normatividade estrita.

Em parte, contrariamente, sustenta-se que apenas os aspectos da existência do motivo e da possibilidade fática do objeto não integram o âmbito de controle a cargo dos postulados normativos.[515]

Se o motivo é inexistente, não precisa invocar o postulado da razoabilidade, cuja funcionalidade situa-se ulteriormente a uma fase apenas interpretativa da aplicação do Direito, a fase crítico-justificativa. Ora, sem motivo, sequer há incidência da norma. O ato editado sem pressuposto fático é simplesmente ilegal no sentido estrito.

O mesmo não se pode afirmar quanto à suficiência do motivo, cuja valoração pode render controvérsias, já que não está totalmente excluída a hipótese de encontrar um agente administrativo que repute o motivo pressuposto bastante para a edição de um ato administrativo. Um exemplo esclarece a afirmação. Diante de uma única certidão negativa de débitos (CND) emitida indevidamente por servidor da Secretaria da Receita Federal do Brasil (RFB), deve a autoridade correcional instaurar procedimento disciplinar apuratório e, se comprovada a culpa do servidor público, deve ainda aplicar-lhe alguma penalidade disciplinar, ainda que seja a de advertência? Ajuntem-se também à descrição do caso hipotético os seguintes dados: o servidor exerce a função pública há mais de 10 (dez) anos; no seu histórico funcional, não há registro de punição disciplinar; o servidor emite, em média, 20 (vinte) CNDs por dia e ainda desempenha outras funções; percebido o problema, a CND indevida foi imediatamente cancelada pelo servidor, embora não se saiba se o contribuinte beneficiado fizera algum uso dela; as pendências fiscais que obstavam à emissão regular da CND para aquele contribuinte consistiam em débitos tributários de pequeno valor; não há indícios de que a irregularidade tenha sido praticada dolosamente.

---

[515] MOREIRA NETO, Diogo de Figueiredo. *Legitimidade e discricionariedade*, p. 60.

Ora, uma autoridade correcional afeita ao formalismo jurídico qualificaria inicialmente a conduta como de "descumprimento de norma" ou "falta de zelo", para o fim de deflagrar o procedimento disciplinar apuratório, e, se restasse comprovada a culpa do servidor no caso, infligir-lhe-ia a pena de advertência ou suspensão. Outra autoridade menos exegeta em relação à aplicação da lei entenderia que o motivo é insuficiente para sequer instaurar o competente procedimento.

Diante da possibilidade clara de dissentimento, melhor situar o critério da suficiência do motivo no âmbito do controle exercido pela razoabilidade – e, assim, no âmbito da argumentação ou da discursividade –, fora, portanto, da legalidade ou normatividade estrita, que tem caráter marcadamente cognitivo e lógico-conceitual. Dessa forma, mantêm-se visíveis, e intersubjetivamente criticáveis e controláveis, os critérios estimativos utilizados para afirmar a suficiência ou não do motivo.

A abordagem do exemplo apresentado à luz do postulado da razoabilidade será empreendida no último capítulo, sob a postulação de uma Teoria do Erro Escusável em matéria administrativo-disciplinar.

A seu turno, a impossibilidade fática do objeto também não requer a aplicação dos postulados, pois o espaço próprio de regulação do Direito é o do possível. Afinal, o Direito não se ocupa de prescrever conteúdo normativo factualmente impossível ou necessário.

O mesmo não se diga quanto à possibilidade jurídica do objeto, pela razão de que, em algumas situações específicas, poderia não ser evidente e imediato um juízo a respeito da impossibilidade jurídica do objeto. Isso se justifica na medida em que, como consigna o próprio Diogo de Figueiredo, o referencial de qualificação do objeto ilícito é a totalidade do ordenamento jurídico, no qual se incluem "todos os princípios jurídicos, explícitos ou implícitos, que estabeleçam limites específicos a quaisquer atos jurídicos, como o são os da *isonomia*, o do *direito adquirido*, o do *ato jurídico perfeito*, o da *coisa julgada*, os polivalentes e monovalentes da Ciência do Direito e dos seus ramos, inclusive o da *moralidade*, absorvendo aspectos das vigências éticas gerais da sociedade".[516]

A despeito da multiplicidade de normas jurídicas, efetivamente não seria de fácil contestação afirmar a impossibilidade jurídica de um objeto quando este manifestamente malferisse uma regra jurídica explícita ou mesmo determinados princípios jurídicos, na hipótese de a afronta tocar o núcleo de significação positiva do princípio. Em situação dessa natureza, certamente não careceria o exame da questão ser efetuado com base nos postulados aplicativos. Mas, uma vez que o referencial de ilicitude é um conjunto de princípios integrados na totalidade sistêmica do ordenamento jurídico, não será incomum – muito pelo contrário, pois é da característica dos ordenamentos democráticos atuais – deparar-se com situações em que a ofensa a um princípio dá-se exatamente para fomentar ou promover a realização de outro, que poderá prevalecer na situação, e nem por isso o objeto será acoimado de ilícito.

A separação conceitual dos postulados normativos prossegue agora em face da figura jurídica do desvio de poder ou desvio de finalidade,[517] especialmente quanto

---

[516] MOREIRA NETO, Diogo de Figueiredo. Op. cit., p. 72. Grifos do autor.

[517] O desvio de poder se verifica quando o "agente pratica o ato visando a fim diverso daquele previsto, explícita ou implicitamente, na regra de competência". Essa é a definição adotada pelo ordenamento jurídico pátrio, introduzida no art. 2º, parágrafo único, "e", da Lei nº 4.717, de 29 de junho de 1965 (Lei da Ação Popular). Segundo Celso Antônio Bandeira de Mello, entende-se por desvio de poder "a uti-

ao postulado da proporcionalidade, pela proximidade do âmbito de atuação deste com o campo de controle alcançado pela técnica do desvio de poder.

Por mais que não pareça a uma primeira visada, a semelhança entre esses dois institutos é mínima e se manifesta no aspecto puramente funcional, na medida em que, enquanto forma de controle da ação estatal, ambos têm por objetivo impedir a consumação de uma atuação estatal arbitrária, abusiva, desprovida de interesse público ou ofensiva a direitos fundamentais.

Por outro lado, um primeiro elemento que aparta tais conceitos concerne à dimensão de atuação de cada forma de controle. De um lado, a técnica do desvio de poder opera com elementos contidos no plano de uma legalidade determinada por regras jurídicas ("Direito por regras"), marcando a sua forma de aplicação pelo perfil lógico-formal, que se compraz com um juízo de conformidade conceitual entre os dados de fato e a finalidade prevista na regra legal de competência. De outro, a aplicação do postulado da proporcionalidade, ao contrário, articula elementos contidos num plano acima do plano da legalidade ou normatividade estrita, o plano da juridicidade, que é governado por princípios jurídicos ("Direito por princípios"), objeto por excelência da estruturação aplicativa desse postulado.

Uma segunda característica diferencial está presente tanto na estrutura conceitual como na dinâmica operativa de cada uma das técnicas de controle.

O juízo de controle de uma medida estatal à luz da técnica do desvio de poder se centra na análise da teleologia do ato sindicado, ou seja, nos objetivos que o agente estatal buscou atingir com a sua prática. A verificação da ocorrência de desvio de poder decorre da formulação de um juízo de incompatibilidade entre o fim do ato praticado e o fim que justificou a instituição da competência legal para a realização do ato.[518] Vale dizer que não basta que o ato tenha sido praticado objetivando um interesse público; é mister que tal interesse seja aquele contido implícita ou explicitamente na regra de competência, com base na qual o ato foi realizado, sob pena de materializar-se a hipótese de desvio de poder ou finalidade.

Portanto, a base epistemológica do controle exercido mediante a técnica do desvio de poder consiste na relação entre a finalidade efetivamente perseguida com a prática do ato e a finalidade legal que justificou a instituição da regra de competência (cf. figura no fim deste capítulo).[519]

Diversamente disso,[520] o princípio da proporcionalidade consubstancia um juízo de controle centrado não nos objetivos visados pelo agente público, mas na medida

---

lização de uma competência em desacordo com a finalidade que lhe presidiu a instituição" (MELLO, Celso Antônio Bandeira de. *Discricionariedade e controle jurisdicional*, 2ª ed. São Paulo: Malheiros, 2003, p. 56).

[518] PONTES, Helenilson Cunha. *Op. cit.*, p. 95.

[519] Isso não significa que a técnica do desvio de poder seja também um postulado normativo, uma vez que aquele instrumento situa-se no plano da legalidade, logo não se prestando para estruturar a aplicação de outras normas. Apesar disso, não deixa de contribuir na aferição da racionalidade material do ato no plano mesmo da legalidade.

[520] O advogado cearense Rogério Lima vislumbra que toda medida administrativa desproporcional incorre em abuso de poder, no sentido de excesso no exercício da competência (excesso de poder): "[...] se o princípio da proporcionalidade fundamenta a valoração entre o meio menos prejudicial (ato administrativo a ser aplicado) e o fim (interesse público aspirado, o bem-estar social), procurando equilibrar ambos, o descompasso entre eles, conseqüentemente, convergirá no abuso de poder, visto o administrador exceder-se nas medidas necessárias que deve tomar para atingir a finalidade pública

estatal, exigindo que ela seja adequada, necessária e equilibrada em relação a esses objetivos. Mais precisamente, a base epistemológica da proporcionalidade consiste na relação entre medida estatal e finalidade legal. Se a finalidade perseguida está em desacordo com aquela que presidiu a instituição da competência para a prática do ato, realiza-se o controle com base no desvio de poder e declara-se a invalidade do ato. É despiciendo perquirir em seguida se a medida tomada é ou não proporcional à finalidade perseguida, uma vez que o exame do ato mediante o postulado da proporcionalidade pressupõe a busca de finalidade válida. Somente nesta hipótese é que o intérprete está habilitado a fazer uso do postulado, para verificar se a medida atende à exigência da proporcionalidade.[521]

Daí provém o caráter subsidiário ou residual do postulado da proporcionalidade em relação à técnica do desvio de poder. Vale dizer que o exame com base nos postulados normativos só entra em cena quando afastada a hipótese de desvio de finalidade.[522] Além da perspectiva pragmática, essa afirmação tem respaldo no fato de que a correção teleológica do ato é exigência posta no plano da própria legalidade ou normatividade estrita, ponto de partida, mas não de destino, do controle de legitimidade da atuação administrativa. Nessa ordem de ideias, Helenilson Cunha Pontes obtempera que "a proporcionalidade representa princípio de reforço à concepção assumida pela legalidade no contexto de um Estado Democrático de Direito".[523]

Assim, enquanto o desvio de poder impõe a comparação entre o fim praticado do ato e o fim legal, a proporcionalidade articula o objeto do ato com a finalidade legal.

Outro aspecto importante do tema que merece ser aqui observado é aquele concernente ao desvio de finalidade em sede dos atos do Poder Legislativo. A esse propósito, Celso Antônio Bandeira de Mello adverte inicialmente que o desvio de poder não é invalidade específica dos atos administrativos: por decorrer da "utilização de uma competência fora da finalidade em vista da qual foi instituída, também pode irromper em leis expedidas com burla aos fins que constitucionalmente deveriam prover".[524] Como já versado, uma das primeiras manifestações da razoabilidade no Direito brasileiro é atribuída à teoria do desvio de poder aplicada na aferição da constitucionalidade dos atos legislativos. Essa teoria foi transportada do Direito Administrativo francês para o Direito Constitucional brasileiro ao longo dos trabalhos doutrinários e pareceres produzidos pelo jurista Caio Tácito. Alguns desses pareceres foram emitidos na atuação profissional como advogado perante o

---

que lhe foi designada por lei, pois o 'poder' que dispõe lhe foi concedido por razão de um dever, ao qual deve seguir à risca, e, se exacerba os limites de cumprimento desse dever, abusou do 'poder', viciando o ato e, assim, levando-o à anulação" (LIMA, Rogério Silva. O princípio da proporcionalidade e o abuso de poder no exercício do poder de polícia administrativa. *Revista dos Tribunais*. São Paulo, ano 89, vol. 773, p. 127, mar./2000). Todavia, sendo o excesso de poder uma modalidade de vício no aspecto da competência do ato administrativo – questão essa, portanto, situada no plano da legalidade ou normatividade estrita –, não é sustentável que a medida desproporcional seja também qualificada como excesso de poder, tendo em vista a subsidiariedade aplicativa dos postulados normativos.

[521] Nesse mesmo sentido, PONTES, Helenilson Cunha. *Op. cit.*, p. 96.
[522] Procurando apartar a hipótese de desvio de finalidade da ocorrência de inadequação (proporcionalidade) da medida estatal, Roberto Pimenta afirma que "cogitar de vício de adequação pressupõe que a decisão não esteja eivada de desvio de poder" (OLIVEIRA, José Roberto Pimenta. *Op. cit.*, p. 52).
[523] PONTES, Helenilson Cunha. *Op. cit.*, p. 97.
[524] MELLO, Celso Antônio Bandeira de. *Discricionariedade e controle jurisdicional*, p. 76.

Supremo Tribunal Federal. O primeiro caso em que, por sua atuação, se evidencia a caracterização da hipótese de desvio de poder legislativo foi apreciado pelo STF no Mandado de Segurança nº 7.243-CE, em 20 de janeiro de 1969. Nesse julgamento, o Tribunal invalidou lei do Estado do Ceará de criação de cargos públicos, editada ao término do governo, com o intuito de beneficiar os correligionários derrotados e comprometer as finanças dos adversários políticos vitoriosos no governo seguinte (lei que consubstancia o chamado testamento político). Caio Tácito comenta a decisão então proferida, elucidando o desvio de poder legislativo a partir do exame dos motivos que conduziram a elaboração da lei impugnada:

> A competência legislativa para criar cargos públicos visa ao interesse coletivo de eficiência e continuidade da administração. Sendo, em sua essência, uma faculdade discricionária, está, no entanto, vinculada à finalidade, que lhe é própria, não podendo ser exercida contra a conveniência geral da coletividade, com o propósito manifesto de favorecer determinado grupo, político, ou tornar ingovernável o Estado, cuja administração passa, pelo voto popular, às mãos adversárias.[525]

Como se vê, a investigação do motivo do ato se revela por vezes importante na caracterização do desvio de poder. Tal constatação, todavia, não implica posicionar a base epistemológica desse instrumento fora da relação entre o fim do ato praticado e o fim legal ou constitucional, porquanto a pesquisa do móvel do ato serve apenas à identificação da finalidade por ele buscada. Esta sim é o dado a ser confrontado com a finalidade legal, compondo com aquela a díade epistêmica do desvio de poder.

Nada obstante, por meio do artifício – utilizado inicialmente pelo Conselho de Estado francês – de ampliar em demasia o campo de aplicação da teoria do desvio de poder, aplicou-se tal mecanismo a situações que certamente não seriam contempladas por esse controle em sua conformação primeira, postura essa que historicamente se justifica no alheamento inicial do Judiciário brasileiro quanto ao uso da cláusula do *due process of law*.[526-527] Exemplo disso se deu na aplicação do *détournement de pouvoir*, no célebre julgamento relativo à majoração do imposto de licença sobre as cabinas de banho no município de Santos (RE 18.331-SP, cf. tópico *supra*). Como já salientado, e valendo-se hoje de instrumental teórico e jurídico pouco desenvolvido à época, o caso melhor se compreenderia no campo de aplicação do postulado da razoabilidade (vertente da equivalência) ou do princípio da proibição de excesso, este tal como redefinido por Ávila.[528]

No entanto, sob certo prisma, a irrazoabilidade legal ou administrativa também inspira a caracterização do desvio de poder. Para esse fim, a legalidade é tomada em sentido amplo, contemplando não só o exame da conformidade estrita do ato ou lei com a Constituição, mas também a verificação da sua compatibilidade com os princípios jurídicos. A acepção lata do termo exige, assim, que a finalidade reque-

---

[525] TÁCITO, Caio. O desvio de poder no controle dos atos administrativos, legislativos e jurisdicionais. *Revista de Direito Administrativo*. Rio de Janeiro, nº 242, p. 66, out.-dez./2005.

[526] LIMA, Maria Rosynete Oliveira. *Op. cit.*, p. 170.

[527] Nesse sentido, Roberto Pimenta afirma que "é comum observar na jurisprudência o uso formal da técnica do desvio de poder em situação em que a *ratio decidendi* tipicamente se pauta pela razoabilidade/proporcionalidade" (*op. cit.*, p. 227).

[528] Caio Tácito (*op. cit.*, p. 66-69) aponta caso semelhante em que o STF teria julgado valendo-se da teoria do desvio do poder legislativo: Representação nº 1.077 (majoração excessiva de taxa judiciária).

rida pelo legislador ou administrador seja harmonizável com os princípios e objetivos fundamentais e com outros objetivos constitucionais, expressos ou implícitos. Qualquer atuação estatal esquiva desses valores e objetivos é capaz de consubstanciar o desvio de poder ou finalidade. Dessa forma, uma lei ou ato administrativo irrazoável (incongruente, discriminatório ou sem equivalência na relação motivo e conteúdo do ato) caracteriza, sob essa ótica, o vício de desvio de poder. É nesse sentido que a falta de congruência entre motivo e conteúdo da lei do Estado do Amazonas, que instituiu abono de férias para inativos, implicou o reconhecimento, pelo Supremo Tribunal Federal, de que o legislador incorrera na espécie em "desvio ético-jurídico".

Foi no julgamento da Medida Cautelar na ADI nº 1.158-AM que o STF suspendeu a eficácia do § 2º do art. 9º da Lei nº 1.897, de 5 de janeiro de 1989.[529] O Ministro Relator Celso de Mello relacionou a irrazoabilidade da lei à teoria do desvio de poder legislativo no seguinte excerto do seu voto:

> A essência do substantive due process of law reside na necessidade de proteger os direitos e as liberdades das pessoas contra qualquer modalidade de legislação que se revele opressiva ou, como no caso, destituída do necessário coeficiente de razoabilidade.
>
> Isso significa, dentro da perspectiva da extensão da teoria do desvio de poder ao plano das atividades legislativas do Estado, que este não dispõe de competência para legislar ilimitadamente, de forma imoderada e irresponsável, gerando, com o seu comportamento institucional, situações normativas de absoluta distorção e, até mesmo, de subversão dos fins que regem o desempenho da função estatal.

Figura: A base epistemológica da racionalidade jurídico-administrativa

Plano da normatividade constitucional

Plano da normatividade legal: norma objeto de aplicação

Plano da realidade fática

[529] "Art. 9º [...] § 2º A vantagem de que trata este artigo [adicional de um terço de férias] será paga aos inativos, de uma só vez, no mês de dezembro."

I – Razoabilidade externa (Quiroga); princípio da proibição de excesso (Ávila).
II – Subprincípios da adequação, necessidade e proporcionalidade em sentido estrito.
III – Princípio da proibição do arbítrio (Pulido); legitimidade constitucional da finalidade legal, que é pressuposto lógico do subprincípio da adequação (Pulido, Jane Reis).
IV – Razoabilidade-congruência, razoabilidade-igualdade, razoabilidade-equivalência.
V – Razoabilidade-equidade (V-1: congruência, igualdade, equivalência; V-2: proporcionalidade).
VI – Desvio de finalidade ou desvio de poder.

3. O sentido da vinculação da Administração Judicante à juridicidade

3.1. A Administração Pública Judicante brasileira

3.1.1. A FUNÇÃO JURISDICIONAL

Credita-se a Montesquieu o mérito de ter distinguido, precisado e sistematizado as funções estatais – função legislativa, função executiva e função jurisdicional[530] – e de ter demonstrado a necessidade de atribuir cada uma dessas funções a três órgãos distintos do Estado, como mecanismo de assegurar uma maior proteção à liberdade do indivíduo.[531]

Como observa Eros Roberto Grau, a classificação das funções estatais em Montesquieu é feita sob o aspecto orgânico ou institucional, e não em razão da consideração de seus aspectos materiais, como a própria noção de função está a requerer.[532] Em vista disso, propõe a seguinte classificação, consoante o critério material: (i) função normativa (em vez de legislativa), consistente na produção das normas jurídicas (textos jurídicos); (ii) função administrativa (em vez de executiva), con-

---

[530] A doutrina também observa que a classificação das funções estatais encontra antecedentes nas obras de Aristóteles e Locke. O primeiro distingue também três funções, mas não sugere a atribuição de cada qual a órgãos independentes e especializados: a *deliberante* (consistente na tomada das decisões fundamentais), a *executiva* (consistente na aplicação pelos magistrados dessas decisões) e a *judiciária* (consistente em fazer justiça). O segundo igualmente reconhece três funções distintas: a *legislativa* (consistente em decidir como a força pública deve ser empregada), a *executiva* (consistente em aplicar essa força no plano interno, para assegurar a ordem e o Direito) e a *federativa* (consistente em manter relações com outros Estados). Locke vai além de Aristóteles ao recomendar uma separação entre a função legislativa, de um lado, e as funções executiva e federativa, de outro (FERREIRA FILHO, Manoel Gonçalves. *Curso de direito constitucional*. São Paulo: Saraiva, 1999, p. 131-132).

[531] A exposição fundamental sobre o tema encontra-se no capítulo VI do livro XI do célebre livro Do Espírito das Leis (MONTESQUIEU. *Do espírito das leis*. São Paulo: Martin Claret, 2002, p. 165-175).

[532] Eros Grau colhe de Renato Alessi o sentido que este atribui ao vocábulo *função*. Entenda por função estatal "a expressão do poder estatal, enquanto preordenado às finalidades de interesse coletivo e objeto de um dever jurídico" (GRAU, Eros Roberto. *O direito posto e o direito pressuposto*, p. 237).

sistente na execução das normas jurídicas; (iii) função jurisdicional, consistente na aplicação das normas jurídicas.[533]

A função jurisdicional se distingue da função normativa, porquanto esta se liga ao fenômeno da formação ou criação do Direito, enquanto aquela se orienta para a sua realização. Pela função normativa, diferentemente da jurisdicional, qualquer um dos poderes instituídos edita ou participa do processo de formação do Direito positivo, que se traduz na instituição de normas gerais, abstratas e obrigatórias, destinadas a reger as relações humanas em sociedade.

Já a distinção entre função jurisdicional e função administrativa não se põe nos mesmos termos lógicos que demarcam o momento de formação e de realização do Direito. Isso porque ambas se orientam para a realização ou execução do Direito, mas cada qual participa desse processo de uma maneira diferente. Não é a natureza das atividades que tais funções consubstanciam, ambas de realização, mas a forma como tais atividades são desempenhadas.

A doutrina processual e administrativa diverge quanto aos elementos identificadores da função jurisdicional e, dependendo de quais sejam eles, induzem à afirmação de que o seu exercício compete exclusivamente ao Poder Judiciário, como se infere das três formulações que se seguem.

Para Carlos Ari Sundfeld, a função jurisdicional e a função administrativa divorciam-se por três fatores básicos. O primeiro deles é a eficácia da imutabilidade que reveste as decisões proferidas no exercício da função jurisdicional, que se contrapõe à revisibilidade dos atos da Administração, tanto por esta quanto pelo Poder Judiciário, e a sua revogabilidade, apenas pela Administração. Em segundo lugar, a atividade jurisdicional caracteriza-se pela independência dos membros do órgão que a desempenha, em oposição à hierarquia peculiar ao exercício da função administrativa, mercê do que o agente administrativo submete-se, tanto na forma de atuação quanto em relação ao conteúdo de suas decisões, a atos normativos editados por autoridades administrativas superiores (portarias, instruções normativas, normas de execução etc). A terceira característica distintiva – para ele de importância cabal – reside na necessidade de provocação externa para que se exercite a função jurisdicional, ou seja, haverá sempre um conflito ou uma lide a demandar uma solução jurídica, diferentemente da atividade administrativa que pode iniciar-se sem a provocação do administrado.[534-535]

Para Odete Medauar, três também são as notas diferenciais entre a função jurisdicional e a administrativa. A primeira consiste em que a jurisdição objetiva a atuação do Direito, enquanto a atividade administrativa não visa essencialmente a essa finalidade, embora deva observar o princípio da legalidade. A segunda carac-

---

[533] GRAU, Eros Roberto. *Op. cit.*, p. 236-238.

[534] SUNDFELD, Carlos Ari. A importância do procedimento administrativo. *Revista de Direito Público*. São Paulo, ano XX, nº 84, p. 71-72, out.-dez./1987.

[535] Em estudo realizado sobre os processos (em sentido amplo) existentes no ordenamento jurídico italiano, Elio Fazzalari erige os seguintes elementos como definidores da função jurisdicional, em relativa proximidade aos assim qualificados por Sundfeld: (i) pressuposto da violação de um dever substancial; (ii) posição de estranheza (ou "terceiridade") do julgador em relação à situação substancial deduzida na lide; (iii) o processo é coordenado por iniciativa de sujeito diverso do órgão judicante (*nemo iudex sine actore*); (iv) possibilidade de formação da coisa julgada material (FAZZALARI, Elio. *Instituições de direito processual*. Campinas: Bookseller, 2006, p. 559-561).

terística é a da substitutividade da função jurisdicional, por meio da qual o Estado é que diz qual das partes em conflito tem razão, enquanto no desempenho da função administrativa é a própria Administração que toma a decisão que também a alcança. A terceira diferença específica diz com a imutabilidade dos efeitos dos atos decorrentes da atividade jurisdicional, consistente na formação da coisa julgada material, qualidade essa ausente nos atos resultantes da função administrativa.[536]

Cintra, Grinover e Dinamarco anotam as seguintes diferenças entre as funções administrativa e jurisdicional. A primeira delas é que a função jurisdicional tem por escopo jurídico a atuação da lei e por escopo social a pacificação dos conflitos entre as pessoas, fazendo justiça na sociedade, enquanto a função administrativa objetiva apenas a realização do bem comum. A segunda nota distintiva é a da substitutividade da função jurisdicional, ausente na função administrativa. E, em terceiro lugar, os atos resultantes da atividade jurisdicional são definitivos, ao contrário do que sucede com a função administrativa.[537]

Tal como caracterizada a função jurisdicional em face da função administrativa, aquela constitui atividade exclusiva dos órgãos julgadores integrados no Poder Judiciário.[538] Com efeito, se função jurisdicional é atividade realizada em caráter de *substituição* por julgador *independente*, formal e materialmente, e de que resulta decisão *definitiva* e *imutável* para as partes em conflito, certamente ela não tem como se alojar na estrutura orgânica do Poder Executivo brasileiro, visto que, na ordem constitucional pátria, vige o princípio da unidade de jurisdição, ou seja, o Poder Judiciário tem o "monopólio da última palavra" na solução dos conflitos jurídicos (art. 5º, XXXV).[539] Assim, não é outorgada ao Executivo a prerrogativa de proferir decisões em caráter definitivo e imutável em matéria de Direito Administrativo.

Nada obstante, não são essas as características, ou ao menos não em termos tão *absolutos*, as consideradas essenciais ao conceito de jurisdição para fins de identificá-la também como função, ainda que atípica, do Poder Executivo. Efetivamente, não se está tratando de uma jurisdição em sentido formal ou orgânico a cargo do Poder Executivo, mas de uma jurisdição em sentido material, funcional, cuja definição está a requerer critérios lógicos e jurídicos.

Sob o aspecto funcional ou material, uma forma de visualizar a diferença específica da atividade administrativa e jurisdicional é ter em mente o fluxo de positivação ou concretização do Direito sob a atuação de cada um dos três Poderes

---

[536] MEDAUAR, Odete. *Direito administrativo moderno*. São Paulo: Revista dos Tribunais, 2003, p. 49.

[537] CINTRA, Antônio Carlos de Araújo; GRINOVER, Ada Pellegrini; DINAMARCO, Cândido Rangel. *Teoria geral do processo*. São Paulo: Malheiros, 2001, p. 136-137.

[538] Nesse sentido, os seguintes constitucionalistas: SILVA, José Afonso. *Curso de direito constitucional positivo*. São Paulo: Malheiros, 2000, p. 553; BASTOS, Celso Ribeiro. *Curso de direito constitucional*. São Paulo: Saraiva, 1999, p. 379-380. Odete Medauar afirma que as decisões proferidas por órgãos de julgamento administrativo "têm igualmente a natureza administrativa, com suas características e decorrências" (*op. cit.*, p. 49). A essa assertiva subjaz a ideia de que a atividade de julgamento administrativo serve ou é instrumental à própria função administrativa de executar primariamente as leis, para cuja correção se exercita o autocontrole via processo administrativo. Ora, a tarefa de bem realizar as leis e o Direito – apanágio do Estado de Direito – não é exclusiva da função administrativa, mas de todas as funções estatais. Logo, o fato de a atividade de julgamento servir ao aprimoramento da função administrativa não subtrai àquela atividade a natureza jurisdicional.

[539] "Art. 5º [...] XXXV- A lei não excluirá da apreciação do Poder Judiciário lesão ou ameaça a direito."

estatais no desempenho de suas respectivas funções.⁵⁴⁰ Trata-se de uma "divisão de trabalho" que se inicia com o exercício da função normativa pelo Poder Legislativo, sob o fundamento de uma competência constitucionalmente estabelecida. Com a enunciação de textos legais, têm-se estatuições gerais em vista de situações abstratamente consideradas.

Daí inicia-se o trabalho de individualização da regra legal, normal e primariamente a cargo do Poder Executivo no desempenho da função administrativa. Por meio dela, o Estado determina situações jurídicas individuais, concorre para a sua formação e pratica atos de execução material.

Porém, quando qualquer um da coletividade política se vê atingido em sua esfera jurídica de direitos e liberdades, seja por uma obrigação decorrente do ato administrativo de individualização (*v.g.*, lançamento tributário), seja por uma sanção administrativa infligida a um comportamento desconforme as leis (*v.g.*, aplicação de multa fiscal), poderá ele impugná-la, se considerá-la injusta ou irregular em relação aos parâmetros normativos gerais. Em sendo o caso, o conflito se resolve pelo exercício da função jurisdicional, que visa restaurar a legalidade sanando qualquer contrariedade da atuação administrativa em relação ao ordenamento jurídico. Daí o seu exercício pressupor uma situação de conflito, uma controvérsia ou um obstáculo no curso da positivação crescente do Direito, cuja remoção é realizada pela interpretação da lei.

Nesse terceiro momento lógico, que em muito se assemelha ao segundo, porque determina ou define situações jurídicas individuais, o Estado, no desempenho da função jurisdicional, não aplica primariamente a lei aos casos ocorrentes, mas julga, diante da impugnação do ato de individualização da lei, se essa aplicação se deu conforme o Direito. Seabra Fagundes observa, neste momento, que, embora ambas realizem o Direito pela individualização, "o *momento* em que é chamada a intervir a função jurisdicional, o *modo* e a *finalidade*, por que interfere no processo realizador do direito, é que lhe dão os caracteres diferentes". Define, então, os três elementos específicos:

a) como *momento* do seu exercício – uma situação contenciosa surgida no processo de realização do direito;
b) como *modo* de alcançar a sua finalidade – a interpretação definitiva do direito controvertido;
c) como *finalidade* do seu exercício – o trancamento da situação contenciosa, conseqüência necessária da interpretação fixada.⁵⁴¹

Eduardo Domingos Bottallo observa que esses elementos, os quais distinguem a função jurisdicional, se fazem presentes, em essência, na atividade de órgãos do Poder Executivo incumbidos de julgar,⁵⁴² em face de provocação do interessado, o

---

⁵⁴⁰ Essa forma de considerar a função jurisdicional é apresentada por FAGUNDES, M. Seabra. *O controle dos atos administrativos pelo Poder Judiciário*. Rio de Janeiro: Forense, 2006, p. 7-12.

⁵⁴¹ FAGUNDES, M. Seabra. *Op. cit.*, p. 16-17.

⁵⁴² Diversamente, Diogo de Figueiredo Moreira Neto diz que "a Administração *não julga* seus atos, não julga a si mesma, limita-se a *reexaminá-los*, para se verificar sua *legalidade objetiva*, de modo que, se vier a anulá-los, não será porque os considerou *violadores* de interesses juridicamente protegidos, mas porque os considerou *viciados*, mas, se os mantiver, remanescerá ao Judiciário definir, terminativamente, sobre a ilegalidade subjetiva, cabendo-lhe, então sim, *julgar*, como preliminar lógica, a *legalidade objetiva*" (*op. cit.*, p. 578).

ato de aplicação da lei emanado da própria Administração.[543] Chama tal atuação de *função administrativa judicante*.

Com efeito, argumenta o autor, o exercício dessa função de julgamento também ocorre em situação de conflito no processo de individualização do Direito. Cabe anotar que, assim como a função jurisdicional exercida pelo Poder Judiciário, a situação de conflito que faz atuar a função de julgamento no âmbito da Administração Pública é instaurada não por esta, mas pelo administrado, ao resistir à pretensão estatal, geralmente de natureza restritiva, de caráter sancionatório ou não.

No campo disciplinar e tributário federal, o momento de instauração da situação de conflito está previsto em lei como sendo, respectivamente, o da apresentação da defesa escrita pelo servidor indiciado[544] e na oposição da impugnação ao lançamento tributário.[545] Nesses casos, tanto o ato de indiciação quanto o lançamento tributário são privativos das correspectivas autoridades correcional e tributária, mas a situação contenciosa só surge por iniciativa do servidor (ou seu defensor) ou contribuinte, titulares de uma pretensão concreta a ser alcançada por meio dessa iniciativa.

A função julgadora de certos órgãos administrativos também realiza o trabalho de interpretar o direito controvertido e de fixar o sentido da lei no caso concreto, decidindo pela conformidade ou não do ato primeiro de aplicação em relação ao Direito. Não se trata, todavia, de uma interpretação *a priori* definitiva, como se dá com a função jurisdicional exercida pelo Poder Judiciário, o que, todavia, não descaracteriza a essência jurisdicional dessa atividade.

O último elemento caracterizador da função jurisdicional também pauta o objetivo da função administrativa de julgamento, que é o de remover a situação contenciosa, restabelecendo a integridade da ordem jurídica porventura violada. Se essa característica não pode ser aqui tomada em termos absolutos, no sentido de que só é jurisdicional a atividade apta a pôr termo à controvérsia em razão da definitividade e imutabilidade da decisão, é porque não há como menoscabar o fato de que, por vários motivos, nem todas as controvérsias administrativas são levadas às plagas judiciárias.

Com efeito, o insurgente tributário pode não ter logrado desconstituir o tributo lançado na esfera administrativa, mas poderá pagar o seu valor por ter se convencido da correção da exigência fiscal a partir dos fundamentos contidos no ato administrativo de julgamento. Com mais razão, extingue-se a situação de conflito quando os próprios órgãos fazendários de julgamento desconstituem o tributo lançado.

Essas situações tendem a ser mais comuns à medida que órgãos administrativos de julgamento passam a contar com maior especialização técnica e experiência na matéria de sua área de atuação e que os julgadores administrativos progressivamente se aperfeiçoem na atividade de julgar, para o que se requer uma maior sensibilidade e coragem em ultrapassar as cercaduras da legalidade formal, mediante a aplicação da principiologia constitucional. Disso decorre a respeitabilidade social desses organismos. Essa respeitabilidade, por sua vez, confere legitimidade às suas decisões,

---

[543] BOTTALLO, Eduardo Domingo. *Curso de processo administrativo tributário*. São Paulo: Malheiros, 2006, p. 57-58.
[544] Cf. art. 161 da Lei nº 8.112, de 11 de dezembro de 1990.
[545] Cf. art. 151, III, do Código Tributário Nacional.

a qual, por fim, manifesta-se no acatamento das decisões pelas pessoas diretamente alcançadas por elas.

Contrapondo-se a essa perspectiva, que mais assimila do que aparta as funções de julgamento judicial e administrativo, Diogo de Figueiredo Moreira Neto, com base na ideia de substitutividade pensada por Giuseppe Chiovenda,[546] argumenta que "é necessário que se entenda o *julgamento* não na sua mera acepção *lógica*, como sinônimo de *juízo*, produto da apreciação de conveniência ou desconveniência entre duas idéias, mas em sua acepção *jurídica*, que *conjuga atividade lógica e substitutiva de vontade*".[547]

A substitutividade não é, todavia, característica essencial à função jurisdicional. Tal como definida, a atividade substitutiva que confina a função jurisdicional à seara judiciária pressupõe um julgador organicamente distinto das partes envolvidas na situação controvertida e com independência para decidir substituindo a vontade das partes.[548]

Portanto, caso se adote um sentido não tão estreito ou formal de substituição, verificar-se-á que essa característica também está presente na função de julgamento desempenhada por certos órgãos administrativos. Se, sob o prisma da tripartição dos poderes, pode-se afirmar que a Administração Pública é, ao mesmo tempo, julgadora e parte interessada, não o é, todavia, segundo a ótica organizacional interna do Poder Executivo, uma vez que os órgãos e servidores da Administração Ativa não são os mesmos que julgam as controvérsias advindas da sua atuação.

Também os órgãos administrativos julgadores contam com certa independência para decidir as controvérsias administrativas, a qual deflui do dever constitucional de impessoalidade a que se deve vincular todo e qualquer agente administrativo, em qualquer atividade funcional, aí incluído o julgador administrativo (art. 37, *ca*-

---

[546] CHIOVENDA, Giuseppe. *Instituições de direito processual civil*. Vol. II. Campinas: Bookseller, 2002, p. 15-20.

[547] MOREIRA NETO, Diogo de Figueiredo. *Curso de direito administrativo*, p. 578. O critério da substitutividade não está isento de críticas, porquanto há também atuações administrativas em que se verifica a substituição da atividade do particular pela Administração, como nos casos de execução administrativa forçada de obrigações públicas atribuídas a particulares, a exemplo da atividade que ordena o despejo de uma casa com risco de desabamento e intima o proprietário a executar as reparações (Cf. FAGUNDES, M. Seabra. *Op. cit.*, p. 16, nota 18). Adotando uma noção mais ampla do termo substituição, José de Albuquerque Rocha sustenta que o critério da substituição das atividades não é elemento que singulariza a jurisdição, já que "todas as funções estatais, e não só a jurisdição, são funções de *substituições*". Explica esse entendimento no seguinte excerto: "Dessa forma, a afirmação de Chiovenda, repetida sem muito senso crítico pelos processualistas, de que a nota discriminatória da jurisdição residiria na circunstância de ser uma atividade de substituição da atividade alheia, padece de um equívoco básico, qual o de admitir atividades que seriam próprias do Estado em oposição a atividades que seriam próprias dos indivíduos ou grupos sociais. Na verdade, [...] todas as atividades exercidas pelo Estado, em qualquer época, são primárias dos indivíduos e grupos sociais em que se integram. Portanto, a substituição não é um elemento particular da jurisdição, mas comum a qualquer atividade do Estado" (ROCHA, José de Albuquerque. *Estudos sobre o Poder Judiciário*. São Paulo: Malheiros, 1995, p. 15-16).

[548] A substitutividade significa que, no exercício da jurisdição, o Estado "substitui, com uma atividade sua, as atividades daqueles que estão envolvidos no conflito trazido à apreciação. Não cumpre a nenhuma das partes interessadas dizer definitivamente se a razão está com ela própria ou com a outra; nem pode, senão excepcionalmente, quem tem uma pretensão invadir a esfera jurídica alheia para satisfazer-se" (CINTRA, Antônio Carlos de Araújo; GRINOVER, Ada Pellegrini; DINAMARCO, Cândido Rangel. *Op. cit.*, p. 132).

put). Com efeito, a imparcialidade, como exigência de que o agente estatal não deve agir em nome próprio, mas como órgão do Estado, tal como referido por Cintra, Grinover e Dinamarco,[549] reside no âmbito conceitual do princípio da impessoalidade da Administração Pública, em cuja aplicação se encontram as normas de impedimento e suspeição previstas na Lei nº 9.784/99. Nesse sentido, observa Maria Sylvia Zanella di Pietro que "do mesmo modo que nas ações judiciais existem hipóteses de impedimento e suspeição do Juiz, também no processo administrativo, essas hipóteses criam presunção de *parcialidade* da autoridade que decidir sem declarar a existência das causas de impedimento ou suspeição" (grifo nosso).[550]

É preciso notar que não se trata de uma imparcialidade macroinstitucional, mas, sim, no sentido de que o julgador, assim como o juiz, tem por objetivo fazer atuar o Direito objetivo. Não possuem, decerto, uma ampla independência, já que os órgãos julgadores estão incrustados na estrutura organizacional do Poder Executivo e, assim, submetidos a atos normativos emanados de órgãos administrativos superiores.[551] Entretanto, uma maior independência da jurisdição judicial em face da função judicante administrativa não constitui critério bastante para apartá-las, como observa Giuseppe Chiovenda:

> Não é possível encontrar critério nas garantias superiores da função (independência do funcionário; formas processuais; direito de defesa; direito ao contraditório), porque pode haver jurisdição em que faltem, e, vice-versa, de iguais garantias se podem cercar atos administrativos [...].[552]

A função jurisdicional, que etimologicamente significa "dizer o direito" no caso concreto, comporta sim um conceito relativo, que permite também identificá-la, em essência, na atividade de julgamento realizada pela Administração. Nesse sentido, assevera Hely Lopes Meirelles, no que acompanha os entendimentos de Manoel de Oliveira Franco Sobrinho e Villar e Romero:

> Afaste-se a errônea idéia de que *decisão jurisdicional* ou *ato de jurisdição* é privativo do Judiciário. Não é assim. Todos os órgãos e Poderes têm e exercem *jurisdição*, nos limites de sua competência institucional, quando aplicam o Direito e decidem controvérsia sujeita à sua apreciação. Privativa do Judiciário é somente a *decisão judicial*, que faz coisa julgada em sentido formal e material, *erga omnes*. Mas a *decisão judicial é espécie do gênero jurisdicional*, que abrange toda decisão de controvérsia no âmbito judiciário ou administrativo.[553]

É claro que a identificação em essência das funções judicantes administrativa e judicial não pretende sugerir a existência de um dualismo jurisdicional no ordenamento jurídico brasileiro, como verificado historicamente na França. E nem poderia,

---

[549] Esses autores situam a exigência de imparcialidade do juiz no tema da substitutividade. Para eles, a imparcialidade do juiz no desempenho da função jurisdicional significa que ele não deve agir "em nome próprio mas como órgão do Estado". Para prevenir essas situações de parcialidade, existem normas dos processos civil e penal que estabelecem hipóteses de suspeição e impedimento dos juízes e servidores (*ibidem*, p. 132).

[550] PIETRO, Maria Sylvia Zanella di. *Direito administrativo*. 12. ed. São Paulo: Atlas, 2000, p. 72.

[551] Ao contrário, Roberto Dromi consente que "em nenhum caso a Administração pode reunir as qualidades de julgador imparcial e independente. (§) A autoridade administrativa se apresenta sempre como parte interessada nas relações e situações jurídicas, nas quais manifesta sua atividade" (DROMI, Robert. *Derecho administrativo*. Buenos Aires: Ciudad Argentina, 1996, p. 770).

[552] CHIOVENDA, Giuseppe. *Op. cit.*, p. 15.

[553] MEIRELLES, Hely Lopes. *Op. cit.*, p. 590, nota 25. Grifos do autor.

uma vez que a disciplina constitucional pátria consagra o princípio da unidade ou da universalidade da jurisdição, cujo exercício em última instância compete ao Poder Judiciário (art. 5°, XXXV). Em virtude dessa garantia fundamental do cidadão e das consequências que dela se possam extrair, ambas as jurisdições se distinguem entre si. Em verdade, apenas a jurisdição judicial produz a coisa julgada material, é conduzida por um processo mais formal e é exercida por julgadores mais independentes, formal e materialmente; mas essas particularidades defluem do *núcleo diferenciado* do processo judicial, não do *núcleo comum* da processualidade.

Por sua vez, a distinção das funções administrativa e jurisdicional no âmbito do Poder Executivo dá ensejo à distinção entre os órgãos administrativos que estão investidos dessas funções: Administração Pública Ativa e Administração Pública Judicante.

3.1.2. ADMINISTRAÇÃO PÚBLICA ATIVA *VERSUS* ADMINISTRAÇÃO PÚBLICA JUDICANTE

Como visto, a jurisdição pode ser exercida tanto no âmbito do Poder Judiciário (jurisdição judicial) quanto no âmbito do Poder Executivo (jurisdição administrativa). Investe-se, portanto, o Executivo de duas funções básicas: a *administrativa*, que consubstancia o seu encargo primaz de executar ou aplicar as leis aos casos ocorrentes, objetivando realizar o interesse público específico visado pela norma aplicada, e a *jurisdicional*, que, a seu turno, consiste na atividade de julgar as controvérsias oriundas da primeira atuação, objetivando restabelecer a integridade da ordem jurídica porventura lesionada.

Cada função é atribuída a um órgão ou instituição específica dentro do Poder Executivo, que assim se biparte em duas categorias organizacionais: a *Administração Pública Ativa*, incumbida de exercer a função administrativa ou função administrativa ativa; e a *Administração Pública Judicante*, investida, por sua vez, da função jurisdicional ou função administrativa judicante.[554]

A denominação e a diferenciação dessas categorias atribuem-se a Rubens Gomes de Sousa, quando, em parecer de 1952, respondia sobre a possibilidade de "revisão judicial dos atos administrativos em matéria tributária por iniciativa da própria Administração".[555]

Para o saudoso professor da Universidade de São Paulo, a Administração Ativa:

> [...] tem por objeto a atuação concreta da vontade do Estado declarada abstratamente na lei; sua atividade é, portanto, essencialmente funcional, visando a aplicação da lei aos casos ocorrentes e a submissão dêstes ao regime legal positivo, que, através da atividade administrativa impulsionada pela hipótese concreta de fato, atuará e produzirá os resultados de ordem prática visados pelo legislador. [...] Em resumo, a atividade da Administração ativa não visa fazer justiça, nem declarar direitos, senão apenas efetivar coativamente a realização de uma função administrativamente regrada ou discricionária, respectivamente nos têrmos e nos limites da lei.

---

[554] As expressões *função administrativa ativa* e *função administrativa judicante* são utilizadas por Eduardo Domingos Bottallo (*op. cit.*, p. 55-56).

[555] SOUSA, Rubens Gomes de. Revisão judicial dos atos administrativos em matéria tributária por iniciativa da própria Administração. *Revista de Direito Administrativo*. São Paulo, vol. 29, p. 445-446, jul.-set./1952.

Por sua vez, a Administração Judicante:

> [...] tem por objeto solucionar conforme o direito as controvérsias surgidas com os administrados, em consequência do funcionamento da Administração ativa; difere portanto desta última, formalmente no sentido de que ao passo que a Administração ativa funciona de ofício, a judicante sòmente funciona por iniciativa da parte: sòmente nesta, com efeito, assume o administrado a figura de *parte*, essencial à instituição da lide e por conseguinte ao próprio conceito de jurisdição. Mas a diferença essencial entre a Administração ativa e a Administração judicante reside na diversidade conceitual do *interêsse* que uma e outra objetivam realizar: para a Administração ativa, êsse interêsse é o *interêsse público*, consubstanciado, em se tratando de matéria fiscal, na arrecadação dos tributos; para a Administração judicante, o interêsse objetivado é o *interêsse da ordem jurídica*, consubstanciado, seja qual fôr a matéria em debate, na recomposição das situações em que essa ordem tenha sido lesada por um ato da Administração ativa que seja contrária ao direito.

A partir dessa caracterização, podem-se encontrar órgãos judicantes específicos nos mais diversos segmentos de atuação da Administração: (i) *em matéria tributária federal*, a Administração Tributária Judicante é formada pelas Delegacias da Receita Federal do Brasil de Julgamento (órgãos de primeira instância), pelo Conselho Administrativo de Recursos Fiscais (órgão de segunda instância e de instância especial); (ii) *em matéria disciplinar*;[556] (iii) *em matéria de direito econômico*; (iv) *em matéria de legislação de trânsito*; (v) *em matéria de legislação da previdência complementar*, a Administração Judicante é integrada pela Secretaria de Previdência Complementar (órgão de primeira instância) e pelo Conselho de Gestão de Previdência Complementar (órgão de segunda instância); (v) *em matéria de legislação ambiental*.

3.1.3. O PROCESSO ADMINISTRATIVO: INSTRUMENTO DE ATUAÇÃO DA ADMINISTRAÇÃO PÚBLICA JUDICANTE

Assim como a jurisdição não é atividade exclusiva do Poder Judiciário, o processo – meio pelo qual ela se desenvolve – não é patrimônio privativo desse poder.

Não precisa recorrer à ideia de uma *processualidade ampla*[557] – segundo a qual o fenômeno processual não é monopólio do Judiciário, pois que a cada função

---

[556] José Raimundo Gomes da Cruz reconhece que, no processo administrativo disciplinar, tem-se "atividade jurisdicional atribuída a órgãos alheios ao Poder Judiciário" (CRUZ, José Raimundo Gomes da. *O controle jurisdicional do processo disciplinar*. São Paulo: Malheiros, 1996, p. 366).

[557] Como noticia Celso Antônio, Adolf Merkl, já em 1927, demonstrava que o processo, no sentido de "itinerário sequencial" de atos que visa a um ato final, não era um fenômeno específico da função jurisdicional, mas ocorrente também diante da lei, da sentença e do ato administrativo. Com efeito, segundo o jurista austríaco "todas as funções estatais e, em particular, todos os atos administrativos são metas que não podem ser alcançadas senão por determinados caminhos. Assim, a lei é a meta a que nos leva a via legislativa e os atos judiciais e administrativos são metas a que nos conduzem o procedimento judicial e o administrativo". Este jurista enfatizava que "a teoria processual tradicional considerava o 'processo' como propriedade da Justiça, identificando-o com o procedimento judicial (...) não é sustentável essa redução, porque o 'processo', por sua própria natureza, pode dar-se em todas as funções estatais (...)" (MELLO, Celso Antônio Bandeira de. *Curso de direito administrativo*, p. 419). No Brasil, um dos primeiros a defender uma concepção ampla foi Manoel de Oliveira Franco Sobrinho, na década de setenta. No início dessa década, o jurista brasileiro assim versava sobre o tema: "O *processo administrativo* considerado como uma categoria especial do gênero *processo*, idêntico quase às demais

estatal corresponde um tipo de processo por meio do qual ela se desenvolve – para que a atividade de julgamento das controvérsias por órgãos administrativos judicantes também seja caracterizada pela processualidade.[558] O fenômeno processual se faz presente no seio da Administração, porque essa também desempenha a função jurisdicional ou judicante. A processualidade prende-se à função, e não ao órgão de poder dela investido. Nesse sentido, e com apoio em Feliciano Benvenuti, Alberto Xavier leciona que "processo e função são, pois, duas realidades inseparáveis, correspondendo respectivamente ao aspecto formal e substancial de um fenômeno único – o exercício no tempo de um poder".[559]

No Estado de Direito, a noção de processo é inerente à função jurisdicional, porquanto instrumento de atuação desta que visa (i) resguardar os direitos dos administrados (servidores e particulares), ao oportunizar um elenco de garantias de índole processual, e (ii) produzir decisões mais bem informadas, ao levarem-se em conta dados e aspectos aduzidos pelos administrados.[560] É certo, no entanto, que essa ideia foi tradicionalmente construída e aceita pelos processualistas, em se tratando da função jurisdicional organicamente considerada, ou seja, exercida pelo Poder Judiciário. Mas cumpre observar que a razão que inspira a jurisdição judicial desenvolver-se como relação jurídica processual litigiosa está igualmente presente na jurisdição administrativa exercida em procedimento de caráter restritivo aos direitos dos administrados. Assim, os procedimentos administrativos de natureza contenciosa devem desenvolver-se segundo uma relação jurídica processual, na qual posições jurídicas correspondentes a direitos, faculdades, ônus e deveres, *existam* tanto para a Administração como para os administrados e *possam* elas ser exercidas de modo igualitário ou paritário.[561]

A noção de processualidade ampla tem, todavia, o mérito de superar a ideia tradicional de processo ligado à contenciosidade, adversalidade ou litigiosidade, para fiar-se numa noção mais ampla de um contraditório entre pessoas interessadas em participar do procedimento e contribuir para a formação do conteúdo decisório que atingirá suas respectivas esferas jurídicas.[562]

---

espécies processuais, como uma sucessão de atos que tendem a justificar uma pretensão fundada na *lei* e assentada no Direito" (FRANCO SOBRINHO, Manoel de Oliveira. *Introdução ao direito processual administrativo*. São Paulo: Revista dos Tribunais, 1971, p. 158). Já no final da mesma década, manifestava-se mais incisivamente sobre o assunto: "[...] entenda-se processo toda série de atos que se desenvolvem, com a finalidade de atingir um determinado resultado. No judicial, [...]. No legislativo [...]. No administrativo, o peculiar reside na formação do processo, em certas regras ou princípios que permitem a participação de interessados na discussão da vontade administrativa, marcada a intenção de impugnação das decisões formalizadas" (*idem. Curso de direito administrativo*. São Paulo: Saraiva, 1979, p. 227).

[558] No entanto, se se entender – como, por exemplo, Robert Dromi – que a função jurisdicional é estranha à Administração e, por consequência, a atividade que esta desenvolve ao apreciar impugnações à sua atuação possui natureza administrativa, é preciso invocar sim a concepção de uma processualidade ampla capaz de contemplar também a função administrativa, e assim atrair os princípios garantísticos decorrentes do núcleo processual comum.

[559] XAVIER, Alberto. *Do procedimento administrativo*. São Paulo: Bushatsky, 1976, p. 27-28.

[560] MELLO, Celso Antônio Bandeira de. *Curso de direito administrativo*, p. 427-428.

[561] MEDAUAR, Odete. *Processualidade no direito administrativo*, p. 75.

[562] Nesse enfoque, o procedimento consubstancia uma sequência ordenada de atos interligados entre si que antecede e prepara um ato final, enquanto o "processo é um procedimento do qual participam (são habilitados a participar) aqueles em cuja esfera jurídica o ato final é destinado a desenvolver

Nesse conceito amplo de processualidade, qualificam-se como processos procedimentos administrativos tais como o licitatório, o de concurso público etc. Daí distinguirem-se dois tipos de processos a cargo da Administração Pública: (i) *o processo administrativo contencioso*, por meio do qual órgãos administrativos específicos desempenham a *função judicante*, apreciando controvérsias (conflito de interesses) instauradas pelos administrados em face de ações administrativas restritivas de seus direitos e liberdades (processos tributário, disciplinar, sancionadores ou punitivos etc); (ii) *processos administrativos outros,* por meio dos quais a Administração atua, de ofício ou por provocação, a *função administrativa*,[563] assegurando a participação dos interessados no procedimento, ou seja, daqueles que terão sua esfera jurídica atingida pela eficácia da decisão, como requisito de validade e legitimação desta (processos de licitação, de concurso público, de licenciamento ambiental etc).[564]

Releva notar que o processo contencioso normalmente se desenvolve perante a Administração Judicante, ao passo que qualquer outro processo é originalmente conduzido pela Administração Ativa. Ocorre que processos desta última modalidade podem dar origem a controvérsias, que, por sua vez, poderão ser submetidas à apreciação e ao julgamento por parte dos órgãos judicantes. Por exemplo, o indeferimento de um pedido de licenciamento ambiental pode ser apreciado por uma estrutura organizacional diversa da que proferiu a decisão impugnada e na qual sejam asseguradas ao administrado impugnante as garantias do contraditório e da ampla defesa.

A partir da caracterização da tese da processualidade ampla, Odete Medauar observa que a Constituição de 1988 abriga dispositivos tais que induzem a afirmar a existência de uma filiação constitucional a esta tese, que se manifesta, mais especificamente no Direito Administrativo, na tendência de processualização ou jurisdicionalização da atividade administrativa.[565]

---

efeito". Portanto, procedimento é gênero e o processo é espécie, distinto daquele pela participação em contraditório dos interessados. Este é justamente a estrutura dialética do processo, a qual consiste numa participação caracterizada pela simétrica paridade de posições jurídicas. "A referência à estrutura dialética como *ratio distinguendi* permite superar anteriores tentativas de definir 'processo', como aquele conceito segundo o qual existe processo onde exista, em ato ou em potência, um conflito de interesses [...]. O conflito de interesses (ou o modo de valorar um interesse) poderá constituir a razão pela qual a norma faz com que se desenvolva uma atividade mediante processo, mas no máximo se pode falar de processo enquanto se constatem *ex positivo iure*, a estrutura e o desenvolvimento dialético acima ilustrado. Na ausência de tal estrutura, é vão indagar acerca de um atual ou eventual conflito de interesses: onde é ausente o contraditório – isto é, onde inexista a possibilidade, prevista pela norma, de que ele se realize – não existe processo" (FAZZALARI, Elio. *Op. cit.*, p. 114-121). No mesmo sentido, Leonardo Greco enfatiza que "contraditório não significa contenciosidade, luta efetiva de adversários em confronto, o que certamente contribui para uma cognição mais profunda, mas garantia de participação efetiva dos interessados, mesmo que concordantes, ou até de um só interessado" (GREGO, Leonardo. *Jurisdição voluntária moderna*. São Paulo: Dialética, 2003, p. 34).

[563] À luz da distinção operada entre processo e procedimento, não se pode olvidar que a *função administrativa* pode também ser exercida por meio de um *procedimento administrativo*.

[564] A propósito, Hely Lopes Meirelles formula distinção aproximada, ao aludir, de um lado, a *processos administrativos propriamente ditos*, ou seja, "aqueles que encerram um litígio entre a Administração e o administrado ou servidor", e, de outro, a *processos administrativos impropriamente ditos*, isto é, "dos simples *expedientes* que tramitam pelos órgãos administrativos, sem qualquer controvérsia entre os interessados" (MEIRELLES, Hely Lopes. *Direito administrativo brasileiro*, p. 591).

[565] MEDAUAR, Odete. *Processualidade no direito administrativo*, p. 38.

Com efeito, o art. 5º, LV, ajuntado ao inciso LIV, dispõe que "aos litigantes em processo judicial ou administrativo, e aos acusados em geral são assegurados o contraditório e a ampla defesa, com os meios e recursos a ela inerentes", bem como o "devido processo legal".

Uma vez inserido no rol de direitos e garantias fundamentais da Constituição, o processo administrativo assume o *status* de garantia fundamental, *congregando* um plexo de garantias deferidas ao indivíduo para fazer face às crescentes ingerências estatais na esfera jurídica de proteção dos seus direitos e liberdades.[566-567]

Nesse sentido, e após investigar a natureza do processo administrativo consagrado na disposição constitucional, Odete Medauar conclui tratar-se de um garantia, "porque se destina a tutelar direitos, porque representa meio para que sejam preservados, reconhecidos ou cumpridos direitos dos indivíduos na atuação administrativa. Significa, nesse aspecto, instrumento a serviço de um direito".[568]

Para que cumpra adequadamente essa dimensão garantística, o processo administrativo acabou atraindo a incidência de uma diversidade de princípios de natureza material e processual, enquanto padrões que se destinam a reger a atuação do poder administrativo na busca de realizar a sua vontade funcional, no azo de assegurar o equilíbrio entre as prerrogativas da Administração e os interesses do administrado. A grande variedade de princípios considerados aplicáveis ao processo administrativo sugere a elaboração de uma classificação, que os reúna em classes de princípios segundo características e traços comuns.

Reputa-se mais adequada ao desenvolvimento temático a classificação proposta por Marcelo Harger, por tornar explícitos os princípios que decorrem do *núcleo comum* e do *núcleo diferencial* entre o processo administrativo e o processo judicial.[569] Antes, porém, cumpre explicitar o conceito de núcleo comum e núcleo diferencial da processualidade.

---

[566] Nas Constituições anteriores, havia normas expressas tratando da matéria atinente apenas ao processo administrativo disciplinar e para a hipótese de demissão dos servidores públicos. Com efeito, as Constituições de 1934 (art. 169) e 1937 (art. 156, "c") referiam-se a "processo administrativo regulado por lei, e no qual lhes será assegurada ampla defesa"; as Constituições de 1946 (art. 189, II) e 1967 (art. 103, II) e a Emenda 1/69 (art. 105, II) aludiam a "processo administrativo em que se lhes tenha assegurado ampla defesa". Nada obstante, as garantias do processo administrativo eram extraídas, pela doutrina ou jurisprudência, por analogia ou interpretação extensiva, das garantias existentes no processo penal e eram fundamentadas no caráter não taxativo dos direitos fundamentais (MEDAUAR, Odete. *Processualidade no direito administrativo*, p. 73).

[567] Tais interferências se tornaram cada vez mais amplas e intensas em virtude do agigantamento do Poder Executivo ocorrido a partir da superação do Estado de Direito de perfil liberal, significando que o Estado passou a atuar sobre a realidade social e econômica, com vistas a promover o bem-estar da sociedade.

[568] MEDAUAR, Odete. *Op. cit.*, p. 76.

[569] Verificam-se na doutrina outras classificações dos princípios do processo administrativo. Por exemplo, a de Nelson Nery Costa, segundo a qual "os princípios do processo administrativo podem ser divididos em três grupos. No primeiro, os princípios constitucionais relativos aos direitos e garantias fundamentais, previstos nos incisos do art. 5º do texto constitucional: princípios da isonomia, ampla defesa, contraditório e legalidade. No segundo, estão os princípios constitucionais da Administração, previstos no *caput* do art. 37 da Constituição Federal: princípios da impessoalidade, moralidade, publicidade e eficiência. Por último, existem os princípios do processo administrativo propriamente ditos: princípios da oficialidade, verdade material, pluralidade de instância, informalismo, finalidade, motivação, razoabilidade, proporcionalidade, segurança jurídica e interesse público" (COSTA, Nelson Nery. *Processo administrativo e suas espécies*. Rio de Janeiro: Forense, 2001, p. 13).

A aceitação da noção de processualidade ampla, segundo a qual processo é procedimento em que os interessados participam em contraditório, remete à questão de saber quais são os requisitos essenciais à caracterização do fenômeno processual na atuação dos poderes estatais, isto é, qual o *núcleo comum da processualidade*. Odete Medauar responde a essa questão e, em seguida, atesta que todos os requisitos da processualidade jurídica podem ser detectados não só no processo judicial, mas também no processo administrativo. Com efeito:

> a) os elementos *in fieri* e pertinência ao exercício do poder estão presentes, pois o processo administrativo representa a transformação de poderes administrativos em ato; b) o processo administrativo implica sucessão encadeada e necessária de atos; c) é figura jurídica diversa do ato; quer dizer, o estudo do processo administrativo não se confunde com o estudo do ato administrativo; d) o processo administrativo mantém correlação com o ato final em que desemboca; e) há um resultado unitário a que se direcionam as atuações interligadas dos sujeitos em simetria de poderes, faculdades, deveres e ônus, portanto em esquema de contraditório.[570]

Segundo Romeu Felipe Bacellar Filho, a possibilidade de um núcleo comum da processualidade resulta de uma unidade de fundamentos do Direito público, sobre os quais se assentam as disciplinas do processo judicial e do processo administrativo, justificando que algumas garantias do processo judicial podem ser estendidas ao quadrante do processo administrativo.[571]

A verificação de um núcleo processual comum não implica uma identificação completa entre o processo judicial e o processo administrativo; trata-se apenas de um núcleo comum, ou seja, uma identidade mínima. Assim, entre eles, verificam-se pontos de divergência decorrentes das características de cada função e do seu ato final.[572] Como exemplo, citem-se a impossibilidade da coisa julgada administrativa e o informalismo moderado do processo administrativo. Esses dois elementos distintivos integram o que se denomina *núcleo diferenciado da processualidade* administrativa em relação à processualidade judicial.

O professor da Universidade Federal do Paraná observa, com pertinácia, que tanto o núcleo comum quanto o núcleo diferenciado da processualidade estão esboçados na própria Constituição, o que está indicado no compartilhamento de certos princípios e na particularidade de outros com respeito a cada tipo de processo.[573]

Esses dados oferecem condições de se apresentar a classificação dos princípios jurídicos aplicáveis ao processo administrativo. Previne-se, no entanto, que não haverá a preocupação de debuxar conceitualmente cada um dos princípios a seguir enunciados, pois que tal tarefa refoge do escopo desta pesquisa. Alguns deles certamente serão esquadrinhados adiante, mais especificamente os que, de alguma forma, possam estar implicados com a possibilidade de o administrador recusar a aplicação de lei que entenda desproporcional ou irrazoável. Por ora, parece suficiente relacioná-los e agrupá-los em três grandes grupos.[574]

---

[570] MEDAUAR, Odete. *Op. cit.*, p. 24-28, 41-42.
[571] BACELLAR FILHO, Romeu Felipe. *Op. cit.*, p. 54-55.
[572] MEDAUAR, Odete. *Op. cit.*, p. 23.
[573] BACELLAR FILHO, Romeu Felipe. *Op. cit.*, p. 56.
[574] HARGER, Marcelo. *Princípios constitucionais do processo administrativo*. Rio de Janeiro: Forense, 2001, p. 86 *et seq.*

O primeiro deles é formado pelos princípios do Direito Administrativo, integrantes do regime jurídico-administrativo a que deve submeter-se a atividade em geral do administrador, no exercício de sua função, seja administrativa ou judicante.[575] Transcrevendo lição de Lúcia Valle Figueiredo, Marcelo Harger explicita no seguinte excerto a razão pela qual o regime jurídico-administrativo seja aplicável integralmente a todas as espécies de processo administrativo:

> Se, como afirmamos, o procedimento administrativo é absolutamente necessário à produção de atos administrativos, a fim de que a Administração Pública realize seus cometimentos, se determinados princípios a norteiam, claro está que serão aplicáveis ao procedimento administrativo.[576]

Os princípios do regime jurídico-administrativo são qualificados de fundamentais, e deles defluiriam todos os outros, e de princípios constitucionais e legais, de acordo com o corpo normativo de sua positivação. Os princípios matrizes ou fundamentais que aquele autor elenca com base na doutrina de Celso Antônio Bandeira de Mello são: os princípios da supremacia do interesse público sobre o privado e o princípio da indisponibilidade do interesse público. Nesse rol de alta fundamentalidade, inclui o princípio do Estado de Direito,[577] considerado "a própria razão, se não da existência, mas da relevância assumida pelo processo administrativo".[578]

A partir desses princípios centrais no Direito Administrativo, Marcelo Harger relaciona outros doze que deles derivariam, alguns inclusive consagrados expressamente na Constituição ou na Lei nº 9.784/99. São eles: (i) princípio da legalidade; (ii) princípio da finalidade; (iii) princípio da razoabilidade; (iv) princípio da proporcionalidade; (v) princípio da motivação; (vi) princípio da impessoalidade; (vii) princípio da igualdade; (viii) princípio da publicidade; (ix) princípio da moralidade; (x) princípio da eficiência; (xi) princípio do controle judicial dos atos administrativos e (xii) princípio da responsabilidade do Estado por atos administrativos.[579]

O segundo grupo de princípios aplicáveis ao processo administrativo são os processuais integrantes do *núcleo comum da processualidade*. Nessa categoria, incluem-se os princípios que compõem o núcleo comum entre o processo judicial e o

---

[575] Nesse sentido, Bacellar Filho afirma que "os princípios constitucionais especiais da Administração Pública incidem, logicamente, sobre o procedimento e processo administrativo" (*op. cit.*, p. 153).

[576] HARGER, Marcelo. *Op. cit.*, p. 88.

[577] Carlos Ari Sundfeld aponta um sentido atual do Estado de Direito que congrega em seu conteúdo as ideias de supremacia da Constituição, superioridade da lei, separação dos poderes e de garantia dos direitos individuais (SUNDFELD, Carlos Ari. *Fundamentos de direito público*, p. 39 e 48). Tratando da importância deste princípio para o Direito Público, Bacellar Filho assim se manifesta: "O Estado de Direito é o princípio fundamental do qual derivam vários princípios do processo administrativo. Aliás, trata-se de instituto que permeia todo o Direito Público, porque a sua matriz é a de um Estado que cria o Direito e submete-se ao mesmo em função da garantia dos indivíduos contra o arbítrio. Contrapõe-se diretamente ao absolutismo onde o príncipe era *legibus solutus* e não se vinculava às leis vigentes, podendo, a qualquer tempo, modificá-las ou revogá-las" (*op. cit.*, p. 121).

[578] HARGER, Marcelo. *Op. cit.*, p. 95.

[579] Comparando essa relação dos princípios processuais com outras elaboradas pela doutrina, verifica-se certa variação de autor para autor. Por exemplo, Celso Antônio não insere nesse rol o princípio da igualdade; por outro lado, inclui nele os princípios do devido processo legal, da ampla defesa e da segurança jurídica (*op. cit.*, p. 56 *et seq.*). Já Lucia Valle Figueiredo consigna o princípio da boa-fé como integrante do regime jurídico administrativo (*op. cit.*, p. 53).

processo administrativo.⁵⁸⁰ São eles: (i) devido processo legal; (ii) contraditório; (iii) ampla defesa e (iv) juízo natural. A relação, porém, não se compõe desses apenas, pois alguns dos princípios trazem consigo diversos desdobramentos. Com efeito, o princípio do contraditório desdobra-se nos seguintes: (ii.1) acesso aos autos (informação geral); (ii.2) audiência do interessado e (ii.3) motivação.⁵⁸¹ Por sua vez, o princípio da ampla defesa desmembra-se nos seguintes princípios: (iii.1) ampla instrução probatória; (iii.2) ampla competência decisória;⁵⁸² (iii.3) direito à defesa prévia;⁵⁸³ (iii.4) direito a ser representado; (iii.5) direito à defesa técnica;⁵⁸⁴ (iii.6) presunção de inocência e (iii.7) direito à revisibilidade ou ao duplo grau de jurisdição.

Por fim, o terceiro grupo é formado pelos princípios processuais pertinentes ao *núcleo diferenciado da processualidade*. A constatação desse núcleo diferenciado de princípios processuais é que permite separar os processos judicial e administrativo, até então assemelhados pelo núcleo comum da processualidade. A feição particular do processo administrativo é definida pelos princípios: (i) inquisitório (ii) da verdade material, (iii) da oficialidade, (iv) do informalismo (ou formalismo moderado), e (v) da gratuidade.⁵⁸⁵

Cumpre, por último, notar que o fato de tais princípios estremarem o processo administrativo do processo judicial não significa que todos eles sejam aplicados a todo e qualquer processo administrativo. Com efeito, os *princípios inquisitivo*,⁵⁸⁶ da *oficialidade* e da *gratuidade* não se aplicam obrigatoriamente aos procedimentos ampliativos de direitos suscitados pelos interessados, também conhecidos por pro-

---

⁵⁸⁰ Aqui também não há consenso quanto à lista dos princípios processuais considerados pertinentes ao núcleo comum da processualidade. A título ilustrativo, menciona-se a formulação de Bacellar Filho, composta pelos seguintes princípios: devido processo legal, contraditório, ampla defesa, inadmissibilidade das provas ilícitas, presunção de inocência, direito ao silêncio ou privilégio contra a autoincriminação, juiz natural (*op. cit.*, p. 152-153).

⁵⁸¹ MEDAUAR, Odete. *Op. cit.*, p. 104.

⁵⁸² MARINS, James. *Direito processual tributário brasileiro*: administrativo e judicial. São Paulo: Dialética, 2001, p. 190.

⁵⁸³ MEDAUAR, Odete. *Op. cit.*, p. 115.

⁵⁸⁴ Fundamenta-se na ampla defesa o direito de o acusado em processo administrativo ser representado por advogado. Lucia Valle Figueiredo e Romeu Felipe Bacellar Filho defendem a existência de defesa técnica nos processos administrativos disciplinares. Odete Medauar postula que a defesa técnica só é exigível diante da possibilidade de o processo resultar em grave afetação da esfera do sujeito, como no caso de processo disciplinar que possa resultar em demissão de servidor ou cassação de aposentadoria, ou em outros processos administrativos que possam implicar fechamento de estabelecimento, interdição de atividades, cessação do exercício profissional. Marcelo Harger sustenta também uma posição intermediária, segundo a qual a defesa técnica é necessária em duas hipóteses, quando a lei exigir ou quando o interesse em jogo for indisponível. Em sentido contrário, ou seja, pela desnecessidade de defesa de acusado por intermédio de advogado, Rui Stoco (HARGER, Marcelo. *Op. cit.*, p. 165-166). Acompanhando este último entendimento, o STF editou a seguinte Súmula Vinculante, de nº 5: "A falta de defesa técnica por advogado no processo administrativo disciplinar não ofende a Constituição", DOU 16.05.2008, p. 1. Com isso, ficou sem efeito a Súmula nº 343 do STJ, assim redigida: "É obrigatória a presença de advogado em todas as fases do processo administrativo disciplinar", DJ 21.09.2007, p. 334.

⁵⁸⁵ HARGER, Marcelo. Op. cit., p. 171.

⁵⁸⁶ Uma das vertentes do princípio inquisitivo e do princípio da oficialidade dá origem ao princípio da verdade material, que se traduz na exigência de a Administração perseguir a produção de provas que esclareçam a verdade dos fatos. Sob esse aspecto, os princípios inquisitivo e da oficialidade são aplicados a todo e qualquer procedimento administrativo.

cedimentos de outorga de direitos ou vantagens aos administrados (*v.g.*, licenças, concessões, autorizações, permissões, registro de marcas e patentes, isenção condicionada de tributos). Da mesma forma, o *princípio do informalismo* só não se aplica aos procedimentos concorrenciais ou competitivos, ocorrentes geralmente nos denominados procedimentos de gestão (*v.g.*, concurso público, licitação, concurso de acesso ou promoção).[587]

---

[587] MELLO, Celso Antônio Bandeira de. *Op. cit.*, p. 432.

3.2. A constitucionalização do Direito Administrativo e a adequação da técnica principial a esse ramo do Direito

3.2.1. A CONSTITUCIONALIZAÇÃO DO DIREITO ADMINISTRATIVO: UMA TENDÊNCIA METODOLÓGICA ATUAL

Além do fenômeno da processualização ou jurisdicionalização da atividade administrativa, outro vem ajuntar-se para compor o perfil do regime jurídico-administrativo do constitucionalismo contemporâneo, que se estrutura no respeito aos direitos e garantias fundamentais e aos valores democráticos: o fenômeno da constitucionalização do Direito Administrativo, que revela ser uma tendência metodológica atual.[588]

O processo de constitucionalização do Direito, em geral, é fenômeno que tem marco histórico no constitucionalismo norte-americano, berço da constituição escrita e do controle de constitucionalidade, e no novo constitucionalismo europeu continental do pós-guerra, especialmente na Alemanha e na Itália, após as traumáticas experiências do nazifascismo. Nos sistemas jurídicos romano-germânicos, esse processo traduziu-se no deslocamento da lei do centro do ordenamento jurídico, que passou a ser ocupado pela Constituição. Se, de um lado, a lei, enquanto padrão de comportamento reitor da vida pública e privada, entrou em crise, em virtude do desprestígio dos Parlamentos fundado na crise da representatividade política e no processo de 'inflação legislativa',[589] de outro, a Constituição deixou de ser uma mera "proclamação retórica de valores e diretrizes políticas", para consagrar-se como norma jurídica de hierarquia superior, cujas disposições são dotadas de caráter vinculativo e obrigatório em relação ao legislador e aos aplicadores do Direito, não só sob o ponto de vista da superioridade formal, mas também da ascendência axiológica

---

[588] Mauro Mattos demonstra que a constitucionalização do Direito é um fenômeno de ocorrência mundial (MATTOS, Mauro Roberto Gomes de. Teoria da Constituição e a constitucionalização dos direitos. *A & C Revista de Direito Administrativo e Constitucional*. Belo Horizonte, ano 6, nº 26, p. 128 *et seq.*, out.-dez./2006).

[589] Dentre as várias causas para o desgaste do princípio da legalidade, Manoel Gonçalves Ferreira Filho destaca três que reputa as principais: uma é de ordem *filosófica*, em que se vê a substituição da ideia de que a lei haveria de ser a expressão da Justiça pela ideia de que o Direito é aquilo que decorre da ordem do Legislador; a segunda é de ordem *política*, em que a lei tida como expressão da vontade geral passa a ser vista como aquilo que uma maioria parlamentar formalmente estabeleceu; e a terceira é de ordem *operacional*, na qual se vê a lei proliferar para alcançar a regulação de domínios para além da mera preservação da liberdade (inflação legislativa), como os domínios econômico e social próprios da sociedade industrial (FERREIRA FILHO, Manoel Gonçalves. O princípio da legalidade. *Revista da Procuradoria Geral do Estado de São Paulo*, nº 10, p. 15-17, jun./1977).

sobre todo o ordenamento jurídico.⁵⁹⁰ O centralismo da Constituição nos sistemas jurídicos democráticos se manifesta, portanto, no fenômeno da constitucionalização do Direito.

Sem cuidar aqui de pormenores acerca das razões históricas, teóricas e filosóficas que deflagraram e vieram respaldar o processo de constitucionalização do Direito, cumpre ao menos mencionar alguns fatores que caracterizam e fazem avançar gradualmente esse processo.⁵⁹¹ Luís Roberto Barroso elenca os seguintes: (i) reconhecimento da força normativa da Constituição; (ii) centralidade jurídica dos direitos e garantias fundamentais, representando valores morais que devem ser respeitados, protegidos e fomentados pelo Estado, donde a sua aplicabilidade direta assegurada pelas Constituições; (iii) reconhecimento dos princípios como espécie de norma jurídica, munidos não apenas de eficácia integrativa, mas também de eficácia interpretativa e derrogatória; (iv) expansão da jurisdição constitucional; (v) reaproximação entre Direito e ética; (vi) aproximação entre Constituição e democracia; e (vii) desenvolvimento de uma nova dogmática de interpretação constitucional.⁵⁹²

Não obstante tal caracterização do fenômeno, a expressão "constitucionalização do Direito" pode comportar múltiplos significados. Segundo Riccardo Guastini, por ela poderia referir-se à introdução de uma primeira Constituição escrita em um ordenamento jurídico. Esse conceito, no entanto, não desperta interesse algum para grande parte dos ordenamentos contemporâneos.⁵⁹³

Poderia também identificar "o fato de a Constituição formal incorporar em seu texto inúmeros temas afetos aos ramos infraconstitucionais do Direito". A propósito, Luís Roberto Barroso observa que esse fenômeno teve início, de certo modo, com a Constituição portuguesa de 1976, prosseguindo com a Constituição espanhola de 1978 e sendo "levado ao extremo" pela Constituição brasileira de 1988.⁵⁹⁴ Esse sentido retrata um aspecto inolvidável do fenômeno da constitucionalização, tendo alcançado inclusive o ramo do Direito Administrativo brasileiro. Todavia, o sentido que representa o aspecto mais importante desse fenômeno é apontado por Guastini, que, acolhendo sugestão de Louis Favoreu, propõe entendê-lo como:

> Um processo de transformação de um ordenamento, ao término do qual, o ordenamento em questão resulta totalmente "impregnado" por normas constitucionais. Um ordenamento jurídico constitucionalizado se caracteriza por uma Constituição extremamente invasora, intrometida, capaz de condicionar tanto a legislação como a jurisprudência e o perfil da doutrina, a ação dos atos políticos assim como as relações sociais.⁵⁹⁵

---

⁵⁹⁰ BINENBOJM, Gustavo. *Uma teoria do direito administrativo*: direitos fundamentais, democracia e constitucionalização. Rio de Janeiro: Renovar, 2006, p. 61-64.

⁵⁹¹ Para maiores esclarecimentos acerca dos marcos histórico, filosófico e teórico do processo de constitucionalização do Direito, consultar BARROSO, Luís Roberto. Neoconstitucionalismo e constitucionalização do Direito: o triunfo tardio do direito constitucional no Brasil. *Revista de Direito Administrativo*, nº 240, p. 1-42, abr.-jun./2005.

⁵⁹² *Ibidem*, p. 2-19.

⁵⁹³ GUASTINI, Riccardo. *Estudios de teoría constitucional*. Universidad Nacional Autónoma de México, 2001, p. 153.

⁵⁹⁴ BARROSO, Luís Roberto. *Op. cit.*, p. 12.

⁵⁹⁵ GUASTINI, Riccardo. *Op. cit.*, p. 153-154. O jurista italiano observa que o grau de constitucionalização de um ordenamento jurídico varia de acordo com o maior ou menor preenchimento de certas condições, que denomina "condições de constitucionalização". Algumas são consideradas necessárias, no sentido de que a constitucionalização não é sequer concebida em sua ausência, como é o caso da

A respeito desse terceiro sentido da constitucionalização do Direito, é expressiva a leitura de Luís Roberto Barroso:

> A idéia de constitucionalização do Direito aqui explorada está associada a um efeito expansivo das normas constitucionais, cujo conteúdo material e axiológico se irradia, com força normativa, por todo o sistema jurídico. Os valores, os fins públicos e os comportamentos contemplados nos princípios e regras da Constituição passam a condicionar a validade e o sentido de todas as normas do direito infraconstitucional.[596]

No Brasil, o processo de constitucionalização do Direito intensificou-se a partir da redemocratização propiciada pela Constituição de 1988. Gustavo Binenbojm vislumbra que, antes disso, "não fazia sentido falar em constitucionalização do direito", porquanto "vicejava antes entre nós, de forma mais ou menos velada, a percepção de que as constituições 'não eram pra valer'; de que não passavam de retórica pomposa; e [...] a realidade empírica permanecia quase completamente à margem da incidência das ordens constitucionais".[597] O período do regime militar instaurado em 1964 foi marcado por agudo autoritarismo das instituições e dos agentes estatais, podendo-se, ainda hoje, encontrar mais do que resquícios daquela fase; não sob a forma da violência ou intolerância político-ideológica, mas sob a forma da ineficiência irremediável dos serviços públicos e da falta de respeito aos direitos básicos do cidadão, o que, em qualquer caso, reflete certo distanciamento da realidade constitucional por parte das instituições brasileiras, posicionando-as ainda num limiar do processo de aperfeiçoamento democrático que a Carta de 1988 preordena-se a concretizar.[598]

A Constituição de 1988 pretende, então, romper com esse quadro. Prova disso é que o fenômeno da constitucionalização do Direito Administrativo manifesta-se intensamente segundo duas vertentes que não se excluem, antes, se complementam: uma *formal*, outra *material*.

A primeira delas decorre da constitucionalização das fontes do Direito Administrativo, por meio da enunciação, no texto constitucional, de regras e princípios disciplinadores da atuação da Administração Pública, dos seus serviços e dos

---

"existência de uma Constituição rígida" e "garantia jurisdicional da Constituição". As demais são condições suficientes de um grau distinto de constitucionalização, quais sejam: "a força vinculante da Constituição", "a 'sobreinterpretação' da Constituição", "a aplicação direta das normas constitucionais", "a interpretação conforme das leis" e "a influência da Constituição sobre as relações políticas" (*op. cit.* 155-163).

[596] BARROSO, Luís Roberto. *Op. cit.*, p. 12-13.

[597] BINENBOJM, Gustavo. *Op. cit.*, p. 66.

[598] Odete Medauar consigna um exemplo, com aparência de familiar, de posturas adotadas por agentes administrativos que não se coadunam como o espírito das leis e da Constituição: "Muito comuns se tornaram frases e comentários, em tom de jactância, do seguinte teor: 'Se acha que tem direitos, vá procurá-los no Judiciário', como se a função administrativa pudesse permanecer alheia a direitos dos indivíduos, como se fosse meritório deixar de reconhecer direito de alguém" (*Processualidade no direito administrativo*, p. 67). No mesmo sentido, Adilson Abreu Dallari, em aula magna ministrada no ano de 1994, por ocasião do 1º Seminário Nacional de Direito Administrativo realizado em Recife, assim se manifestou: "Vejo acima de tudo uma necessidade de reformulação da atividade administrativa. Existem ilhas enormes de autoritarismo, existe ainda uma concepção de administração pública demasiadamente autoritária" (DALLARI, Adilson Abreu. O direito administrativo na Constituição brasileira de 1988. *Boletim de Direito Administrativo*. São Paulo, ano 11, nº 11, p. 653, nov./1995). Outras frases do tipo – "vá procurar seus direitos na Justiça!" – são ditas por servidores públicos que optam por aplicar diplomas normativos infralegais contrários às leis e à Constituição, como se a estas não se submetesse o exercício da competência normativa de autoridades administrativas.

seus servidores. A esse aspecto reportam-se Odete Medauar e Alexandre de Moraes, atinando para o fato de que a Constituição atual inovou sobremaneira em relação a nossa história constitucional pretérita. De fato, com respeito à Constituição Imperial de 1824, Odete Medauar observa que ela sequer continha capítulo específico sobre a Administração ou sobre servidores, apenas trazia dispositivos isolados em matéria administrativa.[599] Alexandre de Moraes, por sua vez, nota que, em comparação com as Constituições republicanas anteriores, a Constituição vigente "não somente tratou de algumas regras básicas sobre servidores públicos, mas também disciplinou os princípios e preceitos básicos da Administração Pública, no Título III, Capítulo VII (arts. 37 a 43), consagrando uma verdadeira teoria geral do Direito Constitucional Administrativo".[600]

Com a expansão da atividade administrativa, sobretudo nos setores social e econômico, passou-se a verificar uma tendência à inserção de temas administrativos nas Constituições contemporâneas. A Constituição brasileira atual alinha-se a essa tendência, ao dedicar um Capítulo específico ao tema, intitulado "Da Administração Pública", que se subdivide em quatro seções. Além desses preceitos, a Constituição traz esparsamente vários dispositivos relacionados à matéria administrativa. Assim, a título exemplificativo: o direito a receber informações dos órgãos públicos (art. 5º, XXXIII); a fiscalização contábil, financeira e orçamentária dos Tribunais de Contas sobre a atividade da Administração, que está disciplinada nos arts. 70 a 75; o regime das concessões e permissões de serviço público tem algumas notas no art. 175, parágrafo único; as competências administrativas da União, dos Estados e dos Municípios, delineadas a partir da repartição das competências entre os diferentes entes federativos (arts. 21, 23) etc.[601]

No capítulo específico, a Constituição estabelece as bases do Direito Administrativo, mediante a enunciação de regras e princípios jurídicos setoriais que devem nortear a atividade administrativa. Digno de menção, o *caput* do art. 37 consagra alguns de seus princípios cardeais, como os da legalidade, da moralidade, da impessoalidade, da publicidade, e da eficiência.

A principal consequência da formalização constitucional da matéria administrativa para a atuação do legislador e do administrador consiste na vinculação destes às regras e princípios positivados na Constituição, como decorrência da sua emancipação e superioridade normativa do tipo formal.

Por sua vez, a segunda vertente, de natureza jurídico-axiológica, traduz-se na eficácia conformadora e informadora dos princípios e valores constitucionais na interpretação e aplicação do Direito infraconstitucional, como expressão da ascendência axiológica da Constituição sobre todo o ordenamento jurídico.

A principialização e a constitucionalização do Estatuto Básico da Administração Pública não somente possibilitaram uma propalada maior ingerência judicial no controle da atividade administrativa não vinculada (discrição administrativa e valoração administrativa dos conceitos jurídicos indeterminados), como também permitiram um maior ativismo hermenêutico do administrador na interpretação e aplicação da lei, com o fito de impregnar-lhe da axiologia constitucional, representada nos

---

[599] MEDAUAR, Odete. *Direito administrativo moderno*, p. 50-51.
[600] MORAES, Alexandre de. *Direito constitucional administrativo*. São Paulo: Atlas, 2002, p. 26-27.
[601] MEDAUAR, Odete. *Op. cit.*, p. 50.

princípios da Administração Pública, nos objetivos fundamentais, no princípio democrático, e nos direitos e garantias fundamentais. Para que isso se viabilize, não basta apenas a enunciação constitucional de princípios e diretrizes aos quais se deve submeter a Administração em suas diversas atividades. Mister também é que se produza uma reformulação dos velhos paradigmas conceitual e metodológico,[602] como referido anteriormente, dotando a dogmática administrativa de mecanismos refeitos e adaptados à nova realidade constitucional do regime jurídico-administrativo.

Sobre o aspecto material da constitucionalização, afirma Marçal Justen Filho:

> É necessário constitucionalizar o direito administrativo, o que significa, então, atualizar o direito administrativo e elevá-lo ao nível das instituições constitucionais.
> Trata-se de impregnar a atividade administrativa com o espírito da Constituição, de modo a propiciar a realização efetiva dos princípios e valores ali consagrados. É fundamental dotar o País de uma Constituição, mas isso não basta para produzir um Estado democrático ou a realização dos valores desejados. A transformação concreta da realidade social e sua adequação ao modelo constitucional dependem primordialmente do desenvolvimento de atividades administrativas efetivas. O enfoque constitucionalizante preconizado consiste em submeter a interpretação jurídica de todas as instituições do direito administrativo a uma compreensão fundada concreta e pragmaticamente nos valores constitucionais.[603]

Dois são os principais instrumentos propiciadores da constitucionalização material do Direito Administrativo.

O primeiro, e mais citado, é chamado *interpretação conforme a Constituição*.[604] Essa técnica de controle de constitucionalidade das leis e atos normativos infralegais[605] tem por fundamento o princípio da supremacia da Constituição, o princípio da separação dos poderes e o princípio democrático, que reclamam do julgador judicial ou administrativo que mantenha certa deferência tanto à Constituição quanto aos atos emanados de autoridades de outros Poderes e, sobretudo, as investidas por meio do voto popular.[606] A técnica tem também objetivo sistematizante, ao promover a realização do princípio da unidade da Constituição e do ordenamento jurídico como um todo.

Essa técnica preconiza que, dentre as várias possibilidades de sentido de um determinado enunciado normativo, o julgador exclua aqueles considerados incompatíveis com as normas constitucionais. A partir desse conceito, verifica-se que sua

---

[602] Trata-se de operar uma filtragem ou reinterpretação constitucional das normas infraconstitucionais, das categorias, institutos jurídicos e postulados hermenêuticos tradicionalmente utilizados no Direito Administrativo, de modo que o Direito aplicado ou concretizado exprima a força normativa da Constituição, prevenindo, assim, sentidos normativos contrastantes com os princípios e regras constitucionais e potencializando seus valores e objetivos (SCHIER, Paulo Ricardo. Novos desafios da filtragem constitucional no momento do neoconstitucionalismo. *A & C Revista de Direito Administrativo e Constitucional*. Belo Horizonte, ano 5, nº 20, p. 145-165, abr.-jul./2005).

[603] JUSTEN FILHO, Marçal. *Curso de direito administrativo*. São Paulo: Saraiva, 2005, p. 13-14.

[604] Por todos, Lenio Luiz Streck afirma que "a interpretação conforme a Constituição constitui-se em mecanismo de fundamental importância para a constitucionalização dos textos normativos infraconstitucionais" (STRECK, Lenio Luiz. *Hermenêutica jurídica e(m) crise*, p. 252).

[605] A doutrina majoritária tem lembrado que, mais do que postulado hermenêutico ou regra de interpretação, a técnica da interpretação conforme constitui mecanismo de controle da constitucionalidade de atos normativos (Canotilho, Jorge Miranda).

[606] BARROSO, Luís Roberto. *Interpretação e aplicação da Constituição*, p. 192.

utilização reduz as possibilidades semânticas dos dispositivos normativos aos sentidos considerados plausíveis em face do texto constitucional.

Esse mecanismo apresenta, portanto, uma *eficácia negativa*, consistente na exclusão de certos sentidos que se revelem contrastantes aos ditames constitucionais, e desde que sejam eles de plausível atribuição ao enunciado normativo; e outra *eficácia positiva*, consistente na atribuição ao enunciado interpretado de um ou mais sentidos normativos consentâneos com a Constituição, e desde que também comportáveis na moldura textual do enunciado e que não contrariem a intenção manifesta ou inequívoca do legislador ou de outra autoridade normativa (proibição da interpretação *contra legem*).

A aplicação da técnica pressupõe, portanto, enunciados normativos polissêmicos ou plurissignificativos,[607] e há de produzir efeitos tanto negativos quanto positivos, sob pena de revelar-se *desnecessária* ou *inadequada*. Desnecessária, quando o sentido que se cogita constitucionalmente incompatível não pode ser razoavelmente atribuído ao enunciado normativo.[608] Por sua vez, será inadequada quando não restar ao enunciado normativo nenhum sentido compatível com a Constituição. Em outras palavras, "a interpretação conforme a constituição só é legítima quando existe um *espaço de decisão* (=espaço de interpretação) aberto a várias propostas interpretativas, umas em conformidade com a constituição e que devem ser preferidas, e outras em desconformidade com ela".[609]

É pacífico na doutrina que o manejo da interpretação conforme não é monopólio do Poder Judiciário, mas dever de todos os agentes estatais, uma vez que também os órgãos administrativos acham-se vinculados negativa e positivamente à Constituição.[610]

Um segundo mecanismo de constitucionalização do Direito Administrativo tem lugar na hipótese de a aplicação da técnica da *interpretação conforme* evidenciar-se inapta, isto é, quando não for possível ao intérprete-aplicador harmonizar semanticamente o enunciado normativo com o texto constitucional. Esses instrumentos são os postulados normativos aplicativos da razoabilidade e da proporcionalidade.

Como se depreende da própria operatividade da *interpretação conforme*, o espaço de decisão do intérprete-aplicador situa-se no plano da significação erigido a partir de outro plano, que é o da expressão literal do Direito. Na elaboração daquele plano, os princípios e valores constitucionais atuam selecionando os significados que, sem contrariar a intenção normativa do enunciado interpretado, sejam congruentes com a Lei Maior. Tem-se aqui uma manifestação da eficácia informativa ou *intra legem* dos princípios constitucionais, dentro ainda da primeira fase do processo de aplicação e interpretação do Direito. Para tanto, exige-se, no máximo, a atuação da *função interpretativa* da razoabilidade e proporcionalidade, quando são

---

[607] CANOTILHO, J. J. Gomes. *Direito constitucional e teoria da Constitucional*, p. 1151.

[608] Para Luís Roberto Barroso, "se o sentido mais evidente que resulta do texto interpretado for compatível com a Constituição, dificilmente haverá necessidade de se recorrer a um princípio cuja finalidade última é a de salvar uma norma ameaçada" (*Interpretação e aplicação da Constituição*, p. 190).

[609] CANOTILHO, J. J. Gomes. *Op. cit.*, p. 1152.

[610] BARROSO, Luís Roberto. *Neoconstitucionalismo e constitucionalização do Direito*: o triunfo tardio do direito constitucional no Brasil. *Revista de Direito Administrativo*, nº 240, p. 13, abr.-jun./2005. Nesse mesmo sentido: BINENBOJM. *Op. cit.*, p. 68; ENTERRÍA, Eduardo García de; FERNÁNDEZ, Tomás-Ramón. *Curso de direito administrativo*. São Paulo: Revista dos Tribunais, 1990, p. 138-139.

utilizados de forma discursivamente não estruturada, funcionando como mero *topos* interpretativo, ou expediente retórico.

A *interpretação conforme* pode também ser uma decorrência mediata da utilização da razoabilidade e da proporcionalidade em sua *função metódica* (quando então se está a falar de postulados normativos).[611] Isso ocorre quando o intérprete-aplicador atribui inicialmente ao texto normativo significado que, no passo seguinte, verifica ser irrazoável ou desproporcional – por desatender algum de seus parâmetros – e, ainda assim, consegue atribuir ao enunciado normativo significado que seja compatível com a Constituição. A título exemplificativo, isso pode ocorrer quando o intérprete parte do primeiro nível de significado do enunciado normativo (o literal) e logo verifica que ele não resiste a uma estruturação aplicativa dos postulados normativos. Volta-se, então, ao texto, para pesquisar outro sentido que seja conforme a Constituição, quando, por fim, o encontra.

A utilização dos postulados normativos realiza mesmo toda a sua potencialidade eficacial na hipótese de não ser possível conferir ao texto normativo um sentido compatível com a Constituição, ou seja, quando a técnica da *interpretação conforme* revelar-se inapta para restabelecer a harmonia entre o Direito aplicado e o texto constitucional. Nesses casos, a utilização dos postulados potencia a eficácia *contra legem* dos princípios constitucionais, sem necessariamente implicar na recusa do intérprete em aplicar o enunciado interpretado, porquanto se podem cogitar outras condições para que essa ação se legitime. A possibilidade de rechaço do enunciado normativo interpretado não se deixa efetivar senão sob o crivo da estruturação aplicativa e discursiva proporcionada pelos postulados na etapa crítico-justificativa do processo de interpretação e aplicação do Direito.[612]

Quanto à legitimidade da Administração Judicante em fazer uso desse mecanismo, registram-se dissensões doutrinárias insuperáveis quando desse uso possa resultar recusa do julgador administrativo em aplicar lei ou ato normativo que repute irrazoável ou desproporcional. É que, diferentemente do espírito que fundamenta a técnica da *interpretação conforme*, que é o de salvar a lei em obséquio aos princípios democrático e da separação dos poderes, a aplicação dos postulados normativos, no âmbito da atuação administrativa vinculada, potencia a recusa ao texto legal, por ele não ser capaz de comportar um sentido normativo consentâneo com a Constituição. Ali, esforça-se por preservar a lei; aqui, encoraja-se a preservação da Constituição. Nessa equação de valores postos em confronto, não há consenso sobre qual deles

---

[611] Fernando Cerqueira Chaves sustenta a aplicabilidade do postulado da proporcionalidade à interpretação conforme a Constituição, como forma de equilibrar o poder jurisdicional de julgar a constitucionalidade da lei com a liberdade de conformação do legislador democrático (CHAGAS, Fernando Cerqueira. A relação entre o princípio da proporcionalidade (razoabilidade) e a interpretação conforme a Constituição no Estado Democrático de Direito. *In:* ANDRADE, André Gustavo Corrêa de (Org.). *A constitucionalização do Direito*: a Constituição como *locus* da hermenêutica jurídica. Rio de Janeiro: Lumen Juris, 2003, p. 171-193).

[612] Em vez de considerar a aplicação dos postulados normativos uma operação residual em relação à técnica da interpretação conforme, Paulo Bonavides vislumbra, na conjugação operacional desta técnica com o princípio da proporcionalidade, uma forma de conter recusas precipitadas dos julgadores à aplicação de lei que entenda desproporcional e, por isso, de preservar o equilíbrio constitucional entre os Poderes. Com efeito, se a lei comporta outro sentido que não carreia a pecha da desproporcionalidade, não se justifica a declaração de sua invalidade, cabendo, ao revés, a declaração da legitimidade constitucional do significado alternativo atribuído à lei (*Curso de direito constitucional*, p. 426-427).

deve prevalecer e, por conseguinte, sobre a legitimidade da Administração em examinar a razoabilidade e a proporcionalidade de medidas legais.

Por trás desse irremediável dissentimento está, em verdade, a inquietante tensão entre *constitucionalismo* e *democracia*, tensão essa que estruturalmente se instala na organização política do Estado Democrático de Direito, mas que se agudiza nos Estados do tipo legalista, como é o caso brasileiro. Reflexo maior dessa conflituosidade se vê no intenso e recorrente debate acerca da legitimidade das Cortes Constitucionais no atual Estado Constitucional.[613]

A despeito disso, uma peculiaridade do regime jurídico-administrativo permite outra perspectiva para o tema em discussão, a partir do qual a tensão se esmaece ou até se dissipa integralmente. Essa característica peculiar consiste na adequação que a técnica principial encontra no seio do Direito Administrativo – mais do que em qualquer outro ramo do Direito.

3.2.2. A ADEQUAÇÃO DA TÉCNICA PRINCIPIAL AO DIREITO ADMINISTRATIVO

O Direito Administrativo tem origem com o surgimento do Estado Liberal de Direito, quando a organização política passa a submeter-se ao princípio da legalidade. No entanto, desde suas origens, o Direito Administrativo não é um Direito legalista, enquanto expressão completa e fechada em Códigos ou em outro corpo normativo, como propugnava o ideal iluminista para todo o Direito. O Direito Administrativo surgiu mesmo como sistema por obra jurisprudencial do Conselho de Estado francês, e, na tarefa de resolver com justiça os conflitos entre Administração e administrado, fez uso de princípios como mecanismo de estilar a legalidade formal em justiça material. Esses princípios que nasceram como critérios de julgamento formulados pelo Conselho de Estado alçaram à condição de princípios gerais de Direito

---

[613] O estudo da relação entre constitucionalismo e democracia desborda o tema desta pesquisa. Sobre o assunto, cf. DUARTE, Écio Oto Ramos; POZZOLO, Susanna. *Neoconstitucionalismo e positivismo jurídico*: as faces da teoria do direito em tempos de interpretação moral da Constituição. São Paulo: Landy, 2006, p. 79-81. Susanna Pozzolo fala da tensão entre esses dois fenômenos: "Constitucionalismo e democracia, entretanto, são ideais que podem, entre eles, colidir: o constitucionalismo liberal visa defender uma ampla área de relações individuais das decisões da maioria, enquanto a democracia atribui à maioria as decisões fundamentais, ampliando a esfera individual regulada pelo direito. As Constituições extensas e densas do segundo pós-guerra, conjuntamente com a afirmação do processo democrático, mudaram, porém, de qualquer forma, os termos desse eventual conflito. (§) Em primeiro lugar, essas Constituições ampliaram a esfera das escolhas individuais protegidas pelo texto constitucional [...] Por outro lado, a positivação de um amplo número de direitos, ampliando a área protegida das decisões da maioria, determinou uma notável intervenção normativa, sobretudo legislativa, para conferir a esses efetividade e regularidade, definindo os modos e as formas pelas quais esses direitos podem ter efeitos concretos na vida social. [...] (§) Em segundo lugar, a tradução jurídica da idéia de proteção dos direitos fundamentais não podia ser desvinculada da idéia de rigidez constitucional, determinando a sua superioridade em relação à lei e tornando indisponível ou difícil a intervenção do legislador ordinário sobre os direitos. Com isso, o constitucionalismo veicula um sistema de valores protegidos da maioria e, ao contrário do ideal procedimental da democracia, baseado sobre o valor da autonomia individual, reconhece um maior valor intrínseco ao sistema de proteção, maior do que aquele reconhecido à autonomia individual". Cf. também BINENBOJM, Gustavo. *A nova jurisdição constitucional brasileira*, cap. III.

Administrativo, cuja importância veio revelar-se ao longo das transformações pelas quais passou o Estado de Direito.[614]

Mais do que em qualquer outro ramo do Direito, foi no Direito Administrativo que o papel dos princípios gerais de Direito se revelou essencial e necessário, mais do que, portanto, mera fonte subsidiária do Direito, como apregoava a legislação civilista. Isso ocorreu em virtude das peculiaridades de seu sistema de normas escritas, tais como *a pluralidade de fontes normativas tratando do mesmo objeto* e a *contingência e variabilidade desse sistema*.[615]

A primeira característica decorre da possibilidade de a própria Administração criar normas jurídicas gerais, abstratas e obrigatórias. A multiplicidade de fontes normativas criadas acaba por acarretar o fenômeno da "convergência sobre um mesmo objeto de normas escritas de desigual valor normativo". Com efeito, a legislação atinente a determinado tributo, por exemplo, pode ser encontrada na Constituição, na lei, no regulamento, na instrução normativa, na norma de execução etc.

A segunda característica, a seu turno, é fruto da variabilidade, do casuísmo, da singularidade das situações que a Administração enfrenta no desempenho de suas funções.

A multiplicidade e variabilidade das normas escritas do ordenamento jurídico-administrativo instauram nele uma crise de *racionalidade sistemática*, caracterizada pela contrariedade entre normas sobre um mesmo assunto e, até mesmo, pelo desconhecimento das normas pela própria Administração que as formula.

Enterría e Fernández ressaltam que os princípios da hierarquia (que ordena a concorrência de normas escritas de diversas origens), da *lex posterior derogat priorem* (que articula as normas no tempo) e da competência (que delimita os círculos de ordenamentos diversos) já não bastam para impor "a imagem – com a que o aplicador do Direito, todavia, há de trabalhar, posto que está obrigado a sustentar respostas unívocas e entre si articuláveis aos infinitos problemas que podem apresentar-se – de um conjunto normativo certo e sistemático, que expõe uma ordem racional que há de normatizar a atuação dos sujeitos".[616] Segundo eles, faz-se necessário recurso aos chamados princípios gerais de Direito, que, dentre outras funções, organizam "os atos heterogêneos, cambiantes e até contraditórios da vida jurídica".[617]

Nesse campo, à Administração Judicante compete o relevante papel de fazer atuar os princípios jurídicos no controle da atividade administrativa fundada em lei ou em atos normativos, para prevenir e eliminar incompatibilidades entre normas escritas de origens diferentes. Para um adequado desempenho dessa tarefa, é preciso, inicialmente, compreender que o ordenamento jurídico-administrativo é essencialmente teleológico, ou seja, busca realizar os valores ou princípios jurídicos sobre os quais se constitui, porquanto, mais do que qualquer outro segmento do Direito, tem

---

[614] Nos países que não contavam com um Tribunal da estirpe do francês, o Direito Administrativo foi estabelecido por obra dos juristas, os quais, após beberem na fonte francesa, levaram para os seus países a ideia de uma justiça administrativa e de um sistema processual e material de ações contenciosas. Posteriormente, parte desse sistema foi apanhado pelo fenômeno da constitucionalização do Direito.

[615] ENTERRÍA, Eduardo García de; FERNÁNDEZ, Tomás-Ramón. *Curso de direito administrativo*, p. 72-83.

[616] *Ibidem*, p. 79.

[617] *Ibidem*, p. 84.

sua razão de ser e finalidade no interesse público ou coletivo, que preside e fundamenta a outorga de competência à autoridade pública.

A estrutura elementar do ato administrativo bem revela essa peculiaridade. Enquanto no Direito Privado os elementos estruturais do ato jurídico alcançados geralmente pela regulação e definidores de sua validade são capacidade, forma e objeto, no Direito Público e, em especial, no Direito Administrativo, o ato administrativo só se define juridicamente com a consideração de cinco elementos: competência, forma, motivo, objeto e finalidade.[618] Alguns podem não estar prefigurados na lei, como ocorre com o motivo e o objeto nos atos praticados no exercício de competência discricionária, mas a sua validade é definida pela conformidade dos cinco elementos em relação aos parâmetros legais e constitucionais.[619] Ao menos dois deles necessitam estar preestabelecidos em lei: a *competência*, e a *finalidade* em razão da qual foi aquela competência outorgada.[620]

Portanto, na Teoria do Direito Administrativo, o fim aparece como requisito da própria juridicidade.[621] Devido a essa natureza, o cânone da interpretação teleológica revela ser o caminho para realizar adequadamente o Direito Administrativo, e não para dele se desviar, como entendia o positivismo legalista.[622]

---

[618] Embora parta do conceito privatístico de Administração, a diferença conteudístico-estrutural entre os atos jurídicos do Direito Administrativo e do Direito Privado é explicada, em termos lógicos, por Ruy Cirne Lima, no seguinte encadeamento de ideias: "A palavra *administração*, nos quadros do direito privado, designa geralmente a atividade do que não é proprietário – do que não é senhor absoluto. [...] Opõe-se a noção de administração à de propriedade nisto que, sob administração, o bem se não entende vinculado à vontade ou personalidade do administrador, porém, à finalidade impessoal a que essa vontade deve servir. [...] Como acontece ao administrador privado, não possui também o Poder Executivo, acerca dos negócios públicos, atribuições irrestritas, porém, essencialmente atribuições de administração. Estão os negócios públicos vinculados, por essa forma, não ao arbítrio do Executivo – mas, à finalidade impessoal no caso, pública, que este deve procurar realizar. [...] Exprime, pois, em direito público, a palavra *administração* noção semelhante à que lhe é conteúdo em direito privado. Traço característico da atividade assim designada é estar vinculada – não a uma vontade livremente determinada –, porém a um fim alheio à pessoa e aos interesses particulares do agente ou órgão que a exercita. [...] À Administração Pública, realmente, a lei reconhece fins próprios e eficazmente lhos protege" (LIMA, Ruy Cirne. *Princípios do direito administrativo*. São Paulo: Malheiros, 2007, p. 37-39).

[619] Segundo Germana de Oliveira Moraes, a classificação quintipartite dos elementos do ato administrativo é atribuída a Seabra Fagundes, que a formulou em 1941, no seu livro "O controle dos atos administrativos pelo Poder Judiciário". Posteriormente foi divulgada na obra de Hely Lopes Meirelles e incorporada à Lei nº 4.717/1965.

[620] Celso Antônio Bandeira de Mello diverge da maioria no ponto em que admite existir certa discrição quanto à finalidade, quando prevista de forma vaga ou imprecisa na lei (*Discricionariedade administrativa e controle jurisdicional*, p. 20). Em sentido contrário, ou seja, que a competência e a finalidade estrita são sempre elementos vinculados: PIETRO, Maria Sylvia Zanella di. *Direito administrativo*, p. 201; AMARAL, Diogo Freitas do. *Curso de direito administrativo*. Vol. II. Coimbra: Almedina, 1995, p. 54.

[621] A postura científica adotada pelo positivismo jurídico rechaça a ideia do Direito como um ordenamento que serve para conseguir um certo valor ou finalidade, ou seja, como ordenamento com caráter teleológico-axiológico (BOBBIO, Norberto. *O positivismo jurídico*. São Paulo: Ícone, 2006, p. 138-139). Por essa razão, o pensamento positivista não permite compreender totalmente o ordenamento jurídico na organização política do Estado Democrático de Direito, e muito menos o ordenamento jurídico-administrativo.

[622] Savigny, na esteira do positivismo-legalista, condenava a interpretação teleológica, já que, para ele, "o juiz deve atender, não ao que o legislador busca atingir, mas só ao que na realidade preceituou; ou mais precisamente: ao que nas palavras da lei, segundo o seu sentido lógico, gramatical e a extrair da

Daí administrativistas como Celso Antônio e Caio Tácito erigirem o princípio da finalidade como norma do regime jurídico-administrativo, a exigir do agente público uma rigorosa observância da finalidade específica abrigada na lei e da finalidade geral do interesse público. A importância atribuída a esse princípio é tal, que as exigências da razoabilidade e da proporcionalidade são vistas senão como uma decorrência dele.

A natureza jurídica teleológica da atividade administrativa acaba atraindo para si um controle com base em princípios jurídicos, para ver se os interesses por estes tutelados foram adequadamente promovidos. Nessa ordem de ideias, Juarez Freitas conclama que "precisa o controle dos atos administrativos ser efetuado finalisticamente em espectro mais largo do que o habitual, pois todos os atos hão de ser interpretados à vista das diretrizes mais nobres situadas no topo do sistema, as quais se identificam com os princípios constitucionais",[623] muitos dos quais antigos princípios gerais de Direito ou, especificamente, do Direito Administrativo, tais como princípio da legalidade, princípio da segurança jurídica, e princípio do interesse público. Em seguida, o jurista ressalta que essa tarefa compete a todos os Poderes.

No intuito, ainda, de reforçar a relação entre os princípios e as regras administrativas, o jurista prossegue afirmando que:

> A compreensão do papel de controlador sistemático dos atos administrativos pressupõe o saber de que, subjacente às exigências formais, oculta-se sempre uma teleologia que exige, para ser desvendada, a inteligência ponderada e a junção concreta dos princípios e das normas [*rectius*: regras]. Desta maneira, todos os cuidados são imprescindíveis, no lidar com os atos administrativos, para cumprir o desiderato de, rigorosamente, compatibilizá-los com a totalidade dinâmica e axiológica regente das relações de administração.[624]

A intricada relação entre regra e princípios administrativos expõe situação que certamente deve ser examinada e decidida pelo administrador, quando da aplicação da lei ao caso concreto, a de que a finalidade a ser perseguida pela Administração não é somente aquela que especificamente presidiu a instituição da regra de competência. A atuação sistemática do Direito impõe a consideração em cada caso de princípios constitucionais e legais que, de modo circunstancialmente relevante, sejam afetados pela atividade administrativa. Assim, a adequação desta ultrapassa os juízos de uma ordinária conformação às regras, exigindo também o zelo pela íntegra dos direitos e garantias fundamentais, e pela observância dos princípios democráticos e administrativos etc.

Daí atualmente se sustentar a desconstrução do princípio administrativo da supremacia do interesse público sobre o interesse privado como exigência *a priori* e absoluta à qual a Administração deve submeter-se em sua atuação. É que, em termos

---

articulação do sistema, verdadeiramente encontrou uma expressão como conteúdo do seu dispositivo". Isso porque, para ele, o fim ou razão da lei "não faz parte, por via de regra, do conteúdo da norma [...] Aliás, mesmo quando o legislador indicou a razão da lei não o fez para a constituir 'numa regra comum', mas apenas para que a regra constituída se esclarecesse por esse meio" (*apud* LARENZ, Karl. *Metodologia da ciência do direito*, p. 11). Em sentido contrário, menciona HORN, Norbert. *Introdução à ciência do Direito e à filosofia jurídica*. Porto Alegre: Sergio Antonio Fabris Editor, 2005, p. 240.

[623] FREITAS, Juarez. O controle principiológico dos atos administrativos no sistema brasileiro. *In:* MIRANDA, Jorge (Org.). *Perspectivas Constitucionais – Nos 20 anos da Constituição de 1976*. V. III, Coimbra, 1998, p. 642.

[624] FREITAS, Juarez. *Op. cit.*, p. 642.

lógicos, esse princípio encerra comando para a Administração focar unicamente a realização da finalidade legal que presidiu a instituição da competência, sem levar em conta quaisquer outros interesses, sejam eles gerais, coletivos ou individuais, porventura afetados pelo exercício da competência e que possam assumir no caso concreto importância jurídica superior à finalidade legal.[625] Isso não seria implausível de ocorrer com os direitos e garantias fundamentais, ante a centralidade constitucional destes.[626] Sem espaço aqui para discorrer sobre o princípio da supremacia do interesse público, revela pertinente anotar apenas que, tal como tradicionalmente concebido, esse princípio é incompatível com o postulado da proporcionalidade, porquanto, de um lado, o princípio direciona a interpretação para a prevalência de um único interesse (o público) e, de outro, o postulado orienta a interpretação pela máxima realização de todos os interesses envolvidos.[627]

Por causa disso, Marçal Justen Filho e Luís Roberto Barroso chegam a conceituar o interesse público no Estado Democrático de Direito não como uma finalidade específica previamente estabelecida pelo legislador, mas como a maximização de um compósito de interesses (geral, coletivo e individual) ocorrentes na situação de aplicação da regra legal. Assim, o interesse público não seria um pressuposto à interpretação ou aplicação do Direito, mas o resultado de uma ponderação de interesses instrumentalizada pelo postulado da proporcionalidade. Se a "própria Constituição ou a lei (desde que agindo constitucionalmente) não houverem esgotado os juízos possíveis de ponderação entre interesses públicos e privados, caberá à Administração lançar mão da ponderação de todos os interesses e atores envolvidos na questão, buscando a sua máxima realização".[628]

Em razão da possibilidade de confrontação da finalidade pública com outros interesses, é certo que o motivo escolhido pelo legislador para deflagrar o exercício da competência pode revelar-se irrazoável – seja em tese ou só no caso concreto –, assim como o objeto preestabelecido para promover a finalidade pública pode não se mostrar proporcional. Em atenção à própria finalidade legal e aos outros interesses envolvidos, a conduta administrativa prevista na lei para uma dada hipótese fática poderá ser reavaliada pelo intérprete administrativo, de ordem a conferir certa racionalidade à sua atuação, no sentido de promover otimamente o conjunto dos interesses circunstancialmente implicados.

---

[625] Para maiores detalhes sobre a desconstrução do princípio da supremacia do interesse público, consultar SARMENTO, Daniel (Org.). *Interesses públicos versus interesses privados*. Rio de Janeiro: Lumen Juris, 2007.

[626] Daniel Sarmento reconhece a centralidade do sistema de direitos fundamentais na Constituição de 1988. Extrai essa conclusão do arcabouço normativo que cerca e protege tal sistema, quais sejam: rol generoso e não exaustivo dos direitos e garantias, sua aplicabilidade direta e imediata, garantias processuais de proteção e promoção, jurisdição constitucional contra abusos do legislador e condição de cláusula pétrea conferida aos direitos e garantias individuais. Por essa razão, não seria compatível com a Constituição nem uma concepção forte (precedência absoluta do interesse público) nem uma concepção débil (precedência *prima facie* do interesse público) do princípio da supremacia do interesse público sobre o interesse privado, mas sim a concepção que postula a precedência *prima facie* dos direitos fundamentais em face do interesse público (SARMENTO, Daniel. *Op. cit.*, p. 103).

[627] ÁVILA, Humberto. Repensando o "princípio da supremacia do interesse público sobre o particular". *In:* SARMENTO, Daniel (Org.). *Interesses públicos versus interesses privados*. Rio de Janeiro: Lumen Juris, 2007, p. 192.

[628] BINENBOJM, Gustavo. *Op. cit.*, p. 105.

A compreensão assim das coisas, atenta que é para os diferentes interesses tutelados pelo ordenamento jurídico, situa a atuação do administrador em plano que ultrapassa a mera observância à legalidade estrita, conceitual e subsuntiva; trata-se de âmbito mais alargado de vinculação administrativa, no qual milita o denominado princípio da juridicidade.

3.3. Do princípio da vinculação positiva à lei ao princípio da vinculação à juridicidade

3.3.1. DA VINCULAÇÃO POSITIVA À LEI À VINCULAÇÃO À JURIDICIDADE

Como já declinado, o Direito Administrativo origina-se com a limitação do poder político consistente na submissão do Estado ao princípio da legalidade. A partir de então, a Administração passou a prosseguir o interesse público não mais de qualquer maneira ou mesmo de forma arbitrária. Impunha-se, nesse desiderato, a observância de um conjunto de regras estabelecidas em lei, enquanto expressão da justiça (jusnaturalismo) e da vontade geral (teoria da soberania popular).

Ao longo da trajetória evolutiva do Estado de Direito e do Direito Público, verifica-se que o padrão jurídico de vinculação do poder não permaneceu invariável em seu conteúdo. No Estado liberal, o princípio da legalidade consistia na proibição de a Administração lesar os direitos ou interesses dos particulares, salvo com base e na forma prevista na lei. O princípio da legalidade impunha, assim, uma limitação ao agir administrativo em prol dos interesses dos particulares, mas, ao mesmo tempo, permitia condutas administrativas nos espaços não alcançados pela regulação, o que deu origem à concepção de discricionariedade administrativa como poder conferido à Administração para atuar nos espaços de livre regulação da lei, sendo essa atividade considerada insuscetível de controle jurisdicional. Nessa perspectiva, estabelecia-se, do lado do poder, uma limitação negativa consistente na permissão de fazer tudo o que não fosse regulado ou proibido por lei e, do lado do particular, o direito de que qualquer restrição a seus interesses deva estar autorizada previamente em lei. Em virtude de essa porção regulada operar apenas numa faixa estreitíssima de sua atividade, a maior parte desta se encontrava completamente à margem da legalidade e do correspondente controle jurisdicional, de modo que a legalidade administrativa ficou conhecida como *vinculação negativa à lei*. Essa concepção era quase geral em toda a Europa até o segundo pós-guerra.[629]

Depreende-se, dessa concepção, que a legalidade operava como um *limite externo* a uma liberdade geral da Administração, entendimento esse que, no plano teórico, não se coadunava com o pensamento kelseniano de que nenhum poder estatal poderia ser externo ao Direito. Para Kelsen e o administrativista Merkl, todo poder estatal que se pretendesse jurídico haveria de ser um desenvolvimento de uma

---

[629] ENTERRÍA, Eduardo García de; FERNÁNDEZ, Tomás-Ramón. *Curso de direito administrativo.* São Paulo: Revista dos Tribunais, 1990, p. 372-373.

atribuição normativa precedente. Nesse âmbito, está contemplado o poder exercido pela Administração a título de faculdade discricionária. Com efeito, na medida em que a Administração é parte de uma das etapas de produção jurídica, sua atuação regulamentar ou concreta não pode ser justificada senão como uma concretização ou execução paulatina de normas jurídicas precedentes.[630] Não há como negar que, nesse processo, se verifica uma relativa e inevitável indeterminação da norma de escalão superior, que fundamenta determinada emanação normativa, em relação à norma de escalão inferior, que resulta dessa produção. Mas isso não induz a situar a atuação discricionária para fora ou à margem do Direito, pois a determinação que a norma superior exerce sobre o processo de produção e sobre o conteúdo da norma inferior nunca é completa.[631]

Adolf Merkl, com respaldo na teoria do Direito de Kelsen, concebe a legalidade administrativa como vinculação positiva da Administração à lei, cuja assunção primeira se deu na Constituição austríaca de 1920, que, em seu art. 18, dispõe: "A Administração do Estado em sua totalidade não pode atuar senão sobre o fundamento da lei".[632]

Ao contrário da primeira concepção de legalidade administrativa, esta condiciona, determina e fundamenta, de maneira positiva, a ação administrativa, que será válida não pela inexistência de algum preceito que a proíba (a lei como *limite*), mas na medida em que possa ser referida a um preceito jurídico que a ampare (a lei como *fundamento*).

Todavia, em virtude dos fenômenos da principialização e da constitucionalização do Direito, não mais se justifica explicar as relações da Administração Pública com o ordenamento jurídico à luz da ideia de vinculação positiva à lei. É que a vinculação da Administração ao ordenamento jurídico não se restringe somente à lei formal e à regra legal veiculada, mas à totalidade sistêmica do ordenamento jurídico, que se manifesta na unidade de sentido normativo, a que Hauriou aludiu pela expressão "bloco de legalidade" (Constituição, leis, regulamentos, instruções normativas etc) e Merkl pela locução "princípio de juridicidade", reservando a expressão "princípio de legalidade" apenas para referir-se ao Direito plasmado em lei formal.

Diogo Freitas do Amaral observa que, nos regimes democráticos contemporâneos, o princípio da legalidade sofreu algumas alterações importantes relativamente ao entendimento que dele se tinha no Estado liberal.[633]

A primeira é que a ideia de subordinação à lei é complementada pela ideia de subordinação ao Direito, no sentido de que não existe apenas um dever de obediência à lei ordinária, antes, existe um dever de obediência à Constituição, ao Direito Internacional, aos regulamentos, aos contratos administrativos, aos atos constitutivos de direitos etc.

A segunda é que o princípio da legalidade já não visa apenas à proteção dos interesses jurídicos ou direitos dos particulares, como também não visa apenas à

---

[630] ENTERRÍA, Eduardo García de; FERNÁNDEZ, Tomás-Ramón. *Curso de direito administrativo*, p. 374-376.
[631] KELSEN, Hans. *Teoria pura do direito*: introdução à problemática científica do direito. São Paulo: Revista dos Tribunais, 2003, p. 114.
[632] ENTERRÍA, Eduardo García de; FERNÁNDEZ, Tomás-Ramón. *Op. cit.*, p. 374-375.
[633] AMARAL, Diogo Freitas do. *Curso de direito administrativo*. Vol. II. Coimbra: Almedina, 1995, p. 47-49.

proteção dos interesses objetivados pela Administração Pública e pelo Estado, visa, sim, e simultaneamente, garantir o respeito às normas aplicáveis, quer no interesse da Administração, quer no interesse dos particulares.

A terceira é que a legalidade já não aparece apenas como um *limite* à ação administrativa, mas como verdadeiro *fundamento*, significando que a Administração Pública, tanto a *agressiva* (que restringe a esfera jurídica do particular) como a *prestacional* ou *constitutiva* (que protege, promove, beneficia e amplia a esfera jurídica do particular), só pode agir se e na medida em que a norma jurídica lho permitir.

A influência dessa nova concepção da legalidade se fez sentir na Lei Fundamental Alemã de 1949, que, em seu art. 20, § 3º, impõe ao Poder Executivo e aos tribunais a vinculação à lei e ao Direito. Mais recentemente, a Constituição espanhola também se inclui nessa tendência, ao consagrar no art. 103,1 que "A Administração Pública serve com objetividade os interesses gerais e atua... com submissão plena à Lei e ao Direito". Ambas as disposições marcam a superação do positivismo legalista, na medida em que preceituam a vinculação da Administração Pública também ao Direito não plasmado na lei, exigindo dela que perfaça, na atividade normativa e concreta, uma conformidade à totalidade das normas integrantes do ordenamento jurídico.[634]

Por causa dessa opção institucional, a relação da Administração Pública com o ordenamento jurídico é hoje bem mais complexa e situa o administrador na supina importância de não somente realizar a tradicional tarefa de prosseguir o interesse público, mas também de encontrar previamente a norma que servirá de fundamento à sua atuação concreta ou decisória. Nesse sentido, são incisivas as palavras de Paulo Otero:

[...] a idéia da subordinação do poder administrativo à juridicidade não é simples, nem pacífica, antes traduz uma inquietude metodológica complexa que se coloca a todas as estruturas encarregues do exercício da função administrativa.

[...] a idéia de que a Administração Pública é serva da lei, limitando-se a aplicar mecanicamente a juridicidade heterovinculativa da sua actuação, é hoje um mito desesperadamente ultrapassado.

Em vez de uma Administração Pública que aplica cegamente a normatividade proveniente de fontes heterovinculativas, limitada a formular meros juízos de subsunção, observa-se que os órgãos administrativos são chamados a determinar a norma aplicável no âmbito de uma pluralidade concorrente de fontes, tendo de extrair o respectivo sentido interpretativo da norma escolhida e, em caso de lacuna, indeterminação de conteúdo ou conflito normativo, eles ainda são encarregues, respectivamente, de integrar a lacuna, concretizar o conceito indeterminado, solucionar a antinomia ou harmonizar os princípios concorrentes.

A Administração Pública desempenha, por tudo isto, um papel activo na definição do próprio Direito que aplica, podendo dizer-se que mesmo a juridicidade heterovinculativa a que se encontra sujeita não deixa de ser "filtrada" pelos órgãos administrativos: o sentido da legalidade vinculativa da Administração Pública, acabando por ter a sua aplicabilidade, a respectiva interpretação e densificação concretizadora, além da resolução dos seus conflitos normativos que suscita, determinadas pelos órgãos a que se destinava a pautar a conduta, encontra-se mais nas mãos da própria Administração do que na vontade do legislador.[635]

---

[634] AMARAL, Diogo Freitas do. *Op. cit.*, p. 370-371.
[635] OTERO, Paulo. *Legalidade e administração pública*, p. 699-701.

Nesses termos, Paulo Otero observa que a "inquietude metodológica" na determinação da juridicidade vinculante da atuação administrativa é resultado de "uma transfiguração material da legalidade ocorrida nas últimas dezenas de anos", que se manifesta em três fatores principais: (i) a pluralidade das fontes jurídico-positivas da legalidade, diante das quais o administrador haverá de interpretá-las e de buscar nelas uma unidade de sentido; (ii) a diluição do conteúdo material da legalidade decorrente da flexibilização normativa inerente a um "Direito por princípios", em virtude do que terá de concretizar conceitos jurídicos indeterminados e princípios jurídicos; (iii) a conflituosidade normativa inerente a um Direito composto por várias fontes normativas e por princípios, ante a qual terá de ultrapassar as antinomias entre normas cujas soluções se mostram inconciliáveis.[636]

Da complexidade desse processo decorre, para o administrador, o poder de "autotutela declarativa da normatividade", ou seja, do conteúdo da juridicidade que serve de fundamento à atuação administrativa. Esse poder expõe a "existência de uma implícita competência administrativa genérica de fiscalização ou exame genérico da validade da normatividade a aplicar". Isso não significa reconhecer uma competência administrativa genérica de rejeição aplicativa das normas consideradas inválidas, mas sugere uma competência relacionada à não aplicação de certas normas que contrariem determinados preceitos e princípios constitucionais.[637]

Essa transformação na normatividade vinculante da Administração Pública não deixou também de ser sentida aqui no Brasil. Na doutrina administrativa pátria, Cármen Lúcia Antunes Rocha está entre os primeiros juristas que propugnaram a substituição do princípio da legalidade pelo princípio da juridicidade, a exigir do administrador público não somente a conformação de sua conduta à lei formal, mas também ao Direito, que pode ser instrumentalizado por outros meios que não este, como, por exemplo, a Constituição, o regulamento e outras normas emanadas do exercício da competência normativa pela Administração.[638]

Em termos analíticos, a ideia de juridicidade assenta-se em três elementos caracterizadores, que estão reciprocamente implicados: (i) a constitucionalização do Direito; (i) a principialização do Direito; (iii) a ideia de Direito como sistema, enquanto forma de implementar os dois primeiros. Cada um desses fatores marca bem a transformação do padrão de vinculação administrativa ao ordenamento jurídico.

Com efeito, a *constitucionalização do Direito* importou na substituição da lei pela Constituição como o cerne da vinculação administrativa, significando isso que a Constituição passou a ser o referencial normativo imediato do agir administrativo, gozando, para tanto, de aplicabilidade direta, ou seja, independentemente de mediação legislativa, salvo nas hipóteses de reserva legal (formal, material, absoluta, relativa).

Segundo Paulo Otero, a substituição da lei pela Constituição como fundamento do agir administrativo se manifesta na existência de (i) normas constitucionais direta e imediatamente *habilitadoras de competências administrativas* e (ii) de normas que servem de *critério direto e imediato de decisão administrativa*.[639] O administrativis-

---

[636] OTERO, Paulo. *Op. cit.*, p. 699-703.
[637] *Ibidem*, p. 703-704.
[638] ROCHA, Cármen Lúcia Antunes. *Princípios constitucionais da administração pública*, p. 79.
[639] OTERO, Paulo. *Op. cit.*, p. 735-743.

ta lusitano levantou, na Constituição portuguesa de 1976, ocorrências de cada uma das vertentes de quebra da onipotência da lei.

Semelhantemente, convém aqui verificar se o texto da Constituição brasileira de 1988 pode servir de fundamento normativo direto e imediato para o agir administrativo. Em primeiro lugar, buscam-se os dispositivos que diretamente possam fundamentar competências a serem exercidas pelos órgãos administrativos, sem que se faça necessário qualquer *interpositio legislatoris*.

Nesse desiderato, constatam-se diversas hipóteses em que há verdadeira substituição da normatividade da lei pela normatividade da Constituição, tais como: (i) o direito de petição aos órgãos públicos, que gera para a Administração o dever administrativo de responder motivadamente ao que postulado perante os Poderes Públicos (art. 5º, XXXIV, a); (ii) o dever-poder de zelar pela guarda da Constituição e das leis (art. 23, I), cujo exercício dispensa expressa autorização e regulação em lei, salvo nas hipóteses em que a Constituição outorgar, com exclusividade, a guarda da Constituição a órgão que não seja a Administração, como no caso de declarar a inconstitucionalidade de lei ou ato normativo federal e estadual, cuja competência é do Supremo Tribunal Federal; (iii) o princípio da ampla defesa, na vertente da ampla competência decisória, habilita o julgador administrativo a examinar todas as questões deduzidas pelo administrado a título de impugnação à pretensão administrativa, inclusive as arguições de inconstitucionalidade de lei, donde desse exame poderá resultar a recusa na aplicação de lei que se tenha por inconstitucional (art. 5º, LV); (iv) a norma do art. 102, § 2º, *in fine*, que estabelece a Administração Pública como destinatária do efeito vinculante das decisões definitivas do STF proferidas em Ação Declaratória de Constitucionalidade (ADC), implicitamente autoriza a Administração Pública a recusar a aplicação de lei por motivo de inconstitucionalidade;[640] (v) o poder de direção superior da Administração Pública federal a cargo do Presidente da República, que dispensa qualquer lei habilitadora (art. 84, II); (vi) o poder regulamentar de execução (art. 84, IV).

A normatividade constitucional também aparece como critério direto e imediato para a tomada de decisões pela autoridade administrativa. Com efeito, encontram-se no texto constitucional algumas normas desse tipo: (i) os princípios da Administração Pública (art. 37, *caput*) exigem, independentemente de mediação legislativa, que o administrador otimize a realização desses princípios e de outros interesses jurídicos porventura ocorrentes, ao deparar-se com determinada decisão discricionária; (ii) os direitos e garantias fundamentais previstos, principalmente, no art. 5º da Constituição vinculam direta e imediatamente a atuação da Administração Pública.

Em virtude da centralidade que os direitos e garantias possuem nas Constituições democráticas e da vinculatividade das normas que os consagram, Paulo Otero relaciona quatro hipóteses de aplicabilidade direta da Constituição, as quais se revelam pertinentes ao sistema constitucional brasileiro:

> 1) Na falta ou ausência de lei, os órgãos administrativos encontram-se adstritos a implementar e aplicar tais normas no exercício da respectiva actividade;
>
> 2) Mesmo existindo lei, as normas constitucionais em causa surgem como critério orientador imediato da interpretação, integração e aplicação de todos os actos infraconstitucionais por

---

[640] BINENBOJM, Gustavo. *Op. cit.*, p. 175.

parte da Administração Pública, especialmente no âmbito do exercício de poderes discricionários, concretização de conceitos indeterminados ou preenchimento de cláusulas gerais;

3) Perante leis ostensivamente violadoras de tais direitos fundamentais, a Administração Pública encontra-se vinculada a preferir a Constituição à lei, desaplicando as respectivas leis feridas de inconstitucionalidade [...], daí que se possa afirmar que as normas sobre direitos fundamentais são aplicáveis "contra a lei e em vez da lei";

4) A violação administrativa do conteúdo essencial de um direito fundamental acarreta sempre a nulidade dos respectivos actos jurídicos, expressando uma manifestação da especial vinculatividade directa e imediata dos órgãos administrativos às normas sobre direitos fundamentais.[641]

Situações e exemplos elencados, é forçoso concluir pela superação de dois dogmas característicos do positivismo legalista, abrindo, assim, espaço para o surgimento de outros novos. Em primeiro lugar, o dogma do legicentrismo ou da onipotência da lei – no sentido de que só a lei vinculava e ainda o fazia de forma insuperável – dá lugar ao dogma do constitucionalismo ou da onipresença da Constituição, no sentido de que toda e qualquer atuação administrativa haverá de estar impregnada dos valores constitucionais. Em segundo lugar, o dogma da mediação legislativa é substituído pelo dogma da aplicação direta da Constituição pelo administrador. A propósito, cumpre observar que o dogma da *interpositio legislatoris* ainda está para ser superado na práxis administrativa brasileira. Enquanto isso, ele tem-se mostrado de forma especificamente danosa ao aperfeiçoamento constitucional das instituições administrativas brasileiras, que veem ainda a Constituição como um documento distante e, por isso, sem força vinculante imediata. Segundo essa ótica distorcida, a Constituição valeria por intermédio e nos limites da lei ou ato normativo infralegal.

Por sua vez, *a principialização do Direito* consistiu no reconhecimento da normatividade dos princípios ao lado das tradicionais regras jurídicas, o que se deu especialmente por meio da constitucionalização dos princípios gerais de Direito. A partir de então, o Direito passou a ser constituído e determinado não só por regras legais, mas também por princípios constitucionais e legais. Esse fator marcou igualmente a suplantação de dois dogmas. O primeiro é o dogma do monismo normativo, ou seja, de um Direito composto exclusivamente por regras jurídicas ("Direito por regras"), aqui superado em virtude da caracterização do ordenamento jurídico como sistema composto por três elementos normativos: regras, princípios e postulados aplicativos (mais, portanto, do que um "Direito por princípios").[642] O segundo é o dogma da eficácia exclusivamente integrativa dos princípios, ou seja, da eficácia *praeter legem*, igualmente superado pelo reconhecimento da ampla eficácia dos princípios, que passaram a desempenhar também eficácias *intra* e, mais recentemente, *contra legem*, como já referido.

Por fim, o *Direito como sistema* substituiu a ideia de vinculação administrativa à *parte*, representada pela regra específica do Direito formal, pela ideia de vinculação administrativa ao *todo*, formado pela totalidade das normas, regras e princípios, que integram o ordenamento jurídico.

---

[641] OTERO, Paulo. *Op. cit.*, p. 741.
[642] MORAES, Germana de Oliveira. *Op. cit.*, p. 30, menciona as expressões "Direito por regras" e "Direito por princípios".

A esse respeito, tanto a doutrina quanto o legislador ordinário pátrio já perceberam que, na formulação da norma jurídica a ser aplicada ao caso concreto, o ordenamento positivo deve contribuir com sua integralidade.

Sobre o tema, costuma lembrar Eros Roberto Grau que "não se interpreta o direito em tiras". Em detalhe:

> A interpretação do direito é interpretação *do direito*, no seu todo, não de textos isolados, desprendidos do direito. Não se interpreta *o direito* em tiras, aos pedaços. A interpretação de qualquer texto de direito impõe ao intérprete, sempre, em qualquer circunstância, o caminhar pelo percurso que se projeta a partir dele – do texto – até a Constituição. Um texto de direito isolado, destacado, desprendido do sistema jurídico, não expressa significado normativo algum.[643]

No âmbito da disciplina do processo administrativo federal, o legislador ordinário, decerto objetivando escoimar o formalismo literalista das práticas interpretativas do administrador, consagrou o seguinte preceito:

> Art. 2º (...)
> Parágrafo único: Nos processos administrativos serão observados, entre outros, os critérios de:
> I – atuação conforme a lei e o Direito; (...).[644]

O dispositivo pressupõe acertadamente que, nem sempre, a lei e o Direito coincidem, e que o Direito é qualitativamente superior à lei. De efeito, o Direito tem a pretensão de manifestar-se pela lei e, desse modo, ambos podem vir a coincidir na solução de um caso concreto; mas, exatamente porque a lei não esgota o Direito, eles podem, por outro lado, não coincidir.[645]

Nesse sentido, manifestou-se o Tribunal Constitucional Federal alemão acerca da inteligência da parte final do dispositivo do art. 20, § 3º, da Lei Fundamental de Bonn (*Grundgesetz* ou GG): [646]

> O tradicional vínculo do juiz à lei, um componente fundamental do princípio da divisão dos poderes e, portanto, do princípio do Estado de direito, transformou-se na *Grundgesetz*, em todo caso segundo sua formulação, na concepção de que o Judiciário está vinculado à "lei e ao direito" (Art. 20, III, GG). Com isso, rejeitou-se, segundo opinião geral, um positivismo jurídico estrito. A fórmula mantém a consciência de que direito e lei, embora geralmente ocorra na prática, não coincidem sempre e necessariamente. O direito não é idêntico ao conjunto das leis escritas. Ao par das normas positivas do poder estatal, pode existir, dadas certas circunstâncias, um plus em Direito, cuja fonte se encontra na ordem jurídica constitucional como uma unidade de sentido e que pode agir como corretivo em face da lei escrita. É tarefa do Judiciário interpretá-lo e con-

---

[643] GRAU, Eros Roberto. *Ensaio e discurso sobre a interpretação/aplicação do direito*, p. XVIII.

[644] Lei nº 9.784, de 29.01.1999.

[645] Zagrebelsky observa que, numa visão global, a história do pensamento jurídico ocidental caminha sob dois trilhos fundamentais que se opõem e se revezam na prevalência de um sobre o outro. Esses trilhos são o *ius* (Direito) e o *lex* (lei), correspondentes aos valores jurídicos da legitimidade e da legalidade. O autor verifica também que, no momento político-jurídico atual, caracterizado pelo reconhecimento da Constituição como norma jurídica, o Direito prevalece sobre a lei. Isso se revela na "capacidade da Constituição, apresentada como lei, de converter-se em *ius*; fora de formalismos, na capacidade de sair da área do poder e das frias palavras de um texto escrito para deixar-se atrair à esfera vital das convicções e das idéias queridas, sem as quais não se pode viver e as quais são adquiridas com calor. [...] a Constituição, em seu sentido profundo, pode dizer-se que é o intento de restaurar a legitimidade do direito, junto a sua legalidade" (ZAGREBELSKY, Gustavo. La ley, el derecho e la constitución. *Revista Española de Derecho Constitucional*. Madrid, año 24, nº 72, p. 22-23, sep.-dec./2004).

[646] "O poder legislador está submetido à ordem constitucional; os poderes executivo e judicial à lei e ao direito".

cretizá-lo. O juiz não é obrigado pela *Grundgesetz* a aplicar as instruções legislativas ao caso concreto nos limites do significado literal possível. Tal entendimento pressuporia categoricamente a ausência de lacunas na ordem jurídica estatal positiva, uma situação que é defensável como postulado do princípio da segurança jurídica, mas que é, na prática, inalcançável.[647]

Nosso texto constitucional também contém disposição que revela semelhante espírito:

Art. 23. É competência comum da União, dos Estados, do Distrito Federal e dos Municípios:
I – *zelar pela guarda da Constituição, das leis* e das instituições democráticas e conservar o patrimônio público; [...] (grifo nosso)

Portanto, o sentido do preceito-parte captado à luz do Direito-todo é solução que melhor atende à exigência de racionalidade jurídica e de justiça do que o sentido de um preceito isolado. Avulta-se manifesto que as plenitudes lógica e axiológica do ordenamento jurídico não possam ser alcançadas senão à luz do Direito como um todo.[648]

Em resumo, enquanto o *princípio da legalidade* impõe a vinculação unicamente à lei, a vinculação ao plano da normatividade das regras, e a vinculação à parte (regra legal específica), o *princípio da juridicidade* exige a vinculação direta à Constituição, a vinculação ao plano da normatividade dos princípios e a vinculação ao todo, aludindo este a uma conformidade total às normas, regras e princípios da Constituição, das leis etc.

Diante dessa diferenciação, não há como pretender a identificação do princípio da legalidade com o princípio da juridicidade. Assim, não se mostram acertadas as tentativas de desfiguração conceitual do princípio da legalidade mediante a ampliação do seu campo de incidência, enquanto estratégia de superação da crise que se abateu sobre ideia de vinculação administrativa à lei formal.[649] Solução desse jaez, consistente em identificar legalidade com juridicidade, por certo está a negar (ou

---

[647] BverfGE 34, 269 (1973), SCHWABE, Jünger. *Cinqüenta anos de jurisprudência do Tribunal Constitucional Federal Alemão*. MARTINS, Leonardo (Org.). Uruguay: Fundación Konrad-Adenauer, 2005, p. 868. Essa leitura do art. 20,3 do *Grundgesetz* foi feita por ocasião do julgamento de uma Reclamação Constitucional ajuizada pela gigante Editora *Axel-Springer* (responsável entre outras publicações pela edição, na casa do milhão de exemplares do popular jornal, *Bild Zeitung*) contra decisões judiciais condenatórias. Uma revista do grupo publicou uma "entrevista exclusiva" com a princesa iraniana *Soraya*, que sequer foi realizada. A editora foi condenada por danos morais e afirmou em sua Reclamação a violação, entre outros, ao direito fundamental relativo à liberdade de imprensa. O TCF julgou a Reclamação Constitucional improcedente e negou a quebra do princípio do Estado de Direito, consubstanciado no vínculo do juiz à lei e ao Direito. Segundo o reclamante, essa quebra teria ocorrido devido à ausência de previsão legal específica da indenização por danos imateriais (*ibidem*, p. 865-866).

[648] Para que se confira plenitude lógica e axiológica ao ordenamento jurídico, a interpretação haverá de ser integradora ou totalitária, ou seja, abarcará o todo do jurídico e das relações do homem, mas sem olvidar a importância das partes (FALCÃO, Raimundo Bezerra. *Op. cit.*, p. 224-228). Aqui, a plenitude lógica e axiológica do ordenamento democrático é instrumentalizada, respectivamente: (i) pela eficácia *praeter legem* dos princípios jurídicos, na medida em que se revela um tanto improvável que um caso não regulado em lei não seja colhido pela eficácia direta de princípios positivos, para emprestar-lhe uma solução jurídica adequada; (ii) pelos postulados aplicativos, enquanto mecanismos que possibilitam ao intérprete atribuir ao Direito legislado um sentido normativo considerado justo, ou seja, proporcional ou razoável.

[649] Adotam um sentido amplo de legalidade: Enterría e Fernández, Odete Medauar, Lúcia Valle Figueiredo. Esta última assim define o princípio da legalidade: "o princípio da legalidade é bem mais amplo do que a mera sujeição do administrador à lei, pois aquele, necessariamente, deve estar submetido também ao Direito, ao ordenamento jurídico, às normas e princípios constitucionais [...]" (FIGUEIRE-

aparenta negar) utilidade àquele conceito; no entanto, essa ilação não se revela compatível com o ordenamento constitucional pátrio.

Nesse sentido, Romeu Felipe Bacellar Filho apresenta dois argumentos para justificar que a adoção de um conceito restrito do princípio da legalidade traduz uma exigência da própria Constituição de 1988. O primeiro baseia-se na contrariedade lógica que se teria entre, de um lado, a previsão constitucional do princípio da legalidade a par de outros princípios da Administração Pública, como os princípios da moralidade, impessoalidade, publicidade e eficiência (art. 37, *caput*); e, de outro, um conteúdo do princípio da legalidade abarcante da vinculação constitucional da atividade administrativa. De fato, se este fosse o conceito constitucional do princípio da legalidade, ele compreenderia toda a regulação jurídica da Administração e nada sobejaria à regulação pelos demais princípios, de modo que seria desnecessária a afirmação constitucional destes.

O segundo argumento acusa que a adoção de um conceito amplo faz confundir legalidade e constitucionalidade, pervertendo, assim, a hierarquia das fontes do Direito, uma vez que seriam colocados no mesmo plano blocos distintos na pirâmide normativa, e isto contrariaria o sistema constitucional brasileiro, no qual tais blocos estão rigidamente delimitados (por exemplo, na fixação do objeto do recurso extraordinário e do recurso especial).[650]

Embora sobrepujado pelo princípio da juridicidade, o princípio da legalidade mantém sua identidade conceitual e utilidade metodológica dentro do processo de interpretação e aplicação do Direito. A superação apregoada de um princípio por outro não significa o banimento do princípio suplantado do mundo jurídico. Muito ao contrário, Canotilho ressalta que a importância do princípio da legalidade nos sistemas constitucionais democráticos se verifica nas duas manifestações básicas desse princípio, quais sejam, o princípio da supremacia ou preferência da lei e o princípio da reserva de lei:

> Estes princípios permanecem válidos, pois num Estado democrático-constitucional a lei parlamentar é, ainda, a expressão privilegiada do princípio democrático (daí a supremacia) e o instrumento mais apropriado e seguro para definir os regimes de certas matérias, sobretudo dos direitos fundamentais e da vertebração democrática do Estado (daí a reserva de lei).[651]

Uma vez evidenciada a ideia de vinculação administrativa ao denominado princípio da juridicidade, a questão metodológica que se apresenta consiste em saber como implementá-lo, isto é, como fazer que determinada ação administrativa esteja amparada numa unidade de sentido haurido da totalidade das normas de um ordenamento jurídico. O problema também apresenta um viés epistemológico, consistente na indagação acerca da possibilidade e das condições de realização do princípio da juridicidade[652] e da possibilidade de essa realização resultar em uma ou mais soluções jurídicas aceitáveis.

DO, Lúcia Valle. *Op. cit.*, p. 42). Em sentido contrário, ou seja, preferindo uma concepção restrita da legalidade: Maria Sylvia Zanella di Pietro, José Joaquim Gomes Canotilho.
[650] BACELLAR FILHO, Romeu Felipe. *Op. cit.*, p. 162.
[651] CANOTILHO, J. J. Gomes. *Direito constitucional e teoria da Constituição*, p. 251.
[652] Pelo menos quanto à possibilidade de implementar a juridicidade administrativa, é de verificar-se que a ideia de juridicidade está diretamente implicada com a possibilidade de construção do sistema jurídico, tema já abordado no primeiro capítulo. A propósito, é bom lembrar que quebras sistêmicas residuais não inviabilizam a ideia de sistema jurídico, como sustenta Canaris.

Para o presente estudo, será suficiente ocupar-se apenas da dimensão metodológica do problema, a respeito da qual se apregoa a utilização dos postulados normativos como um dos mecanismos aptos a impregnar de juridicidade a atuação administrativa. Já foi visto que a técnica da *interpretação conforme* também cumpre essa função, operando na dianteira em relação aos postulados aplicativos, dado o manejo subsidiário destes.

3.3.2. ATIVIDADE VINCULADA DA ADMINISTRAÇÃO

Não se pretende aqui discorrer sobre a evolução doutrinária do conceito de discricionariedade administrativa, para, por exclusão, estabelecer um significado de atividade administrativa vinculada. Nem se restringirá o conceito de vinculação à hipótese em que o regramento legal do exercício de certa competência seja tal que não reste mais de uma opção para o administrador alcançar a finalidade pública que presidiu a instituição da regra de competência.

É necessário explicitar um conceito de vinculação adequado à realidade institucional da Administração Pública brasileira. Para tanto, haverá ele de estampar o hiato que separa a práxis administrativa de atuação do Direito e a promessa constitucional de aperfeiçoamento democrático das instituições.

Com base nessa diretriz, segue-se um conceito amplo de vinculação, que contempla não somente a hipótese de *solução legal única*, mas também a situação em que a solução legal, embora sem ser a única, é assim tida pelo administrador. Considera-se vinculante não o sentido da lei ao qual a Hermenêutica Jurídica pretenda sujeitar, em última instância, o agente administrativo, mas o sentido que o administrador se predispõe a observar, com a convicção de que, assim procedendo, observa fielmente uma vontade normativa predeterminada, que é estranha, alheia e superior à sua. Essa ideia de vinculação contempla, portanto, uma vertente *interpretativa*, pois patrocina um sentido normativo comportável no enunciado jurídico, e outra *ideológica*, pois reflete a perspectiva formalista do administrador na aplicação do Direito, voltada principalmente para a tutela dos interesses públicos secundários da Administração.

Como sabido, o tema da legalidade vinculante (auto e heterovinculante) tem sido usualmente enfrentado pela doutrina administrativa, visando a discernir e a delimitar o âmbito no qual o administrador se encontra atrelado à decisão normativa preestabelecida pelo legislador ou por outra autoridade, para, em seguida, afirmar que, sobre a correspondente atuação, deve incidir o controle judiciário em sua plenitude.

Mas não é sobre o tema da vinculação que os jusadministrativistas têm-se direta e frequentemente ocupado. Mais importante do que determinar os termos da vinculação administrativa, cuja justiça é tida como expressão segura da vontade democrática do legislador, tem sido investigar os limites, as possibilidades e os instrumentos de controle judicial incidentes sobre o espaço da discrição administrativa, o qual é atribuído pelo legislador ao administrador, a fim de que este produza a norma mais adequada ao caso e ao interesse público.[653]

---

[653] JUSTEN FILHO, Marçal. *Curso de direito administrativo*, p. 154-155.

Para os fins deste trabalho, entende-se também por atuação vinculada aquela que se submete a um determinado sentido da lei ou ato normativo, não somente a qualquer sentido comportável na moldura do enunciado normativo, mas, especialmente, a um sentido que reúna alguma(s) dessa(s) característica(s): (i) corresponde ao primeiro nível de significado do texto (o literal); (ii) revela apreensão formalista, dissociada do contexto normativo, da finalidade perseguida pela lei e das circunstâncias do caso de aplicação; (iii) conduz à aplicação mecânica ou automática da lei. Observa-se que a conduta administrativa respaldada nesse sentido é geralmente a que mais sobrevaloriza os interesses secundários da Administração, em detrimento dos interesses públicos primários.[654] Em outras palavras, o sentido vinculante da lei para a Administração é aquele que se assenta no significado literal da legalidade ou normatividade estrita, sem qualquer consideração dos elementos sistemáticos e teleológicos, e que normalmente leva a sobreestimar os interesses secundários do órgão administrativo e, por causa disso, a ofender os interesses públicos primários.[655]

A noção de vinculação aqui abraçada é pontuada pelas mesmas características do princípio da legalidade, com o qual, portanto, compartilha as deficiências de ordem sistemática que este princípio embute. Em termos específicos, tem cabimento afirmar que: o campo de vinculação administrativa é formado por atos normativos infraconstitucionais; a vinculação se restringe ao plano da normatividade das regras e o agir administrativo deixa-se determinar tão apenas pela dicção de um ou de

---

[654] A bipartição do interesse público em *primário* e *secundário* foi formulada por Renato Alessi e introduzida no Brasil por Celso Antônio Bandeira de Mello (*Curso de direito administrativo. Op. cit.*, p. 64). O interesse público primário é o interesse geral da sociedade previsto na ordem jurídica. Luís Roberto Barroso define-o como "a razão de ser do Estado e sintetiza-se nos fins que cabe a ele promover: justiça, segurança e bem estar social" (Prefácio na obra coletiva, coordenada por SARMENTO, Daniel. *Interesses públicos versus interesses privados. Op. cit.*, p. xiii-xvi). Já o interesse público secundário é o interesse da pessoa jurídica de Direito Público que seja parte em uma relação jurídica, encarnando-o e perseguindo-o como um particular, tal como as demais pessoas físicas ou jurídicas. Esses interesses geralmente correspondem à missão institucional do órgão e são *instrumentais* em relação aos interesses primários. Por exemplo, a missão da Secretaria da Receita Federal do Brasil é, em síntese, prover o Estado de recursos financeiros. Por outro lado, o Ministério Público patrocina um interesse primário, que é da defesa da ordem jurídica, do regime democrático e dos interesses sociais e individuais indisponíveis, ao passo que a Advocacia Geral da União promove interesse secundário, consistente na representação, assessoramento e consultoria do Poder Executivo da União, ou seja, o interesse desta como pessoa jurídica em sua subjetividade. Renato Alessi, *apud* Bandeira de Mello (*op. cit.*, p. 64), assevera que "os interesses secundários do Estado só podem ser por ele buscados quando coincidentes com os interesses primários, isto é, com os interesses públicos propriamente ditos," ou também quando instrumentais a estes. Releva notar que a sobreestimação do interesse secundário descaracteriza-o como interesse público. Isso ocorre quando os órgãos de fiscalização e arrecadação de tributos pretendem tributar desmesuradamente os administrados e dificultar ao máximo a restituição de indébitos tributários. As Delegacias da Receita Federal do Brasil patrocinam o interesse público secundário de arrecadar tributo, cuja sobreestimação atinge negativamente o interesse público primário da justiça distributiva; enquanto as Delegacias da Receita Federal do Brasil de Julgamento e o Conselho Administrativo de Recursos Fiscais promovem a realização do interesse público primário consistente na justiça administrativa em matéria tributária federal.

[655] Infunde a sobrevalorização do interesse secundário a assunção, pela autoridade fiscal, da máxima *in dubio pro fisco* como autêntico e legítimo princípio interpretativo, o que, todavia, é rechaçado nestes termos por TORRES, Ricardo Lobo. *Normas de interpretação e integração do direito tributário*. Rio de Janeiro: Renovar, 2006, p. 59-60: "[...] o princípio *in dubio contra fiscum* – assim como o seu oposto *in dubio pro fisco* – não é subprincípio da legalidade tributária nem pode ser guindado à altura de princípio da interpretação jurídica, dado que o Direito Fiscal passou a ser interpretado como qualquer outro ramo do Direito".

alguns preceitos jurídicos isolados, estanques. Daí, infere-se que a *legalidade vinculante* normalmente praticada pela Administração é carente dos traços fundamentais da ideia de juridicidade: *Constituição-princípio-sistema*.[656]

É contra esse sentido insípido de vinculação administrativa que os postulados normativos vêm insurgir-se, com o fito de acrescentar-lhe o tempero da juridicidade, da legitimidade.

Justifica-se a adoção desse conceito por ele ser o que se encontra ainda presente na consciência jurídica dos administradores e na práxis administrativa de atuação do Direito. Um exemplo, inclusive já referido, ilustra a assertiva.

O caso registra a apreensão e a subsequente aplicação da pena de perdimento, de máquina filmadora usada que foi remetida do exterior por um pai à sua filha residente no Brasil, para o uso pessoal desta. Os atos administrativos foram praticados por autoridade aduaneira com espeque em portaria interministerial, que veda a importação do exterior de bens usados, excetuando apenas a importação de bens doados a instituições assistenciais que atenderem a determinadas condições.[657] Mesmo sem adentrar a análise da correção jurídica da conduta administrativa, é possível apurar, desde logo, que a autoridade aduaneira vinculou sua atuação a um significado exclusivamente gramatical do texto normativo, apesar de a situação fática definitivamente não se enquadrar na exceção à regra proibitiva.

Embora o enunciado pudesse comportar outros sentidos normativos, defluentes da utilização dos critérios teleológico e sistemático, releva notar que a autoridade efetivamente praticou o ato cônscio de que aquele era o único sentido que deveria ser atribuído ao texto normativo. Tanto isso é verdade que, ao ser levado o caso à Corregedoria do órgão administrativo, o servidor aduaneiro esclareceu-lhe que simplesmente aplicara a legislação à espécie. Com esse esclarecimento, então, a representação disciplinar foi sumariamente arquivada.[658]

---

[656] Juarez Freitas leciona que "os atos administrativos, quanto ao grau de subordinação à legalidade estrita, podem ser classificados em atos vinculados propriamente ditos, ou seja, aqueles que devem guardar intenso condicionamento aos requisitos formais, virtualmente sem liberdade do intérprete (administrador ou julgador), exceto aquela de verificar se a prática do ato está ou não em consonância com os demais princípios constitutivos do Direito Administrativo [vinculação ao sistema jurídico]. De sua vez, existem os atos administrativos de discricionariedade vinculada aos princípios jurídicos constitutivos do sistema jurídico [também vinculação ao sistema jurídico]" (FREITAS, Juarez. Os atos administrativos de discricionariedade vinculada aos princípios. *Boletim de Direito Administrativo*. São Paulo, ano 11, nº 6, p. 335, jun./1995). Nesse excerto, verificam-se igualmente os dois sentidos para o termo vinculação: um de *vinculação propriamente dita*, entendida como vinculação integral do ato à legalidade em sentido estrito; outro de *vinculação ao sistema jurídico (regras e princípios)*, a ser observada tanto pelos atos vinculados propriamente ditos quanto pelos atos ditos discricionários.

[657] "Artigo 1º - Não será autorizada a importação de bens de consumo usados, exceto as importações de bens de consumo doados a hospitais, casas de saúde e outras entidades assistenciais e de caridade, sem fins lucrativos, para uso próprio ou para atender as suas finalidades institucionais, previstas em seus respectivos estatutos ou atos constitutivos, vedada a sua comercialização ou transferência para terceiros com objetivo de comercialização."

[658] A representação disciplinar foi analisada pela Corregedoria da Receita Federal do Brasil, nos autos de nº 10380.004190/2007-45, que não estão disponíveis.

3.4. Fases do processo de aplicação do Direito Administrativo: fase interpretativa e fase crítico-justificativa

3.4.1. CASOS FÁCEIS E CASOS DIFÍCEIS

A Administração Judicante atua examinando a juridicidade, e não só a legalidade da atuação jurídica e concreta da Administração Ativa. Nessa tarefa, avalia, *grosso modo*, os seguintes itens, não necessariamente numa sequência linear: (i) a vigência do enunciado normativo que serve de referência jurídica imediata para a prática do ato (fonte jurídica), (ii) a adequação da interpretação conferida ao enunciado normativo (norma aplicada), (iii) a comprovação dos fatos que motivam a prática do ato, (iv) a qualificação dos fatos e o seu enquadramento no suposto fático da norma aplicada, e (iv) a juridicidade do ato em face do Direito.

Na atividade de julgar, é certo que, além da multiplicidade de casos ou situações que se poderão apresentar ao intérprete administrativo, este ainda terá de aplicar um plexo de princípios e regras que constituem o ordenamento jurídico-administrativo. Por causa, então, primeiro, da incapacidade de o legislador prever todas as situações da vida passíveis de regramento jurídico e, segundo, da abertura do sistema jurídico-administrativo,[659] o exame de cada um daqueles itens poderá suscitar dúvidas e incertezas. Dúvidas em um ou outro item e, com mais razão, na maioria ou na totalidade deles, podem afastar parcial ou complemente a tranquilidade do intérprete de aplicar de forma automática ou quase-mecânica a lei ao caso concreto.[660]

Nesse quadro, a Teoria da decisão jurídica tem distinguido os "casos fáceis" (ou rotineiros) dos "casos difíceis" (ou duvidosos). Casos rotineiros são aqueles que exigem uma simples interpretação do texto normativo e um mero enquadramento da norma ao caso que se acha provado e qualificado; neles, não há margem para dúvida ou solução jurídica alternativa.[661]

Recaséns Siches identifica o caso rotineiro como aquele em que "os fatos jurídicos relevantes encaixam unicamente dentro de uma qualificação jurídica muito simples, que não dá espaço a qualquer dúvida, e nos que também se apresenta como

---

[659] HART, Herbert. *O conceito de direito*, p. 141-143.

[660] Em virtude dessa maior ou menor extensão da dificuldade na aplicação do Direito é que a distinção entre "casos fáceis" e "casos difíceis" parece ser uma questão de grau ou quantidade e não de essência ou qualidade. Nessa esteira, mas pautando-se na maior ou menor dimensão criadora do aplicador do Direito, SICHES, Recaséns. *Nueva filosofía de la interpretación del Derecho*, p. 212.

[661] AARNIO, Aulis. *Le rationnel comme raisonnable*, p. 2.

indiscutível qual seja a norma aplicável, e o sentido desta aparece com plena claridade e com rigorosa precisão".[662]

A avaliação de ser um caso fácil não se opera *ex ante*, depende, sim, do contexto de aplicação, das circunstâncias relevantes do caso, das normas que lhe são pertinentes, e dos fundamentos axiológico-normativos destas. Os casos fáceis são os mais comuns ou rotineiros, e muitas vezes ocorrem em massa,[663] enquanto os casos difíceis são exceções, de ocorrência particular.[664] Na Administração Pública brasileira, essa afirmação encontra uma maior ressonância, porquanto a tendência é a padronização ou a pacificação de entendimento acerca de controvérsias interpretativas de lei ou de atos normativos, com o objetivo de mecanizar progressivamente a aplicação das normas pelo administrador e, com isso, alcançar uma uniformidade do tratamento jurídico deferido pela Administração. Importa ressaltar que, muitas vezes, a decisão administrativa que estabelece um sentido linear e obrigatório para um texto normativo implica sobrevalorização do interesse público secundário. Essa distorção deve ser corrigida no julgamento administrativo, a cargo, portanto, da Administração Judicante.

Para ilustrar, eis alguns exemplos de casos rotineiros de aplicação das normas jurídicas: lançamento tributário de emissão computadorizada, gerado aos milhões pela Secretaria da Receita Federal do Brasil e enviado aos contribuintes pelos Correios, visando à cobrança de tributo declarado e supostamente não recolhido ao Erário;[665] restituição de imposto de renda à pessoa física submetida ao denominado desconto simplificado, entre outros.

Já a decisão dos casos difíceis não é obtida com a simples interpretação e aplicação das normas. São casos em que a decisão não se pode formular à primeira vista e de modo imediato. Cogitam-se soluções alternativas, porquanto várias são as normas jurídicas que tocam de modo relevante aspectos do caso ou de suas circunstâncias, de modo que cada norma jurídica encaminha num determinado sentido a solução para o caso. Ocorrendo essa hipótese, a decisão dependerá muitas vezes de uma ponderação dos princípios jurídicos implicados no caso.

Ao critério geral de mais de uma solução para o caso, proposto por Hart, César Rodríguez acrescenta outros que podem configurar hipótese de casos difíceis, tais como: (i) não existe ou não está clara a falta de norma aplicável ao caso, ou seja, há lacuna no sistema jurídico; (ii) ainda que exista uma só norma pertinente e seu texto seja claro, sua aplicação pode ser injusta ou socialmente prejudicial no caso concreto.[666]

Por sua vez, Manuel Atienza aventa outras razões para que um caso seja considerado de difícil solução: (iii) não está claro que se tenham produzido os fatos que

---

[662] SICHES, Recaséns. *Op. cit.*, p. 210.
[663] AARNIO, Aulis. *Op. cit.*, p. 1.
[664] OLIVEIRA, Fábio Corrêa Souza de. *Por uma teoria dos princípios*: o princípio constitucional da razoabilidade. Rio de Janeiro: Lumen Juris, 2003, p. 207.
[665] Há quem entenda que essas autuações fiscais são inválidas, por ofenderem a garantia do processo administrativo-tributário, expressa nos deveres de cientificação da instauração da fiscalização ao particular, de verdade material, de investigação e de fundamentação. Nesse sentido, LOPES FILHO, Juraci Mourão. A processualidade administrativo-tributária como garantia fundamental dos contribuintes diante da atividade da Receita Federal. *Revista Dialética de Direito Tributário*. São Paulo, nº 84, p. 75-87, set./2002.
[666] RODRÍGUEZ, César. *La decisión judicial*: el debate Hart-Dworkin. Santafé de Bogotá: Siglo del Hombre Editores, 1997, p. 68.

configurariam o suposto previsto na norma e (iv) a qualificação jurídica dos fatos seja controvertida.[667]

Quanto à primeira hipótese, falta de regra para o caso, apenas aparentemente se tem *a priori* uma situação que se possa dizer de difícil solução jurídica. Com efeito, é que, diante do pluralismo político e ideológico insculpido na Constituição, é pouco provável que determinado caso não legislado não se deixe colher pelo sentido axiológico de algum princípio jurídico.

Por outro lado, as demais hipóteses podem efetivamente representar algum obstáculo no processo de busca de uma solução que seja razoável para o caso. Merece destaque a segunda hipótese, consoante a qual *mesmo claro e aparentemente unívoco o sentido da lei, sua aplicação pode revelar-se injusta, porquanto desproporcional ou irrazoável*.[668] Essa espécie de caso difícil costuma ocorrer com a aplicação da legalidade ou normatividade estrita, quando geralmente o sentido normativo que o enunciado jurídico suscita em abstrato é claro e pacífico, mas, ao ser defrontado com determinado caso concreto, que, em termos lógico-formais, se encaixa perfeitamente no suposto de fato da norma, a aplicação da consequência jurídica à espécie revela-se irrazoável ou desproporcional.

Essa percepção é primeiramente sentida pelo intérprete administrativo no espaço de uma pré-compreensão sobre a justiça da solução legalmente encaminhada, e tem a aptidão de provocar a instauração da fase crítico-justificativa do processo de interpretação e aplicação do Direito. É no seio desta que se passa a examinar a questão mediante a utilização dos postulados normativos, respondendo tais mecanismos pela estruturação aplicativa e argumentativa das regras e princípios envolvidos na solução do caso.[669]

3.4.2. A PRÉ-COMPREENSÃO DA IRRAZOABILIDADE E DA DESPROPORCIONALIDADE DO RESULTADO DA INTERPRETAÇÃO LEVADA A SÉRIO

A hermenêutica filosófica promoveu, no século passado, uma verdadeira revolução da compreensão do ser das coisas, assumindo grande importância nesse qua-

---

[667] ATIENZA, Manuel. *Tras la justicia*: una introducción al derecho y al razonamiento jurídico. Barcelona: Ariel, 2006, p. 149.

[668] FERRARA, Francesco. *Como aplicar e interpretar as leis*. Belo Horizonte: Líder, 2003, p. 35. O jurista italiano aponta algumas razões que fazem com que um sentido literal claro e preciso se torne incerto e provisório: "De resto, mesmo quando o sentido é claro, não pode haver logo a segurança de que corresponde exatamente à vontade legislativa, pois é bem possível que as palavras sejam defeituosas ou imperfeitas (*manchevole*), que não reproduzam em extensão o conteúdo do princípio ou, pelo contrário, sejam demasiado gerais e façam entender um princípio mais lato do que o real, assim como, por último, não é excluído o emprego de termos errôneos que falseiam abertamente a vontade legislativa. O sentido literal é incerto, hipotético, equívoco. Também os que atuam *in fraudem legis* observam o sentido literal da lei e, no entanto, violam o seu espírito".

[669] A Administração Ativa geralmente se defronta com casos de simples interpretação e aplicação da lei. No entanto, esse mesmo caso pode vir a tornar-se difícil, ao ensejo da impugnação do administrado perante a Administração Judicante, quando dúvidas são lançadas à pretensão administrativa. Nesse estágio, em que a processualidade qualifica-se como garantia fundamental do administrado, a Administração Judicante deverá aplicar, além da legalidade ou normatividade estrita, os princípios administrativos e constitucionais, não lhe cabendo qualquer simplificação do processo de interpretação e aplicação do Direito como forma de apresentar como simples um caso que, em essência, se mostra difícil.

dro as obras de Heidegger e de Gadamer, as quais trazem para o Direito uma nova perspectiva da hermenêutica jurídica.[670]

A estrutura fundamental do processo de compreensão descrito pela hermenêutica filosófica envolve, entre outros, os conceitos de pré-compreensão e de círculo hermenêutico, que, nas palavras de Eros Grau, encontram a seguinte articulação:

> E prossegue Gadamer, a observar que o compreender é dotado de um *movimento circular*: a antecipação de sentido que faz referência ao todo somente chega a uma compreensão explícita na medida em que as partes que se determinam desde o todo, por sua vez, determinam o todo. Heidegger, de quem Gadamer toma a concepção de *círculo hermenêutico*, descreve-o de forma tal que a compreensão do texto se encontra continuamente determinada pelo movimento antecipatório da *pré-compreensão* – o círculo do todo e as partes não se anulam na compreensão total, porém nela alcançam sua realização autêntica. Assim, o círculo não é de natureza formal, não é nem subjetivo, nem objetivo; *descreve* a compreensão como a interpenetração do movimento da tradição e do movimento do intérprete [...][671]

Margarida Maria Lacombe Camargo igualmente registra o importante papel que a pré-compreensão assume no processo hermenêutico:

> A circularidade hermenêutica, de acordo com Heidegger, funda-se na *pré-compreensão*, apoiada sobre o sentido daquilo que buscamos compreender. Sentido, para Heidegger é aquilo em que se sustenta a compreensibilidade de alguma coisa; é a perspectiva em função da qual se estrutura o projeto pela posição prévia, visão prévia e concepção prévia. É a partir dela que algo se torna compreensível como algo, sendo que esse círculo da compreensão é um cerco em que se movimenta qualquer tipo de conhecimento; ele pertence à estrutura do sentido: exprime a estrutura prévia existencial própria da presença. Daí a idéia de *projeto* lançado pelo ser presente e histórico, tão sugestiva em Heidegger e depois retomada por Gadamer, com ênfase no conceito de tradição.[672]

Em síntese, a pré-compreensão é uma antecipação ou projeto prévio de sentido com referência ao todo daquilo que se propõe a conhecer. Enquanto momento inicial do processo de compreensão dos textos jurídicos, constitui verdadeira condição de possibilidade da interpretação e aplicação do Direito, ou seja, de realização do princípio da juridicidade.

Segundo Esser, a pré-compreensão possibilita ao aplicador do Direito não só uma determinada conjectura de sentido do texto normativo que possa servir de solução para o caso defrontado, como também permite construir uma "convicção de justeza" sobre a solução aventada.[673]

A pré-compreensão da incorreção da solução jurídica fundada na legalidade ou normatividade estrita deve ser tomada como uma hipótese de trabalho (um projeto de sentido) e tem o condão de instaurar a fase crítico-justificativa do processo de aplicação do Direito. A "convicção de justeza" da solução legal não deve ser considerada uma antecipação inderrogável da decisão, a ponto de funcionar apenas

---

[670] STRECK, Lenio Luiz. *Hermenêutica Jurídica e(em) Crise*, p. 177.

[671] GRAU, Eros Roberto. *Ensaio e discurso sobre a interpretação/aplicação do direito*, p. 104. Em GADAMER, Hans-Goerg. *Verdade e método*: traços fundamentais de uma hermenêutica filosófica. Trad.: Flávio Paulo Meurer. Petrópolis: Vozes, 1998, p. 439 *et seq*.

[672] CAMARGO, Margarida Maria Lacombe. *Hermenêutica e argumentação*, p. 53-54. Em HEIDEGGER, Martin. *Ser e tempo*. Trad.: SCHUBACK, Maria Sá Cavalcante. Petrópolis: Vozes, 2006, p. 209 *et seq*.

[673] ESSER, Josef. *Apud* LARENZ, Karl. *Metodologia da ciência do direito*, p. 247.

como diretriz para a escolha do método capaz de assegurar ao final o entendimento antecipado.

Essa utilização distorcida da pré-compreensão relativa à justeza da solução jurídica é sustentada por Josef Esser e combatida por Karl Larenz, para quem essa posição esconde:

> [...] uma boa dose de arrogância judicial – o juiz que assim proceda considera-se a si próprio, graças à sua "pré-compreensão", como mais perspicaz que a lei e que os resultados por ela co-envolvidos mediante a interpretação jurisprudencial. O que não é compatível com a, se tomada a sério, "vinculação à lei e ao Direito" [...], pois que esta exige que o juiz oriente a sua solução em primeiro lugar às pautas do ordenamento jurídico e isto do mesmo modo, e precisamente também, quando valora. Para tal, tem que debruçar-se continuamente, mediante um processo de pré-compreensão, sobre o sentido intencionado, e que aqui é determinante, dessas pautas, processo que lhe requer a disponibilidade para questionar e rectificar o seu entendimento prévio, face ao sentido que se lhe vai revelando. Isto só deixará naturalmente de acontecer se ele, ainda antes de entrar neste processo, deixar que o seu entendimento prévio se consolide desde logo em uma "convicção de justeza".[674]

A pré-compreensão que o julgador tem da justeza da solução é resultado de um "longo processo de aprendizagem", em que estão presentes "tanto os conhecimentos adquiridos na sua formação ou posteriormente com as múltiplas experiências profissionais e extra-profissionais, mormente as que respeitam a factos e contextos sociais".[675]

Parece, no entanto, não ser necessária uma "longa experiência jurídica"[676] para que o julgador seja acometido do sentimento[677] do irrazoável, desproporcional, inadequado, excessivo, arbitrário ou inaceitável. Afinal, qualquer pessoa de senso mediano é capaz de tê-lo, vez que as pré-compreensões a respeito da correção da solução legal estão assentadas sobre uma base comum da vida em sociedade, formada pela tradição – como processo histórico experimentado pelo intérprete – pelo contexto social, pelos anseios e expectativas compartilhadas, pelos interesses envolvidos na aplicação da norma legal etc.[678]

---

[674] LARENZ, Karl. *Op. cit.*, p. 247-248.

[675] *Ibidem*, p. 244-245.

[676] Assim como Karl Larenz, USERA, Raúl Canosa. *Interpretación constitucional y fórmula política*. Madrid: Centro de Estudios Constitucionales, 1988, p. 21, afirma que a pré-compreensão é resultado de uma "longa experiência jurídica" do julgador.

[677] Segundo LARENZ, Karl. *Op. cit.*, p. 145-146: "Por 'sentimento' refere-se [...] um processo psíquico que encerra uma opção ou valoração e que se expressa como uma aprovação ou desaprovação da decisão (assim proposta ou omitida). Tal expressão não pode ser senão a exteriorização de um processo psíquico do foro interno. No entanto, na maior parte das vezes, aquele que assim se expressa coenvolve a pretensão de um enunciado adequado ao facto sobre que ajuíza (a decisão). Alega que esta 'é' justa (ou injusta), quer dizer, que lhe cabe o predicado 'justa' (ou 'injusta'). Tal afirmação requer daquele que afirma o proceder à sua fundamentação, sempre que alguém suscite dúvidas sobre a sua justeza; mas não basta para tal invocar o seu sentimento jurídico. Uma vez que esse sentimento não é senão um sentimento individual [...] O sentimento jurídico não é, assim, fonte de conhecimento de Direito; é todavia um factor que acciona o processo de conhecimento, na medida em que suscita a oportunidade de perguntar pelos fundamentos do que é que permite considerar como 'correto' o resultado que primeiramente foi achado 'de acordo com o sentimento'. O juiz – abstraindo do dever técnico-jurídico de fundamentação – não deve subtrair-se a esta questão e à sua resposta, sob pena de incorrer na censura de parcialidade ou de decisão 'arbitrária'".

[678] PEREIRA, Rodolfo Viana. *Hermenêutica filosófica e constitucional*. Belo Horizonte: Del Rey, 2006, p. 28: "[...] o homem, ao interpretar qualquer fenômeno, já possui antecipadamente uma pré-compre-

A hermenêutica gadameriana revela que a necessidade de se proceder a um constante exame acerca da correção do Direito a ser aplicado é mais uma decorrência do caráter ontológico da circularidade do processo de cognição do Direito do que uma estratégia metodológica para impregnar o Direito aplicado com a axiologia constitucional. Isso parece correto sob o ponto de vista filosófico, não, todavia, sob o prisma metodológico, já que a lei é aparentemente aplicada metodologicamente, sobretudo por meio do cânone da interpretação gramatical. Se é assim, deve o intérprete administrativo atentar para a exigência de proceder à avaliação da conformidade constitucional da solução definida com base na lei. Nessa tarefa, o conhecimento por parte do intérprete dos princípios constitucionais exerce importante papel na formação de uma consciência jurídica voltada para a realização do projeto constitucional.[679]

O conhecimento e a experiência dos princípios constitucionais são condição de possibilidade para que o intérprete tenha pré-compreensões corretas acerca da validade constitucional da solução legal.[680-681] Embora necessária, não é suficiente uma tradição jurídica originária de aplicação da legalidade formal, da doutrina e da jurisprudência, uma vez que são os princípios constitucionais que criam as condições para uma crítica e, consequentemente, uma justificação principiológica do Direito jungido à lei.[682]

O sentimento de que a solução legal é injusta passa a exigir do intérprete a instauração da fase crítico-justificativa, no cerne da qual cumprirá responder se essa solução é constitucionalmente válida e, em caso negativo, encontrar outra solução que assim se qualifique. Nessa empreitada, o intérprete lançará mão da aplicação e estruturação discursiva dos postulados normativos.

3.4.3. A ESTRUTURA BIFÁSICA DO PROCESSO DE APLICAÇÃO DO DIREITO: UMA NECESSIDADE LÓGICA E DE LEGITIMAÇÃO

O conceito de legalidade vinculante na Administração Pública ainda repousa sobre o velho paradigma da legalidade estrita e formal, estranho, portanto, ao tri-

---

ensão difusa do mesmo, um *pré-conceito*, uma antecipação prévia de seu sentido, *influenciada pela tradição em que se insere* (suas experiências, seu modo de vida, sua *situação hermenêutica* etc.)".

[679] Sobre o papel legitimador dos princípios no processo circular de aplicação do Direito, referiu brevemente GRAU, Eros Roberto. *Op. cit.*, p. 102: "A hermenêutica, na medida em que se torna teoria jurídica, absorve e sustenta a pretensão de legitimidade levantada pela tomada de decisão judicial. A indeterminação de um processo circular de compreensão, o círculo hermenêutico, pode ser gradualmente reduzida mediante a referência a princípios".

[680] Para KAUFMANN, Arthur. *Filosofia do direito*. Lisboa: Fundação Calouste Gulbenkian, 2004, p. 96: "o sentimento jurídico é a arte de ter pré-compreensões corretas".

[681] ESPÍNDOLA, Ruy Samuel. Princípios constitucionais e atividade jurídico-administrativa: anotações em torno de questões contemporâneas. *Revista de direito constitucional e internacional*. Ano 12, nº 47, p. 44, abr.-jun./2004. Segundo o autor: "Os princípios constitucionais, seu conhecimento e sua prática são condições sem as quais uma honesta, hígida, eficiente e legítima atividade administrativa não se realizará na República e no Estado Democrático de Direito que estamos a construir, dia-a-dia, neste país".

[682] A fase acrítica do Direito é simbolizada pelo aforismo *dura lex sed lex* (FREITAS, Juarez. *A interpretação sistemática do direito*, p. 249, nota 29).

pé fundamental sobre o qual se erige conceitualmente a juridicidade administrativa – Constituição-princípio-sistema –, que, ao final, há de vincular a atuação normativa e concreta do administrador.

O apego extremado à interpretação literal dos textos jurídicos e a falta de uma consciência jurídica voltada para a aplicação da Constituição e dos princípios impedem que o julgador administrativo dê o correto encaminhamento ao sentimento de que determinada solução legal é injusta, irrazoável ou desproporcional.

Assim, mesmo que o julgador administrativo fique perplexo com os efeitos de norma individual e concreta produzida pela Administração Ativa, consola-se no fato de que tanto a norma como o ato decorrerem de determinação contida numa regra legal ou infralegal. Nesses casos, em que os efeitos da norma ou do ato fogem do aceitável, do bom-senso ou do senso comum, é que geralmente se está diante de situação que exige a aplicação dos postulados normativos, exatamente para que não se malfiram direitos e garantias fundamentais, assim como outros princípios constitucionais dotados de aplicabilidade direta.

A postura hermenêutica do julgador administrativo ainda está assentada sobre as ruínas dos velhos paradigmas do Direito Administrativo, sejam eles teóricos,[683] metodológicos ou epistemológicos.

Este último, por estar na raiz dos outros dois, ainda influirá no modo de produção da ciência jurídica, enquanto os administrativistas não se derem conta de que a visão positivista não consegue dar respostas adequadas ao fenômeno jurídico após as transformações por que passou o Direito, a partir da última metade do século passado, a exemplo da juridicização da dignidade da pessoa humana, do reconhecimento da supremacia da Constituição e da normatividade dos princípios.

Até a tomada de consciência geral, a prática administrativa continuará refletindo os pressupostos da ciência jurídica positiva, que limita o seu objeto de estudo ao aspecto formal do fenômeno jurídico, ou seja, às normas produzidas por uma autoridade competente. Em vista disso, o intérprete administrativo permanecerá vinculado tão somente à legalidade ou normatividade estrita, apreenderá formalmente os conceitos jurídicos,[684] e aplicará de modo subsuntivo a lei, sem perquirir a respeito dos valores que ela pretende realizar.[685] Exemplo maior dentro da vertente positivista se vê na obra de Hans Kelsen, em sua *Teoria Pura do Direito*.[686]

---

[683] Tema versado no primeiro capítulo.

[684] Tem-se aqui a concepção cientificista do ato de interpretação, que se assenta sobre o formalismo, à procura de uma linguagem precisa, unívoca (WARAT, Luiz Alberto. *Introdução geral ao direito I*. Porto Alegre: Sergio Antonio Fabris Editor, 1994, p. 55).

[685] Na verdade, como bem observa XAVIER, Alberto. *Tipicidade da tributação, simulação e norma antielisiva*. São Paulo: Dialética, 2001, p. 34, o juízo subsuntivo pressupõe "como operações prévias, a interpretação da norma aplicável, isto é, a determinação do seu exato sentido e alcance, bem como a investigação e a valoração dos fatos a que ela respeita". No mesmo sentido, LARENZ, Karl. *Op. cit.*, p. 253: "Constitui [...] um equívoco acreditar que a aplicação em si destas normas, cujo elemento de previsão está conceptualmente configurado, se esgota no procedimento lógico da 'subsunção'. Antes de aí se poder chegar, tem já lugar um acto de julgar, que de modo algum está sempre isento de valoração".

[686] Nesse contexto ideológico, não há, efetivamente, como emancipar os postulados normativos, pois, como observa Fábio Corrêa Souza de Oliveira, "é como paradigma vencedor da crise jurídica que surge o princípio constitucional da razoabilidade a ocupar função primaz no pós-positivismo. Procura ser fator de desenvolvimento dogmático e de harmonia entre a política e o Direito. Configura instrumento normativo prioritário do constitucionalismo mundial na determinação e na junção da legalidade e da legitimidade" (OLIVEIRA, Fábio Corrêa Souza de. *Op. cit.*, p. 11-12).

À derrocada do positivismo normativista, sucederam diversas propostas de revisão do pensamento epistemológico-jurídico, todas elas marcadas pela interdisciplinaridade, porquanto nos diversos posicionamentos sobre o conhecimento jurídico verifica-se uma

> [...] aceitação generalizada da *variedade* de saberes que o compõem e da necessidade de incluí-los todos, ou o máximo possível, a fim de obter uma qualidade científica mais elevada para aquele conhecimento. Esse tipo de abordagem vem sendo qualificado recentemente de "pós-moderno", por relacionado com uma necessidade de *convergência* dos diversos sistemas de conhecimento, os quais se autolegitimam em sua prática e se tornam válidos na medida em que nos conscientizamos de que todos estão fundamentados em opções arbitrárias com caráter localizado.[687]

Nesse contexto, Robert Alexy e Ralf Dreier, professores nas universidades alemãs de Kiel e Göttinger, respectivamente, apresentam um novo paradigma, que Willis Santiago veio denominar *modelo Dreier-Alexy*, o qual se mostra mais ajustado à visão epistemológica pós-moderna. Importante é trazer a lume que esta proposta atribui à dogmática jurídica uma dimensão *crítico-avaliativa*, além das tradicionais dimensões *analítica* e *empírica*. Esse modelo é conhecido como "tese da tridimensionalidade". A cada uma das dimensões cumpre realizar determinadas tarefas, de forma a proporcionar uma clara, coerente e correta aplicação das normas de direitos fundamentais.[688]

A dimensão *analítica* envolve o trabalho de elaboração conceitual e sistemática do Direito positivo. No âmbito dessas tarefas, repousa inicialmente a análise dos conceitos fundamentais (v.g., norma, direito subjetivo, liberdade, igualdade), passando pela construção jurídica (v.g., a relação entre o suposto de fato e as restrições dos direitos fundamentais), até alcançar a investigação da estrutura do sistema jurídico (v.g., a chamada irradiação dos direitos fundamentais) e a fundamentação com base nos direitos fundamentais (v.g., ponderação, postulado da proporcionalidade). Por meio dessa dimensão, busca-se a clareza e a coerência de um sistema conceitual no âmbito jurídico.

A dimensão *empírica* volta-se para o conhecimento do Direito positivo. Sua tarefa compreende a descrição do Direito legislativo e a descrição e prognóstico do Direito judicial. Para tanto, é preciso enfrentar a questão da validade do Direito, assim como a de sua eficácia, se esta for sua condição de validade.

A dimensão *normativa*, ou crítico-avaliativa, ocupa-se da tarefa de orientar e criticar o Direito legislativo e aplicado, à luz dos valores jurídicos fundamentais do ordenamento jurídico. Aqui se põe a questão de saber qual é, no caso concreto e com base no Direito positivo, a decisão correta. Essa dimensão incorpora o intento da dogmática jurídica de "dar uma resposta racionalmente fundamentada a questões valorativas que tenham ficado pendentes de solução no material do direito positivo".[689]

Segundo Robert Alexy, esta última dimensão defronta-se com dois tipos de problemas: os "problemas de complementação" e os "problemas de fundamenta-

---

[687] GUERRA FILHO, Willis Santiago. *Teoria da ciência jurídica*, p. 88.
[688] ALEXY, Robert. *Teoría de los derechos fundamentales*, p. 24-34.
[689] *Ibidem*, p. 32.

ção". Vítor Hugo Honesko oferece maiores esclarecimentos acerca dos problemas encontradiços nessa dimensão:

> Os dois estão ligados diretamente com os requisitos políticos e práticos de uma teoria dos direitos fundamentais [...] Os "problemas de complementação" aparecem quando não existem soluções para os problemas jurídicos que se compatibilizam com os requisitos políticos e práticos de uma teoria dos direitos fundamentais, cabendo a ela propô-las. Os "problemas de fundamentação" surgem quando existem soluções para os problemas jurídicos, mas estas não estão de acordo com os requisitos políticos e práticos de uma teoria dos direitos fundamentais. É de se notar que, para a resolução destes problemas colocados, nada mais certo do que elencar como parte de uma dimensão "normativa" ou "crítico-avaliativa" da dogmática jurídica os estudos de teoria da justiça, ética, teoria da argumentação etc.[690]

Portanto, para que a Ciência do Direito em sentido estrito, ou dogmática jurídica, cumpra racionalmente a sua tarefa, deverá articular e integrar as três dimensões no momento de aplicação do Direito. Nas palavras de Robert Alexy:

> Para poder dar uma resposta ao que é juridicamente devido, deve-se conhecer o direito positivamente válido. O conhecimento do direito positivamente válido é tarefa da dimensão empírica. O material dotado de autoridade obtido na dimensão empírica não basta, em todos os casos mais ou menos problemáticos, para fundamentar vinculadamente o juízo jurídico concreto de dever ser. Para isso faz-se necessário recorrer a valorações adicionais e, assim, à dimensão normativa. Pressuposto da racionalidade de toda ciência é a clareza conceitual, a consistência e a coerência. Os numerosos problemas sistemático-conceituais dos direitos fundamentais mostram quão importante é o papel da dimensão analítica dentro do marco de uma ciência prática dos direitos fundamentais que deseje assumir sua tarefa de maneira racional.[691]

Com o reconhecimento da força normativa dos princípios e, precursoramente, na suplantação do paradigma jurídico-científico, da fundamentação ética do Direito na dignidade da pessoa humana, o raciocínio jurídico passou a exigir a dimensão crítico-avaliativa, que seria inimaginável numa concepção formalista e parcial do fenômeno jurídico apregoada pelo paradigma positivista.

Para isso, revela-se conveniente falar numa fase crítico-justificativa no processo de interpretação e aplicação do Direito, que há de seguir-se à fase interpretativa, como estratégia para um controle da correção, com base nos princípios constitucionais, do Direito produzido nesta primeira fase.[692] A crítica do Direito aplicado

---

[690] HONESKO, Vítor Hugo Nicastro. *A norma jurídica e os direitos fundamentais*: um discurso sobre a crise do positivismo jurídico. São Paulo: RCS Editora, 2006, p. 105-106.

[691] ALEXY, Robert. *Op. cit.*, p. 33-34.

[692] A distinção analítica entre as etapas da interpretação patrocina uma interpretação construtiva, por atentar não só às regras preestabelecidas pelo legislador, mas também aos valores subjacentes à lei e aos valores que lhes são sobrejacentes. Semelhantemente, Gustav Radbruch enuncia que as tarefas do jurista em face da lei se realizam em etapas (no caso três), todas voltadas à apreensão da vontade estatal manifestada objetivamente na lei (se essa vontade falhar, deve-se perseguir a finalidade da lei): (i) *interpretação*, que tem por objeto o esclarecimento analítico dos enunciados prescritivos individuais pertinentes a determinado instituto jurídico; (ii) *construção*, que busca compreender os enunciados prescritos segundo os princípios uniformes pertinentes ao instituto jurídico, com prevalência para uma construção que privilegie o aspecto teleológico do instituto em vez do ontológico; (iii) *sistematização*, em que os enunciados são compreendidos com base na ordem jurídica inteira, ou seja, segundo um princípio uniforme do sistema jurídico, de modo a minimizar as contradições no interior do sistema. O jusfilósofo alemão reconhece que a "construção e sistematização jurídico-teleológica e jurídico-formal não raramente estão em conflito [...]" (RADBRUCH, Gustav. *Introdução à ciência do direito*. Trad.: Vera Barkow. São Paulo: Martins Fontes, 1999, p. 216-221).

com base na lei passa a ser efetuada pelo próprio órgão judicante que, nessa tarefa, lançará mão dos postulados aplicativos – legítimos instrumentos para a realização de uma dimensão crítico-avaliativa da dogmática jurídica.

A *primeira fase* é aqui denominada interpretativa e tem por objeto captar o sentido da comunicação legislativa ou normativa a partir e no limite dos enunciados do Direito positivo, tendo em mira a aplicação da norma a um caso concreto. Nessa empreitada, o intérprete costuma fazer uso dos diversos critérios de interpretação, levando-o a obter diferentes resultados no quadro das possibilidades semânticas do texto normativo (muitas vezes mutuamente incompatíveis).[693] A depender do perfil ideológico do intérprete ou do resultado decisório que pretenda alcançar, preferirá um a outro critério. Por exemplo, os agentes administrativos, na medida em que a interpretação literal sobrevaloriza o interesse público secundário, costumam pautar a sua atuação concreta no significado imanente ou primaz do enunciado normativo, que é aquele atribuído ao texto com base no conhecimento geral da linguagem.[694]

Nesta etapa, a atividade do aplicador do Direito caracteriza-se por privilegiar o pensamento cognitivo (sem, todavia, afastar o elemento volitivo na escolha de indiferentes jurídicos) apreendido mediante a incidência dos critérios ou métodos da hermenêutica clássica sobre os enunciados legislativos identificáveis como regra. Nesta fase, as regras jurídicas têm preferência sobre os princípios na regulação do caso concreto, e a fundamentação da decisão obtida investe-se da racionalidade subsuntiva e silogística, sem maiores exigências argumentativas na fundamentação das premissas normativa e fática que sustentam a decisão.

Nesta fase, operam notadamente as dimensões analítica e empírica da dogmática jurídica, na tarefa de elaboração conceitual e sistemática do Direito legislado.

A seu turno, *a segunda fase* do processo de concretização e individualização do Direito é denominada crítico-justificativa, sendo instaurada, como já afirmado, pelo sentimento jurídico de injustiça atinente à decisão obtida na primeira etapa, que funciona como fator que aciona o processo de conhecimento jurídico e a justificação principiológica do Direito aplicado. Nessa oportunidade, prevalece a utilização do princípio à regra, do sentido totalitário do Direito sobre o sentido parcial da lei. Isso não significa, todavia, que o princípio sempre preponderará ao final sobre a regra, visto que, na avaliação da justiça da norma, interferem os postulados normativos e o princípio da segurança jurídica. Por essa razão, afirmações tais como "os princípios são superiores às regras" não dizem muito quando se indaga a repercussão dessa assertiva na decisão jurídica e para o raciocínio jurídico.

A atividade desenvolvida nesta fase é de questionamento da decisão obtida na primeira. Utiliza-se, para isso, não só da ponderação, mas também dos postulados

---

[693] Para ENGISH, Karl. *Op. cit.*, p. 136, as técnicas de interpretação são *topoi*, pontos de vista, perspectivas de captação dos sentidos dos textos normativos.

[694] Depois de defender o significado literal da lei, especificamente na hipótese em que esse significado é claro, dado que o abandono da fórmula explícita constitui um perigo para a segurança jurídica, Carlos Maximiliano já adverte que "o maior perigo, fonte perene de erros, acha-se no extremo oposto, no apego às palavras. Atenda-se à letra do dispositivo; porém com a maior cautela e justo receio de 'sacrificar as realidades morais, econômicas, sociais, que constituem o fundo material e como o conteúdo efetivo da vida jurídica, a sinais, puramente lógicos, que da mesma não revelam senão um aspecto, de todo formal'. Cumpre tirar da fórmula tudo o que na mesma se contém, implícita ou explicitamente, o que, em regra, só é possível alcançar com experimentar os vários recursos da Hermenêutica" (MAXIMILIANO, Carlos. *Hermenêutica e aplicação do direito*. Rio de Janeiro: Forense, 1993, p. 111).

aplicativos,[695] os quais se voltam para a instrumentação da dimensão critíco-avaliativa da dogmática jurídica, em que o pensamento hermenêutico estrutura-se dialeticamente na tentativa de evidenciar as conexões axiológicas entre as diferentes polaridades semânticas que nela se apresentam ao intérprete (norma-fato, norma-Direito, indivíduo-sociedade, segurança-justiça, legalidade-constitucionalidade).

Diferentemente da primeira fase, a centralidade discursiva desloca-se para a justificação das premissas utilizadas na decisão, ou seja, para a justificação externa do raciocínio jurídico, e as dimensões analítica e empírica se voltam para o trabalho de sistematização do ordenamento jurídico como um todo.

Importa notar que esta segunda etapa sempre se faz presente em toda e qualquer aplicação do Direito, ainda que de maneira implícita, como ocorre nos casos fáceis.[696] Vale dizer que o juízo crítico-reflexivo de adequação constitucional da solução haurida na legalidade é sempre arrazoado pelo intérprete-aplicador. O que nesses casos não costuma ocorrer é a manifestação discursiva do juízo de justificação, uma vez que a solução encaminhada "silogisticamente" já se mostra adequada, justa ou legítima – por outro lado, ainda quando explícita, pode não estar suficientemente justificada de acordo com as pautas dos postulados normativos. Referências sucintas à aplicação da proporcionalidade ou da razoabilidade, sem uma justificação discursivamente estruturada, ademais de frustrar a legitimidade da atuação concreta da Administração, ofendem ao dever de motivação.[697]

A propósito do papel da argumentação jurídica nesta fase, é produtivo mencionar que a aplicação de um Direito de cariz democrático requer a inserção da justificação constitucional dos atos e das decisões administrativas no âmbito da sua fundamentação ou motivação, sobretudo quando sobre eles recaiam sérias suspeitas de contrariedade à Constituição. A necessidade de uma instância argumentativa na aplicação dos postulados aplicativos é manifestada por Margarida Maria Lacombe Camargo:

> Atualmente, muito se fala em razoabilidade e em proporcionalidade como postulados de interpretação jurídica, mormente no campo do direito público. No entanto, o ajuste de valores que o princípio da proporcionalidade preside depende de uma instância argumentativa que tem sido negligenciada. Afinal, quando dois ou mais princípios se enfrentam, qual deve ceder em benefício do outro e em que medida? Qual a proporção razoável à medida adequada?[698]

Nesse contexto, Manuel Atienza procura explicar o incremento e a importância que a tarefa justificadora ou argumentativa assumiu na práxis jurídica dos sistemas romano-germânicos. Nesse intento, afirma haver vários fatores que, tomados con-

---

[695] Nessa proposta de estruturação da aplicação do Direito, a ponderação funciona como complemento e não como alternativa à subsunção.

[696] Uma das hipóteses de casos difíceis ocorre quando a aplicação do Direito encaminha à obtenção de um ato ou decisão jurídica considerada injusta para o caso. Ora, essa hipótese somente pode ser vislumbrada após a conclusão do raciocínio subsuntivo e de confrontação do seu resultado jurídico com os valores superiores constitucionalmente insculpidos ou incrustados na consciência jurídica da comunidade.

[697] Luis Prieto Sanchís lembra que a justificação racional é condição não só de legitimidade, mas também de validez, dada a juridicidade do dever de motivação das decisões (SANCHÍS, Luis Prieto. *Op. cit.*, p. 65).

[698] CAMARGO, Margarida Maria Lacombe. *Hermenêutica e argumentação*, p. 259.

juntamente, podem oferecer uma explicação satisfatória desse fenômeno.[699] Dentre os cincos fatores que enuncia, dois mostram-se substancialmente causais desse fenômeno.

O primeiro decorre da transformação, experimentada pelas democracias ocidentais, do "Estado legislador" para um "Estado constitucional". Por Estado constitucional, há de entender-se o Estado em que a Constituição contenha: (i) um princípio dinâmico do sistema político, isto é, a repartição formal da competência entre os diferentes órgãos políticos; (ii) certos direitos e garantias fundamentais que limitam ou condicionam, em termos de conteúdo, a produção, a interpretação e a aplicação do Direito; (iii) instrumentos de controle da constitucionalidade das leis. Como consequência, o poder do legislador passou a ser um poder limitado e que tem de justificar-se de forma muito mais exigente. Igualmente, verifica-se um incremento quantitativo e qualitativo na exigência de justificação das decisões jurídicas, sobretudo quanto estão em jogo direitos humanos e valores democráticos.

O segundo fator resulta da transformação do conceito de legitimidade fundada na autoridade e na tradição para uma legitimidade baseada no consentimento dos afetados e na democracia. Esse processo tem ocorrido em todas as esferas da vida, não estando exclusivamente circunscrito ao campo do Direito. A vinculação da argumentação com a democracia varia segundo o conceito que se atribua a esta. De qualquer modo, em todos eles a tarefa argumentativa é mais ampla e intensa do que em Estados não democráticos. Por exemplo, se se concebe democracia simplesmente como um sistema de governo – procedimento de tomada de decisões – em que são levadas em conta as preferências de todos e a maioria decide, decerto se afigura amplo o espaço para o desenvolvimento da argumentação, sobretudo se se busca uma decisão correta.

Importa destacar, por fim, que essa proposta de estruturação bifásica do processo de aplicação do Direito combina as duas principais vertentes da metodologia da Ciência do Direito: (i) lógico-formal, de caráter dedutivo e normativista, em que vige o paradigma da subsunção, e (ii) lógico-teleológico, de caráter dialético e axiológico, em que vige o paradigma dos postulados normativos. A primeira privilegia a segurança jurídica e a legalidade democrática; a segunda, a justiça e a juridicidade.

Do quanto expendido, sustenta-se que o ordenamento jurídico-administrativo exige inicialmente do julgador administrativo a observância do princípio da legalidade – donde a utilidade conceitual e metodológica deste princípio – e, no momento posterior, a conformidade da norma obtida ao princípio da juridicidade. Na percuciente manifestação de Lenio Luiz Streck: as regras abrem a fundamentação jurídica, os princípios fecham-na.[700]

Convém, por fim, concluir que a estrutura bifásica do processo aplicativo do Direito cumpre a exigência de legitimação constitucional do Direito concretizado, além de ser uma decorrência lógica do caráter residual de que se reveste a utilização dos postulados normativos.

---

[699] Os outros fatores são os de ordem teórica, prática e pedagógica. ATIENZA, Manuel. FERRAJOLI, Luigi. *Jurisdicción y argumentación en le estado constitucional de derecho*. México: Universidad Nacional Autónoma de México, 2005, p. 8-15.

[700] STRECK, Lenio Luiz. *Jurisdição constitucional e hermenêutica*. Aula Malha exibida em 19 jan. 2008 pela Tv Justiça. Disponível em <http://www.leniostreck.com.br/index.php?option=com_seyret&Itemid=30>. Acesso em: 29 jan 2008.

4. O controle administrativo judicante da atividade vinculada exercido com base nos postulados aplicativos

4.1. Afastamento em abstrato de norma legal: inconstitucionalidade de lei em tese[701]

4.1.1. CONSIDERAÇÕES INICIAIS

A possibilidade de um controle da atividade vinculada pela Administração Judicante remete aqui à abordagem do tema relativo ao poder do julgador administrativo de examinar e recusar a aplicação de lei que repute inconstitucional antes mesmo de qualquer decisão judicial a respeito.

Desde logo, é adequado reconhecer que a temática é palco de controvérsias aparentemente insuperáveis, não obstante se possa encontrar amplo entendimento na doutrina e na jurisprudência brasileiras afirmando a possibilidade de o Executivo afastar a aplicação de lei que repute inconstitucional. O teor do debate em torno da possibilidade ou não de a autoridade administrativa rejeitar a aplicação de lei que entenda desconforme a Constituição revela certo nível de complexidade da questão, que se torna mais candente no contexto de um Estado Democrático de Direito. Com efeito, aqueles que negam tal possibilidade geralmente o fazem com os pés fincados nos paradigmas da centralidade da lei, do Direito composto exclusivamente por regras, e numa visão desatualizada do princípio da separação dos poderes. Por outro lado, os adeptos da posição contrária, ou seja, que afirmam a possibilidade aventada, o fazem à luz da nova configuração do ordenamento jurídico, no qual a Constituição ganha *status* de norma central e suprema e, dentro dela, os direitos e garantias fundamentais passam a revestir-se de aplicabilidade direta e imediata.

Antes de abordar o tema apresentado, cumpre, inicialmente, distingui-lo de outro, com o qual mantém estreita aproximação.

---

[701] A inconstitucionalidade de lei abstratamente considerada significa a invalidade constitucional da norma legal pensada para o caso de aplicação definido com base nos elementos referidos expressa ou implicitamente pelo enunciado normativo interpretado.

4.1.2. POSIÇÃO DA DOUTRINA E DA JURISPRUDÊNCIA JUDICIAL SOBRE A POSSIBILIDADE DE O CHEFE DO PODER EXECUTIVO NEGAR EXECUÇÃO À LEI QUE ENTENDA INCONSTITUCIONAL

Nesta subseção, cuida-se de saber se o Chefe do Poder Executivo tem poder de negar formalmente a aplicação de lei sob o fundamento de sua inconstitucionalidade, determinando que tal orientação seja observada pelos órgãos administrativos que dirige. Embora uma resposta a essa indagação sirva para nortear uma definição da questão inicialmente posta, muitas vezes abordada de forma quase indistinta pela doutrina,[702] o tema da competência do Chefe do Poder Executivo não constitui o objeto central desta investigação. Na verdade, o exercício do dever de filiação à Constituição em detrimento da lei por parte da Chefia do Executivo repercute tanto na atividade da Administração Ativa quanto na atuação da Administração Judicante. Observando melhor, interfere mais de perto em relação àquela, já que à Administração Judicante normalmente aportam reclamações contra pretensões administrativas restritivas de direitos e fundadas em lei arguida de inconstitucional pelo administrado. Assim, o exercício dessa competência diz mais respeito à Administração Ativa do que propriamente à Administração Judicante, foco do presente estudo.

A afirmação da possibilidade de o Chefe do Executivo recusar a aplicação de lei que se lhe afigure inconstitucional não induz imediatamente que tal faculdade seja também extensível ao julgador administrativo.[703-704] No entanto, serve ao menos para reforçar que o dever de zelo e guarda da Constituição não é tarefa de atribuição exclusiva do Poder Judiciário, mas igualmente de todos os Poderes, de modo a desconstruir um dos principais obstáculos jurídicos que se aventa malferido na hipótese afirmativa da existência dessa competência. Se é assim, poder-se-ia entender que tal faculdade integra o rol de atribuições do julgador administrativo, para que este, no caso concreto, possa examinar prejudicialmente e, em sendo o caso, afastar a aplicação de lei que repute inconstitucional.[705] Há, no entanto, outras normas a serem consideradas nessa avaliação, o que será feito nos tópicos a seguir.

---

[702] Os textos doutrinários geralmente perquirem se a recusa aplicativa de lei em prol da Constituição também compete ao Executivo, não deixando claro, todavia, se se cuida do Chefe do Poder Executivo ou de outra autoridade administrativa integrante deste Poder.

[703] POLETTI, Ronaldo. *Controle de constitucionalidade das leis*. Rio de Janeiro: Forense, 2000, p. 137 e 143, registra que alguns autores não atribuem a competência de recusar o cumprimento de lei tida por inconstitucional a qualquer funcionário da Administração, mas tão somente às autoridades administrativas superiores (Themístocles Brandão Cavalcante) ou ao Chefe do Poder Executivo (Miranda Lima).

[704] Negando a premissa, Sergio André da Silva argumenta que, se não se reconhece a possibilidade de o Chefe do Poder Executivo negar eficácia à lei tida por inconstitucional, muito menos parece possível que órgãos e agentes administrativos de julgamento possam deixar de aplicar lei sob o mesmo fundamento (SILVA, Sergio André R. G. da. *Controle administrativo do lançamento tributário*: o processo administrativo fiscal. Rio de Janeiro: Lumen Juris, 2004, p. 160).

[705] Em sentido contrário, XAVIER, Alberto. A questão da apreciação da inconstitucionalidade das leis pelos órgãos judicantes da Administração Fazendária. *Revista Dialética de Direito Tributário*. São Paulo, nº 103, p. 30, abr./2004. Esse autor entende que não é possível justificar a competência dos órgãos judicantes na prerrogativa de o Poder Executivo recusar espontaneamente a execução de leis que entenda inconstitucionais. Isso por duas razões, que enuncia: "Em primeiro lugar porque tal legitimidade, conquanto de raízes solidamente firmadas no passado, não mais subsiste em face do alargamento do espectro da legitimação ativa no controle abstrato de constitucionalidade das leis. Em segundo lugar, porque entendemos que o problema se coloca em termos totalmente distintos no que respeita à Admi-

Antes, porém, de empreender essa tarefa, calha registrar que tanto a jurisprudência quanto a doutrina, pré e pós-Constituição de 1988, são amplamente favoráveis ao entendimento de que é sim cabível ao Chefe do Poder Executivo determinar que não seja aplicada lei ao fundamento de sua inconstitucionalidade. O Supremo Tribunal Federal adotou essa tese na decisão proferida na Representação nº 980-SP, de que foi relator o Ministro Moreira Alves:

> Não tenho dúvida em filiar-me à corrente que sustenta que pode o Chefe do Poder Executivo deixar de cumprir – assumindo os riscos daí decorrentes – lei que se lhe afigure inconstitucional. A opção entre cumprir a Constituição ou desrespeitá-la para dar cumprimento à lei inconstitucional é concebida ao particular para a defesa do seu interesse privado. Não o será ao Chefe de um dos Poderes para a defesa, não do seu interesse particular, mas da supremacia da Constituição que estrutura o próprio Estado?[706]

No mesmo sentido foi o julgamento da Representação nº 512, na qual se discutiu a validade de um Decreto do Governador do Rio Grande do Norte, que suspendera a execução de uma lei por entendê-la inconstitucional. A decisão restou assim ementada:

> O dever de zelar pela constitucionalidade das leis é imposto a todos os poderes e não constitui obrigação exclusiva do Poder Judiciário.

Em voto do Ministro Relator Pedro Chaves encontra-se justificado esse entendimento:

> Já deixei assentado como princípio que o dever de zelar pela constitucionalidade das leis é imposto pela Constituição a todos os poderes e não constitui obrigação exclusiva do Poder Judiciário. Daí decorre, a meu ver, que a nenhum dos poderes se pode impor a obrigação de aplicar leis inconstitucionais, mesmo antes de haver o Senado suspendido sua aplicação, por força de decisão definitiva do Supremo Tribunal.

Sobrevindo a Constituição de 1988, houve quem questionasse a subsistência dessa atribuição do Executivo, tendo em vista a ampliação do rol de legitimados a deflagrar o processo objetivo de controle da constitucionalidade das leis e atos normativos federais e estaduais, no qual passaram a figurar o Presidente da República e os Governadores de Estado e Distrital.

Nesse sentido, mas sem deixar de reconhecer que até o advento da Constituição de 1988 era majoritário o entendimento de que o Executivo poderia recusar a aplicação de norma que entendesse inconstitucional, pondera Gilmar Ferreira Mendes:

> A questão perdeu muito de seu apelo em face da Constituição de 1988, que outorgou aos órgãos do Executivo, no plano estadual e federal, o direito de instaurar o controle abstrato de normas. A possibilidade de se requerer liminar que suspenda imediatamente o diploma questionado reforça ainda mais esse entendimento. Portanto, a justificativa que embasava aquela orientação de enfrentamento ou de quase desforço perdeu razão de ser na maioria dos casos.[707]

---

nistração ativa que, *sponte sua*, se recusa a aplicar uma lei com fundamento em inconstitucionalidade, e no que respeita aos órgãos judicantes da Administração, no exercício da função que lhes é cometida pelo art. 5º, LV da Constituição, ou seja, a de julgar litígios, a instância dos particulares, em termos de 'contraditório e ampla defesa'".

[706] STF, Rep. nº 980-SP, Pleno, Rel. Min. Moreira Alves, j. 21.11.1979, DJU 19.09.1980.

[707] MENDES, Gilmar Ferreira. O Poder Executivo e o Poder Legislativo no controle de constitucionalidade. *In: Direitos fundamentais e controle de constitucionalidade*. São Paulo: Celso Bastos Editor, 1999, p. 325-326.

Nada obstante, a jurisprudência constitucional, mesmo assim, tem perseverado na linha do entendimento anterior, como demonstra a decisão nos autos da Medida Cautelar em ADI nº 221-DF, assim ementada:

> [...] Os Poderes Executivo e Legislativo, por sua Chefia – e isso mesmo tem sido questionado com o alargamento da legitimação ativa na ação direta de inconstitucionalidade –, podem tão-só determinar aos seus órgãos subordinados que deixem de aplicar administrativamente as leis ou atos com força de lei que considerem inconstitucionais.[708]

Perfilhando a tradicional linha de entendimento, a Primeira Turma do Superior Tribunal de Justiça, em alentada fundamentação constante do voto-vista do Ministro Milton Pereira, lavrou a seguinte ementa:

> LEI INCONSTITUCIONAL – PODER EXECUTIVO – NEGATIVA DE EFICÁCIA. O Poder Executivo deve negar execução a ato normativo que lhe pareça inconstitucional.[709]

Tratava-se de lei do Estado de Goiás, Lei nº 11.313, de 12 de setembro de 1990, que estabelecera o reajuste da remuneração dos Procuradores do Estado com base na variação percentual que viesse a ocorrer nos vencimentos dos magistrados estaduais. Vislumbrando aí uma vinculação proibida pela Constituição Federal (art. 37, XIII), a Administração estadual negou cumprimento à lei.

Quanto à doutrina, o entendimento adotado também se mostra amplamente inclinado à tese da jurisprudência. Em animoso levantamento doutrinário e jurisprudencial, Luís Roberto Barroso, com esteio nas doutrinas de Miguel Reale, Adroaldo Mesquita da Costa, Themístocles Brandão Cavalcante, José Frederico Marques, Vicente Ráo e Miranda Lima, assevera que:

> [...] o Chefe do Poder Executivo não só pode, como deve deixar de aplicar a referida disposição legal, pois cabe-lhe reverenciar, antes que tudo, a Constituição Federal. Esta decisão é auto-executória e independe de prévio pronunciamento do Judiciário. Tal posição só merecerá ser revista se o órgão competente do Poder Judiciário, provocado por algum interessado, vier a decidir em sentido diverso.[710]

Nesse mesmo sentido, Gustavo Binenbojm fornece valioso argumento, ao afirmar que, a partir da edição da Emenda Constitucional nº 3, de 17 de março de 1993, "nenhuma dúvida resta quanto ao poder-dever do Executivo de negar aplicação a lei considerada inconstitucional, havendo a tese sido acolhida, de forma explícita, em nosso direito constitucional positivo".[711]

A referida emenda instituiu no Direito brasileiro a figura da ação declaratória de constitucionalidade, que tem por finalidade impedir os órgãos do Poder Judiciário e o Poder Executivo de recusar a aplicação de lei, sob a alegação de vício de inconstitucionalidade. Com efeito, de acordo com a redação do § 2º da EC nº 3/93, tanto os órgãos do Poder Judiciário quanto o Poder Executivo são destinatários das decisões

---

[708] STF, ADI nº 221-DF, Pleno, Rel. Min. Moreira Alves, j. 16.09.1993. DJU 22.10.1993.

[709] Lei inconstitucional: negativa de eficácia. Resp. nº 23.121-GO, *Boletim de Direito Administrativo*. Rio de Janeiro, ano 10, nº 8, p. 479-486, ago./1994.

[710] BARROSO, Luís Roberto. Poder Executivo – Lei inconstitucional – Descumprimento. *Revista de Direito Administrativo*. Rio de Janeiro, nº 181-182, p. 397, jul.-dez./1990.

[711] BINENBOJM, Gustavo. *A nova jurisdição constitucional brasileira*: legitimidade democrática e instrumentos de realização. Rio de Janeiro: Renovar, 2004, p. 240.

definitivas proferidas pelo Supremo Tribunal Federal em ação declaratória.[712] Se é assim, pondera o autor:

> Ora, levando-se em conta a regra elementar de hermenêutica segundo a qual o legislador não utiliza palavras ou expressões inúteis, a alusão expressa ao Poder Executivo como destinatário da decisão do Supremo Tribunal Federal em ação declaratória de constitucionalidade deve ter algum sentido. E o tem.
>
> Caso o ordenamento constitucional brasileiro não admitisse o descumprimento de lei considerada inconstitucional pelo Poder Executivo, simplesmente a parte final do § 2º do art. 102 da Constituição seria inútil e sem sentido. Não sendo isto de qualquer modo admissível, a conclusão lógica, que se extrai a *contrario sensu*, é a de que o Poder Executivo pode e deve negar aplicação a lei que repute inconstitucional, desde que não haja decisão declaratória de constitucionalidade proferida pelo Supremo Tribunal Federal. Esta a única interpretação plausível do dispositivo constitucional em tela.[713]

Contrariando a tese majoritária, Lúcio Bittencourt, Alfredo Buzaid e Ruy Carlos de Barros Monteiro não reconhecem que o Executivo tem a faculdade de recusar a aplicação de lei que se lhe afigure inconstitucional, uma vez que somente ao Poder Judiciário é deferida tal competência.[714]

Nessa esteira, Zelo Veloso defende que:

> Permitir que este Poder, *ex propria auctoritate*, cancele a eficácia de norma jurídica, porque a reputa contrário à Constituição, é consagrar tese perigosíssima, que pode pôr em risco a Democracia, num País em desenvolvimento, como o nosso, com tantas e tão graves limitações e carências, com uma vocação histórica – e até o momento incontrolável – para o autoritarismo, com um Executivo verdadeiramente formidável e imperial, significando o princípio da divisão dos poderes quase uma letra morta no Texto Magno.[715]

Em resumo, invoca-se sempre o mesmo fundamento para sustentar o entendimento até aqui dominante de que a lei inconstitucional não é lei e, portanto, não obriga a nenhum dos Poderes.[716] Essa conclusão assenta-se em duas premissas básicas: primeiro, da supremacia formal e material da Constituição e, segundo, de que não compete exclusivamente ao Poder Judiciário, mas igualmente a todos os Poderes no desempenho de suas funções, o dever de zelar pela constitucionalidade de suas respectivas atuações, podendo, se for o caso, recusar a aplicação de lei que repute em desacordo com a Lei Maior.

Não obstante seja quase pacífico, tanto na jurisprudência quanto na doutrina, o entendimento esposado, a questão não tem sido abordada com a profundidade exigida, vez que as posições mostram-se convergentemente assertivas da atribuição do Executivo, sem, no entanto, analisar as implicações dessa posição em relação às outras normas jurídicas de matriz também constitucional.

---

[712] "§ 2º. As decisões definitivas de mérito, proferidas pelo Supremo Tribunal Federal, nas ações declaratórias de constitucionalidade de lei ou ato normativo federal, produzirão eficácia contra todos e efeito vinculante, relativamente aos demais órgãos do Poder Judiciário e ao Poder Executivo."

[713] BINENBOJM, Gustavo. *Op. cit.*, p. 241.

[714] VELOSO, Zeno. *Controle jurisdicional de constitucionalidade*. Belo Horizonte: Del Rey, 2000, p. 320-321.

[715] *Ibidem*, p. 322.

[716] De forma enfática nesse sentido, DANTAS, Ivo. *Constituição & processo*. Curitiba: Juruá, 2007, p. 603.

Cabe ressaltar que boa parte dos autores que abraçam esse entendimento o faz pressupondo que a questão constitucional poderá ser levada pelo prejudicado ao exame da Justiça para que esta dirima, em caráter definitivo, a controvérsia.[717] Em virtude disso, não se sabe se tal linha de entendimento seria mantida por esses autores diante da impossibilidade de a questão ser apreciada pelo Judiciário. Essa dúvida avulta-se pertinente, na medida em que os casos de que se serviram a doutrina e a jurisprudência para afirmar a tese prevalente envolviam apenas leis de caráter prestacional ou constitutivo, cuja negativa de execução pela Administração certamente abriria a possibilidade de o interessado levar a questão para ser decidida no Judiciário. O mesmo não sucederia com leis de natureza restritiva ou ablativa de direitos, cuja negativa de eficácia por parte da Administração Judicante poderia resultar em decisão imutável e indiscutível para a própria Administração Pública (coisa julgada formal), já que aqui o administrado seria beneficiado desde logo pela decisão administrativa.

4.1.3. POSIÇÃO DA DOUTRINA, DA LEGISLAÇÃO FEDERAL E DA JURISPRUDÊNCIA ADMINISTRATIVA SOBRE O PODER DE O JULGADOR ADMINISTRATIVO RECUSAR A APLICAÇÃO DE LEI QUE REPUTE INCONSTITUCIONAL

Uma questão um tanto mais controvertida consiste na possibilidade de o órgão judicante decidir um contencioso administrativo afastando a aplicação de lei que repute inconstitucional, antes mesmo de qualquer manifestação judicial sobre a matéria.

O tema foi objeto de discussão no 24º Simpósio Nacional de Direito Tributário realizado em 1999, do qual participaram diversos juristas e tributaristas nacionais, que, ao final, manifestaram opinião fundamentada sobre o assunto. Compulsando o livro ao qual deu origem o Simpósio sobre "Processo Administrativo Tributário", verifica-se que foi fragorosamente prevalente a tese segundo a qual a autoridade administrativa julgadora no processo administrativo fiscal não só pode, mas deve deixar de aplicar lei que considere inconstitucional.[718-719]

---

[717] Com base em POLETTI, Ronaldo. *Op. cit.*, p. 138: a conclusão no voto vista do Min. Milton Pereira, no citado REsp nº 23.121-GO, menciona o poder de a Administração Pública negar a aplicação de lei inconstitucional como exercício independente e provisório. Luís Roberto Barroso refere-se à revisão da decisão da Administração pelo Judiciário mediante provocação do interessado. O Min. Pedro Chaves, no seu voto na Representação nº 512, afirma que a custódia da Constituição é atribuição de todos os Poderes, apenas ao Poder Judiciário compete a custódia desempenhada em última instância. Themístocles assevera que ao Judiciário cabe a última palavra sobre a questão constitucional.

[718] MARTINS, Ives Gandra da Silva (Coord.). *Processo administrativo tributário*. São Paulo: Revista dos Tribunais, 1999, nova série nº 5. Entre aqueles que reconhecem a competência de órgão administrativo judicante para afastar lei que entenda inconstitucional, estão: Ives Gandra da Silva Martins, José Augusto Delgado, Ricardo Lobo Torres, Fernando Facury Scaff. De outra parte, estão os que a negam: Hugo de Brito Machado, Sacha Calmon Navarro Coêlho, Marco Aurélio Greco. No cômputo geral, aproximadamente um terço apenas dos participantes manifestaram-se contrários a esse entendimento.

[719] Nesse sentido, QUEIROZ, Mary Elbe Gomes. *Op. cit.*, p. 51: "Na amplitude do julgamento administrativo se compreende, até mesmo, a possibilidade de, no caso concreto, ser confrontada a lei com os desígnios constitucionais, e os atos infralegais com as disposições legais, para se deixar de aplicar um ou outro, quando a norma inferior contrariar a norma superior em que deverá buscar a sua validade e o seu fundamento".

Nesse sentido, Gustavo Binenbojm assere que, com o advento da Emenda Constitucional nº 45, de 08.12.2004, é induvidosa a competência da Administração Pública para recusar a aplicação de lei que considere inconstitucional, tendo em vista que:

> [...] a disciplina da ação declaratória de constitucionalidade, instituída pela Emenda Constitucional nº 03/93, ao aludir ao Poder Executivo (e à Administração Pública em todos os níveis federativos, já sob a redação da Emenda Constitucional nº 45/2004) como destinatário da decisão, tornou clara a possibilidade do descumprimento da lei pelos órgãos administrativos, com fundamento na sua inconstitucionalidade, quando inexistente pronunciamento do Supremo Tribunal Federal em sede abstrata. Caso contrário, a alusão constante do art. 102, § 2º, da Constituição seria ociosa e inútil.[720]

Contrariando a posição doutrinária historicamente firmada, a legislação federal, em matéria de processo administrativo tributário, proibiu o julgador de afastar a aplicação de lei por motivo de inconstitucionalidade. Nesse quadro, inseria-se a Portaria nº 103, do Ministro da Fazenda, de 23 de abril de 2002, que alterou os Regimentos Internos da Câmara Superior de Recursos Fiscais e dos Conselhos de Contribuintes, aprovados pela Portaria MF nº 55, de 16 de março de 1998, ao acrescentar neles dispositivos do seguinte teor:

> Art. 22-A. No julgamento de recurso voluntário, de ofício ou especial, fica vedado à Câmara Superior de Recursos Fiscais afastar a aplicação, em virtude de inconstitucionalidade, de tratado, acordo internacional, lei ou ato normativo em vigor.
> Parágrafo único. O disposto neste artigo não se aplica aos casos de tratado, acordo internacional, lei ou ato normativo:
> I – que já tenha sido declarado inconstitucional pelo Supremo Tribunal Federal, em ação direta, após a publicação da decisão, ou pela via incidental, após publicação da Resolução do Senado Federal que suspender a execução do ato;
> II – objeto de decisão proferida em caso concreto cuja extensão dos efeitos jurídicos tenha sido autorizada pelo Presidente da República;
> III – que embasem a exigência de crédito tributário:
> a) cuja constituição tenha sido dispensada por ato do Secretário da Receita Federal, ou
> b) objeto de determinação, pelo Procurador-Geral da Fazenda Nacional, de desistência de ação de execução fiscal.

Semelhante vedação foi determinada aos Conselhos de Contribuintes.[721-722]

A jurisprudência da Câmara Superior de Recursos Fiscais (CSRF) e dos Conselhos de Contribuintes (CC) que, até a alteração regimental, encontrava-se dividida, com predominância de julgados que afirmavam a competência desses órgãos para o exame de questão constitucional, passou a consignar uniformemente em suas decisões que falece competência aos órgãos administrativos judicantes para apreciar

---

[720] BINENBOJM, Gustavo. *Uma teoria do direito administrativo*, p. 175.

[721] Cabe observar que as ressalvas contidas no parágrafo único repetem o conteúdo do Decreto nº 2.346, de 10 de outubro de 1997.

[722] A legislação de alguns Estados da Federação veda expressamente a análise da questão constitucional pelo agente administrativo, tais como: Alagoas, Sergipe, Bahia, Pernambuco (ARAÚJO, Nadja Aparecida Silva de. Atuação do Poder Executivo no controle de constitucionalidade: notas de uma interpretação sistemática do Direito Positivo brasileiro. *Revista de Informação Legislativa*. Brasília, ano 40, nº 158, p. 288, abr.-jun./2003).

arguições fundadas na inconstitucionalidade de lei, uma vez que tal competência é exclusiva do Poder Judiciário.[723]

O Regimento Interno do Conselho Administrativo de Recursos Fiscais (CARF),[724] órgão resultante da unificação dos Conselhos de Contribuintes e da Câmara Superior de Recursos Fiscais, igualmente proíbe o julgador de recusar a aplicação de lei por motivo de inconstitucionalidade, a teor dos seguintes enunciados:

> Art. 62. Fica vedado aos membros das turmas de julgamento do CARF afastar a aplicação ou deixar de observar tratado, acordo internacional, lei ou decreto, sob fundamento de inconstitucionalidade.
>
> Parágrafo único. O disposto no *caput* não se aplica aos casos de tratado, acordo internacional, lei ou ato normativo:
>
> I – que já tenha sido declarado inconstitucional por decisão plenária definitiva do Supremo Tribunal Federal; ou
>
> II – que fundamente crédito tributário objeto de:
>
> a) dispensa legal de constituição ou de ato declaratório do Procurador-Geral da Fazenda Nacional, na forma dos arts. 18 e 19 da Lei nº 10.522, de 19 de julho de 2002;
>
> b) súmula da Advocacia-Geral da União, na forma do art. 43 da Lei Complementar nº 73, de 1993; ou
>
> c) parecer do Advogado-Geral da União aprovado pelo Presidente da República, na forma do art. 40 da Lei Complementar nº 73, de 1993.

Por sua vez, os órgãos judicantes de primeiro grau no âmbito do processo administrativo tributário federal (Delegacias da Receita Federal do Brasil de Julgamento) têm reiteradamente recusado apreciar arguições de inconstitucionalidade de leis e atos normativos infralegais.

No âmbito do processo administrativo tributário federal, a vedação à recusa aplicativa de lei sob fundamento de sua inconstitucionalidade foi recentemente enunciada pelo legislador ordinário.[725]

Recolhidos os diferentes entendimentos sobre a matéria, cabe adentrar a pesquisa das razões esgrimidas para sustentar as posições a favor ou contra a possibilidade de os órgãos judicantes apreciarem questões constitucionais em processos administrativos e, por conseguinte, afastarem a aplicação de lei com fundamento na sua inconstitucionalidade, por ocasião do exame da validade de atos administrativos que constituem objeto do processo.

Nesse desiderato, percebe-se desde logo que os estudos doutrinários sobre a matéria não têm a abrangência temática suficiente para amparar uma ou outra posição. Com efeito, se, de um lado, várias são as normas que podem estar implicadas, positiva ou negativamente, com a recusa administrativa em aplicar uma lei a um caso concreto, verifica-se, de outro, que as abordagens teóricas valem-se apenas de um

---

[723] Cf. relação de julgados da CSRF e do CC em XAVIER, Alberto. *Op. cit.*, p. 19-20. Nesse sentido, o CARF editou o seguinte enunciado de súmula: "Súmula 2: O CARF não é competente para se pronunciar sobre a inconstitucionalidade de lei tributária".

[724] O CARF foi criado pela Medida Provisória nº 449, de 2008, convertida na Lei nº 11.941, de 27 de maio de 2009. A Portaria MF nº 256, de 22 de junho de 2009, aprovou o seu regimento interno.

[725] A Lei nº 11.941, de 27 de maio de 2009, fruto da conversão da Medida Provisória nº 449, de 3 dezembro de 2008, inseriu o seguinte dispositivo no Decreto nº 70.235/72: "Art. 26-A. No âmbito do processo administrativo fiscal, fica vedado aos órgãos de julgamento afastar a aplicação ou deixar de observar tratado, acordo internacional, lei ou decreto, sob fundamento de inconstitucionalidade".

ou outro princípio para sustentar ou rechaçar a tese proposta. Assim, quem pretende defender a existência da competência administrativa recorre a algum(ns) princípio(s) dentre os da ampla defesa, do contraditório, da supremacia da Constituição, ou às ideias de jurisdicionalização do processo administrativo, de vinculação ao ordenamento jurídico como um todo, da diferença entre declarar a inconstitucionalidade e afastar a aplicação de lei, do livre convencimento do julgador etc. Já quem sustenta o contrário o faz invocando algum(ns) princípio(s) dentre os da presunção de constitucionalidade das leis, da separação dos poderes, da segurança jurídica, da reserva de jurisdição, da uniformidade das decisões administrativas etc.

Não obstante, há estudos mais completos sobre o assunto como, por exemplo, aquele realizado pelo jurista luso-brasileiro Alberto Xavier, no qual procura rebater as principais objeções jurídicas ao reconhecimento da competência administrativa para recusar a aplicação de leis contrárias à Lei Maior.[726] Mesmo assim, a controvérsia persiste, porquanto o que estão em jogo são valores jurídicos, preferências albergadas todas pela Constituição, que não os hierarquiza nem fornece um critério para ponderá-los. Os princípios afetados, com base nos quais se decide por uma ou outra posição, são vagos e ambíguos, não sendo possível afirmar com segurança que um determinado princípio encaminha a solução da questão num único sentido. Assim, a invocação do princípio do Estado de Direito serve, a depender da concepção que se lhe atribua, ao propósito de admitir-se ou não a competência dos órgãos administrativos judicantes para examinar e, se for o caso, recusar a aplicação de lei no caso concreto. Daí o grau de complexidade do tema que se procura discutir.

Logicamente, não há como desvencilhar-se de certos pontos de partida, de pressupostos, que orientarão a adoção de um e não de outro conceito ou valor jurídico. As premissas aqui alinhadas hão de assentar-se em novos paradigmas do Direito Administrativo, como se vem sustentando ao longo desse trabalho.

Parte-se, assim, de três premissas básicas – da constitucionalização, da principialização e da processualização do Direito Administrativo –, as quais haverão de guiar a atividade judicante, de modo a proteger e promover os dois valores legitimadores e estruturantes do Estado Democrático brasileiro,[727] quais sejam, os valores humanitários, condensados não exaustivamente nos direitos e garantias fundamentais, e o valor democrático, que se manifesta não apenas no respeito irrestrito à lei oriunda dos ungidos pelo voto popular, mas também na aplicabilidade direta da Constituição pelos diferentes Poderes e órgãos públicos, já que a Constituição é a principal garantia e instrumento da democracia.[728]

---

[726] XAVIER, Alberto. *Op. cit.*, p. 19-20.

[727] BINENBOJM, Gustavo. *Uma teoria do direito administrativo*, p. 49 *et seq*.

[728] ESPÍNDOLA, Ruy Samuel. A Constituição como garantia da democracia: o papel dos princípios constitucionais. *Revista de direito constitucional e internacional*. São Paulo, ano 11, nº 44, p. 78 e 83, jul.-set./2003. No I Simpósio Regional de Direito Constitucional e Filosofia do Direito, realizado em 30.10.1999, na cidade de Caruaru, oportunidade em que se homenageava o Professor Paulo Bonavides, Ruy Espíndola procurou demonstrar que "apartado da idéia de Constituição e da juridicidade superior dos princípios constitucionais, o conceito de democracia e sua práxis é incompleto e inseguro. Nossa tese parte da premissa que a realizabilidade da Democracia tem como exigência necessária e inarredável a efetividade da Constituição, o respeito à Constituição, o acato da força normativa de suas regras e princípios". Segundo esse autor, "não basta a regra da maioria e regras procedimentais para conceituar democracia. Ainda mais: não bastam essas ideias para um povo bem conviver democraticamente. É preciso a ação dos valores, de princípios postos como fins a serem perseguidos pelos

Cuida-se, a partir daqui, de empreender uma releitura ou redimensionamento dos princípios envolvidos à luz do sobreprincípio do Estado Democrático de Direito, mais especificamente dos três fenômenos que lhe são inerentes: principialização, constitucionalização e processualização do Direito Administrativo.

4.1.4. OS DIFERENTES "PRINCÍPIOS" IMPLICADOS COM A POSSIBILIDADE DE UM CONTROLE ADMINISTRATIVO SOBRE A ATIVIDADE VINCULADA

4.1.4.1. Princípio da ampla defesa

O princípio da ampla defesa é um dos mais invocados para sustentar a possibilidade de órgãos e agentes administrativos de julgamento deixarem de aplicar a lei sob o fundamento de inconstitucionalidade.[729]

O relevo conferido a essa garantia pelo texto constitucional, assegurando-a aos litigantes e aos acusados em geral, igualmente no âmbito do processo administrativo e judicial, estimulou a doutrina a atribuir um sentido alargado ao que seja ampla defesa, a ponto de nele ver-se contemplada uma norma habilitadora da competência administrativa para apreciar questões constitucionais.

Assim, para que um processo administrativo seja constitucionalmente válido, deve-se propiciar ao administrado "a possibilidade de ver conhecidas e apreciadas todas as suas alegações de caráter formal e material e de produzir todas as provas necessárias à comprovação de suas alegações".[730]

Quanto à garantia da apreciação exaustiva da defesa, pronunciou-se o parecer da Procuradoria Geral da Fazenda Nacional, PGFN/CAT nº 439/96:

> 19. Como se constata, o constituinte houve por bem equiparar a lide judicial à administrativa com o fim de assegurar o respeito aos princípios processuais do contraditório e da ampla defesa. 20. A plenitude do direito de defesa deve ser vista sob as perspectivas das partes e do juiz. A parte assegura-se esse direito quando se lhe faculta produzir todas as provas admissíveis para fazer valer sua pretensão e articular, com o mesmo propósito, quaisquer argumentos de fato e de direito, não excluídos os que envolvam questão constitucional. 21. Mas essa garantia

---

agentes da democracia, pelos governantes e pelos governados. Mais: é preciso que esses valores possam valer, possam ter eficácia imperativa, possam ter efetividade vinculante; possam ser reclamados frente a órgãos que garantam a sua aplicabilidade e respeitabilidade [...]" (*ibidem*, p. 83). Ao final, conclui que: "Não é possível realizar a Democracia apartada da realização e efetividade dos princípios constitucionais. Não há Democracia sem respeito à Constituição, sem acato a sua principiologia constitucional" (*ibidem*, p. 85).

[729] Nesse sentido: BRITO, Edvaldo. Ampla defesa e competência dos órgãos julgadores administrativos para conhecer de argumentos de inconstitucionalidade e/ou ilegalidade de atos em que se fundamentam autuações. *In:* ROCHA, Valdir de Oliveira (Coord.). *Processo administrativo fiscal.* São Paulo: Dialética, 1995, p. 67; MARTINS, Ives Gandra da Silva. Algumas questões do processo administrativo tributário. *In:* MARTINS, Ives Gandra da Silva (Coord.). *Processo administrativo tributário.* São Paulo: Revista dos Tribunais, 1999, p. 72; CAMPANILE, Vinicius T. Algumas questões do processo administrativo tributário. *In:* MARTINS, Ives Gandra da Silva (Coord.). *Processo administrativo tributário.* São Paulo: Revista dos Tribunais, 1999, p. 584; RODRIGUES, Marilene Talarico Martins. Algumas questões do processo administrativo tributário. *In:* MARTINS, Ives Gandra da Silva (Coord.). *Processo administrativo tributário.* São Paulo: Revista dos Tribunais, 1999, p. 332.

[730] MARINS, James. *Direito processual tributário brasileiro*, p. 189.

constitucional da parte não estará atendida se, da perspectiva do juiz, o direito de ampla defesa não corresponder ao correlato poder-dever de apreciar todas as provas produzidas e todos os argumentos articulados pela parte. Não fora assim, a defesa da parte estaria *a priori* desprovida de eficácia. 22. Por conseguinte, se à parte em processo administrativo não pode ser vedada a faculdade de invocar a inconstitucionalidade de lei obstativa de seu direito, tampouco se pode admitir que o juiz administrativo imponha a si próprio restrições à prerrogativa de apreciá-la ou permita que alguma autoridade superior o faça.[731]

Embora mais adiante tenha acrescentado que:

Não obstante, é mister que a competência julgadora dos Conselhos de Contribuintes seja exercida – como vem sendo até aqui – com cautela, pois a constitucionalidade das leis sempre deve ser presumida. Portanto, apenas quando pacificada, acima de toda dúvida, a jurisprudência, pelo pronunciamento final e definitivo do STF, é que haverá ela de merecer a consideração da instância administrativa.[732]

No mesmo sentido do parecer, manifesta-se Marçal Justen Filho:

Há o dever do Estado de manifestar-se exaustivamente acerca de todas as defesas do particular. A imputação de inconstitucionalidade de ato normativo apresenta enorme relevância jurídica e se relaciona com direitos e garantias essenciais. Se a Constituição configura um conjunto de princípios, objeto de compromisso nacional, não se admite que os agentes públicos recusem ao particular as garantias ali previstas. Não se pode conceber uma democracia em que a invocação de ofensa à Constituição possa ser ignorada pelos agentes públicos.[733]

Esse entendimento tem arrimo no próprio conteúdo significativo do princípio da ampla defesa. Com efeito, James Marins afirma que a garantia da ampla defesa compreende o direito à cognição formal e material ampla, que corresponde ao *princípio da ampla competência decisória*,[734] e o direito à produção de provas, que concerne à *ampla produção probatória*.[735]

Interessa mais de perto a vertente consubstanciada no princípio da ampla competência decisória, a exigir que toda matéria de defesa seja apreciada e amplamente decidida pelo órgão judicante, visto que não se poderia pensar como ampla a defesa que não assegurasse ao administrado a garantia de ver apreciados e decididos todos

---

[731] Processo administrativo - competência do Conselho de Contribuintes para decidir sobre matéria constitucional - Procuradoria Geral da Fazenda Nacional. *Revista Dialética de Direito Tributário*. São Paulo, nº 13, p. 99 *et seq.*, out./1996.

[732] Diante da alteração dos regimentos dos Conselhos de Contribuintes e da Câmara Superior de Recursos Fiscais, certamente esse entendimento não mais se aplica na sua integralidade. Essa possibilidade foi cogitada em nota da própria Procuradoria Geral da Fazenda Nacional (Nota PGFN/CAT nº 783/2003).

[733] JUSTEN FILHO, Marçal. Ampla defesa e conhecimento de argüições de inconstitucionalidade e ilegalidade no processo administrativo. *Revista Dialética de Direito Tributário*. São Paulo, nº 25, p. 77, out./1997.

[734] Sobre o princípio da ampla competência decisória pensado para o contencioso administrativo fiscal cuja criação foi prevista na Emenda Constitucional nº 7/77, cf. ATALIBA, Geraldo. Princípios informativos do contencioso administrativo tributário federal. *Revista Forense*. Rio de Janeiro, ano 76, vol. 271. p. 6-7, jul.-set./1980. O projeto de lei de criação do contencioso, cujo anteprojeto foi objeto dos trabalhos da comissão presidida por Gilberto de Ulhôa Canto, trazia o princípio em testilha, a conferir "como direito das partes e, portanto, dever dos órgãos julgadores o apreciar a constitucionalidade das leis, a legalidade dos regulamentos e de todas as demais normas que sejam, eventualmente, invocadas pelas partes".

[735] MARINS. James. *Op. cit.*, p. 190.

os argumentos da defesa administrativa. Sobre o ponto, conclui James Marins, referindo-se ao processo administrativo tributário:

> [...] não é lícito ao órgão julgador deixar de apreciar argumentos de ilegalidade ou de inconstitucionalidade da norma tributária ensejadora da pretensão sob pena de, incorrendo em cerceamento de defesa, ferir a Constituição e tornar nulo o processo administrativo tributário.[736]

Vale dizer, em virtude de a garantia assegurada ser ampla, a exigência de apreciação exaustiva da defesa é tanto de ordem *horizontal*, ou seja, contempla todas as alegações da defesa, inclusive a que aludir à questão constitucional, quanto *vertical*, ou seja, cada uma das alegações deve ser apreciada pelo seu mérito. Daí a possibilidade de que do exame da questão constitucional possa resultar na recusa em aplicar lei que porventura tenha considerado inconstitucional.

O sentido que se atribui ao princípio da ampla defesa, enquanto norma habilitadora de uma ampla competência decisória, por certo, guarda uma maior consistência com as premissas aqui adotadas do que uma ampla defesa carente desse sentido. Com efeito, ao exigir que o julgador administrativo examine e decida inclusive questões constitucionais aduzidas durante o processo, enseja-se a possibilidade de o administrado influenciar diretamente na formação da vontade funcional que irá afetar a sua própria esfera jurídica (direitos fundamentais, *v.g.*), dado esse que contribui para realizar, em maior medida, o princípio democrático (*status activus processualis*), cujo conteúdo mínimo exige a garantia de direitos e liberdades dos cidadãos.[737]

4.1.4.2. Princípio da separação dos poderes

Por outro lado, o princípio da separação dos poderes é um dos mais aduzidos por aqueles que negam a existência de um poder administrativo para examinar e decidir questões constitucionais.[738]

De fato, a atividade judicante do Poder Executivo possui estreitas implicações com o princípio da separação dos poderes, tanto na relação com o Poder Legislativo, ao pretender que a decisão deste Poder deva ser respeitada por aquele, quanto na relação com o Poder Judiciário, ao postular que a recusa aplicativa de lei tida por inconstitucional é matéria de reserva absoluta deste Poder.

---

[736] MARINS. James. *Op. cit.*, p. 190-191.

[737] Segundo CANOTILHO, J. J. Gomes. *Direito constitucional e teoria da Constituição*, p. 1323-1324, uma definição mínima de democracia implica: "(a) *participação* de um número tão elevado de cidadãos quanto possível; (b) *regra da maioria* para a tomada de decisões colectivas e vinculantes; (c) *existência de alternativas reais* e sérias que permitam opções aos cidadãos de escolher entre governantes e programas políticos; (d) *garantia de direitos* de liberdades e participação política. Estes requisitos mínimos estão reunidos no estado de direito democrático".

[738] Nesse sentido, MACHADO SEGUNDO, Hugo de Brito. Impossibilidade de declaração de inconstitucionalidade de lei pela autoridade administrativa de julgamento. *Revista Dialética de Direito Tributário*. São Paulo, nº 98, p. 98, nov./2003, para quem "admitir que a Administração deixe de aplicar uma lei por considerá-la inconstitucional, independentemente de pronunciamento do Judiciário, implica atribuir ao Executivo a faculdade de *julgar as leis às quais está submetido*, atribuição que em muito se assemelha ao disposto nas Ordenações Filipinas, segundo as quais 'nenhuma lei, pelo rei feita, o obriga, senão enquanto ele, fundado na razão e igualdade, quiser a ela submeter o seu poder real' (Livro 2, Título 35, § 21)".

Quem defende inexistir aquela competência, geralmente, empresta um sentido à separação dos poderes que se baseia na premissa da separação absoluta das funções desempenhadas por cada um dos órgãos que compõem a organização política do Estado contemporâneo. Assim, as funções legislativa, executiva e jurisdicional seriam exclusivas, respectivamente, dos Poderes Legislativo, Executivo e Judiciário.[739]

Hoje está patente que não existe separação absoluta de funções, em que cada um exerceria com exclusividade a função que nominalmente lhe corresponde. O que existe é uma *divisão de funções especializadas*, "o que enfatiza a necessidade de controle, fiscalização e coordenação recíprocos entre os diferentes órgãos do Estado Democrático de Direito".[740]

A Constituição Federal brasileira de 1988 bem demonstra a ausência de uma rígida separação das funções: a atividade normativa é exercida pelo Executivo, por meio das Medidas Provisórias, e pelo Judiciário, na iniciativa de lei de organização judiciária; a atividade administrativa é exercida pelos Poderes Legislativo e Judiciário, como suporte de suas funções principais; e, por fim, a atividade jurisdicional é também desempenhada pelo Legislativo, no julgamento do Presidente e Vice-Presidente da República nos crimes de responsabilidade, e pelo Executivo, no julgamento das controvérsias decorrentes da atuação da própria Administração.[741]

No campo desta última atuação do Poder, releva anotar o desempenho da função jurisdicional por órgãos integrados na estrutura organizacional do Poder Executivo – uma realidade institucional que decorre da própria Constituição de 1988, ao remeter não só ao processo judicial, mas também ao processo administrativo, a solução de controvérsias e litígios entre Administração e administrado (art. 5º, LV).[742]

Não obstante a relatividade da separação das funções estatais, cada Órgão ou Poder permanece com sua função típica, que exerce com certa preponderância (não com exclusividade) em relação aos outros Poderes. Na verdade, isso ocorre porque todos os Poderes têm a necessidade, para bem realizar a sua função precípua, de desempenhar funções e praticar atos que, a rigor, seriam de outro Poder. Em virtude disso, Hely Lopes Meirelles assevera que:

---

[739] CASTRO, Flávia Viveiros de. O princípio da separação dos poderes. *In:* PEIXINHO, Manoel Messias; GUERRA, Isabella Franco; NASCIMENTO FILHO, Firly (Orgs.). *Os princípios da Constituição de 1988*. Rio de Janeiro: Lumen Juris, 2006, p. 133-156. A autora relaciona os principais sentidos emprestados ao princípio da separação dos poderes: (i) a separação de poderes como distinção entre os campos de atuação do Legislativo, Executivo e Judiciário; (ii) a separação de poderes designando quer funções estatais distintas, quer os respectivos órgãos que as personalizam; (iii) a separação de poderes como garantia da independência entre os diferentes órgãos que desempenham as funções do Estado; (iv) a separação de poderes como limitação e controle do poder de um órgão estatal em face do outro, mediante mecanismos específicos; (v) a separação de poderes como participação de dois ou mais órgãos estatais em uma mesma função.

[740] KRELL, Andreas J. *Discricionariedade administrativa e proteção ambiental*: o controle dos conceitos jurídicos indeterminados e a competência dos órgãos ambientais (um estudo comparativo). Porto Alegre: Livraria do Advogado, 2004, p. 45.

[741] Reconhece a função jurisdicional no Poder Executivo, MEIRELLES, Hely Lopes. *Direito administrativo brasileiro*, p. 590, nota 25.

[742] "Art. 5º [...] LV- aos litigantes, em processo judicial ou administrativo, e aos acusados em geral são assegurados o contraditório e ampla defesa, com os meios e recursos a ela inerentes."

O que há, portanto, não é separação de Poderes com divisão absoluta de funções, mas, sim, distribuição das três funções estatais *precípuas* entre órgãos independentes, mas harmônicos e coordenados no seu funcionamento, mesmo porque o poder estatal é uno e indivisível.[743]

No desempenho da função precípua, cada órgão há de contar não apenas com uma margem de liberdade de decisão, mas também com a observância dessa decisão pelos demais órgãos, como consectário da ideia de harmonia que deve presidir as relações entre os órgãos políticos, a qual se vê consagrada constitucionalmente na clássica fórmula de que "os Poderes devem ser harmônicos e independentes entre si" (art. 2º).[744] Se esse fosse o único sentido do princípio, decerto a ideia de separação relativa das funções não se mostraria bastante para afirmar que a decisão fundamental do Poder Legislativo (a lei) é passível de rejeição aplicativa por parte dos órgãos administrativos judicantes.

Ocorre que, de certo modo, tal postulação relega o fenômeno da constitucionalização do Direito e da força normativa da Constituição, ao impor que a Administração, no exercício da função judicante, observe leis que repute inconstitucionais.[745] Vê-se que a ideia de harmonia como "respeito mútuo entre os Poderes" não parece sozinha dar conta dessa dificuldade. Forçoso, portanto, perquirir outro sentido para o termo harmonia, que seja capaz de compatibilizar o princípio da separação dos poderes com a ideia de constitucionalismo.

A respeito da relação entre separação dos poderes e Constituição, Américo Bedê Freire Filho, com base na definição do núcleo imutável do princípio formulada por Paulo Suordem – segundo a qual, "na sua dimensão orgânico-funcional, o princípio da separação dos poderes deve continuar a ser encarado como princípio da moderação, racionalização e limitação do poder político estatal, no interesse da liberdade" –, verifica que o princípio "não é um fim em si mesmo, mas um instrumento concebido com o intuito de viabilizar uma efetividade às conquistas obtidas com o movimento constitucionalista", cuja principal característica é a afirmação dos direitos fundamentais. Se é assim, conclui o autor, o princípio da separação dos poderes não pode ser interpretado de modo a servir de entrave à proteção e promoção dos direitos fundamentais.[746]

A propósito do que seja harmonia entre os Poderes, convém lembrar as lições de José Afonso da Silva sobre o assunto:

> [...] nem a divisão de funções entre os órgãos do poder nem sua independência são absolutas. Há interferências, que visam ao estabelecimento de um sistema de freios e contrapesos, à

---

[743] MEIRELLES, Hely Lopes. *Op. cit.*, p. 56-57.

[744] BARROSO, Luís Roberto. Poder Executivo – Lei inconstitucional – Descumprimento. *Revista de Direito Administrativo*. Rio de Janeiro, nº 181-182, p. 390, jul.-dez./1990.

[745] Inicialmente, a concepção tradicional do princípio da separação dos poderes "considerou inadmissível o controle jurisdicional da constitucionalidade das leis [...] Mas a verdade é que, por força desta compreensão deficiente do valor normativo da constituição, que excluía a dedução de um princípio de constitucionalidade, faltava ao juiz o superior parâmetro ou critério constitucional substantivo, à luz do qual pudesse legitimamente controlar a validade dos actos legislativos. Qualquer tentativa de controlo nesse sentido só podia, portanto, ser vista como uma intromissão na função legislativa, que o princípio da separação dos poderes não podia deixar de proscrever" (PIÇARRA, Nuno. *A separação dos poderes como doutrina e princípio constitucional*. Coimbra: Coimbra Editora, 1989, p. 168-169).

[746] FREIRE JÚNIOR, Américo Bedê. A separação dos poderes (funções) nos dias atuais. *Revista de Direito Administrativo*. Rio de Janeiro, nº 238, p. 38, out.-dez./2004. Em idêntico sentido, PIÇARRA, Nuno. *Op. cit.*, p. 26.

busca do equilíbrio necessário à realização do bem da coletividade e indispensável para evitar o arbítrio e o desmando de um em detrimento do outro e especialmente dos governados.[747]

Um sentido que se possa agregar ao termo harmonia é o de "equilíbrio entre os poderes", para cujo perfazimento um Poder haverá de limitar o outro,[748] visando à moderação e à racionalização do poder político estatal em prol dos direitos e liberdades individuais. Desse sentido resultou, para os ingleses e norte-americanos, o sistema de *checks and balances* e, para o brasileiro, o método de *freios e contrapesos*.

Assim, se o Poder Judiciário não pode influir no Legislativo, é aquele autorizado, por seu órgão supremo, a declarar a inconstitucionalidade das leis, expungindo-as do ordenamento jurídico. Por sua vez, se o Poder Executivo, por seus órgãos judicantes, não pode interferir no Legislativo, esses órgãos administrativos estão habilitados (art. 5º, LV) a recusar a aplicação de lei que se lhes afigure inconstitucional.[749]

Esse mecanismo não significa, como assinala mais uma vez José Afonso da Silva, "nem o domínio de um [Poder] pelo outro nem a usurpação de atribuições, mas a verificação de que, entre eles, há de haver consciente colaboração e controle recíproco [...], para evitar distorções e desmandos".[750]

É útil referir, por fim, que, associada à noção tradicional da separação dos poderes, está a ideia de que a apreciação da arguição de inconstitucionalidade de lei sujeita-se à reserva absoluta de jurisdição (em sentido orgânico).

Como anotado por Alberto Xavier, o princípio da reserva de jurisdição tem merecido estudos aprofundados pela doutrina constitucionalista europeia, especialmente de influência alemã. Perquire-se, fundamentalmente, se, em face do princípio da separação dos poderes, outros órgãos do Estado que não o Poder Judiciário podem exercer funções substancialmente jurisdicionais.

Para responder a essa indagação, a doutrina alemã tem distinguido na reserva de jurisdição o "monopólio da última palavra", ou *reserva relativa de jurisdição*, pela qual não se pode negar a quem se sinta violado ou ameaçado em seus direitos a garantia de recorrer ao Judiciário; e o "monopólio da primeira palavra", ou *reserva absoluta de jurisdição*, segundo a qual, em certas matérias, ao Judiciário compete não só a última palavra, mas também a primeira palavra a respeito da definição de uma situação jurídica.

De posse desses conceitos, Alberto Xavier emprega-os para corretamente concluir que a aplicação direta da Constituição, mesmo que isso implique negar eficácia à lei, não é monopólio do Poder Judiciário. Com efeito, toda e qualquer decisão proferida em processo administrativo submete-se à reserva relativa de jurisdição, mercê do disposto no art. 5º, XXXV, da Constituição, segundo o qual "a lei não excluirá da apreciação do Poder Judiciário lesão ou ameaça a direito". Assim, as decisões desfavoráveis aos particulares proferidas no âmbito do processo administrativo, quer envolvam

---

[747] SILVA, José Afonso da. *Curso de direito constitucional positivo*, p. 114.

[748] Na verdade, essa era a tônica do pensamento de Montesquieu, ao sustentar que o equilíbrio entre os Poderes Legislativo e Executivo seria logrado se este exercitasse parcelas da função atribuída àquele (*v.g.*, poder de veto). Uma interpenetração dos poderes, traduzida por uma invasão de um órgão na função reservada ao outro, fazia-se, portanto, indispensável para o equilíbrio entre poderes estatais e a proteção das liberdades individuais.

[749] Cabe assinalar aqui que a sanção presidencial não convalida eventual vício de inconstitucionalidade presente na lei não oportunamente identificado pelo Presidente da República. É o que reiteradamente tem afirmado o Supremo Tribunal Federal (BARROSO, Luís Roberto. *Op. cit.*, p. 396).

[750] SILVA, José Afonso da. *Op. cit.*, p. 115.

questões constitucionais quer não, são sempre passíveis de reapreciação pelo Poder Judiciário, não existindo, contudo, simetria no que respeita às decisões desfavoráveis à Administração, já que o princípio da inafastabilidade do Poder Judiciário é concebido como garantia fundamental do cidadão em face do Poder Público, e não o contrário. Por exemplo, os órgãos judicantes podem anular um lançamento fiscal ao fundamento da inconstitucionalidade da norma de incidência tributária, assim como podem recusar a aplicação de lei atribuidora de benefício fiscal com base na inconstitucionalidade desta. Porém, apenas em relação à última decisão, que foi desfavorável ao cidadão, é-lhe assegurada a garantia do acesso ao Poder Judiciário. Ambos os casos, conclui o autor, estão no âmbito da reserva relativa de jurisdição.[751-752]

Já a declaração de inconstitucionalidade de lei, suscetível de produzir eficácia *erga omnes* e efeito vinculante,[753] é indiscutivelmente matéria da competência exclusiva do Poder Judiciário, especificamente do Supremo Tribunal Federal, inserindo-se, portanto, no âmbito da reserva absoluta de jurisdição.

Não há confundir, portanto, essas duas maneiras de prestigiar o texto constitucional em detrimento da lei. Cada uma das atividades tem objeto e propósito específicos. Assim, as decisões em processo administrativo ou judicial que recusarem a aplicação de lei considerada inconstitucional não declaram a sua inconstitucionalidade – atividade essa sujeita à reserva absoluta de jurisdição –, mas apenas anula ato administrativo fundado em lei arguida de inconstitucional pelo administrado.

Traça em pormenor a referida distinção Ronaldo Poletti, que também é citado por Alberto Xavier:

> Será preciso, talvez, estabelecer um linde para o sentido da expressão declarar a inconstitucionalidade. A declaração, no sentido técnico-processual, só ocorrerá quando decorrer do pedido deduzido em juízo, i. é., quando for objeto da ação. Isto, obviamente, só ocorrerá na *via principal*, através da ação direta de inconstitucionalidade, ou noutras palavras, quando houver aplicação do sistema jurisdicional concentrado. Na via incidental, na jurisdição difusa, ainda quando o Supremo Tribunal for o competente, a declaração de inconstitucionalidade não integra o objeto da ação, uma vez que foi oposta via de exceção. Não se trata, portanto, propriamente, caso a exceção seja acolhida, de uma declaração de inconstitucionalidade, senão de um afastamento da aplicação de um texto legislativo por entendê-lo inconstitucional e, conseqüentemente, aplicação da norma constitucional àquele caso concreto. Tanto o juiz singular, como a mais alta Corte do País não anulam a lei entendida inconstitucional, nem a revogam, simplesmente lhe negam aplicação por entendê-la inconstitucional.[754]

Também registram essa distinção para dizer que, da mesma forma que os órgãos judiciais, os órgãos administrativos judicantes assim procedem ao apreciar a constitucionalidade de lei como questão prejudicial à validade do ato questiona-

---

[751] XAVIER, Alberto. *Op. cit.*, p. 37-38.

[752] Releva notar que, se a garantia de acesso ao Judiciário não pode ser invocada pela Administração, tem-se, na verdade, especificamente na hipótese de decisão administrativa a ela desfavorável, não a ocorrência de situação submetida à "reserva relativa de jurisdição", mas, pragmaticamente, de "reserva absoluta de jurisdição" administrativa, o que se mostra incompatível com o sentido de *jurisdição una*, a que historicamente se acha filiado o ordenamento jurídico brasileiro. Essa questão será objeto de análise no tópico 4.1.4.5.

[753] O que ocorre tanto no controle concentrado, com a ação direta de inconstitucionalidade (art. 102, I, 'a'), como no controle difuso, em que a decisão definitiva do Supremo Tribunal Federal declarando incidentalmente a inconstitucionalidade de lei habilita o Senado Federal a suspender a sua execução (art. 52, X).

[754] POLETTI, Ronaldo. *Controle da constitucionalidade das leis,* p. 199-200.

do: Celso Ribeiro Bastos,[755] Antonio da Silva Cabral,[756] Marilene Talarico Martins Rodrigues,[757] Moisés Akselrad,[758] Fernando Facury Scaff,[759] Helenilson Cunha Pontes.[760]

No entanto, esse entendimento, de ordem técnico-processual, peca por não distinguir entre "invalidade da lei em tese" e "invalidade casuística da lei", tratando igualmente situações substancialmente diversas sob o ponto de vista institucional do Direito, como se verá adiante.

Do quanto exposto, vê-se que é sim possível uma leitura constitucional do princípio da separação dos poderes que o compatibilize com a tese segundo a qual órgãos administrativos de julgamento, no âmbito do processo administrativo, têm competência para recusar a aplicação de lei que entenda inconstitucional. Todavia, convém reconhecer que, aliado ao princípio democrático, o princípio da separação dos poderes assume uma conformação jurídica de índole mais tradicional, a orientar que a Administração submeta-se às disposições normativas emanadas do Poder cujos agentes foram eleitos pelo povo.

4.1.4.3. Princípio democrático e processo administrativo

O fenômeno da processualização ou jurisdicionalização da atividade administrativa exigiu a instituição de órgãos específicos dentro da estrutura organizacional da Administração, compostos por servidores públicos especializados no trato da ma-

---

[755] BASTOS, Celso Ribeiro. *Curso de direito constitucional*. São Paulo: Celso Bastos Editor, 2002, p. 25. Para o constitucionalista brasileiro, "o administrador deve cumprir simultaneamente a lei e a Constituição. No entanto, quando a lei ferir a Constituição, é lícito à Administração Pública preferir a aplicação do Texto Constitucional à própria norma subconstitucional, em virtude do princípio da hierarquia das normas. Frise-se que ao assim proceder não estará a Administração declarando a inconstitucionalidade da lei, que é função exclusiva do Poder Judiciário, estará apenas respeitando o princípio da hierarquia normativa".

[756] CABRAL, Antonio da Silva. *Processo administrativo fiscal*. São Paulo: Saraiva, 1993, p. 544-545.

[757] RODRIGUES, Marilene Talarico Martins. Algumas questões do processo administrativo tributário. *In:* MARTINS, Ives Gandra da Silva (Coord.). *Processo administrativo tributário*. São Paulo: Revista dos Tribunais, 1999, p. 333-334. Para a tributarista, "o contribuinte, ao alegar matéria constitucional em sua defesa administrativa, não pede ao órgão julgador administrativo a declaração de inconstitucionalidade da lei, competência que em nosso ordenamento jurídico é reservada ao Poder Judiciário, mas tão-somente que seja cumprida a Constituição".

[758] AKSELRAD, Moisés. Algumas questões do processo administrativo tributário. *In:* MARTINS, Ives Gandra da Silva (Coord.). *Processo administrativo tributário*. São Paulo: Revista dos Tribunais, 1999, p. 420.

[759] SCAFF, Fernando Facury. Algumas questões do processo administrativo tributário. *In:* MARTINS, Ives Gandra da Silva (Coord.). *Processo administrativo tributário*. São Paulo: Revista dos Tribunais, 1999, p. 551.

[760] PONTES, Helenilson Cunha. Algumas questões do processo administrativo tributário. *In:* MARTINS, Ives Gandra da Silva (Coord.). *Processo administrativo tributário*. São Paulo: Revista dos Tribunais, 1999, p. 610. Nas incisivas palavras do tributarista paraense: "A Administração Pública, portanto, não possui competência institucional para declarar uma lei (ou um texto de lei) inconstitucional, mas como pressuposto do desenvolvimento da função administrativa, formula (e assim deve ser), sempre diante das particularidades do caso concreto, um juízo sobre a validade da interpretação (norma jurídica individual) extraída de um determinado texto de lei, em relação aos demais mandamentos da ordem jurídica, sobretudo aqueles de âmbito constitucional. Este juízo, repita-se, não incide sobre a validade potencial da lei, mas sobre a sua validade concreta, isto é, sobre a sua validade no caso concreto, daí porque não se declarará a inconstitucionalidade da lei, mas a invalidade da norma jurídica individual dela extraída, no caso concreto, pelo agente que formula o ato administrativo sindicado".

téria objeto de sua atuação e gozando de relativa independência e imparcialidade no desempenho da atividade judicante, competindo-lhes julgar a aplicação da lei em controvérsias administrativas instauradas pelo administrado. O instrumento dessa atividade é o processo administrativo, cuja estrutura e dinâmica estão demarcadas pelo plexo constitucional das garantias processuais integrantes do *núcleo comum da processualidade*. Nesse rol, surge sobranceiro o princípio da ampla defesa, que sabidamente contém norma habilitadora de competência (dever-poder) para que tanto o julgador administrativo quanto o judicial possam examinar e decidir todas as alegações formuladas pelos administrados, inclusive a de inconstitucionalidade de leis. Nessa esteira, Hugo de Brito Machado assevera que os órgãos pertencentes às Administrações Judicantes "praticam atividade substancialmente jurisdicional, desempenhada, aliás, em processo de certo modo idêntico àquele no que se desenvolve a atividade peculiar, própria do Poder Judiciário", embora outras razões impelem-no a negar a possibilidade de a autoridade administrativa apreciar e decidir arguições de inconstitucionalidade.[761]

Em razão do alcance garantístico conferido pela Constituição ao processo administrativo, não se pode deixar de inferir que mesmo os atos normativos imantados pela legitimação decorrente do sufrágio popular possam ser recusados em sede de processo administrativo, o que, de certo modo, conduz a atuação administrativa judicante a um déficit de legitimidade democrática. Mas a que concepção de democracia essa última afirmação se reporta?

A versão liberal do princípio democrático vislumbra legitimidade político-jurídica apenas nas decisões tomadas pela maioria dos membros das casas legislativas. A lei como expressão da vontade geral deve submeter a todos, cidadãos, agentes públicos e o próprio Estado, por ser sempre reta e buscar o interesse comum.[762] Nesse quadro, o Poder Executivo é mero delegado e executor das decisões do Poder Legislativo.[763]

Corolário dessa concepção do valor democrático reside no princípio do primado ou da superioridade da lei, que se viu definir ao longo do século passado. O declínio filosófico, político e operacional da lei, a que se refere Manoel Gonçalves Ferreira Filho,[764] irrompe em desfecho após ficar claro para o mundo que a lei pode embutir graves desvios éticos e servir de propósitos insanos de dominação, pela maioria política, da minoria política, étnica, religiosa etc.

O movimento constitucionalista, a partir da segunda metade do século XX, rompe com a ideia de primazia da lei e, por conseguinte, com a de soberania do parlamento, ao postular que a Constituição, e não mais a lei, deve ser o centro da vinculação jurídica dos Poderes Públicos. A crise da lei importou, como se viu, na crise da ideia de vinculação administrativa à lei.

A democracia tradicional entra em tensão com o constitucionalismo, algo sequer imaginável no Estado de Direito de perfil liberal. Ganha, com isso, novos sen-

---

[761] MACHADO, Hugo de Brito. Algumas questões do processo administrativo tributário. *In:* MARTINS, Ives Gandra da Silva (Coord.). *Processo administrativo tributário.* São Paulo: Revista dos Tribunais, 1999, p. 150-151.

[762] ROUSSEAU, Jean-Jacques. *Do contrato social.* São Paulo: Martin Claret, 2000, p. 41.

[763] *Ibidem*, p. 63-64.

[764] FERREIRA FILHO, Manoel Gonçalves. O princípio da legalidade. *Revista da Procuradoria Geral do Estado de São Paulo*, nº 10, p.15-17, jun./1977.

tidos, novas teorias para explicar e estabelecer uma compatibilização de ambos os conceitos.[765]

Se a lei já não pode dispor de qualquer modo sobre a vida dos homens em sociedade, é porque há de submeter-se aos princípios e regras consagrados na Constituição. Firma-se a ideia de supremacia da Constituição. Em síntese dialética, enuncia-se o princípio da presunção de constitucionalidade das leis, um sinal de deferência ao princípio democrático, "que cobre e protege a autoridade do legislador". Ambas as noções, supremacia da Constituição e presunção de constitucionalidade das leis, têm origem na tradição estadunidense e foram introduzidas no Brasil pela pena doutrinária de Rui Barbosa.[766]

Por sua vez, uma dessas novas concepções de democracia se vê marcada pela conexão com a ideia de processualidade no exercício do poder estatal, numa tentativa de situar a democracia para além do regime caracterizado pela eletividade dos membros do Poder Legislativo.[767] Como informa Odete Medauar, se o vínculo entre processo e democracia foi primeiramente ressaltado pela doutrina constitucionalista e processualista, os administrativistas dedicados aos estudos do processo administrativo não deixaram de correlacioná-lo à democracia "como uma das searas mais fecundas à efetividade desta".[768]

Assim, o processo administrativo passa a servir de instrumento de realização e aperfeiçoamento democrático e constitucional da própria Administração, ao propiciar ao administrado a oportunidade de influir no teor da decisão final, mediante fatos, provas e argumentos que por ele possam ser oferecidos. A existência de vários pontos de vista, vários argumentos e várias interpretações das leis e dos fatos expressa o pluralismo característico da democracia, exigindo que o tratamento desses diversos dados se dê no âmbito do processo administrativo (Democracia formal).

Todavia, o aperfeiçoamento democrático da Administração demanda mais que a garantia formal do processo administrativo. Impõe-se também que, na atividade de julgamento, a autoridade administrativa se torne um aplicador direto da Constituição, fazendo valer a sua supremacia formal e material sobre todo o ordenamento jurídico, a partir do que se abre a possibilidade jurídica de o julgador administrativo recusar a aplicação de lei que viole direitos e garantias fundamentais (Democracia substancial).[769]

---

[765] Canotilho apresenta as diversas teorias normativas da democracia, associadas às discussões em torno do Estado de Direito, da constituição e do constitucionalismo. São elas: teoria liberal, teoria republicana ou comunitarista, teoria deliberativa, teoria discursiva, e democracia corporativa (CANOTILHO, J. J. Gomes. *Direito constitucional e teoria da Constituição*, p. 1320-1323).

[766] BONAVIDES, Paulo. *Teoria constitucional da democracia participativa*: por um direito constitucional de luta e resistência, por uma nova hermenêutica, por uma repolitização da legitimidade. São Paulo: Malheiros, 2003, p. 247-253.

[767] Canotilho aponta essas duas dimensões do princípio democrático: (i) a democracia representativa, que acolhe os mais importantes postulados da teoria democrática representativa, quais sejam, órgãos representativos, eleições periódicas, pluralismo partidário, separação dos poderes; (ii) democracia participativa, que impõe a estruturação de processos que ofereçam aos cidadãos efetivas possibilidades de aprender a democracia, participar nos processos de decisão, exercer controle crítico na divergência de opiniões, influenciar politicamente (CANOTILHO, J. J. Gomes. *Op. cit.*, p. 282).

[768] MEDAUAR, Odete. *Processualidade no direito administrativo*, p. 84-85.

[769] BRITTO, Carlos Ayres. *Op. cit.*, p. 185: "[...] não é difícil perceber que a Democracia é o único valor que perpassa *os poros todos da axiologia constitucional* (valor subjacente a tudo o mais), no sentido de que: a) enquanto processo ou via de formação e deliberação de uma norma jurídico-primária

Com acerto, dir-se-á que a cautela dos órgãos administrativos de julgamento na apreciação de arguições de inconstitucionalidade das leis deve ser superior à dos órgãos integrantes do Poder Judiciário, haja vista a peculiar especialização funcional e a independência de que goza esse Poder, atributos esses presentes em grau menor nos órgãos administrativos judicantes.[770] É que os julgadores são escolhidos entre servidores da própria Administração Ativa (independência orgânica relativizada) e normalmente estão submetidos às normas infralegais emanadas de autoridades administrativas superiores (independência funcional relativizada). Por outro lado, possuem certa independência em virtude de a permanência da autoridade na função contar com prazo preestabelecido, como sucede com os julgadores das Delegacias da Receita Federal do Brasil de Julgamento e do Conselho Administrativo de Recursos Fiscais.

Sobre a medida do ativismo hermenêutico do julgador administrativo, é oportuno trazer o argumento utilizado por Robert Alexy para rechaçar a suposta contrariedade entre o princípio democrático e a tese da vinculação entre Direito e moral. Em face do alegado perigo de o julgador deixar de observar, com base no senso próprio de justiça, as decisões do legislador democraticamente legitimado, responde o jusfilósofo que um conceito não positivista somente nega o caráter jurídico em casos de "extrema injustiça",[771] melhor dizendo, "manifesta inconstitucionalidade", como referido por Paulo Otero.

Assim, se inicialmente a atuação judicante de negar eficácia à lei manifestamente inconstitucional aparentava consubstanciar um desvirtuamento democrático, mostra-se, num momento posterior, que tal atuação realiza melhor os valores constitucionais, dentre eles os democráticos e os humanitários.

4.1.4.4. Princípio da segurança jurídica

A segurança jurídica também é um dos princípios assaz aduzidos como fundamento da inexistência da competência administrativa para examinar e decidir questões constitucionais, no âmbito do processo administrativo.[772]

(Democracia Formal), compreende e legitima a produção em si de todas as leis em sentido material, sejam quais forem os conteúdos dessas leis; b) enquanto fim ou objetivo de toda norma jurídica primária mesma (Democracia Substancial), incorpora a positivação de valores que se marquem por uma densa vertente popular (tanto no campo institucional como na área das franquias individuais e dos direitos sociais". Acrescenta em seguida que: "Assim incorporando uma dimensão processual (modo pelo qual o povo participa, ora direta, ora indiretamente, da produção e execução do Direito) e uma coloração material (compromisso das normas jurídicas gerais com a defesa e promoção dos indivíduos e daqueles que só podem ser concebidos como parcela do todo social), *a Democracia ganha a suprema virtude de legitimar por todos os ângulos o Poder*".

[770] Autores que reconhecem à Administração um poder de recusar a aplicação de certas normas que contrariam determinados preceitos constitucionais, tais como Jorge Miranda, Paulo Otero, José Carlos Vieira de Andrade, também afirmam que a força vinculativa da Constituição como critério de aferição da validade das normas goza de grau de incidência diferente nas atividades aplicativas do juiz e do administrador (OTERO, Paulo. *Op. cit.*, p. 668).

[771] ALEXY, Robert. *El concepto y la validez del derecho*, p. 61.

[772] SILVA, Sergio André R. G. da. *Controle administrativo do lançamento tributário*, p. 160. No mesmo sentido, BINENBOJM, Gustavo. *A nova jurisdição constitucional*, p. 242. Até o advento da Emenda Constitucional nº 45/2004, esse autor aduzia que: "Por medida de segurança jurídica [...] tal prerrogativa deve ser reservada, com exclusividade, ao Chefe do Executivo, sendo vedado a qualquer

Não há dúvida de que o Direito não se compagina com insegurança, imprevisibilidade e incerteza, porquanto a segurança é elemento estruturante da própria ideia de Direito.[773] Essa noção também acompanha o homem em sociedade desde tempos imemoriais, pois a ideia de Direito traz consigo a nota do cálculo, da previsão das consequências negativas que poderão advir caso uma norma seja descumprida.

Segundo Artur Kaufmann, para que o Direito seja capaz de proporcionar segurança ao homem em sociedade, três são os momentos do fenômeno jurídico em que ela deve se fazer presente: positividade, exequibilidade prática e estabilidade do Direito.[774]

Em primeiro lugar, a *positividade* exige mais do que um Direito posto (Radbruch) para que o Direito seja seguro. Faz-se necessário que os pressupostos da lei estejam estabelecidos da forma mais exata possível, para que o cidadão possa posicionar-se perante a lei, de modo que constituem uma ameaça à segurança jurídica os conceitos indeterminados (bem inservível, produto poluente), as cláusulas gerais (interesse público, boa-fé, equidade, função social) e outros elementos normativos (falta de zelo, urbanidade, lealdade).

Em segundo lugar, a *exequibilidade prática* exige que o conhecimento dos fatos jurídicos relevantes seja isento de erro, o que leva frequentemente a um aumento da formalização das hipóteses normativas.

Por último, e em terceiro lugar, a *estabilidade* exige a permanência e a durabilidade do Direito legislado e do Direito aplicado. Assim, não se coaduna com a ideia de segurança jurídica "uma legislação de oportunidade" ou uma falta de uniformidade na aplicação do Direito.

A ocorrência dos fenômenos da constitucionalização e principialização do Direito a partir da segunda metade do século XX, na Europa ocidental, e a partir de 1988, no Brasil, quebrantou, de certo modo, cada um desses momentos.[775] Com efeito, em primeiro lugar, o Direito positivo já não mais se compõe só de regras, mas também de princípios, que são normas com grau de abstração e indeterminabilidade superior àquelas. Assim, os princípios são vagos e indeterminados, carecendo de mediação concretizadora mais intensa do que a exigida pelas regras, que geralmente são suscetíveis de aplicação direta.[776] O nosso texto constitucional está repleto de normas jurídicas com elevado grau de abertura semântica, como, por exemplo, os princípios e objetivos fundamentais, as normas programáticas (normas-tarefa e normas-fim) e as normas de direitos fundamentais. Ademais, essas normas não se põem em segundo plano em relação às regras jurídicas; muito ao contrário, são normas de

---

outro servidor dos quadros da Administração Pública que, *sponte sua*, denegue cumprimento à lei." (grifo nosso).

[773] RADBRUCH, Gustav. *Filosofia do Direito*. São Paulo: Martins Fontes, 2004, p. 108. O jurista alemão afirma que três são os elementos que compõem a ideia de Direito: justiça, segurança e utilidade, que se exigem mutuamente e se implicam dialeticamente. A segurança jurídica "exige positividade do direito: se não se pode identificar o que é justo, então é necessário estabelecer o que deve ser jurídico, e de uma posição que esteja em condições de fazer cumprir aquilo que foi estabelecido". Justiça enquanto igualdade jurídica; segurança enquanto positividade; utilidade enquanto adequação a um fim.

[774] KAUFMANN, Arthur. *Filosofia do direito*, p. 281-284.

[775] Verifica-se, na verdade, uma crise no conceito de segurança jurídica, que tem explicação em múltiplas causas. A esse respeito, confira OTERO, Paulo. *Lições de introdução ao estudo do direito*. V. 1. Lisboa: 1998, p. 205 et *seq*.

[776] CANOTILHO, J. J. Gomes. *Op. cit.*, p. 1086.

natureza estruturante e com papel fundamental no ordenamento jurídico.[777] Disso resulta a vinculação às normas que possuem elevado grau de indeterminação *a priori* e, portanto, carentes de densificação semântica a cargo do aplicador do Direito.

Em segundo lugar, a exequibilidade prática das regras se apresenta num grau maior do que a exequibilidade prática dos princípios, já que estes são normas que comportam aplicação a situações *a priori* indefinidas, ao passo que aquelas são editadas para serem aplicadas a uma situação jurídica predeterminada.

Por fim, em terceiro lugar, a estabilidade do Direito legislado de natureza administrativa resta seriamente abalada pela característica revelada pelo ramo jusadministrativo: *pluralidade de fontes normativas tratando do mesmo objeto* e c*ontingência e variabilidade das normas.*[778] Por sua vez, a estabilidade do Direito Administrativo aplicado é necessariamente menor num Direito composto por princípios do que num Direito exclusivamente formado por regras. Com efeito, o Direito aplicado já não se encontra pronto no plano da expressão do ordenamento jurídico para simplesmente ser aplicado ao caso concreto, porquanto qualquer significado normativo primariamente inequívoco extraído de um preceito jurídico há de ser confirmado, informado ou infirmado pelo sentido obtido da consideração do ordenamento jurídico como um todo. Nessa tarefa, assume ativo e fundamental papel o intérprete-administrativo, que não somente aplica a lei, mas também constrói o Direito.

Cumpre destacar, todavia, que todas essas transformações pelas quais tem passado o Direito não o tornam incompatível com a ideia de segurança. O certo é que já não se cuida mais de um conceito de segurança forjado no influxo teórico-normativo do positivismo legalista – que, ainda assim, não lograva expungir do Direito todo e qualquer traço de indeterminação e incerteza jurídica –, mas de uma ideia de segurança erigida sobre os novos paradigmas do neoconstitucionalismo.

Uma nova concepção do princípio da segurança jurídica segue paralelamente a uma releitura do postulado da vinculação do julgador à lei. Com efeito, na medida em que a correção da decisão jurídica se baseava exclusivamente na vinculação a parâmetros legais, a atuação do julgador não teria outra tarefa senão a de concretizar o conteúdo da lei, tendo em vista o caso concreto. Dessa forma, o ideal de segurança jurídica parecia alcançado sob dois aspectos: (i) a norma geral vincula a decisão de vários casos em ordem a estabelecer uma *jurisprudência regular e uniforme*; (ii) as decisões jurídicas podem ser, cada uma delas, *previstas de antemão*, pois decorrem de norma jurídica previamente formulada.[779]

Como se vê, a *previsibilidade* e a *estabilidade* na aplicação do Direito são as notas essenciais da ideia de segurança jurídica sob o enfoque tradicional. Nessa perspectiva, Canotilho doutrina que a segurança jurídica postula precisão e determinabilidade da lei, ou seja, a conformação material e formal dos atos normativos em termos linguisticamente claros, compreensíveis e não contraditórios. A exigência de determinabilidade da lei reconduz-se a duas outras exigências fundamentais. A primeira exige *clareza das normas legais,* pois "de uma lei obscura ou contraditória

---

[777] CANOTILHO, J. J. Gomes. *Op. cit.*, p. 1086.
[778] OTERO, Paulo. *Legalidade e administração pública*, p. 699. O autor denomina esse fenômeno de "neofeudalização do complexo normativo" jurídico-administrativo.
[779] HASSEMER, Winfried. Sistema jurídico e codificação: a vinculação do juiz à lei. *In: Introdução à filosofia do direito e à teoria do direito contemporâneas.* Lisboa: Fundação Calouste Gulbenkian, 2002, p. 282.

pode não ser possível, através da interpretação, obter um sentido inequívoco capaz de alicerçar uma solução jurídica para o problema concreto". A segunda, por sua vez, reclama *densidade normativa suficiente* na disciplina legal, pois que "um acto legislativo (ou um acto normativo em geral) que não contém uma disciplina suficientemente concreta (= densa, determinada) não oferece uma *medida* jurídica capaz de: (1) alicerçar *posições* juridicamente protegidas dos cidadãos; (2) constituir uma *norma de actuação* para a administração; (3) possibilitar, como *norma de controlo*, a fiscalização da legalidade e a defesa dos direitos e interesses dos cidadãos".[780]

Tal configuração da segurança jurídica bastava à concepção do Direito patrocinada pelo positivismo legalista de matriz iluminista, segundo o qual a lei continha todo o Direito e era expressão invariável da justiça (igualdade formal) e da vontade geral. Todavia, com o advento do Estado de Direito Constitucional, compromissado que está com a realização dos valores humanitários e democráticos, passou-se a perceber que a ideia de segurança no Direito não se perfaz apenas mediante previsibilidade e estabilidade da atuação normativa e concreta dos poderes estatais. Com efeito, leis claras e densas podem dar azo a incertezas jurídicas se sobre elas pairarem dúvidas quanto à sua legitimidade constitucional e à sua aceitação pela comunidade jurídica. Leis de duvidosa constitucionalidade também se revelam inseguras, incertas, indeterminadas, tendo em vista que a validade da lei já não mais se respalda apenas no princípio da soberania do Parlamento, mas também na observância da Constituição.[781] Se uma lei tem validade suspeita em face do texto constitucional, até que o Guardião Maior da Constituição venha estabelecer entendimento sobre a validade da lei, não se saberá ao certo se o seu sentido vinculante deve ou não obrigar o jurisdicionado.

Para demonstrar que o grau de aceitação social ou de legitimidade constitucional da lei passa a integrar a noção de segurança jurídica, calha observar que, mesmo diante de decisão do Supremo Tribunal Federal acertando a conformidade constitucional de lei, é bem possível que incertezas sobre sua validade perseverem no tempo e, por conseguinte, não se obtenha a almejada estabilidade na aplicação do Direito. A título ilustrativo, quando o STF indeferiu, em 06.10.1999, medida cautelar na ADI nº 1.976-DF,[782] para suspender a eficácia do § 2º do art. 33 do Decreto nº 70.235/1972, acrescido pela Medida Provisória nº 1.621/1997, posteriormente convertida na Lei nº 10.522, de 19.07.2002, que instituiu o depósito recursal como requisito de admissibilidade do recurso voluntário ao Conselho de Contribuintes

---

[780] CANOTILHO, J. J. Gomes. *Op. cit.*, p. 253.

[781] O dado principal que motivou a instituição da Ação Declaratória de Constitucionalidade (ADC) no sistema concentrado de controle de constitucionalidade das leis no Brasil foi o de que leis e atos normativos federais de duvidosa constitucionalidade são capazes de ensejar grave insegurança ou incerteza jurídica em sede do controle difuso. Com efeito, a controvérsia jurisdicional sobre a validade constitucional da lei pode adquirir dimensão tal que a presunção de constitucionalidade fique seriamente comprometida, exigindo-se a adoção de um instrumento que seja apto a solver a controvérsia em torno da validade constitucional da lei. A ADC é, então, esse instrumento. Elevando a "controvérsia da questão constitucional" à condição da ADC, Moreira Alves deixou explicitado, logo na ADC nº 1-1/DF, que "na ação de constitucionalidade só se pode vislumbrar interesse de agir diante da controvérsia grave em torno da legitimidade da norma, capaz de abalar a presunção de sua constitucionalidade. A ação visa à defesa da integridade da ordem jurídica, de modo que a configuração de uma situação contrária ao direito, a justificar a instauração do processo constitucional, depende da verificação objetiva de um estado de dúvida de grandes proporções quanto à legitimidade da norma".

[782] STF, MC na ADI nº 1.976-DF, Pleno, Rel. Min. Moreira Alves, j. 06.10.1999. DJU 24.11.2000.

no âmbito do processo administrativo fiscal, a jurisprudência ordinária e a doutrina não deixaram de sustentar a invalidade constitucional da lei, para daí pugnar pela sua inaplicabilidade, justificando tal conclusão na explícita contrariedade da norma questionada com o inciso LV do art. 5º da Constituição, que prevê o "direito ao recurso" nos processos administrativo e judicial.[783] A controvérsia sobre a validade constitucional da lei somente veio dissipar-se com o julgamento do mérito da referida ADI, no dia 28.03.2007,[784] quando a Suprema Corte declarou a inconstitucionalidade da exigência do depósito recursal como requisito de admissibilidade do recurso administrativo.[785] Se antes, por ocasião do exame da cautelar, o STF entendera que o depósito destinado à garantia de instância administrativa não ofendia o direito de petição ou os princípios constitucionais da ampla defesa e do devido processo legal, posteriormente, na análise do mérito, o próprio Tribunal reconheceu a contrariedade da exigência legal a essas mesmas normas constitucionais.[786]

Com base nessas considerações, urge uma reformulação conceitual do princípio da segurança jurídica. Como noticia Samantha Chantal Dobrowolski, Aulis Aarnio incorpora a aceitabilidade ao conteúdo significativo da certeza jurídica, um dos conceitos basilares na tese do jurista finlandês, que introduziu a noção de adequação social no processo de justificação do Direito.[787] Sem compromissos mais estreitos com a obra de Aarnio, convém notar apenas que o conceito de certeza jurídica, enquanto expectativa social de proteção jurídica, traduz mais uma tentativa de conciliar, na aplicação do Direito, a certeza (previsibilidade) com a legitimidade (correção), o que induz a uma reformulação do conceito de segurança jurídica para adequá-lo às exigências do Direito pós-moderno, em que a tensão entre previsibilidade (legalidade) e legitimidade (Constituição) é de ordem estrutural.

Assim, além dos elementos previsibilidade e estabilidade, instrumentalizados pelo princípio da legalidade, acresce-se ao conteúdo semântico da segurança jurídica o elemento da legitimidade constitucional, instrumentalizado, por sua vez, pela aplicabilidade direta e imediata da Constituição. Vale dizer que a segurança no

---

[783] Para maiores detalhes sobre o assunto, confira, dentre vasta bibliografia, XAVIER, Alberto. Da inconstitucionalidade da exigência de garantia como condição de admissibilidade de recursos no processo administrativo em geral e no processo administrativo fiscal em particular. *Revista Dialética de Direito Tributário*. São Paulo, nº 101, p. 7-35, fev./2004. A esse respeito, este autor conclui que: "no que respeita aos processos administrativos em geral (incluindo o processo administrativo fiscal) a inconstitucionalidade tem como fundamento a violação do art. 5º, LV, da Constituição, eis que o direito ao recurso, inerente ao princípio da ampla defesa, significa, tanto no processo judicial quanto no processo administrativo, o direito a que as decisões administrativas primárias sejam objeto de um duplo ato de julgamento, direito esse que, tratando-se de direito e garantia fundamental, é objeto de reserva de Constituição originária, sendo insuscetível de restrição por emenda constitucional ou por legislação infraconstitucional, restrição essa que é paradigmaticamente o caso da exigência de garantia como condição de admissibilidade do recurso" (p. 35).

[784] STF, ADI nº 1.976-DF, Pleno, Rel. Min. Joaquim Barbosa, j. 28.03.2007, DJU 18.05.2007.

[785] Para mais informações, consultar o Informativo STF nº 461, de 26 a 30 de março de 2007.

[786] Eis excerto da ementa do Acórdão nesse sentido: "A exigência de depósito ou arrolamento prévio de bens e direitos como condição de admissibilidade de recurso administrativo constitui obstáculo sério (e intransponível, para consideráveis parcelas da população) ao exercício do direito de petição (CF, art. 5º, XXXIV), além de caracterizar ofensa ao princípio do contraditório (CF, art. 5º, LV)". Em 20.10.2009, o STF aprovou a Súmula Vinculante nº 21: "É inconstitucional a exigência de depósito ou arrolamento prévio de dinheiro ou bens para admissibilidade de recurso administrativo".

[787] DOBROWOLSKI, Samantha Chantal. *A justificação do Direito e sua adequação social*: uma abordagem a partir da teoria de Aulis Aarnio. Porto Alegre: Livraria do Advogado, 2002, p. 54 e 82.

Direito não resulta apenas da inteligibilidade da lei, mas também da sua legitimidade constitucional, que se traduz na certeza aplicativa da Constituição, como fator de satisfação das legítimas expectativas sociais, de pacificação e agregação social.

Compreende esse sentido Cármen Lúcia Antunes Rocha, para quem a "segurança jurídica pode ser considerada como a certeza do indivíduo na correta aplicação dos valores e princípios de Justiça absorvidos pelo sistema de direito adotado em determinada sociedade".[788]

Assim, não se aproveita muito uma lei ser clara e precisa no seu significado normativo se este não se conforma à principiologia constitucional, e se, por essa razão, sua aceitabilidade é socialmente escassa. O ideal positivista de uma jurisprudência regular e uniforme não pode ser alcançado apenas mediante leis compreensíveis e unívocas, mas igualmente por meio de leis consideradas justas.[789] A segurança no Estado Democrático de Direito já não é um conceito puramente formal, que se traduziria no respeito incondicional à legalidade estrita e na universalidade aplicativa do preceito estabelecido em lei (igualdade jurídica). Esse conceito hoje tem um conteúdo também material, que se impregna do núcleo axiológico da Constituição (valores humanitários e democráticos), quando este é vivenciado, sentido ou apreendido pela comunidade jurídica.[790]

Procurando estilar um conceito de segurança jurídica adequado à fórmula do Estado Democrático de Direito, Vanice Regina Lírio do Valle assevera que:

> [...] já se sabe que texto legislado não se identifica necessariamente com critério jurídico eticamente aceitável, ou menos ainda, valorativamente adequado, tendo em consideração os parâmetros principiológicos constitucionalmente estabelecidos. Não deflui portanto, pura e simplesmente do texto legislador, a pretendida segurança jurídica, eis que aquela que o Estado Democrático de Direito busca tutelar não é a que resulta da observância formal do texto escrito, mas aquela comprometida com os valores constitucionalmente qualificados.[791]

Do quanto expendido, vê-se que é sim possível uma leitura constitucional do princípio da segurança jurídica que o compatibilize com a tese segundo a qual órgãos administrativos de julgamento, no âmbito do processo administrativo, têm competência para recusar a aplicação de lei que entenda inconstitucional. Não se trata de uma competência ampla, mas de uma competência cujo exercício há de submeter-se a determinadas condições, para que a segurança jurídica não seja atingida nos seus elementos mais caros: a previsibilidade jurídica e a estabilidade na aplicação do Direito.

---

[788] ROCHA, Cármen Lúcia Antunes. Princípios constitucionais do processo administrativo no direito brasileiro. *Revista de Informação Legislativa*. Brasília, ano 34, nº 136, p. 7, out.-dez./1997.

[789] Em sentido contrário, Gustav Radbruch afirma que o direito injusto não é totalmente inútil, pois, mediante a sua vigência, cumpre ao menos a finalidade da segurança jurídica. Para ele, essa segurança não é tanto senso de justiça; é mais senso de liberdade ou senso de ordem (RADBRUCH, Gustav. *Introdução à ciência do direito*, p. 228).

[790] Nesse sentido, disserta Pablo Lucas Verdú, ao procurar rebater as posições inteiramente contrárias ao método da interpretação axiológica no Direito: "[...] se seguirmos essas posturas, desdenharemos ou rechaçaremos a segurança e a justiça sociais, absolutizando a segurança formal (postura conservadora). No final, tal postura produziria maior insegurança, [...]" (VERDÚ, Pablo Lucas. *O sentimento constitucional*: aproximação ao estudo do sentir constitucional como modo de integração política. Trad.: Agassiz Almeida Filho. Rio de Janeiro: Forense, 2004, p. 6).

[791] VALLE, Vanice Regina Lírio do. Delegificação, legitimidade e segurança jurídica: hermenêutica constitucional como alternativa de harmonização. *A & C Revista de Direito Administrativo e Constitucional*. Belo Horizonte, ano 4, nº 18, p. 163, out.-dez./2004.

Por mais que se adote um conceito constitucionalmente renovado de segurança jurídica, de forma a viabilizar um controle administrativo da legitimidade constitucional das leis, o exercício dessa competência pode trazer sérias implicações para a estabilidade na aplicação do Direito no âmbito da Administração Pública Judicante. A quebra da uniformidade de decisão administrativa resultaria, num primeiro momento, do fato de que nem todos os julgadores se disporiam a exercer tal competência.[792] Isto advém porque, por um lado, alguns mais ciosos na realização do interesse secundário da Administração, ou temerosos de uma repressão disciplinar da Corregedoria, certamente se manteriam numa posição passiva frente ao texto legal para dar-lhe aplicabilidade incondicional, ainda que entendessem a lei claramente inconstitucional.

Em posição contrária, outros mais sensíveis e corajosos, ou intelectualmente convictos sobre a matéria, provavelmente afastariam a aplicação da lei caso considerassem-na constitucionalmente inválida. Decerto, em virtude do incipiente aprimoramento constitucional dos órgãos administrativos de julgamento, atuações como esta última teriam menor incidência do que outras. Todavia, à medida que essas instituições se aperfeiçoem profissionalmente e venham a tomar consciência do compromisso constitucional, a estabilidade do Direito aplicado vem fortalecer-se, mas agora sob as bases de um Direito fundado no princípio da legitimidade constitucional, cuja ascensão vem progressivamente suplantando a concepção fundada no princípio da legalidade ou normatividade estrita.

Não obstante, adverte Kiyoshi Harada, a questão de saber se uma determinada lei é inconstitucional ou não, é, muitas vezes, bastante complexa e difícil. Isto se nota no fato de que, mesmo na esfera judicial, a declaração de inconstitucionalidade de determinada lei não tem encontrado unanimidade nos juízes e tribunais, e costuma levar um tempo até que o Supremo Tribunal Federal sobre ela se manifeste em definitivo.[793]

Ademais, o pronunciamento administrativo, reconhecendo a inconstitucionalidade de lei restritiva dos direitos do administrado, tornar-se-ia definitivo, dotado, pois, de irrevisibilidade e imutabilidade, haja vista a decisão que desfavorece a Administração Pública não ser passível de reforma perante o Poder Judiciário, como amplamente sustentado pela doutrina e pela jurisprudência.[794-795]

---

[792] A preocupação quanto às divergências de entendimento a respeito da validade constitucional de uma lei questionada perante a Administração é demonstrada por Kiyoschi Harada no seguinte excerto: "é impossível ao servidor público praticar atos de ofício, diariamente, sem que se presuma a constitucionalidade das normas em vigor. Se milhares de servidores fossem aplicar ou deixar de aplicar determinadas normas, por entender inconstitucionais, geraria um verdadeiro caos no seio da Administração, em razão da natural divergência de entendimento acerca da matéria. Por isso é conveniente que o agente público deixe de aplicar a lei somente após a sua declaração de inconstitucionalidade, em definitivo, pelo Judiciário" (HARADA, Kiyoshi. Algumas questões do processo administrativo tributário. *In:* MARTINS, Ives Gandra da Silva (Coord.). *Processo administrativo tributário.* São Paulo: Revista dos Tribunais, 1999, p. 368).

[793] HARADA, Kiyoshi. Algumas questões do processo administrativo tributário. *In:* MARTINS, Ives Gandra da Silva (Coord.). *Processo administrativo tributário.* São Paulo: Revista dos Tribunais, 1999, p. 368.

[794] Confira, nesse sentido, MARTINS, Ives Gandra da Silva (Coord.). *Processo administrativo tributário.* São Paulo: Revista dos Tribunais, 1999. Acerca do tema se falará algo adiante.

[795] Sobre a implicação que tal competência traz ao princípio da isonomia, traduzido aqui na exigência de uniformidade de decisão administrativa, discorre Hugo de Brito Machado: "[...] se um órgão do

Do exposto, perquirem-se condições sob as quais o exercício da competência administrativa não venha a comprometer sensivelmente a previsibilidade e a estabilidade aplicativa do Direito e, ao mesmo tempo, leve em conta, na avaliação da segurança jurídica, a legitimidade constitucional da lei. Uma atuação judicante nesse sentido, ou seja, que resguardaria equilibradamente os três elementos estruturais da segurança jurídica, ocorre na hipótese de lei *manifestamente inconstitucional ou injusta*.

Nessa ordem de ideias, Robert Alexy, ao rebater o argumento de que um conceito não positivista do Direito poria em perigo a segurança jurídica, sustenta que:

> Efetivamente, este argumento atinge aquelas variantes não positivistas que partem de uma tese forte da vinculação [entre Direito e Moral], isto é, sustentam que toda injustiça conduz à perda de juridicidade. [...]
>
> Aqui se trata unicamente da questão de saber se um conceito de direito que não nega o caráter jurídico em todos os casos de injustiça senão tão somente em caso de extrema injustiça, põe em perigo a segurança jurídica. A essa deve responder-se negativamente.
>
> Se existem juízos de justiça fundamentáveis racionalmente, pode portanto dizer-se que quem, sobre a base de uma fundamentação racional, vê que uma ação é injusta reconhece isto. Sem embargo, vale o seguinte enunciado: quando mais extrema seja a injustiça, tanto mais seguro seu conhecimento. [...]
>
> Por isso, a tese não positivista da vinculação conduz, em todo caso, a uma perda mínima da segurança jurídica.[796]

À luz do exposto, a habilitação dos órgãos administrativos para recusar leis manifestamente inconstitucionais ou injustas não ofende o princípio da segurança jurídica, uma vez que considera e realiza equilibradamente os três elementos constitutivos da noção de segurança jurídica (previsibilidade, estabilidade e legitimidade).

4.1.4.5. *Coisa julgada material administrativa!*

Tema assaz controvertido, sobretudo no âmbito do processo administrativo tributário, é o de saber se a Administração Pública, por seu representante judicial, pode ir a juízo pedir a anulação de decisão de seu órgão judicante que lhe seja desfavorável.

Contencioso Administrativo Fiscal pudesse examinar a argüição de inconstitucionalidade de uma lei tributária, disso poderia resultar a prevalência de decisões divergentes sobre um mesmo dispositivo de uma lei, sem qualquer possibilidade de uniformização. [...] É sabido que o princípio da supremacia constitucional tem por fim garantir a unidade do sistema jurídico. É sabido também que ao Supremo Tribunal Federal cabe a tarefa de garantir essa unidade, mediante o controle da constitucionalidade das leis. Não é razoável, portanto, admitir-se que uma autoridade administrativa possa decidir a respeito dessa constitucionalidade, posto que o sistema jurídico não oferece instrumentos para que essa decisão seja submetida à Corte Maior. A conclusão mais consentânea com o sistema jurídico brasileiro vigente, portanto, há de ser no sentido de que a autoridade administrativa não pode deixar de aplicar uma lei por considerá-la inconstitucional, ou, mais exatamente, a de que a autoridade administrativa não tem competência para decidir se uma lei é ou não é inconstitucional. Tal conclusão, que aparentemente contraria o princípio da supremacia constitucional, na verdade o realiza melhor do que a solução oposta, na medida em que preserva a unidade do sistema jurídico, que é o objetivo maior daquele princípio" (MACHADO, Hugo de Brito. Algumas questões do processo administrativo tributário. *In:* MARTINS, Ives Gandra da Silva (Coord.). *Processo administrativo tributário*. São Paulo: Revista dos Tribunais, 1999, p. 151-152).

[796] ALEXY, Robert. *El concepto y la validez del derecho*, p. 57.

O deslinde da questão reveste-se de grande importância para o desenvolvimento do tema central deste trabalho, porquanto a cogitada impossibilidade jurídica daquela ação anulatória tem sido um dos principais argumentos esgrimidos contra o reconhecimento aos órgãos administrativos judicantes da competência para recusar a aplicação de lei que considerem inconstitucional.[797] Assim se posiciona Hugo de Brito Machado, para quem a admissão dessa competência ensejaria

> [...] situações verdadeiramente absurdas, posto que o controle da atividade administrativa pelo Judiciário não pode ser provocado pela própria Administração [...] disso poderia resultar a prevalência de decisões divergentes sobre um mesmo dispositivo de uma lei, sem qualquer possibilidade de uniformização, [...] ainda que o mesmo dispositivo tenha sido, ou venha a ser, considerado constitucional pelo Supremo Tribunal Federal, que é, em nosso ordenamento jurídico, o responsável maior pelo deslinde de todas as questões de constitucionalidade, vale dizer, o "guardião da Constituição".[798]

Situando a discussão da questão no âmbito da Administração Pública tributária federal, o professor da Universidade Federal do Ceará fundamenta a impossibilidade jurídica da sobredita ação anulatória basicamente em duas premissas: (i) é impossível formar e desenvolver o processo judicial por meio do qual a Administração postularia a anulação de decisão administrativa a ela desfavorável; (ii) a jurisdição é uma garantia fundamental do contribuinte contra o Estado, e não deste contra aquele.[799]

A primeira decorreria de múltiplos fatores, os quais, de forma abreviada, podem ser assim relacionados: (i.1) incapacidade do órgão judicante que proferiu a decisão para estar em juízo (Conselho de Contribuintes; hoje, CARF), já que, como órgão jurídico que integra a organização da Administração Pública do Poder Executivo federal, não tem personalidade jurídica, não podendo, assim, ser réu em eventual ação proposta pela Procuradoria da Fazenda Nacional; (i.2) ilegitimidade passiva do contribuinte beneficiado com a decisão do órgão judicante, uma vez que não foi aquele que praticou ato considerado lesivo à pretensão da Fazenda Pública de mantença do lançamento tributário, mas o próprio Conselho de Contribuintes, ao anular o lançamento tributário; (i.3) ausência da bilateralidade da relação processual, porquanto só existe uma parte, o autor (União), que não pode ser ao mesmo tempo réu; (i.4) ausência do interesse de agir por parte da Administração, na medida em que ela própria, por seu órgão judicante incumbido do acertamento da relação jurídico-tributária, foi que proferiu a decisão que eventualmente intente discutir em juízo, havendo tido inclusive oportunidade para obter a reforma da decisão no âmbi-

---

[797] Nesse sentido, QUEIROZ, Rholden Botelho de. O Executivo e o descumprimento de leis inconstitucionais. CARVALHO, Ivo César Barreto de (Org.). *Revista da Associação da Pós-Graduação em Direito da UFC – APGD*. Fortaleza, v. 1, nº 1, p. 282, 2004. Após dissertar sobre o tema, o autor cearense conclui que: "Não obstante reconhecermos que o acolhimento da tese da impossibilidade de exame de argüição de inconstitucionalidade no processo administrativo implique numa limitação ao princípio da ampla defesa, entendemos que este é o posicionamento mais razoável, pois elimina o risco de decisões administrativas definitivas reconhecendo a inconstitucionalidade da lei quando o próprio STF decide pela constitucionalidade da mesma norma, com prejuízo irreparável para o Erário".

[798] MACHADO, Hugo de Brito. Algumas questões do processo administrativo tributário. *In:* MARTINS, Ives Gandra da Silva (Coord.). *Processo administrativo tributário*. São Paulo: Revista dos Tribunais, 1999, p. 151.

[799] MACHADO, Hugo de Brito. Ação da Fazenda Pública para anular decisão da Administração Tributária. *Revista Dialética de Direito Tributário*. São Paulo, nº 112, p. 47-60, jan./2005.

to do processo administrativo tributário, mediante a utilização do Recurso Especial à CSRF e do Recurso Hierárquico ao Ministro da Fazenda.

Por sua vez, a segunda premissa sustenta que o cidadão, e não o Estado, é destinatário das garantias constitucionais (*v.g.*, princípio da irretroatividade), de modo que a garantia fundamental da jurisdição não pode ser utilizada na defesa de direitos ou interesses que o Estado entenda ter como pessoa jurídica de Direito Público, que não consubstanciaria propriamente um interesse público.[800]

A maior parte da doutrina também admite esse entendimento, fundamentando-o basicamente no argumento de que a jurisdição é uma garantia fundamental do contribuinte contra o Estado, e não o contrário. No XXIV Simpósio Nacional de Direito Tributário, realizado em 1999 e coordenado pelo jurista Ives Gandra da Silva Martins, um grupo de estudiosos analisou o tema em testilha, oportunidade em que a maioria, cerca de dois terços deles, manifestou-se pela impossibilidade da propositura de ação pela Fazenda Nacional para anular suas próprias decisões. Opinaram nesse sentido, entre outros: Ives Gandra da Silva Martins, José Augusto Delgado, Kiyoschi Harada e Sacha Calmon Navarro Coêlho. Sustentaram o contrário, entre outros: Helenilson Cunha Pontes, Marco Aurélio Greco e Fernando Facury Scaff. Houve quem, diante da impossibilidade da propositura da ação anulatória pela Fazenda Pública, reconhecesse que a própria Administração poderia proceder à anulação de suas decisões em caso de ilegalidade, como prevê a Súmula 437 do STF: Marco Aurélio Greco.[801]

Quanto à posição dos tribunais nacionais sobre o tema, Schubert de Farias Machado, em levantamento da jurisprudência dos Tribunais Regionais Federais, do Superior Tribunal de Justiça e do Supremo Tribunal Federal, apurou ser uníssono o entendimento segundo o qual as decisões administrativas proferidas no âmbito dos processos administrativos tributários vinculam a própria Administração, que para ela é definitiva.[802]

De outra banda, a minoria, apoiada no princípio da igualdade e na ideia de ação como direito público subjetivo, sustenta a possibilidade de revisão judicial de decisão do órgão administrativo judicante por iniciativa da própria Administração. Assim se posiciona Edvaldo Brito, após defender a ideia de que os órgãos administrativos de julgamento também integram o sistema difuso de controle de constitucionalidade das leis:

---

[800] Os dois fundamentos estão resumidos na seguinte passagem: "Realmente, além de não ser o direito à jurisdição uma garantia do Estado contra ele próprio, nem contra o cidadão, tem-se de considerar que o Estado-pessoa, ou Administração Pública, tem estrutura própria, e tem competências que são distribuídas entre os seus vários órgãos como pressuposto indispensável a seu funcionamento. E tem vontade, que é expressa pelo órgão dotado de competência para tal fim, conforme o caso. Assim, a manifestação da vontade da Administração pelo órgão ao qual tenha sido atribuída competência para tal fim há de ser respeitada pelos demais órgãos que integram esse importante segmento do Estado" (MACHADO, Hugo de Brito. Ação da Fazenda Pública para anular decisão da Administração Tributária. *Revista Dialética de Direito Tributário*. São Paulo, nº 112, p. 62, jan./2005).

[801] MARTINS, Ives Gandra da Silva (Coord.). *Processo administrativo tributário*. São Paulo: Revista dos Tribunais, 1999.

[802] MACHADO, Schubert de Farias Machado. A decisão definitiva no processo administrativo tributário e o ingresso da Fazenda Pública em juízo visando a sua anulação. *Revista do Instituto Cearense de Estudos Tributários (ICET)*. Fortaleza, nº 1, p. 181-184, jul.-dez./2000.

Dir-se-á que, hoje, esses órgãos, conhecendo desses argumentos, a administração, como sujeito da relação jurídica fiscal, correria o risco de a decisão final administrativa, proferida pelos órgãos coletivos de 2º grau, ser considerada vinculante para a administração que, assim, não poderia ter acesso ao Judiciário. Efetivamente, se fosse válida essa opinião, válida, também, é lembrar que o acesso ao Judiciário, como direito subjetivo de ação, também, não poderia ser impedido à administração, apesar de ser tentadora a interpretação no sentido de que o disposto no inciso XXXV do art. 5º da Constituição seria um direito fundamental do administrado e não da administração. Contudo, se prevalecesse essa interpretação, ela estaria em desacordo com o próprio sistema constitucional implantado entre nós que privilegia um *princípio*, o da *isonomia*, que se põe acima de todos os outros, conforme a lição insuperável que nos legou Francisco Campos [Direitos constitucional, vol. II, p. 12 *et seq.*].[803]

No mesmo sentido, Celso Alves Feitosa, na esteira da opinião de Gilberto de Ulhôa Canto e de Rubens Gomes de Souza,[804] sustenta que a Fazenda Pública, como pessoa jurídica de direito público, pode ingressar na Justiça requerendo a anulação de ato administrativo emanado dos órgãos judicantes, especialmente o que consistir num juízo de inconstitucionalidade de lei. Apoiou-se o então Conselheiro do Primeiro Conselho de Contribuintes no pensamento de Moreira Alves, manifestado em palestra proferida no II Fórum Jurídico de Belo Horizonte, segundo o qual, "como, pelo nosso sistema de controle de constitucionalidade não só das leis e dos atos normativos a serem aplicados ao caso concreto, mas também a dos atos administrativos e das decisões judiciais, todas as questões constitucionais podem chegar ao Supremo Tribunal Federal, por meio do recurso extraordinário".[805]

Em parecer aprovado pelo Ministro da Fazenda, publicado no Diário Oficial da União do dia 23.08.2004, a Procuradoria-Geral da Fazenda Nacional manifestou orientação no sentido da possibilidade jurídica da propositura de ação anulatória pela Fazenda Pública contra decisões do Egrégio Conselho de Contribuintes lesivas ao patrimônio público, entendimento esse que acena para a possibilidade de a Fazenda Pública, na condição de pessoa jurídica de direito público, postular judicialmente a anulação de decisão dos órgãos judicantes que porventura tenham recusado, em desfavor da Fazenda Pública, a aplicação de lei sob a alegação de inconstitucionalidade.[806]

Recolhidos os diferentes posicionamentos sobre a questão, cumpre inicialmente tecer algumas considerações sobre a "coisa julgada administrativa", pois, a de-

---

[803] BRITO, Edvaldo. Ampla defesa e competência dos órgãos julgadores administrativos para conhecer de argumentos de inconstitucionalidade e/ou ilegalidade de atos em que se fundamentam autuações. *In:* ROCHA, Valdir de Oliveira (Coord.). *Processo administrativo fiscal*. São Paulo: Dialética, 1995, p. 62-63.

[804] SOUSA, Rubens Gomes de. Revisão judicial dos atos administrativos em matéria tributária por iniciativa da própria Administração. *Revista de Direito Administrativo*. São Paulo, vol. 29, p. 448-453, jul.-set./1952.

[805] FEITOSA, Celso Alves. Da possibilidade dos tribunais, que julgam matéria fiscal, decidirem sobre exação com fundamento em norma considerada ilegítima em oposição à Constituição Federal. *In:* ROCHA, Valdir de Oliveira (Coord.). *Processo administrativo fiscal*. São Paulo: Dialética, 1995, p. 34-36.

[806] Parecer/PGFN/CRJ/Nº 1087/2004. *Revista Fórum de Direito Tributário*. Belo Horizonte, ano 3, nº 16, p. 137-149, jul.-ago./2005. Discorda da tese do parecer, GONÇALEZ, Antonio Manoel. A inconstitucionalidade do parecer PGFN - Procuradoria Geral da Fazenda Nacional (submissão ao Poder Judiciário de decisões do egrégio Conselho de Contribuintes do Ministério da Fazenda contrárias à Fazenda Nacional). *Revista Fórum de Direito Tributário*. Belo Horizonte, ano 3, nº 16, p. 103-105, jul.-ago./2005.

pender de como seja conceituada, o conceito pode trazer implicações para o deslinde do tema objeto desta seção.

Nesse passo, com a expressão *coisa julgada administrativa*, um arremedo da coisa julgada do processo judicial, a doutrina pretende referir a situação de imutabilidade, para a Administração Pública, da decisão proferida no âmbito de um processo administrativo e contra a qual não caibam mais recursos. Se um processo administrativo percorreu as etapas previstas em lei para aperfeiçoar uma relação jurídica entre a Administração e o administrado, tendo nele precluído, por consumação ou por decurso *in albis* de prazo recursal, todos os recursos administrativos de parte a parte para que se interferisse na decisão a ser tomada, diz-se que, nesta situação, a decisão produz os efeitos da "coisa julgada administrativa".

O transplante do rótulo *coisa julgada* do processo judicial para o processo administrativo, ainda que se o faça alertando que a expressão designa situações diversas em cada tipo de processo, instaura o risco de se pensarem as decisões finais proferidas no processo administrativo como possuindo certas qualificações ou eficácias que são próprias das decisões finais de mérito produzidas no âmbito do processo judicial, porquanto é possível que não se atente para o fator que aparta radicalmente essas decisões: *a jurisdição una*.

Notando a inadequação terminológica, Hely Lopes Meirelles equipara os efeitos das decisões finais administrativas ao instituto da preclusão:

> A denominada *coisa julgada administrativa*, que, na verdade, é apenas *uma preclusão de efeitos internos*, não tem o alcance da coisa julgada judicial, porque o ato jurisdicional da Administração não deixa de ser um simples ato administrativo decisório, sem a força conclusiva do ato jurisdicional do Poder Judiciário [...]
> Realmente, o que ocorre nas decisões administrativas finais é, apenas, preclusão administrativa, ou a *irretratabilidade* do ato perante a própria Administração. É sua imodificabilidade na via administrativa, para estabilidade das relações entre as partes. Por isso, não atinge nem afeta situações ou direitos de terceiros, mas permanece imodificável entre a Administração e o administrado destinatário da decisão interna do Poder Público. Essa imodificabilidade não é efeito da *coisa julgada administrativa*, mas é consequência da *preclusão* das vias de impugnação interna (recursos administrativos) dos atos decisórios da própria Administração. Exauridos os meios de impugnação administrativa, torna-se irretratável, administrativamente, a última decisão, mas nem por isso deixa de ser atacável por via judicial.[807] (grifo nosso)

No âmbito do processo administrativo tributário, a preclusão administrativa máxima de decisão favorável ao sujeito passivo está prevista no art. 45 do Decreto nº 70.235, de 6 de março de 1972, *verbis*:

> Art. 45. No caso de decisão definitiva favorável ao sujeito passivo, cumpre à autoridade preparadora exonerá-lo, de ofício, dos gravames decorrentes do litígio.

Esse dispositivo preceitua

> [...] a impossibilidade de se rever, de ofício ou por provocação, o ato (ou decisão no processo administrativo), em sede administrativa, após o percurso traçado no ordenamento jurídico. Trata-se de um imperativo dos princípios da Administração Pública em geral, dos da boa-fé, moralidade e segurança jurídica (dentre outros), em particular.[808]

---

[807] MEIRELLES, Hely Lopes. *Direito administrativo brasileiro*, p. 588.
[808] FERRAZ, Sérgio; DALLARI, Adilson Abreu. *Processo administrativo*. São Paulo: Malheiros, 2001, p. 44.

Daí não se deduz que a decisão, seja ela favorável ou desfavorável à Administração, tornou-se imutável e indiscutível também perante o Poder Judiciário. Se assim tivesse sido, a preclusão administrativa máxima produziria efeitos equivalentes, ou muito próximos, aos efeitos da coisa julgada material inerente ao processo judicial. Estar-se-ia aduzindo a uma *coisa julgada material administrativa*, o que efetivamente não se conforma ao princípio da unidade da jurisdição expressamente consagrado no inciso XXXV do art. 5º da Constituição, segundo o qual "a lei não excluirá da apreciação do Poder Judiciário lesão ou ameaça a direito".

Para os que defendem que o acesso à jurisdição é garantia fundamental exclusiva dos administrados, da qual, portanto, não poderia valer-se a Administração para propor judicialmente a anulação de decisão emanada dos órgãos judicantes, ter-se-ia uma *coisa julgada material administrativa secundum eventus litis*, vez que apenas na hipótese de decisão desfavorável à Administração é que a decisão administrativa final seria apta a produzir os efeitos equiparáveis à coisa julgada judicial. Por outro lado, se o ato decisório administrativo consubstanciar restrição à esfera jurídica do administrado, não se cogita que ele não possa socorrer-se do Poder Judiciário para pretender a anulação ou reforma daquela decisão.

Todavia, esse tratamento díspar, de vedar o acesso a um dos sujeitos que litigou no processo administrativo, em função de quem tenha sido favorecido pela decisão, não encontra respaldo na Constituição e na própria legislação tributária. No âmbito do processo tributário, a preclusão administrativa máxima a que se sujeita a decisão favorável ao contribuinte não elimina a possibilidade jurídica de ela ser atacada perante o Poder Judiciário por iniciativa da própria Administração. Com efeito, o inciso IX do art. 156 do Código Tributário Nacional reza:

Art. 156. Extinguem o crédito tributário:
IX – a decisão administrativa irreformável, assim entendida a definitiva na órbita administrativa, *que não mais possa ser objeto de ação anulatória*. (grifo nosso)

Se se pretende conferir o real alcance que a parte final do dispositivo transcrito frontalmente suscita, não se pode tê-lo por impreciso[809] ou excedente, ao fundamento de que bastaria para extinguir definitivamente o crédito tributário a alusão à *decisão definitiva na órbita administrativa*.

O fato é que o Código Tributário Nacional prevê a possibilidade de a Administração ir a juízo propor ação anulatória de decisão administrativa final que invalidou o lançamento tributário e, por conseguinte, extinguiu o corresponde tribu-

---

[809] OLIVEIRA, José Jayme de Macêdo. *Código Tributário Nacional*: comentários, doutrina e jurisprudência. São Paulo: Saraiva, 1998, p. 436, fala que "soa imprecisa a parte final do dispositivo em exame". CARVALHO, Paulo de Barros. *Curso de direito tributário*. São Paulo: Saraiva, 2005, p. 478, também não conferiu qualquer juridicidade à dicção da cláusula final do dispositivo, porquanto, para esse tributarista, "não teria sentido pensar na propositura, pelo fisco, de ação anulatória daquela decisão". Aborda a questão, mas não esclarece a utilidade da cláusula final do dispositivo em exame, BOTTALLO, Eduardo Domingos. Visão atual do processo administrativo tributário. In: SCHOUERI, Luís Eduardo (Coord.). *Direito tributário*. V. II. São Paulo: Quartier Latin, 2003, p. 846. COÊLHO, Sacha Calmon Navarro. *Curso de direito tributário brasileiro*. Rio de Janeiro: Forense, 2007, p. 840, interpreta o referido dispositivo aduzindo que "a decisão administrativa irreformável que põe fim ao crédito tributário, extinguindo-o, referida no CTN, é aquela que, favorável ao contribuinte, não enseja ação anulatória de débito fiscal. (Ação do contribuinte como autor, nunca da Administração)".

to.[810] Ademais, tal possibilidade não gera pontos de tensão juridicamente relevantes com respeito às outras regras e princípios do ordenamento jurídico brasileiro, como se tentará demonstrar a seguir.

De outra forma, a parte inicial do dispositivo impede que a Administração, *sponte sua*, e em menoscabo com a decisão administrativa final que invalidou o lançamento, venha a restabelecer o correspondente crédito tributário, seja sem ou por meio de processo administrativo.[811] Se o contrário fosse permitido pela legislação, decerto o CARF tornar-se-ia um "órgão verdadeiramente inútil", como vaticinado por Schubert de Farias Machado.

Do ponto de vista constitucional, a objeção lançada de que o acesso à jurisdição seja uma garantia exclusiva do cidadão, ideia apanágio do Estado liberal, já não encontra apoio na versão contemporânea do Estado de Direito. Se a garantia da jurisdição surgiu em prol do cidadão aviltado pelo exercício arbitrário do poder político, nada impede que hoje seja ela vista como uma garantia universal capaz de assegurar a qualquer pessoa que esteja submetida a determinado ordenamento jurídico – aí incluído também o Estado como pessoa – uma ordem jurídica justa, constitucionalmente alinhada. É que, em primeiro lugar, o acesso à jurisdição consubstancia um verdadeiro postulado do Estado de Direito, uma consequência lógica imediata deste, porquanto a jurisdição funciona primordialmente como garantia da legalidade, princípio basilar do Estado de Direito. Já não se vinca tanto se a garantia historicamente surgiu para proteger o cidadão no limiar do Estado de Direito, mas importa o papel que ela tem a cumprir no aperfeiçoamento constitucional e democrático das instituições brasileiras.

Em segundo lugar, convém assentar que, na vigência do constitucionalismo democrático consagrador da unidade de jurisdição, não se admite a existência de "redutos" da vida social imunes à jurisdição judicial, muito mais se for para perpetrar ou tolerar ofensa manifesta à Constituição. Afinal de contas, por ser una, a jurisdição deve ser também universal, acessível, portanto, a qualquer pessoa, natural ou jurídica, cujos direitos são restringidos mediante afronta à Constituição. Não importa a quem a situação aproveita, se ao cidadão ou ao Estado, cumpre apenas pelejar para que a ofensa constitucional seja sanada. Por isso, não faz muito sentido a afirmação de que a jurisdição não pode vir a ser utilizada pelo Estado contra o cidadão, ou mesmo pelo Estado contra o próprio Estado; importa, pois, saber se ela pode ser empregada para curar ofensas patentes à ordem jurídico-constitucional, ao que se responde afirmativamente.

Assentado esse ponto, cabe indagar qual o círculo fechado de situações em que a Administração estaria habilitada a propor ação anulatória de decisão administrativa que lhe é desfavorável, exatamente para que o Poder Judiciário não se torne mais

---

[810] Embora não compartilhe da tese aqui adotada, Hugo de Brito Machado observa que a definição codificada de "decisão administrativa irreformável" pode "ensejar o entendimento segundo o qual a Fazenda Pública pode ingressar em juízo com ação anulatória, pleiteando o desfazimento de suas próprias decisões administrativas" (MACHADO, Hugo de Brito. *Comentários ao Código Tributário Nacional*. V. III. São Paulo: Atlas, 2005, p. 307).

[811] Não cabe, por isso, à Administração aplicar a Súmula 473 do STF para, por si só, anular a decisão administrativa, sob pena de ofender a "coisa julgada administrativa" e desprestigiar os órgãos administrativos judicantes. Em sentido contrário, GRECO, Marco Aurélio. Algumas questões do processo administrativo tributário. *In:* MARTINS, Ives Gandra da Silva (Coord.). *Processo administrativo tributário*. São Paulo: Revista dos Tribunais, 1999, p. 707.

uma instância que se agregue às do processo administrativo, fazendo infindável a discussão jurídica, já que, como alertado por Hugo de Brito Machado, "a finalidade do Contencioso Administrativo consiste precisamente em reduzir a presença da Administração Pública em ações judiciais".[812]

Várias são as respostas dadas a essa pergunta por aqueles que admitem a possibilidade de a Administração ir a juízo pedir a anulação da decisão administrativa proferida por seu órgão judicante. Em se tratando da discussão no âmbito do processo administrativo tributário, os partidários reconhecem tal possibilidade quando: (i) a decisão administrativa estiver em flagrante desacordo com as normas legais ou constitucionais (Moisés Akselrad); (ii) a decisão administrativa for proferida contra orientação uniforme, mansa e pacífica do Plenário do Superior Tribunal de Justiça ou do Supremo Tribunal Federal (Dirceu Pastorello); (iii) houver prova robusta de desvios éticos de comportamento dos julgadores que tenham influído na desoneração do contribuinte (Dirceu Pastorello, Helenilson Pontes); (iv) a norma que deixou de ser aplicada pelos órgãos administrativos judicantes for posteriormente considerada constitucional pelo Supremo Tribunal Federal (Fernando Scaff).[813]

À falta de oportunidade para aprofundar a temática, é forçoso limitar-se aqui a afirmar que é juridicamente possível que a Administração ingresse em juízo para anular decisão administrativa proferida por seu órgão judicante, na hipótese em que este tenha recusado a aplicação de lei posteriormente considerada constitucional pelo Supremo Tribunal Federal. Abre-se essa oportunidade porque se reconhece, por outro lado, a competência dos órgãos de julgamento para recusar a aplicação de lei. Com efeito, não atenderia ao princípio da igualdade jurídica a Administração estar impedida de obter a anulação de certas decisões administrativas que se revelaram posteriormente contrárias à Constituição.[814]

Mas, para que não se corra o risco de atentar contra a segurança jurídica e o princípio da moralidade administrativa, a propositura da ação anulatória não poderá seguir-se imediatamente à decisão administrativa final, pois esta foi regularmente constituída no exercício da competência administrativa voltada para a recusa de lei inconstitucional.[815] Somente após o Supremo Tribunal Federal assentar entendimento a respeito da validade constitucional da lei, seja no controle difuso ou concentrado,

---

[812] MACHADO, Hugo de Brito. Algumas questões do processo administrativo tributário. *In:* MARTINS, Ives Gandra da Silva (Coord.). *Processo administrativo tributário*. São Paulo: Revista dos Tribunais, 1999, p. 152.

[813] MARTINS, Ives Gandra da Silva (Coord.). *Processo administrativo tributário*. São Paulo: Revista dos Tribunais, 1999, *passim*.

[814] Mary Elbe Queiroz apresenta outra forma, de *lege ferenda*, de igualmente resguardar os interesses da Fazenda Pública contra a "coisa julgada administrativa" em matéria constitucional, consistente na possibilidade de recurso de ofício dirigido ao STF, após o julgamento da esfera administrativa, a fim de que essa Corte se manifeste em definitivo acerca da constitucionalidade, ou não, da lei (QUEIROZ, Mary Elbe Gomes. *Op. cit.*, p. 51). Em relação ao instrumento da ação anulatória, o mecanismo processual tem a vantagem de obstar a proliferação de decisões administrativas divergentes a respeito da legitimidade constitucional da lei.

[815] A ação tem também um termo final para ser proposta pela Administração, sob pena de decadência do poder de anular a decisão administrativa do órgão judicante. Esse termo sobrevém depois de decorridos cinco anos contados a partir da data do ato decisório, como preceitua o art. 54 da Lei 9.784/99, *verbis*: "*O direito da Administração de anular os atos administrativos de que decorram efeitos favoráveis para os destinatários decai em 5 (cinco) anos, contados da data em que foram praticados, salvo comprovada má-fé*".

é que se abrem ensanchas para a Administração propor a ação anulatória. Nesse momento, nasce para esta o *direito potestativo* de, por seu representante judicial, desconstituir decisão administrativa que se revelou ulteriormente inconstitucional.

Se a Administração não pode por si anular ou reformar a decisão, deve recorrer ao Poder Judiciário para desconstituir a decisão administrativa que se revelou inconstitucional com a declaração derradeira de constitucionalidade da lei pelo Guardião Maior. Surge, com isso, o interesse de agir necessário ao nascimento do direito de ação, que é exercido perante o administrado, inicialmente favorecido pela decisão, e interessado no desfecho da controvérsia. Não se trata, pois, de contrariar o antigo aforismo do *venire contra factum proprium*.[816]

É certo que não foi o administrado nem a Administração que deram causa ao vício de inconstitucionalidade da decisão, mas a última palavra da Corte Suprema sobre a interpretação da lei em face da Constituição. Esse último dado, todavia, não torna o administrado ilegítimo para ocupar o polo passivo da ação, já que o direito postulado pela Administração em juízo é do tipo potestativo, e não um direito à prestação, como contrariamente entende Hugo de Brito Machado.[817]

O pedido administrativo, portanto, deve restringir-se à pretensão anulatória da decisão judicante, para que outra seja proferida pelo mesmo órgão julgador que teve sua decisão desconstituída. No caso de processo administrativo tributário, a decisão que invalidou o lançamento tributário fundado em lei inicialmente tida por inconstitucional é submetida, por iniciativa da Administração, a juízo desconstitutivo do Poder Judiciário e, posteriormente, o órgão de julgamento (DRJ, CARF) que proferiu a decisão anulada deve produzir outra, restaurando, se for o caso, o lançamento e o correspondente crédito tributário. A alternativa se justifica ante a possibilidade de o mérito do lançamento ainda não ter sido examinado pelo órgão administrativo, em virtude do acolhimento da prejudicial de inconstitucionalidade.

Convém observar que não é à toa que essa divisão de tarefas se impõe, isto é, o Poder Judiciário invalida a decisão que extinguiu o crédito tributário, reabrindo o processo administrativo, enquanto o Poder Executivo profere outra decisão que pode resultar ou não em crédito tributário a ser cobrado do contribuinte. Com efeito, essa separação das atividades homenageia o princípio da separação dos poderes, que informa, no caso, que a autoridade judiciária não tem competência para restabelecer o lançamento tributário (art. 142 do CTN). Essa autoridade tem competência apenas para desconstituir e determinar que outra decisão seja proferida pelo órgão judicante, não para substituí-lo em atividade própria da Administração Fazendária, que é a do lançamento tributário (princípio do administrador negativo).

Assim, quando Hugo de Brito Machado sustenta que a ação de anulação seria uma ação sem réu, porque o contribuinte não seria legítimo para integrar o polo passivo da ação, pressupõe a natureza condenatória da ação, por via da qual a União buscaria, em face do contribuinte, a tutela do direito a uma prestação, o crédito tributário. *Data venia*, essa não é a natureza da ação da qual a Administração pode fazer uso para invalidar decisão administrativa que se tornou inconstitucional. A ação

---

[816] Em sentido contrário, COÊLHO, Sacha Calmon Navarro. *Curso de direito tributário brasileiro*, p. 840, assevera que "a ninguém é lícito ir a juízo para demandar a anulação de ato jurídico seu, consciente e fundamentadamente praticado".

[817] MACHADO, Hugo de Brito. Ação da Fazenda Pública para anular decisão da Administração Tributária. *Revista Dialética de Direito Tributário*. São Paulo, nº 112, p. 48-49, jan./2005.

tem natureza *constitutiva negativa*, já que, como visto, o princípio da separação dos poderes impede que ela assuma a feição de uma condenatória, própria para a tutela de direitos prestacionais, positivo ou negativo.[818] Ademais, aquele tipo de ação não pressupõe a existência de lesão a direito perpetrada pelo réu, como ocorre nas ações condenatórias. Por meio dela, intenta-se desconstituir a decisão inquinada com vício de inconstitucionalidade revelado ulteriormente. Daí a ação ser anulatória, que, no vernáculo, significa destruir, desfazer e eliminar.

Além de *constitutiva negativa*, a ação anulatória em exame é do tipo *necessária*, ou seja, o direito potestativo de anular a decisão administrativa só pode ser exercido por meio de ação judicial, como consequência dos efeitos da preclusão administrativa máxima ou "coisa julgada administrativa".

Após esclarecer a finalidade da jurisdição (além de garantia da liberdade do indivíduo em face do Estado, é também garantia da legalidade constitucional) e identificar a natureza do poder administrativo para anular judicialmente decisão de órgão judicante (direito potestativo), conclui-se que a Administração pode ir sim a juízo pedir a anulação de decisão administrativa desfavorável, notadamente quando o Supremo Tribunal Federal, em decisão definitiva no controle difuso ou proferida em ação direta, tenha assentado a constitucionalidade de lei que, em momento anterior, foi considerada inconstitucional por órgão de julgamento no âmbito do processo administrativo.

4.1.4.6. *Princípio da competência*

A questão da falta de competência dos órgãos administrativos de julgamento para recusar lei que considerem inconstitucional é apresentada por Hugo de Brito Machado, nos seguintes termos:

> [...] a verdadeira questão não reside em saber se uma autoridade administrativa pode recusar aplicação a uma lei inconstitucional, mas em saber se ela tem competência para dizer se a lei é inconstitucional.
> Nossa Constituição não alberga norma que atribua às autoridades da Administração competência para decidir sobre a inconstitucionalidade de leis. Assim, já é possível afirmar-se que no desempenho de atividades substancialmente administrativas o exame da inconstitucionalidade é inadmissível [...].[819]

Para o tributarista cearense, essa competência não poderia resultar implícita da Constituição uma vez que o seu exercício poderia ensejar "situações verdadei-

---

[818] Tomando por base a moderna classificação das ações proposta por Chiovenda, o paraibano Agnelo Amorim Filho distingue entre ações condenatórias e ações constitutivas segundo o objeto a ser tutelado: "Lança-se mão da ação condenatória quando se pretende obter do réu uma determinada prestação (positiva ou negativa), pois, 'correlativo ao conceito de condenação é o conceito de prestação'. Dêste modo, um dos pressupostos da ação de condenação é 'a existência de uma vontade de lei que garanta um bem a alguém, impondo ao réu a obrigação de uma prestação. Por consequência, não podem jamais dar lugar a sentença de condenação os direitos potestativos' [...] Já a ação constitutiva (positiva ou negativa) cabe quando se procura obter, não uma prestação do réu, mas a criação de um estado jurídico, ou a modificação, ou a extinção de um estado jurídico anterior" (AMORIM FILHO, Agnelo. Critério científico para distinguir a prescrição da decadência e para identificar as ações imprescritíveis. *Revista dos Tribunais*. São Paulo, nº 300, p. 15-16, 1960).

[819] MACHADO, Hugo de Brito. Algumas questões do processo administrativo tributário. *In:* MARTINS, Ives Gandra da Silva (Coord.). *Processo administrativo tributário*. São Paulo: Revista dos Tribunais, 1999, p. 150.

ramente absurdas", como o fato de o controle de constitucionalidade não poder ser provocado pela própria Administração, e contrariar princípios constitucionais, como o da isonomia [segurança jurídica].[820]

Ocorre que as inconsistências apontadas são apenas aparentes. De acordo com o entendimento aqui adotado, sustenta-se a possibilidade jurídica da ação anulatória de decisão judicante e um conceito de segurança jurídica informado pela legitimidade. Quando a ilegitimidade constitucional de lei for justificável e manifesta, é forçoso reconhecer que a insegurança jurídica decorrente da lei deve ceder espaço para a segurança ou certeza aplicativa da Constituição, o que milita em prol da existência da competência administrativa para apreciar e decidir questões constitucionais. É que, em casos assim, a negativa de apreciação da questão constitucional pelo julgador administrativo já não resguarda ou promove a segurança jurídica; muito ao contrário, vem agravar a situação de insegurança ensejada pela manifesta injustiça ou inconstitucionalidade da lei.[821] Dessa forma, a sistemática constitucional pátria não se mostra repulsiva à ideia de uma competência administrativa voltada para a análise e a decisão de questões constitucionais em sede de processo administrativo.

Adotando a mesma perspectiva, mas chegando à conclusão em sentido oposto, Nadja Aparecida de Araújo assere que, "no panorama normativo atual, entende-se haver melhor conformação sistemática na conclusão da inexistência de atribuição para o administrador exercer o controle de constitucionalidade no processo administrativo tributário", já que o dever de guardar a Constituição compete ao Poder Executivo apenas em duas oportunidades, expressamente previstas no Texto Maior, quais sejam, de vetar projeto de lei que entenda inconstitucional ou de propor ação direta de inconstitucionalidade. Em abono à tese que defende, a autora também invoca o princípio da presunção de legitimidade das leis e o princípio da segurança jurídica.[822]

Tal como concebido, o princípio da competência traduz-se, na verdade, na exigência de vinculação positiva à lei por parte da Administração, segundo a qual a legalidade há de operar não apenas como limite, mas também como fundamento de qualquer atuação administrativa, tenha ela caráter restritivo, prestacional ou ampliativo de direitos. Vale dizer que o administrador só pode fazer aquilo que a lei determina ou autoriza. Essa afirmação, no entanto, há de ser entendida nos seus devidos termos.

De fato, toda e qualquer atuação administrativa dirigida à realização de uma finalidade pública específica supõe a existência de uma regra que outorgue a competência necessária à sua consecução. Ocorre que à competência específica e principal prevista para determinada atuação administrativa agregam-se deveres gerais e acessórios, tais como o de proteger e promover os direitos e garantias fundamentais, o de observar os princípios jurídico-administrativos (moralidade, eficiência etc.) e

---

[820] MACHADO, Hugo de Brito. Algumas questões do processo administrativo tributário. *In:* MARTINS, Ives Gandra da Silva (Coord.). *Processo administrativo tributário.* São Paulo: Revista dos Tribunais, 1999, p. 151.

[821] Em sentido contrário, Nadja Aparecida de Araújo sustenta "a idéia de segurança jurídica faz o sistema normativo absorver a norma inconstitucional, até que se processe a declaração oficial de sua inconstitucionalidade. A invalidade temporária é elemento que mantém a unidade e coerência lógica do sistema" (ARAÚJO, Nadja Aparecida Silva de. Atuação do Poder Executivo no controle de constitucionalidade: notas de uma interpretação sistemática do Direito Positivo brasileiro. *Revista de Informação Legislativa.* Brasília, ano 40, nº 158, p. 292, abr.-jun./2003).

[822] ARAÚJO, Nadja Aparecida Silva de. *Op. cit.*, p. 292.

o de realizar concretamente o Direito e a Constituição. Assim, o exercício da competência legalmente prevista para infligir penalidade disciplinar a servidor público não deve descuidar do dever de observar a Constituição e, assim, de aplicar a razoabilidade no dimensionamento da penalidade. Para que isso se viabilize validamente, não se exige que a lei expressamente atribua à autoridade disciplinar o dever de aplicar a razoabilidade. Não há uma relação biunívoca entre norma administrativa e previsão legal de competência para aplicá-la. Uma competência expressamente estatuída não está a exigir que o administrador realize exclusivamente o conteúdo normativo previsto na regra de competência.[823] Outras normas decerto intervêm cada vez que se exercita uma competência legalmente prevista. Por essa razão, o poder de o administrador recusar a aplicação de uma lei que entenda inconstitucional não tem respaldo em autorização legal expressa, mas no dever geral de observar as leis e a Constituição, aos quais, cabe enfatizar, estão submetidos todos os agentes públicos. No âmbito da Administração, esse dever-poder inscreve-se no centro de qualquer função administrativa exercida com base em competência outorgada por lei para a realização de uma finalidade pública específica.

No mesmo sentido, manifesta-se José Carlos Vieira de Andrade, ao analisar o *modo* como a Administração está subordinada aos direitos fundamentais:

> Tradicionalmente, a vinculação da actividade administrativa aos direitos fundamentais era assegurada através do *princípio da legalidade*, cabendo à lei a proteção da liberdade e da propriedade dos cidadãos [...] de modo que a Administração necessitava aí de uma autorização legal expressa para intervir e tinha de actuar em estrita conformidade com a lei.
>
> A mediação legal mantém-se, mas a proibição de actuação administrativa *praeter legem* não pode prejudicar a actividade administrativa de *aplicação directa* dos preceitos constitucionais. Assim, por exemplo, a Administração *não pode restringir*, mas pode e deve, *no âmbito das suas atribuições e competências, proteger, promover* e até *concretizar*, na falta de lei específica, as normas relativas aos direitos, liberdades e garantias. Não é então uma actividade de execução de lei, mas de *execução* vinculada da Constituição.[824]

Na mesma toada, Paulo Otero assinala que:

> [...] uma tal competência administrativa de fiscalização da validade do Direito a aplicar pelos órgãos administrativos não resulta de qualquer norma jurídico-positiva expressa, antes se deve considerar que a mesma decorre implícita das situações em que a ordem jurídica impõe o dever de recusar a aplicação de normas inválidas, uma vez que se mostra impossível o exercício deste poder de desaplicar normas inválidas sem que exista uma prévia competência de exame, controlo ou fiscalização da conformidade das normas a aplicar.[825]

Por fim, deve restar firmado que a competência administrativa judicante para apreciar e decidir questões constitucionais tem fundamento em alguns dispositivos da Constituição: (i) no conceito constitucional de ampla defesa (art. 5º, LV) – que não é mera defesa, mas ampla defesa;[826] (ii) no dispositivo que comete aos poderes

---

[823] De certa forma, pode-se afirmar que a posição que defende a aplicação exclusiva da regra de competência, com exclusão de outras pertencentes ao ordenamento jurídico, lastreia-se no dogma de que todo o Direito está na lei, o que, como visto, não se compatibiliza com o princípio da juridicidade administrativa.
[824] ANDRADE, José Carlos Vieira de. *Os direitos fundamentais na Constituição Portuguesa de 1976*. Coimbra: Almedina, 2001, p. 232. Grifos do autor.
[825] OTERO, Paulo. *Legalidade e administração pública*, p. 705.
[826] Nesse sentido, BACELLAR FILHO, Romeu Felipe. *Processo administrativo disciplinar*, p. 303.

públicos em geral o dever de zelar pela guarda da Constituição e das leis (art. 23, I); (iii) no enunciado constitucional que estabelece a Administração Pública como destinatária do efeito vinculante das decisões definitivas em ADC proferidas pelo Supremo Tribunal Federal (art. 102, § 2º). A admissão dessa competência na hipótese de leis manifestamente inconstitucionais ou injustas realiza melhor a ideia de Direito como sistema, porquanto minimiza, como visto, as quebras ou antinomias normativas no interior do ordenamento jurídico.

Por certo, há um dever geral de que o agente ou julgador administrativo não deva exceder seu plexo de competência, mas é com os postulados normativos que os limites de sua atuação se manifestam de forma nítida e desafiante, em prol do respeito e da concretização dos direitos e liberdades constitucionais do indivíduo.

4.1.5. FUNDAMENTOS, CONDIÇÕES E LIMITES DA ATUAÇÃO JUDICANTE *CONTRA LEGEM*

4.1.5.1. Posicionamento da questão

A possibilidade de os órgãos administrativos judicantes apreciarem e recusarem a aplicação de lei arguida de inconstitucional toca o tema central deste estudo de modo bem específico. É que não se perquire essa possibilidade acerca de qualquer questão constitucional com que se possa defrontar a Administração, mas tão somente quando a afronta à Lei Maior se perfaz por ofensa aos postulados da proporcionalidade e da razoabilidade. Volta-se, portanto, para a lei que desafia a estruturação aplicativa a cargo dos postulados. O confronto entre norma constitucional e norma legal submetida à estruturação aplicativa dos postulados não é propriamente um conflito entre regras, mas um conflito entre regra legal e princípios constitucionais, no caso do postulado da razoabilidade, ou somente entre princípios constitucionais, no caso do postulado da proporcionalidade. É útil esclarecer, ainda, que, neste último caso, um dos princípios envolvidos é norma que consagra direito fundamental, que, como se sabe, possui aplicabilidade direta e imediata, ao passo que, no primeiro caso, os princípios envolvidos podem ser um direito fundamental ou os princípios da justiça, da Administração Pública, do devido processo legal, para cuja eficácia também não se exige a mediação legislativa, funcionando como critérios diretos e imediatos para a tomada de decisão pela Administração.

Oportuno notar que os postulados aplicativos funcionam como parâmetros de avaliação da conformidade da legalidade administrativa à principiologia constitucional, servindo, portanto, de mecanismos de realização de uma ideia de justiça – a justiça constitucional.

Situada a questão específica no quadro geral do tema concernente à recusa administrativa em aplicar lei que considere inconstitucional, cumpre verificar, neste tópico, as hipóteses em que o julgador administrativo pode e deve utilizar os postulados da razoabilidade e da proporcionalidade contra disposição expressa de lei, bem como a extensão dessa atuação por parte do julgador administrativo.

4.1.5.2. Fundamentos para uma atuação judicante contra legem com base nos postulados aplicativos

Neste tópico, serão consolidadas as premissas, firmadas ao longo da presente pesquisa, que preparam e fundamentam a conclusão segundo a qual o julgador administrativo possui habilitação técnico-jurídica para recusar, no âmbito do processo administrativo, lei que considere inconstitucional por motivo de irrazoabilidade e desproporcionalidade.

Reconhecem-se fundamentos de três ordens: objetiva, subjetiva e processual.

4.1.5.2.1. Fundamentos de ordem objetiva

O fundamento de *ordem objetiva* radica na natureza e estrutura do Direito que há de ser aplicado pelo julgador administrativo. Como visto *supra*, o Direito composto por regras jurídicas – soluções fechadas e exclusivas para hipóteses fáticas previamente estabelecidas pelo legislador – deu lugar ao Direito composto também por princípios jurídicos – fórmulas abertas a hipóteses fáticas indeterminadas e que contribuem de modo apenas complementar para a construção da solução jurídica. Ademais, de sistema lógico-conceitual, o Direito passou a ser concebido como sistema teleológico-axiológico, ou seja, como uma ordem jurídica fundada em fins e valores constitucionais, os quais devem orientar o julgador administrativo na aplicação do Direito. Nesse aspecto, inserem-se os seguintes fundamentos:

i) O fenômeno da constitucionalização formal e material do Direito Administrativo.

Já anteriormente debatido, importa apenas ressaltar, quanto ao tema, que esse fenômeno veio redefinir o conteúdo normativo de atuação da Administração Pública na quadra atual de um Estado Democrático de Direito, comprometido que se acha com a proteção e a promoção dos direitos e garantias fundamentais, com a realização dos valores democráticos e a vinculação direta aos princípios constitucionais gerais e aos princípios setoriais da Administração Pública. Passa-se a exigir do intérprete um certo ativismo hermenêutico, em virtude de algumas transformações sofridas pelo Direito: constitucionalizaram-se as fontes do Direito Administrativo, multiplicaram-se as fontes jurídico-positivas da legalidade (Constituição, lei, regulamento, instrução normativa, portaria), flexibilizou-se o conteúdo material da legalidade vinculante (princípios jurídicos, cláusulas gerais, conceitos indeterminados) e instaurou-se a conflituosidade entre as normas do ordenamento jurídico (caracterização das antinomias entre regras e princípios, superabilidade das regras pelos princípios, ponderação de princípios, busca da sistematicidade, inevitáveis quebras residuais).

ii) A aplicabilidade direta e imediata dos direitos e garantias fundamentais.

Diz-se direta a aplicabilidade porque os direitos valem independentemente de lei que os regulamente, ou seja, não carecem de densificação legislativa para que possam produzir os efeitos protetivos que lhes são próprios. A sua eficácia é haurida imediatamente da Constituição, independentemente de norma infraconstitucional. Por sua vez, a eficácia é também imediata, porque esses direitos não se submetem a nenhuma condição, temporal ou processual, ou seja, incidem imediatamente não apenas no processo judicial, mas também no processo administrativo, podendo acarretar a invalidade concreta de lei restritiva dos direitos que seja considerada desproporcional ou irrazoável. Essas características, que nutrem a força normativa e a eficácia reforçada das normas que consagram direitos e garantias fundamentais (DGF), é que fundamentam o poder-dever de recusa pelo órgão judicante de leis que lhes são ofensivas.

Ocorre que a gradação da carga de eficácia dos DGF depende da densidade normativa das normas de direito fundamental, que, por sua vez, está vinculada à forma de proclamação no texto e à função precípua do direito fundamental.[827] Assim, os direitos e garantias individuais, por consubstanciarem direitos à omissão por parte do Estado, não carecem de um esforço maior para a sua concretização, já que visam obstar ações arbitrárias e restritivas de direitos por parte dos Poderes Públicos, daí revestirem-se de plenitude eficacial e aplicabilidade direta. São os direitos liberais ou de primeira dimensão os tradicionalmente representados pelo direito à vida e à integridade física, à liberdade, à igualdade, à propriedade, à segurança, previstos no *caput* do art. 5º da Constituição de 1988.

O mesmo não se verifica em relação aos direitos prestacionais ou sociais, que exigem do Estado uma ação positiva em prol do cidadão, como sucede com os direitos à saúde, à educação, à cultura, à moradia, ao trabalho, à aposentadoria. Isso se justifica pela baixa densidade normativa dos preceitos constitucionais que os consagram e pela necessidade de alocação de recursos para que possam ser plena e prontamente usufruídos. Nessa seara, ganha importância o poder de conformação do legislador, a quem cabe a definição do seu conteúdo e das formas de seu exercício, bem como o estabelecimento das condições jurídicas e materiais para sua concretização.

A despeito disso, a natureza dos direitos sociais a prestações não chega a comprometer integralmente a eficácia jurídica das normas que os consagram. É que, apesar de ter a programaticidade como principal dimensão, há neles também um componente característico dos direitos de defesa, como, v.g., o que proíbe o retrocesso social.[828] Nesse campo, verifica-se também a existência de direitos sociais equiparados aos direitos de defesa (direitos sociais negativos), as denominadas *liberdades sociais*, como boa parte dos direitos dos trabalhadores, positivados nos arts. 7º a 11 da Constituição. É o caso, por exemplo, da limitação da jornada de trabalho (art. 7º, incisos XIII e XIV), do reconhecimento das convenções e acordos coletivos de trabalho (art. 7º, inciso XXVI), das normas relativas à prescrição (art. 7º, XXIX), da liberdade de associação sindical (art. 8º), do direito de greve (art. 9º) etc.[829]

Em linhas gerais, tanto os direitos de defesa quanto os direitos a uma prestação apresentam carga eficacial. A diferença se põe em termos de gradação, que naqueles é maior em extensão e intensidade do que nestes. A despeito disso, o foco de atuação dos postulados normativos são os direitos notadamente de abstenção ou de omissão do Estado em face da liberdade do indivíduo humano. Isto corresponde a dizer que a estruturação aplicativa e argumentativa operada pelos postulados normativos apanha principalmente as normas de direitos fundamentais de índole liberal ou defensiva, que tutelam os bens relativos à vida, liberdade, propriedade, segurança e igualdade jurídica. Essa afirmação é mais evidente em se tratando do postulado da proporcio-

---

[827] SARLET, Ingo Wolfgang. *A eficácia dos direitos fundamentais*. Porto Alegre: Livraria do Advogado, 2007, p. 289.
[828] SARLET, Ingo Wolfgang. *Op. cit.*, p. 205.
[829] *Ibidem*, p. 206.

nalidade, já que a sua natureza originária de princípio da proibição de excesso atraiu para si o papel de coarctar leis restritivas e arbitrárias aos direitos de defesa.

Contrariamente, Canotilho sustenta que, hoje, o domínio lógico de aplicação da proporcionalidade se estende também aos direitos a prestações de natureza normativa e até material, como, por exemplo, na proteção da vida do feto se discute a criminalização do aborto, bem como a quantidade de pena compatível com a ilicitude da conduta. Num outro exemplo, procura-se saber se uma subvenção é apropriada e se os fins visados pela sua atribuição não poderiam ser alcançados mediante subvenções mais reduzidas.[830]

De qualquer modo, importa ter presente que a tese da aplicabilidade direta e imediata dos direitos fundamentais, sejam os de perfil liberal ou os sociais quanto à dimensão defensiva, é apta a fundamentar o poder-dever de recusa pelo órgão judicante de leis que restrinjam, de maneira irrazoável ou desproporcional, aqueles direitos.

iii) A aplicabilidade direta e imediata dos princípios constitucionais gerais e dos princípios setoriais da Administração Pública.

Não se pode pensar que somente as normas constitucionais definidoras de direitos e garantias fundamentais são autoaplicáveis ou exequíveis por si mesmas, no sentido de dispensar a *interpositio legislatoris*. Com efeito, apanhando lições de Maria Lúcia da Conceição Abrantes Amaral Pinto Correa, Ana Cláudia Nascimento Gomes registra que:

> *Todos os preceitos constitucionais vinculam, todos os preceitos constitucionais são diretamente aplicáveis.* A força vinculativa e a qualidade da aplicabilidade directa das normas não depende, nem pode depender, do facto de as mesmas normas dizerem ou não "respeito" a direitos, liberdades e garantias... Dizer isto equivale a afirmar o seguinte: (i) todos os preceitos constitucionais integram normas que podem ser fundamento da *invalidade* do direito infraconstitucional que lhe não seja conforme; (ii) todos os preceitos constitucionais integram normas que fornecem parâmetros da interpretação recta do direito que lhes fora infraordenado.[831]

Assim, os princípios do regime jurídico-administrativo previstos na Constituição (art. 37, *caput*) e na Lei nº 9.784/99, tais como os princípios da moralidade, impessoalidade, eficiência, segurança jurídica, finalidade, interesse público, razoabilidade, proporcionalidade, entre outros, vinculam diretamente o julgador administrativo. Essa assertiva revela seu prumo à medida que se constata a adequação da utilização da técnica dos princípios à seara do Direito Administrativo, tanto no seu surgimento e desenvolvimento – representado na prática jurídica do Conselho de Estado francês – quanto no momento atual do pós-positivismo jurídico.[832] É, portanto, essa íntima conexão material entre princípios e Direito Administrativo que anima a força normativa e potencializa a eficácia jurídica dos princípios constitucionais e legais.

4.1.5.2.2. Fundamentos de ordem subjetiva

O segundo fundamento em prol do reconhecimento da competência é de *ordem subjetiva* e reporta-se à habilitação jurídica e à qualificação técnica do órgão judi-

---

[830] CANOTILHO, J. J. Gomes. *Direito constitucional e teoria da Constituição*, p. 266-267.
[831] GOMES, Ana Cláudia Nascimento. *O poder de rejeição de leis inconstitucionais pela autoridade administrativa no direito português e no direito brasileiro*. Porto Alegre: Sergio Antonio Fabris Editor, 2002, p. 169-170.
[832] O tema foi objeto de análise em tópico anterior.

cante para aplicar o Direito. Alguns dos fatores pertencentes a essa ordem de fundamento contribuem para minimizar o risco de erro no controle da constitucionalidade das leis, ao criarem condições e preverem mecanismos para que a recusa à aplicação de lei pelo órgão judicante não se dê de forma tendenciosa, parcial, açodada ou temerária. Nesse aspecto, inserem-se os seguintes fundamentos:

i) Atribuição constitucional ao poder público em geral do dever de zelar pela guarda da Constituição e das leis (art. 23, I).[833]

ii) Competência dos órgãos da Administração Pública para recusar a aplicação de lei por motivo de inconstitucionalidade, segundo interpretação *a contrario sensu* do art. 102, § 2º, *in fine*, da Constituição.[834]

iii) A *tese afirmativa da competência* guarda um maior grau de coerência com os princípios constitucionais.

Como já anotado por Canaris, a ideia de ordem ou coerência é elemento constitutivo do conceito filosófico de sistema, significando, no que concerne ao segmento do Direito, a exigência de *adequação valorativa* entre as normas que compõem o ordenamento jurídico e a ausência de contradições entre elas. Por outro lado, as quebras no sistema consistem na ausência de adequação ou na presença de contradição entre as normas jurídicas.

Esse conceito de coerência foi analiticamente desenvolvido por Robert Alexy e Aleksander Peczenik, em artigo publicado no ano de 1990, ao pretenderem conferir uma ordenação sistemática ao raciocínio jurídico.[835] Em outra obra traduzida para a língua portuguesa, o jusfilósofo alemão analisa a importância do postulado da coerência[836] para a racionalidade prática, expondo o seu conceito e os critérios que a definem.[837]

Transcrevendo lições da primeira obra, Thomas da Rosa de Bustamante considera a coerência, assim como a razoabilidade e a proporcionalidade, um postulado, que "exige que um sistema de normas esteja orientado segundo princípios e valores comuns, de modo que se estabeleça uma certa *ordenação* entre as partes que compõem o todo".[838]

Nesse sentido, a coerência exige mais do que a compatibilidade lógica (consistência) entre os enunciados normativos do ordenamento jurídico. Um ordenamento ou sistema jurídico é consistente se não apresenta contradição lógica entre

---

[833] A proposição foi discutida por ocasião do estudo do princípio da juridicidade administrativa. A cláusula tem inspiração nas Constituições da Alemanha de 1949 (art. 20,3), de Portugal (art. 266,2) de 1976 e da Espanha de 1978 (art. 103,1).

[834] "§ 2º As decisões definitivas de mérito, proferidas pelo Supremo Tribunal Federal, nas ações diretas de inconstitucionalidade e nas ações declaratórias de constitucionalidade, produzirão eficácia contra todos e efeito vinculante, relativamente aos demais órgãos do Poder Judiciário e à administração pública direta e indireta, nas esferas federal, estadual e municipal."

[835] ALEXY, Robert; PECZENIK, Aleksander. The concept of coherence and its significance for discursive rationality. *In: Ratio Iuris*. Vol. 3, nº 1, March 1990. Oxford-Malden: Blackwell Publishers.

[836] Ao contrário dos postulados da razoabilidade e da proporcionalidade, o postulado da coerência não tem natureza normativa. Sua diretriz metodológica, no entanto, é realizada por intermédio daqueles postulados.

[837] ALEXY, Robert. *Constitucionalismo discursivo*. Trad.: Luís Afonso Heck. Porto Alegre: Livraria do Advogado, 2007.

[838] BUSTAMANTE, Thomas da Rosa de. *Argumentação contra legem*: a teoria do discurso e a justificação jurídica nos casos *mais* difíceis. Rio de Janeiro: Renovar, 2005, p. 275.

suas partes – é o conceito negativo de coerência. Mas esta traduz também relação de fundamentação semântico-sintática (conexão positiva), que permite a dedução ou inferência de uma norma a partir de outra(s).[839]

A coerência de um ordenamento ou sistema jurídico é uma questão de grau, e a medida da coerência determina-se pelo grau de atendimento dos *critérios ou testes* a seguir enunciados. Ultrapassa, no entanto, os limites desse estudo conceituar e discriminar cada um desses testes, razão por que apenas se vai relacioná-los, mas sem deixar de focar alguns mais de perto implicados com a resolução da *questão da competência*. Nesse desiderato, os critérios estão divididos em três grupos: (i) os primeiros traduzem as propriedades das relações estabelecidas entre os enunciados: (i.1) número de relações de fundamentação, (i.2) extensão das cadeias de fundamentação, (i.3) enlace das cadeias de fundamentação, (i.4) relações de ponderação entre princípios, (i.5) fundamentação recíproca; (ii) os segundos concernem às propriedades dos conceitos utilizados pelos enunciados normativos: (ii.1) generalidade das propriedades dos conceitos, (ii.2) interconexão transversal entre conceitos; (iii) os terceiros referem-se aos objetos de aplicação do sistema de enunciados: (iii.1) número de casos individuais, (iii.2) diversidade dos casos de aplicação.[840]

Dos nove critérios relacionados, apenas dois aportam subsídios para um posicionamento sobre o tema relativo à competência dos órgãos judicantes para recusar aplicação de lei que entenda irrazoável ou desproporcional. Desde essas noções, objetiva-se submeter *a tese da competência* aos critérios ou testes de coerência, para verificar se ela se encontra fundamentada nos princípios constitucionais. Em outras palavras, perquire-se, a partir dessa análise, a existência da competência em questão e, em caso afirmativo, qual a intensidade possível de seu exercício.

O primeiro teste é o do *enlace (ou conexão) das cadeias (correntes) de fundamentação*, a exigir um maior número de conexões entre cadeias de enunciados que fundamentam as normas do sistema. Uma cadeia de fundamentação se forma quando um enunciado p1 sustenta um outro, p2, que, por sua vez, sustenta p3, e assim por diante. Assim, quanto maior o número de contatos entre as diversas cadeias de fundamentação pertencentes ao sistema de enunciados, mais coerente ele se apresenta. As conexões assim formadas podem ser de dois tipos: de partida ou de chegada.

A *conexão de partida* ocorre quando uma cadeia de fundamentação conduz a mais de uma conclusão. Por exemplo, o princípio do Estado de Direito pode fundamentar analiticamente tanto o princípio da segurança jurídica, que exige a aplicação da lei a todos os casos que se enquadrem no suposto fático da norma, quanto à equidade, que exige a adequação da norma geral às particularidades circunstanciais e pessoais do caso concreto para que não se produza injustiça. O critério que se formula para esse tipo de conexão é o seguinte: "ceteris paribus: quanto mais correntes de fundamentação têm uma premissa de partida comum, tanto mais coerente é o sistema".[841] Esse critério, no entanto, não se presta à resolução da questão em foco.

---

[839] ALEXY, Robert. *Constitucionalismo discursivo*, p. 119. De modo mais técnico, um enunciado normativo p1 fundamenta um enunciado normativo p2 se, e somente se, p1 pertence a um conjunto de premissas S, do qual p2 se segue dedutivamente.

[840] ALEXY, Robert. *Op. cit.*, p. 120-128.

[841] *Ibidem*, p. 122.

Já a *conexão de chegada* ocorre quando uma conclusão pode derivar de diferentes enunciados. O critério de coerência relacionado a essa conexão tem a seguinte formulação: "ceteris paribus: quanto mais correntes de fundamentação têm uma conclusão comum, tanto mais coerente é o sistema".[842] Para os objetivos aqui perseguidos, esse critério, ao contrário do outro, mostra-se importante.

O segundo critério é o da *fundamentação recíproca*, segundo o qual um enunciado p1, com o auxílio de outros, implica logicamente um segundo enunciado p2, que, por seu turno, implica aquele primeiro, igualmente com a ajuda de outros enunciados. A mútua implicação pode ser de três ordens: (i) *analítica*, quando um enunciado resulta conceitualmente do outro – é o que se dá entre os direitos fundamentais e o Estado de Direito; (ii) *empírica*, quando a realização de um enunciado é um meio para alcançar o que o outro exige – é o que se passa com os direitos fundamentais e o princípio democrático; (iii) *normativa*, quando a relação entre os enunciados se dá por razões normativas. Em vista disso, associam-se ao critério da fundamentação recíproca três subtestes: (i) "ceteris paribus: quanto mais fundamentações analíticas mútuas um sistema contém, tanto mais coerente ele é"; (ii) "ceteris paribus: quanto mais fundamentações empíricas mútuas um sistema contém, tanto mais coerente ele é"; (iii) "ceteris paribus: quanto mais fundamentações normativas mútuas um sistema contém, tanto mais coerente ele é".[843]

Recolhidos os dois critérios de coerência considerados pertinentes ao exame da questão, cumpre agora submeter-lhes tanto a tese que afirma quanto a que nega a existência da competência, para, em seguida, verificar qual delas guarda maior grau de coerência com as normas do ordenamento jurídico.

Em tópicos anteriores, foram examinadas as mais diversas normas (regras e princípios jurídicos) que, de algum modo, se mostraram logicamente implicadas com a *tese afirmativa da competência*. Com base nesse estudo, verificou-se que as relações entre as normas jurídicas e as teses envolvidas na questão (a favor e contra a existência da competência administrativa) são de três espécies:

a) De *fundamentação*, em que a tese decorre logicamente de certos enunciados do sistema.

Nesse caminho, constatou-se que o princípio da ampla defesa (art. 5º, LV, da Constituição), o princípio da juridicidade administrativa, as regras contidas no art. 23, I, e o art. 102, § 2º, *in fine*, da Constituição fundamentam *rigorosamente*[844] a tese afirmativa da competência.

Alem disso, verifica-se também mútua implicação entre os princípios da ampla defesa e da juridicidade, de um lado, e a tese afirmativa, de outro. Com efeito, a tese

---

[842] ALEXY, Robert. *Op. cit.*, p. 123.

[843] *Ibidem*, p. 122, 124-126.

[844] Para Alexy e Peczenik, *apud* BUSTAMANTE, Thomas da Rosa de. *Op. cit.*, p. 279, "um enunciado p1 *fundamenta rigorosamente* o enunciado p2 se, e somente se, p1 pertence a um conjunto de premissas, S, possuindo as seguintes propriedades: 1) nenhuma dessas premissas é vazia de sentido ou falsificável; 2) pelo menos um subconjunto de S possui as seguintes características: a) p2 segue logicamente dele (do subconjunto S); b) todos os membros do subconjunto são necessários para inferir p2 (ou seja, p2 não mais se seguirá logicamente se alguma premissa pertencente ao subconjunto for removida dele); 3) cada membro de S pertence a, pelo menos, um subconjunto de tal tipo; e 4) p1 é necessário no seguinte sentido rigoroso: p2 não se seguirá logicamente de nenhum subconjunto de S ao qual p1 não pertença".

afirmativa sustenta conceitualmente o princípio da ampla defesa e o princípio da juridicidade.

b) De *consistência*, em que não se verifica incompatibilidade lógica entre a tese e os enunciados jurídicos, apesar de não se tratar de uma relação de fundamentação.

Uma leitura atualizada do princípio da separação dos poderes pode não fundamentar a tese afirmativa, mas também com ela não se revela incompatível, como à primeira vista poderia aparentar. Como se viu, não há uma reserva absoluta de jurisdição (judicial) explicitamente positivada na Constituição em ordem a impedir que a Administração aprecie e decida, no âmbito do processo administrativo, questões constitucionais.

No entanto, aliado ao princípio democrático, o princípio da separação dos poderes exige que o administrador respeite e observe a decisão do legislador democraticamente eleito. Entretanto, afirmou-se, na esteira do pensamento de Alexy, que a objeção democrática a uma concepção não positivista do Direito não alcança leis manifestamente injustas ou inconstitucionais,[845] razão por que o controle de violações a direitos fundamentais nos Estados constitucionais democráticos não deve ser excluído de nenhum dos três Poderes Públicos.

A par de uma nova concepção de democracia, além daquela meramente representativa, viu-se que democracia e processo aliam-se para propiciar ao administrado a oportunidade de influir no teor de decisões que poderão interferir em sua esfera jurídica. Para isso, a autoridade administrativa precisa tornar-se um aplicador direto da Constituição, abrindo-se, assim, a possibilidade jurídica para ele recusar a aplicação de lei que entenda em desacordo com a Constituição.

De igual modo, o princípio da segurança jurídica também não se mostra logicamente incompatível com a tese afirmativa da competência quando se está diante de atuação estatal manifestamente inconstitucional ou injusta. Muito ao contrário, este princípio, com a integração do elemento *legitimidade*, em sua estrutura conceitual, chega até mesmo a fundamentar – mas de modo não igualmente rigoroso – a tese afirmativa da competência, já que leis manifestamente inconstitucionais ou injustas podem revelar-se tão inseguras quanto leis de significado obscuro ou ambíguo.

O princípio da uniformidade das decisões administrativas, corolário do princípio da isonomia jurídica, também não se opõe à tese afirmativa da competência, porquanto é juridicamente possível que a Administração Ativa, por seu representante judicial, intente ação anulatória de decisão administrativa fundada na inconstitucionalidade de lei que, posteriormente, venha a ser declarada constitucional pelo Supremo Tribunal Federal.

c) De *inconsistência*, em que, ao contrário, se constata a incompatibilidade lógica entre a tese e os enunciados jurídicos.

Bem ao revés, a *tese negativa da competência* se mostra abertamente incompatível com as normas constitucionais que fundamentam a tese oposta: princípio da ampla defesa, princípio da juridicidade e art. 23, I, da Constituição.

Com relação aos outros princípios, nenhum deles logra fundamentar *rigorosamente* a tese negativa. Alguns deles, ao contrário, chegam mesmo a chocar-se com ela, como sucede com o princípio da segurança jurídica na hipótese de atuação estatal manifestamente inconstitucional ou injusta.

---

[845] Robert Alexy alude a uma expressão de alcance mais restrito do que lei manifestamente injusta ou inconstitucional: "extrema injustiça".

Um balanço final dessa abordagem conduz à conclusão de que a *tese afirmativa da competência* atrai para si um maior número de cadeias de fundamentação e apresenta um número menor de incompatibilidades lógicas do que a *tese negativa da competência*. Não se cuida, todavia, para obter-se um nível otimizado de coerência, de um conceito amplo de competência administrativa, no sentido de que qualquer hipótese de irrazoabilidade ou desproporcionalidade de lei poderá ser examinada e decidida pelo julgador administrativo. Como ficou consignado, apenas na hipótese de lei manifestamente irrazoável ou desproporcional é que as poucas relações de incompatibilidade lógica da tese afirmativa parecem dissipar-se totalmente. Nessa situação, a admissão da competência dos órgãos judicantes para recusar a aplicação de leis manifestamente irrazoáveis ou desproporcionais realiza melhor a ideia de Direito como sistema, porquanto minimiza as quebras ou antinomias normativas no interior do ordenamento jurídico.

iv) Independência orgânica e funcional relativa dos órgãos judicantes (a pessoa do julgador administrativo).

A independência de que gozam os órgãos administrativos de julgamento não é a mesma verificada em relação aos juízes e tribunais do Poder Judiciário.[846] Com efeito, na separação orgânica[847] e na especialização funcional dos órgãos incumbidos da função jurisdicional – uma decorrência direta do esquema organizativo da separação dos poderes –, reside a garantia institucionalizada do cidadão contra o arbítrio e os abusos porventura perpetrados pelos Poderes Legislativo e Executivo. Ademais, aos juízes judiciais é constitucionalmente deferido um conjunto de garantias de independência (inamovibilidade, irredutibilidade de subsídios, vitaliciedade – art. 95, *caput*) e de imparcialidade (as incompatibilidades do parágrafo único do art. 95) capazes de assegurar-lhes a independência funcional.[848] Uma atuação independente pode afrontar inclusive decisões tomadas pelos demais Poderes Políticos, já que os juízes se submetem, na sua atuação judicante, tão somente às leis e à Constituição

---

[846] Os poderes de atuar *contra legem* do julgador administrativo e do julgador judicial distinguem-se em dois aspectos: (i) *Qualitativo*: em virtude da existência de reservas de lei e de jurisdição, o julgador administrativo não pode eliminar qualquer quebra normativa; por outro lado, o julgador judicial poderá ultrapassar certas reservas de lei, na busca de uma plenitude lógica e axiológica do sistema jurídico, uma vez constatada omissão reiterada e injustificada do legislador. (ii) *Quantitativo*: o julgador administrativo, contraditoriamente ao judicial, só está autorizado a realizar um controle débil ou fraco, ou seja, de evidência manifesta, tendo em vista a objeção dos princípios afetados.

[847] A separação orgânica é acompanhada das garantias institucionais da autonomia organizacional, administrativa, financeira, orçamentária e da iniciativa exclusiva ou conjunta de leis de interesse da magistratura e do Poder Judiciário (arts. 96 e 99).

[848] FERREIRA FILHO, Manoel Gonçalves. *Curso de direito constitucional*, p. 246-247, classifica as garantias dos membros do Poder Judiciário em duas modalidades: (i) *garantias de independência*, que resguardam a independência do juiz contra pressões inclusive de outros órgãos judiciários; (ii) *garantias de imparcialidade*, que visam dar-lhes condições de imparcialidade, protegendo-os contra si próprios, ao proibir que se dediquem a certas atividades que os comprometeriam com determinados interesses. Segundo o professor José de Albuquerque Rocha: "independência e imparcialidade, embora conceitos conexos, eis que servem ao mesmo valor de objetividade do julgamento, no entanto têm significações diferentes. Enquanto a imparcialidade é um modelo de conduta relacionado ao momento processual, significando que o juiz deve manter uma postura de *terceiro* em relação às partes e seus interesses, devendo ser apreciada em cada processo, pois, só então é possível conhecer a identidade do juiz e das partes e suas relações, a independência é uma nota configuradora do estatuto dos membros do Poder Judiciário, referente ao exercício da jurisdição em geral, significando ausência de subordinação a outros órgãos" (ROCHA, José de Albuquerque. *Estudos sobre o Poder Judiciário*, p. 30).

e, com respeito àquelas, apenas quando e na medida em que se conformam a esta, o que os torna legítimos e incontestáveis integrantes do sistema de controle difuso de constitucionalidade das leis.

Por certo, a independência dos órgãos administrativos judicantes não chega a esse nível, mas não se pode deixar de reconhecer neles certa independência orgânica e funcional, ainda que em grau menor. Tomando-se em parte e adaptando-se o conceito de independência formulado por Vital Moreira,[849] entende-se por *independência orgânica* dos órgãos judicantes: (i) a separação, na estrutura organizacional da Administração Pública, entre os órgãos da Administração Ativa e os órgãos especializados na função de julgar controvérsias administrativas;[850] (ii) a nomeação dos julgadores administrativos dentre servidores estáveis mediante requisitos de qualificação técnico-profissional;[851] (iii) estabelecimento de incompatibilidades,[852] regras

---

[849] MOREIRA, Vital. *Administração autónoma e associações públicas*. Coimbra: Coimbra, 1997, p. 127-128.

[850] O primeiro passo no sentido de uma atuação judicante relativamente independente é dado quando se realiza a especialização funcional, ou seja, quando a função de resolver as controvérsias entre Administração Ativa e administrado é atribuída a órgãos específicos, não submetidos às interferências diretas ou indiretas da Administração Ativa. No que concerne à Administração Tributária Federal, a especialização da função judicante em primeira instância foi instituída pela Lei nº 8.748, de 9 de dezembro de 1993 (DOU de 10.12.1993), quando foram criadas dezoito Delegacias da Receita Federal especializadas na atividade de julgamento de reclamações administrativas contra pretensões tributárias do Fisco Federal. Anteriormente, esse julgamento ficava a cargo da própria Administração Ativa responsável pelas atividades de arrecadação e fiscalização (Delegacias da Receita Federal).

[851] Segundo NEDER, Marcos Vinicius; LÓPEZ, Maria Teresa Martínez. *Processo administrativo fiscal federal comentado*. São Paulo: Dialética, 2002, p. 255, nota 289, o julgador de primeira instância do processo administrativo tributário federal "deve ser ocupante do cargo de Auditor-Fiscal da Receita Federal (AFRF) que tenha cumprido o estágio probatório e, preferencialmente, com experiência na área de tributação e julgamento ou habilitado em concurso público nessa área de especialização". Quanto à segunda instância, o Regimento Interno do CARF, aprovado pela Portaria MF nº 256, de 22 de junho de 2009, exige, de um lado, que os conselheiros contribuintes estejam registrados no respectivo órgão de classe há, no mínimo, cinco anos e comprovem efetiva atividade que demande conhecimentos nas áreas de direito tributário, de processo administrativo fiscal, de tributos federais e de contabilidade; de outro, que os conselheiros fazendários sejam Auditores-Fiscais da RFB em exercício no cargo há, pelo menos, cinco anos. Quanto ao Tribunal de Impostos e Taxas do Estado de São Paulo (TIT), segunda instância do processo administrativo tributário paulista, a Lei nº 13.457, de 11 de março de 2009, que dispõe sobre o processo administrativo tributário paulista, exige, de um lado, que os juízes contribuintes sejam portadores de título universitário e de reputação ilibada, sejam reconhecidamente especializados em matéria tributária e contem com mais de cinco anos de efetiva atividade profissional no campo do Direito, inclusive no magistério e na magistratura; de outro, que os juízes servidores públicos sejam também portadores de título universitário, dentre servidores da Secretaria da Fazenda e Procuradores do Estado, e sejam especializados em questões tributárias.

[852] A lei estabelece ou o bom senso recomenda algumas incompatibilidades ou impedimentos em relação ao julgador administrativo: (i) a Lei nº 8.906, de 4 de julho de 1994, que dispõe sobre o Estatuto da Advocacia e a Ordem dos Advogados do Brasil, em seu art. 28, VII, estabelece a incompatibilidade da atividade de advocacia para os ocupantes de cargos ou funções que tenham competência de lançamento, arrecadação ou fiscalização de tributos e contribuições parafiscais; (ii) CASSONE, Vittorio. A pessoa do julgador administrativo. *In:* ROCHA, Valdir de Oliveira (Coord.). *Processo administrativo fiscal*. 5º Vol. São Paulo: Dialética, 2000, p. 153, entende que, embora a lei não proíba, não é aconselhável que o julgador administrativo possa concomitantemente estar no exercício de função executiva; (iii) nos órgãos administrativos judicantes de composição paritária, como o CARF, considera-se impedido, entre outras hipóteses, o conselheiro representante dos contribuintes que atue como advogado, firmando petições, em ação judicial cujo objeto, matéria ou pedido seja idêntico ao do recurso em julgamento (art. 42, II, do Regimento Interno do CARF).

de suspeição e impedimento,[853] mandato fixo do julgador, inamovibilidade durante o mandato;[854] (iv) irredutibilidade dos subsídios ou vencimentos e estabilidade após três anos de efetivo exercício no cargo deferidas aos servidores públicos em geral (arts. 37, XV, e 41).

Nada obstante, essa independência é relativizada pela origem e formação dos servidores recrutados para a atividade de julgamento das controvérsias administrativas, geralmente dentre os integrantes da Administração Ativa. Como bem observa Gabriel Lacerda Troianelli, "por mais absurda que seja a pretensão fiscal, o julgador, por sua própria origem e formação, pode estar íntima e sinceramente convencido da legalidade da exação tributária".[855] Como forma de amainar a parcialidade do julgador, alguns órgãos administrativos de julgamento possuem composição paritária, ou seja, o número de julgadores representantes da Fazenda Pública é o mesmo dos representantes das entidades de classe ligadas aos contribuintes. Isso se verifica no Conselho Administrativo de Recursos Fiscais do Ministério da Fazenda e no Tribunal de Impostos e Taxas do Estado de São Paulo.

Outros fatores de ordem estrutural podem pôr em risco a independência do julgador administrativo, tais como: (i) vinculação da remuneração desses servidores públicos a metas institucionais de arrecadação de tributo, o que poderá induzir servidores mais comodistas a manter pretensões tributárias eivadas de ilegalidade ou de inconstitucionalidade no plano de que, assim decidindo, venha a contribuir para o crescimento da arrecadação e, por conseguinte, da sua própria remuneração; (ii) a vigência do mandato como condição para a permanência do servidor em localidade onde exerce a função judicante, já que a não renovação do mandato, que é da conveniência das autoridades superiores da Administração Ativa, poderá acarretar o retorno do servidor à localidade de origem, onde tinha exercício, antes de ser removido para assumir o mandato de julgador.[856]

A seu turno, a *independência funcional* traduz a inexistência de ordens, instruções ou sequer diretivas vinculativas por parte do superior hierárquico ou de auto-

---

[853] Os regimentos internos dos órgãos judicantes em assunto tributário proíbem o julgador administrativo de participar do julgamento de reclamação ou recurso em cujo processo tenha atuado como autoridade lançadora (art. 19, I, da Portaria MF nº 58, de 17 de março de 2006 (DRJ); art. 42, I, do Regimento Interno do CARF).

[854] Com relação às DRJs, os seus julgadores cumprem mandato de até dois anos – com término no dia 31 de dezembro do ano subsequente ao da designação, sendo admitida a recondução – e somente dele são destituídos nas hipóteses de retenção injustificada de processo e de aplicação ao julgador de penalidade disciplinar superior a advertência, como a suspensão e a demissão (arts. 4º e 5º da Portaria nº MF 58/2006). Com respeito ao CARF, os julgadores cumprem mandato maior, de três anos – admitidas duas reconduções –, sendo dele destituído nas várias hipóteses que menciona o art. 45 do Regimento Interno do CARF. Quanto aos juízes do TIT/SP, o mandato é de dois anos, com início em 1º janeiro e término em 31 de dezembro dos anos correspondentes ao início e término do período da nomeação (art. 63), perdendo-o nas hipóteses de procrastinar ilicitamente o exame e julgamento de processos, praticar qualquer ato de favorecimento, retiver injustificadamente processos além dos prazos previstos, faltar a mais de três sessões consecutivas ou dez interpoladas no mesmo exercício, deixar de cumprir meta mínima de produção semestral, ou renunciar ao mandato (Lei nº 13.457/2009).

[855] TROIANELLI, Gabriel Lacerda. A pessoa do julgador administrativo. *In:* ROCHA, Valdir de Oliveira (Coord.). *Processo administrativo fiscal.* 5º Vol. São Paulo: Dialética, 2000, p. 73.

[856] No âmbito das DRJs, o segundo fator já não se faz presente, em virtude da Portaria RFB nº 2440, de 08.10.2009, que facultou ao servidor a lotação definitiva no município do exercício do mandato. Igualmente, o primeiro fator deixou de existir em 1º de julho de 2008, a partir do qual seus servidores passaram a ser remunerados mediante subsídio (Lei nº 11.890, de 24 de dezembro de 2008).

ridades superiores da Administrativa Ativa, de modo que o julgador administrativo se vincule tão somente aos atos infralegais regulamentares, às leis e à Constituição, e desde que observada a sequência hierárquico-normativa crescente dessas fontes jurídico-positivas.

Nesse contexto, pode comprometer bastante a independência funcional do julgador administrativo a possibilidade de ele sujeitar-se às orientações de autoridades administrativas executivas, tais como Ministros, Secretários, Superintendentes, Delegados. Muitas vezes, essas orientações assumem a sutil forma de ato normativo – de conteúdo geral, abstrato e obrigatório –, como sucede na previsão de as DRJs observarem as normas regulamentares e os entendimentos da Secretaria da Receita Federal do Brasil expressos em atos normativos (art. 7º da Portaria MF nº 58/2006).[857]

Esses atos normativos, não raro, superestimam o interesse secundário da Administração Ativa, e, a par do temor de responderem disciplinarmente, acabam compelindo os julgadores a proferirem decisões em consonância com atos normativos menores, mas em flagrante desconformidade em face de lei ou da Constituição.[858]

Do quanto expendido, verifica-se haver espaço para que se promova uma ampliação do grau de independência do administrador na atividade judicante. Nada obstante, os fatores que, de alguma forma, periclitam a independência dos julgadores não constituem impedimento jurídico para que conheçam e decidam questões constitucionais no âmbito do processo administrativo, dando aplicabilidade direta aos direitos e garantias fundamentais e aos princípios jurídico-administrativos. Antes, representam obstáculos práticos para a implantação e o aperfeiçoamento do projeto democrático-constitucional no âmbito da Administração Pública.

v) Natureza colegiada dos órgãos judicantes.

Parece evidente que a criação de órgão judicante de composição colegiada é um dos fatores que contribui para a minimização do risco de erro não só nos julgamentos administrativos em geral, mas também no controle concreto da constitucionalidade das leis. O debate, os vários pontos de vista confrontados e a deliberação coletiva podem sim proporcionar um exame verticalizado sobre a possibilidade de recusa aplicativa de lei no âmbito do processo administrativo e, com isso, imprimir maior segurança, objetividade, impessoalidade, correção e legitimidade às decisões desse jaez.

Foi com esse propósito geral que se instituíram, no ano de 2001, órgãos judicantes colegiados na primeira instância do processo administrativo tributário federal, em substituição à autoridade julgadora singular do Delegado da Receita Federal de Julgamento.[859]

---

[857] Como retrata Heron Arzua, permanecem válidas as sugestões de Gilberto de Ulhôa Canto voltadas para o aperfeiçoamento do procedimento tributário contencioso, entre as quais merece destaque a necessidade do "reconhecimento aos julgadores administrativos de primeira instância dos predicados da magistratura, especialmente referente à estabilidade e à independência hierárquica" (ARZUA, Heron. Processo administrativo fiscal – função, hierarquia, imparcialidade e responsabilidade do julgador administrativo. *Revista Dialética de Direito Tributário*. São Paulo, nº 33, p. 45, jun./1998).

[858] O tema da legalidade autovinculante fundada em atos normativos infralegais (regulamentos, instruções normativas etc) será estudado adiante.

[859] O julgamento colegiado foi instituído pelo art. 64 da Medida Provisória nº 2.113-30, de 26 de abril de 2001, e disciplinado pela Portaria MF nº 258, de 24 de agosto de 2001.

4.1.5.2.3. Fundamentos de ordem processual

O terceiro, e último fundamento, é de *ordem processual*, que se relaciona à própria atividade de atuação do Direito pelo órgão judicante. Eis os fundamentos de ordem processual:

i) Aplicabilidade direta e imediata dos princípios garantísticos que compõem o núcleo comum da processualidade.

A Constituição de 1988 registra uma verdadeira igualização, sob o ponto de vista do núcleo comum da processualidade, entre o processo administrativo e o judicial. Como visto, o núcleo comum define-se pela caracterização do *contraditório* e rege-se pelos princípios jurídicos que são compartilhados por ambos os processos, a saber: princípios do devido processo legal, do contraditório, da ampla defesa e do juízo natural. Diante dessa equiparação do regime processual-garantístico, faz-se a seguinte indagação: o que há no processo judicial e não há no processo administrativo que legitimaria somente naquele espaço, e não neste, a recusa pelo julgador de lei que considere em descompasso com a Constituição. A resposta a essa pergunta é encontrada no próprio ordenamento constitucional pátrio.

Com efeito, uma vez verificada a inexistência de uma reserva absoluta de jurisdição para análise e decisão de questões constitucionais, e constatada a natureza substancialmente jurisdicional da atividade de julgamento de certos órgãos administrativos,[860] o certo é que a competência dos órgãos judiciais não decorre normativamente do *núcleo diferencial* atinente ao processo judicial, mas do *núcleo comum da processualidade*. Dentre os princípios que integram e definem o regime jurídico do núcleo comum da processualidade, desempenha relevante papel na resolução do

---

[860] BITTENCOURT, Lúcio. *O controle jurisdicional da constitucionalidade das leis*, p. 35, para sustentar que a faculdade de reconhecer ou declarar a inconstitucionalidade não é privativa do Supremo Tribunal, mas também dos juízes e tribunais, federais ou locais, ordinários ou especiais, consigna que "ela é consectária da função jurisdicional e, por conseqüência, cabe a quem quer que legitimamente exerça esta última". Sob essa ótica, a faculdade de reconhecer a inconstitucionalidade de lei não seria exclusiva dos órgãos do Poder Judiciário, já que a Administração, pelos seus órgãos de julgamento, também desempenha atividade substancialmente jurisdicional. Cabe notar que, à semelhança do que se passa com a competência dos órgãos administrativos de julgamento, a competência dos juízes judiciais para examinar e decidir questões constitucionais é apenas implicitamente apreendida do Texto Constitucional, diferentemente da competência dos tribunais, que, por expressa cláusula constitucional, podem, pelo voto da maioria de seus membros, declarar a inconstitucionalidade de lei ou ato normativo do Poder Público (art. 97 da Constituição). Mas nem por isso se vê questionar a competência dos juízes singulares para o exercício daquela faculdade, dada a tradição republicana do controle difuso de constitucionalidade no Brasil. Isso não significa que a competência dos juízes singulares para dizer da inconstitucionalidade foi algo sempre pacífico na história republicana. Como recorda Lúcio Bittencourt, com a introdução da cláusula conhecida como reserva de plenário na Constituição de 1934 – reproduzida em todas as Constituições posteriores –, várias dúvidas surgiram, havendo inclusive quem sustentasse a incompetência dos juízes singulares. Todavia, essa doutrina não foi acolhida pelos tribunais, mantendo-se assim a orientação tradicional que reconhecia aos juízes de primeira instância a necessária jurisdição para apreciar e decidir as arguições de inconstitucionalidades (*ibidem*, p. 36-38). Por todo o exposto, frágil se mostra o argumento esgrimido com base na cláusula da reserva de plenário (art. 97) para se negar essa competência aos órgãos de julgamento administrativo, como o fazem: CASSONE, Vittorio. A pessoa do julgador administrativo. *In*: ROCHA, Valdir de Oliveira (Coord.). *Processo administrativo fiscal*. 5º Vol. São Paulo: Dialética, 2000, p. 156; PRAXEDES, Francisco de Assis. Algumas questões do processo administrativo tributário. *In*: MARTINS, Ives Gandra da Silva (Coord.). *Processo administrativo tributário*. São Paulo: Revista dos Tribunais, 1999, p. 234; MOTTA FILHO, Marcello Martins. Algumas questões do processo administrativo tributário. *In*: MARTINS, Ives Gandra da Silva (Coord.). *Processo administrativo tributário*. São Paulo: Revista dos Tribunais, 1999, p. 643.

questionamento inicial o princípio da ampla defesa, especialmente a vertente significativa da ampla competência decisória, que, como visto, é uma das principais normas que fundamentam a competência dos órgãos judicantes para apreciar e decidir alegações de inconstitucionalidade de lei no âmbito do processo administrativo, tal como ocorre também no processo judicial.

À conta disso, não é demasiado afirmar que, com a Constituição de 1988, os órgãos administrativos judicantes passaram a integrar o sistema de controle difuso de constitucionalidade das leis e atos normativos,[861] visto que o julgador administrativo, ao defrontar-se em sua atividade com o conflito entre uma lei e a Constituição, tem o poder-dever de deixar de aplicar aquela em benefício desta, – e nisto consiste o controle difuso.[862]

Odete Medauar conclui nessa direção, argumentando exatamente a partir do princípio da ampla defesa (vertente da autodefesa):

> Na autodefesa, o sujeito realiza pessoalmente as condutas e providências para preservar-se dos prejuízos ou sanções. Trata-se, portanto, do direito de apresentar alegações e argumentos a seu favor, por si próprio. Nesse ponto, deve-se ressaltar a amplitude da possibilidade de argumentação. Cogitando-se de argumentação jurídica, nada obsta a invocação de inconstitucionalidade inclusive no processo administrativo tributário; isso porque, a Constituição norteia o exercício de todos os poderes estatais e, portanto, tais poderes devem zelar pelo seu cumprimento; por outro lado, *o nosso sistema de controle de constitucionalidade apresenta-se predominantemente difuso, o que implica a atuação de todos os poderes na sua realização.*[863] (grifo nosso)

Nessa linha de argumentação, cabe notar que tal competência administrativa não seria possível se os juízes e tribunais do Poder Judiciário pátrio não tivessem o poder de reconhecer e declarar, no controle difuso e concreto, a inconstitucionalidade de leis e atos normativos. Com efeito, seria assim se o ordenamento constitucional brasileiro adotasse, por exemplo, o sistema de controle da constitucionalidade das leis existente na Alemanha ou Espanha, no qual aos juízes e tribunais ordinários é dado o poder de examinar a questão constitucional arguida, mas não o de recusar a aplicação de lei ou ato normativo que julguem inconstitucional, já que essa competência é exclusiva das respectivas Cortes Constitucionais.[864]

---

[861] Nesse sentido, BRITO, Edvaldo. Ampla defesa e competência dos órgãos julgadores administrativos para conhecer de argumentos de inconstitucionalidade e/ou ilegalidade de atos em que se fundamentam autuações. *In:* ROCHA, Valdir de Oliveira (Coord.). *Processo administrativo fiscal*. São Paulo: Dialética, 1995, p. 62.

[862] VELLOSO, Carlos Mário da Silva. *Temas de direito público*. Belo Horizonte: Del Rey, 1997, p. 152.

[863] MEDAUAR, Odete. As garantias do devido processo legal, do contraditório e da ampla defesa no processo administrativo tributário. *Repertório IOB de Jurisprudência*, nº 12, p. 237, 2ª quinzena de junho de 1994.

[864] O exemplo argentino não parece seguir essa lógica. Com efeito, em que pese o controle da constitucionalidade na Argentina competir a qualquer juiz ou tribunal (art. 43,1), a doutrina deste país tem amplamente sustentado que é defeso às autoridades administrativas recusar a aplicação de lei que considere inconstitucional. Nesse sentido é a exposição de GORDILLO, Agustín A. *A administración paralela*. 3ª reimpressión. Madrid: Civitas, 2001, p. 24: "[...] ocorre que conforme a opinião dominante, quando o órgão administrativo se encontra frente a uma lei inconstitucional – por exemplo, por contrariar tais supremos valores constitucionais [razoabilidade, proporcionalidade, boa-fé etc] –, ele não pode apartar-se do preceito desvalioso, mas deve em todo caso apresentar ou promover sua derrogação, e enquanto isso deve cumpri-lo".

No Direito alemão, a questão é analisada por Hartmut Maurer. A partir do disposto no art. 100, I, da Lei Fundamental de Bonn, a literatura jurídica alemã distingue as seguintes tarefas desempenhadas no sistema de controle de constitucionalidade das leis emanadas do Parlamento alemão: "competência para o exame" da arguição de inconstitucionalidade de lei e "competência para a rejeição" ou recusa à aplicação de lei considerada inconstitucional. Segundo o dispositivo constitucional, se o juiz chega, em virtude do exercício da primeira competência, à convicção de que a lei é inconstitucional, então ele não pode nem aplicá-la nem deixá-la inaplicada, mas deve apresentar a questão constitucional ao Tribunal Constitucional Federal, já que este é quem detém o monopólio de rejeição das leis consideradas inconstitucionais.

Partindo dessa premissa, o autor posiciona-se negativamente sobre a possibilidade de a autoridade administrativa recusar a aplicação de lei que considere inconstitucional. Mesmo assim, abre essa possibilidade no caso de a ofensa constitucional ser manifesta. Em suas palavras:

> O artigo 100, I, da Lei Fundamental, não é aplicável à administração nem direta nem analogicamente. Da competência para a rejeição do Tribunal Constitucional Federal, resulta, todavia, que a autoridade administrativa não pode simplesmente recusar incidentalmente e deixar de inaplicada uma lei inconstitucional segundo sua concepção, a não ser que a inconstitucionalidade seja manifesta ou exista um caso de urgência. Em contrapartida, ela também não pode simplesmente ignorar a inconstitucionalidade reconhecida e aplicar a lei. Como solução para esse dilema – nem aplicar nem não-aplicar – oferece-se a apresentação para a autoridade administrativa que segue em hierarquia [...].[865]-[866]

O sistema de controle de constitucionalidade espanhol também apresenta essa especificidade, razão por que os órgãos judicantes da Administração espanhola têm-se reiteradamente declarado incompetentes para examinar arguições de inconstitucionalidade de leis e, por conseguinte, para recusar a aplicação de lei porventura tida por inconstitucional.

Sobre o processo constitucional espanhol, disserta Emerson Garcia, que, a propósito da questão debatida, traz as seguintes informações:

> Embora lhes seja defeso afastar a aplicação de uma lei que considerem inconstitucional, os demais órgãos jurisdicionais, de ofício ou a requerimento de qualquer das partes, após aferir a verossimilhança do vício alegado e a relevância da norma na solução da lide, devem suscitar uma *cuestión de inconstitucionalidad* perante o Tribunal Constitucional, o que importa numa

---

[865] MAURER, Hartmut. *Elementos de direito administrativo alemão*. Trad.: Luís Afonso Heck. Porto Alegre: Sergio Antonio Fabris Editor, 2001, p. 32.

[866] Embora vislumbre o mesmo obstáculo, Klaus Tipke entende que a Administração Financeira em geral pode reconhecer internamente a inconstitucionalidade de lei. Nas suas palavras: "Es cierto que las autoridades financieras no pueden acudir al Tribunal Constitucional, pero también lo es que están vinculadas a la Constitución. Pese al monopolio del Tribunal Constitucional para declarar la inconstitucionalidad de las normas, la Administración financiera puede poner de manifiesto de modo interno la inconstitucionalidad y en último término impulsar al Gobierno a modificar la ley o iniciar un procedimiento de control de las normas. A mi juicio, la Administración financiera debe actuar así cuando sea consciente del quebrantamiento de la Constitución (TIPKE, Klaus. *Moral tributaria del Estado y de los contribuyentes*. Trad.: Pedro M. Herrera Molina. Madrid: Marcial Pons, 2002, p. 83).

nítida aproximação ao modelo de controle difuso, amenizando a dificuldade de acesso inerente ao sistema de jurisdição constitucional.[867-868]

Especificamente, o Tribunal Econômico-Administrativo Central da Espanha, órgão de cúpula da Administração Judicante incumbido de analisar e decidir as reclamações administrativas em matéria de tributos, tem assim se manifestado em suas decisões:

> [...] este Tribunal ha de declararse incompetente para conocer de la posible ilegalidad o inconstitucionalidad de las normas aplicadas, ya que, es criterio reiteradamente mantenido por este Tribunal que el ámbito de la vía económico-administrativa no alcanza a la ilegalidad o inconstitucionalidad de las normas reguladoras de los tributos, materias estas reservadas en nuestro Ordenamiento Jurídico a los órganos de la Jurisdicción Contencioso-Administrativa y al propio Tribunal Constitucional.[869]

Portanto, com a Constituição de 1988, os órgãos administrativos judicantes passaram a integrar o sistema de controle difuso de constitucionalidade das leis e atos normativos.

ii) A garantia do duplo grau de jurisdição tanto para a Administração quanto para o administrado.

Essa garantia assegura à Administração e ao administrado o direito de recorrer contra decisões dos órgãos judicantes que sejam desvantajosas aos seus respectivos interesses.

O exercício desse direito certamente representa um dos fatores que minimizam o risco de erro no controle da constitucionalidade das leis,[870] isto é, de que a recusa à aplicação de lei pelo órgão judicante se dê de forma errônea, açodada ou temerária.

Vale lembrar que a Administração Judicante Tributária Federal atende apenas parcialmente a essa condição, porquanto o direito ao recurso contra decisões das Delegacias de Julgamento não é deferido por lei à Fazenda Pública nos casos em que o valor do crédito tributário exonerado na primeira instância não seja superior a R$ 1.000.000,00 (um milhão de reais).[871]

A toda evidência, esse quadro não se releva compatível com a tese afirmativa da competência, razão por que, de *lege ferenda*, convém deferir à Fazenda Pública o direito ao recurso da decisão administrativa que recusar a aplicação de lei tida como

---

[867] GARCIA, Emerson. O processo constitucional espanhol e a atuação do Ministério Público. *Jus Navegandi*. Teresina, ano 10, nº 1005, 2 abr. 2006. Disponível em: <http://jus2.uol.com.br/doutrina/texto.asp?id=8188>. Acesso em: 25 dez. 2007.

[868] O comentário é feito sobre o art. 163 da Constituição Espanhola de 1978, *verbis*: "Quando um órgão judicial considerar, em algum processo, que uma norma da categoria de lei, aplicável ao caso, de cuja validez depende a sentença, possa ser contrária à Constituição, apresentará a questão perante o Tribunal Constitucional nas hipóteses, na forma e com os efeitos que a lei estabeleça, que em nenhum caso serão suspensivos".

[869] Tribunal Econômico-Administrativo Central, Resolução nº 00/830/1998, Resolução de 10.09.1998. Disponível em: <http://www.mineco.es/Portal/Areas+Trematicas/Impuestos/Tribunal+Economico-administrativo+central.htm>. Acesso em: 11 mar. 2007.

[870] Nesse sentido, TORRES, Ricardo Lobo. Algumas questões do processo administrativo tributário. *In:* MARTINS, Ives Gandra da Silva (Coord.). *Processo administrativo tributário*. São Paulo: Revista dos Tribunais, 1999, p. 166.

[871] NEDER, Marcos Vinicius; LÓPEZ, Maria Teresa Martínez. *Op. cit.*, p. 335-336. A Portaria MF nº 3, de 03.01.2008, DOU 07.01.2008, elevou o limite de alçada de R$ 500.000,00 (quinhentos mil) para R$ 1.000.000,00 (um milhão de reais).

irrazoável ou desproporcional no âmbito do processo administrativo, independentemente do valor do crédito tributário exonerado, ainda que seja o direito ao recurso de ofício.

4.1.5.3. Condições e limites para uma atuação judicante contra legem com base nos postulados aplicativos

4.1.5.3.1. Requisitos de evidência material e discursiva

Visto que a Administração Judicante enfeixa em sua competência o poder de não aplicar normas legais contrárias à Constituição, resta precisar o *alcance* (que ofensas constitucionais legitimam o exercício da competência) e a *intensidade* (qual a intensidade ou evidência da ofensa que autoriza o exercício da competência) do controle administrativo incidente sobre as leis emanadas do Congresso Nacional. Como informa Jorge Miranda, três são as posições básicas assumidas pelos juristas portugueses, e que se prestam aqui à análise.[872] A *primeira* admite que os órgãos administrativos têm um poder geral de controle da validade constitucional das leis, semelhante ao dos tribunais judiciais, podendo não aplicá-las ao caso concreto se as julgarem inconstitucionais (Rui Medeiros, Miguel Galvão Telles). A *segunda*, ao revés, consente a inexistência desse poder, uma vez que o primado da Administração é subordinar-se diretamente às normas legais que regem a sua atuação (Mário Esteves de Oliveira). A *terceira*, como posição intermédia, nega a existência do poder genérico, mas reconhece o poder da recusa aplicativa das normas legais que contrariem determinados preceitos constitucionais, especialmente os dotados de aplicabilidade direta e imediata, tais como os direitos e garantias fundamentais (Jorge Miranda, José Carlos Vieira de Andrade, Vital Moreira, Paulo Otero, Canotilho).[873]

Segundo Paulo Otero, a terceira posição sugere que o princípio da legalidade goza, como regra *a priori*, de preferência em relação ao princípio da constitucionalidade. Isto é, primeiro, a Administração se vincula à lei e, só depois, à Constituição. A exceção fica por conta das normas constitucionais de eficácia direta e aplicabilidade imediata.[874]

Não basta, todavia, em atenção às premissas firmadas, que a violação recaia sobre determinados preceitos ou princípios constitucionais dotados de eficácia direta e imediata (problema do alcance). Faz-se necessário que a ofensa constitucional seja manifesta, ostensiva, inequívoca (problema da intensidade). Vale dizer que,

---

[872] MIRANDA, Jorge. *Manual de Direito Constitucional*: inconstitucionalidade e garantia da Constituição. Tomo VI. Coimbra: Coimbra Editora, 2001, p. 177, nota 1.

[873] Trata-se, por isso, de um poder específico e não propriamente excepcional, como costuma normalmente ser identificado.

[874] OTERO, Paulo. *Op. cit.*, p. 671. O jurista português excepciona a regra apenas se verificada uma das três situações: "(i) Sempre que se tratem de 'leis injustas', enquanto negação de um Estado de Direito material baseado na dignidade da pessoa humana, isto mesmo que tais 'normas' se encontrem fundadas em preceitos formalmente constitucionais, pois os mesmos serão normas constitucionais inconstitucionais; (ii) Se a inconstitucionalidade decorrer da violação ostensiva da essência de preceitos constitucionais dotados de aplicabilidade directa, tal como sucede com as normas sobre direitos, liberdades e garantias [...] e ainda aqueles direitos fundamentais que tenham natureza análoga; (iii) Sempre que a Constituição sancione expressamente a inconstitucionalidade com determinado desvalor jurídico, tal como acontece com a inexistência jurídica decorrente da falta de promulgação ou da falta de referendo e ainda os casos de ineficácia decorrente da falta de publicação".

apenas na hipótese de lei manifestamente irrazoável ou desproporcional e, ao mesmo tempo, ofensiva a princípios jurídicos de aplicabilidade direta e imediata, é que os órgãos administrativos de julgamento estão legitimados a recusar a aplicação de leis que inobservem as pautas dos postulados normativos, pois que, como visto, essa é a hipótese que melhor realiza a ideia de Direito como sistema.

Não há como negar, entretanto, que existe uma dificuldade em identificar *a priori* os parâmetros que permitam aferir o caráter manifesto da ofensa constitucional e, por conseguinte, em exercer o poder administrativo de recusa de leis inconstitucionais de forma previsível, segura e objetiva. Isso não impede que se estabeleçam alguns requisitos, ainda que abertos e fluídos, a serem observados pelos intérpretes administrativos quando do exercício do poder de recusa.

A identificação dos *requisitos de evidência (manifesta)* há de refletir o tipo de racionalidade que os postulados normativos são capazes de proporcionar no âmbito da interpretação e aplicação do Direito. Vale repassar que esta racionalidade é, ao mesmo tempo, *material-teleológica*, ao permitir ao intérprete avaliar a adequação da medida adotada à finalidade legal e a congruência entre motivo, objeto e realidade social, e *discursivo-estrutural*, ao potencializar a capacidade da fundamentação que pretende apoiar determinada posição ou conclusão e, com isso, oportunizar a sua criticibilidade.

Definido que os requisitos de evidência da irrazoabilidade e desproporcionalidade de lei devem embutir em si os elementos fundantes da racionalidade dos postulados normativos, cumpre agora explicitar-lhes o conteúdo. Assim, de igual modo, hão de apoiar-se numa *base material*, que cria condições para que se possa pensar e conhecer a irrazoabilidade ou a desproporcionalidade de uma lei, e numa *base discursiva*, que possibilita a estruturação argumentativa desse pensamento. Se, por um lado, há uma dificuldade de se identificarem *a priori* os critérios que confiram uma aplicação objetiva aos postulados normativos no rechaço de leis inconstitucionais, por outro, essa deficiência é em parte minimizada pela estruturação discursiva que a metódica dos postulados viabiliza, proporcionando a recusa aplicativa da lei de forma intersubjetivamente controlável. Vale dizer que a cognição a respeito da irrazoabilidade ou desproporcionalidade das leis é antes alcançada argumentativamente, razão por que, como já referido, a motivação da atuação administrativa passa a revestir-se de supina importância.

Parafraseando Humberto Ávila, na aplicação dos postulados normativos pelos órgãos judicantes, há uma insuperável dialética entre objetividade e subjetividade. Todo o esforço do julgador administrativo consiste em intersubjetivar o subjetivo. Para isso, deverá argumentar de forma estruturada, tal como determinam os postulados aplicativos. Isso, todavia, não elimina todo o dado subjetivo da interpretação, mas o mantém visível, intersubjetivamente criticável e controlável.[875]

Com base nesses pressupostos, dois são os requisitos exigidos para que se repute uma lei manifestamente irrazoável ou desproporcional:

i) *Evidência material*, que se alcança mediante um *controle de evidência* da desconformidade da lei questionada aos elementos parciais dos postulados aplicativos, de modo que, se o controle de evidência resultar positivo, significa que a me-

---

[875] ÁVILA, Humberto. Argumentação jurídica e a imunidade do livro eletrônico. *In:* TORRES, Ricardo Lobo (Org.). *Temas de interpretação do direito tributário*. Rio de Janeiro: Renovar, 2003, p. 152.

dida legal é manifesta e inequivocamente irrazoável ou desproporcional, podendo assim ter a sua aplicação recusada pelo julgador administrativo.

Importa notar que esse controle é do tipo fraco, porquanto só em hipóteses-limite é que se afigura legítima a recusa da lei pelo julgador.

Com efeito, foi mencionado acima que o *controle de evidência material* relacionado à observância do postulado da proporcionalidade deixa-se captar com maior precisão em se tratando dos subprincípios da adequação e da necessidade. Abraçando uma concepção débil de *idoneidade*, pode-se afirmar que uma medida restritiva a direto fundamental não é idônea quando não contribui, de nenhum modo (quantitativo, qualitativo, probabilístico ou temporal), para a obtenção do fim perseguido (*inidoneidade manifesta*). Por sua vez, uma concepção débil de *exigibilidade* informa que uma medida restritiva a direito fundamental só é inexigível se existir um meio alternativo, ao menos um igualmente idôneo para alcançar o fim pretendido, que seja menos oneroso em todos os aspectos (material, pessoal, espacial e temporal) do que o meio adotado (*inexigibilidade manifesta*).

Já o controle de evidência da proporcionalidade em sentido estrito não se deixa definir de forma igualmente imediata. Como já anotado, essa máxima da proporcionalidade é instrumentalizada pela técnica da ponderação, que haverá de responder se a importância na promoção de determinados princípios justifica a intensidade de restrição a direitos fundamentais ("lei da ponderação"). Viu-se também que uma operacionalização em termos quantitativos da "lei da ponderação" é dada pela "formula peso" criada por Alexy. Dispondo dessa ferramenta, a concepção débil da proporcionalidade em sentido estrito informa que uma medida legislativa só será desproporcional se a relação numérica entre o peso atribuído à realização de um princípio e o peso conferido à intensidade da restrição a um direito fundamental for *inequivocamente* inferior a 1 (um).

Por sua vez, o controle de evidência dos diversos parâmetros da razoabilidade também não se deixa captar *a priori* para informar quando a irrazoabilidade de uma lei pode ser considerada manifesta. Daí a razão de afirmar-se frequentemente que o postulado da proporcionalidade é mais formal e operacionalmente controlável do que o postulado da razoabilidade. Advirta-se, todavia, que isso é verdade não porque o postulado da razoabilidade careça de uma definição operacional, como sustentado por Wilson Steinmetz,[876] mas sim porque o controle de evidência da razoabilidade não se permite fixar antecipadamente, como sucede, em certa medida, com o postulado da proporcionalidade, sobretudo se comparado ao controle viabilizado pelas máximas parciais da idoneidade e da necessidade. Com efeito, não há critérios predefinidos para afirmar-se quando uma medida estatal viola as pautas da igualdade, da equivalência, da congruência ou da equidade. Por esse motivo, só diante do caso real de aplicação do Direito é que geralmente o controle de evidência da razoabilidade se realiza e se define. Reflexo dessa dificuldade se vê no fato de tradicionalmente considerar-se legítimo o recurso a *o critério axiológico negativo*, que informa apenas quando uma medida legal é arbitrária, inaceitável ou inadmissível à luz dos postulados aplicativos.

ii) *Evidência discursiva*, que se realiza mediante a explicitação do raciocínio jurídico voltado para a demonstração da evidência material, para o que haverá de:

---

[876] STEINMETZ, Wilson Antônio. *Op. cit.*, p. 192.

(a) estruturar-se segundo as pautas aplicativas dos postulados normativos, (b) explicitar os elementos da base epistemológica por aqueles operados e (c) observar determinados critérios que conectam tais elementos (racionalidade formal interna).

Essa última exigência do requisito em tela impõe que a estruturação da fundamentação jurídica perfaça-se mediante a explicitação das relações de congruência – definidas com base em critérios negativos ou positivos – entre os elementos que compõem a base epistemológica operada pelos postulados normativos.[877]

4.1.5.3.2. Indícios e hipóteses dos critérios negativos e positivos que conectam os elementos da base epistemológica

Volta-se agora para a tarefa de explicitar alguns indícios e hipóteses de critérios negativos e positivos, já que o controle de evidência normalmente se socorre tanto dos primeiros, entre os quais se sobressai o critério axiológico negativo (arbitrário, inaceitável, inadmissível), quanto dos segundos, que cumprem o papel de afastar qualquer cogitação da presença de critério negativo e, por conseguinte, de um controle de evidência positivo. Ambos podem ser extraídos da opinião comum da comunidade jurídica, da jurisprudência judicial e administrativa ou das opiniões de juristas respeitáveis. A existência de um critério negativo em qualquer uma dessas fontes implicará um controle de evidência positivo, ao passo que a constatação de uma evidência positiva produzirá um novo critério negativo. É também em virtude dessa mútua implicação entre o critério negativo e o controle de evidência que a racionalidade deste se define como fraca, porquanto se propõe tão somente a responder quando uma medida legislativa não passa pelo crivo dos postulados aplicativos.

Os indícios, por sua vez, cumprem o papel de estabelecer uma presunção em favor da existência de um ou outro critério (a depender da natureza do indício), exigindo, assim, um ônus argumentativo maior, para que seja desconsiderado o critério indiciado. Por exemplo, a presença de um indício de critério negativo instaura, de um lado, a presunção de existência do critério negativo e, de outro, impõe um ônus argumentativo maior, para que se afirme a existência do critério oposto, ou seja, do critério positivo.

A título expositivo, consubstanciam *indícios* de critério positivo entre os elementos da base epistemológica dos postulados aplicativos, ou seja, de que determinada lei é razoável e proporcional, as seguintes hipóteses:

i) Não é manifesta ou evidente a irrazoabilidade ou a desproporcionalidade de leis que contam com um período de vigência tal que teria havido tempo e condições para que esses vícios pudessem ter sido reconhecidos pelos Tribunais Judiciais ou mesmo pelo Supremo Tribunal Federal, Guardião Maior da Constituição;[878]

---

[877] Além dos requisitos de evidência, costuma-se exigir também um *controle de justificabilidade*, segundo o qual a recusa administrativa à aplicação de lei manifestamente irrazoável ou desproporcional está também condicionada à inexistência de uma razão plausível para a adoção de medidas legais assim qualificadas. Nesse intento, estabelecem-se critérios que permitam determinar o nível de justificação exigido para a adoção de determinadas medidas legais restritivas de direitos fundamentais (Cf. ÁVILA, Humberto. *Op. cit.*, p. 161-162).

[878] Nesse sentido, MAXIMILIANO, Carlos. *Hermenêutica e aplicação do direito*, p. 307.

Um exemplo nesse sentido se vê na Lei nº 9.430/96, que, no seu art. 44, instituiu multa aplicada *ex officio* de 75%, para o caso de simples inadimplemento, e de 150%, para o caso de sonegação ou fraude; ambos os percentuais incidindo sobre o valor do tributo não recolhido ao Erário. Ao longo de mais de um decênio de vigência, verifica-se que um dos argumentos mais esgrimidos em reclamações e recursos no âmbito do processo administrativo tributário federal fundamenta-se na irrazoabilidade, desproporcionalidade ou confiscatoriedade das penalidades aplicadas com base nessa lei.[879] A insurgência corrente e maciça dos contribuintes contra o quantitativo das penalidades tributárias não tem, todavia, sensibilizado a jurisprudência administrativa ou judicial. De fato, não se tem conhecimento de que algum órgão administrativo ou judicial haja considerado irrazoáveis ou confiscatórias as multas tributárias naqueles percentuais. Ademais, o exame de alguns precedentes do Supremo Tribunal Federal permite concluir que não se está diante de uma falta de equivalência entre a hipótese infracional descrita na lei e a penalidade tributária cominada.

Como já referido, o Supremo Tribunal Federal e grande parte da doutrina têm, de há muito, invocado impropriamente o princípio da vedação do confisco para coarctar a instituição de penas pecuniárias consideradas excessivas. Com esse fundamento, a Suprema Corte tem exercido o controle sobre *leis punitivas abstratamente consideradas*, ainda que tal exame se perfaça no âmbito do controle difuso de constitucionalidade. Como resultado, o Tribunal já reduziu multa moratória de 100% para 30%; suspendeu lei estadual que instituiu multa de 300% sobre o valor da operação comercial para a hipótese de venda de mercadoria sem emissão de nota fiscal; declarou inconstitucionais dispositivos de Constituição estadual que estabeleciam percentuais mínimos de penalidade tributária: 200% para a hipótese de mora no pagamento e 500% para a hipótese de sonegação fiscal. Enfim, atentando para a ordem numérica dos percentuais considerados confiscatórios pela Corte Suprema, não é possível inferir que os percentuais de 75% para a infração menos grave, e de 150% para a infração mais grave sejam irrazoáveis. Há, ao revés, uma plausibilidade de que não o sejam.

Uma vez alcançada essa conclusão, o julgador administrativo não deveria responder às arguições de inconstitucionalidade afirmando que não tem competência legal para decidir sobre a contrariedade da lei em face da Constituição, mas que a norma sancionatória não viola o postulado da razoabilidade, pois não se verifica a existência de um critério negativo conectando infração a multa tributária questionada. Bem ao contrário, há indícios de que a penalidade guarda, sim, correspondência com a infração.

ii) Não é manifesta a irrazoabilidade ou desproporcionalidade de lei a respeito da qual não se verifica controvérsia na doutrina.

---

[879] Uma consulta ao sítio do Conselho de Contribuintes do Ministério da Fazenda (<http://conselhos.fazenda.com.br>) permite constatar que muitos são os acórdãos cuja ementa contém o termo "confisco" atrelado ao de "multa"; precisamente 643 ocorrências foram verificadas no dia 04.01.2008. Essa quantidade é ainda maior quando se trata de decisões proferidas pelas Delegacias da Receita Federal do Brasil de Julgamento, como se pode constatar no sítio da Secretaria da Receita Federal do Brasil (<http://decisoes.fazenda.gov.br/netahtml/decisoes/decw/pesquisaDRJ.htm>), em que, nas mesmas condições, foram levantadas 1907 ocorrências.

Por sua vez, as seguintes hipóteses *informam* a existência de critério negativo entre os elementos da base epistemológica dos postulados normativos, a ser observado pelo julgador administrativo na sua atuação funcional:

i) Ofensa manifesta, certa ou inequívoca de lei a direitos e garantias fundamentais e a princípios constitucionais;[880]

O caráter manifesto é tradicionalmente defendido pela doutrina e praticado pelos tribunais em países que adotaram o sistema de controle da constitucionalidade das leis. Autores clássicos brasileiros sustentam, relativamente ao controle pelo Poder Judiciário, que são cabíveis o decreto de invalidade e a recusa aplicativa da lei apenas no caso de inconstitucionalidade certa e manifesta, como forma de preservar a prerrogativa funcional do legislador democrático, o que impõe admitir o pressuposto da presunção de constitucionalidade das leis.[881]

Já na quadra atual de um Estado Democrático de Direito, o *caráter manifesto* da invalidade da lei vem servir a dois propósitos básicos: (i) abrir caminho para que a Administração Pública possa tornar-se agente do processo que é a realização crescente do projeto constitucional relativo aos valores humanitários e democráticos; mas (ii) sem alargá-lo muito, para que o exercício daquela competência não afete colateralmente princípios inerentes ao próprio Estado Democrático de Direito (princípios da legalidade, da separação dos poderes e democrático).

No entanto, o critério da "inconstitucionalidade manifesta" não está imune a críticas. Castro Nunes já lhe fazia reservas quando afirmava que "se um juiz decreta a inconstitucionalidade é porque a ele se afigurou clara, embora divirja de outro juiz que não a considerou da mesma forma".[882] A crítica se dissipa na medida em que não se toma o conceito de *manifesto* como sinonímia de *ausência de dúvida ou controvérsia* a respeito da invalidade constitucional da lei. Afinal de contas, não se tem por manifesta apenas a inconstitucionalidade que dependa de uma demonstração lógica.

Exigem-se, todavia, uma evidência material, que se obtém por meio do controle de evidência, e uma evidência argumentativa, em que as normas têm sua aplicação racionalmente estruturada pelo intérprete segundo as pautas dos postulados normativos. É a partir da conjugação desses dois requisitos e da natureza conferida a ambos (um controle débil e formal interno) que a aplicação dos postulados apli-

---

[880] Ana Cláudia Nascimento Gomes segrega a hipótese de "leis manifestamente inconstitucionais" da hipótese de "ofensa aos direitos e garantias fundamentais", enquanto pressupostos aptos a legitimar extraordinariamente o exercício do poder de rejeição de leis inconstitucionais pela autoridade administrativa. A primeira hipótese qualifica os casos de "leis formalmente inconstitucionais ou de leis materialmente inconstitucionais; neste caso, por um afrontar preceito constitucional na parte em que não confere qualquer liberdade para conformação do legislador" (GOMES, Ana Cláudia Nascimento. *Op. cit.*, p. 195 e 229-230). Justifica-se a fusão aqui dessas hipóteses em uma única: a indispensável prudência que os órgãos judicantes devem ter na recusa de leis consideradas irrazoáveis ou desproporcionais, inclusive naquelas tidas por ofensivas aos direitos e garantias fundamentais. Essa cautela, como dito, fundamenta-se no postulado da coerência, que tolera apenas a recusa administrativa da lei no caso de manifesta contrariedade desta aos postulados normativos.

[881] Na doutrina: CAVALCANTI, Themistocles Brandão. *Do contrôle da constitucionalidade*. Rio de Janeiro: Forense, 1966, p. 81-85. MAXIMILIANO, Carlos. *Op. cit.*, p. 308. Na jurisprudência constitucional, faz-se referência ao Acórdão na Rep. nº 881-MG, de 1973, da relatoria do Min. Djaci Falcão (*apud* BARROSO, Luís Roberto. *Interpretação e aplicação da Constituição*, p. 183).

[882] NUNES, Castro. *Teoria e prática do Poder Judiciário. Apud* CAVALCANTI, Themistocles Brandão. *Op. cit.*, p. 82.

cativos investe-se da intersubjetividade indispensável à segurança e à certeza na concretização do Direito.

A título ilustrativo, apresenta-se um exemplo paradigmático de inconstitucionalidade manifesta de lei a respeito da qual ainda não houve qualquer pronunciamento do STF. Esse último dado, porém, não representa um obstáculo ao exercício do poder de recusa aplicativa da lei ao caso concreto, já que se avulta inaceitável que o julgador administrativo dê cumprimento servil à regra ponderativa do legislador inequivocamente desproporcional a direito ou garantia fundamental; no caso em tela, à liberdade de profissão.[883]

A Lei nº 9.532, de 10 de dezembro de 1997, estabeleceu novos requisitos, a par dos consignados no Código Tributário Nacional (arts. 9º e 14),[884] para que entidades sem fins lucrativos de caráter educacional e assistencial possam usufruir a imunidade tributária sobre a sua renda, patrimônio e serviços, que é assegurada no art. 150, VI, "c", da Constituição.

Dentre os requisitos fixados para o gozo da imunidade, um, particularmente, toca o tema em discussão, qual o de "não remunerar, por qualquer forma, seus dirigentes pelos serviços prestados" (art. 12, § 2º, "a", da Lei 9.532/97).

A Instrução Normativa SRF nº 113, de 21 de setembro de 1998, ao dispor sobre as obrigações tributárias das instituições de educação, empresta ao requisito em foco o seguinte conteúdo (art. 4º, § 3º):

> A instituição que atribuir remuneração, a qualquer título, a seus dirigentes, por qualquer espécie de serviços prestados, inclusive quando não relacionados com a função ou o cargo de direção, infringe o disposto no *caput*, sujeitando-se à suspensão do gozo da imunidade.

Vislumbrando vício de inconstitucionalidade em alguns dispositivos que tratam da imunidade tributária daquelas entidades, a Confederação Nacional de Saúde ajuizou ação direta de inconstitucionalidade, com pedido de suspensão cautelar, contra os arts. 12, 13 e 14 da Lei nº 9.532/97, sustentando serem ofensivos aos arts. 146, II, e 150, VI, "c", da Constituição.[885]

Em julgamento de 27 de agosto de 1998, o Supremo Tribunal Federal suspendeu liminarmente apenas o § 1º e a alínea "f" do § 2º do art. 12, o *caput* do art. 13 e o art. 14, por conterem a eiva da inconstitucionalidade formal. Reconheceu-se também, na oportunidade, que o § 1º do art. 12 também padecia de vício de inconstitucionalidade material. No que concerne ao art. 12, § 2º, a extensão da suspensão só não foi maior porque a Corte Suprema entendeu que os outros requisitos (alíneas "a" a "e", "g" e "h") estabelecidos para o gozo da imunidade não pertenciam ao âmbito da matéria reservada à intermediação de lei complementar, ou seja, eles poderiam ser fixados mediante lei ordinária.

---

[883] Em sentido contrário, Kiyoshi Harada sustenta que "é conveniente que o agente público deixe de aplicar a lei somente após a sua declaração de inconstitucionalidade, em definitivo, pelo Judiciário" (HARADA, Kiyoshi. Algumas questões do processo administrativo tributário. *In:* MARTINS, Ives Gandra da Silva (Coord.). *Processo administrativo tributário*. São Paulo: Revista dos Tribunais, 1999, p. 368).

[884] Segundo o CTN, as entidades têm de cumprir os seguintes requisitos para que façam jus à imunidade tributária: (i) ser de educação ou de assistência social (art. 9º, IV, 'c'); (ii) não distribuir lucro (art. 14, I), (iii) aplicar no País os seus recursos (14, II); (iv) apresentar contabilidade adequada (14, III).

[885] STF, MC na ADI nº 1.802, Pleno, Rel. Min. Sepúlveda Pertence, j. 27.08.1998, DJU 10.02.2004.

Assim, num juízo preliminar, o STF deixou incólume o requisito contido na alínea "a" do § 2º da lei, cuja eficácia não foi suspensa e cuja validade investe-se ainda da presunção de constitucionalidade, merecendo, portanto, o acatamento e a observância dos órgãos da Administração Pública.

Em virtude disso, as DRJs, enquanto órgãos de primeira instância do processo administrativo tributário federal, têm dado fiel cumprimento ao § 2º, alínea "a", na interpretação conferida pela IN SRF nº 113, ao julgar improcedentes as manifestações de inconformidade deduzidas contra atos suspensivos do gozo da imunidade praticados pela autoridade tributária.[886]

Por outro lado, o Conselho de Contribuintes (hoje, CARF) tem iterativamente afirmado em suas decisões que o requisito em comento não alcança as remunerações pagas a dirigentes como contraprestação de serviços prestados às entidades na condição de professor, advogado, contador, mesmo os realizados na qualidade de dirigente. Ou seja, o requisito não apanha o pagamento regular de salários ou outros benefícios aos diretores em retribuição a serviços prestados, porquanto não se configura hipótese de distribuição disfarçada do patrimônio ou da renda das instituições (art. 14, I, do CTN).[887] A Sétima Câmara deixou claro esse entendimento no Acórdão nº 107.07340, do dia 15 de outubro de 2003, cuja ementa se transcreve:

> IRPJ – INSTITUIÇÕES DE EDUCAÇÃO – SUSPENSÃO DA IMUNIDADE TRIBUTÁRIA – As mantenedoras de estabelecimentos de ensino podem ter a imunidade tributária suspensa nos precisos termos do parágrafo 1º, do artigo 14, do Código Tributário Nacional, por descumpri-

---

[886] Encontram-se julgados nesse sentido nas decisões das DRJs de Campinas e de Ribeirão Preto. Para exemplificar: "PROCESSO ADMINISTRATIVO DE CONTENCIOSO TRIBUTÁRIO. É a atividade onde se examina a conformidade dos atos praticados pelos agentes do fisco frente à legislação de regência em vigor (i.é, com força vinculante), sem perscrutar da legalidade ou constitucionalidade dos fundamentos daqueles atos (validade da norma jurídica). Inaplicável, por idênticos motivos, o princípio da interpretação conforme a Constituição, porquanto técnica interpretativa atinente ao controle de constitucionalidade. IMUNIDADE. ENTIDADES DE EDUCAÇÃO E DE ASSISTÊNCIA SOCIAL. Obsta o gozo da imunidade prevista no art. 150, inciso VI, alínea 'c', da Constituição Federal, a remuneração conferida aos dirigentes da entidade que se crê imune, isto independentemente da justeza e adequação da indigitada remuneração. O comando da Lei nº 9.532/97, art. 12, § 2º, alínea 'a', é expresso nesse sentido. Não cumpre à Administração Tributária, se nem mesmo o STF se manifestou a propósito (ADI nº 1.802-3), afastar a compreensão imediata da palavra do Legislador. O contrário é atitude temerária, de um Poder (o Executivo) que não tem atribuição constitucional para tanto (tarefa exclusiva do Poder Judiciário)" (DRJ/Campinas, Acórdão nº 4239, 1ª Turma, processo nº 10830.003140/2002-91, j. 18.06.2003).

[887] Encontram-se julgados nesse sentido da 1ª, da 3ª, da 7ª e da 8ª Câmaras do Primeiro Conselho de Contribuintes. A título exemplificativo: "PAF – INSTITUIÇÕES DE EDUCAÇÃO – SUSPENSÃO DA IMUNIDADE TRIBUTÁRIA – As mantenedoras de estabelecimentos de ensino podem ter a imunidade tributária suspensa nos precisos termos do parágrafo 1º do art. 14 do Código Tributário Nacional, por descumprimento do inciso I do mesmo artigo. Porém, o pagamento regular de salários e outras rubricas trabalhistas, em retribuição de serviços prestados ao estabelecimento mantido não caracteriza, por si só, desobediência ao comando legal, exceto quando a fiscalização provar que a situação assim apresentada configura distribuição simulada de resultados." (1º CC, Acórdão nº 108-09.420, 8ª Câmara, processo nº 10680.005130/2003-31, j. 14.09.2007). "IRPJ – INSTITUIÇÕES DE EDUCAÇÃO – SUSPENSÃO DA IMUNIDADE TRIBUTÁRIA. O pagamento regular de salários aos dirigentes de instituição de educação, sem fins lucrativos, que comprovadamente prestam serviços de orientação pedagógica, ensino, administração de colégios, tesouraria e contabilidade, não configura infração ao disposto no artigo 14, inciso I, do Código Tributário Nacional. (§) A instituição de educação pode ter a imunidade tributária suspensa, quando a autoridade fiscal comprova a existência de pagamentos aos dirigentes que caracterizam distribuição do patrimônio ou das rendas da pessoa jurídica." (1º CC, Acórdão nº 103-21.909, 3ª Câmara, processo nº 10830.003140/2002-91, j. 13.04.2005).

mento do I do mesmo artigo. Porém, o pagamento regular de salário e outras rubricas trabalhistas, em retribuição de serviços prestados ao estabelecimento mantido, não caracteriza, por si só, desobediência ao comando legal, exceto quando a fiscalização provar que a situação assim apresentada configura distribuição simulada de resultados, o que não foi sequer aventado nos autos. CSLL – SUSPENSÃO DA ISENÇÃO – Não é suficiente para se considerar desatendido o disposto no § 2º do art. 12 da lei nº 9.532/97 o regular pagamento de salários aos dirigentes da mantenedora em retribuição a serviços prestados na entidade mantida, quando a fiscalização não provar que a situação apresentada configura distribuição simulada de resultados, o que não foi sequer aventado nos autos.[888]

Cabe observar que, a pretexto de conferir ao dispositivo examinado uma interpretação conforme a Constituição, essa leitura do preceptivo nega, em verdade, qualquer eficácia ao requisito legal e, por conseguinte, considera-o, ainda que sem o dizer,[889] inválido, por afrontar o art. 14, I, do Código Tributário Nacional, e a Constituição (Kelsen).

O fato é que o dispositivo que estabelece o requisito enfocado não comporta um significado normativo compatível com a Constituição, sendo ele, portanto, em abstrato inconstitucional. Com efeito, se a lei ordinária estabelece como requisito para o gozo de imunidade tributária "não remunerar, por qualquer forma, seus dirigentes pelos serviços prestados", há duas maneiras apenas de entendê-lo: (i) uma abrangente: "qualquer que seja o serviço que preste à instituição, o dirigente não deve receber por isso, sob pena de ver suspensa a imunidade da instituição que dirige"; (ii) outra estreita: "apenas os serviços prestados na função de dirigente não devem ser remunerados pela instituição, sob pena de sujeitar-se ao ato de suspensão da imunidade".

Por outro lado, o quadro das possibilidades semânticas do dispositivo já não comporta o significado que lhe é atribuído pelo CARF, segundo o qual "o pagamento de remuneração aos dirigentes pelos serviços prestados não é motivo suficiente para suspender a sua imunidade tributária, a não ser que reste comprovado pela Fiscalização que a situação apresentada configura distribuição disfarçada do patrimônio ou renda da instituição". Ora, esse sentido, de tão óbvio, considerando que o requisito da não distribuição do patrimônio ou renda já era previsto no art. 14, I, do CTN, parece negar a própria *mens legis* subjacente ao requisito do art. 12, § 2º, "a", além de claramente subverter o seu *corpus legis*.

Também não se pode conferir ao requisito o *status* de presunção *juris tantum* de que a remuneração de dirigentes consubstancia distribuição simulada do patrimônio ou renda da instituição, presunção essa que poderá ser afastada diante de prova em contrário. Isso porque tal presunção se mostra inaceitável por dois motivos. Primeiro, porque ela não pode ser extraída do texto legal, já que o princípio da tipicidade em matéria tributária exige do legislador a explicitação verbal da presunção que pretenda instituir.[890] E, segundo, porque ela não passa pelo crivo do *postulado*

---

[888] 1º CC, Acórdão nº 107-07340, 7ª Câmara, processo nº 13851.001325/2002-19, j. 15.10.2003.

[889] A razão para essa atitude pouco transparente do Conselho de Contribuintes está no seu próprio regimento, que o proíbe de recusar a aplicação de lei que considere inconstitucional.

[890] Nesse sentido, SCHERKERKEWITZ, Iso Chaitz. *Presunções e ficções no direito tributário e no direito penal tributário*. Rio de Janeiro: Renovar, 2002, p. 215-216, segundo o qual "Somente a lei pode criar presunções e ficções. (§) Não se admite a utilização das presunções [tributárias] tiradas do cotidiano. É necessário que essas presunções estejam normatizadas expressamente. E normatizada por lei, não sendo suficiente a existência de uma Ordem de Serviço, uma Portaria ou um Decreto".

da razoabilidade, na vertente da *congruência*, já que não respaldada em lídima lei da experiência.[891]

De fato, a lei da experiência que subjaz à presunção é a de que, do fato da remuneração de dirigentes, é plausível concluir o fato da distribuição do patrimônio ou renda. Essa presunção até poderia sustentar-se diante de um cenário de amplo e intenso desvio de finalidade por parte dessas instituições, mas parece haver um tanto de exagero na afirmação de que isso esteja realmente acontecendo. Nessa mesma toada, James Marins anota que:

> [...] sob o pano de fundo de desleal e equívoca campanha publicitária – como que a justificar o ataque às entidades dedicadas à filantropia – cunhou-se e generalizou-se a aplicação de atraente *corruptela* lançada sobre o vocábulo: *pilantropia*. Por conta, então, de algumas poucas entidades que sob o manto do assistencialismo acobertam o enriquecimento ilícito de seus partícipes o Governo lançou o fel da desconfiança sobre todo um setor que grandes serviços presta para o país. Atingiu sobretudo as áreas de *educação* e *saúde*.[892]

Falta, portanto, um suporte empírico apto a justificar a presunção, já que, se apenas uma minoria das instituições se desviam, não é aceitável inferir para a generalidade delas que, ao remunerarem seus dirigentes, estão, na verdade, distribuindo simuladamente seu patrimônio ou renda.

Verificado que a interpretação conferida ao requisito legal desatende ao postulado da razoabilidade, constata-se igualmente que qualquer uma das interpretações suportadas pelo texto viola manifestamente a estruturação aplicativa do postulado da proporcionalidade.

Para comprovar essa afirmação, faz-se necessário submeter o requisito legal ordinário ao controle de evidência atinente ao postulado da proporcionalidade. Nesse intento, impõe-se inicialmente explicitar os elementos que compõem a base epistemológica objeto da estruturação do postulado, qual seja, a medida legal, a finalidade por ela perseguida e o direito fundamental restringido.

A medida legal objeto de análise proíbe as instituições educacionais e assistenciais de remunerar, por qualquer forma, seus dirigentes pelos serviços prestados, como condição para o gozo da imunidade tributária. Ou seja, o legislador impõe a essas entidades um *non facere* respeitante ao pagamento de remuneração aos seus dirigentes. Com essa conduta (meio), pretendeu o legislador impedir a distribuição simulada do patrimônio ou renda das entidades imunes por meio do pagamento de remuneração (fim). A lógica é esta: se não se remuneram os dirigentes em hipótese alguma, ou apenas em algumas hipóteses, não é possível que se distribuam disfarçadamente resultados auferidos pela instituição. Por fim, o direito fundamental restringido por aquela proibição é o do livre exercício de trabalho ou profissão, inserto no rol dos direitos e garantias individuais enunciados no art. 5º da Constituição, inciso XIII.

Explicitados os elementos da base epistemológica, submete-se a medida legal aos subprincípios da proporcionalidade, tendo sempre em vista a realização do con-

---

[891] BONILHA, Paulo Celso B. *Da prova no processo administrativo tributário*. São Paulo: Dialética, 1997, p. 92-93.
[892] MARINS, James. Imunidade tributária das instituições de educação e assistência social. Revista Dialética de Direito Tributário. *In:* ROCHA, Valdir de Oliveira. *Grandes questões atuais do direito tributário*. 3º vol. São Paulo: Dialética, 1999, p. 147.

trole de evidência. Em relação ao subprincípio da adequação, exige-se, para que o julgador possa recusar a aplicação da lei, que o meio utilizado pelo legislador não contribua, de nenhum modo, para a obtenção do fim perseguido – o que parece, apenas à primeira vista, não ser o caso.

Com efeito, sendo a remuneração uma das formas utilizadas para distribuir o *superávit* dessas entidades,[893] seja pelo pagamento de supersalários a dirigentes prestadores de serviço profissional, seja pelo pagamento de remuneração a dirigentes que apenas aparentemente prestam serviço profissional à instituição, pode ser levado a crer que o fato de não remunerar promova em alguma intensidade o resultado almejado. No entanto, proibidos de receber remuneração pelos serviços prestados e, por conseguinte, de prover dignamente a sua própria subsistência e a de sua família, os dirigentes serão compelidos a práticas outras, talvez menos legítimas, que possam proporcionar a si e aos seus condições adequadas de vida material. A distribuição de lucro já não teria o simulacro da remuneração, mas das despesas pessoais, dos pagamentos de remuneração a pessoas ligadas ao dirigente que sequer prestam serviço à instituição etc., de modo que a medida adotada deixaria, ao final, de contribuir, ou contribuiria com pouca intensidade, para a promoção da finalidade perseguida. Assim, se há uma implicação lógica entre o fato de não remunerar e a redução da fraude na distribuição de lucros, essa inferência não necessariamente se projeta sobre o plano da causalidade fática.

Também a medida adotada não passa pelo teste da exigibilidade, a requerer a prova de que, para igual obtenção de determinada finalidade, não era possível a adoção de outro meio menos oneroso aos direitos fundamentais. Em primeiro lugar, porque haveria outros meios considerados mais idôneos para fomentar ou alcançar o resultado pretendido. Segundo, porque estes meios alternativos seriam menos onerosos ao direito fundamental colateralmente afetado.

Inicialmente, impende assinalar que, como o legislador visou a impedir a distribuição de lucros disfarçada de remuneração, seria mais eficaz adotar medidas de fiscalização direcionadas para essas entidades, instituir e aplicar penalidades, exigir obrigações acessórias de manter escrituração adequada e de apresentar regularmente declaração de rendimentos.[894] Nesse quadro, à fiscalização caberia investigar: (i) se os dirigentes remunerados efetivamente prestam algum serviço profissional à entidade, seja de diretor, professor, advogado, contador, orientador pedagógico etc; (ii) se eles possuem qualificação profissional para o exercício da função; (iii) se as remunerações pagas aos dirigentes são compatíveis com o valor de mercado e a responsabilidade exigida para o desempenho da função.

Num segundo momento, o juízo comparativo, centrado que é na ofensividade da medida em relação ao direito fundamental, informa que os meios alternativos acima cogitados não chegam sequer a interferir no âmbito de proteção do direito ao livre exercício de trabalho ou profissão, uma vez que a esfera de proteção inicial desse direito não apanha as condutas remuneratórias que acarretem distribuição de

---

[893] Outra forma de distribuir simuladamente o resultado econômico consiste no pagamento de despesas pelas entidades em favor dos dirigentes.

[894] A exigência de uma contabilidade adequada já consta do art. 14, III, do CTN. Por sua vez, o dever de apresentar declaração de rendimentos está previsto no art. 8º da Instrução Normativa SRF nº 113, de 21 de setembro de 1998.

lucros, porquanto desfiguradoras do caráter não lucrativo exigido para o gozo da imunidade por essas entidades.

Por outro lado, a medida legal inegavelmente restringe a liberdade de profissão, ao obstacularizar que o dirigente perceba remuneração em retribuição aos serviços que preste às entidades imunes, ainda que satisfaça os requisitos de qualificação profissional para o desempenho da função. É que, em virtude disso, o dirigente se vê forçado a exercer outra atividade que possa propiciar-lhe os recursos indispensáveis à sua subsistência e à de sua família. Nessa ordem de ideias, Ives Gandra e Marilene Talarico asseveram:

> A única exigência [constitucional], portanto, é de que haja *qualificação profissional para o exercício do cargo*, regulamentada de acordo com a lei, em cada ofício ou profissão.
> [...]
> Esse dispositivo constitucional [art. 5º, XIII] não pode ser violado por norma infraconstitucional, ou por interpretação conveniente da fiscalização, para efeitos arrecadatórios, destruindo com isso o seu núcleo essencial.
> Assim, o direito de liberdade profissional assegura a qualquer pessoa o exercício profissional – é dizer: mediante retribuição e em caráter permanente e sistemático, satisfeitos os requisitos de qualificação profissional.[895]

Para Manoel Gonçalves Ferreira Filho, a Constituição apenas admite restrições à liberdade de profissão consideradas "indispensáveis para a salvaguarda do interesse público. De fato, consente que a lei ordinária imponha 'qualificações profissionais'".[896] Ocorre que o legislador, pretextando promover determinado interesse público, impôs restrição àquela liberdade (proibição de perceber remuneração), que não constitui qualificação profissional.

À vista disso, a medida legislativa avulta-se inexigível sob o ponto de vista *material*.

Por sua vez, ferindo o aspecto *pessoal* da exigibilidade da medida adotada pelo legislador, merece transcrição a opinião de Octavio Campos Fischer:

> Assim, por exemplo, mesmo que a regra da alínea "a" do § 2º do art. 12 da Lei nº 9.532/97, tivesse sido inserida por uma lei complementar, sustentaríamos a sua invalidade, porquanto se trata de um requisito que, em verdade, limita (e de forma desproporcional) a imunidade em questão. Ora, se existem instituições pretensamente imunes, que distribuem lucros de forma disfarçada, como se remuneração fosse, o Poder Público, ao invés de impedir que os dirigentes das demais instituições imunes sejam remunerados, deveria criar instrumentos para punir o cometimento de abusos por parte dos contribuintes! Do contrário, chegará o momento em que esta tentativa desenfreada de "tapar buracos" normativos levará à impossibilidade de fruição da imunidade.[897]

Do exposto, verifica-se a existência de meios alternativos não só mais eficazes à finalidade de prevenir e combater a distribuição disfarçada de lucro aos dirigentes, como também menos onerosos ao direito concernente à liberdade de profissão.[898]

---

[895] MARTINS, Ives Gandra da Silva; RODRIGUES, Marilene Talarico Martins. Imunidade tributária das entidades de assistência social e filantrópicas. *In: Grandes questões atuais de direito tributário*. 7º vol. São Paulo: Dialética, 2003, p. 260-265.

[896] FERREIRA FILHO, Manoel Gonçalves. *Curso de direito constitucional*, p. 295.

[897] FISCHER, Octavio Campos. A ADIN 1802/DF, Imunidade tributária e lei complementar. *Revista Diálogo Jurídico*. Salvador, nº 15, p. 9-10, maio-ago./2007. Disponível em: <http://www.direitopublico.com.br>. Acesso em: 14 jan. 2007.

[898] No caso examinado, as exigibilidades do meio adotado e dos meios alternativos são indiferentes sob a ótica espacial e temporal.

Por fim, a medida legal também desatende o subprincípio da proporcionalidade em sentido estrito, que realiza uma ponderação entre o grau de importância na promoção da finalidade perseguida e o grau de intensidade da restrição ao direito fundamental. Dada a manifesta desproporção entre eles, a aferição da conformidade da medida adotada em relação ao subprincípio chega a dispensar a ferramenta matemática da "fórmula peso completa", sendo suficiente o uso discursivo da "lei da ponderação".

Aplicando, todavia, a fórmula, verifica-se que ela se define, no caso analisado, basicamente pela relação entre o grau de satisfação do interesse público visado e o grau de afetação do direito fundamental, desde que se considerem iguais os respectivos pesos abstratos dos princípios envolvidos e os correspondentes graus de certeza empírica das premissas que fundamentam a intervenção no direito. Nesse passo, tem-se, de um lado, baixa satisfação da finalidade mediante a providência legal ($Ii=1$) e, de outro, grave afetação do direito fundamental ($Ij=4$), de modo que a relação entre ambos os índices é inequivocamente inferior à unidade ($1/4<<1$).

Em conclusão, a vedação de remunerar os dirigentes pelos serviços prestados afronta, de modo autônomo, cada uma das máximas parciais da proporcionalidade, sendo inconstitucional, por violar *manifestamente* o direito ao livre exercício de trabalho e profissão, assegurado pelo inciso XIII do art. 5º da Constituição, o qual, por ter *aplicabilidade direta* e *imediata*, há de submeter a atuação funcional dos órgãos de julgamento da Administração Pública.

Por derradeiro, vale lembrar que tanto se afigura ilegítima a proibição às entidades imunes de remunerar seus dirigentes que a própria Secretaria da Receita Federal do Brasil, por sua antiga Coordenação do Sistema de Tributação, manifestou-se, no Parecer Normativo nº 71/1973, no seguinte sentido:

> A remuneração atribuída a administradores ou dirigentes de instituições de educação, pela prestação de serviços ou execução de trabalho, não desfigura a imunidade tributária prevista no art. 19, III, "c", da Constituição Federal. O gozo do benefício, entretanto, condiciona-se ao atendimento das exigências estabelecidas no § 1º do art. 9º e no artigo 14 e parágrafos da Lei nº 5.172, de 25 de outubro de 1966 (Código Tributário Nacional).[899]

Oportuno é destacar, por fim, o seguinte trecho do citado parecer:

> 6. Nada obsta, contudo, que a instituição imune remunere os serviços necessários à sua manutenção, sobrevivência e funcionamento, como os realizados por administradores, professores e funcionários. Esses pagamentos não desfiguram ou prejudicam o gozo da imunidade, visto não serem vedados por lei, mas é de se exigir, rigorosamente, que a remuneração seja paga tão-somente como contraprestação pela realização de serviços ou execução de trabalhos, sem dar margem a se traduzir tal pagamento em distribuição de parcela do patrimônio ou das rendas da instituição.

Outras duas hipóteses informam a existência de critério negativo:

ii) Ofensa ao núcleo essencial dos direitos e garantias fundamentais (Paulo Otero);

iii) Decisão do Supremo Tribunal Federal no controle difuso declarando a irrazoabilidade ou desproporcionalidade de lei, mesmo que esta não tenha sido suspensa pelo Senado Federal;[900]

---

[899] Parecer Normativo CST Nº 71, de 04.07.1973, DOU de 21.08.1973.
[900] O Decreto nº 2.346/96 impunha uma condição à caracterização da jurisdição constitucional como fonte da juridicidade administrativa, ao exigir o ato suspensivo do Senado Federal para que a decisão

Tem-se aqui a afirmação da jurisprudência constitucional como fonte da juridicidade administrativa, enquanto corolário do princípio da força normativa da Constituição, cujo significado lhe é atribuído, em última instância, pelo seu Guardião Maior.

O exemplo que ilustra a hipótese também registra situações de manifesta inconstitucionalidade de lei. Mas, diferentemente do exemplo anterior, envolve caso de inconstitucionalidade que já foi objeto de proclamação por parte da Corte Suprema em sede de controle difuso de constitucionalidade.

Trata-se de leis instituidoras das chamadas *sanções políticas* em matéria tributária, que, reconhecidamente, implicam restrição desproporcional ao princípio da liberdade de empresa ou de profissão e ao devido processo legal. Nesses casos, o intérprete defronta-se com ofensa tal aos direitos fundamentais que o legitima a exercer o poder de recusar a aplicação da lei, independentemente da existência de ato suspensivo do Senado Federal, que seria apto a conferir eficácia geral à decisão judicial proferida no controle difuso.[901]

As sanções políticas em matéria tributária são consideradas pela doutrina e pela jurisprudência como medidas estatais arbitrárias e inaceitáveis, o que vem informar a presença do critério negativo na relação entre essas medidas e a finalidade pública por elas perseguida. Sobre o tema, é possível encontrar vasta produção doutrinária, merecendo registro o magistério de Hugo de Brito Machado:

> Em Direito Tributário a expressão sanções políticas corresponde a restrições ou proibições impostas ao contribuinte, como forma indireta de obrigá-lo ao pagamento do tributo, tais como a interdição do estabelecimento, a apreensão de mercadorias, o regime especial de fiscalização, entre outras.
>
> Qualquer que seja a restrição que implique cerceamento da liberdade de exercer atividade lícita é inconstitucional, porque contraria o disposto nos artigos 5º, inciso XIII, e 170, parágrafo único, do Estatuto Maior do País.
>
> [...]
>
> São exemplos mais comuns de sanções políticas a apreensão de mercadorias sem que a presença física destas seja necessária para a comprovação do que o fisco aponta como ilícito; o denominado regime especial de fiscalização; a recusa de autorização para imprimir notas fiscais; a inscrição em cadastro de inadimplentes com as restrições daí decorrentes; a recusa de certidão negativa de débito quando não existe lançamento consumado contra o contribuinte; a suspensão e até o cancelamento da inscrição do contribuinte no respectivo cadastro, entre muitos outros.

---

de inconstitucionalidade do STF tivesse eficácia *erga omnes*. Contudo, no âmbito do processo administrativo tributário federal, a Lei nº 11.941/2009 passou a dispensar tal condição, ao estabelecer a possibilidade de o julgador administrativo afastar a aplicação de lei que tenha sido declarada inconstitucional "por decisão definitiva plenária do Supremo Tribunal Federal" (redação inserida no art. 26-A do Decreto nº 70.235/72). Assim, a hipótese de *critério negativo* foi alçada à situação de *inconstitucionalidade institucionalizada*.

[901] Nesse sentido, FREITAS, Juarez. Respeito aos precedentes judiciais iterativos pela Administração Pública. *Boletim de Direito Administrativo*. São Paulo, ano 14, nº 4, p. 231, abr./1998. De acordo com o relatório do XIX Simpósio Nacional de Direito Tributário, coordenado por Ives Gandra da Silva Martins, juristas e tributaristas concluíram à unanimidade que "em razão do princípio da moralidade, o Fisco não pode desconsiderar matéria já pacificada pelo Judiciário a favor do contribuinte (independentemente do efeito vinculante), sob pena de responsabilização (§ 6º do art. 37 da Constituição)" (MARTINS, Ives Gandra da Silva (Coord.). *O princípio da moralidade no direito tributário*. São Paulo: Revista dos Tribunais (Pesquisas tributárias. Nova série nº 2), 1998).

Todas essas práticas são *flagrantemente inconstitucionais*, entre outras razões, porque: a) implicam indevida restrição ao direito de exercer atividade econômica, independentemente de autorização de órgãos públicos, assegurado pelo art. 170, parágrafo único, da vigente Constituição Federal; e b) configuram cobrança sem o devido processo legal, com grave violação do direito de defesa do contribuinte, porque a autoridade que a este impõe a restrição não é a autoridade competente para apreciar se a exigência é ou não legal.[902] (grifo nosso)

Em estudo sobre o tema, Helenilson Cunha Pontes precisa os termos da ofensa constitucional desse tipo de comportamento estatal, ao submeter as sanções políticas ao postulado da proporcionalidade, mais especificamente aos subprincípios da necessidade e da proporcionalidade em sentido estrito:

O princípio da proporcionalidade, em seu aspecto necessidade, torna inconstitucional também grande parte das sanções indiretas ou políticas impostas pelo Estado sobre os sujeitos passivos que se encontrem em estado de impontualidade com os seus deveres tributários. Com efeito, se com a imposição de sanções menos gravosas, e até mais eficazes (como a propositura de medida cautelar fiscal e ação de execução fiscal), pode o Estado realizar o seu direito à percepção da receita pública tributária, nada justifica validamente a imposição de sanções indiretas [...]

A conformidade ou proporcionalidade em sentido estrito impede que, a pretexto de alcançar uma finalidade de interesse público, o Estado acabe por anular completamente o âmbito de eficácia de outros direitos e garantias individuais [...]

Exemplo de sanção tributária claramente desproporcional em sentido estrito é a interdição de estabelecimento comercial ou industrial motivada pela impontualidade do sujeito passivo tributário relativamente ao cumprimento de seus deveres tributários. Embora contumaz devedor tributário, um sujeito passivo jamais pode ver aniquilado completamente o seu direito à livre iniciativa em razão do descumprimento do dever de recolher os tributos por ele devidos aos cofres públicos. O Estado deve responder à impontualidade do sujeito passivo com o lançamento e a execução céleres dos tributos que entende devidos, jamais com o fechamento da unidade econômica.[903]

Eduardo Fortunato Bim, em alentado estudo sobre sanções políticas e o postulado da proporcionalidade, conclui que essas medidas restritivas afrontam de maneira autônoma não só os subprincípios da necessidade e da proporcionalidade em sentido estrito, mas também o subprincípio da adequação:

As sanções indiretas, embora tenham potencialidade empírica para cumprir determinado fim (o adimplemento fiscal), não constituem o meio juridicamente idôneo para expropriar o patrimônio do devedor e, muito menos, constituem condição de eficácia do ato a ser praticado.

Identificado o sujeito passivo, a apreensão de mercadorias não pode ser utilizada como meio idôneo para cobrar o tributo porque privaria o cidadão do devido processo legal adjetivo (execução fiscal com a ampla defesa a ela inerente), constituindo meio jurídico inidôneo para tal cobrança. Por sua vez, o arquivamento de ata de assembléia na junta comercial não é o meio juridicamente idôneo para alcançar o adimplemento fiscal. Nada tem a ver com a publicidade e segurança dos atos de comércio, o objetivo que preside o ato de arquivar a ata, ou seja, falta a relação meio-fim no desempenho da função (que pode ser legislativa), inerente à proporcionalidade. [...]

O executivo fiscal é o meio adequado para o Estado cobrar a dívida ativa e as multas para intimidar o contribuinte a cumprir voluntariamente a obrigação tributária. Utilizar outros meios

---

[902] MACHADO, Hugo de Brito. Sanções políticas no direito tributário. *Revista Dialética de Direito Tributário*. São Paulo, nº 30, p. 46-47, mar./1998.

[903] PONTES, Helenilson Cunha. *O princípio da proporcionalidade e o direito tributário*, p. 141-143.

seria chamar a si, Estado-administração, o exercício da jurisdição, transformando-se em juiz em causa própria, violando a feição processual do devido processo legal, uma vez que se afasta do juiz natural.[904]

Ademais, as sanções políticas que restringem ou obstruem o livre exercício de atividade econômica ou profissional acabarão por frustrar a obtenção de recursos financeiros com os quais o contribuinte poderá solver a sua dívida tributária, de modo que medidas dessa sorte sequer seriam idôneas a promover a realização do fim que presidiu a sua instituição (o pagamento dos tributos pelo contribuinte devedor).

Em suma, a doutrina considera essas medidas estatais manifestamente inconstitucionais. Outra também não é a posição da jurisprudência constitucional do Supremo Tribunal Federal.[905] A título ilustrativo, traz-se à baila um dos últimos casos submetidos à apreciação da Excelsa Corte que bem revela a criatividade do poder estatal em impor sanções coercitivas com o propósito de compelir o contribuinte em mora ao pagamento de tributo.

O caso analisado pela Suprema Corte decorreu de ato administrativo que negara a uma empresa de transporte aéreo autorização para a impressão de notas fiscais em bloco, por ela encontrar-se em débito com a Fazenda Estadual. A medida acabou por sujeitar o contribuinte à utilização de notas fiscais avulsas, embaraçando, assim, o livre exercício da sua atividade econômica. O ato questionado foi praticado com base em lei do Estado de Santa Catarina, que condicionava a outorga de autorização para impressão de notas fiscais em bloco à satisfação, por parte do contribuinte, de créditos tributários do referido Estado. A controvérsia constitucional chegou ao STF, e este reconheceu que a coerção legal acabaria por inviabilizar a própria atividade econômica do contribuinte devedor, razão pela qual declarou, *incidenter tantum*, a inconstitucionalidade da lei.[906]

Diante de situações como essa, indaga-se a respeito da possibilidade jurídica de o julgador administrativo recusar a aplicação da lei no âmbito do processo administrativo instaurado por um outro contribuinte contra semelhante medida coercitiva fundada na mesma lei, tendo presente que os efeitos da decisão de inconstitucionalidade alcançam apenas as partes envolvidas no processo judicial. À luz do exposto, em que restou assentada a inconstitucionalidade das sanções políticas, a resposta

---

[904] BIM, Eduardo Fortunato. A inconstitucionalidade das sanções políticas tributárias no Estado de Direito: violação ao "substantive due process of law" (princípios da razoabilidade e da proporcionalidade). *In: Grandes Questões Atuais do Direito Tributário*. V. 8, 2004, p. 80. Para MORAES, Germana de Oliveira. *Controle jurisdicional da Administração Pública*, p. 142-143, as sanções políticas não passam sequer pelo teste da adequação.

[905] Várias foram as oportunidades em que o STF manifestou-se no sentido da inadmissibilidade das sanções políticas em matéria tributária que acabaram dando origem a três súmulas: "Súmula 70: É inadmissível a interdição de estabelecimento como meio coercitivo para a cobrança de tributos"; "Súmula 323: É inadmissível a apreensão de mercadorias como meio coercitivo para pagamento de tributos"; "Súmula 547: Não é lícito à autoridade proibir que o contribuinte em débito adquira estampilhas, despache mercadorias nas alfândegas e exerça suas atividades profissionais". Por serem desprovidas de força normativa, as súmulas não subordinam a atuação funcional dos órgãos da Administração Pública ou do Poder Judiciário. No entanto, com o advento da Emenda Constitucional nº 45, de 30 de dezembro de 2004, surgiu a possibilidade de o Supremo Tribunal Federal, de ofício ou por provocação, mediante decisão de dois terços dos seus membros, e depois de reiteradas decisões sobre matéria constitucional, aprovar súmula que, a partir de sua publicação na imprensa oficial, terá efeito vinculante em relação aos demais órgãos do Poder Judiciário e à Administração Pública.

[906] STF, RE nº 413.782-SC, Pleno, Rel. Min. Marco Aurélio, j. 17.03.2005, DJU 03.06.2005.

é inegavelmente afirmativa. Vale dizer, o julgador tem o dever-poder de invalidar atos editados pela Administração Ativa que deem fiel cumprimento à lei declarada inconstitucional por decisão definitiva do Guardião Maior da Constituição.

Releva observar que, ainda que se tenha afigurado manifesta a inconstitucionalidade da lei, a decisão que reconheceu a invalidade não foi obtida à unanimidade, restando vencido o Min. Eros Roberto Grau. Partindo da premissa de que "o número de notas fiscais emitidas, eventualmente, por uma empresa de transporte aéreo – podia ser qualquer outra – é muito pequeno", o Ministro concluiu que sujeitar o contribuinte à utilização de notas fiscais avulsas para documentar as suas operações de venda mercantil não consubstanciaria uma restrição desproporcional ao livre exercício da atividade econômica.

Esse fato, todavia, não subtrai o caráter manifesto da inconstitucionalidade, pois que discursivamente evidenciada a contrariedade material das sanções políticas aos três subprincípios do postulado da proporcionalidade.

Por fim, as seguintes hipóteses representam *indícios* da presença do critério negativo, a serem levados em conta pelo julgador administrativo na determinação do caráter manifesto da inconstitucionalidade de lei:

i) Jurisprudência iterativa e pacificada dos tribunais ordinários reconhecendo a inconstitucionalidade de lei por motivo de irrazoabilidade ou desproporcionalidade;

A despeito de não resultar da jurisdição constitucional suprema, pode-se considerar indício da existência de critério negativo a decisão dos tribunais ordinários que incidentalmente venham a declarar a inconstitucionalidade de lei por motivo de irrazoabilidade ou desproporcionalidade, porquanto a eles precipuamente incumbe, por expressa disposição constitucional, aplicar a Constituição, ainda que contra algum comando legal (art. 97 da Constituição).

Alguns fatores conferem segurança e correção ao critério inferido, reduzindo, assim, o risco de erro no juízo administrativo de inconstitucionalidade: (i) o julgamento colegiado da decisão judicial; (ii) independência orgânica e funcional dos integrantes desses tribunais. Nada obstante, por não emanar de decisão proferida pelo Guardião Maior da Constituição, o critério que se possa inferir dos julgamentos da Justiça ordinária é apenas indiciariamente obtido.

ii) Ampla manifestação doutrinária no sentido da irrazoabilidade ou desproporcionalidade da lei.

Cumpre, por fim, registrar que as hipóteses previstas no Decreto nº 2.346, de 10 de outubro de 1997, que disciplina o art. 77 da Lei nº 9.430/96, não são propriamente de *inconstitucionalidade manifesta*, mas de *inconstitucionalidade institucionalizada*. Diferentemente da anterior, esta se impõe ao julgador administrativo por força de *regras* explícitas contidas em fonte jurídico-positiva, seja conferindo efeito vinculante à decisão do STF que declara inconstitucional determinada lei no âmbito do controle concentrado (art. 102, § 2º, da Constituição; art. 1º, § 1º, do Decreto nº 2.346/97), seja atribuindo efeito vinculante ou eficácia *erga omnes* à decisão de inconstitucionalidade no âmbito do controle difuso (arts. 103-A e 52, X, da Constituição; art. 1º, § 2º, do Decreto nº 2.346/97; art. 26-A do Decreto nº 70.235/72, inserido pela Lei nº 11.941/2009), seja permitindo que certas autoridades determinem a não-aplicação de lei no âmbito da Administração Pública Federal, na hipótese de a decisão que reconhecer a sua invalidade ser inicialmente desprovida de eficácia geral (art. 1º, § 3º, arts. 4º e 5º e art. 6º, § 2º).[907]

4.1.5.3.3. Providências a serem adotadas pelo órgão judicante que recusar a aplicação de lei em tese

Qualquer que seja a espécie de inconstitucionalidade, se institucionalizada ou manifesta, por certo haverá ela de ser reconhecida pelos órgãos administrativos de julgamento. No entanto, ao recusar a aplicação de lei inconstitucional, o órgão judi-

---

[907] Art. 1º As decisões do Supremo Tribunal Federal que fixem, de forma inequívoca e definitiva, interpretação do texto constitucional deverão ser uniformemente observadas pela Administração Pública Federal direta e indireta, obedecidos aos procedimentos estabelecidos neste Decreto.
§ 1º Transitada em julgado decisão do Supremo Tribunal Federal que declare a inconstitucionalidade de lei ou ato normativo, em ação direta, a decisão, dotada de eficácia ex tunc, produzirá efeitos desde a entrada em vigor da norma declarada inconstitucional, salvo se o ato praticado com base na lei ou ato normativo inconstitucional não mais for suscetível de revisão administrativa ou judicial.
§ 2º O disposto no parágrafo anterior aplica-se, igualmente, à lei ou ao ato normativo que tenha sua inconstitucionalidade proferida, incidentalmente, pelo Supremo Tribunal Federal, após a suspensão de sua execução pelo Senado Federal.
§ 3º O Presidente da República, mediante proposta de Ministro de Estado, dirigente de órgão integrante da Presidência da República ou do Advogado-Geral da União, poderá autorizar a extensão dos efeitos jurídicos de decisão proferida em caso concreto.
Art. 4º Ficam o Secretário da Receita Federal e o Procurador-Geral da Fazenda Nacional, relativamente aos créditos tributários, autorizados a determinar, no âmbito de suas competências e com base em decisão definitiva do Supremo Tribunal Federal que declare a inconstitucionalidade de lei, tratado ou ato normativo, que:
I - não sejam constituídos ou que sejam retificados ou cancelados;
II - não sejam efetivadas inscrições de débitos em dívida ativa da União;
III - sejam revistos os valores já inscritos, para retificação ou cancelamento da respectiva inscrição;
IV - sejam formuladas desistências de ações de execução fiscal.
Parágrafo único. Na hipótese de crédito tributário, quando houver impugnação ou recurso ainda não definitivamente julgado contra a sua constituição, devem os órgãos julgadores, singulares ou coletivos, da Administração Fazendária, afastar a aplicação da lei, tratado ou ato normativo federal, declarado inconstitucional pelo Supremo Tribunal Federal.
Art. 5º Nas causas em que a representação da União competir à Procuradoria-Geral da Fazenda Nacional, havendo manifestação jurisprudencial reiterada e uniforme e decisões definitivas do Supremo Tribunal Federal ou do Superior Tribunal de Justiça, em suas respectivas áreas de competência, fica o Procurador-Geral da Fazenda Nacional autorizado a declarar, mediante parecer fundamentado, aprovado pelo Ministro de Estado da Fazenda, as matérias em relação às quais é de ser dispensada a apresentação de recursos.
Art. 6º O Instituto Nacional do Seguro Social - INSS poderá ser autorizado pelo Ministro de Estado da Previdência e Assistência Social, ouvida a Consultoria Jurídica, a desistir ou abster-se de propor ações e recursos em demandas judiciais sempre que a ação versar matéria sobre a qual haja declaração de inconstitucionalidade proferida pelo Supremo Tribunal Federal - STF, súmula ou jurisprudência consolidada do STF ou dos tribunais superiores.
[...]
§ 2º O Ministro de Estado da Previdência e Assistência Social, relativamente aos créditos previdenciários, com base em lei ou ato normativo federal declarado inconstitucional por decisão definitiva do Supremo Tribunal Federal, em ação processada e julgada originariamente ou mediante recurso extraordinário, conforme o caso, e ouvida a Consultoria Jurídica, poderá autorizar o INSS a:
a) não constituí-los ou, se constituídos, revê-los, para a sua retificação ou cancelamento;
b) não inscrevê-los em dívida ativa ou, se inscritos, revê-los, para a sua retificação ou cancelamento;
c) abster-se de interpor recurso judicial ou a desistir de ação de execução fiscal.

cante deverá adotar determinadas providências que somente são exigidas na hipótese de inconstitucionalidade manifesta ainda não institucionalizada, quais sejam:

i) Fundamentar de modo expresso e estruturado a decisão que recusar a aplicação de lei por motivo de inconstitucionalidade;

Como sabido, a aplicação dos postulados normativos naturalmente exige uma maior reflexão e discursividade, além do que uma maior carga de argumentação há de ser requerida para uma atuação *contra legem* do órgão judicante, numa postura de deferência aos princípios da legalidade democrática, da segurança jurídica e da separação dos poderes.[908]

Assim, a fundamentação expressa e estruturada do ato administrativo avulta-se obrigatória não só quando ele afete qualquer interesse ou direito do administrado (art. 50, I, da Lei nº 9.784/99), mas também quando o protege ou promove, como no caso de decisão administrativa que rejeitar lei por motivo de irrazoabilidade ou desproporcionalidade.[909] Se adequadamente exercido, o dever de fundamentação atua como fator de prevenção do risco de erros nos julgamentos administrativos e como condição indispensável para a legitimação da recusa administrativa em aplicar a lei considerada inconstitucional, na medida em que possibilita o conhecimento integral das razões da atuação judicante *contra legem*.[910]

Além da fundamentação, outros requisitos formais são exigidos no sentido de propiciar a maior transparência possível da decisão administrativa de rejeição de lei inconstitucional: o seu imediato controle por parte dos tribunais competentes e dos órgãos superiores da Administração, e a atribuição de eventuais responsabilidades administrativas e civis.[911]

ii) Notificar o Ministério Público Federal;[912]

Essa exigência é duplamente justificada no contexto do Estado Democrático de Direito. Primeiro, porque possibilita que a atuação judicante *contra legem* seja fiscalizada jurisdicionalmente e, ato contínuo, viabiliza que os tribunais deem a última palavra sobre a inconstitucionalidade da lei recusada. Segundo, porque permite a contento a apuração de eventual responsabilidade dos julgadores administrativos que, porventura, se excederam no poder de recusar a aplicação de lei.

A notificação ao Ministério Público deve seguir-se imediatamente à decisão administrativa que desafiou a regência prevista em lei, para que o órgão ministerial tenha condições de atuar, na qualidade de *custos legis*, em instância administrativa de julgamento acessível mediante recurso, ou para que possa aforar eventual fiscalização abstrata, acaso se afigure relevante à proteção da "legalidade democrática" ou da "ordem jurídica".[913]

---

[908] Além de a doutrina considerar uma norma constitucionalmente implícita, o dever de fundamentar os atos administrativos está prescrito na Lei nº 9.784/99, art. 50.

[909] Nesse sentido, e com respaldo em José Carlos Vieira de Andrade, GOMES, Ana Cláudia Nascimento. *Op. cit.*, p. 340-341.

[910] *Ibidem*, p. 341-342.

[911] *Ibidem*, p. 357-358.

[912] *Ibidem*, p. 344-345.

[913] O Ministério Público tem o múnus constitucional previsto no art. 127 e no art. 129, II, da Carta Magna, *verbis*: "Art. 127. O Ministério Público é instituição permanente, essencial à função jurisdicional do Estado, incumbindo-lhe a defesa da ordem jurídica, do regime democrático e dos interesses sociais e individuais indisponíveis." e "Art. 129. São funções institucionais do Ministério Público: [...] II - zelar

iii) Notificar, pela via hierárquica, o Presidente da República;

Ao órgão judicante (DRJs, CARF) que recusar a aplicação de lei compete também notificar o Presidente da República dessa decisão, para que sejam adotadas providências aptas a assegurar interpretação uniforme da lei pelos demais órgãos que integram a Administração Pública.[914] Na condição de responsável por sua direção superior (art. 84, II, da Constituição), o Presidente poderá autorizar, por ato formal e genérico, a extensão dos efeitos jurídicos da decisão administrativa proferida no caso concreto.[915] Ou, na condição de legitimado a deflagrar o processo de fiscalização abstrata, ele poderá propor ação direta de inconstitucionalidade em face da lei questionada (art. 103, I), assegurando, assim, que o Guardião Maior da Constituição pronuncie a derradeira palavra sobre a questão constitucional.

Uma questão interessante consiste em saber se qualquer autoridade executiva organicamente superior ao órgão judicante (*v.g.*, em relação às DRJs, o Secretário da Receita Federal do Brasil, o Ministro da Fazenda e o Presidente da República) poderá intervir diretamente na decisão tomada, invalidando-a ou reformando-a, ou determinar, por ato formal e genérico, que seja observado por todos os órgãos da Administração entendimento contrário ao firmado na decisão.

Sem espaço para aprofundar a discussão, cumpre dizer apenas que, para a doutrina dominante, a primeira hipótese (intervenção direta) é incompatível com a atividade de julgamento dos órgãos da Administração Judicante, a não ser que se admita o recurso hierárquico das decisões de última instância administrativa dirigido ao Ministro de Estado, possibilidade essa afirmada pelo Superior Tribunal de Justiça, na hipótese de "decisão administrativa descontrolada",[916] e também por parte da

---

pelo efetivo respeito dos Poderes Públicos e dos serviços de relevância pública aos direitos assegurados nesta Constituição, promovendo as medidas necessárias a sua garantia;".

[914] Diante da impossibilidade de os órgãos administrativos alemães examinarem e recusarem a aplicação de lei inconstitucional, a escalada na via hierárquica revela-se mais tormentosa e tem outra finalidade, qual a de fazer chegar a questão constitucional ao governo, que tem legitimidade para levar o assunto à decisão da Corte Constitucional. Com efeito, Hartmut Maurer sugere que "a autoridade administrativa deve – como também de costume em questões jurídicas difíceis e de grande alcance – dirigir-se à autoridade administrativa superior e pedir a sua decisão; se também a autoridade administrativa que segue em hierarquia considera a lei inconstitucional, deve ela, outra vez, dirigir-se à autoridade administrativa que segue em hierarquia, até a matéria chegar ao governo que, então, segundo a regulação correspondente do artigo 93, I, número 2, da Lei Fundamental, pode solicitar uma decisão do Tribunal Constitucional Federal. Na prática, esse procedimento não se torna atual, porque ele é bastante lento e a decisão, muitas vezes, urgente retarda, mas também porque as autoridades são da concepção que as questões jurídico-constitucionais, freqüentemente difíceis, devem ser decididas pelos tribunais" (MAURER, Hartmut. *Elementos de direito administrativo alemão*, p. 32).

[915] A extensão dos efeitos de decisões judiciais que reconheçam a inconstitucionalidade de lei pode ser autorizada pelas seguintes autoridades: Presidente da República, Secretário da Receita Federal do Brasil e Procurador-Geral da Fazenda Nacional (arts. 1º, § 3º, e 4º do Decreto nº 2.346/97, *supra*). Por analogia, o preceptivo pode ser aplicado às decisões administrativas de conteúdo semelhante.

[916] ADMINISTRATIVO – MANDADO DE SEGURANÇA – CONSELHO DE CONTRIBUINTES – DECISÃO IRRECORRIDA – RECURSO HIERÁRQUICO – CONTROLE MINISTERIAL – ERRO DE HERMENÊUTICA.

I – A competência ministerial para controlar os atos da administração pressupõe a existência de algo descontrolado, não incide nas hipóteses em que o órgão controlado se conteve no âmbito de sua competência e do devido processo legal.

II – O controle do Ministro da Fazenda (Arts. 19 e 20 do DL 200/67) sobre os acórdãos dos conselhos de contribuintes tem como escopo e limite o reparo de nulidades. Não é lícito ao Ministro cessar tais decisões, sob o argumento de que o colegiado errou na interpretação da Lei.

doutrina, em hipóteses especialíssimas.⁹¹⁷ Sobre essa questão, é incisivo o magistério de Hugo de Brito Machado:

> Sobre o recurso hierárquico no processo administrativo fiscal, já escrevemos: "Com a criação da Câmara Superior de Recursos Fiscais à qual foi atribuída competência para julgar o recurso especial de decisão do Conselho de contribuintes, desapareceu a competência do Ministro da Fazenda para o julgamento de recursos em instância especial. Mesmo assim, há quem entenda que o Ministro da Fazenda continua com competência para anular decisões dos Conselhos de Contribuintes, fundada no princípio da hierarquia administrativa. Seria cabível o denominado recurso hierárquico, que independe de previsão legal. Até de ofício, aliás, e no prazo de cinco anos, o Ministro da Fazenda poderia anular decisões dos Conselhos de Contribuintes, fundado em seu poder de supervisão dos órgãos a ele subordinados, como estabelecido pelos artigos 19 e 20 do Decreto-lei no. 200/67. [...] Trata-se de tese própria do autoritarismo, que não pode ser admitida em um Estado Democrático de Direito. O poder hierárquico diz respeito apenas às atividades administrativas típicas. O processo administrativo alberga atividade administrativa quase jurisdicional, que se distingue da atividade jurisdicional típica especialmente por lhe faltar o poder conclusivo, ou poder de dizer a última palavra [...] A tese que reconhece ao Ministro da Fazenda o poder de anular decisões dos Conselhos de Contribuintes, além de incompatível com a natureza da atividade de julgamento atribuída a esses órgãos da Administração Tributária, retira a utilidade destes, que ficam sem razão de ser".⁹¹⁸

À vista do exposto, se o Estado-administração pretende reformar decisão que houver afastado lei desconforme em relação à Constituição, poderá o seu representante interpor recurso administrativo visando à invalidação ou à reforma da decisão. Qualquer outra interferência que extrapole as possibilidades recursais do processo administrativo avulta-se arbitrária e inconstitucional.

Já com respeito à segunda, rareiam as abordagens doutrinárias sobre o tema, o que talvez seja uma decorrência da aceitação pacífica pelos órgãos judicantes de que são incompetentes para apreciar arguições de inconstitucionalidade.

III – As decisões do conselho de contribuintes, quando não recorridas, tornam-se definitivas, cumprindo à Administração, de ofício, "exonerar o sujeito passivo dos gravames decorrentes do litígio" (Dec. 70.235, Art. 45).

IV – Ao dar curso a apelo contra decisão definitiva de conselho de contribuintes, o Ministro da Fazenda põe em risco direito líquido e certo do beneficiário da decisão recorrida. (STJ, MS nº 8.810/DF, Primeira Seção, Rel. Min. Humberto Gomes de Barros, j. 13.08.2003, DJU 06.10.2003).

⁹¹⁷ Nesse sentido, MELLO, Rodrigo Pereira de. Conselho de Contribuintes e recurso hierárquico. *Revista Dialética de Direito Tributário*. São Paulo, nº 51, p. 113, dez./1999: "[...] pode-se concluir ser perfeitamente cabível a revisão *lato sensu* da decisão proferida pelo Conselho de Contribuintes através de 'recurso hierárquico' ao Ministro da Fazenda, ainda que esta faculdade, por seu perfil constitucional e pelo disciplinamento legal da matéria, deva ser utilizada com grande ponderação e esteja limitada à anulação de decisões nas hipóteses de i) inequívoca e manifesta ilegalidade, ii) incompetência ou abuso de poder ou iii) ter sido produzida com vício insanável no âmbito da própria estrutura administrativa de julgamento".

⁹¹⁸ MACHADO, Hugo de Brito. Ação da Fazenda Pública para anular decisão da Administração Tributária. *Revista Dialética de Direito Tributário*. São Paulo, nº 112, p. 54, jan./2005. No mesmo sentido, PINTO, Adriano. Processo administrativo – recurso hierárquico. *Revista Dialética de Direito Tributário*. São Paulo, nº 92, p. 10, maio/2003, para quem a "idéia da autoridade suprema de um Ministro de Estado para resolver os conflitos entre a Administração e o administrado revela pendor de autoritarismo". Igualmente FISCHER, Octavio Campos. Recurso hierárquico e devido processo constitucional: o processo administrativo tributário não pertence à Administração Pública!. *Revista Dialética de Direito Tributário*. São Paulo, nº 141, p. 142, jun./2007: "o *recurso hierárquico* no processo administrativo tributário não se mostra legítimo, pois se configura como um instituto que aniquila a idéia de um *due process* administrativo".

Mais uma vez trazendo a opinião de Ana Cláudia Nascimento Gomes:

> Em último termo, aliás, a entidade administrativa tutelar poderá proceder a uma intervenção administrativa na entidade tutelada, nos limites legais, na medida em que esta seja a única forma de assegurar a observância por esta da lei rejeitada (fala-se duma intervenção restrita à legalidade, ou seja, suficiente para o restabelecimento desta). Nessas circunstâncias e, após ter a entidade tutelar realizado o controle do ato de desaplicação, decidindo-se contrariamente a decisão nele contida; não mais se poderá falar em exercício legítimo do "poder de rejeição de leis inconstitucionais" por parte da autoridade administrativa da entidade tutelada; mas, sim, em ilegítimo desrespeito ao princípio da "unidade da ação administrativa".[919]

Em contrapartida, entende-se, à luz das premissas aqui adotadas, que a autoridade administrativa superior não poderá impor, por ato formal e geral, aos órgãos judicantes o fiel cumprimento da lei recusada, independentemente do caráter manifesto de sua inconstitucionalidade. Reconhece-se, todavia, um controle residual que visa desbastar excessos e abusos, porventura cometidos pelos órgãos judicantes no exercício do poder de rejeição, como na hipótese de inobservância dos casos de inconstitucionalidade institucionalizada.

iv) Dar publicidade da decisão ao público interno e externo da Administração.

Se a regra no Estado Democrático de Direito é a de que o ato administrativo carece de divulgação (art. 37, *caput*), além decerto da notificação dos administrados diretamente interessados, com muito mais razão deve-se dar ampla publicidade, interna e externa, à decisão que recusar a aplicação da lei por motivo de inconstitucionalidade.[920]

O principal público interno são os próprios julgadores administrativos, que, uma vez cientificados da decisão, poderão convencer-se das razões que levaram à recusa administrativa da lei e, com isso, encorajar-se a examinar a questão constitucional e a decidir em conformidade com o precedente firmado, atendendo, assim, às exigências defluentes do princípio da igualdade e da segurança jurídica.[921]

Por sua vez, o principal público externo é formado pelos administrados, que, uma vez cientes da inconstitucionalidade da lei restritiva de seus direitos, poderão argui-la no âmbito da própria Administração Judicante, no cerne de impugnações e recursos administrativos.

---

[919] Em sentido contrário, Ana Cláudia Nascimento. *Op. cit.*, p. 348.
[920] GOMES, Ana Cláudia Nascimento. *Op. cit.*, p. 347-348.
[921] Nessa hipótese, há a caracterização do *auto-precedente* a que se refere Marina Gascón, uma expressão de universalização que deve presidir a argumentação jurídica (*apud* ROIG, Rafael de Assis. *Jueces y normas*: la decisión judicial desde el ordenamiento. Madrid: Marcial Pons, 1995, p. 285). Segundo SANCHÍS, Luis Prieto. Notas sobre la interpretación constitucional. *Revista del Centro de Estudios Constitucionales*. Madrid, nº 9, p. 188, mayo-agosto/1991, o respeito ao precedente fundamenta-se no "princípio da universalização que ordena tratar de igual modo as coisas ou situações iguais; dito em termos mais kantiano, o bom juiz seria aquele que dita uma decisão que estaria disposto a subscrever em outra hipótese diferente que apresentasse características semelhantes, e que efetivamente o faz".

4.2. Afastamento casuístico de lei: atuação judicante *contra legem*

4.2.1. A SUPERABILIDADE PRÁTICA DAS NORMAS JURÍDICAS

Sobretudo a partir da flexibilização do conteúdo material das normas jurídicas, ocasionada principalmente pela juridicização de enunciados de conteúdo eminentemente axiológico,[922] tem-se frequentemente afirmado que o Direito é um sistema de normas superáveis na prática decisória, no sentido de que as condições de aplicação dos princípios – cujo âmbito de proteção inicial é delimitado, diante do caso concreto, a partir dos limites internos e imanentes – ou das regras jurídicas válidas – cujo âmbito de incidência é previamente definido pelo legislador mediante um conjunto de propriedades – podem estar satisfeitas numa situação concreta; mesmo assim, a consequência dessas normas não é aplicada.[923]

Segundo Thomas da Rosa de Bustamante, "trata-se de um fenômeno que é sempre possível no raciocínio jurídico fundado em normas jurídicas, tendo em vista que um sistema jurídico perfeito é algo irrealizável, haja vista que seria necessário, para a sua criação, existir uma regra para cada comportamento humano imaginável".[924]

Se a prática jurídica revela que uma norma pode não ser aplicada ao caso concreto contemplado na sua hipótese de incidência, cumpre inicialmente explicitar as razões ensejadoras desse fenômeno, que, de certa maneira, depõe contra o caráter deontológico do Direito. Os professores da Universidade de Buenos Aires Rodríguez e Sucar relacionam dez argumentos que se podem aduzir para sustentar a superabilidade das normas jurídicas, dentre eles, dois merecem aqui ser destacados:[925]

---

[922] Cumpre registrar, todavia, que mesmo alguns positivistas, a exemplo de Herbert Hart, sustentaram que as regras possuem um conjunto indeterminado de exceções implícitas, devendo ser lidas como se contivessem no final a cláusula "a menos que...", ou seja, "se A, então B, a menos que C" (ALCHOURRÓN, Carlos. Sobre derecho y lógica. *Isonomía*. Fontamara, nº 13, p. 24, oct./2000).

[923] ÁVILA, Humberto. *Teoria dos princípios*, p. 142.

[924] BUSTAMANTE, Thomas da Rosa de. *Argumentação contra legem*, p. 233.

[925] RODRÍGUEZ, Jorge L.; SUCAR, Germán. Las trampas de la derrotabilidad: niveles de análisis de la indeterminación del derecho. *Doxa*. Alicante, nº 21-II, p. 405-406, 1998. Os demais argumentos aduzidos são: (i) a interpretação do enunciado normativo varia com o passar do tempo, de modo que a norma nele expressa pode passar a compreender casos que antes não eram a ele imputados, ou que deixe de ser aplicado a casos anteriormente contemplados; (ii) a norma vigente pode ser excepcionada por outra criada posteriormente; (iii) a indeterminação do Direito decorrente da textura aberta da linguagem jurídica gera incerteza a respeito da aplicabilidade de uma norma jurídica a um caso particular; (iv) a presença de conceitos não tipológicos nos enunciados jurídicos pode ensejar divergência

Primeiro, as regras são superáveis porque o legislador que as formula tem em mira disciplinar os casos normais delineados pelas suas condições de aplicação, não os casos atípicos, para os quais provavelmente teria estabelecido outra solução jurídica. Esse sentido da superabilidade é também mencionado por Carlos Alchourrón:

> Muitos dos enunciados condicionais da nossa linguagem corrente são, neste sentido, superáveis. A ideia de superabilidade se vincula à noção de "normalidade". Formulamos nossas afirmações para circunstâncias normais, sabendo que em certas situações nossos enunciados serão superados. A noção de normalidade é relativa ao conjunto das crenças do falante e ao contexto de emissão. O que resulta normal para uma pessoa em um certo contexto pode ser anormal para outra pessoa ou para a mesma pessoa em um contexto diferente.
> Muitas (senão todas) formulações normativas são superáveis, isto é, possuem usualmente exceções implícitas, existem circunstâncias que afastam a norma ainda que elas não estejam explicitamente enunciadas.[926]

O segundo argumento da superabilidade informa que o sentido de um enunciado normativo pode ser excepcionado por outro só acionado pelo e no contexto fático de aplicação, o qual, em termos gerais, se vê compreendido na sua hipótese de incidência.

A respeito desse fundamento, Rodríguez e Sucar demonstram a impropriedade da tese de que as regras jurídicas são normas insuperáveis. Com efeito, não parece aceitável que determinada regra sempre seja aplicada a toda e qualquer situação que reúna as características consideradas relevantes pelo legislador para a incidência da norma, ou seja, independentemente de quais sejam as outras circunstâncias que podem estar presentes no caso concreto, pois isso conduziria à suposição de que o legislador as tivesse de antemão considerado juridicamente irrelevantes, o que materialmente se mostra impossível.[927]

Essa assertiva se torna ainda mais evidente no contexto de um ordenamento jurídico integrado por princípios, em razão dos quais determinadas circunstâncias do caso concreto podem adquirir relevo jurídico tal a ponto de acarretar uma exceção à regra em questão. Isso se deve aos chamados "fatos portadores de juridicidade", que são elementos fáticos, cuja relevância jurídica se manifesta por meio de um discurso axiológico-indutivo erigido a partir da incidência das circunstâncias do caso concreto no acervo principiológico-constitucional.[928]

---

sobre a aplicação destes a determinados casos; (v) as normas são geralmente vagas e ambíguas e, até mesmo, contraditórias entre si; (vi) a determinação da norma jurídica depende do tipo de descrição do caso confrontado, de modo que é possível que determinada descrição registre uma particularidade que seja capaz de afastar a norma; (vii) a determinação da norma jurídica também depende da informação de que se dispõe sobre o caso, de modo que maiores informações poderiam deslocar a norma; (viii) qualquer pedido formulado ao juiz com base numa determinada norma poderá ser rejeitado se a contraparte comprovar que, no caso em questão, concorre uma exceção à norma que também tem apoio num enunciado jurídico.

[926] ALCHOURRÓN, Carlos. Sobre derecho y lógica. *Isonomía*. Fontamara, nº 13, p. 24, oct./2000.
[927] RODRÍGUEZ, Jorge L.; SUCAR, Germán. *Op. cit.*, p. 412.
[928] GÓES, Guilherme Sandoval. Neoconstitucionalismo e dogmática pós-positivista. BARROSO, Luís Roberto (Org.). *A reconstrução democrática do direito público no Brasil*. Rio de Janeiro: Renovar, 2007, p. 122. Os "fatos portadores de juridicidade" consistem em "elementos fáticos do caso concreto que são juridicamente relevantes na formulação da norma-decisão, e que, portanto, ao incidirem sobre o texto da norma em abstrato viabilizam o discurso axiológico-indutivo do Direito".

Segundo Noel Struchiner, o fenômeno da superabilidade da regra jurídica decorre da própria natureza desta, a generalidade, que está relacionada com a quantidade de casos particulares que se apresentam na sua hipótese de incidência.[929] Por esse motivo, "as regras são atualmente ou potencialmente sobreinclusivas ou subinclusivas, incorporando mais do que deveriam incorporar, ou deixando de incorporar coisas que deveriam incorporar de acordo com as razões que informaram a sua construção".[930] Isso se deve cumulativamente a dois fatores: primeiro, o processo de criação de uma regra sempre envolve uma generalização do nexo causal probabilístico entre a prescrição normativa que se pretende instituir e a finalidade que, por meio dela, se quer perseguir; segundo, o nexo causal pode não estar presente em determinadas situações de aplicação da regra, seja porque nelas não se gera a consequência que representa a justificação da regra (sobreinclusão), seja porque existem casos não contemplados pela regra que acarretam a consequência que a justifica (subinclusão).[931]

Embora seja essencialmente verdadeiro que todas as normas, regras e princípios jurídicos são superáveis, a própria estrutura conceitual e dinâmica aplicativa de cada qual faz com que seja diversa a maneira como esse fenômeno ocorre na prática. Analisando primeiro a superabilidade dos princípios, vê-se que ela se manifesta tanto no antecedente quanto no consequente da norma a ser aplicada. A primeira decorre do fato de que *geralmente* os princípios contam com hipótese de incidência *a priori* indeterminada, donde a não invulgar incerteza quanto ao princípio ser considerado pertinente ou não ao caso. Em virtude disso, se o princípio tiver sua pretensão regulativa do caso desde logo afastada, tratar-se-á de uma forma de superabilidade, que se dirá imprópria, uma vez que sequer foi considerado respeitante ao caso defrontado. A despeito disso, a natural indeterminação do âmbito de incidência ou proteção de um princípio jurídico, aliada à existência de dúvida ou controvérsia sobre sua pertinência ao caso, impõe considerá-la como uma hipótese, atípica que seja, de superabilidade. Afinal de contas, a existência de dúvida ou controvérsia é sinal de que outro intérprete-aplicador poderá entender que o princípio cogitado se insere no plexo normativo atinente ao caso.

Entretanto, a superabilidade dos princípios se manifesta mesmo de modo peculiar na determinação das consequências jurídicas que haverão de ser atribuídas a determinado caso concreto. Como já afirmado, os princípios constituem apenas razões contributivas para a decisão de um caso concreto, ou seja, não determinam por si sós a sua solução jurídica, já que haverão de ser ponderados com outros princípios.

Por sua vez, a superabilidade das regras se processa de forma diferente, porque o seu afastamento da regulação de um caso concreto ocorre tão somente em situações excepcionais, e não como regra geral, como sucede com os princípios jurídicos, submetidos que são ao raciocínio ponderativo.

Ademais, as causas que podem fundamentar a criação de exceções à aplicação das regras são apenas de dois tipos:[932]

---

[929] STRUCHINER, Noel. *Para falar de regras:* O positivismo conceitual como cenário para uma investigação filosófica dos casos difíceis do direito. 2005, 191 f. Tese (Doutorado em Filosofia). Departamento de Filosofia, Pontifícia Universidade Católica do Rio de Janeiro, Rio de Janeiro, p. 148.
[930] *Ibidem*, p. 136-137.
[931] STRUCHINER, Noel. *Op. cit.*, p. 152-153.
[932] ÁVILA, Humberto. *Teoria dos princípios*, p. 142.

i) *Redução teleológica*: consiste na redução do significado linguístico da regra quando o seu âmbito de incidência é demasiado genérico em relação à sua finalidade subjacente, sendo plausível sustentar que a *mens legis* não pretendeu alcançar determinadas situações jurídicas concretas que, em virtude das peculiaridades das circunstâncias fáticas e pessoais, haverão de ser afastadas do seu campo de aplicação. Tem-se aqui a hipótese de aplicação do postulado da razoabilidade-equidade,[933] que, se não observado, implicará inevitavelmente ofensa direta aos princípios jurídicos da justiça, da igualdade e aos direitos e garantias fundamentais.

ii) *Redução a partir de princípios sobrejacentes:* consiste também na redução do significado linguístico da regra, mas em virtude de outros princípios, trazidos à baila pelas particularidades circunstanciais do caso concreto, que instituem razões suficientemente importantes para afastar a atribuição ao caso da consequência legalmente prevista. Aqui a ponderação do legislador dá lugar a uma ponderação *ad hoc* a cargo do aplicador do Direito, que sopesará o princípio jurídico que institui a razão motivadora da regra com os princípios que instituem razões contrárias. Nesse caso, a aplicação da razoabilidade-equidade requer a estruturação aplicativa do postulado da proporcionalidade ou da técnica da ponderação (*v.g.*, aplicação da proporcionalidade *pro reo* em matéria de prova ilícita).

Verifica-se, assim, que a satisfação das condições de aplicação previstas na regra não é requisito suficiente para a sua aplicação aos casos concretos. Com base em Neil MacCormick, Bustamante afirma que

> [...] todo condicional jurídico está sujeito a exceções que surgem diante de um caso particular; assim, as condições para a aplicação de uma regra jurídica a um caso concreto são tão-somente "ordinariamente necessárias" e "presumidamente suficientes" para o surgimento das conseqüências jurídicas, o que ocasiona a *superabilidade prática* das normas jurídicas.[934]

Segundo Peczenik e Hage, o estabelecimento de exceções casuísticas às regras legais implica atuação *contra legem* do intérprete-aplicador, já que este cria exceções à hipótese de incidência não previstas no Direito legislado.[935] Essa afirmação é mais evidente no Direito de um "Estado do tipo legislador", em que a atuação administrativa pressupõe sempre a existência de regras preestabelecidas.

Do quanto exposto, verifica-se que a superabilidade dos princípios ocorre basicamente no ato de *ponderá-los*, enquanto a superabilidade das regras válidas realiza-se no ato de *excepcioná-las*. Em vista da estrutura e funcionamento dessas normas, deve-se convir que a superabilidade dos princípios é algo mais natural e imanente do que a superabilidade das regras, de modo que o afastamento casuístico destas encontra obstáculos lógicos maiores do que o afastamento aplicativo daqueles. Focando as diferentes funcionalidades das regras e princípios jurídicos, Humberto Ávila assim resume os distintos graus de superabilidade das espécies normativas:

---

[933] Mais propriamente falando, uma desproporcionalidade em concreto, porquanto neste caso a medida legal sequer se mostra idônea para promover ou fomentar a finalidade legal (exame da proporcionalidade-equidade).

[934] BUSTAMANTE, Thomas da Rosa de. *Op. cit.*, p. 233.

[935] Nesse sentido, AARNIO, Aulis. *Las reglas en serio*. In: AARNIO, Aulis. VALDÉS, Ernesto Garzón. UUSITALO, Jyrki (Comps.). *La normatividad del derecho*. Barcelona: Gedisa, 1997, p. 29: "Una norma puede ser válida como una regla ordinaria (R2), si puede ser dejada de lado también sobre la base de un principio jurídico (P). La colisión de normas es como si fuera un conflicto y el desplazamiento de la regla es un caso *contra legem*".

[...] as regras consistem em normas com pretensão de solucionar conflitos entre bens e interesses, por isso possuindo *caráter "prima facie" forte e superabilidade mais rígida* (isto é, as razões geradas pelas regras, no confronto com razões contrárias, exigem um ônus argumentativo maior para serem superadas); os princípios consistem em normas com pretensão de complementariedade, por isso tendo *caráter "prima facie" fraco e superabilidade mais flexível* (isto é, as razões geradas pelos princípios, no confronto com razões contrárias, exigem um ônus argumentativo menor para serem superadas).[936]

Releva, no entanto, advertir que tais obstáculos não se restringem ao de caráter *lógico*; outros há de natureza *institucional* e *argumentativa*, o que conduz à afirmação de que as regras têm preferência sobre os princípios.

4.2.2. AS REGRAS TÊM PREFERÊNCIA SOBRE OS PRINCÍPIOS[937]

Os obstáculos de ordem *institucional* traduzem-se no dever de o aplicador do Direito observar no seu mister os princípios da segurança jurídica, da legalidade democrática, da separação dos poderes e da igualdade jurídica, sendo-lhe exigido que dê fiel cumprimento às regras jurídicas emanadas do Poder Legislativo.

Nessa perspectiva, há diversas razões para que se observe uma regra legal, mesmo que em detrimento de alguma dimensão axiológica de um princípio constitucional: (i) afastar a incerteza, a imprevisibilidade e, por conseguinte, a controvérsia, já que a regra contém uma pré-decisão acerca de um conflito social para uma determinada hipótese fática; (ii) afastar a arbitrariedade, a subjetividade, o decisionismo na aplicação do Direito, evitando surpresas e mais intranquilidade dos litigantes; (iii) "evitar problemas de coordenação, deliberação e conhecimento",[938] uma vez que a ausência de solução preestabelecida levaria cada cidadão, com base num determinado princípio, a extrair uma norma que satisfizesse a sua pretensão e interesse, reunindo as condições para uma conflituosidade e desarmonia entre as pessoas, cuja superação só seria possível perante a Justiça; (iv) privilegiar a uniformidade das decisões, o princípio da igualdade; (v) privilegiar a legitimidade democrática da regra emanada do Poder Legislativo, cujos membros foram ungidos representantes do povo pelo batismo das urnas, diferentemente do Poder Judiciário.

Assim – arremata Ávila – as regras "devem ser obedecidas, de um lado, porque sua obediência é moralmente boa, e, de outro, porque produz efeitos relativos a valores prestigiados pelo próprio ordenamento jurídico, como segurança, paz e igualdade. Ao contrário do que a atual exaltação dos princípios poderia pensar, as regras não são normas de segunda categoria".[939]

No quadro dos obstáculos institucionais, merece especial destaque o princípio da segurança, por estar diretamente ligado a uma das condições de superabilidade das regras. Já se disse que o Direito não se compagina com insegurança, imprevisibilidade, incerteza, e que a ideia de Direito traz consigo a nota do cálculo, da previsão das consequências negativas que poderão advir acaso uma norma seja descumprida.

---
[936] ÁVILA, Humberto. *Op. cit.*, p. 104-105.
[937] *Ibidem*, p. 112 *et seq.*
[938] *Ibidem*, p. 113-114.
[939] *Ibidem*, p. 114.

A possibilidade de *afastamento casuístico* da regra também afeta, porém em menor intensidade do que na hipótese do *afastamento de lei em tese*, cada um daqueles três momentos da vida do Direito em que a segurança deve se fazer presente. Em primeiro lugar, porque o afastamento casuístico assenta-se numa *positividade* que ultrapassa a mera conformidade à lei, ou seja, numa positividade do Direito, que leva em conta não somente a regra legal explícita, mas também os princípios jurídicos, que são normas com grau de predeterminação inferior às regras. Em segundo lugar, em que pese o esforço da formalização das hipóteses normativas visando conferir *exequibilidade prática* ao Direito, o afastamento casuístico da regra, exatamente nessa condição – sempre possível em virtude da limitação dos enunciados jurídicos em face da infinitude dos fatos sociais – fragiliza a segurança jurídica. Em terceiro e último lugar, a *estabilidade* do Direito legislado deixa de ser plenamente assegurada na medida em que se torna possível afastar a aplicação de uma regra a um caso concreto reconhecidamente abrangido pelo seu campo de incidência, o que pode gerar a falta de uniformidade na sua aplicação.

4.2.3. CONDIÇÕES DE SUPERABILIDADE DAS REGRAS PELOS PRINCÍPIOS

Todos esses motivos acima enunciados não induzem à conclusão de que as regras sejam de aplicação absoluta ou tidas por insuperáveis. Nem ao contrário, que sejam flexíveis diante de qualquer conflito com um princípio, porque aí já não se teria uma regra, mas uma mera sugestão ou orientação dirigida ao aplicador do Direito.

Nesse sentido, assinala Noel Struchiner:

[...] uma generalização [regra] que é recalibrada em cada instância de acordo com a sua justificação subjacente, não está realizando nenhum trabalho normativo. Se a generalização pode ser alterada em cada momento em que aponta para um resultado diverso da justificação, então ela nada mais é do que uma sugestão ou instrução, e não configura uma regra genuína, ficando todo o trabalho prescritivo para a justificação da regra.[940]

Mas, em seguida, observa que:

Uma regra pode ser derrotada (*override*) e continuar sendo uma regra. Para tanto, basta que a generalização ofereça alguma resistência ou em relação às justificações subjacentes à regra ou à totalidade de razões consideradas relevantes que certamente governariam a decisão tranqüilamente se não fosse pela existência da regra. Uma regra séria eleva o patamar de força necessário para que ela seja superada.

[...] Quando uma regra existe, ela integra o cálculo decisório do responsável pela tomada de decisões de uma forma significativa, elevando o ônus argumentativo das razões contrárias que prevaleceriam e ditariam o resultado de forma mais fácil se não fosse pela existência da regra.[941]

É imperativo, portanto, delinear as condições nas quais as regras seriam superáveis por razões consideradas superiores, enquanto tarefa que decorre da própria resistência à superabilidade que particulariza a regra. Do tema cuidou recentemente

---

[940] STRUCHINER, Noel. *Op. cit.*, p. 156.
[941] *Ibidem*, p. 156-157.

Humberto Ávila,[942] cujo pioneirismo tardio na matéria reflete certo preconceito e objeção ao tema pela Teoria do Direito mais ortodoxa, ainda aferrada ao positivismo fechado e inflexível das regras, alheio, portanto, às transformações por que vem passando o Direito a partir do último quartel do século passado.

Segundo o autor, as condições a serem preenchidas para que uma regra deixe de ser aplicada a um caso individual, mesmo que constatada a subsunção do caso à hipótese da regra (ou seja, sua incidência[943]), são de duas ordens: *material*, que estabelece requisitos de conteúdo do ato de interpretação/aplicação, e *discursiva ou procedimental*, que exige a observância de requisitos de forma.

Colhem-se os requisitos materiais da observação de que a valia no cumprimento de uma regra está no fato de ela se destinar à realização de dois propósitos básicos: (i) a promoção da finalidade subjacente à regra e (ii) a realização da segurança jurídica e do princípio da igualdade.[944] Daí entender-se que o grau de resistência à superação da regra será tanto menor quanto menor for o comprometimento desses valores na hipótese de afastamento da regra.

Deixar de aplicar uma regra a um caso particular pode comprometer, positiva ou negativamente, a realização da finalidade subjacente à regra ou mesmo ser indiferente a essa relação. Se o caso for de comprometimento negativo ou de indiferença da medida prevista na regra em relação à sua finalidade, este se configura um primeiro requisito para que a regra não seja aplicada à hipótese.

O segundo requisito, com o qual deve cumular para decidir-se a superação da regra, consiste em dimensionar o abalo que a segurança jurídica padeceria com o afastamento circunstancial da regra. A irradiação ou não de efeitos deletérios à segurança, advindos de um caso individual em que não se seguiu uma regra, dependerá do próprio caso e de suas circunstâncias. Por certo que é possível cogitar situações em que esses efeitos não se produzem, a saber: (i) quando o caso particular for de difícil ocorrência ou reprodução, ou de escassa alegação por parte dos interessados; (ii) quando a circunstância especial que inspira o afastamento da regra for de fácil e exata avaliação ou comprovação tanto pelo interessado quanto pelo Estado. Nessas

---

[942] ÁVILA, Humberto. *Op. cit.*, p. 114-120.

[943] Utiliza-se aqui o conceito de incidência jurídica formulado didaticamente por MACHADO, Hugo de Brito. *Introdução ao estudo do direito*. São Paulo: Atlas, 2004, p. 101, segundo o qual: "Diz-se que ocorre a incidência da norma quando se concretiza a hipótese nela prevista, vale dizer, no mundo fenomênico acontece o fato na norma descrito como sua hipótese de incidência". A noção de incidência não se confunde com a de eficácia, que, na verdade, é a imputação, pelo aplicador do Direito, a uma determinada incidência normativa, da consequência prevista na regra jurídica. Em termos mais incisivos, uma regra pode ser vigente, ou seja, dotada de incidibilidade, mas não ser eficaz numa ou noutra situação, sem que, com isso, reste comprometida a sua vigência ou eficácia jurídica geral (causalidade jurídica no plano da norma).

[944] MARTINS, Natanael; PIETRO, Juliano di. A ampla defesa e a inconstitucionalidade no processo administrativo: limites da Portaria nº 103/2002. *Revista Dialética de Direito Tributário*. São Paulo, nº 103, p. 110-111, abr./2004. Os autores procuraram apontar outras hipóteses, além das previstas na Portaria MF nº 103 (já revogada), em que os Conselhos de Contribuintes e a CSRF estariam habilitados a, somente diante do caso concreto, reconhecer a inconstitucionalidade de lei ou ato normativo do Poder Público. Não chegaram a mencionar, todavia, novas hipóteses, mas um método para que o órgão administrativo possa legitimamente recusar lei por motivo de inconstitucionalidade. Nesse desiderato, propunham que a questão constitucional fosse resolvida mediante o sopesamento entre o princípio da ampla defesa e o princípio da separação dos poderes. *Data venia*, esses não são, como se verá, os valores jurídicos diretamente implicados no exame *in concreto* da constitucionalidade de lei ou ato normativo pelo administrador.

hipóteses, a realização da justiça individual com o afastamento da regra não afetaria a justiça geral ou a igualdade.

Por sua vez, os *requisitos procedimentais*, que representam o obstáculo ou ônus de natureza *argumentativa*, recaem sobre as formalidades que a justificação da decisão deve observar para que a rejeição circunstancial da regra seja considerada legítima. Assim, a justificação deve comprovar, argumentativamente: (i) a incompatibilidade entre a hipótese da regra e a sua finalidade (corresponde à fundamentação discursiva do primeiro requisito material) e (ii) que o afastamento da regra no caso não provoca expressiva insegurança, ou seja, que os efeitos da não aplicação da regra não transcendem ao caso particular (correspondente à fundamentação discursiva do segundo requisito material).

Em síntese: "a superação das regras exige a demonstração de que o modelo de generalização não será significativamente afetado pelo aumento excessivo das controvérsias, da incerteza e da arbitrariedade, nem pela grande falta de coordenação, pelos altos custos de deliberação ou por graves problemas de conhecimento".[945]

É mister, ainda, referir que a superação aplicativa da regra por um princípio há não apenas de atender a determinados requisitos ou condições, mas também de estruturar-se segundo a orientação metodológica dos postulados normativos aplicativos (proporcionalidade-equidade, congruência-equidade, igualdade-equidade, equivalência-equidade). Convém notar que, na formulação teórica de Ávila, registra-se uma superposição entre o requisito da superabilidade relativo à finalidade subjacente à regra e o postulado da razoabilidade-equidade.

4.2.4. RECUSA À APLICAÇÃO DE LEI OU NORMA INFRALEGAL INCONSTITUCIONAL SÓ *IN CONCRETO*

O fundamento da possibilidade de se afastarem leis-inconstitucionais-só-no--caso-concreto (não a lei em tese) remonta ao princípio aristotélico da equidade,[946] assim entendida como a correção da lei nos casos em que esta falha por sua generalidade, autorizando, inclusive, a não aplicação da regra injusta ao caso.[947]

---

[945] ÁVILA, Humberto. *Op. cit.*, p. 119.

[946] Cf. a clássica lição de ARISTÓTELES. *Ética a Nicômaco*, p. 124-125.

[947] Em Aristóteles, a justiça é uma proporção genérica e abstrata, enquanto a equidade é específica e concreta, obtida a partir da correção daquela. BARCELLOS. *Op. cit.*, p. 223, propõe, diversamente, que a "eqüidade não tem o poder de afastar de todo a aplicação de um enunciado normativo pelo fato de ser inadequado ou injusto", de modo que "apenas as possibilidades descritas no texto são atribuídas à eqüidade". Para a autora, "a não aplicação de uma regra válida a um caso concreto dependerá da verificação de uma das duas hipóteses [...]: a imprevisão legislativa ou a incidência inconstitucional da regra". Comparando esta noção de equidade com aquela aristotélica, verifica-se que o segundo conceito é mais amplo do que o primeiro, abarcando as situações de imprevisão legislativa. Recaséns Siches também confere uma nova perspectiva à equidade aristotélica. Para o jusfilósofo espanhol, a equidade não cuida de corrigir a lei no caso concreto, mas de interpretá-la sob a lógica do razoável. Nesse sentido, adverte que "a norma legislativa não é uma proposição válida em si e por si, como o são, por exemplo, as proposições da lógica ou da matemática. O conteúdo de uma regra legislativa é uma determinação de vontade, encaminhada a produzir na prática, vale dizer, sobre a vida real, determinados efeitos, efeitos que são considerados justos pelo autor da lei"; "se, pelo contrário, o caso que se apresenta ao juiz é de um tipo diferente daqueles que serviram como motivação para estabelecer a norma, e se a aplicação desta a esse caso produziria resultados opostos àqueles que a norma se propôs

Segundo Eros Grau, o Direito moderno, infenso a qualquer possibilidade de subjetivismo na aplicação da lei, esqueceu e tragou o conceito de equidade de Aristóteles, sendo, porém, retomado, na contemporaneidade, com outros nomes, como os de razoabilidade e proporcionalidade.[948] Mas o contexto político-jurídico naturalmente é outro. Com efeito, a positivação constitucional dos princípios na quadra atual do Estado Democrático de Direito requereu o engendramento teórico-normativo de ferramentas metodológicas que fossem capazes de perfazer a unidade axiológica do ordenamento positivo no plano de aplicação da lei, haja vista ser ele tão fragmentário e pluralista. Tais instrumentos são os postulados normativos.

Importa notar que nem toda equidade se opera mediante a aplicação *contra legem* dos postulados normativos. É preciso distinguir duas situações normalmente referidas como de utilização da equidade pelo julgador, que Vicente Greco Filho define: "aplicação da equidade" e "decisão por equidade".[949] Nesta, o juiz tem atuação excepcional, pois cria a norma individual somente à vista de autorização expressa do legislador; enquanto, naquela, o juiz atua para abrandar o rigor da lei, inserindo-se tal atividade nas funções ordinárias do juiz, razão por que poderá encontrar-se em qualquer julgamento.[950] Explicitada a diferença, conclui-se, logicamente, que apenas no último caso abre-se a possibilidade de aplicação *contra legem* da equidade.

Cabe acrescentar que não só o juiz, mas, igualmente, o administrador[951] estão autorizados a aplicar a equidade e, por conseguinte, a não aplicar leis-inconstitucionais-só-no-caso-concreto, orientando-se, para tanto, nos postulados normativos da razoabilidade e da proporcionalidade e no dever de resguardar a segurança jurídica e o princípio da igualdade.[952] A esse respeito, têm valia as lições de Humberto Ávila sobre as condições de superabilidade das regras.

Eis um exemplo de eficácia *contra legem* de princípios constitucionais patrocinada em Acórdão da 1ª Turma da Delegacia da Receita Federal do Brasil de Julgamento em Belém, cuja relatoria coube ao autor desta pesquisa.[953] Julgou-se recurso administrativo apresentado em face de decisão da Delegacia da Receita Federal do Brasil em Belém, que não conhecera de pedido de restituição/compensação de valores pagos a título do extinto Imposto sobre o Lucro Líquido, sob o argumento de que o requerente renunciara ao processo administrativo, ao propor ação judicial com idêntico objeto, consequência essa havida em decorrência do disposto no art. 38 da

---

a produzir, ou opostas às consequências das valorações em que a norma se inspirou, então eu entendo que se deve considerar que aquela norma não é aplicável ao dito caso" (SICHES, Recaséns. *Nueva filosofía de la interpretación del Derecho*, p. 255-256).

[948] GRAU, Eros Roberto. *O direito posto e o direito pressuposto*, p. 282.

[949] É a hipótese prevista no art. 127 do Código de Processo Civil brasileiro.

[950] GRECO FILHO, Vicente. *Direito processual civil brasileiro*. V. I. São Paulo: Saraiva, 1996, p. 226. Os dois tipos de equidade correspondem, respectivamente, à "equidade legislada" e "equidade indeterminada", na formulação de MELLO, Oswaldo Aranha Bandeira de. *Princípios gerais de direito administrativo*. V. 1. São Paulo: Malheiros, 2007, p. 425-428.

[951] A legitimidade do julgador em recusar a aplicação de lei inconstitucional em concreto parece não levantar tanta controvérsia ou discussão quanto à legitimidade, dessa mesma autoridade, para afastar a aplicação da lei que, abstratamente considerada, contenha vício de inconstitucionalidade.

[952] Em virtude disso, não é de todo improcedente o obstáculo à aplicação da equidade fundado na vulneração ao princípio da segurança, como contrariamente sustenta MELLO, Oswaldo Aranha Bandeira de. *Op. cit.*, p. 425.

[953] DRJ, Acórdão nº 3062, 1ª Turma, j. 23.09.2004. Disponível em: <www.receita.fazenda.gov.br>.

Lei nº 6.830, de 22 de setembro de 1980.⁹⁵⁴ Nos termos da decisão impugnada: "não importa, *in casu*, que o processo judicial tenha sido extinto sem julgamento de mérito, em razão do pedido de desistência apresentado pela Impetrante, pois, nos termos do art. 38, da Lei nº 6.830/80, basta a propositura da ação – e não o julgamento de mérito da lide – para a presunção da renúncia da via administrativa".

Nas razões do recurso, aduziu o interessado haver desistido do processo judicial, fato esse homologado pelo juiz e comunicado à Administração, antes mesmo de ser proferida a decisão.

Apreciando a controvérsia, o voto condutor do Acórdão assim decidiu a questão:

> 10. [...] Ao que tudo indica, portanto, a regra em comento [art. 38 da Lei nº 6.830/80] encontra na espécie todas as condições para sua aplicabilidade. O que não se quer dizer que a sua conseqüência (a renúncia à instância administrativa) será aplicada.
>
> 11. Tal conclusão se impõe tendo em conta as especificidades do caso presente, porquanto não se vislumbra periclitância do fim visado pela regra em testilha, que é o de prevenir situação em que possa haver entendimentos contraditórios em decisões proferidas pela Administração e pelo Poder Judiciário, sobre o mesmo tema e entre as mesmas partes interessadas, ante a consideração dos princípios da unidade de jurisdição (art. 5º, inc. XXXV, da Constituição) e da eficiência administrativa (art. 37, *caput*, também do Excelso Estatuto). Tal risco aqui não se cogita. De fato, o requerente comunicou à autoridade recorrida, antes mesmo desta apreciar e decidir o pedido repetitório, que desistira do processo judicial em que pleiteava o reconhecimento do direito à compensação, e o juízo do feito a homologou por sentença que veio a transitar em julgado, extinguindo o processo sem julgamento do mérito. E disso a autoridade recorrida demonstrou estar ciente por ocasião da prolação do despacho impugnado [...].
>
> 12. Do exposto, está-se a ver que aqui se busca privilegiar uma interpretação teleológica do dispositivo com base no qual se deixou de conhecer do pedido, em detrimento, portanto, de uma interpretação estritamente literal. Demais disso, entender o contrário – ou seja, de que há razão bastante para se reconhecer a renúncia do contribuinte à instância administrativa – implicaria impor restrição irrazoável aos princípios do contraditório e da ampla defesa (art. 5º, inc. LV, da Constituição), desrespeitando, assim, o postulado normativo da razoabilidade, que tem incidência obrigatória no processo administrativo em geral (art. 2º, *caput*, da Lei nº 9.784/99).

Ao final, a decisão recorrida foi anulada para que outra fosse proferida abordando o tema de fundo.

Analisando as razões do Acórdão, verifica-se que a superação da regra legal se deu em observância aos estritos parâmetros aqui enunciados, a saber: (i) requisitos materiais de superabilidade: (i1) a não aplicação da regra ao caso não prejudica a realização da finalidade a ela subjacente (evitar decisões contraditórias e a ineficiência administrativa); (i2) também não há comprometimento da segurança jurídica, uma vez que a situação não é de fácil reprodução ou ocorrência e, ainda que

---

⁹⁵⁴ *Lei nº 6.830*, de 22 de setembro de 1980 (Lei de Execuções Fiscais): Art. 38. A discussão judicial da Dívida Ativa da Fazenda Pública só é admissível em execução, na forma desta Lei, salvo as hipóteses de mandado de segurança, ação de repetição do indébito ou ação anulatória do ato declarativo da dívida, esta precedida do depósito preparatório do valor do débito, monetariamente corrigido e acrescido dos juros e multa de mora e demais encargos. Parágrafo único. A propositura, pelo contribuinte, da ação prevista neste artigo importa em renúncia ao poder de recorrer na esfera administrativa e desistência do recurso acaso interposto.

Lei nº 5.869, de 11 de janeiro de 1973 (Código de Processo Civil): Art. 263. Considera-se proposta a ação, tanto que a petição inicial seja despachada pelo juiz, ou simplesmente distribuída, onde houver mais de uma vara [...].

o fosse, seria de fácil avaliação e comprovação a situação capaz de elidir o risco de decisões contraditórias entre a Administração e o Judiciário; (ii) requisitos formais de superabilidade (justificação condizente) e (iii) aplicação do postulado normativo da razoabilidade (proporcionalidade-equidade), na tutela dos princípios da ampla defesa e do contraditório.

Outra decisão de autoridade administrativa expõe situação cujo desfecho foi diverso, ou seja, em que não se revelou possível a superação de regra jurídica em virtude dos graves riscos que o seu afastamento casuístico expunha à segurança jurídica.

O exemplo é fornecido pela autoridade correcional da Secretaria da Receita Federal do Brasil,[955] que, em julgamento administrativo, entendeu indevida a acumulação, por um mesmo servidor, do cargo de agente administrativo federal, no qual cumpria a jornada diária de trabalho de seis horas, e do cargo de professor secundário estadual, no qual a jornada era de quatro horas. A acumulação já durava mais de quatorze anos. No julgamento, reconheceu-se a natureza burocrática da função federal, e concluiu-se que a situação do servidor, definitivamente, não se enquadrava em nenhuma das exceções à proibição geral de acumular prevista no art. 37, inciso XVI, o qual veda a acumulação remunerada de cargos públicos, exceto quando, havendo compatibilidade de horário, tratar-se de dois cargos de professor, ou um de professor com outro técnico ou científico, ou de cargos ou empregos privativos de profissionais da saúde de profissão regulamentada. Diante de tal situação, o servidor foi legalmente compelido a optar por um dos cargos, sob pena de arriscar-se a ser demitido dos dois.

Analisando o caso, chega-se à conclusão de que o ato administrativo operou uma injustiça para o servidor que exercia, havia mais de quatorze anos, as duas funções, em que pese o ato fundamentar-se em regra da própria Constituição. É que o afastamento da regra no caso aparenta não implicar violação à *ratio* que inspirou a vedação constitucional de acumular cargos públicos. Segundo José Armando da Costa, com ela, pretendeu o Constituinte afastar o mau desempenho das funções estatais provocado por acúmulo de funções, pois a lógica é a de que "quem faz uma coisa só faz melhor do que quem faz duas".[956] Isso se deduz de duas premissas: a primeira registra que a conexão temática (em tese) entre os cargos passíveis de acumulação revela que o desempenho de uma função implica (*v.g.*, professor), ao revés, no aprimoramento laboral da outra (*v.g.*, cargo técnico ou científico) e vice-versa; a segunda assenta que a extensão da proibição geral às situações excepcionadas implicaria maior prejuízo para as funções estatais do que a hipótese de acumulação.

Ora, um servidor que trabalha seis horas como agente administrativo, da manhã até as primeiras horas do período vespertino, e quatro horas, como professor, no período noturno, dispõe, ao menos em tese, de tempo suficiente para bem desempe-

---

[955] Exemplo cuja documentação não está disponível.
[956] COSTA, José Armando. *Direito administrativo disciplinar*. Brasília: Brasília Jurídica, 2004, p. 454: "Sem dúvida que, dedicado a um só ofício, deverá o servidor, pelo menos em tese, desenvolvê-lo com mais proficiência e zelo. Ao passo que sobrecarregado no desempenho de dois quefazeres, o funcionário finda por esgotar-se, não chegando, por conseguinte, a desincumbir-se bem de nenhum deles". Nesse mesmo sentido, Joaquim Castro Aguiar, citado por MEIRELLES, Hely Lopes. *Op. cit.*, p. 386, observa que "em geral, as acumulações são nocivas, inclusive porque cargos acumulados são cargos mal-desempenhados".

nhar cada uma das funções, sem qualquer prejuízo à finalidade subjacente à regra constitucional.

Acrescente-se a isso o fato de a baixa remuneração desses cargos geralmente não proporcionar ao servidor condições adequadas de vida material, levando-o a exercer mais de uma ocupação laboral. E, quando o consegue com respeito a dois cargos públicos, se vê obrigado a exonerar-se de um deles, depois de quatorze anos, percebendo determinado padrão remuneratório.

A constatação da injustiça individual, no entanto, não é requisito bastante para afastar a incidência da regra no caso. É necessário, então, examinar se fazer justiça, na hipótese, implica comprometimento ao modelo de generalização consubstanciado na regra e, por conseguinte, à segurança jurídica e ao princípio da igualdade. A resposta é afirmativa, por razões que se deixam facilmente captar: (i) o tipo de caso potencialmente é de fácil ocorrência ou reprodução e, por isso, também de fácil alegação pelos interessados; (ii) a dificuldade em avaliar e comprovar que a acumulação não prejudica o desempenho das funções, porquanto a compatibilidade de horário entre as atividades não necessariamente assegura a inexistência desse prejuízo para o serviço público; (iii) a perda da força normativa da Constituição com o afastamento da regra constitucional; (iv) a abertura conceitual no âmbito de exceções normativas consideradas taxativas, quando a máxima hermenêutica orienta que tais exceções sejam interpretadas não extensivamente.

Por essas razões, impõe-se a conclusão de que a realização da justiça individual geraria mais prejuízos do que benefícios, revelando, por esse prisma, correta a decisão administrativa contrária à acumulação dos cargos.

4.2.5. O EXEMPLO DO ERRO ESCUSÁVEL EM MATÉRIA DISCIPLINAR

4.2.5.1. Considerações iniciais

A compreensão adequada dos postulados normativos e de suas possibilidades aplicativas é um dos caminhos que poderão amainar o dogmatismo exegético ainda reinante na práxis administrativa atual, já que esses postulados têm a aptidão de servirem de instrumentos metódicos de perquirição e infusão dos valores constitucionais no Direito legislado e na concretização do Direito Administrativo.

Exemplo concreto dessa possibilidade se vê na Nota Técnica Coger nº 01, de 21.09.2006, que define o que seja erro escusável e estabelece as bases de sua operacionalização em matéria de Direito Administrativo Disciplinar, no âmbito da Corregedoria da Secretaria da Receita Federal do Brasil (Coger).[957]

A qualificação da conduta funcional irregular do servidor como erro escusável tem o condão de obstar à instauração do processo administrativo disciplinar voltado para a apuração do fato e de exculpar o seu autor de qualquer sanção disciplinar, com reflexos positivos em alguns princípios jurídico-administrativos.

O tema foi esquadrinhado mediante abordagem de alguns tópicos que uma Teoria do Erro Escusável é capaz de comportar, a saber: (i) fundamentos fáticos

---

[957] A Nota Técnica Coger nº 1/2006 foi editada pelo Corregedor-Geral e elaborada pelo autor.

e jurídicos do erro escusável; (ii) definição e importância do erro escusável para o Direito Administrativo Disciplinar; (iii) operacionalização da definição de erro escusável mediante estabelecimento dos pressupostos para a sua incidência e (iv) natureza jurídica do erro escusável.

4.2.5.2. A Nota Técnica: Teoria do Erro Escusável

4.2.5.2.1. Dos fundamentos fáticos e jurídicos do erro escusável

A noção de erro escusável é intuída pela percepção de que nem toda falha ou erro do servidor público no desempenho de suas atribuições deva ser passível de punição disciplinar, tendo em conta que, se assim não fosse, poucos seriam os servidores que não teriam ao menos uma advertência inscrita em sua ficha funcional. E, provavelmente, esse privilégio seria dos servidores que pouco trabalhassem ou se esforçassem, pois quanto menos se produz, menor a probabilidade de cometimento de erros.

Daí deduz-se haver um círculo de condutas funcionais que, mesmo consideradas irregulares, não devem merecer, à luz do Direito, alguma reprimenda disciplinar, sem que isso signifique, por óbvio, renúncia *a priori* pela autoridade correcional do dever-poder de sancionar, com pena de advertência, servidor que tenha cometido infração leve situada fora daquele círculo. É nesse campo que uma teoria do erro escusável tem a contribuir, o que solicita enunciar de logo os fundamentos da existência desse instituto, ainda em concepção.

Do ponto de vista jurídico, a premissa basilar é dada pelo *postulado normativo da razoabilidade*, na vertente do dever de equivalência e, sobretudo, do dever de equidade.

A razoabilidade enquanto equidade impõe a consideração daquilo que normalmente acontece, bem como a consideração do aspecto individual do caso nas hipóteses em que ele é sobremodo desconsiderado pela generalização legal. Com base nesse fundamento, é razoável concluir que a atuação do servidor não é imune a equívocos, sejam de ordem fática ou de ordem normativa. O irrazoável é inferir que somos seres infalíveis e que jamais erramos – não é o que normalmente acontece.

Do ponto de vista fático, uma análise da realidade humana e profissional do servidor põe em evidência três razões conducentes à conclusão do parágrafo acima:

i) *A diuturnidade no exercício de funções administrativas pelo servidor*

A prestação do serviço público e outras atividades funcionais envolve sempre o risco de serem mal desempenhadas, ou seja, realizadas em desacordo com padrões normativos, como qualquer atividade humana. Essa constatação é mais trivial no processo produtivo industrial de um produto ou na prestação de um serviço, em que, em decorrência da inobservância de uma norma técnica por parte de um operário, algum produto ou serviço venha a sair defeituoso. Sem embargo, tal risco também permeia a atuação funcional do servidor público, às voltas, semelhantemente, com processos e procedimentos ao cabo dos quais se erige o "produto" final de sua atividade (ato ordinatório, normativo ou de execução material). Se é assim, resta ao servidor administrativo somente procurar esmerar-se no respeito aos princípios, às leis e às normas regulamentares, sendo essa a postura que lhe importa por dever do ofício.

ii) *Falibilidade natural do ser humano*

O erro é próprio do humano. Por vários motivos, o homem é capaz de incorrer em juízo equivocado sobre a realidade: desvio de atenção, falha na percepção, preconceitos, visão precipitada da realidade, distúrbios sensoriais, cansaço, viciamento decorrente de tarefas monótonas, prejulgamentos etc.

iii) *Natureza própria das funções desempenhadas*

O servidor administrativo, geralmente, atua como aplicador do Direito. Para o bom desempenho dessa tarefa, que é complexa, o servidor terá que interpretar os dispositivos legais e normativos existentes sobre determinado assunto, fazer uma leitura do caso concreto, para, posteriormente, saber se dado caso se inclui ou não no campo conceitual da norma (qualificação do fático). Caso afirmativo, e dependendo da situação, terá de editar uma norma individual e concreta, estabelecendo a relação jurídica *in concreto*. Cada uma dessas etapas é campo fértil a falhas na aplicação do Direito, seja por ignorância ou má interpretação da lei, seja por uma leitura equivocada dos fatos, seja por defeitos na edição da norma individual e concreta.

4.2.5.2.2. Da definição e importância do erro escusável para o Direito Administrativo Disciplinar

Formula-se, nesta seção, uma definição de erro escusável que consiga dar resposta jurídica à realidade própria da atuação funcional dos servidores públicos, evidenciada pelos fundamentos, para, depois, discutir a importância dessa noção no âmbito do Direito Administrativo Disciplinar.

À guisa de definição, considera-se escusável a conduta equivocada (isto é, em desconformidade com as normas legais e regulamentares) de servidor público cuja apenação evidencie ser irrazoável diante das circunstâncias defrontadas no caso concreto. Essa é apenas uma definição, a qual será adiante operacionalizada, a fim de que a sua aplicação possa granjear foros de objetividade. Por ora, é o que basta para que se discorra acerca da contribuição que o tema tem a oferecer para um aprimoramento do exercício do poder administrativo disciplinar, notadamente no momento de sua deflagração, sem olvidar, contudo, que préstimos poderão advir dessa noção, quando do julgamento administrativo.

A caracterização, no caso concreto, do erro escusável tem a virtude de inviabilizar, em juízo de admissibilidade, a instauração de processo administrativo disciplinar para apurar fato que perceptivelmente não deva merecer a atenção de uma Administração Pública juridicamente comprometida, ao mesmo tempo, com os princípios da legalidade e da eficiência. Com efeito, além de atender ao princípio da legalidade, reconhecendo que o Direito não autoriza, porque irrazoável nesses casos, a imposição de consequências punitivas em decorrência da caracterização de certos tipos disciplinares (*v. g.*, falta de zelo, descumprimento de norma), atende também ao princípio da eficiência (deslocamento de servidores para compor as comissões, pagamento de diárias e passagens para esses servidores).

A postura atenta à verificação do erro escusável repercute de modo igualmente positivo, se analisada a questão sob a perspectiva do servidor, principalmente do bom servidor. É que ele necessita, para bem desempenhar as suas atribuições (com qualidade e produtividade), de tranquilidade no ambiente e no seio do próprio trabalho, para o qual contribui decisivamente a íntima convicção de que ele próprio não venha, pelo simples fato de ter cometido algum equívoco escusável, a ser submetido à persecução disciplinar. Postura diversa poderá, ao contrário, reverberar negativamente no desempenho funcional do servidor público que trabalha e produz, despertando nele sentimentos de injustiça, insegurança e até o desestímulo para o trabalho.

Eis alinhados alguns aspectos positivos da adoção da teoria do erro escusável para o Direito Administrativo Disciplinar, e é aí que residem o seu valor e a sua importância.

4.2.5.2.3. Da operacionalização da definição de erro escusável mediante estabelecimento dos pressupostos para a sua incidência

A subjetividade que suscita a demarcação do conteúdo e do alcance da definição de erro escusável tal como acima formulada, o que pode comprometer a certeza e previsibilidade jurídica, demanda buscar uma operacionalização da definição, a fim de viabilizar certa objetividade ou, ao menos, uma intersubjetividade controlável na utilização desse conceito. Nesse passo, é suficiente enunciar, sob a infusão dos fundamentos e de outros princípios atinentes à Administração Pública, quais os elementos fundamentais que integram a composição específica do erro escusável, cuja noção seja subsumível àquela definição.

Mesmo sabendo que somente o caso concreto dirá do cabimento da aplicação do erro escusável, é necessário que se enunciem algumas pautas a serem preenchidas, para que determinada falta seja considerada escusável. Nesse passo, segue o rol de pressupostos:

i) *Ausência de dolo*: as condutas intencionais não se coadunam com o conceito de erro escusável, que há de observar o princípio da moralidade administrativa;

ii) *Eventualidade do erro*: os erros devem ser esporádicos ou fortuitos, isto é, pouco representativos no universo de atuação funcional do servidor e em situações que não despertam nenhuma atenção especial (sem que fossem exigíveis, para o caso concreto, cautelas maiores que as normais e medianas, pois, em casos outros, não seria escusável o erro);

iii) *Ínfimo poder ofensivo aos bens jurídicos tutelados e prejuízo irrelevante ou contornável*: a ofensa às regras e princípios jurídicos deve ser mitigada por circunstâncias atenuadoras, que não demonstrem atos de insubordinação, quebra de hierarquia, deslealdade e outras máculas de conduta ou de caráter.

Assim, presentes, *cumulativamente*, os pressupostos em determinado caso concreto, configurado está o erro escusável, descabendo, por conseguinte, *infligir* ao servidor qualquer reprimenda disciplinar e, por conseguinte, *instaurar* processo disciplinar para apurar possível irregularidade assim caracterizada. Ressalte-se que, se o servidor tiver posterior percepção do erro e não adotar qualquer providência para repará-lo, invalida-se o pressuposto da ausência do dolo.

Como se vê, a conduta dolosa exclui a caracterização do erro escusável, mas não a conduta culposa. Com efeito, essa teoria encontra aplicações fecundas exatamente quando a culpa está presente na conduta, com todos os seus elementos (conduta voluntária, resultado involuntário, nexo causal, inobservância do cuidado objetivo, previsibilidade objetiva, ausência de previsão e tipicidade), ou quando a culpabilidade (pressuposto da pena) não resta afastada pela ausência de um de seus elementos (imputabilidade, potencial consciência da ilicitude e exigibilidade de conduta diversa). É que, ausente a culpa ou a culpabilidade, não precisa valer-se do conceito de erro escusável.

4.2.5.2.4. Natureza jurídica do erro escusável

A identificação da natureza de um fenômeno consiste na operação intelectual de, primeiro, *apreender* a sua essência (definição), o que se reputa realizado acima, com a enunciação dos pressupostos, e de, em seguida, *enquadrar* o fenômeno pesquisado em um conjunto próximo de fenômenos correlatos (classificação). É dessa segunda operação que agora se ocupa.

Tendo em conta que a caracterização do erro escusável acarreta a exculpação do servidor de possível irregularidade que tenha cometido, logo vêm à mente as seguintes categorias próprias do Direito Sancionador: causa excludente de ilicitude e causa excludente de culpabilidade. Saber se o erro escusável se enquadra numa ou noutra categoria é a questão que se formula.

Para responder à indagação, cumpre inicialmente constatar que a noção de erro escusável vai além da noção do princípio da insignificância, o qual atua, reconhecida a pequena lesividade ao bem jurídico tutelado, como fator de atipificação da conduta e, por conseguinte, de exclusão da ilicitude, porque a caracterização do erro escusável exige não apenas a ofensa ínfima aos bens jurídicos tutelados (princípio da insignificância), mas também a presença de outros pressupostos, dentre os quais a ausência do dolo. Assim, é possível cogitar uma infração inescusável na hipótese de conduta causadora de pequeno prejuízo, no caso de restar comprovado o dolo. Em vista disso, não se comportando o erro escusável como excludente de ilicitude, cabível o será como excludente de culpabilidade, a retirar todo e qualquer grau de reprovação da conduta de servidor que tenha cometido eventualmente, e sem dolo, equívoco de pequeno poder ofensivo às normas e aos princípios, e considerado causador de prejuízo material irrelevante ou contornável.

4.2.5.3. A prática da Teoria do Erro Escusável

A Coger tem amplamente utilizado a teoria do erro escusável no exame de admissibilidade das representações e denúncias de supostas condutas irregulares praticadas por servidor público, com o propósito de decidir acerca da instauração de processo administrativo destinado a apurar o fato representado ou denunciado. Nessa atividade, a autoridade correcional verifica se o caso apresentado satisfaz ou não os pressupostos da caracterização do erro escusável.

Importante é notar que a aplicação dessa teoria patrocina a aplicação *contra legem* de princípios jurídicos, mediante a estruturação aplicativa do postulado da razoabilidade, porquanto equívocos funcionais qualificáveis de erro escusável não deixam de enquadrar-se como ilícito disciplinar sob a ótica de uma legalidade estrita. Em virtude disso, antes do advento dessa orientação, vários processos administrativos eram instaurados para apurar condutas irregulares a princípio qualificáveis como "descumprimento de norma" ou "falta de zelo", a respeito das quais, todavia, não se tinham constatado indícios da existência de dolo ou resultado jurídico significativo.[958]

A exigência de que o equívoco funcional seja eventual, isto é, pouco representativo em relação ao conjunto das atividades desempenhadas pelo servidor, sugere que o campo propício para a aplicação da nota técnica está relacionado a atividades de atendimento ao público ou a funções que demandam do servidor atividade funcional intensiva.

Para concluir, alguns exemplos ilustram a aplicação da noção de erro escusável no âmbito da Coger, dentre mais de duas dezenas de casos verificados em um ano de vigência da nota técnica:[959]

i) Servidor que realiza atividade de atendimento ao contribuinte emitiu, no período de um ano, duas certidões negativas de débito (CNDs) irregulares, dentre muitas outras regulares; os contribuintes beneficiados possuíam débitos tributários de pequeno valor que impediam a emissão das certidões; inexistência de indícios do dolo de beneficiar.

ii) Servidor prestou informação incorreta ao Ministério Público Federal a respeito da situação fiscal de contribuinte cujos representantes foram denunciados por sonegação fiscal; informação decorrente de equívoco na leitura do relatório fiscal gerado pelo sistema de informática; inexperiência do servidor e aptidão do relatório para induzir a erro; o equívoco foi sanado a tempo após um segundo questionamento do órgão ministerial.

iii) Servidor atribuiu diretamente no sistema de contas-correntes pagamentos a débitos fiscais de mesma natureza, mas não exatamente correspondentes, deixando, com isso, de adotar o procedimento legalmente exigido, que é o da compensação de tributos; servidor aparentou ignorar a formalidade exigida.

---

[958] O art. 116, I e III, da Lei nº 8.112/90.
[959] Dados levantados a partir dos sistemas internos da Secretaria da Receita Federal do Brasil, cujo acesso não está disponível ao público em geral.

4.3. Afastamento de norma infralegal abstratamente considerada

Algumas outras fontes normativas hierarquicamente inferiores e materialmente subordinadas aos ditames estabelecidos em lei podem também respaldar atuações administrativas eivadas de inconstitucionalidade por motivo de irrazoabilidade ou desproporcionalidade. São os atos normativos regulamentares da competência do Presidente da República e os atos normativos inferiores emanados de autoridades administrativas situadas na linha hierárquica que estrutura a Administração Pública, tais como portarias ministeriais, instruções normativas das secretarias, normas de execução, pareceres normativos etc.[960]

A questão que ora se apresenta consiste em determinar as condições limitadoras e possibilitadoras do poder de o julgador administrativo recusar a aplicação de norma infralegal que repute irrazoável ou desproporcional.

Para o deslinde da questão, é suficiente confrontar o grau hieráquico-normativo das leis com o dos atos normativos infralegais. Não parece inspirar dissensões a assertiva segundo a qual se se afigura possível um controle judicante da legalidade democrática sob a perspectiva da manifesta inconstitucionalidade, com maior razão esse controle se revela juridicamente viável em se tratando de atos infralegais, cuja hierarquia normativa se posiciona em patamar abaixo da lei, subordinante, portanto, do conteúdo daqueles atos. Nesse sentido, ao atinar para a notória e peculiar posição e papel que cumpre a lei no nosso sistema das fontes jurídico-administrativas, Celso Antônio Bandeira de Mello assim se manifesta:

> No Brasil, o princípio da legalidade, além de assentar-se na própria estrutura do Estado de Direito e, pois, do sistema constitucional como um todo, está radicado especificamente nos arts. 5º, II, 37, e 84, IV, da Constituição Federal. Estes dispositivos atribuem ao princípio em causa uma compostura muito estrita e rigorosa, não deixando válvula para que o Executivo se evada de seus grilhões.
>
> [...] compete ao Presidente da República "sancionar, promulgar e fazer publicar as leis, bem como expedir *decretos e regulamentos para sua fiel execução*". Evidencia-se, destarte, que mesmo os atos mais conspícuos do Chefe do Poder Executivo, isto é, os decretos, inclusive quando expedem regulamentos, só podem ser produzidos para ensejar *execução fiel da lei*. Ou seja: *pressupõem sempre uma dada lei* da qual sejam os *fiéis executores*.[961]

O princípio da legalidade reveste-se de primazia não só em virtude da posição hierárquico-normativa da lei em relação aos atos normativos oriundos da autoridade

---

[960] No âmbito do processo administrativo tributário federal, a Lei nº 11.941/2009, conversão da Medida Provisória nº 449/2008, impõe ao julgador administrativo o dever de observar o decreto, proibindo que a sua aplicação seja afastada por motivo de inconstitucionalidade.

[961] MELLO, Celso Antônio Bandeira de. *Curso de direito administrativo*, p. 73-74.

regulamentar ou infrarregulamentar, mas também porque a fidelidade à lei atende ao princípio da separação dos poderes e ao princípio democrático, cuja dimensão semântica frontal, como visto, reforça a orientação no sentido do devido acatamento da legalidade heterovinculante e democrática pela Administração Pública.

Diferentemente, o exame da constitucionalidade de caráter regulamentar e infrarregulamentar não atrai a aplicabilidade desses princípios, por se tratar do exame da legalidade organicamente autovinculante, ou seja, decorrente do exercício da competência normativa pelas autoridades que integram a própria estrutura do Poder Executivo. Por essa razão, já não se põe em discussão a possibilidade de recusa aplicativa dos atos infralegais considerados *manifestamente inconstitucionais*, mas se indaga a respeito da adoção de um controle que não seja o débil (moderado ou forte), já que dois dos principais obstáculos à admissão de um poder administrativo de rejeição não se fazem presentes no âmbito da normatividade regulamentar.

Numa primeira análise, poder-se-ia chegar à conclusão de que a coerência do sistema jurídico-administrativo seria incrementada se se admitisse um controle moderado ou forte da observância dos postulados normativos pelos atos infralegais, de modo que já não se requereria que a inconstitucionalidade fosse manifesta para legitimar o poder de recusa aplicativa, mas apenas que fosse plausível, ou mesmo não evidentemente falsa.

Essa hipótese, contudo, potencializa *déficits* de coerência sistêmica na aplicação do Direito. Isso ocorre porque, embora a solução buscada seja indiferente ao princípio da separação dos poderes e ao princípio democrático, um controle mais rigoroso do que o débil afeta, *ceteris paribus*, de forma significativa, o princípio da segurança jurídica e, por conseguinte, o da igualdade perante a lei, além da hierarquia normativa interna no seio da Administração Pública.[962] É que, quanto menos rigorosa

---

[962] A respeito da competência normativa das autoridades administrativas e da hierarquia normativa entre os regulamentos intra-administrativos, fala ENTERRÍA, Eduardo García de; FERNÁNDEZ, Tomás-Ramón. *Curso de direito administrativo*, p. 72-73: "[...] a Administração não está simplesmente infra-ordenada às normas jurídicas, senão que ela mesma tem o poder de criá-las. A norma criada diretamente pela Administração é o regulamento. Um problema fundamental do ordenamento jurídico-administrativo é o da coexistência e articulação da lei com esta norma de formulação administrativa. Adiantemos que esta coexistência e articulação se ordenam ao redor do princípio da hierarquia: a lei vale mais que o regulamento e este está subordinado àquela. Porém, por sua vez, não existe um tipo único de regulamento, mas uma pluralidade de formas regulamentares, pluralidade que se organiza também mediante uma disposição hierárquica interna. [...] Desse modo, o ordenamento administrativo se nos manifesta, quanto a seu comportamento de norma escrita, como um sistema plural que se expressa numa ordem hierárquica de normas [...], expressão, portanto, de uma suposta racionalidade, a racionalidade que deriva de uma repartição abstrata de competências e funções entre os diversos tipos normativos". Por sua vez, OTERO, Paulo. *Op. cit.*, p. 550-552, observa que o relacionamento hierárquico entre normas reguladoras da atividade administrativa pode encontrar a sua justificação em seis principais ordens de razões: (i) hierarquia procedimental, (ii) hierarquia material, (iii) hierarquia orgânica, (iv) hierarquia lógica, (v) hierarquia axiológica, (vi) hierarquia auto-justificada. A partir dessa classificação, o autor português verifica que "nem todo relacionamento hierárquico entre normas se reconduz ou reduz a um único critério: todas as ordens de razões justificativas adiantadas concorrem, em maior ou em menor grau, para explicar a variedade possível de estruturação hierárquica das normas administrativas" (*ibidem*, p. 552). No que concerne à hierarquia normativa entre as normas intra-administrativas, concorre em maior grau para justificá-la a hierarquia do tipo orgânico, segundo a qual a hierarquia normativa decorre "da posição de supra ou infra-ordenação existente entre os órgãos que emanaram as normas em causa, sabendo-se que a norma proveniente do órgão hierarquicamente superior goza de um valor prevalente sobre a norma proveniente do órgão subalterno" (*ibidem*, p. 551). Prossegue reconhecendo existir uma estrutura hierárquica no âmbito da normatividade interna: "A

for a evidência exigida para o reconhecimento da inconstitucionalidade, certamente maiores serão as divergências administrativas a respeito da questão constitucional, o que resulta em desfavor da salutar unidade que a atuação administrativa do Direito haverá de perseguir e da certeza e segurança na aplicação dos atos infralegais.

Nessa perspectiva, Paulo Otero atenta para os obstáculos a um controle mais rígido dos atos normativos infralegais, fundado no princípio da juridicidade, este enquanto síntese dos princípios da constitucionalidade e da legalidade:

> [...] o modelo assente no reconhecimento aos órgãos administrativos de um poder genérico de rejeição aplicativa de qualquer norma inválida se encontra afastado por razões de segurança jurídica: o princípio da juridicidade é travado pelo valor segurança, verificando-se que a própria Constituição habilita que o sistema jurídico confira prevalência à segurança sobre a (in)validade dos efeitos dos actos produzidos pelo poder público.
>
> Sob pena de se instaurar uma verdadeira anarquia no interior da Administração Pública e do próprio ordenamento jurídico, acabando por se esvaziar a força heterovinculativa da juridicidade, os órgãos administrativos não possuem um poder genérico de recusar a aplicação de normas ilegais e inconstitucionais, sem prejuízo de excepcionalmente, segundo razões fundadas, poderem rejeitar a aplicação de certo tipo de normas inválidas.
>
> Num certo sentido, é ainda em homenagem a uma completa subordinação à Constitucional e à lei, tal como o texto constitucional proclama no contexto de um entendimento tradicional sobre a separação de poderes, que os órgãos administrativos não se podem rebelar contra a juridicidade que os heterovincula, conferindo-se aos tribunais o poder genérico de rejeitar a aplicação de normas inválidas: a recusa de aplicação de normas com base na sua invalidade pelos órgãos administrativos esvaziaria a respectiva subordinação à juridicidade, razão pela qual a vinculação da Administração Pública à legalidade, ao invés do que acontece com os tribunais, não exige a validade dos respectivos preceitos, salvo situações excepcionais, remetendo a Constituição para o poder judiciário essa tarefa de decisão sobre a validade das normas jurídicas.[963]

O jurista português reconhece, todavia, ao administrador um poder excepcional de rejeição das normas infralegais consideradas inválidas, no caso de "flagrante nulidade ou inexistência e sempre após o exercício de respeitosa representação", mas não determina as condições em que as normas geram esses desvalores jurídicos.[964]

Avançou-se aqui, no que respeita a esse último aspecto, para especificar as condições sob as quais o julgador administrativo encontra-se habilitado ao exercício do poder de recusar norma infralegal considerada inválida. Igualmente, não se reconhece ao julgador administrativo um poder genérico de examinar e de controlar

---

normatividade interna, pelo simples facto de ser interna, não deixa de ser vinculante. Trata-se de uma normatividade que vincula num duplo aspecto: a normatividade interna é autovinculativa para o seu próprio autor – desde que, obviamente, não seja modificada, revogada ou anulada – e é heterovinculativa para todos os demais órgãos que, sujeitos ao exercício de um poder de supremacia intra-administrativa, se encontrem numa posição de infra-ordenação face ao autor da norma em causa" (*ibidem*, p. 636). Ilustrando com um exemplo, podem-se dispor, em ordem normativo-hierárquica, os seguintes atos infralegais, em função do posicionamento organo-hierárquico dos respectivos autores: (i) regulamento da Presidência da República; (ii) portaria de Ministério; (iii) instrução normativa de Secretaria, (iv) parecer normativo de Coordenação. Todos esses atos são vinculantes da atuação material e decisória do administrador lotado na respectiva Secretaria. Há, todavia, quem negue a existência de uma hierarquia normativa entre os atos internos da Administração, posição essa que admite a possibilidade de esses atos serem derrogados por ocasião da sua aplicação *in concreto*. Nesse sentido: Afonso Rodrigues Queiró e José Carlos Vieira de Andrade (*ibidem*, p. 635-656).

[963] OTERO, Paulo. *Op. cit.*, p. 713.

[964] *Ibidem*, p. 693-694.

a constitucionalidade dessas normas; contudo, exatamente o contrário, admite-se a existência de um poder específico (preferível em relação ao termo excepcional), ou seja, condicionado e limitado, porquanto essa solução realiza, numa maior medida possível, o postulado da coerência do sistema jurídico.

Visando a salvaguardar os limites impostos pelo princípio da segurança jurídica, é suficientemente comportável, no quadro de um sistema jurídico-administrativo próprio de um Estado de juridicidade, uma competência administrativa para afastar a aplicação de normas infralegais que ofendam, de modo manifestamente irrazoável ou desproporcional, normas legais e constitucionais dotadas de aplicabilidade direta e imediata. À semelhança do excogitado para a legalidade democrática, exige-se, portanto, uma evidência material e discursiva.

Ao recusar a aplicação de norma infralegal manifestamente inconstitucional, o órgão judicante deverá adotar as mesmas providências exigidas para a hipótese de inconstitucionalidade manifesta de lei abstratamente considerada, quais sejam: (i) fundamentar de forma expressa e estruturada; (ii) notificar o Ministério Público Federal; (iii) notificar, pela via hierárquica, o autor do ato normativo rejeitado e (iv) dar publicidade interna e externa da decisão administrativa.

Conclusões

1. O positivismo jurídico do século XIX e do início do século XX foi marcado pela indiferença ética, fundada na leitura formalista e normativista da experiência jurídica, servindo, assim, a finalidades que contrastaram com um sistema de valores centrados na pessoa humana. As constituições estatais promulgadas posteriormente ao segundo pós-guerra têm positivado os princípios gerais de Direito, bem como os valores humanitários e democráticos. Em grande medida por isso, o Direito viveu no século XX a sua grande crise ontológica e metodológica.

2. Os ordenamentos positivos que antes se compunham apenas de regras jurídicas passaram a incorporar uma segunda espécie de norma: os princípios jurídicos. Disso decorreu a emancipação normativa de "princípios" de natureza mista (metódica e normativa), com a funcionalidade de estruturar a aplicação das normas diretamente referidas à conduta dos jurisdicionados. De fato, para que o intérprete possa, diante do caso concreto, confrontar racionalmente a solução ditada por uma regra e a solução indicada por um princípio – as quais geralmente se revelam incompatíveis entre si –, faz-se necessário utilizar instrumentos que possam guiá-lo na escolha da norma que irá regular o caso concreto, como imperativo decorrente da segurança e previsibilidade jurídica. Oportuno é notar que, assim, os postulados aplicativos funcionam como parâmetros de avaliação da conformidade da legalidade administrativa à principiologia constitucional, servindo, portanto, de mecanismos de realização de uma ideia de justiça – a justiça constitucional.

3. O Direito não é mero agregado de normas, mas *ordenamento*, ou seja, um conjunto coordenado de normas jurídicas assim dispostas para servir de instrumento de organização da sociedade, visando à implantação de determinada ordem – a *ordem jurídica*. Assim, o Direito Administrativo é ordenamento que mais de perto se ocupa da organização da Administração Pública, notadamente de sua estrutura e atividade, e circunscreve-se no contexto do ordenamento jurídico em geral. O *sistema jurídico* consubstancia mediação racional-discursiva entre o plano abstrato do ordenamento positivo e a ordem jurídica concreta. Enquanto o ordenamento é tarefa dos órgãos de criação do Direito, o sistema jurídico é tarefa da dogmática jurídica e da jurisprudência.

4. O sistema jurídico consiste numa totalidade *ordenada* segundo uma *unidade* de sentido. Enquanto a ordenação ou coerência se manifesta nos nexos axiológico-teleológicos entre os elementos normativos, a unidade de sentido é vislumbrada na recondução desses elementos a uns poucos princípios fundamentais.

5. Um sistema jurídico que seja compatível com o ordenamento jurídico democrático, de conteúdo marcadamente principiológico, compõe-se de três elementos normativos (regras, princípios e postulados aplicativos), os quais se relacionam (os dois primeiros) segundo nexos de concretização ou densificação.

6. O principal obstáculo à caracterização do ordenamento jurídico como sistema consiste nas antinomias normativas insuprimíveis pelo intérprete-aplicador, por ele não ter competência ou não possuir meios para eliminá-las. É que o ordenamento constitucional pode estabelecer certas limitações à atividade hermenêutica do órgão judicante, por meio da fixação de reservas de competência aos demais órgãos de poder, tais como: reserva absoluta de lei, reserva formal de lei e reserva absoluta de jurisdição. Em virtude disso, a formação plena do sistema fica comprometida, sem, contudo, abalar a ideia de sistema na Ciência do Direito, uma vez que aqui se tem como adequada a concepção axiológica ou teleológica, e não a concepção lógico-axiomática, hipótese em que a quebra representaria a ruína dessa ideia de sistema. Há, portanto, sempre um resíduo de déficit de sistematicidade no modelo axiológico de sistema jurídico.

7. A respeito da temática relacionada a regras e princípios, o presente estudo propôs-se a responder, primeiro, qual o momento do processo interpretativo em que irrompe a característica diferencial entre as espécies normativas, e, segundo, qual é essa característica. A distinção entre regra e princípio se manifesta em momento que ultrapassa o plano da significação *prima facie* dos enunciados jurídicos, mas que antecede o momento final do processo hermenêutico. A característica distintiva se apresenta, portanto, no per(curso) do processo interpretativo e aplicativo do Direito.

8. Por sua vez, a nota distintiva que irrompe nesse momento está ligada ao tipo de razão que se extrai do enunciado jurídico para justificar determinada decisão. A razão buscada pelo intérprete-aplicador no plano dos enunciados jurídicos consiste numa estrutura protonormativa do tipo hipotético-condicional (Dada a Hipótese, DEVER-SER a Consequência), que há de ser desenvolvida argumentativamente para alcançar o nível de concretização necessário à formulação da norma de decisão. O foco e a intensidade dessa atividade demarcam a distinção entre regras e princípios, ressaltando que ficou inicialmente afastada a caracterização com base no grau de abertura da hipótese de incidência ou no grau de flexibilidade do operador deôntico.

9. Diferentemente das regras, na aplicação dos princípios, a atividade interpretativa volta-se, principalmente, para a concretização do conteúdo axiológico prescrito no consequente daquela estrutura inicial. A tarefa principal do intérprete consiste em traduzir valores em fins, e fins em condutas. Por outro lado, na aplicação das regras jurídicas, a conduta já se encontra previamente descrita como obrigatória, proibida ou permitida. Nada obstante, o significado normativo de um dispositivo legal pode aproximar-se de uma ou outra espécie, ou mesmo apresentar características de ambas, a depender do nível de concretização do consequente jurídico enunciado na lei.

10. As funções eficaciais dos princípios foram assim classificadas: (i) eficácia *intra legem*, que é a eficácia através do sentido da lei, ou seja, é aquela em que os princípios infundem seu sentido axiológico na atribuição de sentido a determinado enunciado normativo, observadas as possibilidades semânticas da lei; (ii) eficácia

praeter legem, que é a eficácia que ultrapassa o sentido da lei, ou seja, é aquela em que o princípio assume posição privilegiada na disciplina jurídica de determinada situação não contemplada em lei; (iii) eficácia *contra legem*, que é a eficácia contra o sentido da lei, ou seja, em que pese existir uma regra legal regulando determinado caso, a consequência jurídica não lhe deve ser imputada.

11. Dois instrumentos vêm contribuir para a inserção da legalidade administrativa nos quadros de uma unidade do ordenamento jurídico: a interpretação conforme a Constituição e os postulados aplicativos.

12. A ponderação de princípios é metódica de aplicação do Direito que se situa ulteriormente a uma atividade apenas interpretativa do Direito legislado. Opera ao menos com três elementos (dois ou mais direitos ou bens coletivos e a situação na qual eles entram em colisão) e consiste num procedimento de três etapas: (i) *identificação dos princípios em colisão*, momento em que são afastadas, desde logo, as situações que configuram os denominados "falsos problemas de ponderação", os quais ocorrem na hipótese de não se vislumbrar a interseção entre os respectivos âmbitos de proteção de normas constitucionais que só aparentemente se opõem; (ii) *atribuição de peso ou importância a cada um dos princípios em jogo, em função das circunstâncias do caso*, quando se atribuem pesos de uma escala triádica ao grau de importância no fomento de um princípio e ao grau de interferência em outro; (iii) *formulação da regra de prevalência condicionada conforme a "lei da ponderação"*, sendo a regra formada por um suposto de fato, que descreve as condições sob as quais um princípio precede ao outro, e por uma consequência jurídica, cujo teor é determinado pela diretriz estimativa do princípio prevalente.

13. Identificam-se nos parâmetros da razoabilidade e da proporcionalidade duas funções cardeais no processo de interpretação e aplicação do Direito: (i) na *função interpretativa*, atuam excluindo ou revelando determinados significados normativos de modo discursivamente não estruturado, funcionando como mero *topos* interpretativo ou recurso retórico; (ii) na *função metódica*, operam estruturando discursivamente a aplicação de outras normas, funcionando como mecanismos de justificação moral da interpretação e aplicação do Direito e de controle intersubjetivo tanto do processo de justificação quanto do resultado da interpretação.

14. A assunção da função metódica dos parâmetros na quadra de um Estado Democrático de Direito não implica a superação da função interpretativa. Ao contrário, podem as duas formas atuar em conjunto. A primeira opera como filtro, selecionando os sentidos normativos mais adequados a partir da delimitação conceitual do Direito e dos fatos. A segunda, por sua vez, atua quando o sentido adequado não é passível de ser propiciado pela função interpretativa. Na qualidade de diretrizes metodológicas, tais parâmetros recebem a denominação de postulados normativos aplicativos e passam a fazer parte do ordenamento jurídico.

15. A racionalidade patrocinada pelos postulados aplicativos é, ao mesmo tempo: (i) *material-teleológica*, dado que os postulados permitem ao intérprete avaliar a adequação da medida adotada à finalidade legal (racionalidade material em sentido fraco); e (ii) *discursivo-estrutural*, dado que os postulados potencializam a capacidade de fundamentação que pretende apoiar determinada posição ou conclusão e, com isso, oportunizam a sua criticibilidade (racionalidade formal interna).

16. Se os postulados aplicativos estruturam a aplicação de outras normas, era necessário pesquisar quais os elementos das normas por eles operados e quais critérios balizam a relação entre tais elementos. A *base epistemológica* consiste nos dados sobre os quais opera a estruturação dos postulados normativos e a partir dos quais é dado conhecer essa estruturação. É, assim, categoria nuclear de inteligibilidade que preside a aplicação dos postulados normativos. A base epistêmica consiste numa relação entre dois dos seguintes elementos: princípio constitucional, realidade social de aplicação da norma, motivo, objeto e finalidade da norma objeto de aplicação. Já os *critérios* conferem sentido à relação sintática entre os elementos da base, a exemplo dos (i) parâmetros materiais objetivados pela jurisprudência administrativa ou judicial, e do (ii) critério axiológico negativo, consistente no irrazoável, inaceitável, arbitrário.

17. A explicitação do conteúdo normativo da razoabilidade e da proporcionalidade, nas suas respectivas matrizes históricas, guiou-se especialmente pelo objetivo de identificar a natureza desse parâmetro (interpretativa ou metódica), a sua base epistemológica e o seu critério fundante da racionalidade material (negativo ou positivo, fraco ou forte). Desse estudo, verificou-se que, em linhas gerais, a prática judiciária anglo-saxônica forjou, ao longo de sua história, um conceito de irrazoabilidade que se aparta fortemente da desproporcionalidade tedesca quanto aos seguintes critérios: (i) *natureza*, pois o primeiro desempenha, na condição de *standard*, uma função interpretativa, enquanto o segundo exerce a função metódica; (ii) *conteúdo*, pois o primeiro traduz um critério axiológico negativo de índole social, enquanto o segundo se erige sobre uma base estrutural constituída da relação empírica entre meio e fim; (iii) *forma de aplicação*, pois o primeiro traduz-se num juízo monolítico de irrazoabilidade, enquanto o segundo constitui um juízo tridimensional, em que as pautas estão subsidiariamente relacionadas por ocasião de sua aplicação; (iv) *eficácia*, pois o primeiro bloqueia qualquer atuação administrativa considerada socialmente irrazoável, ao passo que o segundo otimiza a concretização de bens coletivos constitucionalmente assegurados, quando estão em jogo restrições a direitos fundamentais.

18. Tal como desenvolvido na matriz germânica e importado pela maioria dos países de tradição romanística que contam com uma Constituição democrática, o postulado da proporcionalidade aplica-se sempre que houver uma medida estatal restritiva de direitos fundamentais, cuja adoção se justifica pela realização de uma finalidade pública ou geral. O conteúdo específico desse postulado se verifica nas exigências de adequação, necessidade e proporcionalidade em sentido estrito.

19. O subprincípio da *adequação* ou idoneidade de uma medida restritiva de direitos fundamentais compreende os seguintes exames: (i) verificar a existência e legitimidade constitucional da finalidade perseguida pela medida restritiva; (ii) verificar a aptidão da medida legal para contribuir com a realização da finalidade legal.

20. O subprincípio da *necessidade* ou exigibilidade da medida restritiva contempla os seguintes passos: (i) apurar se os meios alternativos são ao menos igualmente idôneos ao meio adotado pelo legislador ou administrador para alcançar o fim pretendido; (ii) apurar se os meios alternativos são menos onerosos aos direitos fundamentais do que o meio adotado.

21. O subprincípio da *proporcionalidade em sentido estrito* procura revelar se a importância na promoção de determinados princípios justifica a intensidade de restrição a direitos fundamentais (ponderação de princípios).

22. Em virtude do fenômeno da expansão jurídico-positiva e aprimoramento técnico na utilização do postulado da proporcionalidade, parte do conteúdo da razoabilidade, segundo a sua matriz histórica, acabou sendo absorvido pelo postulado da proporcionalidade de origem alemã. Assim, algumas pautas integrantes da razoabilidade, como as exigências de *legitimidade da finalidade perseguida* e de *compatibilidade entre medida e finalidade,* passaram a ser examinadas ao ensejo da aplicação do subprincípio da adequação do postulado da proporcionalidade. O fenômeno citado não contempla todos os sentidos comportados pela razoabilidade segundo a matriz histórica, mas tão somente aqueles que guardam proximidade conceitual com os subprincípios do postulado da proporcionalidade. O conteúdo remanescente da razoabilidade anglo-americana é encampado pelo postulado da razoabilidade, que, assim, (i) avoca a funcionalidade de fazer observar o princípio da isonomia (razoabilidade-igualdade) e (ii) traduz a regra do "consenso popular" na fórmula do critério axiológico negativo, nem sempre abrangido na noção de proporcionalidade.

23. A razoabilidade passa a denotar outros juízos de ordem substantiva, que transcendem a análise da relação objeto-fim e a correlata verificação da adequação, necessidade e proporcionalidade em sentido estrito das restrições a direitos fundamentais. A centralidade epistêmica da razoabilidade consiste na relação entre motivo e objeto do ato administrativo, diversa, portanto, da proporcionalidade. Daí a razão da incompatibilidade metodológica entre os postulados da razoabilidade e da proporcionalidade, cujos eixos metodológicos são, respectivamente, os conceitos de razão e de ponderação.

24. A irrazoabilidade externa, de que é exemplo a violação ao redefinido mandamento da proibição de excesso, é hipótese de incompatibilidade da medida legal com a Constituição, ensejada pela vulneração do núcleo essencial de valores consagrados em princípios constitucionais. A razoabilidade externa ou legitimidade constitucional da medida legal não tem a natureza de postulado normativo, porquanto a pretensão de inviolabilidade do núcleo essencial dos princípios assenta-se na nota de definitividade que caracteriza as regras jurídicas. O raciocínio jurídico que faz uso da razoabilidade externa apresenta o seguinte conteúdo: (i) delimitação do núcleo essencial de valores constitucionais possivelmente afetados com a medida legislativa; (ii) constatação argumentativa da afetação da área nuclear do princípio; (iii) em caso de afetação, declaração da irrazoabilidade externa da lei, por contrariar norma de hierarquia superior. Nota-se que o raciocínio jurídico aplicativo da razoabilidade externa abstrai-se tanto da legitimidade constitucional da finalidade da lei como da adequação da medida legal a esta finalidade.

25. A razoabilidade-igualdade estrutura a aplicação de normas que conferem *tratamento jurídico diferenciado* a pessoas, coisas e situações, em função de determinado *critério de diferenciação*, visando estabelecer uma congruência de sentido entre esses elementos, os quais se centram na relação motivo-objeto do ato administrativo. O critério axiológico geralmente utilizado para conectar esses elementos é o senso comum de arbitrariedade, consubstanciando, dessa forma, um limite negativo às classificações legislativas. Daí já haverem identificado o princípio da igualdade

ao princípio da proibição do arbítrio, que, todavia, não esgota o conteúdo significativo da igualdade.

26. A razoabilidade-congruência exige um suporte empírico existente como causa justificadora da medida legal. Essa causa, que deve integrar o motivo do ato normativo ou administrativo, é haurida da sistemática ou definição legal de determinado instituto jurídico ou da natureza das coisas pertinentes à realidade física ou social. Por sua conexão com o princípio da realidade, a razoabilidade-congruência revela-se fecundo instrumento no controle da legitimidade das ficções jurídicas e das presunções legais.

27. A razoabilidade-equivalência exige o perfazimento de uma relação de equivalência entre a medida estatal adotada e o critério que a dimensiona. Este postulado estrutura a relação motivo-objeto tencionando conferir racionalidade jurídica à atuação estatal de caráter retributivo, punitivo ou não. Assim, a taxa deve corresponder ao custo/utilidade da atividade estatal referida ao contribuinte; a penalidade disciplinar infligida a um servidor público deve corresponder à culpa verificada; a multa deve corresponder à infração à legislação tributária. A despeito da baixa operacionalidade do postulado da equivalência, é possível a aplicação da razoabilidade na avaliação da correspondência entre as hipóteses infracionais e as respectivas penalidades cominadas na lei pela comparação de diferentes tipos sancionadores e situações sancionadas, o que dispensa a referência ao fim externo à norma sancionatória e, com isso, dispensa-se a aplicação do postulado da proporcionalidade.

28. A razoabilidade-equidade exige a consideração do aspecto individual do caso nas hipóteses em que ele é sobremodo desconsiderado pela generalidade da lei. Essa vertente significativa está a informar que a norma genérica e abstrata obtida do plano de expressão do Direito pode revelar-se inaplicável a determinadas situações, especialmente quando aspectos individuais não contidos naquele plano ganham força jurídica na espécie, de modo a interferirem substancialmente na decisão a ser tomada (fatos portadores de juridicidade). Embora se revista de validade enquanto sentido defluente do plano da linguagem normativa, poderá deixar de ser aplicada ao caso concreto por não se verificar relação de congruência entre motivo e objeto do ato normativo ou administrativo (igualdade, congruência ou equivalência), ou proporcionalidade entre objeto e sua finalidade, ou seja, a medida legal prevista não realiza *in concreto* a finalidade pública que justifica a sua adoção na generalidade dos casos (proporcionalidade). Em qualquer dessas hipóteses, a regra legal chega a incidir no caso, mas sua consequência não deve ser aplicada, por desrespeitar o postulado da equidade. Com efeito, para que uma regra seja aplicada a um caso concreto, além de satisfeitas as condições de incidência, a solução que ela encaminhar não deve ofender o postulado da equidade, em qualquer uma de suas manifestações: proporcionalidade, igualdade, congruência, equivalência.

29. Enquanto instrumento de crítica da solução jurídica fundada na legalidade formal, reconhece-se nos postulados normativos a característica da subsidiariedade ou da residualidade, que pode ser vista sob dois aspectos. Primeiro, os postulados aplicativos só são chamados a intervir se a medida legal ou administrativa não afrontar nenhum dos outros instrumentos de aferição de sua conformidade jurídica, tais como excesso de poder, motivos determinantes, desvio de poder, vício de forma etc., os quais se situam no plano da legalidade ou normatividade estrita. Segundo, a utilização dos postulados deve dar-se apenas na hipótese de a solução legal ofender,

de forma manifesta, valores constitucionais superiores (justiça, democracia, igualdade, dignidade humana etc), haja vista a boa dose de subjetividade e imprevisibilidade que cerca a aplicação desses instrumentos.

30. Os postulados da razoabilidade e da proporcionalidade afastam-se sob diversos aspectos, a saber: (i) quanto ao *âmbito de aplicação*, a razoabilidade estrutura a aplicação conjunta de *regras* e *princípios*, visando harmonizar motivo e objeto do ato administrativo fundado em estatuição geral, enquanto a proporcionalidade estrutura a relação entre *princípios jurídicos* posicionáveis numa relação meio-fim, em que pelo menos um deles tutela direito fundamental; (ii) quanto à *forma ou metódica de aplicação*, a razoabilidade não opera equilibrando e otimizando bens jurídicos, mas estabelecendo nexos conceituais e axiológicos entre elementos empíricos ou normativos envolvidos na aplicação do Direito que possam fecundar soluções jurídicas inaceitáveis; (iii) quanto ao *conteúdo normativo* de cada um e a maneira como os elementos que os compõem relacionam-se entre si.

31. A função jurisdicional pode ser também identificada, em essência, na atividade de julgamento realizada por certos órgãos administrativos, desde que essa função não seja conceituada sob um ponto de vista orgânico e formal. Ao longo do processo de realização do Direito, a função jurisdicional é caracterizada pelos seguintes elementos: (i) necessidade de provocação do administrado para que ela seja exercitada; (ii) objetivo de remover, ainda que de modo não definitivo, a situação contenciosa instaurada, para que a integridade da ordem jurídica seja restabelecida; (iii) execução por órgãos estatais orgânica e funcionalmente independentes, ainda que essa independência não seja completa. Não se há de olvidar que apenas a jurisdição judicial produz a coisa julgada material; é, por sua vez, conduzida por um processo mais formal; e, por fim, é exercida por julgadores mais independentes. Tais particularidades não se devem, contudo, ao núcleo comum da processualidade (princípios da ampla defesa, do contraditório e do devido processo legal), mas ao núcleo diferenciado do processo judicial.

32. O reconhecimento da função jurisdicional no âmbito do Poder Executivo dá ensejo à distinção entre órgãos administrativos que estão investidos da função administrativa, de um lado, e da função jurisdicional, de outro. Primeiro, a *Administração Pública Ativa* é aquela que executa e aplica, de ofício ou por provocação, as leis aos casos ocorrentes, com o objetivo de realizar o interesse público específico visado pela norma aplicada (função administrativa). Sua atividade não visa a fazer justiça ou declarar direitos, mas a produzir resultados de ordem prática visados pelo legislador. Segundo, a *Administração Pública Judicante* é aquela que julga, mediante provocação, a aplicação da lei em controvérsias surgidas com o administrado, com o objetivo de restabelecer a integridade da ordem jurídica, porventura violada por ato da Administração Ativa (função jurisdicional). Sua atividade, ao contrário, visa a fazer justiça e declarar direitos.

33. O fenômeno da constitucionalização do Direito Administrativo na Constituição de 1988 assume duas vertentes: (i) uma formal, que decorre da constitucionalização das fontes do Direito Administrativo por meio da enunciação, no texto constitucional, de regras e princípios disciplinadores da Administração Pública, os quais se impõem ao legislador e ao aplicador em virtude da superioridade formal da Constituição; (ii) outra material, que decorre da necessidade de submeter a interpre-

tação jurídica de todas as categorias, regras e instituições de Direito Administrativo a uma compreensão fundada concretamente na principiologia constitucional.

34. A constitucionalização do Direito importou a substituição da lei pela Constituição como cerne da vinculação administrativa, significando isso que a Constituição passou a ser o referencial normativo imediato do agir administrativo, independentemente de intermediação legislativa, a exemplo das (i) normas constitucionais direta e imediatamente habilitadoras de competências administrativas (*v.g.*, o dever de zelar pela guarda da Constituição e das leis, a ampla competência decisória decorrente do princípio da ampla defesa) e das (ii) normas que servem de critério direto e imediato de decisão administrativa (*v.g.*, princípios da Administração Pública, direitos e garantias fundamentais).

35. Os dois principais instrumentos da tendência metodológica de constitucionalização material do Direito Administrativo são a interpretação conforme a Constituição e os postulados aplicativos. Estes têm lugar na hipótese de a técnica da interpretação conforme revelar-se inapta para harmonizar semanticamente o enunciado legal com os princípios constitucionais.

36. Em virtude dos fenômenos da principialização e da constitucionalização do Direito, não mais se justifica explicar as relações da Administração Pública com o ordenamento jurídico à luz da ideia de vinculação positiva à lei. É que a vinculação da Administração ao ordenamento jurídico não se restringe somente à lei formal e à regra legal veiculada, mas à totalidade sistêmica do ordenamento jurídico, que se manifesta na unidade de sentido normativo, a que Merkl aludiu pela locução "princípio da juridicidade", reservando a expressão "princípio da legalidade" apenas para referir-se ao Direito plasmado em lei formal. Por causa disso, a relação da Administração Pública com o ordenamento jurídico é hoje bem mais complexa e situa o administrador na supina importância de não só prosseguir o interesse público, mas também de encontrar, previamente, a norma que servirá de fundamento à sua atuação concreta ou decisória (poder de "autotutela declarativa da normatividade"), o que sugere uma competência administrativa relacionada à não aplicação de normas infraconstitucionais que contrariem preceitos e princípios constitucionais.

37. O princípio da juridicidade assenta-se nos seguintes elementos caracterizadores, que estão reciprocamente implicados: (i) a constitucionalização do Direito; (ii) a principialização do Direito; (iii) a ideia de Direito como sistema. Cada um desses fatores marca bem a transformação do padrão de vinculação administrativa ao ordenamento jurídico. Não obstante, o princípio da legalidade mantém a sua identidade conceitual e utilidade metodológica dentro do processo de interpretação e aplicação do Direito. Enquanto o *princípio da legalidade* impõe a vinculação unicamente à lei, a vinculação ao plano da normatividade das regras e a vinculação à parte (regra legal específica), o *princípio da juridicidade* exige a vinculação direta à Constituição, a vinculação ao plano da normatividade dos princípios e a vinculação ao todo, aludindo este a uma conformidade total às normas, regras e princípios da Constituição, das leis etc.

38. Como decorrência desse *status* do princípio da legalidade, convém apresentar o processo de aplicação do Direito como dividido em duas etapas: (i) uma *interpretativa*, em que o intérprete-aplicador se ocupa de apreender o padrão normativo de atuação do Direito plasmado na lei; (ii) outra *crítico-justificativa*, deflagrada

pela pré-compreensão da injustiça da solução legal, na qual esta é submetida à estruturação discursiva e aplicativa com base nos postulados normativos.

39. Para os fins deste estudo, a atividade vinculada compreende, além da hipótese de solução legal única, a situação em que, mesmo sem ser única a solução, ela é assim tida pelo administrador, por decorrer de um sentido da lei que ele se predispõe a observar, com a convicção de que, assim procedendo, cumpre fielmente uma vontade normativa predeterminada, que é estranha, alheia e superior à sua. Esse sentido geralmente corresponde ao primeiro nível de significado do texto legal, sendo, portanto, de apreensão formalista e descontextualizada, razão por que sua concretização normalmente tem a aptidão de sobrevalorizar os interesses secundários da Administração, em detrimento dos interesses públicos primários (concepção *interpretativa* e *ideológica* da noção de vinculação).

40. Registra-se que tanto a jurisprudência judicial quanto a doutrina nacional são amplamente favoráveis ao entendimento de que é cabível ao Chefe do Poder Executivo determinar, segundo seu entendimento, que não seja aplicada lei por motivo de inconstitucionalidade. Mas isso não diz muito acerca da existência de idêntica faculdade para o órgão administrativo judicante, embora a tese relacionada seja também amplamente vencedora na doutrina pátria, notadamente aquela que se dedica ao estudo do processo administrativo tributário.

41. Por outro lado, registra-se que a legislação federal e a jurisprudência administrativa não reconhecem a competência para o órgão judicante afastar a aplicação de lei que repute inconstitucional, antes mesmo de qualquer manifestação judicial sobre a matéria.

42. Para saber com precisão e segurança sobre a existência dessa competência, analisou-se a coerência intrassistêmica da *tese afirmativa da competência*, abordando-se as implicações que ela mantém como as diversas normas constitucionais normalmente aduzidas como obstáculo a essa pretensão: princípios da separação dos poderes, da segurança jurídica e princípio democrático. Procedeu-se previamente a uma releitura ou redimensionamento desses princípios à luz dos fenômenos da principialização, constitucionalização e processualização do Direito Administrativo.

43. A atividade judicante *contra legem* dos órgãos administrativos possui estreita implicação com o princípio da separação dos poderes, tanto na relação com o Poder Legislativo, ao pretender que a lei deva ser respeitada por aqueles órgãos, quanto na relação com o Poder Judiciário, ao postular que a recusa aplicativa de lei tida por inconstitucional é matéria da reserva absoluta deste Poder. Numa concepção constitucionalmente alinhada do princípio, há de ser entendido como instrumento destinado a viabilizar a efetiva defesa e proteção dos direitos e garantias fundamentais, não podendo ser interpretado de modo a servir de entrave a atuações estatais nesse sentido. Por sua vez, a aplicação direta da Constituição, mesmo que isso implique negar eficácia à lei, não é monopólio da jurisdição judicial, uma vez que compete a todos os Poderes zelar pela guarda da Constituição e das leis (art. 23, I).

44. Com o advento do Estado constitucional, passou-se a perceber que a ideia de segurança no Direito não se perfaz apenas mediante previsibilidade e estabilidade da atuação normativa e concreta dos Poderes estatais. Afinal de contas, leis claras e densas, mas que sejam de constitucionalidade duvidosa, podem revelar-se igualmente inseguras, incertas e indeterminadas. Assim, não ofenderia ao princípio

da segurança jurídica a atribuição aos órgãos administrativos judicantes do poder de recusar leis manifestamente inconstitucionais ou injustas.

45. A versão liberal do princípio democrático vislumbra legitimidade político-jurídica apenas nas decisões tomadas pela maioria dos membros das Casas Legislativas. Todavia, uma concepção atual de democracia se vê marcada pela ideia de processualidade no exercício do poder estatal (Democracia formal). Nesse contexto, o processo administrativo revela-se instrumento de aperfeiçoamento democrático e constitucional da Administração Pública. Para tanto, é necessário que o julgador administrativo se torne um aplicador direto da Constituição, ainda que essa atuação implique recusa aplicativa de lei, especialmente no caso de manifesta ofensa a direitos e garantias fundamentais (Democracia substancial).

46. Depois de revelar a finalidade da jurisdição (além de garantia da liberdade do indivíduo em face do Estado, é também garantia da legalidade constitucional) e identificar a natureza do poder administrativo para anular judicialmente decisão de órgão judicante (direito potestativo), conclui-se que a Administração pode, sim, ir a juízo pedir a anulação de decisão administrativa desfavorável, notadamente quando o Supremo Tribunal Federal tenha assentado a constitucionalidade de lei que, em momento anterior, tenha sido considerada inconstitucional por órgão de julgamento no âmbito do processo administrativo.

47. Três são os fundamentos que conjuntamente autorizam a conclusão de que o julgador administrativo possui competência para recusar, no âmbito do processo administrativo, lei que considere inconstitucional por motivo de irrazoabilidade e desproporcionalidade. Primeiro, os *fundamentos de ordem objetiva* radicam na natureza e estrutura do Direito que há de ser aplicado: (i) fenômeno da constitucionalização formal e material do Direito Administrativo; (ii) aplicabilidade direta e imediata dos direitos e garantias fundamentais; (iii) aplicabilidade direta e imediata dos princípios constitucionais gerais e dos princípios setoriais da Administração Pública. Segundo, os *fundamentos de ordem subjetiva* dizem respeito à habilitação jurídica e à qualificação técnica do órgão judicante, contribuindo alguns deles na minimização do risco de erro no controle da constitucionalidade das leis: (iv) atribuição constitucional ao Poder Público em geral do dever de zelar pela guarda da Constituição e das leis (art. 23, I); (v) norma de competência implícita no art. 102, § 2º, *in fine*, da Constituição; (vi) maximização do grau de coerência do sistema jurídico pela *tese afirmativa da competência*; (vii) independência orgânica e funcional relativa do julgador administrativo; (viii) natureza colegiada dos órgãos judicantes. Terceiro, os *fundamentos de ordem processual* reportam-se à própria atividade de atuação do Direito pelo órgão judicante: (ix) aplicabilidade direta e imediata dos princípios garantísticos que compõem o núcleo comum da processualidade (com destaque para a vertente da ampla competência decisória extraída do princípio da ampla defesa); (x) garantia do duplo grau de jurisdição tanto para a Administração quanto para o administrado.

48. Reconhecida inicialmente a competência do órgão judicante, resta precisar o alcance (quais ofensas constitucionais legitimam o exercício da competência) e a intensidade (qual a evidência que autoriza o seu exercício) do controle administrativo incidente sobre as leis emanadas do Congresso Nacional. Nesse propósito, assenta-se que, apenas na hipótese de lei manifestamente irrazoável ou desproporcional e, ao mesmo tempo, ofensivas a princípios jurídicos de aplicabilidade direta

e imediata, os órgãos administrativos de julgamento estão legitimados a recusar a aplicação de leis que desatendam os postulados normativos, pois essa é a hipótese que melhor realiza a ideia de Direito como sistema, ao minimizar as quebras ou antinomias normativas no interior do ordenamento jurídico.

49. Refletindo a racionalidade que os postulados normativos são capazes de proporcionar no âmbito da interpretação e aplicação do Direito, dois são os requisitos exigidos para que se repute uma lei manifestamente irrazoável ou desproporcional: (i) *requisitos de evidência material* e (ii) *requisitos de evidência discursiva*.

50. Os requisitos materiais permitem ao intérprete-aplicador pensar e conhecer a irrazoabilidade e a desproporcionalidade com base na desconformidade da medida legal às pautas que compõem os postulados. Mas, para que essa desconformidade seja evidente, é mister que se adotem os seguintes conceitos quanto aos subprincípios da proporcionalidade (racionalidade material fraca): (i) *inidoneidade manifesta*: a medida adotada só é inidônea se não contribui, sob nenhum aspecto, para a realização do fim pretendido; (i) *inexigibilidade manifesta*: a medida adotada só é inexigível se existir um meio alternativo igualmente idôneo considerado menos oneroso, sob todos os aspectos, aos direitos fundamentais; (iii) *desproporcionalidade inequívoca*: a importância na promoção de determinados princípios inequivocamente não justifica a intensidade da restrição a direitos fundamentais.

51. Quanto aos requisitos de evidência material atinente ao postulado da razoabilidade, cumpre dizer que não há critérios predefinidos para afirmar quando uma medida estatal viola as pautas da igualdade, da equivalência, da congruência ou da equidade. Por esse motivo, só diante do caso real de aplicação do Direito é que geralmente o controle de evidência da razoabilidade se realiza e se define. Reflexo dessa dificuldade se vê no fato de tradicionalmente considerar-se legítimo o recurso ao *critério axiológico negativo*, que informa apenas quando uma medida legal é arbitrária, inaceitável ou inadmissível.

52. A *evidência discursiva* exige que o raciocínio jurídico voltado para a demonstração da evidência material (i) estruture-se segundo as pautas aplicativas dos postulados normativos, (ii) explicite os elementos da base epistemológica por aqueles operados e (iii) observe determinados critérios que conectam tais elementos (racionalidade formal interna). O controle de evidência discursiva se utiliza tanto de critérios negativos, entre os quais se sobressai o critério axiológico negativo, quanto de critérios positivos, que cumprem o papel de afastar qualquer cogitação da presença de critério negativo e, por conseguinte, de um controle de evidência positivo.

53. Os *indícios* e *hipóteses* de critérios negativo e positivo podem ser extraídos da opinião comum da comunidade jurídica, da jurisprudência judicial e administrativa ou da opinião de juristas respeitáveis. Enquanto a hipótese informa a existência de determinado critério entre os elementos da base epistemológica, os indícios, por sua vez, cumprem o papel de estabelecer uma presunção em favor da existência de um ou outro critério (a depender da natureza do indício), exigindo, assim, um ônus argumentativo maior para que possa ser afastado o critério inferido. A título enunciativo, as seguintes hipóteses informam a existência de critério negativo, a ser observado pelo julgador administrativo na sua atuação funcional: (i) ofensa manifesta de lei a direitos e garantias fundamentais e a princípios constitucionais; (ii) ofensa ao núcleo essencial dos direitos e garantias fundamentais; (iii) decisão do Supremo Tribunal Federal no controle difuso declarando a irrazoabilidade ou desproporcio-

nalidade de lei, mesmo que esta não tenha sido suspensa pelo Senado Federal (*v.g.*, sanções políticas em matéria tributária).

54. Ao recusar a aplicação de lei por motivo de irrazoabilidade ou desproporcionalidade manifesta, o órgão judicante deverá adotar as seguintes providências: (i) fundamentar de forma expressa e estruturada; (ii) notificar o Ministério Público Federal; (iii) notificar, pela via hierárquica, o Presidente da República; (iv) dar publicidade interna e externa à decisão administrativa.

55. O Direito é um sistema de normas superáveis na prática decisória, no sentido de que as condições de aplicação dos princípios ou das regras podem estar satisfeitas numa situação concreta, mas, mesmo assim, a consequência dessas normas não é aplicada. Há dois motivos para isso: primeiro, as normas são superáveis porque o legislador que as formula tem em mira disciplinar os casos normais delineados pelas condições de aplicação legalmente definidas, não os casos atípicos, para os quais o legislador teria estabelecido outra solução jurídica. Segundo, o sentido de um enunciado jurídico pode ser excepcionado por outro só acionado pelo e no contexto fático de aplicação, o qual, em termos gerais, se vê compreendido na sua hipótese de incidência.

56. Embora seja essencialmente verdadeiro que todas as normas, regras e princípios jurídicos, sejam superáveis, verifica-se que a superabilidade das regras é mais rígida do que a dos princípios, já que obstáculos maiores, sejam de natureza lógica, institucional ou argumentativa, apresentam-se para o afastamento casuístico da regra. Daí as regras terem preferência sobre os princípios jurídicos na regulação dos casos sobre os quais concomitantemente essas normas incidem.

57. Dois são os requisitos exigidos para que uma regra não seja aplicada a um caso individual que nele tem incidência: material e discursivo. Os *requisitos de ordem material* permitem avaliar o grau de comprometimento dos dois valores que justificam a aplicação da regra, impondo, assim, verificar se: (i) a não aplicação da regra a um caso particular não compromete negativamente a realização da finalidade a ela subjacente; (ii) a não aplicação da regra não prejudica a segurança jurídica. Não se verifica comprometimento da segurança jurídica nas situações em que realizar justiça individual não implica prejuízo à justiça geral ou à igualdade jurídica. Isso ocorre quando: (i) o caso particular for de difícil ocorrência ou reprodução, ou de escassa alegação por parte dos interessados; (ii) a circunstância especial que inspira o afastamento da regra for de fácil e exata avaliação ou comprovação tanto pelo interessado quanto pelo Estado.

58. Os *requisitos de ordem discursiva* recaem sobre as formalidades que a justificação da decisão deve observar para que a rejeição circunstancial da regra seja considerada legítima. A justificação deve comprovar, argumentativamente: (i) a incompatibilidade entre a hipótese da regra e a sua finalidade (corresponde à fundamentação discursiva do primeiro requisito material); (ii) a inexistência de abalo à segurança jurídica decorrente do afastamento casuístico da regra (corresponde à fundamentação discursiva do segundo requisito material).

59. O *afastamento em abstrato de atos normativos infralegais* também se sujeita às mesmas condições e limites delineados para o afastamento de lei em tese, em que pese naquela hipótese não se fazerem presentes os obstáculos institucionais ligados ao princípio da separação dos poderes e ao princípio democrático. Trata-se,

igualmente, de um controle do tipo fraco da razoabilidade ou proporcionalidade desses atos inferiores, a requerer, portanto, para que se considere legítima a recusa aplicativa pelo intérprete, a manifesta violação às normas legais e constitucionais dotadas de aplicabilidade direta e imediata. Isso se deve ao fato de que a adoção de um controle mais rígido reduz o grau de coerência do sistema jurídico, tendo em vista a repercussão negativa que um controle moderado ou forte pode acarretar ao princípio da segurança jurídica e à uniformidade do tratamento administrativo.

Referências

Livros e artigos

AARNIO, Aulis. Las reglas en serio. *In:* AARNIO, Aulis. VALDÉS, Ernesto Garzón. UUSITALO, Jyrki (Comps.). *La normatividad del derecho*. Barcelona: Gedisa, 1997.

ABBAGNANO, Nicola. *Dicionário de filosofia*. São Paulo: Martins Fontes, 2000.

AKSELRAD, Moisés. Algumas questões do processo administrativo tributário. *In:* MARTINS, Ives Gandra da Silva (Coord.). *Processo administrativo tributário*. São Paulo: Revista dos Tribunais, 1999.

ALBUQUERQUE JÚNIOR, Raimundo Parente de. Nulidades no lançamento tributário. *Prêmio Schöntag da Receita Federal do Brasil,* 2006, 2º lugar. Disponível em: <www.receita.fazenda.gov.br>. Acesso em: 30 abr. 2008.

ALCHOURRÓN, Carlos. Sobre derecho y lógica. *Isonomía*. Fontamara, nº 13, p. 11-33, oct./2000.

ALEXY, Robert. *Teoría de los derechos fundamentales*. Madrid: Centro de Estudios Constitucionales, 1993.

——. *El concepto y la validez del derecho*. Trad.: Jorge M. Seña. Barcelona: Gedisa, 1994.

——. Epílogo de la teoría de los derechos fundamentales. *Revista Española de Derecho Constitucional*. Madrid, año 22, n.º 66, p. 13-64, sep.-dic./2002.

——. Sobre a estrutura dos princípios jurídicos. *Revista Internacional de Direito Tributário*. Belo Horizonte, v. 3, p. 155-167, jan.-jun./2005.

——. *Constitucionalismo discursivo*. Trad.: Luís Afonso Heck. Porto Alegre: Livraria do Advogado, 2007.

ALVES, Alaôr Caffé. *Lógica*: pensamento formal e argumentação. São Paulo: Quartier Latin, 2003.

AMARAL, Diogo Freitas do. *Curso de direito administrativo*. Vol. II. Coimbra: Almedina, 1995.

AMORIM FILHO, Agnelo. Critério científico para distinguir a prescrição da decadência e para identificar as ações imprescritíveis. *Revista dos Tribunais*. São Paulo, nº 300, p. 7-37, 1960.

ANDRADE, José Carlos Vieira de. *Os direitos fundamentais na Constituição Portuguesa de 1976*. Coimbra: Almedina, 2001.

——. *A justiça administrativa* (lições). Coimbra: Almedina, 2006.

ANDRÉS IBÁÑEZ, Perfecto; ALEXY, Robert. *Jueces y ponderación argumentativa*. México: Universidad Nacional Autónoma de México, 2006.

ARAÚJO, Nadja Aparecida Silva de. Atuação do Poder Executivo no controle de constitucionalidade: notas de uma interpretação sistemática do Direito Positivo brasileiro. *Revista de Informação Legislativa*. Brasília, ano 40, nº 158, p. 279-297, abr.-jun./2003.

ARISTÓTELES. *Ética a Nicômaco*. São Paulo: Martin Claret, 2000.

ARZUA, Heron. Processo administrativo fiscal – função, hierarquia, imparcialidade e responsabilidade do julgador administrativo. *Revista Dialética de Direito Tributário*. São Paulo, nº 33, p. 40-45, jun./1998.

ATALIBA, Geraldo. Princípios informativos do contencioso administrativo tributário federal. *Revista Forense.* Rio de Janeiro, ano 76, vol. 271. p. 1-7, jul.-set./1980.

ATIENZA, Manuel. Para una razonable definición de "razonable". *Doxa.* Alicante, nº 4, p. 189-200, 1987.

———. Objeciones de principio. Respuesta a Aleksander Peczenik y Luis Prieto Sanchís. *Doxa.* Alicante, nº 12, p. 333-352, 1992.

———. *Tras la justicia*: una introducción al derecho y al razonamiento jurídico. Barcelona: Ariel, 2006.

———; FERRAJOLI, Luigi. *Jurisdicción y argumentación en le estado constitucional de derecho.* México: Universidad Nacional Autónoma de México, 2005.

———; MANERO, Juan Ruiz. *Las piezas del Derecho*: teoría de los enunciados jurídicos. Barcelona: Editora Ariel S.A., 1996.

ÁVILA, Humberto. A distinção entre princípios e regras e a redefinição do dever de proporcionalidade. *Revista Diálogo Jurídico.* Salvador, v. I, nº 4, jul./2001. Disponível em: <http://direitopublico.com.br>. Acesso em: 20 jul. 2006.

———. Argumentação jurídica e a imunidade do livro eletrônico. *In:* TORRES, Ricardo Lobo (Org.). *Temas de interpretação do direito tributário.* Rio de Janeiro: Renovar, 2003.

———. *Teoria dos princípios*: da definição à aplicação dos princípios. 5ª ed. São Paulo: Malheiros, 2006.

———. Repensando o "princípio da supremacia do interesse público sobre o particular". *In:* SARMENTO, Daniel (Org.). *Interesses públicos versus interesses privados.* Rio de Janeiro: Lumen Juris, 2007.

———. *Teoria da igualdade tributária.* São Paulo: Malheiros, 2008.

BARACHO, José Alfredo de Oliveira. *Direito processual constitucional*: aspectos contemporâneos. Belo Horizonte: Fórum, 2006.

BARCELLOS, Ana Paula de. *Ponderação, racionalidade e atividade jurisdicional.* Rio de Janeiro: Renovar, 2005.

BARROS, Suzana de Toledo. *O princípio da proporcionalidade e o controle de constitucionalidade das leis restritivas de direitos fundamentais.* Brasília: Brasília Jurídica, 2003.

BARROSO, Luís Roberto. Poder Executivo – Lei inconstitucional – Descumprimento. *Revista de Direito Administrativo.* Rio de Janeiro, nº 181-182, p. 387-414, jul.-dez./1990.

———. *O direito constitucional e a efetividade de suas normas*: limites e possibilidades da Constituição brasileira. Rio de Janeiro: Renovar, 1996.

———. Os princípios da razoabilidade e da proporcionalidade no direito constitucional. *Revista Forense.* Rio de Janeiro, ano 92, vol. 336, p. 125-136, out.-dez./1996.

———. Colisão entre liberdade de expressão e direitos da personalidade. Critérios de ponderação. Interpretação constitucionalmente adequada do Código Civil e da Lei de Imprensa. *Revista de Direito Administrativo.* Rio de Janeiro, nº 235, p. 1-36, jan.-mar./2004.

———. *Interpretação e aplicação da Constituição*: fundamentos de uma dogmática constitucional transformadora. 6ª ed. São Paulo: Saraiva, 2004.

———. Neoconstitucionalismo e constitucionalização do direito (o triunfo tardio do direito constitucional no Brasil). *Revista de Direito Administrativo.* Rio de Janeiro, nº 240, p. 1-42, 2005.

BASTOS, Celso Ribeiro. *Curso de direito constitucional.* São Paulo: Saraiva, 1999.

———. *Curso de direito constitucional.* São Paulo: Celso Bastos Editor, 2002.

BIM, Eduardo Fortunato. A inconstitucionalidade das sanções políticas tributárias no Estado de Direito: violação ao "substantive due process of law" (princípios da razoabilidade e da proporcionalidade). *In: Grandes Questões Atuais do Direito Tributário.* V. 8, 2004.

BINENBOJM, Gustavo. *A nova jurisdição constitucional brasileira*: legitimidade democrática e instrumentos de realização. Rio de Janeiro: Renovar, 2004.

———. *Uma teoria do direito administrativo:* direitos fundamentais, democracia e constitucionalização. Rio de Janeiro: Renovar, 2006.

BITTENCOURT, Lúcio. *O controle jurisdicional da constitucionalidade das leis.* Rio de Janeiro: Forense, 1968.

BOBBIO, Norberto. La razón en el derecho (observaciones preliminares). *Doxa*. Alicante, n° 2, p. 17-26, 1985.

——. *Teoria do Ordenamento Jurídico*. Trad.: Maria Celeste C. L. dos Santos. Brasília: Editora Universidade de Brasília, 1999.

——. *O positivismo jurídico*. São Paulo: Ícone, 2006.

BONAVIDES, Paulo. O princípio constitucional da proporcionalidade e a proteção dos direitos fundamentais. *Revista da Faculdade de Direito da Universidade Federal de Minas Gerais*. Belo Horizonte, n° 34, p. 275-291, 1994.

——. *Teoria constitucional da democracia participativa*: por um direito constitucional de luta e resistência, por uma nova hermenêutica, por uma repolitização da legitimidade. São Paulo: Malheiros, 2003.

——. *Curso de Direito Constitucional*. 16ª ed. São Paulo: Malheiros, 2005.

BONILHA, Paulo Celso B. *Da prova no processo administrativo tributário*. São Paulo: Dialética, 1997.

BORNHOLDT, Rodrigo Meyer. *Métodos para resolução do conflito entre direitos fundamentais*. São Paulo: Revista dos Tribunais, 2005.

BOTTALLO, Eduardo Domingo. Visão atual do processo administrativo tributário. *In:* SCHOUERI, Luís Eduardo (Coord.). *Direito tributário*. V. II. São Paulo: Quartier Latin, 2003.

——. *Curso de processo administrativo tributário*. São Paulo: Malheiros, 2006.

BRAGA, Valeschka e Silva. *Princípios da proporcionalidade e da razoabilidade*. Curitiba: Juruá, 2006.

BRANCO, Luiz Carlos. *Eqüidade, proporcionalidade e razoabilidade*: doutrina e jurisprudência. São Paulo: RCS Editora, 2006.

BRITO, Edvaldo. Ampla defesa e competência dos órgãos julgadores administrativos para conhecer de argumentos de inconstitucionalidade e/ou ilegalidade de atos em que se fundamentam autuações. *In:* ROCHA, Valdir de Oliveira (Coord.). *Processo administrativo fiscal*. São Paulo: Dialética, 1995.

BRITTO, Carlos Ayres. *Teoria da Constituição*. Rio de Janeiro: Forense, 2003.

BROCHADO, Mariá. O princípio da proporcionalidade e o devido processo legal. *Revista de Informação Legislativa*. Brasília, ano 39, n° 155, p. 125-141, jul.-set./2002.

BULOS, Uadi Lammêgo. *Manual de interpretação constitucional*. São Paulo: Saraiva, 1997.

BUSTAMANTE, Thomas da Rosa de. *Argumentação contra legem*: a teoria do discurso e a justificação jurídica nos casos *mais* difíceis. Rio de Janeiro: Renovar, 2005.

CABRAL, Antonio da Silva. *Processo administrativo fiscal*. São Paulo: Saraiva, 1993.

CALCINI, Fábio Pallaretti. *O princípio da razoabilidade*: um limite à discricionariedade administrativa. Campinas: Millennium, 2003.

CAMARGO, Margarida Maria Lacombe. *Hermenêutica e argumentação*: uma contribuição ao Estudo do Direito. Rio de Janeiro: Renovar, 2003.

CAMPANILE, Vinicius T. Algumas questões do processo administrativo tributário. *In:* MARTINS, Ives Gandra da Silva (Coord.). *Processo administrativo tributário*. São Paulo: Revista dos Tribunais, 1999.

CANARIS, Claus-Wilhelm. *Pensamento sistemático e conceito de sistema na ciência do direito*. Trad.: A. Menezes Cordeiro. 3ª ed. Lisboa: Fundação Calouste Gulbenkian, 2002.

CANAS, Vitalino. O princípio da proibição do excesso na Constituição: arqueologia e aplicações. *In:* MIRANDA, Jorge (Org.). *Perspectivas Constitucionais nos 20 anos da Constituição de 1976*. Coimbra. Vol. II, Editora Coimbra, p. 323-357, 1997.

CANOTILHO, J. J. Gomes. *Direito Constitucional*. 5ª ed. Coimbra: Almedina, 1992.

——. *Direito constitucional e teoria da constituição*. Coimbra: Almedina, 1999.

CARVALHO, Paulo de Barros. *Curso de direito tributário*. São Paulo: Saraiva, 2005.

——. *Direito tributário*: fundamentos jurídicos da incidência. São Paulo: Saraiva, 1999.

CARVALHO FILHO, José dos Santos. *Manual de direito administrativo*. Rio de Janeiro: Lumen Juris, 2006.

CASSONE, Vittorio. A pessoa do julgador administrativo. *In:* ROCHA, Valdir de Oliveira (Coord.). *Processo administrativo fiscal.* 5º Vol. São Paulo: Dialética, 2000.

CASTRO, Carlos Roberto Siqueira. *O devido processo legal e os princípios da razoabilidade e da proporcionalidade.* Rio de Janeiro: Forense, 2006.

CASTRO, Flávia Viveiros de. O princípio da separação dos poderes. *In:* PEIXINHO, Manoel Messias; GUERRA, Isabella Franco; NASCIMENTO FILHO, Firly (Orgs.). *Os princípios da Constituição de 1988.* Rio de Janeiro: Lumen Juris, 2006.

CAVALCANTE, Denise Lucena. A razoabilidade e a proporcionalidade na interpretação judicial das normas jurídicas. *In:* TORRES, Ricardo Lobo (Org.). *Temas de interpretação do direito tributário.* Rio de Janeiro: Renovar, 2003.

CAVALCANTI, Themistocles Brandão. *Do contrôle da constitucionalidade.* Rio de Janeiro: Forense, 1966.

CAVALLI, Cássio Machado. A compreensão jurídica do dever de razoabilidade. *Revista Brasileira de Direito Público.* Belo Horizonte, ano 4, nº 13, p. 201-226, abr.-jun./2006.

CHAGAS, Fernando Cerqueira. A relação entre o princípio da proporcionalidade (razoabilidade) e a interpretação conforme a Constituição no Estado Democrático de Direito. *In:* ANDRADE, André Gustavo Corrêa de (Org.). *A constitucionalização do Direito*: a Constituição como *locus* da hermenêutica jurídica. Rio de Janeiro: Lumen Juris, 2003.

CHIOVENDA, Giuseppe. *Instituições de direito processual civil.* Vol. II. Campinas: Bookseller, 2002.

CIANCIARDO, Juan. Principios y reglas: una aproximación desde los criterios de distinción. *Boletín Mexicano del Derecho Comparado.* México, año XXXVI, nº 108, p. 891-906, sep.-dic./2003.

CINTRA, Antônio Carlos de Araújo; GRINOVER, Ada Pellegrini; DINAMARCO, Cândido Rangel. *Teoria geral do processo.* São Paulo: Malheiros, 2001.

COELHO, Fábio Ulhoa. *Roteiro de lógica jurídica.* 5ª ed. São Paulo: Saraiva, 2004.

COÊLHO, Sacha Calmon Navarro. *Curso de direito tributário brasileiro.* Rio de Janeiro: Forense, 2007.

COSTA, José Armando. *Direito administrativo disciplinar.* Brasília: Brasília Jurídica, 2004.

CRETTON, Ricardo Aziz. *Os princípios da proporcionalidade e da razoabilidade e sua aplicação no direito tributário.* Rio de Janeiro: Lumen Juris, 2001.

CRUZ, José Raimundo Gomes da. *O controle jurisdicional do processo disciplinar.* São Paulo: Malheiros, 1996.

DALLA, Ricardo Corrêa. *Multas tributárias*: natureza jurídica, sistematização e princípios aplicáveis. Belo Horizonte: Del Rey, 2002.

DALLARI, Adilson Abreu. O direito administrativo na Constituição brasileira de 1988. *Boletim de Direito Administrativo.* São Paulo, ano 11, nº 11, p. 643-653, nov./1995.

DANTAS, Ivo. *Constituição & processo.* Curitiba: Juruá, 2007.

DANTAS, Rosalliny Pinheiro. *A razoabilidade e suas implicações com a discricionariedade administrativa.* 2004, 333 f. Dissertação (Mestrado em Direito). Universidade Federal do Ceará, Fortaleza.

DANTAS, San Tiago. Igualdade perante a lei e "due process of law": contribuição ao estudo da limitação constitucional do Poder Legislativo. *Revista Forense.* Rio de Janeiro, ano 45, vol. 116, p. 357-367, mar./1948.

DAVID, René. *Os grandes sistemas do direito contemporâneo.* São Paulo: Martins Fontes, 2002.

DEL VECCHIO, Giorgio. *Princípios gerais do direito.* Belo Horizonte: Líder, 2003.

DERZI, Misabel de Abreu Machado. *Direito tributário, direito penal e tipo.* São Paulo: Revista dos Tribunais, 2007.

DINIZ, Maria Helena. *Conflito de normas.* 5ª ed. São Paulo: Saraiva, 2003.

DOBROWOLSKI, Samantha Chantal. *A justificação do Direito e sua adequação social*: uma abordagem a partir da teoria de Aulis Aarnio. Porto Alegre: Livraria do Advogado, 2002.

DROMI, Robert. *Derecho administrativo.* Buenos Aires: Ciudad Argentina, 1996.

DUARTE, Écio Oto Ramos; POZZOLO, Susanna. *Neoconstitucionalismo e positivismo jurídico*: as faces da teoria do direito em tempos de interpretação moral da Constituição. São Paulo: Landy, 2006.

DWORKIN, Ronald. *Levando os direitos a sério*. Trad.: Nelson Boeira. São Paulo: Martins Fontes, 2002.

——. *O império do direito*. Trad.: Jefferson Luiz Camargo. São Paulo: Martins Fontes, 2003.

EMILIOU, Nicholas. *The principle of proportionality in european law*. London: Kluwer Law International, 1996.

ENGISH, Karl. *Introdução ao pensamento jurídico*. Trad.: J. Baptista Machado. Lisboa: Fundação Calouste Gulbenkian, 1988.

ENTERRÍA, Eduardo García de; FERNÁNDEZ, Tomás-Ramón. *Curso de direito administrativo*. São Paulo: Revista dos Tribunais, 1990.

——. *Curso de derecho administrativo*. V. I, Madrid: Civitas, 1993.

ESPÍNDOLA, Ruy Samuel. A Constituição como garantia da democracia: o papel dos princípios constitucionais. *Revista de direito constitucional e internacional*. São Paulo, ano 11, nº 44, p. 75-86, jul.-set./2003.

——. Princípios constitucionais e atividade jurídico-administrativa: anotações em torno de questões contemporâneas. *Revista de direito constitucional e internacional*. São Paulo, ano 12, nº 47, p. 16-47, abr.-jun./2004.

FAGUNDES, M. Seabra. *O controle dos atos administrativos pelo Poder Judiciário*. Rio de Janeiro: Forense, 2006.

FALCÃO, Raimundo Bezerra. *Hermenêutica*. São Paulo: Malheiros, 1997.

FARIAS, Edílson Pereira. *Liberdade de expressão e comunicação*. São Paulo: Revista dos Tribunais, 2004.

FAZZALARI, Elio. *Instituições de direito processual*. Campinas: Bookseller, 2006.

FEITOSA, Celso Alves. Da possibilidade dos tribunais, que julgam matéria fiscal, decidirem sobre exação com fundamento em norma considerada ilegítima em oposição à Constituição Federal. *In*: ROCHA, Valdir de Oliveira (Coord.). *Processo administrativo fiscal*. São Paulo: Dialética, 1995.

FERRAGUT, Maria Rita. *Presunções no direito tributário*. São Paulo: Quartier Latin, 2005.

FERRARA, Francesco. *Como aplicar e interpretar as leis*. Belo Horizonte: Líder, 2003.

FERRAZ, Sérgio; DALLARI, Adilson Abreu. *Processo administrativo*. São Paulo: Malheiros, 2001.

FERRAZ JÚNIOR, Tércio Sampaio. *Conceito de sistema no direito*. São Paulo: Revista dos Tribunais, 1976.

——. *Introdução ao estudo do direito*: técnica, decisão, dominação. 2ª ed. São Paulo: Atlas, 1994.

FERREIRA, Aurélio de Buarque de Holanda. *Novo Dicionário Aurélio da Língua Portuguesa*. Rio de Janeiro: Nova Fronteira, 1986.

FERREIRA FILHO, Manoel Gonçalves. O princípio da legalidade. *Revista da Procuradoria Geral do Estado de São Paulo*, nº 10, p. 9-20, jun./1977.

——. *Curso de direito constitucional*. São Paulo: Saraiva, 1999.

FIGUEIREDO, Lúcia Valle. *Curso de direito administrativo*. São Paulo: Malheiros, 2004.

FIGUEIREDO, Sylvia Marlene de Castro. *A interpretação constitucional e o princípio da proporcionalidade*. São Paulo: RCS Editora, 2005.

FISCHER, Octavio Campos. A ADIN 1802/DF, Imunidade tributária e lei complementar. *Revista Diálogo Jurídico*. Salvador, nº 15, p. 1-16, maio-ago./2007. Disponível em: <http://www.direitopublico.com.br>. Acesso: em 14 jan. 2007.

——. Recurso hierárquico e devido processo constitucional: o processo administrativo tributário não pertence à Administração Pública! *Revista Dialética de Direito Tributário*. São Paulo, nº 141, p. 127-142, jun./2007.

FRANÇA, Limongi R. *Teoria e prática dos princípios gerais de direito*. Editora Revista dos Tribunais, [s.d.], [s.l.].

FRANCO SOBRINHO, Manoel de Oliveira. *Introdução ao direito processual administrativo*. São Paulo: Revista dos Tribunais, 1971.

——. *Curso de direito administrativo*. São Paulo: Saraiva, 1979.

FREIRE JÚNIOR, Américo Bedê. A separação dos poderes (funções) nos dias atuais. *Revista de Direito Administrativo*. Rio de Janeiro, nº 238, p. 37-41, out.-dez./2004.

FREITAS, Juarez. *A substancial inconstitucionalidade da lei injusta*. Petrópolis: Vozes, 1989.

——. Os atos administrativos de discricionariedade vinculada aos princípios. *Boletim de Direito Administrativo*. São Paulo, ano 11, nº 6, p. 324-337, jun./1995.

——. O controle principiológico dos atos administrativos no sistema brasileiro. In: MIRANDA, Jorge (Org.). *Perspectivas Constitucionais – Nos 20 anos da Constituição de 1976*. V. III, Coimbra, 1998.

——. Respeito aos precedentes judiciais iterativos pela Administração Pública. *Boletim de Direito Administrativo*. São Paulo, ano 14, nº 4, p. 230-234, abr./1998.

——. *A interpretação sistemática do direito*. 3ª ed. São Paulo: Malheiros, 2002.

GADAMER, Hans-Goerg. *Verdade e método*: traços fundamentais de uma hermenêutica filosófica. Trad.: Flávio Paulo Meurer. Petrópolis: Vozes, 1998.

GAMBOGI, Luís Carlos Balbino. *Direito*: razão e sensibilidade. Belo Horizonte: Del Rey, 2005.

GARCIA, Emerson. O processo constitucional espanhol e a atuação do Ministério Público. *Jus Navegandi*. Teresina, ano 10, nº 1005, abr./2006. Disponível em: <http://jus2.uol.com.br/doutrina/texto.asp?id=8188>. Acesso em: 25 dez. 2007.

GARCÍA, Enrique Alonso. *La interpretación de la Constitución*. Madrid: Centro de Estudios Constitucionales, 1984.

GÓES, Guilherme Sandoval. Neoconstitucionalismo e dogmática pós-positivista. BARROSO, Luís Roberto (Org.). *A reconstrução democrática do direito público no Brasil*. Rio de Janeiro: Renovar, 2007.

GOLVÊA, Marcos Antonio Maselli de Pinheiro. O princípio da razoabilidade na jurisprudência contemporânea das Cortes norte-americanas. In: BARROSO, Luís Roberto (Coord.). *Revista de Direito da Associação dos Procuradores do Novo Estado do Rio de Janeiro*. Volume V: Direito Constitucional. Rio de Janeiro: Lumen Juris, 2000.

GOMES, Ana Cláudia Nascimento. *O poder de rejeição de leis inconstitucionais pela autoridade administrativa no direito português e no direito brasileiro*. Porto Alegre: Sergio Antonio Fabris Editor, 2002.

GONÇALEZ, Antonio Manoel. A inconstitucionalidade do parecer PGFN - Procuradoria Geral da Fazenda Nacional (submissão ao Poder Judiciário de decisões do egrégio Conselho de Contribuintes do Ministério da Fazenda contrárias à Fazenda Nacional). *Revista Fórum de Direito Tributário*. Belo Horizonte, ano 3, nº 16, p. 103-105, jul.-ago./2005.

GONZÁLEZ, José Ignacio López. *El principio general de proporcionalidad en derecho administrativo*. Universidad de Sevilla, nº 52, 1988.

GONZÁLEZ, Santiago Sánchez. De la imponderable ponderación y otras artes del Tribunal Constitucional. *Revista Teoría y Realidad Constitucional*. Madrid, nº 12/13, p. 351-382, 2003.

GORDILLO, Agustín A. *Princípios gerais de direito público*. Trad.: Marco Aurélio Greco. São Paulo: Revista dos Tribunais, 1977.

——. *A administración paralela*. 3ª reimpressión. Madrid: Civitas, 2001.

GRAU, Eros Roberto. *Ensaio e discurso sobre a interpretação/aplicação do direito*. São Paulo: Malheiros, 2003.

——. *O direito posto e o direito pressuposto*. São Paulo: Malheiros, 2005.

GREGO, Leonardo. *Jurisdição voluntária moderna*. São Paulo: Dialética, 2003.

GRECO, Marco Aurélio. Algumas questões do processo administrativo tributário. In: MARTINS, Ives Gandra da Silva (Coord.). *Processo administrativo tributário*. São Paulo: Revista dos Tribunais, 1999.

GRECO FILHO, Vicente. *Direito processual civil brasileiro*. V. I. São Paulo: Saraiva, 1996.

GRINOVER, Ada Pellegrini; FERNANDES, Antonio Scarance; GOMES FILHO, Antonio Magalhães. *As nulidades no processo penal*. São Paulo: Revista dos Tribunais, 2001.

GUASTINI, Riccardo. *Estudios de teoría constitucional*. Universidad Nacional Autónoma de México, 2001.

——. *Das fontes às normas*. Trad.: Edson Bini. São Paulo: Quartier Latin, 2005.

GUERRA FILHO, Willis Santiago. *Ensaios de teoria constitucional*. Fortaleza: Editora UFC, 1989.

――――. Sobre princípios constitucionais gerais: isonomia e proporcionalidade. *Revista dos Tribunais*. São Paulo, ano 84, vol. 719, p. 57-63, set./1995.

――――. Notas em torno ao Princípio da Proporcionalidade. *In:* MIRANDA, Jorge (Org.). *Perspectivas Constitucionais – Nos 20 anos da Constituição de 1976*. Vol. I, Coimbra, 1996.

――――. Uma nova perspectiva constitucional: processo e constituição. *Revista da Faculdade de Direito da Universidade Federal do Paraná*. Curitiba, ano 30, nº 30, p. 285-291, 1998.

――――. *Teoria da ciência jurídica*. São Paulo: Saraiva, 2001.

――――. Princípio da proporcionalidade e Teoria do Direito. *In:* GUERRA FILHO, Willis Santiago; GRAU, Eros Roberto (Orgs.). *Direito constitucional*: Estudos em homenagem a Paulo Bonavides. Malheiros: São Paulo, 2003.

――――. *Processo constitucional e direitos fundamentais*. 4ª ed. São Paulo: RCS Editora, 2005.

HABERMAS, Jürgen. *Direito e democracia:* entre facticidade e validade. Trad.: Flávio Beno Siebeneichler. Vol. I. Rio de Janeiro: Tempo Brasileiro, 1997.

HAGE, Jaap; PECZENIK, Aleksander. *Law, morals and defeasibility*. Disponível em: <www.rechten.unimaas.nl/metajuridica/hage/publications>. Acesso em: 21 jan. 2008.

HARADA, Kiyoshi. Algumas questões do processo administrativo tributário. *In:* MARTINS, Ives Gandra da Silva (Coord.). *Processo administrativo tributário*. São Paulo: Revista dos Tribunais, 1999.

HARGER, Marcelo. *Princípios constitucionais do processo administrativo*. Rio de Janeiro: Forense, 2001.

HART, Herbert L. A. *O conceito de direito*. Lisboa: Fundação Calouste Gulbenkian, 2001.

HASSEMER, Winfried. Sistema jurídico e codificação: a vinculação do juiz à lei. *In: Introdução à filosofia do direito e à teoria do direito contemporâneas*. Lisboa: Fundação Calouste Gulbenkian, 2002.

HENRIQUE, Walter Carlos Cardoso. As funções e autonomia atípicas dos tribunais administrativos – breve ensaio. *In:* FIGUEIREDO, Lúcia Valle (Coord.). *Processo administrativo tributário e previdenciário*. São Paulo: Max Limonad, 2001.

HONESKO, Vítor Hugo Nicastro. *A norma jurídica e os direitos fundamentais*: um discurso sobre a crise do positivismo jurídico. São Paulo: RCS Editora, 2006.

HORN, Norbert. *Introdução à ciência do Direito e à filosofia jurídica*. Porto Alegre: Sergio Antonio Fabris Editor, 2005.

HOUAISS, Antônio; VILLAR, Mauro de Salles. *Dicionário Houaiss da Língua Portuguesa*. Elaborado pelo Instituto Antônio Houaiss de Lexicografia e Banco de Dados da Língua Portuguesa. Rio de Janeiro: Objetiva, 2001.

JUSTEN FILHO, Marçal. Ampla defesa e conhecimento de argüições de inconstitucionalidade e ilegalidade no processo administrativo. *Revista Dialética de Direito Tributário*. São Paulo, nº 25, p. 68-79, out./1997.

――――. *Curso de direito administrativo*. São Paulo: Saraiva, 2005.

KANT, Immanuel. *Crítica à razão pura*. 4ª ed. Lisboa: Fundação Calouste Gulbenkian, 1997.

KAUFMANN, Arthur. *Filosofia do direito*. Lisboa: Fundação Calouste Gulbenkian, 2004.

KELSEN, Hans. *Teoria pura do direito*. Trad.: João Baptista Machado. São Paulo: Martins Fontes, 2003.

KRELL, Andreas J. *Discricionariedade administrativa e proteção ambiental*: o controle dos conceitos jurídicos indeterminados e a competência dos órgãos ambientais (um estudo comparativo). Porto Alegre: Livraria do Advogado, 2004.

LARENZ, Karl. *Derecho justo*: fundamentos de ética jurídica. Madrid: Civitas, 1985.

――――. *Metodologia da ciência do direito*. Trad.: José Lamego. Revisão: Ana de Freitas. 2ª ed. Lisboa: Fundação Calouste Gulbenkian, 1989.

LAVIÉ, Humberto Quiroga. *Curso de derecho constitucional*. Buenos Aires: Depalma, 1985.

LEAL, Rogério. Considerações preliminares sobre o direito administrativo brasileiro contemporâneo e seus pressupostos informativos. *A & C Revista de Direito Administrativo e Constitucional*. Belo Horizonte, ano 3, nº 11, p. 43-58, jan.-mar./2003.

LIMA, Alcides Saldanha. Penas pecuniárias, confisco e proporcionalidade. *In:* FALCÃO, Raimundo Bezerra; OLIVEIRA, Maria Alessandra Brasileiro de (Orgs.). *Direito tributário*: estudos em homenagem a Hugo de Brito Machado. Fortaleza: Imprensa Universitária, 2003.

LIMA, Francisco Gérson Marques de. *O Supremo Tribunal Federal na crise institucional brasileira.* Fortaleza: ABC Fortaleza, 2001.

LIMA, Francisco Meton Marques de. *O resgate dos valores na interpretação constitucional*: por uma hermenêutica reabilitadora do homem como "ser-moralmente-melhor". Fortaleza: ABC Editora, 2001.

LIMA, Maria Rosynete Oliveira. *Devido processo legal*. Porto Alegre: Sergio Antonio Fabris Editor, 1999.

LIMA, Rogério Silva. O princípio da proporcionalidade e o abuso de poder no exercício do poder de polícia administrativa. *Revista dos Tribunais*, ano 89, vol. 773, p. 123-127, mar./2000.

LIMA, Ruy Cirne. *Princípios do direito administrativo*. São Paulo: Malheiros, 2007.

LOPES FILHO, Juraci Mourão. A processualidade administrativo-tributária como garantia fundamental dos contribuintes diante da atividade da Receita Federal. *Revista Dialética de Direito Tributário*. São Paulo, nº 84, p. 75-87, set./2002.

LORENZO, Anna Paola Zonari de. A trilogia motivo/conteúdo/finalidade do ato administrativo em face do princípio da razoabilidade. *Revista Trimestral de Direito Público*. São Paulo, nº 22, p. 77-93, 1998.

LUCENA, Amanda Torres de. A adoção do princípio da proporcionalidade e da razoabilidade na admissão de provas ilícitas pelo ordenamento jurídico pátrio. *Revista do TRT 6ª Região 30/105-115*, 2002.

MACHADO, Hugo de Brito. Sanções políticas no direito tributário. *Revista Dialética de Direito Tributário*. São Paulo, nº 30, p. 46-49, mar./1998.

——. Algumas questões do processo administrativo tributário. *In:* MARTINS, Ives Gandra da Silva (Coord.). *Processo administrativo tributário*. São Paulo: Revista dos Tribunais, 1999.

——. As taxas no direito brasileiro. *Boletim da Faculdade de Direito da Universidade de Coimbra.* Vol. LXXVII [separata]. Coimbra: Universidade de Coimbra, 2001.

——. *Introdução ao estudo do direito*. São Paulo: Atlas, 2004.

——. Ação da Fazenda Pública para anular decisão da Administração Tributária. *Revista Dialética de Direito Tributário*. São Paulo, nº 112, p. 46-66, jan./2005.

——. *Comentários ao Código Tributário Nacional*. V. III. São Paulo: Atlas, 2005.

MACHADO SEGUNDO, Hugo de Brito. Impossibilidade de declaração de inconstitucionalidade de lei pela autoridade administrativa de julgamento. *Revista Dialética de Direito Tributário*. São Paulo, nº 98, p. 91-99, nov./2003.

MACHADO, Schubert de Farias Machado. A decisão definitiva no processo administrativo tributário e o ingresso da Fazenda Pública em juízo visando a sua anulação. *Revista do Instituto Cearense de Estudos Tributários (ICET)*. Fortaleza, ano I, nº 1, p. 163-186, jul.-dez./2000.

——. O princípio da proporcionalidade e as multas fiscais do art. 44 da Lei 9.430/96. *Revista Dialética de Direito Tributário*. São Paulo, nº 107, p. 67-77, ago./2004.

MARINS, James. Imunidade tributária das instituições de educação e assistência social. Revista Dialética de Direito Tributário. *In:* ROCHA, Valdir de Oliveira. *Grandes questões atuais do direito tributário*. 3º vol. São Paulo: Dialética, 1999.

——. *Direito processual tributário brasileiro*: administrativo e judicial. São Paulo: Dialética, 2001.

MARQUES, José Frederico. A garantia do "due process of law" no direito tributário. *Revista de Direito Público*. São Paulo, ano 2, vol. 5, p. 28-33, jul.-set./1968.

MARTINS, Ives Gandra da Silva. Algumas questões do processo administrativo tributário. *In:* MARTINS, Ives Gandra da Silva (Coord.). *Processo administrativo tributário*. São Paulo: Revista dos Tribunais, 1999.

MARTINS, Ives Gandra da Silva; RODRIGUES, Marilene Talarico Martins. Imunidade tributária das entidades de assistência social e filantrópicas. *In: Grandes questões atuais de direito tributário*. 7º vol. São Paulo: Dialética, 2003.

MARTINS, Natanael; PIETRO, Juliano di. A ampla defesa e a inconstitucionalidade no processo administrativo: limites da Portaria nº 103/2002. *Revista Dialética de Direito Tributário*. São Paulo, nº 103, p. 98-117, abr./2004.

MATTOS, Mauro Roberto Gomes de. Teoria da Constituição e a constitucionalização dos direitos. *A & C Revista de Direito Administrativo e Constitucional*. Belo Horizonte, ano 6, nº 26, p. 85-140, out.-dez./2006.

MAURER, Hartmut. *Allgemeines Verwaltungsrecht*. München: Beck, 1983.

——. *Elementos de direito administrativo alemão*. Trad.: Luís Afonso Heck. Porto Alegre: Sergio Antonio Fabris Editor, 2001.

MAXIMILIANO, Carlos. *Hermenêutica e aplicação do direito*. Rio de Janeiro: Forense, 1993.

MEDAUAR, Odete. *O direito administrativo em evolução*. São Paulo: Revista dos Tribunais, 1992.

——. As garantias do devido processo legal, do contraditório e da ampla defesa no processo administrativo tributário. *Repertório IOB de Jurisprudência*, nº 12, p. 237-238, 2ª quinzena de junho de 1994.

——. *Direito administrativo moderno*. São Paulo: Revista dos Tribunais, 2003.

MEDINA, Marcelo Borges de Mattos. Esboço de uma teoria da ponderação independente da teoria dos princípios. *Revista de Direito Administrativo*. Rio de Janeiro, nº 238, p. 43-56, out.-dez./2004.

MEIRELLES, Hely Lopes. *Direito administrativo brasileiro*. 21ª ed. São Paulo: Malheiros, 1996.

MELLO, Celso Antônio Bandeira de. *Curso de direito administrativo*. 12ª ed. São Paulo: Malheiros, 2000.

——. *Conteúdo jurídico do princípio da igualdade*. São Paulo: Malheiros, 2003.

——. *Discricionariedade e controle jurisdicional*, 2ª ed. São Paulo: Malheiros, 2003.

MELLO, Oswaldo Aranha Bandeira de. *Princípios gerais de direito administrativo*. V. 1. São Paulo: Malheiros, 2007.

MELLO, Rodrigo Pereira de. Conselho de Contribuintes e recurso hierárquico. *Revista Dialética de Direito Tributário*. São Paulo, nº 51, p. 104-113, dez./1999.

MENDES, Gilmar Ferreira. O Poder Executivo e o Poder Legislativo no controle de constitucionalidade. In: *Direitos fundamentais e controle de constitucionalidade*. São Paulo: Celso Bastos Editor, 1999.

——. *Direitos fundamentais e controle de constitucionalidade*: estudos de direito constitucional. São Paulo: Saraiva, 2004.

MENKE, Cassiano. *A proibição aos efeitos de confisco no direito tributário*. São Paulo: Malheiros, 2008.

MIRANDA, Jorge. *Manual de Direito Constitucional*: inconstitucionalidade e garantia da Constituição. Tomo VI. Coimbra: Coimbra Editora, 2001.

MONTESQUIEU. *Do espírito das leis*. São Paulo: Martin Claret, 2002.

MORAES, Alexandre de. *Direito constitucional administrativo*. São Paulo: Atlas, 2002.

MORAES, Germana de Oliveira. *Controle jurisdicional da administração pública*. São Paulo: Dialética, 2004.

MOREIRA NETO, Diogo de Figueiredo. *Legitimidade e discricionariedade*: novas reflexões sobre os limites e controle da discricionariedade. Rio de Janeiro: Forense, 1998.

——. *Curso de direito administrativo*. 14ª ed. Rio de Janeiro: Forense, 2006.

MOREIRA, Egon Bockmann. *Processo administrativo*: princípios constitucionais e a Lei 9.784/99. São Paulo: Malheiros, 2003.

MOREIRA, Vital. *Administração autónoma e associações públicas*. Coimbra: Coimbra, 1997.

MOTTA FILHO, Marcello Martins. Algumas questões do processo administrativo tributário. In: MARTINS, Ives Gandra da Silva (Coord.). *Processo administrativo tributário*. São Paulo: Revista dos Tribunais, 1999.

NEDER, Marcos Vinicius; LÓPEZ, Maria Teresa Martínez. *Processo administrativo fiscal federal comentado*. São Paulo: Dialética, 2002.

NERY JUNIOR, Nelson. *Princípios do processo civil na Constituição Federal*. 7ª ed. São Paulo: Revista dos Tribunais, 2002.

NEVES, A. Castanheira. *Metodologia jurídica*: problemas fundamentais. Coimbra: Coimbra Editora, 1993.

NEVES, Marcelo. *Entre Têmis e Leviatã*: uma relação difícil. São Paulo: Martins Fontes, 2006.

OHLWEILER, Leonel. Administração Pública e democracia: perspectivas em um mundo globalizado. *Revista de Informação Legislativa*. Brasília, ano 36, nº 143, p. 35-46, jul.-set./1999.

──. *Direito administrativo em perspectiva*: os termos indeterminados à luz da hermenêutica. Porto Alegre: Livraria do Advogado, 2000.

OLIVEIRA, Cybele. Devido processo legal. *Revista de Direito Constitucional e Internacional*. São Paulo, ano 8, nº 32, p. 176-192, jul.-set./2000.

OLIVEIRA, Fábio Corrêa Souza de. *Por uma teoria dos princípios*: o princípio constitucional da razoabilidade. Rio de Janeiro: Lumen Juris, 2003.

OLIVEIRA, José Jayme de Macêdo. *Código Tributário Nacional*: comentários, doutrina e jurisprudência. São Paulo: Saraiva, 1998.

OLIVEIRA, José Roberto Pimenta. *Os princípios da razoabilidade e da proporcionalidade no direito administrativo brasileiro*. São Paulo: Malheiros, 2006.

OLIVEIRA, Regis Fernandes de. *Ato administrativo*. São Paulo: Revista dos Tribunais, 2001.

OSÓRIO, Fábio Medina. *Direito administrativo sancionador*. São Paulo: Editora Revista dos Tribunais, 2000.

OTERO, Paulo. *Lições de introdução ao estudo do direito*. V. 1. Lisboa: 1998.

──. *Legalidade e Administração Pública*: o sentido da vinculação administrativa à juridicidade. Lisboa: Almedina, 2003.

PAUPERIO, Artur Machado. *Introdução axiológica ao direito*: apêndice à introdução à ciência do direito. Rio de Janeiro: Forense, 1977.

PECZENIK, Aleksander. Los principios jurídicos según Manuel Atienza y Juan Ruiz Manero. *Doxa*. Alicante, nº 12, p. 327-331, 1992;

PEREIRA, Jane Reis Gonçalves. *Interpretação constitucional e direitos fundamentais*: uma contribuição ao estudo das restrições aos direitos fundamentais na perspectiva da teoria dos princípios. Rio de Janeiro: Renovar, 2006.

PEREIRA, Rodolfo Viana. *Hermenêutica filosófica e constitucional*. Belo Horizonte: Del Rey, 2006.

PERELMAN, Chaïm. *Ética e direito*. Trad.: Maria Ermantina Galvão. São Paulo: Martins Fontes, 1996.

PERELMAN, Chaïm. OLBRECHTS-TYTECA, Lucie. *Tratado da argumentação*: a nova retórica. Trad.: Maria Ermantina Galvão. São Paulo: Martins Fontes, 2005.

PHILIPPE, Xavier. *Le contrôle de proportionnalité dans les jurisprudentes constitucionnelle et administrative françaises*. Paris: Economica, 1990.

PIÇARRA, Nuno. *A separação dos poderes como doutrina e princípio constitucional*: um contributo para o estudo das suas origens e evolução. Coimbra: Coimbra Editora, 1989.

PIETRO, Maria Sylvia Zanella di. *Direito administrativo*. 12. ed. São Paulo: Atlas, 2000.

──. *Discricionariedade administrativa na Constituição de 1988*. São Paulo: Atlas, 2007.

PINTO, Adriano. Processo administrativo – recurso hierárquico. *Revista Dialética de Direito Tributário*. São Paulo, nº 92, p. 7-11, maio/2003.

POLETTI, Ronaldo. *Controle de constitucionalidade das leis*. Rio de Janeiro: Forense, 2000.

PONTES, Helenilson Cunha. Algumas questões do processo administrativo tributário. *In:* MARTINS, Ives Gandra da Silva (Coord.). *Processo administrativo tributário*. São Paulo: Revista dos Tribunais, 1999.

──. *O princípio da proporcionalidade e o direito tributário*. São Paulo: Dialética, 2000.

PRAXEDES, Francisco de Assis. Algumas questões do processo administrativo tributário. *In:* MARTINS, Ives Gandra da Silva (Coord.). *Processo administrativo tributário*. São Paulo: Revista dos Tribunais, 1999.

PUHL, Adilson Josemar. *Princípio da proporcionalidade ou da razoabilidade*: como instrumento assegurador dos direitos e garantias fundamentais e o conflito de valores no caso concreto. São Paulo: Pillares, 2005.

PULIDO, Carlos Bernal. Estructura y limites de la ponderación. *Doxa*. Alicante, nº 26, p. 225-238, 2003.

——. *El principio de proporcionalidad y los derechos fundamentales*. Madrid: Centro de Estudios Políticos e Constitucionales, 2005.

QUEIROZ, Mary Elbe Gomes. *Imposto sobre a renda e proventos de qualquer natureza*: princípios, conceitos, regra-matriz de incidência, mínimo existencial, retenção na fonte, renda transnacional, lançamento, apreciações críticas. São Paulo: Manole, 2004.

QUEIROZ, Rholden Botelho de. O Executivo e o descumprimento de leis inconstitucionais. CARVALHO, Ivo César Barreto de (Org.). *Revista da Associação da Pós-Graduação em Direito da UFC – APGD*. Fortaleza, v. 1, nº 1, p. 269-283, 2004.

RADBRUCH, Gustav. *Introdução à ciência do direito*. Trad.: Vera Barkow. São Paulo: Martins Fontes, 1999.

——. *Filosofia do Direito*. São Paulo: Martins Fontes, 2004.

REALE, Miguel. *Teoria tridimensional do direito*. São Paulo: Saraiva, 1986.

——. *O direito como experiência*. São Paulo: Saraiva, 1992.

——. *Filosofia do Direito*. Trad.: Marlene Holzhausen. 19. ed. São Paulo: Saraiva, 1999.

ROBLES, Gregorio. *O direito como texto*: quatro estudos de teoria comunicacional do direito. Trad.: Roberto Barbosa Alves. São Paulo: Manole, 2005.

ROCHA, Cármen Lúcia Antunes. *Princípios constitucionais da administração pública*. Belo Horizonte: Del Rey, 1994.

——. Princípios constitucionais do processo administrativo no direito brasileiro. *Revista de Informação Legislativa*. Brasília, ano 34, nº 136, p. 5-28, out.-dez./1997.

ROCHA, José de Albuquerque. *Estudos sobre o Poder Judiciário*. São Paulo: Malheiros, 1995.

RODRIGUES, Marilene Talarico Martins. Algumas questões do processo administrativo tributário. *In:* MARTINS, Ives Gandra da Silva (Coord.). *Processo administrativo tributário*. São Paulo: Revista dos Tribunais, 1999.

RODRÍGUEZ, César. *La decisión judicial*: el debate Hart-Dworkin. Santafé de Bogotá: Siglo del Hombre Editores, 1997.

RODRÍGUEZ, Jorge L.; SUCAR, Germán. Las trampas de la derrotabilidad: niveles de análisis de la indeterminación del derecho. *Doxa*. Alicante, nº 21-II, p. 403-420, 1998.

ROIG, Rafael de Assis. *Jueces y normas*: la decisión judicial desde el ordenamiento. Madrid: Marcial Pons, 1995.

ROSS, Alf. *Direito e justiça*. São Paulo: EDIPRO, 2003.

ROUSSEAU, Jean-Jacques. *Do contrato social*. São Paulo: Martin Claret, 2000.

SALGADO, Joaquim Carlos. *A idéia de justiça no mundo contemporâneo*. Belo Horizonte: Del Rey, 2006.

SANCHÍS, Luis Prieto. *Ley, principio, derecho*. Madrid: Dykinson, 1998.

——. Notas sobre la interpretación constitucional. *Revista del Centro de Estudios Constitucionales*. Madrid, nº 9, p. 175-198, mayo-agosto/1991.

SANTANA FILHO, José Henrique de. Aplicabilidade do princípio da vedação ao confisco às multas fiscais à luz da proporcionalidade tributária. *Jus Navegandi*. Teresina, ano 11, nº 1367, p. 1-15, mar./2007. Disponível em: <http://jus2.uol.com.br/doutrina/texto.asp?id=9669>. Acesso em: 02 abr. 2007.

SANTIAGO, José Maria Rodríguez de. *La ponderación de bienes e intereses en el derecho administrativo*. Barcelona: Marcial Pons, 2000.

SANTOS, Gustavo Ferreira. *O princípio da proporcionalidade na jurisprudência do Supremo Tribunal Federal*. Rio de Janeiro: Lumen Juris, 2004.

SARLET, Ingo Wolfgang. *A eficácia dos direitos fundamentais*. Porto Alegre: Livraria do Advogado, 2007.

SARMENTO, Daniel. *A ponderação de interesses na Constituição Federal*. Rio de Janeiro: Lumen Juris, 2002.

——. Interesses públicos vs. interesses privados na perspectiva da Teoria e da Filosofia Constitucional. *In*: SARMENTO, Daniel (Org.). *Interesses públicos versus interesses privados*: desconstruindo o princípio da supremacia do interesse público. Rio de Janeiro: Lumen Juris, 2007.

SCAFF, Fernando Facury. Algumas questões do processo administrativo tributário. *In:* MARTINS, Ives Gandra da Silva (Coord.). *Processo administrativo tributário.* São Paulo: Revista dos Tribunais, 1999.

SCHERKERKEWITZ, Iso Chaitz. *Presunções e ficções no direito tributário e no direito penal tributário.* Rio de Janeiro: Renovar, 2002.

SCHIER, Paulo Ricardo. Novos desafios da filtragem constitucional no momento do neoconstitucionalismo. *A & C Revista de Direito Administrativo e Constitucional.* Belo Horizonte, ano 5, n° 20, p. 145-165, abr.-jul./2005.

SCHWABE, Jünger. *Cinqüenta anos de jurisprudência do Tribunal Constitucional Federal Alemão.* MARTINS, Leonardo (Org.). Uruguay: Fundación Konrad-Adenauer, 2005.

SCHOLLER, Heinrich. O princípio da proporcionalidade no Direito Constitucional e Administrativo da Alemanha. *Revista Ajuris.* Rio Grande do Sul, ano XXVI, n° 75, p. 268-286, set./1999.

SICHES, Luis Recaséns. *Nueva filosofía de la interpretación del Derecho.* México: Fondo de Cultura Económica, 1956.

——. *Introducción al estudio del Derecho.* Argentina: Porrúa, 1970.

SILVA, José Afonso da. *Curso de direito constitucional positivo.* 17ª ed. São Paulo: Malheiros, 2000.

——. *Aplicabilidade das normas constitucionais.* São Paulo: Malheiros, 2007.

SILVA, Virgílio Afonso da. O proporcional e o razoável. *Revista dos Tribunais.* São Paulo, ano 91, vol. 798, p. 23-50, abr./2002.

——. Princípios e regras: mitos e equívocos acerca de uma distinção. *Revista Latino-Americana de Estudos Constitucionais.* Belo Horizonte, n° I, jan.-jun./2003.

SILVA, Sergio André R. G. da. *Controle administrativo do lançamento tributário*: o processo administrativo fiscal. Rio de Janeiro: Lumen Juris, 2004.

SOUSA, Rubens Gomes de. Revisão judicial dos atos administrativos em matéria tributária por iniciativa da própria Administração. *Revista de Direito Administrativo.* São Paulo, vol. 29, p. 441-453, jul.-set./1952.

STEINMETZ, Wilson Antônio. *Colisão de direitos fundamentais e o princípio da proporcionalidade.* Porto Alegre: Livraria do Advogado, 2001.

——. Princípio da proporcionalidade e atos de autonomia privada restritivos de direitos fundamentais. *In:* SILVA, Virgílio Afonso da (Org.). *Interpretação constitucional.* São Paulo: Malheiros, 2007.

STRECK, Lenio Luiz. *Hermenêutica Jurídica e(em) Crise.* Porto Alegre: Livraria do Advogado, 2005.

——. *Jurisdição constitucional e hermenêutica.* Aula Malha exibida em 19 jan. 2008 pela Tv Justiça. Disponível em <http://www.leniostreck.com.br/index.php?option=com_seyret&Itemid=30>. Acesso em: 29 jan 2008.

STRUCHINER, Noel. *Para falar de regras:* O positivismo conceitual como cenário para uma investigação filosófica dos casos difíceis do direito. 2005, 191 f. Tese (Doutorado em Filosofia). Departamento de Filosofia, Pontifícia Universidade Católica do Rio de Janeiro, Rio de Janeiro.

STUMM, Raquel Denize. *Princípio da proporcionalidade no Direito Constitucional brasileiro.* Porto Alegre: Livraria do Advogado, 1995.

SUNDFELD, Carlos Ari. A importância do procedimento administrativo. *Revista de Direito Público.* Ano XX, n° 84, out.-dez./1987.

——. *Fundamentos de direito público.* 3ª ed. São Paulo: Malheiros, 1998.

TÁCITO, Caio. A razoabilidade das leis. *Revista de Direito Administrativo.* Rio de Janeiro, n° 242, p. 43-49, out.-dez./2005.

THOMPSON, Brian Jones Katharine. Administrative Law in the United Kingdom. *In*: *Administrative Law of the European Union, its Member States and the United States*: a comparative analysis. Intersentia, 2002.

TIPKE, Klaus. *Moral tributaria del Estado y de los contribuyentes.* Trad.: Pedro M. Herrera Molina. Madrid: Marcial Pons, 2002.

TORRES, Miriam Cavalcanti de Gusmão Sampaio. A proibição do excesso legislativo no Brasil. *Revista de Direito da Associação dos Procuradores do Novo Estado do Rio de Janeiro.* Rio de Janeiro, v. V, 2000.

TORRES, Ricardo Lobo. Algumas questões do processo administrativo tributário. *In:* MARTINS, Ives Gandra da Silva (Coord.). *Processo administrativo tributário.* São Paulo: Revista dos Tribunais, 1999.

——. *Normas de interpretação e integração do direito tributário.* Rio de Janeiro: Renovar, 2006.

——. A legitimação dos direitos humanos e os princípios da ponderação e da razoabilidade. *In:* TORRES, Ricardo Lobo (Org.). *Legitimação dos direitos humanos.* Rio de Janeiro: Renovar, 2007.

TROIANELLI, Gabriel Lacerda. A pessoa do julgador administrativo. *In:* ROCHA, Valdir de Oliveira (Coord.). *Processo administrativo fiscal.* 5º Vol. São Paulo: Dialética, 2000.

TURA, Marco Antônio Ribeiro. O lugar dos princípios em uma concepção do direito como sistema. *Revista de Informação Legislativa.* Brasília, ano 41, nº 163, p. 215-230, jul.-set./2004.

USERA, Raúl Canosa. *Interpretación constitucional y fórmula política.* Madrid: Centro de Estudios Constitucionales, 1988.

VALLE, Vanice Regina Lírio do. Delegificação, legitimidade e segurança jurídica: hermenêutica constitucional como alternativa de harmonização. *A & C Revista de Direito Administrativo e Constitucional.* Belo Horizonte, ano 4, nº 18, p. 147-168, out.-dez./2004.

VELLOSO, Carlos Mário da Silva. *Temas de direito público.* Belo Horizonte: Del Rey, 1997.

VELOSO, Zeno. *Controle jurisdicional de constitucionalidade.* Belo Horizonte: Del Rey, 2000.

VERDÚ, Pablo Lucas. *O sentimento constitucional:* aproximação ao estudo do sentir constitucional como modo de integração política. Trad.: Agassiz Almeida Filho. Rio de Janeiro: Forense, 2004.

VILANOVA, Lourival. *As estruturas lógicas e o sistema do direito positivo.* São Paulo: Max Limonad, 1997.

WARAT, Luiz Alberto. *Introdução geral ao direito I.* Porto Alegre: Sergio Antonio Fabris Editor, 1994.

XAVIER, Alberto. *Do procedimento administrativo.* São Paulo: Bushatsky, 1976.

——. *Tipicidade da tributação, simulação e norma antielisiva.* São Paulo: Dialética, 2001.

——. Da inconstitucionalidade da exigência de garantia como condição de admissibilidade de recursos no processo administrativo em geral e no processo administrativo fiscal em particular. *Revista Dialética de Direito Tributário.* São Paulo, nº 101, p. 7-35, fev./2004

——. A questão da apreciação da inconstitucionalidade das leis pelos órgãos judicantes da Administração Fazendária. *Revista Dialética de Direito Tributário.* São Paulo, nº 103, p. 17-44, abr./2004.

ZAGREBELSKY, Gustavo. La ley, el derecho e la constitución. *Revista Española de Derecho Constitucional.* Madrid, año 24, nº 72, p. 11-24, sep.-dec./2004.

ZANCANER, Weida. Razoabilidade e moralidade: princípios concretizadores do perfil constitucional do estado social e democrático de direito. *Revista Diálogo Jurídico.* Salvador, CAJ-Centro de Atualização Jurídica, ano I, nº 9, p. 1-13, dez./2001. Disponível em: <http://direitopublico.com.br>. Acesso em: 3 set. 2007.

Jurisprudência do STF e do STJ

BRASIL. Supremo Tribunal Federal. Tributário. Imunidade. Medida Cautelar na Ação Direta de Inconstitucionalidade 1.802-DF. Requerente: Confederação Nacional de Saúde. Requerido: Presidente da República e Congresso Nacional. Rel. Min. Sepúlveda Pertence. Brasília, 27.08.1998. Diário da Justiça, Brasília, 10.02.2004, p. 10.

——.——. Segunda Turma. Tributário. Multa confiscatória. Recurso Extraordinário 81.550-MG. Recorrente: Estado de Minas Gerais. Recorrido: Cooperativa de Consumo dos Funcionários do Banco do Brasil. Rel. Min. Xavier de Albuquerque. Brasília, 20.05.1975. Diário da Justiça, Brasília, 16.06.1975.

——.——. Primeira Turma. Investigação de paternidade. Exame de DNA. Habeas Corpus 76.060-SC. Paciente: Arante José Monteiro Filho. Coator: Tribunal de Justiça de Santa Catarina. Rel. Min. Sepúlveda Pertence. Brasília, 31.03.1998. Diário da Justiça, Brasília, 15.05.1998, p. 44.

——.——. Ação Penal 307-DF. Autor: Ministério Público Federal. Réus: Fernando Affonso Collor de Mello e outros. Rel. Min. Ilmar Galvão. Brasília, 13.12.1994. Diário da Justiça, Brasília, 13.10.1995, p. 3.

——.——. Constitucional. Benefício assistencial. Ação Direta de Inconstitucionalidade 2019-MS. Requerente: Governo do Estado de Mato Grosso do Sul. Requerido: Assembléia Legislativa do Estado de Mato Grosso do Sul. Rel. Min. Ilmar Galvão. Brasília, 02.08.2001. Diário da Justiça, Brasília, 21.06.2002, p. 95.

——.——. Constitucional. Concurso Público. Limite de idade. Recurso e Mandado de Segurança 21.033-DF. Recorrente: Luiz Carlos de Abreu Santos. Recorrido: Superior Tribunal Militar. Rel. Min. Carlos Velloso. Brasília, 01.03.1991. Diário da Justiça, Brasília 11.10.1991, p. 14.248.

——.——. Constitucional. Educação. Medida Cautelar na Ação Direta de Inconstitucionalidade 2.667-DF. Requerente: Confederação Nacional dos Estabelecimentos de Ensino – Confenen. Requerido: Câmara Legislativa do Distrito Federal. Rel. Min. Celso de Mello. Brasília, 19.06.2002. Diário da Justiça, Brasília, 12.03.2004, p. 36.

——.——. Constitucional. Garantia. Direito ao exercício de profissão. Representação 930-DF. Representante: Procurador-Geral da República. Representado: Presidente do Senado Federal. Relator para acórdão: Min. Rodrigues Alckmin. Brasília, 05.05.1976. Diário da Justiça, Brasília, 02.09.1977, p. 5.969.

——.——. Constitucional. Gratificação de férias (1/3 da remuneração). Servidores inativos. Ação Direta de Inconstitucionalidade 1.158-AM. Medida liminar. Requerente: Procurador-Geral da República. Requerido: Governador do Estado do Amazonas e Assembléia Legislativa do Estado do Amazonas. Rel. Min. Celso de Mello. Brasília, 19.12.1994. Diário da Justiça, Brasília, 26.05.1995, p. 15.154.

——.——. Constitucional. Liberdade de manifestação cultural: farra do boi. Recurso Extraordinário em Ação Civil Pública 153.531-SC. Recorrente: Associação Amigos de Petrópolis patrimônio, proteção dos animais e defesa da ecologia e outros – APANDE. Recorrido: Estado de Santa Catarina. Relator para acórdão: Min. Marco Aurélio. Brasília, 03.06.1997. Diário da Justiça, Brasília, 13.03.1998, p. 13.

——.——. Constitucional. Medida Provisória. Revogação. Ação Direta de Inconstitucionalidade 221-DF. Requerente: Procuradoria-Geral da República. Requerido: Presidência da República. Rel. Min. Moreira Alves. Brasília, 16.09.1993. Diário da Justiça, Brasília, 22.10.1993, p. 22.251.

——.——. Constitucional. Sigilo bancário. Mandado de Segurança 21.729-DF. Impetrante: Banco do Brasil. Impetrado: Procuradoria-Geral da República. Rel. Min. Marco Aurélio. Rel. para acórdão: Min. Nery da Silveira. Brasília, 05.10.1995. Diário da Justiça, Brasília, 19.10.2001, p. 33.

——.——. Direito do Consumidor. Pesagem de botijões de gás. Ação Direta de Inconstitucionalidade 855-PR. Medida Cautelar. Requerente: Confederação Nacional do Comércio. Requerido: Governador do Estado do Paraná e Assembléia Legislativa do Paraná. Rel. Min. Sepúlveda Pertence. Brasília, 01.07.1993. Diário da Justiça, Brasília, 01.10.1993, p. 71.

——.——. Eleitoral. Partido político. Eleição. Registro provisório. Ação Direta de Inconstitucionalidade 958-DF. Requerente: Partido de Reedificação da Ordem Nacional – PRONA. Requerido: Congresso Nacional e Presidente da República. Rel. Min. Celso de Mello. Brasília, 11.05.1994. Diário da Justiça, Brasília, 25.08.1995, p. 26.021.

——.——. Eleitoral. Partido político. Eleição. Registro provisório. Ação Direta de Inconstitucionalidade 966-DF. Requerente: Partido Social Cristão – PSC. Requerido: Congresso Nacional e Presidente da República. Rel. Min. Celso de Mello. Brasília, 11.05.1994. Diário da Justiça, Brasília, 25.08.1995, p. 26.021.

——.——. Intervenção Federal. Precatórios judiciais. Intervenção Federal 164-SP. Requerente: Eliza Pretti e outros. Requerido: Estado de São Paulo. Rel. para acórdão: Min. Gilmar Ferreira Mendes. Brasília, 03.02.2003. Diário da Justiça, Brasília, 14.11.2003, p. 14.

——.——. Lei inconstitucional. Negativa de eficácia. Representação 980-SP. Representante: Procuradoria-Geral da República. Representado: Governo do Estado de São Paulo. Rel. Min. Moreira Alves. Brasília 21.11.1979. Diário da Justiça, Brasília, 19.09.1980, p. 7.202.

——.——. Processo administrativo. Depósito recursal. Medida Cautelar na Ação Direta de Inconstitucionalidade nº 1.976-DF. Requerente: Conselho Federal da Ordem dos Advogados do

Brasil. Requerido: Presidente da República. Rel. Min. Moreira Alves. Brasília, 06.10.1999. Diário da Justiça, Brasília, 24.11.2000, p. 89.

——.——. Processo administrativo. Depósito recursal. Ação Direta de Inconstitucionalidade nº 1976-DF. Requerente: Conselho Federal da Ordem dos Advogados do Brasil. Requerido: Presidente da República. Rel. Min. Joaquim Barbosa. Brasília, 28.03.2007. Diário da Justiça, Brasília, 18.05.2007, p. 64.

——.——. Tributário. Impressão de notas fiscais. Recurso Extraordinário 413.782-SC. Recorrente: Varig – Viação Aérea Rio Grandense. Recorrido: Estado de Santa Catarina. Min. Rel. Marco Aurélio. Brasília, 17.03.2005. Diário da Justiça, Brasília, 03.06.2005, p. 4.

——.——. Tributário. Limite ao poder de taxar. Recurso Extraordinário 18.831. Recorrente: -. Recorrido: Município de São Paulo. Rel. Min. Orozimbo Nonato. Brasília, 21.09.1951. Diário da Justiça, 08.11.1951, p. 10.865.

——.——. Tributário. Multa confiscatória. Medida Cautelar na Ação Direta de Inconstitucionalidade nº 1.075-DF. Requerente: Confederação Nacional do Comércio. Requerido: Presidente da República e Congresso Nacional. Rel. Min. Celso de Mello. Brasília, 17.06.1998. Diário da Justiça, Brasília, 24.11.2006, p. 59.

——.——. Tributário. Multa Confiscatória. Ação Direta de Inconstitucionalidade 551-RJ. Requerente: Governo do Estado do Rio de Janeiro. Requerido: Assembléia do Estado do Rio de Janeiro. Rel. Min. Ilmar Galvão. Brasília, 20.10.2002. Diário da Justiça, Brasília, 14.02.2003, p. 58.

BRASIL. Superior Tribunal de Justiça. Terceira Seção. Impetrante: Sergio Luiz Lageano Moreira. Impetrado: Ministro de Estado da Fazenda. Mandado de Segurança 10.287-DF. Rel. Min. Hélio Quaglia Barbosa. Brasília, 14.12.2005. Diário da Justiça, Brasília, 06.02.2006, p. 195.

——.——. Primeira Seção. Administrativo. Controle ministerial. Mandado de Segurança 8.810-DF. Impetrante: CCF Fundo de Pensão. Impetrado: Ministro de Estado da Fazenda. Rel. Min. Humberto Gomes de Barros. Brasília, 13.08.2003. Diário da Justiça, Brasília, 06.10.2003, p. 197.

——.——. Primeira Turma. Lei inconstitucional. Negativa de eficácia. Recurso Especial 23.121-GO. Recorrente: Estado de Goiás. Recorrido: Associação dos Procuradores do Estado de Goiás. Rel. Min. Humberto Gomes de Barros. Brasília, 06.10.1993. Boletim de Direito Administrativo. Ano 10, nº 8, p. 479-486, ago./1994.

——.——. Segunda Turma. Administrativo. Perdimento de bens. Recurso Especial 319.813-RS. Recorrente: Fazenda Nacional. Recorrido: Luiz Rocha da Fonseca. Rel. Min. Eliana Calmon. Brasília, 24.09.2002. Diário da Justiça, 17.03.2003, p. 205.

Impressão:
Evangraf
Rua Waldomiro Schapke, 77 - P. Alegre, RS
Fone: (51) 3336.2466 - Fax: (51) 3336.0422
E-mail: evangraf.adm@terra.com.br